2026 메가랜드 공인중개사 표준 이론서

2차 | 부동산공법

머리말

메가랜드는 기존과 다른, 새로운 표준 이론서를 만들고자 했습니다. 더욱 보기 쉽고, 알아보기 쉬운 교재를 목표로, 수험생이 표준 이론서만 보아도 최신 기출의 경향과 유형을 한눈에 파악할 수 있도록 전 과정을 다시 설계했습니다.

많은 수험생이 공인중개사 시험과목 중에서 부동산공법이 가장 어렵다고 말합니다. 핵심 이유는 방대한 학습량입니다. 따라서 부동산공법 학습은 먼저 전체 흐름을 잡고, 그 위에 세부 줄기를 얹어가며 꼼꼼히 다져야 효율적입니다. 처음부터 모든 내용을 미시적으로 파고들기보다, 1회독은 빠르게 전 범위를 조망하고, 2회독부터 본격 학습에 들어간다는 마음가짐이 정리를 훨씬 수월하게 만듭니다.

부동산공법은 공인중개사 시험에서 학습 비중이 큰 과목입니다. 제36회 기출을 보면 정답 자체는 명확했지만, 지엽적 지문이 섞인 킬러 문항(약 9문항)이 체감 난도를 높였습니다. 동시에 난이도 완화 문항도 다수 출제되어, 전체적으로는 정답 도달 가능성을 충분히 확보할 수 있는 구성이었습니다. 결론적으로, 광범위한 체계와 흐름을 먼저 세우고, 그 속에서 반복 출제되는 핵심을 정확히 정리하는 것이 승부처입니다.

특히 부동산공법에서 가장 중요한 파트는 '국토의 계획 및 이용에 관한 법률'과 '건축법'입니다. 문항 수가 많을 뿐 아니라, 두 법의 틀이 잡히면 다른 법률의 이해가 연쇄적으로 쉬워지기 때문입니다. 여기에 최근 난도가 오른 '주택법'과 '도시 및 주거환경정비법'을 성실히 학습한다면, 충분히 합격권에 들어오실 수 있습니다.

이 책은 앞서 말한 원칙에 따라 큰 흐름 → 핵심 골자 → 세부 기출 포인트의 순서로 구성했습니다. 여러분의 시간과 노력을 가장 높은 점수로 환전할 수 있도록, 끝까지 함께하겠습니다.

메가랜드 부동산교육연구소
편저자 일동

공인중개사 시험요강

공인중개사 자격시험 Licensed Real Estate Agent

국토교통부에서 소관하고 한국산업인력공단이 시행하는 공인중개사 자격시험은 부동산 중개업을 건전하게 지도·육성하고, 공정하고 투명한 부동산 거래질서를 확립함으로써 국민경제에 이바지함을 그 목적으로 합니다.

- 연 1회 / 10월 31일 예정
- 1·2차 동시 / 응시 가능
- 절대평가 / 평균 60점
- 객관식 / 5지 선택형

시험 일정

원서 접수	시험일	합격자 발표
2026년 8월 3일~ 8월 7일 예정	2026년 10월 31일 예정	2026년 11월 말 예정

* 2021년부터 원서 접수기간 및 방식이 변경되었습니다(정기 접수 5일 및 빈자리 접수 2일).
* 정확한 시험 일정은 한국산업인력공단(www.q-net.or.kr) 홈페이지에서 확인 가능합니다.
* 원서 접수기간 중에는 24시간 접수 가능하며(단, 마지막 날은 18시까지), 접수기간 종료 후에는 응시원서 접수가 불가합니다.

응시 자격 제한 없음

* 단, ①「공인중개사법」제4조의3에 따라 시험 부정행위로 처분받은 날로부터 시험시행일 전일까지 5년이 경과되지 않은 자, ② 제6조에 따라 공인중개사 자격이 취소된 후 3년이 경과하지 않은 자, ③ 시행규칙 제2조에 따른 기자격취득자는 응시할 수 없음

시험과목 및 방법

구분	시험과목	문항 수	시험시간	시험방법
제1차 1교시 2과목	1. 부동산학개론(부동산감정평가론 포함) 2. 민법 및 민사특별법 중 부동산 중개에 관련되는 규정	과목당 40문항 1번~80번	100분 (09:30~11:10)	객관식 5지 선택형
제2차 1교시 2과목	1. 공인중개사의 업무 및 부동산 거래신고 등에 관한 법령 및 중개실무 2. 부동산공법 중 부동산 중개에 관련되는 규정	과목당 40문항 1번~80번	100분 (13:00~14:40)	
제2차 2교시 1과목	부동산공시에 관한 법령(부동산등기법, 공간정보의 구축 및 관리 등에 관한 법률) 및 부동산 관련 세법	40문항 1번~40번	50분 (15:30~16:20)	

합격 기준

절대평가

- **1차 시험:** 매 과목 100점을 만점으로 하여 매 과목 40점 이상, 전 과목 평균 60점 이상 득점
- **2차 시험:** 매 과목 100점을 만점으로 하여 매 과목 40점 이상, 전 과목 평균 60점 이상 득점

  * 당해 연도 1차 시험 합격자는 다음 연도 1차 시험이 면제되며, 1·2차 시험 응시자 중 1차 시험에 불합격한 자의 2차 시험은 무효로 함(「공인중개사법 시행령」 제5조 제3항)

원서 접수

PC Q-net(www.q-net.or.kr) 홈페이지 또는 모바일 Q-net(APP)을 통하여 접수

- 공단 지역본부 및 지사에서 인터넷접수 도우미서비스를 제공받을 수 있습니다.
- 내방시 준비물: 신분증, 사진(3.5*4.5) 1매, 전자결제 수단(신용카드, 계좌이체, 가상계좌)
- 수험자는 응시원서에 반드시 본인 사진을 첨부하여야 하며, 타인의 사진 첨부 등으로 인하여 신분 확인이 불가능할 경우 시험에 응시할 수 없습니다.
- 응시수수료(제36회 시험 기준)

• 1·2차 시험 동시 응시자	28,000원
• 1차 시험 응시자	13,700원
• 2차 시험 응시자(전년도 1차 시험 합격자)	14,300원

자격증 교부는 응시원서 접수시 입력한 인터넷 회원정보 화면의 주민등록상 주소지의 시·도지사 명의로, 시·도지사가 교부합니다(회원가입시 등록한 최종 합격자의 사진 파일을 공단에서 시·도로 발송하여 자격증용 사진으로 활용).

* 시·도별로 준비물이 다를 수 있습니다.

출제경향 및 학습방법

편	장	제32회	제33회	제34회	제35회	제36회	합계	비율
국토의 계획 및 이용에 관한 법률	총칙	0	0	0	2	0	2	30.0%
	도시·군계획 등	3	2	2	2	4	13	
	용도지역·용도지구·용도구역	2	3	3	4	5	17	
	지구단위계획	1	0	1	0	0	2	
	도시·군계획시설	3	1	1	1	3	9	
	개발행위의 허가 등	3	4	3	3	0	13	
	보칙 및 벌칙	0	2	2	0	0	4	
	소계	12	12	12	12	12	60	
도시개발법	총칙	0	0	0	0	0	0	15.0%
	도시개발구역의 지정 등	2	2	1	1	2	8	
	도시개발사업의 시행	2	4	5	5	3	19	
	비용의 부담 등	1	0	0	0	1	2	
	보칙 등	1	0	0	0	0	1	
	소계	6	6	6	6	6	30	
도시 및 주거환경정비법	총칙	1	0	1	1	0	3	15.0%
	계획 및 구역의 지정	1	0	0	1	2	4	
	정비사업의 시행	3	6	4	4	4	21	
	보칙 및 벌칙	1	0	1	0	0	2	
	소계	6	6	6	6	6	30	
건축법	총칙	0	0	0	1	2	3	17.5%
	건축물의 건축	2	3	3	3	2	13	
	건축물의 대지 및 도로	0	1	1	0	0	2	
	건축물의 구조 및 재료	1	1	1	1	0	4	
	지역 및 지구 안의 건축물	2	0	1	1	0	4	
	건축설비 등	1	2	1	1	3	8	
	보칙	1	0	0	0	0	1	
	소계	7	7	7	7	7	35	

주택법	총칙	2	1	2	1	0	6	17.5%
	주택의 건설 등	2	1	2	3	4	12	
	주택의 공급	2	1	2	3	1	9	
	리모델링	0	1	1	0	1	3	
	주택상환사채	1	1	0	0	1	3	
	보칙	0	1	0	0	0	1	
	벌칙	0	1	0	0	0	1	
	소계	7	7	7	7	7	35	
농지법	총설	1	0	0	0	0	1	5.0%
	농지의 소유	0	1	1	0	1	3	
	농지의 이용	1	0	1	0	0	2	
	농지의 보전	0	1	0	2	1	4	
	보칙 및 벌칙	0	0	0	0	0	0	
	소계	2	2	2	2	2	10	
총계		40	40	40	40	40	200	100.0%

제36회 총평

이번 제36회 부동산공법은 기존 기출문제가 다시 출제되는 비중이 높았고, 오답 유도형 문항이 약 9문항 출제되어 정확한 개념 분별과 침착한 풀이가 요구되었습니다. 특히 국토의 계획 및 이용에 관한 법률에서 난도 높은 문제가 초반에 4문항 연속 출제되며 현장 체감 난도를 크게 끌어올렸습니다. 반면, 예년보다 까다롭게 느껴지던 도시개발법과 도시 및 주거환경정비법은 대체로 평이하게 출제되어 득점을 회복할 여지가 충분했습니다.

결론적으로, 킬러 문항을 제외한 30여 문항은 기본이론·요약집·시잘부·시꼭테를 1~2회 이상 충실히 학습한 수험생이라면 무리 없이 해결 가능하며, 50~60점대는 충분히 기대할 수 있는 시험이었습니다. 2026년도 시험 역시 전반적인 출제경향은 유사할 것으로 보이며, 반복 기출의 핵심을 구조화하고 국토의 계획 및 이용에 관한 법률의 초반 고난도 구간에 대한 대응 전략을 갖추는 것이 합격선 방어의 관건이 될 것입니다.

출제경향 및 학습방법

학습방법

(1) 국토의 계획 및 이용에 관한 법률

12문항이 출제되는 핵심 법률로, 해당 법률의 이해가 부족하면 타 법률의 해석도 불안정해집니다. 행정계획, 용도지역, 성장관리계획, 용도지구·행위제한, 건폐율·용적률의 상관관계, 지구단위계획, 개발행위허가, 개발밀도관리구역 vs 기반시설부담구역의 비교, 장기미집행 도시·군계획시설, 매수청구제도 등 빈출·결정개념 중심으로 학습하시기 바랍니다. 문제 풀이에서는 특례 규정을 별도 정리해 반복 확인하면 득점 효율이 높습니다. 위 범위를 전략적으로 숙지하면 8문항 이상은 충분히 확보 가능합니다.

(2) 도시개발법

절차·용어의 난도가 높아 혼선이 잦은 과목입니다. 다만, 자주 출제되는 축을 압축 정리하면 절반 이상은 득점 가능합니다. 핵심개념은 개발구역의 지정권자·지정절차·요건·효과, 환지계획·환지처분, 토지상환채권, 시행자 구분, 조성토지 공급, 환지예정지와 효력발생입니다. 최근에는 난도가 낮게 출제되었으므로, 다음 회차에서 난도 상승 가능성을 염두에 두고 정리 기준을 더욱 명확히 해야 합니다. 이 범위를 체계화하면 3~4문항은 안정적으로 확보할 수 있습니다.

(3) 도시 및 주거환경정비법

실무 연계성이 높고, 세부 항목까지 출제된 전례가 있어 개념 및 세부내용을 함께 다루어야 합니다. 정비기본계획·정비계획, 정비구역 지정절차, 3대 사업의 시행자·시행방법 구분, 특례, 관리처분계획을 우선적으로 학습하시기 바랍니다. 정비사업 대상 지역에 거주하는 경우, 현장 변화(재개발·재건축 절차)를 관찰하며 학습하면 이해가 빠릅니다. 최근에는 조합 정관이나 계획의 구체적 내용도 출제되므로 해당 부분까지 확인하는 것이 필요합니다.

(4) 건축법

분량은 많으나 기본 틀을 잡으면 가장 안정적으로 풀 수 있는 과목입니다(현재 7문항 출제). 용어의 정의, 허가 절차·대상·권한자, 대지·도로·공개공지 등 기초축을 확실히 한 뒤, 기본이론의 반복 회독으로 정답률을 끌어올리시기 바랍니다. 다만, 지엽적인 문제가 섞일 경우 체감 난도가 상승하므로, 최근 출제유형을 기준으로 학습 우선순위를 조정하는 것이 효과적입니다.

(5) 주택법

건축법을 일정 수준 학습하셨다면 3문항 내외는 비교적 수월하게 맞힐 수 있습니다. 다만, 최근 2개년은 난도 상승과 지엽적인 출제가 이어졌습니다. 용어정의(주택 관련), 사업계획승인(절차·권한자·요건), 주택공급(투기과열지구·조정대상지역·분양가상한제·전매금지·저당권설정제한 등)을 축으로 하되, 정책변화와 개정을 반드시 병행하여 점검하기 바랍니다. 실무와 밀접해 실질적 이해가 성과로 이어지는 과목입니다.

(6) 농지법

출제문항은 2문항이지만, 농지의 소유 파트는 반드시 대비해야 합니다. 농지의 정의, 농업인 요건, 농지취득자격증명, 대리경작, 소유상한, 농업진흥지역 등 핵심 축만 꼼꼼하게 정리해도 충분합니다. 소유·이용·관리 중 소유 규정을 먼저 숙지한 후, 전용·이행강제 등 연계 규정을 보완하기 바랍니다.

마무리 학습전략

부동산공법은 분량이 방대하므로, 전체 체계 → 결정개념 → 세부·특례 순으로 범위를 줄여가며 학습하는 것이 효율적입니다. 숫자와 용어가 많아 전 범위 암기는 비현실적인 학습전략입니다. 수업에서 정리한 기본이론의 골조를 자주 재확인하고, 반드시 반복하여 학습할 내용을 압축 목록으로 관리하시기 바랍니다. 기본서를 자주 펼쳐 체계도 중심 요약을 반복하면, 회독 수 대비 체감 이해도가 뚜렷하게 상승할 것입니다.

메타인지 학습법

메가랜드만의 메타인지 학습법을 완벽하게 실행할 수 있도록
❶ **계획** … ❷ **실행** … ❸ **피드백** 과정을 **미리보기** … **본문** … **메타인지 학습체크**로 재구성하였습니다.

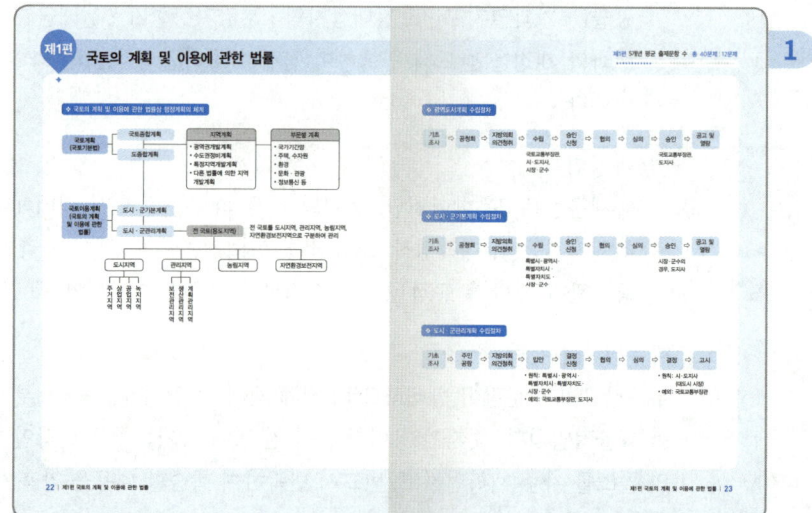

1 계획 - 미리보기

단원을 학습하기 전, 미리보기를 통해 전반적인 이론 체계와 핵심내용을 쉽고 빠르게 한눈에 파악하고, 학습 방향을 올바르게 설정할 수 있습니다.

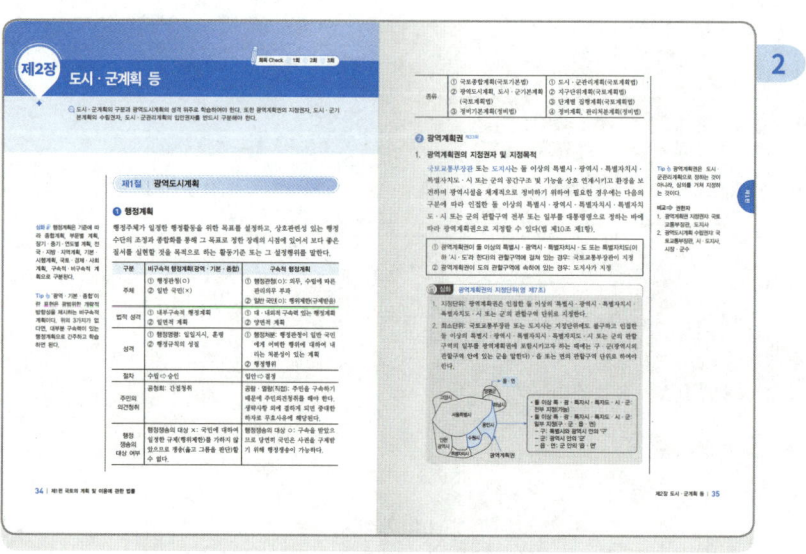

2 실행 - 본문

높은 가독성과 짜임새 있는 구성으로 학습효과를 극대화하였으며, 다양한 학습요소를 통해 핵심내용을 전략적으로 학습할 수 있습니다.

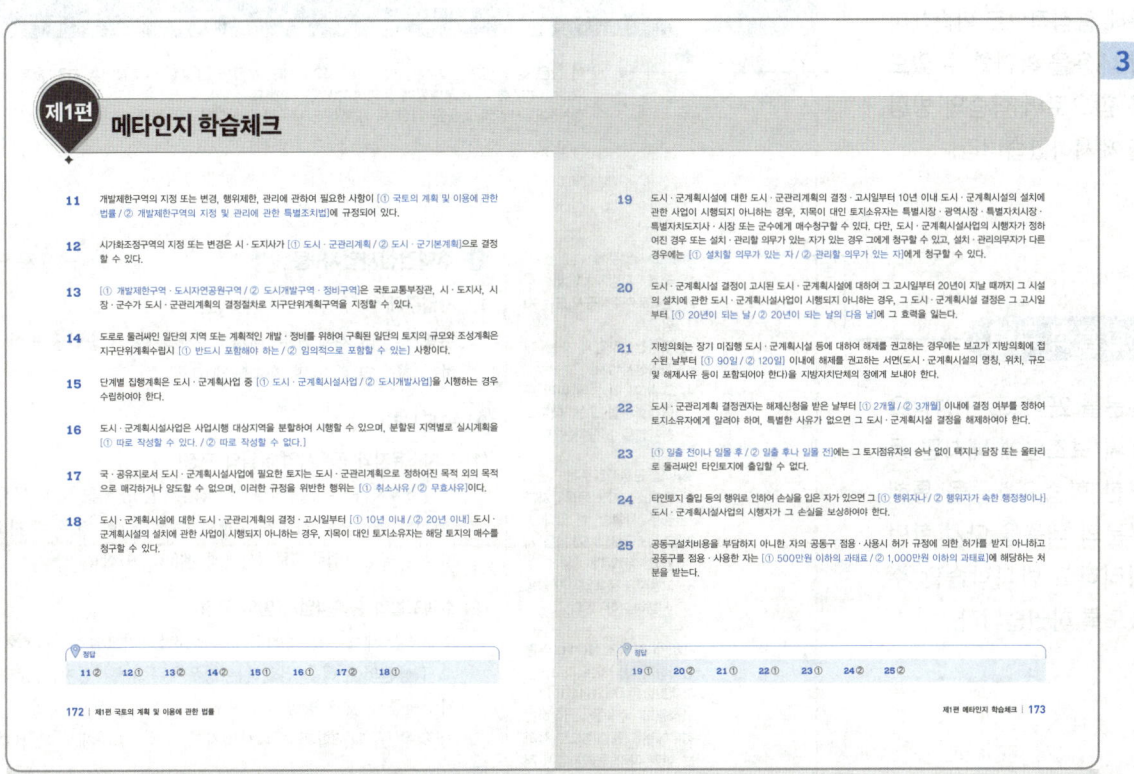

3 피드백 - 메타인지 학습체크

학습이 끝나면 자신이 현재 무엇을 알고 무엇을 모르는지 '메타인지 학습체크'를 통해 점검하고, 자신의 학습 정도를 파악하여 아직 완벽하게 숙지되지 않은 부분을 집중 학습할 수 있습니다.

이 책의 구성 및 특징

단원열기

학습 시작 전, 단원열기를 통해 중점적으로 학습해야 할 내용을 확인할 수 있도록 함으로써 학습의 방향을 제시하였습니다.

제2장 주택의 건설 등

회독 Check 1회 2회 3회

이 장은 출제 빈도가 가장 높다. 특히 사업주체의 분류와 건설절차, 조합에서 자주 출제되기 때문에 꼼꼼하게 학습하여야 한다. 리모델링에 동의하지 않은 자에 대한 매도청구와 알박기 방지를 위한 매도청구도 중요하므로 전체적인 사업의 흐름을 익힌 뒤 세부적인 내용까지 학습하도록 한다.

효율적 구성

본문을 2단으로 구성함으로써 보조단에 배치된 풍부한 학습요소들을 통해 본문의 내용을 다시 한번 정리하고 반복학습할 수 있도록 하였습니다.

핵심 사업주체
1. 국가·지방자치단체
2. 한국토지주택공사 또는 지방공사
3. 주택건설사업자 또는 대지조성사업자
4. 그 밖에 이 법에 따라 주택건설사업 또는 대지조성사업을 시행하는 자

참고 공동사업주체
1. 토지소유자 + 등록업자가 공동 '시행할 수' 있다.
2. 조합 + 등록업자가 공동 '시행할 수' 있다.
3. 고용자 + 등록업자가 공동 '시행하여야' 한다.

기출 주택조합(세대수를 증가하지 아니하는 리모델링주택조합은 제외한다)이 그 구성원의 주택을 건설하는 경우에는 대통령령으로 정하는 바에 따라 등록사업자(지방자치단체·한국토지주택공사 및 지방공사를 포함한다)와 공동으로 사업을 시행할 수 있다. 이 경우 주택조합과 등록사업자를 공동사업주체로 본다. 제36회 변형

1 주택건설사업자 등 제34회

1. 사업주체

주택건설사업계획 또는 대지조성사업계획의 승인을 받아 그 사업을 시행하는 자를 말한다(법 제2조 제10호).

2. 공동사업주체

(1) 토지소유자와 등록사업자(임의 규정)

토지소유자가 주택을 건설하는 경우에는 등록을 한 자(이하 '등록사업자'라 한다)와 공동으로 사업을 시행할 수 있다. 이 경우, 토지소유자와 등록사업자를 공동사업주체로 본다(법 제5조 제1항).

(2) 주택조합과 등록사업자(임의 규정)

주택조합(세대수를 증가하지 아니하는 리모델링주택조합은 제외한다)이 그 구성원의 주택을 건설하는 경우에는 등록사업자(지방자치단체·한국토지주택공사 및 지방공사를 포함한다)와 공동으로 사업을 시행할 수 있다. 이 경우, 주택조합과 등록사업자를 공동사업주체로 본다(법 제5조 제2항).

예제

도시 및 주거환경정비법령상 임대주택 및 주택규모별 건설비율에 관한 규정의 일부이다. ( )에 들어갈 숫자를 순서대로 나열하시오. 제35회 변형

- 「주택법」에 따른 국민주택규모의 주택이 전체 세대수의 100분의 (㉠) 이하에서 대통령령으로 정하는 범위
- 공공임대주택 및 「민간임대주택에 관한 특별법」에 따른 민간임대주택이 전체 세대수 또는 전체 연면적의 100분의 (㉡) 이하에서 대통령령으로 정하는 범위

정답 ㉠ 90, ㉡ 30

예제학습

본문에서 학습한 내용을 예제를 통해 정리할 수 있도록 함으로써, 내용의 이해를 도움과 동시에 문제의 유형을 파악하고, 실전감각을 향상시킬 수 있도록 하였습니다.

3. 주택건설사업의 등록 등 제36회

(1) 등록

연간(건축허가를 받은 날 이전 또는 이후 1년을 말한다) 단독주택의 경우 20호, 공동주택의 경우 20세대(도시형 생활주택과 그 밖의 주택 1세대를 함께 건축하는 경우에는 30세대) 이상의 주택건설사업을 시행하려는 자 또는 연간 1만㎡ 이상의 대지조성사업을 시행하려는 자는 국토교통부장관에게 등록하여야 한다. 다만, 다음의 사업주체의 경우에는 그러하지 아니하다(법 제4조 제1항).

> **핵심** 농지처분 절차도
>
>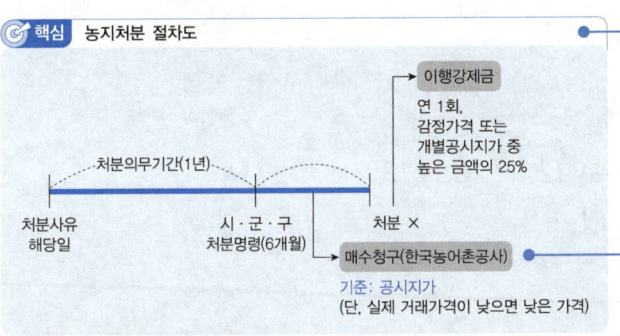

기출
1. 고용자가 그 근로자의 주택을 건설하는 경우에는 대통령령으로 정하는 바에 따라 등록사업자와 공동으로 사업을 시행하여야 한다. 제34회
2. 등록사업자와 공동으로 주택건설사업을 하는 주택조합은 등록하지 않고 20세대 이상의 공동주택의 건설사업을 시행할 수 있다.
3. 한국토지주택공사가 연간 10만㎡ 이상의 대지조성사업을 시행하려는 경우에는 대지조성사업의 등록을 하지 않는다.
4. 지방자치단체는 등록하지 않는다. 제36회 변형
5. 지방공사는 등록하지 않는다. 제36회 변형

(2) 등록기준

① 주택건설사업 또는 대지조성사업의 등록을 하려는 자는 다음의 요건을 모두 갖추어야 한다. 이 경우, 하나의 사업자가 주택건설사업과 대지조성사업을 함께 할 때에는 자본금 및 사무실면적의 기준은 중복하여 적용하지 아니한다(영 제14조 제3항).

구분	자본금		기술인력	사무실 면적
	법인	개인		
주택건설 사업자	3억원 이상	자산평가액 6억원 이상	건축분야기술인 1명 이상	사업의 수행에 필요한 사무장비를 갖출 수 있는 면적
대지조성 사업자			토목분야기술인 1명 이상	

② 다음의 어느 하나에 해당하는 경우에는 해당 자본금, 기술인력 또는 사무실면적을 ①의 기준에 포함하여 산정한다(영 제14조 제4항).

핵심 등록기준
1. 자본금 3억원(개인은 자산평가액 6억원) 이상
2. 주택건설사업의 경우, 건축분야기술인 1명 이상
3. 대지조성사업의 경우, 토목분야기술인 1명 이상
4. 사무장비를 확보할 수 있는 면적

1달 완성 학습플래너

기본학습이 어느 정도 진행된 수험생이라면, 학습의 방향을 정하고 학습능력과 상황에 맞게 '1달 완성' 계획표를 직접 작성하여 메가랜드 강의와 함께 학습해 보세요.

Sample Plan

Day 1	Day 2	Day 3	Day 4	Day 5	Day 6	Day 7
개론 제1편~ 제2편	민법 제1편 제1장 ~제4장	중개 제1편 제1장 ~제3장	공법 제1편 제1장 ~제3장	공시 제1편 제1장~ 제3장 세법 제1편~	복습	…

Self Plan

Day 1	Day 2	Day 3	Day 4	Day 5	Day 6	Day 7

Day 8	Day 9	Day 10	Day 11	Day 12	Day 13	Day 14

Day 15	Day 16	Day 17	Day 18	Day 19	Day 20	Day 21

Day 22	Day 23	Day 24	Day 25	Day 26	Day 27	Day 28

Day 29	Day 30	Day 31

합격 키워드 확인하기

편	합격 키워드
제1편	용어정의 중 기반시설, 도시·군계획시설, 공공시설, 광역계획권의 지정, 행정계획의 수립권자, 도시·군관리계획의 절차·특례, 용도지역의 정의와 행위제한·특례, 둘 이상의 용도지역 등에 걸치는 경우 행위제한, 용도지구의 정의와 행위제한, 입지규제최소구역의 지정대상, 지구단위계획구역의 지정대상, 지구단위계획구역의 지정요건 및 내용, 기반시설의 종류 및 설치절차, 장기미집행 도시·군계획시설부지 매수청구, 지방의회의 권고에 따른 해제, 도시·군계획시설 결정의 해제신청, 개발행위허가대상·허가기준·허가제한, 이행보증금 예치사유, 개발밀도관리구역, 기반시설부담구역의 지정과 효과, 청문, 행정심판, 타인토지의 출입 등, 시범도시
제2편	도시개발구역의 지정 및 지정권자, 개발구역의 지정기준 면적, 개발구역 지정의 효과와 구역 지정의 해제, 도시개발사업의 시행자, 조합의 성격, 조합설립의 동의요건, 총회와 대의원회, 임원 및 겸직 금지, 수용 방식 및 수용을 위한 특례, 토지상환채권, 선수금, 이주대책, 조성토지공급, 원형지공급, 환지방식·환지계획, 적응환지·감환지·증환지, 환지부지정, 입체환지, 환지예정지, 감가보상금·청산금
제3편	노후·불량건축물, 토지등소유자, 정비기반시설, 공동이용시설, 대지, 주거환경개선사업, 재개발사업, 재건축사업, 정비기본방침, 정비계획, 정비기본계획, 정비구역, 구역 지정의 임의적 해제와 필수적 해제, 사업시행계획, 정비사업의 시행, 관리처분계획, 시행자, 시행방식, 조합설립의 인가취소, 분양신청, 분양설계, 분양신청기간, 저당권의 물상대위, 사용·수익정지에 따른 임차권자 권리조정
제4편	건축물, 공작물, 건축행위·대수선행위·용도변경행위, 적용대상 공작물, 적용 제외 건축물, 고층건축물·초고층건축물, 사전결정신청, 건축허가, 건축신고, 건축허가의 취소·제한, 안전관리예치금, 건축물의 건축절차, 허가권자 등, 매도청구, 대지, 대지와 도로의 관계, 건축선, 주요구조부, 구조안전확인, 헬리포트 등, 지하층, 대지분할제한면적, 높이제한(일조), 승용·비상용·피난용 승강기, 공개공지, 특별건축구역, 건축협정제도, 특별가로구역, 결합건축, 이행강제금, 건축분쟁전문위원회
제5편	주택, 도시형 생활주택, 준주택, 세대구분형 주택, 공공택지·공구, 부대·복리·간선시설, 주택단지, 장수명주택, 에너지절약형 친환경주택, 건강친화형 주택, 토지임대부 분양주택, 사업주체, 등록기준, 주택조합, 사업계획의 승인, 사용검사, 체비지 매각, 분양가상한제, 공급질서교란행위의 금지, 매도청구, 저당권설정 등의 제한, 투기과열지구, 전매금지, 리모델링, 주택상환사채
제6편	농지, 농업인, 농업법인, 농지의 소유, 소유제한, 경자유전의 원칙, 주말·체험영농, 농지취득자격증명, 농지처분, 매수청구, 이행강제금, 대리경작제도, 농지임대차, 농지전용허가·신고, 농업진흥지역·농업진흥구역·농업보호구역, 타용도일시사용허가, 농지보전부담금

제 1 편   국토의 계획 및 이용에 관한 법률

◆ 제1장　총칙　　　　　　　　　　　　　　　　　　　　　　　26

◆ 제2장　도시 · 군계획 등
　제1절　광역도시계획　　　　　　　　　　　　　　　　　　33
　제2절　도시 · 군기본계획　　　　　　　　　　　　　　　　42
　제3절　도시 · 군관리계획　　　　　　　　　　　　　　　　48

◆ 제3장　용도지역 · 용도지구 · 용도구역　　　　　　　　　　66

◆ 제4장　지구단위계획
　제1절　지구단위계획　　　　　　　　　　　　　　　　　　98
　제2절　지구단위계획구역　　　　　　　　　　　　　　　　99

◆ 제5장　도시 · 군계획시설
　제1절　기반시설 등　　　　　　　　　　　　　　　　　　109
　제2절　도시 · 군계획시설사업　　　　　　　　　　　　　116

◆ 제6장　개발행위의 허가 등　　　　　　　　　　　　　　　137

◆ 제7장　보칙 및 벌칙　　　　　　　　　　　　　　　　　　161

제 2 편 도시개발법

- 제 1 장 총칙 — 180
- 제 2 장 도시개발구역의 지정 등 — 181
- 제 3 장 도시개발사업의 시행 — 199
- 제 4 장 비용의 부담 등 — 248
- 제 5 장 보칙 등 — 252

제 3 편 도시 및 주거환경정비법

- 제 1 장 총칙 — 262
- 제 2 장 계획 및 구역의 지정 — 267
- 제 3 장 정비사업의 시행 — 290
- 제 4 장 보칙 및 벌칙
  - 제 1 절 비용의 부담 등 — 351
  - 제 2 절 공공재개발사업 및 공공재건축사업 — 352
  - 제 3 절 정비사업전문관리업과 감독 등 — 357
  - 제 4 절 보칙 및 벌칙 — 362

차례

제4편 건축법

- **제1장** 총칙 — 376
- **제2장** 건축물의 건축 — 393
- **제3장** 건축물의 대지 및 도로 — 433
- **제4장** 건축물의 구조 및 재료 — 440
- **제5장** 지역 및 지구 안의 건축물 — 455
- **제6장** 건축설비 등
  - 제1절 건축설비 — 470
  - 제2절 공개공지 등 — 474
  - 제3절 특별건축구역 등 — 476
- **제7장** 보칙 등 — 492

제 5 편　주택법

- **제 1 장**　총칙 　　　　　　　　　　　　　　508
- **제 2 장**　주택의 건설 등 　　　　　　　　　516
- **제 3 장**　주택의 공급 등 　　　　　　　　　560
- **제 4 장**　리모델링 　　　　　　　　　　　　585
- **제 5 장**　주택상환사채 　　　　　　　　　　594
- **제 6 장**　보칙 　　　　　　　　　　　　　　597
- **제 7 장**　벌칙 　　　　　　　　　　　　　　601

제 6 편　농지법

- **제 1 장**　총칙 　　　　　　　　　　　　　　610
- **제 2 장**　농지의 소유 　　　　　　　　　　　613
- **제 3 장**　농지의 이용 　　　　　　　　　　　625
- **제 4 장**　농지의 보전 　　　　　　　　　　　633
- **제 5 장**　보칙 및 벌칙 　　　　　　　　　　655

제 1 편
국토의 계획 및 이용에 관한 법률

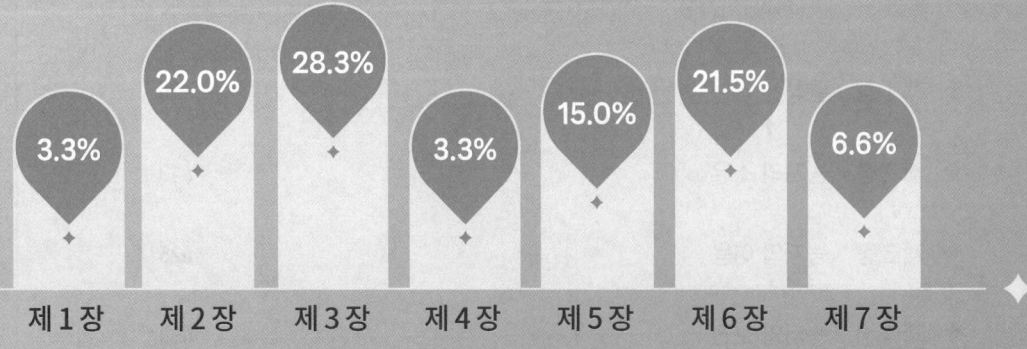

◆ 최근 5개년 출제경향 분석

- 제1장 | 총칙
- 제2장 | 도시·군계획 등
- 제3장 | 용도지역·용도지구·용도구역
- 제4장 | 지구단위계획
- 제5장 | 도시·군계획시설
- 제6장 | 개발행위의 허가 등
- 제7장 | 보칙 및 벌칙

제1편 국토의 계획 및 이용에 관한 법률

❖ 국토의 계획 및 이용에 관한 법률상 행정계획의 체계

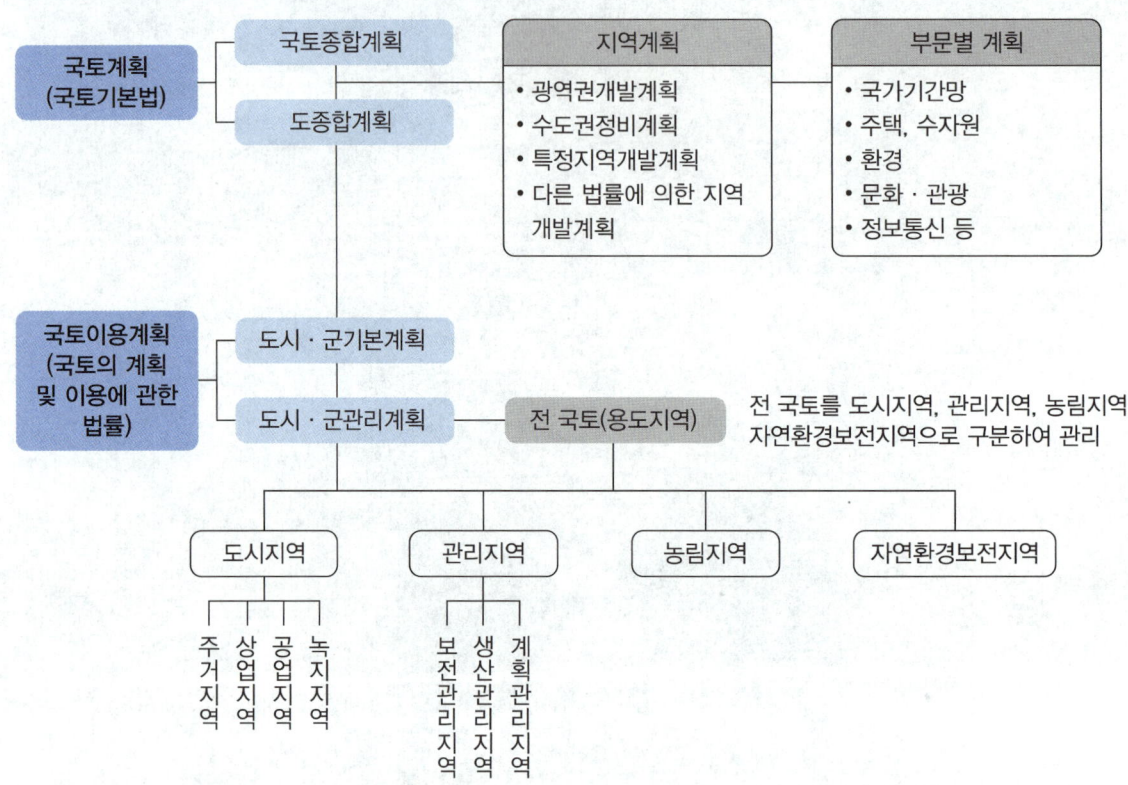

❖ **광역도시계획 수립절차**

기초조사 ⇨ 공청회 ⇨ 지방의회 의견청취 ⇨ 수립 ⇨ 승인신청 ⇨ 협의 ⇨ 심의 ⇨ 승인 ⇨ 공고 및 열람

- 수립: 국토교통부장관, 시·도지사, 시장·군수
- 승인: 국토교통부장관, 도지사

❖ **도시·군기본계획 수립절차**

기초조사 ⇨ 공청회 ⇨ 지방의회 의견청취 ⇨ 수립 ⇨ 승인신청 ⇨ 협의 ⇨ 심의 ⇨ 승인 ⇨ 공고 및 열람

- 수립: 특별시·광역시·특별자치시·특별자치도·시장·군수
- 승인: 시장·군수의 경우, 도지사

❖ **도시·군관리계획 수립절차**

기초조사 ⇨ 주민공람 ⇨ 지방의회 의견청취 ⇨ 입안 ⇨ 결정신청 ⇨ 협의 ⇨ 심의 ⇨ 결정 ⇨ 고시

- 입안
  - 원칙: 특별시·광역시·특별자치시·특별자치도·시장·군수
  - 예외: 국토교통부장관, 도지사
- 결정
  - 원칙: 시·도지사 (대도시 시장)
  - 예외: 국토교통부장관

제1편 국토의 계획 및 이용에 관한 법률

❖ 지구단위계획의 지정대상지역

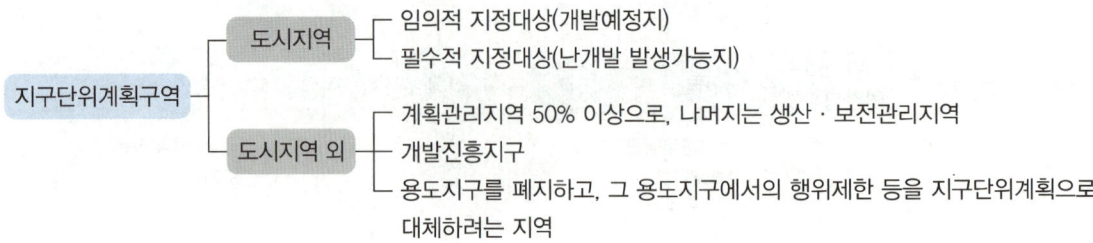

❖ 개발행위허가절차

개발행위 허가절차	① 허가신청서 제출: 기반시설·위해방지·환경·경관·조경계획서 첨부 ② 도시·군계획사업 시행자 및 공공시설 관리청의 의견청취 ③ 허가·불허가처분: 15일 내 처분(단, 심의나 협의기간은 제외한다)	
개발행위 허가제한	제한권자	국토교통부장관, 시·도지사, 시장·군수
	제한기간	① 원칙: 1회에 한하여 3년 이내 ② 예외: 계획을 수립하고 있는 지역은 1회에 한하여 2년 이내에서 연장 가능
위반자에 대한 조치	① 무허가 개발행위 또는 허가내용과 다르게 개발행위를 하는 자 ⇨ 원상회복명령 ⇨ 이행 × ⇨ 행정대집행으로 강제철거 ② 무허가 또는 부정허가를 받아 개발행위를 한 자 ⇨ 3년 이하의 징역 또는 3천만원 이하의 벌금	

❖ 도시·군계획시설사업의 절차

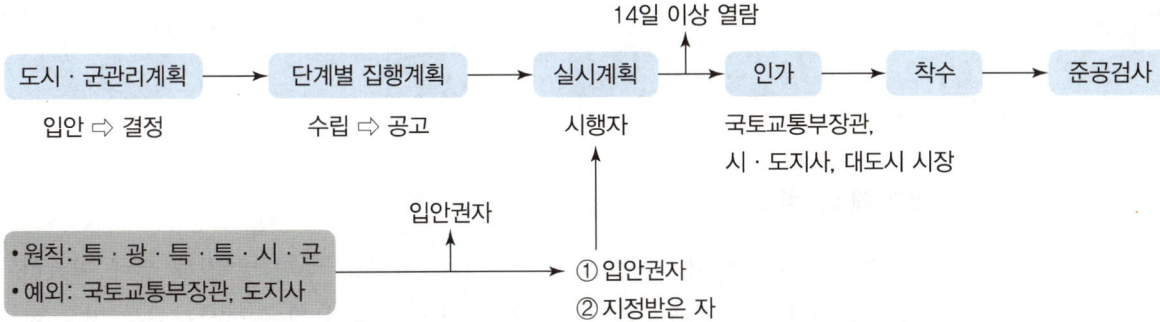

❖ 도시·군계획시설부지의 매수청구제도의 절차

장기 미집행 도시·군계획시설부지의 매수청구

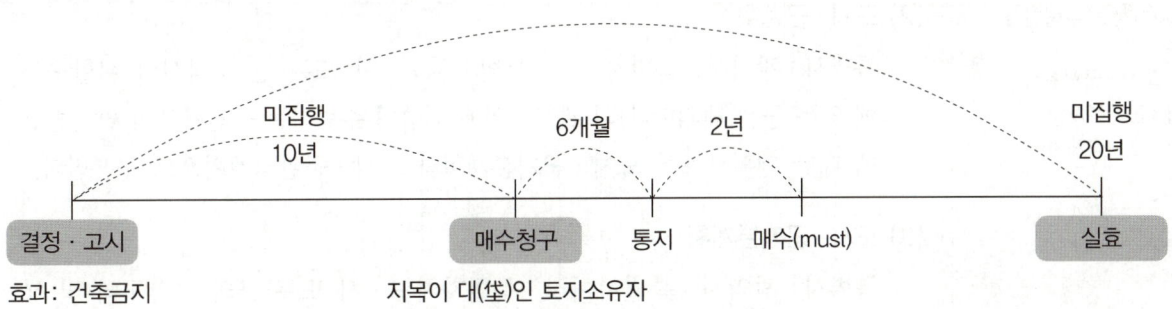

제1장 총칙

회독 Check 1회 2회 3회

💬 이 장에서는 지구단위계획, 도시·군계획사업, 개발밀도관리구역, 도시혁신구역 등과 같은 용어의 정의에서 주로 출제된다. 따라서, 법률상 정의된 용어를 하나씩 이해하면서 학습하여야 한다.

❶ 제정 목적

이 법은 국토의 이용·개발과 보전을 위한 계획의 수립 및 집행 등에 필요한 사항을 정하여 공공복리를 증진시키고 국민의 삶의 질을 향상시키는 것을 목적으로 한다(법 제1조).

❷ 용어의 정의

이 법에서 사용하는 용어의 뜻은 다음과 같다(법 제2조).

(1) 광역도시계획

지정된 광역계획권의 장기발전방향을 제시하는 계획을 말한다.

> 참고 📖 반드시 '광역계획권 안'에서라는 표현이 있어야 광역도시계획을 수립한다.

(2) 도시·군계획

특별시·광역시·특별자치시·특별자치도·시 또는 군(광역시의 관할구역에 있는 군은 제외한다)의 관할구역에 대하여 수립하는 공간구조와 발전방향에 대한 계획으로서 도시·군기본계획과 도시·군관리계획으로 구분한다.

> 핵심 🎯 도시·군계획
> ├ 도시·군기본계획
> └ 도시·군관리계획

(3) 도시·군기본계획

특별시·광역시·특별자치시·특별자치도·시 또는 군의 관할구역 및 생활권에 대하여 기본적인 공간구조와 장기발전방향을 제시하는 종합계획으로서 도시·군관리계획 수립의 지침이 되는 계획을 말한다.

(4) 도시·군관리계획 제34회

특별시·광역시·특별자치시·특별자치도·시 또는 군의 개발·정비 및 보전을 위하여 수립하는 토지이용, 교통, 환경, 경관, 안전, 산업, 정보통신, 보건, 복지, 안보, 문화 등에 관한 다음의 계획을 말한다.

> ① 용도지역 · 용도지구의 지정 또는 변경에 관한 계획
> ② 개발제한구역, 도시자연공원구역, 시가화조정구역, 수산자원보호구역의 지정 또는 변경에 관한 계획
> ③ 기반시설의 설치 · 정비 또는 개량에 관한 계획
> ④ 도시개발사업이나 정비사업에 관한 계획
> ⑤ 지구단위계획구역의 지정 또는 변경에 관한 계획과 지구단위계획
> ⑥ 도시혁신구역의 지정 또는 변경에 관한 계획과 도시혁신계획
> ⑦ 복합용도구역의 지정 또는 변경에 관한 계획과 복합용도계획
> ⑧ 도시 · 군계획시설 일체 복합구역의 지정 또는 변경에 관한 계획

참고 전체 내용의 구분
- 전국 토지계획
  ⇩
- 전국 토지이용
  ⇩
- 기타 규정

(5) 지구단위계획 제32회

도시 · 군계획 수립대상지역의 일부에 대하여 토지이용을 합리화하고 그 기능을 증진시키며 미관을 개선하고 양호한 환경을 확보하며, 그 지역을 체계적 · 계획적으로 관리하기 위하여 수립하는 도시 · 군관리계획을 말한다.

(6) 성장관리계획

성장관리계획구역에서의 난개발을 방지하고 계획적인 개발을 유도하기 위하여 수립하는 계획을 말한다.

(7) 공간재구조화계획

토지의 이용 및 건축물이나 그 밖의 시설의 용도 · 건폐율 · 용적률 · 높이 등을 완화하는 용도구역의 효율적이고 계획적인 관리를 위하여 수립하는 계획을 말한다.

(8) 도시혁신계획

창의적이고 혁신적인 도시공간의 개발을 목적으로 도시혁신구역에서의 토지의 이용 및 건축물의 용도 · 건폐율 · 높이 등의 제한에 관한 사항을 따로 정하기 위하여 공간재구조화계획으로 결정하는 도시 · 군관리계획을 말한다.

(9) 복합용도계획

주거 · 상업 · 산업 · 교육 · 문화 · 의료 등 다양한 도시기능이 융복합된 공간의 조성을 목적으로 복합용도구역에서의 건축물의 용도별 구성비율 및 건폐율 · 용적률 · 높이 등의 제한에 관한 사항을 따로 정하기 위하여 공간재구조화계획으로 결정하는 도시 · 군관리계획을 말한다.

(10) **기반시설** 제32회

다음의 시설로서 대통령령으로 정하는 시설을 말한다.

교통시설	도로·철도·항만·공항·주차장·자동차정류장·궤도·차량검사 및 면허시설
공간시설	광장·공원·녹지·유원지·공공공지
유통·공급시설	유통업무설비, 수도·전기·가스·열공급설비, 방송·통신시설, 공동구·시장, 유류저장 및 송유설비
공공·문화체육시설	학교·공공청사·문화시설 및 공공필요성이 인정되는 체육시설·연구시설·사회복지시설·공공직업훈련시설·청소년수련시설
방재시설	하천·유수지·저수지·방화설비·방풍설비·방수설비·사방설비·방조설비
보건위생시설	장사시설·도축장·종합의료시설
환경기초시설	하수도, 폐기물처리 및 재활용시설, 빗물저장 및 이용시설, 수질오염방지시설, **폐차장**

> 참고 📖 공공·문화체육시설에 운동장은 해당되지 않는다.

> 비교 ➡ 기반시설 등
> 1. 기반시설: 생활에 없어서는 안 되는 필수적인 46개의 시설
> 2. 도시·군계획시설: 기반시설 중 도시·군관리계획으로 결정된 시설
> 3. 광역시설: 기반시설 중 둘 이상의 도시에 걸치거나 공동으로 이용하는 시설

> 📋 **참고** **도로·자동차정류장 및 광장의 세분**
>
> 기반시설 중 도로·자동차정류장 및 광장은 다음과 같이 세분할 수 있다.
>
> | 도로 | ① 일반도로
③ 보행자전용도로
⑤ 자전거전용도로
⑦ 지하도로 | ② 자동차전용도로
④ 보행자우선도로
⑥ 고가도로 |
> |---|---|---|
> | 자동차정류장 | ① 여객자동차터미널
③ 공영차고지
⑤ 화물자동차휴게소
⑦ 환승센터 | ② 물류터미널
④ 공동차고지
⑥ 복합환승센터 |
> | 광장 | ① 교통광장
③ 경관광장
⑤ 건축물부설광장 | ② 일반광장
④ 지하광장 |

> Tip 👆 광장의 세분에 지상광장과 미관광장은 포함되지 않음에 유의한다.

(11) **도시·군계획시설** 제32회

기반시설 중 도시·군관리계획으로 결정된 시설을 말한다.

(12) **광역시설**

기반시설 중 광역적인 정비체계가 필요한 다음의 시설을 말한다(영 제3조).

둘 이상의 특별시·광역시·특별자치시·특별자치도·시 또는 군의 관할구역에 걸쳐 있는 시설	도로·철도·광장·녹지, 수도·전기·가스·열공급설비, 방송·통신시설, 공동구, 유류저장 및 송유설비, 하천·하수도(하수종말처리시설 제외)
둘 이상의 특별시·광역시·특별자치시·특별자치도·시 또는 군이 공동으로 이용하는 시설	항만·공항·자동차정류장·공원·유원지·유통업무설비·문화시설·공공필요성이 인정되는 체육시설·사회복지시설·공공직업훈련시설·청소년수련시설·유수지·장사시설·도축장·하수도(하수종말처리시설에 한한다)·폐기물처리 및 재활용시설·수질오염방지시설·폐차장

(13) **공동구**

전기·가스·수도 등의 공급설비, 통신시설, 하수도시설 등 지하매설물을 공동 수용함으로써 미관의 개선, 도로구조의 보전 및 교통의 원활한 소통을 위하여 지하에 설치하는 시설물을 말한다.

(14) **도시·군계획시설사업**

도시·군계획시설을 설치·정비 또는 개량하는 사업을 말한다.

(15) **도시·군계획사업**

도시·군관리계획을 시행하기 위한 다음의 사업을 말한다.

① 도시·군계획시설사업
② 「도시개발법」에 따른 도시개발사업
③ 「도시 및 주거환경정비법」에 따른 정비사업

(16) **도시·군계획사업 시행자**

이 법 또는 다른 법률에 따라 도시·군계획사업을 하는 자를 말한다.

(17) **공공시설**

도로·공원·철도·수도, 그 밖에 대통령령이 정하는 공공용 시설을 말한다.

① 항만·공항·광장·녹지·공공공지·공동구·하천·유수지·방화설비·방풍설비·방수설비·사방설비·방조설비·하수도·구거(도랑)
② 행정청이 설치하는 시설로서 주차장, 저수지 및 그 밖에 국토교통부령으로 정하는 시설
③ 「스마트도시의 조성 및 산업진흥 등에 관한 법률」에 따른 시설

핵심 다음의 3가지 사업을 모두 포함할 때 '도시·군계획사업'이라 한다.
1. 도시·군계획시설사업
2. 도시개발사업
3. 정비사업

참고 시행자가 작성하는 계획을 실시계획이라 한다.

➕ 공공시설 중 행정청이 설치하는 것으로 국토교통부령으로 정하는 것
1. 공공필요성이 인정되는 체육시설 중 운동장
2. 장사시설 중 화장장·공동묘지·봉안시설(자연장지 또는 장례식장에 화장장·공동묘지·봉안시설 중 한 가지 이상의 시설을 같이 설치하는 경우를 포함한다)

기출 행정청이 설치하는 공동묘지는 '공공시설'에 해당한다. 제35회

심화 중복 지정
1. 용도지역 + 용도지역 = ×
2. 용도지역 + 용도지구 = ○
3. 용도지역 + 용도구역 = ○
4. 용도지구 + 용도지구 = ○
5. 용도지구 + 용도구역 = ○

핵심 개발행위가 빈번해질 지역으로서 기반시설이 부족한 곳인데 기반시설의 설치가 곤란한 지역은 '개발밀도관리구역'으로, 기반시설의 설치가 가능한 지역은 '기반시설부담구역'으로 개발행위허가권자가 지정한다.

(18) 국가계획
중앙행정기관이 법률에 따라 수립하거나 국가의 정책적인 목적을 이루기 위하여 수립하는 계획 중 도시·군기본계획의 내용이나 도시·군관리계획으로 결정하여야 할 사항이 포함된 계획을 말한다.

(19) 용도지역
토지의 이용 및 건축물의 용도, 건폐율, 용적률, 높이 등을 제한함으로써 토지를 경제적·효율적으로 이용하고 공공복리의 증진을 도모하기 위하여 서로 중복되지 아니하게 도시·군관리계획으로 결정하는 지역을 말한다.

(20) 용도지구
토지의 이용 및 건축물의 용도·건폐율·용적률·높이 등에 대한 용도지역의 제한을 강화하거나 완화하여 적용함으로써 용도지역의 기능을 증진시키고 경관·안전 등을 도모하기 위하여 도시·군관리계획으로 결정하는 지역을 말한다.

(21) 용도구역
토지의 이용 및 건축물의 용도·건폐율·용적률·높이 등에 대한 용도지역 및 용도지구의 제한을 강화하거나 완화하여 따로 정함으로써 시가지의 무질서한 확산방지, 계획적이고 단계적인 토지이용의 도모, 혁신적이고 복합적인 토지활용의 촉진, 토지이용의 종합적 조정·관리 등을 위하여 도시·군관리계획으로 결정하는 지역을 말한다.

(22) 개발밀도관리구역
개발로 인하여 기반시설이 부족할 것으로 예상되나 기반시설을 설치하기 곤란한 지역을 대상으로 건폐율이나 용적률을 강화하여 적용하기 위하여 지정하는 구역을 말한다.

(23) 기반시설부담구역
개발밀도관리구역 외의 지역으로서 개발로 인하여 도로, 공원, 녹지 등 대통령령으로 정하는 기반시설의 설치가 필요한 지역을 대상으로 기반시설을 설치하거나, 그에 필요한 용지를 확보하게 하기 위하여 지정·고시하는 구역을 말한다.

(24) 기반시설설치비용

단독주택 및 숙박시설 등 대통령령으로 정하는 시설의 신·증축행위로 인하여 유발되는 기반시설을 설치하거나 그에 필요한 용지를 확보하기 위하여 부과·징수하는 금액을 말한다.

(25) 기반시설부담구역에 설치가 필요한 기반시설

'도로, 공원, 녹지 등 대통령령으로 정하는 기반시설'이란 다음의 기반시설(해당 시설의 이용을 위하여 필요한 부대시설 및 편의시설을 포함한다)을 말한다(영 제4조의2).

> ① 도로(인근의 간선도로로부터 기반시설부담구역까지의 진입도로를 포함한다)
> ② 공원
> ③ 녹지
> ④ 학교(「고등교육법」에 따른 대학은 제외한다)
> ⑤ 수도(인근의 수도로부터 기반시설부담구역까지 연결하는 수도를 포함한다)
> ⑥ 하수도(인근의 하수도로부터 기반시설부담구역까지 연결하는 하수도를 포함한다)
> ⑦ 폐기물처리 및 재활용시설
> ⑧ 그 밖에 특별시장·광역시장·특별자치시장·특별자치도지사·시장 또는 군수가 기반시설부담계획에서 정하는 시설

3 도시의 지속가능성 및 생활인프라 수준평가

(1) 평가권자

국토교통부장관은 도시의 지속가능하고 균형 있는 발전과 주민의 편리하고 쾌적한 삶을 위하여 도시의 지속가능성 및 생활인프라(교육시설, 문화·체육시설, 교통시설 등의 시설로서 국토교통부장관이 정하는 것을 말한다) 수준을 평가할 수 있다(법 제3조의2 제1항).

(2) 평가절차

평가를 위한 절차 및 기준 등에 관하여 필요한 사항은 대통령령으로 정한다(법 제3조의2 제2항).

(3) 평가결과의 반영

국가와 지방자치단체는 평가 결과를 도시·군계획의 수립 및 집행에 반영하여야 한다(법 제3조의2 제3항).

❹ 국가계획, 광역도시계획 및 도시·군계획의 관계 등

(1) 도시·군계획의 지위

도시·군계획은 특별시·광역시·특별자치시·특별자치도·시 또는 군의 관할구역에서 수립되는 다른 법률에 따른 토지의 이용·개발 및 보전에 관한 계획의 기본이 된다(법 제4조 제1항).

참고📖 다른 법률 토지이용개발은 도시·군계획에 부합하여야 하고, 다른 법률 부문별 계획은 도시·군기본계획에 부합하여야 한다.

```
도시·군계획 ──기본──▶ 다른 법률에 따른 토지의 이용·개발·보전에 관한 계획
```

(2) 광역도시계획 및 도시·군계획과 국가계획의 관계

광역도시계획 및 도시·군계획은 국가계획에 부합되어야 하며, 광역도시계획 또는 도시·군계획의 내용이 국가계획의 내용과 다를 때에는 국가계획의 내용이 우선한다. 이 경우, 국가계획을 수립하려는 중앙행정기관의 장은 미리 지방자치단체의 장의 의견을 듣고 충분히 협의하여야 한다(법 제4조 제2항).

참고📖 행정계획의 위계질서
국가계획 > 광역도시계획 > 도시·군기본계획 > 도시·군관리계획

(3) 광역도시계획과 도시·군계획의 관계

광역도시계획이 수립되어 있는 지역에 대하여 수립하는 도시·군기본계획은 그 광역도시계획에 부합되어야 하며, 도시·군기본계획의 내용이 광역도시계획의 내용과 다를 때에는 광역도시계획의 내용이 우선한다(법 제4조 제3항).

(4) 도시·군기본계획과 부문별 계획의 관계

특별시장·광역시장·특별자치시장·특별자치도지사·시장 또는 군수✚가 관할구역에 대하여 다른 법률에 따른 환경·교통·수도·하수도·주택 등에 관한 부문별 계획을 수립할 때에는 도시·군기본계획의 내용에 부합되게 하여야 한다(법 제4조 제4항).

✚ 광역시의 관할구역에 있는 군의 군수는 제외한다. 다만, 법 제113조, 제117조~제124조, 제124조의2, 제125조, 제126조, 제133조, 제136조, 제138조 제1항, 제139조 제1항·제2항에서는 광역시의 관할구역에 있는 군의 군수를 포함한다.

```
도시·군기본계획 ──기본──▶ 다른 법률에 따른 환경·교통·수도·하수도·주택 등에 관한 부문별 계획
```

제2장 도시·군계획 등

회독 Check 1회 2회 3회

> 도시·군계획의 구분과 광역도시계획의 성격 위주로 학습하여야 한다. 또한 광역계획권의 지정권자, 도시·군기본계획의 수립권자, 도시·군관리계획의 입안권자를 반드시 구분해야 한다.

제1절 | 광역도시계획

❶ 행정계획

행정주체가 일정한 행정활동을 위한 목표를 설정하고, 상호관련성 있는 행정수단의 조정과 종합화를 통해 그 목표로 정한 장래의 시점에 있어서 보다 좋은 질서를 실현할 것을 목적으로 하는 활동기준 또는 그 설정행위를 말한다.

구분	비구속적 행정계획(광역·기본·종합)	구속적 행정계획
주체	① 행정관청(○) ② 일반 국민(×)	① 행정관청(○): 의무, 수립에 따른 관리의무 부과 ② 일반 국민(○): 행위제한(규제받음)
법적 성격	① 내부구속적 행정계획 ② 일면적 계획	① 대·내외적 구속력 있는 행정계획 ② 양면적 계획
성격	① 행정명령: 일일지시, 훈령 ② 행정규칙의 성질	① 행정처분: 행정관청이 일반 국민에게 어떠한 행위에 대하여 내리는 처분성이 있는 계획 ② 행정행위
절차	수립 ⇨ 승인	입안 ⇨ 결정
주민의 의견청취	공청회: 간접청취	공람·열람(직접): 주민을 구속하기 때문에 주민의견청취를 해야 한다. 생략사항 외에 결하게 되면 중대한 하자로 무효사유에 해당된다.
행정 쟁송의 대상 여부	행정쟁송의 대상 ×: 국민에 대하여 일정한 규제(행위제한)를 가하지 않았으므로 쟁송(옳고 그름을 판단)할 수 없다.	행정쟁송의 대상 ○: 구속을 받았으므로 당연히 국민은 사권을 구제받기 위해 행정쟁송이 가능하다.

심화 행정계획은 기준에 따라 종합계획, 부문별 계획, 장기·중기·연도별 계획, 전국·지방·지역계획, 기본·시행계획, 국토·경제·사회계획, 구속적·비구속적 계획으로 구분된다.

Tip '광역·기본·종합'이란 표현은 광범위한 개략적 방향성을 제시하는 비구속적 계획이다. 위의 3가지가 없다면, 대부분 구속력이 있는 행정계획으로 간주하고 학습하면 된다.

종류	① 국토종합계획(국토기본법)	① 도시·군관리계획(국토계획법)
	② 광역도시계획, 도시·군기본계획 (국토계획법)	② 지구단위계획(국토계획법)
		③ 단계별 집행계획(국토계획법)
	③ 정비기본계획(정비법)	④ 정비계획, 관리처분계획(정비법)

❷ 광역계획권 제33회

1. 광역계획권의 지정권자 및 지정목적

국토교통부장관 또는 **도지사**는 둘 이상의 특별시·광역시·특별자치시·특별자치도·시 또는 군의 공간구조 및 기능을 상호 연계시키고 환경을 보전하며 광역시설을 체계적으로 정비하기 위하여 필요한 경우에는 다음의 구분에 따라 인접한 둘 이상의 특별시·광역시·특별자치시·특별자치도·시 또는 군의 관할구역 전부 또는 일부를 대통령령으로 정하는 바에 따라 광역계획권으로 지정할 수 있다(법 제10조 제1항).

① 광역계획권이 둘 이상의 특별시·광역시·특별자치시·도 또는 특별자치도(이하 '시·도'라 한다)의 관할구역에 걸쳐 있는 경우: 국토교통부장관이 지정
② 광역계획권이 도의 관할구역에 속하여 있는 경우: 도지사가 지정

> **심화** 광역계획권의 지정단위(영 제7조)
>
> 1. **지정단위**: 광역계획권은 인접한 둘 이상의 '특별시·광역시·특별자치시·특별자치도·시 또는 군'의 관할구역 단위로 지정한다.
> 2. **최소단위**: 국토교통부장관 또는 도지사는 지정단위에도 불구하고 인접한 둘 이상의 특별시·광역시·특별자치시·특별자치도·시 또는 군의 관할구역의 일부를 광역계획권에 포함시키고자 하는 때에는 구·군(광역시의 관할구역 안에 있는 군을 말한다)·읍 또는 면의 관할구역 단위로 하여야 한다.

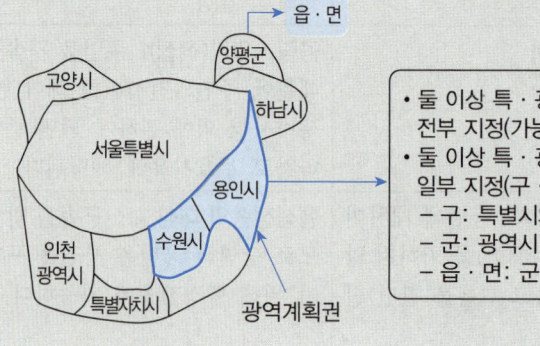

Tip 광역계획권은 도시·군관리계획으로 정하는 것이 아니라, 심의를 거쳐 지정하는 것이다.

비교 ▶ 권한자
1. 광역계획권 지정권자: 국토교통부장관, 도지사
2. 광역도시계획 수립권자: 국토교통부장관, 시·도지사, 시장·군수

2. 광역계획권의 지정 또는 변경요청

중앙행정기관의 장, 시·도지사, 시장 또는 군수는 국토교통부장관이나 도지사에게 광역계획권의 지정 또는 변경을 요청할 수 있다(법 제10조 제2항).

3. 광역계획권의 지정절차

(1) 의견청취 후 심의

① 국토교통부장관: 국토교통부장관은 광역계획권을 지정하거나 변경하려면 관계 시·도지사, 시장 또는 군수의 의견을 들은 후 중앙도시계획위원회의 심의를 거쳐야 한다(법 제10조 제3항).

② 도지사: 도지사가 광역계획권을 지정하거나 변경하려면 관계 중앙행정기관의 장, 관계 시·도지사, 시장 또는 군수의 의견을 들은 후 지방도시계획위원회의 심의를 거쳐야 한다(법 제10조 제4항).

(2) 통보

국토교통부장관 또는 도지사는 광역계획권을 지정하거나 변경하면 지체 없이 관계 시·도지사, 시장 또는 군수에게 그 사실을 통보하여야 한다(법 제10조 제5항).

③ 광역도시계획 제32회, 제36회

(1) 의의

광역도시계획이란 지정이 된 광역계획권의 장기발전방향을 제시하는 계획을 말한다(법 제2조 제1호).

(2) 성격

① 광역도시계획은 도시·군기본계획과 더불어 비구속적 행정계획으로 일반 국민에게는 직접적인 효력이 미치지 않는 계획이다.

② 행정청만을 구속하는 내부구속적 행정계획이며, 행정처분성이 없는 행정규칙의 성질만을 갖는 계획이므로 일반 국민은 광역도시계획의 취소나 무효 확인을 구하는 행정심판 또는 행정소송 등의 행정쟁송을 제기할 수 없다.

(3) 수립내용

광역도시계획에는 다음의 사항 중 그 광역계획권의 지정목적을 이루는 데 필요한 사항에 대한 정책방향이 포함되어야 한다(법 제12조 제1항).

기출 중앙행정기관의 장, 시·도지사, 시장 또는 군수는 국토교통부장관이나 도지사에게 광역계획권의 지정 또는 변경을 요청할 수 있다. 제33회

Tip 광역계획권의 지정권자는 국토교통부장관, 도지사이다. 특별시장과 광역시장은 지정권자가 아님에 유의한다.

심화 행정쟁송의 종류
1. 이의신청: 관계 행정청에 직접 시정을 요구하는 것
2. 행정심판: 관계 행정청의 상급 감독청에 시정을 요구하는 것
3. 행정소송: 행정처분에 대하여 위법 여부를 법원에 심사하여 줄 것을 요청하는 것(원 처분청을 상대로 행정법원에 제기해야 한다)

> **참고 📖 행정청·행정관청**
> 1. 행정청이란 행정주체, 예컨대 국가나 지방자치단체를 위하여 그 의사를 결정하고 국민(주민)에 대하여 이를 표시하는 권한을 가진 행정기관을 말한다(예 각 부 장관, 지방자치단체의 장).
> 2. 행정청은 행정기관 중에서 가장 중심에 위치한 개념이다. 통상 국가의 행정청은 이를 '행정관청'이라 하고, 지방자치단체의 기관도 포함하는 경우에는 '행정청'이라고 칭하는 것이 보통이다. 하지만 이러한 용어법이 반드시 지켜지는 것은 아니고, 혼용해서 쓰이는 경우가 적지 않다.

> **기출 📋**
> 1. 광역도시계획의 수립기준은 국토교통부장관이 정한다. 제32회
> 2. 광역계획권의 교육시설 확충 및 부동산가격 안정화에 관한 사항은 광역도시계획의 내용에 포함되지 않는다. 제36회

① 광역계획권의 공간구조와 기능분담에 관한 사항
② 광역계획권의 녹지관리체계와 환경보전에 관한 사항
③ 광역시설의 배치·규모·설치에 관한 사항
④ **경관계획에 관한 사항**
⑤ 그 밖에 광역계획권에 속하는 특별시·광역시·특별자치시·특별자치도·시 또는 군 상호간의 기능 연계에 관한 사항으로서 대통령령이 정하는 사항
　㉠ 광역계획권의 교통 및 물류유통체계에 관한 사항
　㉡ 광역계획권의 문화·여가공간 및 방재에 관한 사항

(4) 수립기준

국토교통부장관은 광역도시계획의 수립기준을 정할 때에는 다음의 사항을 종합적으로 고려해야 한다(법 제12조 제2항, 영 제10조).

① 광역계획권의 미래상과 이를 실현할 수 있는 체계화된 전략을 제시하고, 국토종합계획 등과 서로 연계되도록 할 것
② 특별시·광역시·특별자치시·특별자치도·시 또는 군 간의 기능분담, 도시의 무질서한 확산방지, 환경보전, 광역시설의 합리적 배치 그 밖에 광역계획권 안에서 현안사항이 되고 있는 **특정부문 위주로 수립할 수 있도록 할 것**
③ **여건변화에 탄력적으로 대응할 수 있도록 포괄적이고 개략적으로 수립하도록** 하되, 특정부문 위주로 수립하는 경우에는 도시·군기본계획이나 도시·군관리계획에 **명확한 지침을 제시할 수 있도록 구체적으로 수립하도록 할 것**
④ 녹지축·생태계·산림·경관 등 양호한 자연환경과 우량농지, 보전 목적의 용도지역 등을 충분히 고려하여 수립하도록 할 것
⑤ 부문별 계획은 서로 연계되도록 할 것
⑥ 「재난 및 안전관리 기본법」에 따른 시·도 안전관리계획 및 시·군·구 안전관리계획과 「자연재해대책법」에 따른 시·군 자연재해저감 종합계획을 충분히 고려하여 수립하도록 할 것

❹ 광역도시계획의 수립

1. 광역도시계획의 수립을 위한 기초조사

(1) 기초조사

국토교통부장관, 시·도지사, 시장 또는 군수는 광역도시계획을 수립하거나 변경하려면 미리 인구, 경제, 사회, 문화, 토지이용, 환경, 교통, 주택, 그 밖에 대통령령으로 정하는 다음의 사항 중 그 광역도시계획의 수립 또는 변경에 필요한 사항을 조사하거나 측량(이하 '기초조사'라 한다)하여야 한다(법 제13조 제1항).

> **참고 📖** 광역도시계획의 기초조사 규정은 도시·군기본계획과 도시·군관리계획의 수립시 기초조사 과정에 준용된다.

> ① 기후 · 지형 · 자원 · 생태 등 자연적 여건
> ② 기반시설 및 주거수준의 현황과 전망
> ③ 풍수해 · 지진 그 밖의 재해의 발생현황 및 추이
> ④ 광역도시계획과 관련된 다른 계획 및 사업의 내용
> ⑤ 그 밖에 광역도시계획의 수립에 필요한 사항

(2) 자료제출의 요청

국토교통부장관, 시 · 도지사, 시장 또는 군수는 관계 행정기관의 장에게 기초조사에 필요한 자료를 제출하도록 요청할 수 있다. 이 경우, 요청을 받은 관계 행정기관의 장은 특별한 사유가 없으면 그 요청에 따라야 한다(법 제13조 제2항).

(3) 기초조사의 의뢰

국토교통부장관, 시 · 도지사, 시장 또는 군수는 효율적인 기초조사를 위하여 필요하면 기초조사를 전문기관에 의뢰할 수 있다(법 제13조 제3항).

(4) 기초조사정보체계의 구축 · 운영

국토교통부장관, 시 · 도지사, 시장 또는 군수가 기초조사를 실시한 경우에는 해당 정보를 체계적으로 관리하고 효율적으로 활용하기 위하여 **기초조사정보체계를 구축 · 운영하여야 한다**(법 제13조 제4항).

(5) 변동사항의 반영

국토교통부장관, 시 · 도지사, 시장 또는 군수가 기초조사정보체계를 구축한 경우에는 등록된 정보의 현황을 **5년마다 확인하고 변동사항을 반영**하여야 한다(법 제13조 제5항).

(6) 필요사항

기초조사정보체계의 구축 · 운영에 필요한 사항은 대통령령으로 정한다(법 제13조 제6항).

(7) 자료의 활용

기초조사를 함에 있어서 조사할 사항에 관하여 다른 법령의 규정에 의하여 조사 · 측량한 자료가 있는 경우에는 이를 **활용할 수 있다**(영 제11조 제2항).

기출 시장 또는 군수가 기초조사정보체계를 구축한 경우, 등록된 정보의 현황을 5년마다 확인하고 변동사항을 반영하여야 한다. 제32회

심화 기초조사정보체계에서 관리하는 정보
1. 광역도시계획의 수립 또는 변경을 위하여 실시하는 기초조사에 관한 정보
2. 도시 · 군기본계획의 수립 또는 변경을 위하여 실시하는 기초조사에 관한 정보(토지적성평가 또는 재해취약성분석을 실시하는 경우에는 토지적성평가 또는 재해취약성분석에 관한 정보를 포함한다)
3. 도시 · 군관리계획의 수립 또는 변경을 위하여 실시하는 기초조사에 관한 정보(환경성검토, 토지적성평가 또는 재해취약성분석을 실시하는 경우에는 환경성검토, 토지적성평가 또는 재해취약성분석에 관한 정보를 포함한다)

(8) 변경시 기초조사의무

국토교통부장관, 시·도지사, 시장 또는 군수는 수립된 광역도시계획을 변경하려면 기초조사 사항 중 해당 광역도시계획의 변경에 관하여 필요한 사항을 조사·측량하여야 한다(영 제11조 제3항).

2. 공청회의 개최

(1) 공청회(의견청취)

① 국토교통부장관, 시·도지사, 시장 또는 군수는 광역도시계획을 수립하거나 변경하려면 미리 공청회를 열어 주민과 관계 전문가 등으로부터 의견을 들어야 하며, 공청회에서 제시된 의견이 타당하다고 인정하면 광역도시계획에 반영하여야 한다(법 제14조 제1항).

② 공청회를 개최하려면 다음의 사항을 일간신문, 관보, 공보, 인터넷 홈페이지 또는 방송 등의 방법으로 공청회 개최예정일 14일 전까지 1회 이상 공고해야 한다(영 제12조 제1항).

> ⊙ 공청회의 개최목적
> ⓒ 공청회의 개최예정일시 및 장소
> ⓒ 수립 또는 변경하고자 하는 광역도시계획의 개요
> ② 그 밖에 필요한 사항

(2) 공청회의 개최 및 주재

공청회는 광역계획권 단위로 개최하되, 필요한 경우에는 광역계획권을 여러 개의 지역으로 구분하여 개최할 수 있으며, 해당 공청회는 국토교통부장관, 시·도지사, 시장 또는 군수가 지명하는 사람이 주재한다(영 제12조 제2항·제3항).

(3) 공청회 개최 관련 위임

공청회의 개최에 관하여 필요한 사항은 그 공청회를 개최하는 주체에 따라 국토교통부장관이 정하거나 특별시·광역시·도·특별자치도(이하 '시·도'라 한다), 시 또는 군의 도시·군계획에 관한 조례(이하 '도시·군계획 조례'라 한다)로 정할 수 있다(영 제12조 제4항).

비교➡ 주민 의견청취
1. 공청회: 비구속적 계획
2. 주민공람: 구속적 계획

기출 광역도시계획의 수립을 위한 공청회는 광역계획권 단위로 개최하되, 필요한 경우에는 광역계획권을 여러 개의 지역으로 구분하여 개최할 수 있다.

3. 지방자치단체와 지방의회의 의견청취

(1) 시·도지사, 시장 또는 군수 수립시

시·도지사, 시장 또는 군수는 광역도시계획을 수립하거나 변경하려면 미리 관계 시·도, 시 또는 군의 의회와 관계 시장 또는 군수의 의견을 들어야 한다(법 제15조 제1항).

(2) 국토교통부장관 수립시

국토교통부장관은 광역도시계획을 수립하거나 변경하려면 관계 시·도지사에게 광역도시계획안을 송부하여야 하며, 관계 시·도지사는 그 광역도시계획안에 대하여 그 시·도의 의회와 관계 시장 또는 군수의 의견을 들은 후 그 결과를 국토교통부장관에게 제출해야 한다(법 제15조 제2항).

(3) 의견제시기한

시·도, 시 또는 군의 의회와 관계 시장 또는 군수는 특별한 사유가 없으면 30일 이내에 시·도지사, 시장 또는 군수에게 의견을 제시하여야 한다(법 제15조 제3항).

5 광역도시계획의 수립권자

국토교통부장관, 시·도지사, 시장 또는 군수는 다음의 구분에 따라 광역도시계획을 수립하여야 한다(법 제11조 제1항).

수립권자	대상지역의 위치 및 해당사항
시장·군수 공동수립	광역계획권이 같은 도의 관할구역에 속하여 있는 경우
시·도지사 공동수립	광역계획권이 둘 이상의 시·도의 관할구역에 걸쳐 있는 경우
도지사 수립	① 광역계획권을 지정한 날부터 3년이 지날 때까지 관할 시장 또는 군수로부터 광역도시계획의 승인신청이 없는 경우 ② 시장·군수가 협의를 거쳐 요청하는 경우(도지사 단독수립)
국토교통부장관 수립	① 국가계획과 관련된 광역도시계획의 수립이 필요한 경우 ② 광역계획권을 지정한 날부터 3년이 지날 때까지 관할 시·도지사로부터 광역도시계획의 승인신청이 없는 경우
국토교통부장관, 시·도지사 공동수립 (할 수 있다)	① 시·도지사가 요청하는 경우 ② 그 밖에 필요하다고 인정되는 경우
도지사, 시장·군수 공동수립(할 수 있다)	① 시장·군수가 요청하는 경우 ② 그 밖에 필요하다고 인정되는 경우

Tip 광역계획권의 지정이 어떻게 되느냐에 따라 수립권자가 다르므로 대상지역을 찾은 후에 권한자를 파악한다.
1. 같은 도 안 ⇨ 시장·군수가 공동수립해야 한다.
2. 시·도에 걸침 ⇨ 시·도지사가 공동수립해야 한다.
3. 시장·군수 요청 ⇨ 도지사가 단독수립할 수 있다.
4. 국가계획 관련 ⇨ 국토교통부장관이 단독수립해야 한다.
5. 요청시 ⇨ 시장·군수 + 도지사, 시·도지사 + 국토교통부장관(수립할 수 있다)
6. 3년 내 시장·군수 승인신청 × ⇨ 도지사가 수립해야 한다.
7. 3년 내 시·도지사 승인신청 × ⇨ 국토교통부장관이 수립해야 한다.
✔ 요청이라는 표현이 있을 때에만 '할 수 있다'이고, 나머지는 모두 '해야 한다'이다.

기출
1. 광역계획권이 같은 도의 관할구역에 속하여 있는 경우에는 관할 시장 또는 군수가 공동으로 수립하여야 한다. 제32회
2. 광역계획권을 지정한 날부터 3년이 지날 때까지 관할 시장 또는 군수로부터 광역도시계획의 승인신청이 없는 경우, 관할 도지사가 광역도시계획을 수립하여야 한다. 제32회
3. 국가계획과 관련된 광역도시계획의 수립이 필요한 경우, 광역도시계획의 수립권자는 국토교통부장관이다.

기출 광역도시계획을 공동으로 수립하는 시·도지사는 그 내용에 관하여 서로 협의가 되지 아니하면 공동이나 단독으로 국토교통부장관에게 조정을 신청할 수 있다.

> **참고 조정신청제도**
>
> 1. 광역도시계획을 공동으로 수립하는 시·도지사는 그 내용에 관하여 서로 협의가 되지 아니하면 공동이나 단독으로 국토교통부장관에게 조정(調停)을 신청할 수 있다.
> 2. 국토교통부장관은 단독으로 조정신청을 받은 경우에는 기한을 정하여 당사자 간에 다시 협의를 하도록 권고할 수 있으며, 기한까지 협의가 이루어지지 아니하는 경우에는 직접 조정할 수 있다.
> 3. 국토교통부장관은 조정의 신청을 받거나 직접 조정하려는 경우에는 중앙도시계획위원회의 심의를 거쳐 광역도시계획의 내용을 조정하여야 한다. 이 경우, 이해관계를 가진 지방자치단체의 장은 중앙도시계획위원회의 회의에 출석하여 의견을 진술할 수 있다.
> 4. 광역도시계획을 수립하는 자는 조정 결과를 광역도시계획에 반영하여야 한다.
> 5. 광역도시계획을 공동으로 수립하는 시장 또는 군수는 그 내용에 관하여 서로 협의가 되지 아니하면 공동이나 단독으로 도지사에게 조정을 신청할 수 있다.
> 6. 도지사가 광역도시계획을 조정하는 경우에는 2.부터 4.까지의 규정을 준용한다. 이 경우, '국토교통부장관'은 '도지사'로, '중앙도시계획위원회'는 '도의 지방도시계획위원회'로 본다.

6 광역도시계획의 승인

(1) 국토교통부장관의 승인

참고 시·도지사는 광역도시계획의 승인을 받으려는 때에는 광역도시계획안에 다음의 서류를 첨부하여 국토교통부장관에게 제출해야 한다.
1. 기초조사 결과
2. 공청회개최 결과
3. 관계 시·도의 의회와 관계 시장 또는 군수의 의견청취 결과
4. 시·도 도시계획위원회의 자문을 거친 경우에는 그 결과
5. 관계 중앙행정기관의 장과의 협의 및 중앙도시계획위원회의 심의에 필요한 서류

① 승인: 시·도지사는 광역도시계획을 수립하거나 변경하려면 국토교통부장관의 승인을 받아야 한다. 다만, 도지사가 수립하는 광역도시계획은 그러하지 아니하다(법 제16조 제1항).

② 협의 및 심의: 국토교통부장관은 광역도시계획을 승인하거나 직접 광역도시계획을 수립 또는 변경(시·도지사와 공동으로 수립하거나 변경하는 경우를 포함한다)하려면 관계 중앙행정기관과 협의한 후 중앙도시계획위원회의 심의를 거쳐야 한다(법 제16조 제2항).

③ 의견제시: 협의요청을 받은 관계 중앙행정기관의 장은 특별한 사유가 없으면 그 요청을 받은 날부터 30일 이내에 국토교통부장관에게 의견을 제시하여야 한다(법 제16조 제3항).

④ 보완요청: 국토교통부장관은 제출된 광역도시계획안이 수립기준 등에 적합하지 아니한 때에는 시·도지사에게 광역도시계획안의 보완을 요청할 수 있다(영 제13조 제2항).

⑤ 송부 및 열람: 국토교통부장관은 직접 광역도시계획을 수립 또는 변경하거나 승인하였을 때에는 관계 중앙행정기관의 장과 시·도지사에게 관계서류를 송부하여야 하며, 관계서류를 받은 시·도지사는 시·도의 공보에 그 내용을 공고하고 일반이 30일 이상 열람할 수 있도록 하여야 한다(법 제16조 제4항, 영 제13조 제3항).

(2) 도지사의 승인

① 승인: 시장 또는 군수는 광역도시계획을 수립하거나 변경하려면 도지사의 승인을 받아야 한다(법 제16조 제5항).

② 승인 및 수립 또는 변경: 도지사가 광역도시계획을 승인하거나 직접 광역도시계획을 수립 또는 변경(시장·군수와 공동으로 수립하거나 변경하는 경우를 포함한다)하려면 (1)의 ②부터 ⑤까지의 규정을 준용한다. 이 경우 '국토교통부장관'은 '도지사'로, '중앙행정기관의 장'은 '행정기관의 장(국토교통부장관을 포함한다)'으로, '중앙도시계획위원회'는 '지방도시계획위원회'로, '시·도지사'는 '시장 또는 군수'로 본다(법 제16조 제6항).

> 기출 시장 또는 군수는 광역도시계획을 수립하려면 도지사의 승인을 받아야 한다.

예제

국토의 계획 및 이용에 관한 법령상 광역계획권에 관한 설명으로 옳은 것은? 제33회

① 광역계획권이 둘 이상의 도의 관할구역에 걸쳐 있는 경우, 해당 도지사들은 공동으로 광역계획권을 지정하여야 한다.
② 광역계획권이 하나의 도의 관할구역에 속하여 있는 경우, 도지사는 국토교통부장관과 공동으로 광역계획권을 지정 또는 변경하여야 한다.
③ 도지사가 광역계획권을 지정하려면 관계 중앙행정기관의 장의 의견을 들은 후 중앙도시계획위원회의 심의를 거쳐야 한다.
④ 국토교통부장관이 광역계획권을 변경하려면 관계 시·도지사, 시장 또는 군수의 의견을 들은 후 지방도시계획위원회의 심의를 거쳐야 한다.
⑤ 중앙행정기관의 장, 시·도지사, 시장 또는 군수는 국토교통부장관이나 도지사에게 광역계획권의 지정 또는 변경을 요청할 수 있다.

해설 ① 광역계획권이 둘 이상의 도의 관할구역에 걸쳐 있는 경우, 국토교통부장관이 광역계획권을 지정하여야 한다.
② 광역계획권이 하나의 도의 관할구역에 속하여 있는 경우, 도지사가 광역계획권을 지정 또는 변경하여야 한다.
③ 도지사가 광역계획권을 지정하거나 변경하려면 관계 중앙행정기관의 장, 관계 시·도지사, 시장 또는 군수의 의견을 들은 후 지방도시계획위원회의 심의를 거쳐야 한다.
④ 국토교통부장관은 광역계획권을 지정하거나 변경하려면 관계 시·도지사, 시장 또는 군수의 의견을 들은 후 중앙도시계획위원회의 심의를 거쳐야 한다.

정답 ⑤

> **핵심** 🎯 도시·군기본계획
> 1. 방향 제시, 종합적 계획
> 2. 비구속적 계획
> 3. 수립 ⇨ 승인절차
> 4. 행정쟁송 대상 ×
> 5. 국토교통부장관이 수립하는 경우는 없다.
> 6. 5년마다 타당성검토
> 7. 기준은 국토교통부장관
> 8. 원칙적으로 수립해야 하고, 특정한 경우 생략 가능하다.
> 9. 인접 지역의 전부 또는 일부 포함하여 수립 가능하다.

제2절 | 도시·군기본계획   제32회

1 의의 및 성격

(1) 의의

도시·군기본계획이란 특별시·광역시·특별자치시·특별자치도·시 또는 군의 관할구역에 대하여 기본적인 공간구조와 장기발전방향을 제시하는 종합계획으로서 도시·군관리계획 수립의 지침이 되는 계획을 말한다(법 제2조 제3호).

(2) 성격

도시·군기본계획은 비구속적 행정계획으로 일반 국민에게는 직접적인 효력이 미치지 않는 계획이다. 행정청만을 구속하는 내부구속적 행정계획이며 행정처분성이 없는 행정규칙의 성질만을 갖는 계획이므로 일반 국민은 도시·군기본계획의 취소나 무효 확인을 구하는 행정심판 또는 행정소송 등의 행정쟁송을 제기할 수 없다.

2 도시·군기본계획의 내용

(1) 도시·군기본계획에는 다음의 사항에 대한 정책방향이 포함되어야 한다(법 제19조 제1항).

> ① 지역적 특성 및 계획의 방향·목표에 관한 사항
> ② 공간구조 및 인구의 배분에 관한 사항
> ③ 생활권의 설정과 생활권역별 개발·정비 및 보전 등에 관한 사항
> ④ 토지의 이용 및 개발에 관한 사항
> ⑤ 토지의 용도별 수요 및 공급에 관한 사항
> ⑥ 환경의 보전 및 관리에 관한 사항
> ⑦ 기반시설에 관한 사항
> ⑧ 공원·녹지에 관한 사항
> ⑨ **경관에 관한 사항**
> ⑩ 기후변화 대응 및 에너지절약에 관한 사항
> ⑪ 방재·방범 등 안전에 관한 사항
> ⑫ ②부터 ⑪까지 규정된 사항의 단계별 추진에 관한 사항

⑬ 그 밖에 대통령령으로 정하는 사항으로서 도시·군기본계획의 방향 및 목표달성과 관련된 사항
  ㉠ 도심 및 주거환경의 정비·보전에 관한 사항
  ㉡ 다른 법률에 따라 도시·군기본계획에 반영되어야 하는 사항
  ㉢ 도시·군기본계획의 시행을 위하여 필요한 재원조달에 관한 사항
  ㉣ 그 밖의 도시·군기본계획 승인권자가 필요하다고 인정하는 사항

(2) 생활권계획수립의 특례

① 특별시장·광역시장·특별자치시장·특별자치도지사·시장 또는 군수는 생활권역별 개발·정비 및 보전 등에 필요한 경우 대통령령으로 정하는 바에 따라 생활권계획을 따로 수립할 수 있다.
② 생활권계획을 수립할 때에는 제20조부터 제22조까지 및 제22조의2를 준용한다.
③ 생활권계획이 수립 또는 승인된 때에는 해당 계획이 수립된 생활권에 대해서는 도시·군기본계획이 수립 또는 변경된 것으로 본다. 이 경우 생활권의 설정 및 인구의 배분에 관한 사항 등은 대통령령으로 정하는 범위에서 수립·변경하는 경우로 한정한다.

기출 도시·군기본계획의 수립권자가 생활권계획을 따로 수립한 때에는 해당 계획이 수립된 생활권에 대해서는 도시·군기본계획이 수립된 것으로 본다. 제35회

③ 도시·군기본계획의 수립기준

도시·군기본계획의 수립기준 등은 대통령령으로 정하는 바에 따라 국토교통부장관이 정하며, 도시·군기본계획의 수립기준을 정할 때에는 다음의 사항을 종합적으로 고려해야 한다(법 제19조 제3항, 영 제16조).

Tip 부동산공법상 행정계획 수립의 기준은 대부분 국토교통부장관이 정한다.

① 특별시·광역시·특별자치시·특별자치도·시 또는 군의 기본적인 공간구조와 장기발전방향을 제시하는 토지이용·교통·환경 등에 관한 종합계획이 되도록 할 것
② 여건변화에 탄력적으로 대응할 수 있도록 포괄적이고 개략적으로 수립하도록 할 것
③ 도시·군기본계획을 정비할 때에는 종전의 도시·군기본계획의 내용 중 수정이 필요한 부분만을 발췌하여 보완함으로써 계획의 연속성이 유지되도록 할 것
④ 도시와 농어촌 및 산촌지역의 인구밀도, 토지이용의 특성 및 주변환경 등을 종합적으로 고려하여 지역별로 계획의 상세정도를 다르게 하되, 기반시설의 배치계획, 토지용도 등은 도시와 농어촌 및 산촌지역이 서로 연계되도록 할 것
⑤ 부문별 계획은 도시·군기본계획의 방향에 부합하고 도시·군기본계획의 목표를 달성할 수 있는 방안을 제시함으로써 도시·군기본계획의 통일성과 일관성을 유지하도록 할 것

⑥ 도시지역 등에 위치한 개발가능 토지는 단계별로 시차를 두어 개발되도록 할 것
⑦ 녹지축·생태계·산림·경관 등 양호한 자연환경과 우량농지, 보전목적의 용도지역 등을 충분히 고려하여 수립하도록 할 것 등

④ 도시·군기본계획의 수립권자와 수립대상지역

(1) 수립권자 및 수립대상지역

특별시장·광역시장·특별자치시장·특별자치도지사·시장 또는 군수는 관할구역에 대하여 도시·군기본계획을 수립하여야 한다(법 제18조 제1항).

(2) 수립제외 대상지역

시 또는 군의 위치, 인구의 규모, 인구감소율 등을 고려하여 대통령령으로 정하는 다음의 시 또는 군은 도시·군기본계획을 수립하지 아니할 수 있다(법 제18조 제1항 단서, 영 제14조).

> ① 「수도권정비계획법」에 의한 수도권에 속하지 아니하고 광역시와 경계를 같이하지 아니한 시 또는 군으로서 인구 10만명 이하인 시 또는 군
> ② 관할구역 전부에 대하여 광역도시계획이 수립되어 있는 시 또는 군으로서 해당 광역도시계획에 도시·군기본계획에 포함될 사항이 모두 포함되어 있는 시 또는 군

핵심 수립제외
1. 수도권에 속하지 않고 + 광역시의 경계가 아니며 + 인구 10만 이하의 시·군인 경우
2. 광역도시계획 수립시 이미 도시·군기본계획에 포함된 경우

기출 「수도권정비계획법」에 의한 수도권에 속하고 광역시와 경계를 같이하지 아니한 시로서 인구 20만명 이하인 시는 도시·군기본계획을 수립하여야 한다. 제32회

(3) 인접지역을 포함한 수립

① 수립: 특별시장·광역시장·특별자치시장·특별자치도지사·시장 또는 군수는 지역여건상 필요하다고 인정되면 인접한 특별시·광역시·특별자치시·특별자치도·시 또는 군의 관할구역 전부 또는 일부를 포함하여 도시·군기본계획을 수립할 수 있다(법 제18조 제2항).
② 협의: 단, 특별시장·광역시장·특별자치시장·특별자치도지사·시장 또는 군수는 인접한 특별시·광역시·특별자치시·특별자치도·시 또는 군의 관할구역을 포함하여 도시·군기본계획을 수립하려면 미리 그 특별시장·광역시장·특별자치시장·특별자치도지사·시장 또는 군수와 협의하여야 한다(법 제18조 제3항).

기출 시장 또는 군수는 인접한 시 또는 군의 관할구역을 포함하여 도시·군기본계획을 수립하려면 미리 그 시장 또는 군수와 협의하여야 한다.

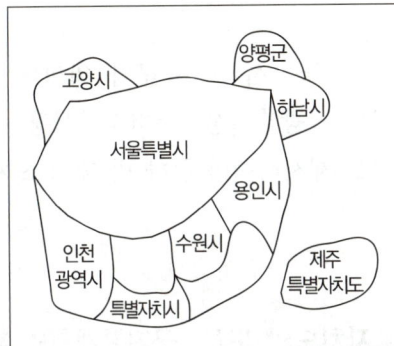

⑤ 도시·군기본계획의 수립절차

1. 도시·군기본계획의 수립을 위한 기초조사 및 공청회

(1) 광역도시계획 규정의 준용

도시·군기본계획을 수립하거나 변경하는 경우에는 광역도시계획의 기초조사와 공청회 관련 규정을 준용한다. 이 경우, '국토교통부장관, 시·도지사, 시장 또는 군수'는 '특별시장·광역시장·특별자치시장·특별자치도지사·시장 또는 군수'로, '광역도시계획'은 '도시·군기본계획'으로 본다(법 제20조 제1항).

(2) 토지적성평가와 재해취약성분석의 포함

시·도지사, 시장 또는 군수는 기초조사의 내용에 국토교통부장관이 정하는 바에 따라 실시하는 토지의 토양, 입지, 활용가능성 등 토지의 적성에 대한 평가(이하 '토지적성평가'라 한다)와 재해취약성에 관한 분석(이하 '재해취약성분석'이라 한다)을 포함하여야 한다(법 제20조 제2항).

(3) 토지적성평가와 재해취약성분석의 생략

도시·군기본계획 입안일부터 5년 이내에 토지적성평가를 실시한 경우 등 대통령령으로 정하는 경우에는 토지적성평가 또는 재해취약성분석을 하지 아니할 수 있다(법 제20조 제3항).

2. 지방의회의 의견청취

(1) 의견청취

특별시장·광역시장·특별자치시장·특별자치도지사·시장 또는 군수는 도시·군기본계획을 수립하거나 변경하려면 미리 그 특별시·광역시·특별자치시·특별자치도·시 또는 군 의회의 의견을 들어야 한다(법 제21조 제1항).

비교 ▶ 기초조사 과정상 추가되는 사항
1. 도시·군기본계획
  - 토지적성평가
  - 재해취약성분석
2. 도시·군관리계획
  - 토지적성평가
  - 재해취약성분석
  - 환경성검토

기출 ▶ 도시·군기본계획 입안일부터 5년 이내에 토지적성평가를 실시한 경우 등 대통령령으로 정하는 경우에는 토지적성평가 또는 재해취약성분석을 하지 아니할 수 있다.

기출 ▶ 시장 또는 군수는 도시·군기본계획을 수립하려면 미리 그 시 또는 군 의회의 의견을 들어야 한다.

(2) 의견제시기한

특별시·광역시·특별자치시·특별자치도·시 또는 군의 의회는 특별한 사유가 없으면 30일 이내에 특별시장·광역시장·특별자치시장·특별자치도지사·시장 또는 군수에게 의견을 제시하여야 한다(법 제21조 제2항).

6 도시·군기본계획의 승인절차

1. 특별시·광역시·특별자치시·특별자치도의 도시·군기본계획의 확정

(1) 협의 및 심의

특별시장·광역시장·특별자치시장 또는 특별자치도지사는 도시·군기본계획을 수립하거나 변경하려면 관계 행정기관의 장(국토교통부장관을 포함한다)과 협의한 후 지방도시계획위원회의 심의를 거쳐야 한다(법 제22조 제1항).

(2) 의견제시기한

협의요청을 받은 관계 행정기관의 장은 특별한 사유가 없으면 그 요청을 받은 날부터 30일 이내에 특별시장·광역시장·특별자치시장 또는 특별자치도지사에게 의견을 제시하여야 한다(법 제22조 제2항).

(3) 송부 및 열람

특별시장·광역시장·특별자치시장 또는 특별자치도지사는 도시·군기본계획을 수립하거나 변경한 경우에는 관계 행정기관의 장에게 관계서류를 송부하여야 하며, 대통령령으로 정하는 바에 따라 그 계획을 공고하고 일반인이 열람할 수 있도록 하여야 한다(법 제22조 제3항).

2. 시·군의 도시·군기본계획 승인 제33회

(1) 승인

① 시장·군수는 도시·군기본계획을 수립하거나 변경하려면 대통령령으로 정하는 바에 따라 도지사의 승인을 받아야 한다(법 제22조의2 제1항).

② 도지사는 제출된 도시·군기본계획안이 수립기준 등에 적합하지 아니한 때에는 시장 또는 군수에게 도시·군기본계획안의 보완을 요청할 수 있다(영 제17조 제2항).

Tip 👉 도시·군기본계획은 국토교통부장관이 직접 수립 또는 승인하지 않는다.

참고 📖 법 제22조 제3항에 따른 특별시·광역시·특별자치시·특별자치도 도시·군기본계획의 공고는 해당 특별시·광역시·특별자치시·특별자치도의 공보와 인터넷 홈페이지에 게재하는 방법으로 하며, 관계서류의 열람기간은 30일 이상으로 해야 한다.

기출 📑
1. 시장 또는 군수는 도시·군기본계획을 수립하거나 변경하려면 대통령령으로 정하는 바에 따라 도지사의 승인을 받아야 한다.
2. 특별시장·광역시장·특별자치시장 또는 특별자치도지사는 도시·군기본계획을 변경하려면 관계 행정기관의 장(국토교통부장관을 포함한다)과 협의한 후 지방도시계획위원회의 심의를 거쳐야 한다.
제32회

(2) 협의 및 심의

도지사는 도시·군기본계획을 승인하려면 관계 행정기관의 장과 협의한 후 지방도시계획위원회의 심의를 거쳐야 한다(법 제22조의2 제2항).

(3) 의견제시기한

협의요청을 받은 관계 행정기관의 장은 특별한 사유가 없으면 그 요청을 받은 날부터 30일 이내에 도지사에게 의견을 제시하여야 한다. 이 경우, '특별시장 또는 광역시장'은 '도지사'로 본다(법 제22조의2 제3항).

(4) 송부 및 열람

도지사는 도시·군기본계획을 승인하면 관계 행정기관의 장과 시장 또는 군수에게 관계서류를 송부하여야 하며, 관계서류를 받은 시장 또는 군수는 해당 시·군의 공보와 인터넷 홈페이지에 게재하는 방법으로 하며, 관계서류의 열람기간은 30일 이상으로 하여 그 계획을 공고하고 일반인이 열람할 수 있도록 하여야 한다(법 제22조의2 제4항).

❼ 도시·군기본계획의 정비

(1) 타당성검토

특별시장·광역시장·특별자치시장·특별자치도지사·시장 또는 군수는 5년마다 관할구역의 도시·군기본계획에 대하여 타당성을 전반적으로 재검토하여 정비하여야 한다(법 제23조 제1항).

(2) 우선하는 국가계획의 반영

특별시장·광역시장·특별자치시장·특별자치도지사·시장 또는 군수는 도시·군기본계획의 내용에 우선하는 광역도시계획의 내용 및 도시·군기본계획에 우선하는 국가계획의 내용을 도시·군기본계획에 반영하여야 한다(법 제23조 제2항).

참고 첨부서류
1. 기초조사 결과
2. 공청회개최 결과
3. 시·군의 의회의 의견청취 결과
4. 해당 시·군에 설치된 지방도시계획위원회의 자문을 거친 경우에는 그 결과
5. 관계 행정기관의 장과의 협의 및 도의 지방도시계획위원회의 심의에 필요한 서류

기출 '기초조사 결과'는 수립권자가 도시·군기본계획의 승인을 받을 때 도시·군기본계획안에 첨부하여야 하는 서류에 해당한다. 제33회

심화 5년마다 타당성검토가 필요한 사항
1. 도시·군기본계획
2. 도시·군관리계획
3. 정비기본방침
4. 정비기본계획
5. 리모델링기본계획
6. 성장관리계획

기출 시장 또는 군수는 5년마다 관할구역의 도시·군기본계획에 대하여 타당성을 전반적으로 재검토하여 정비하여야 한다. 제32회

> ### 제3절 | 도시·군관리계획

① 의의 및 성격

(1) 의의

도시·군관리계획이란 특별시·광역시·특별자치시·특별자치도·시 또는 군의 개발·정비 및 보전을 위하여 수립하는 토지이용, 교통, 환경, 경관, 안전, 산업, 정보통신, 보건, 복지, 안보, 문화 등에 관한 다음의 계획을 말한다(법 제2조 제4호).

---
① 용도지역·용도지구의 지정 또는 변경에 관한 계획
② 개발제한구역·도시자연공원구역·시가화조정구역·수산자원보호구역의 지정 또는 변경에 관한 계획
③ 기반시설의 설치·정비 또는 개량에 관한 계획
④ 도시개발사업 또는 정비사업에 관한 계획
⑤ 지구단위계획구역의 지정 또는 변경에 관한 계획과 지구단위계획
⑥ 도시혁신구역의 지정 또는 변경에 관한 계획과 도시혁신계획
⑦ 복합용도구역의 지정 또는 변경에 관한 계획과 복합용도계획
⑧ 도시·군계획시설입체복합구역의 지정 또는 변경에 관한 계획

핵심 🎯 도시·군관리계획
1. 구속적 계획
2. 입안 ➡ 결정
3. 지형도면고시 후 효력이 발생한다.
4. 도시·군기본계획에 들어 맞도록 입안하여야 한다.

(2) 성격

① 공용제한 중 계획제한으로서 **구속적 행정계획**이다.
② 도시·군관리계획은 행정청 내부는 물론 일반 사인도 함께 구속하는 구속적 행정행위이므로 **행정심판 및 행정소송의 대상**이 된다.
③ 도시·군관리계획은 **도시·군기본계획에 부합**되어야 하며 도시·군기본계획은 **도시·군관리계획의 지침**이 된다.

② 도시·군관리계획의 입안

1. 도시·군관리계획의 입안권자

핵심 🎯 입안권자
1. 원칙: 특별시장·광역시장·특별자치시장·특별자치도지사·시장·군수
2. 예외: 국토교통부장관, 도지사

(1) 원칙

① **특별시장·광역시장·특별자치시장·특별자치도지사·시장 또는 군수**는 관할구역에 대하여 도시·군관리계획을 입안하여야 한다(법 제24조 제1항).

② 특별시장·광역시장·특별자치시장·특별자치도지사·시장 또는 군수는 다음의 어느 하나에 해당하면 인접한 특별시·광역시·특별자치시·특별자치도·시 또는 군의 관할구역 전부 또는 일부를 포함하여 도시·군관리계획을 입안할 수 있다(법 제24조 제2항).

> ㉠ 지역여건상 필요하다고 인정하여 미리 인접한 특별시장·광역시장·특별자치시장·특별자치도지사·시장 또는 군수와 협의한 경우
> ㉡ 인접한 특별시·광역시·특별자치시·특별자치도·시 또는 군의 관할구역을 포함하여 도시·군기본계획을 수립한 경우

③ 공동입안: 인접한 특별시·광역시·특별자치시·특별자치도·시 또는 군의 관할구역에 대한 도시·군관리계획은 관계 특별시장·광역시장·특별자치시장·특별자치도지사·시장 또는 군수가 협의하여 공동으로 입안하거나 입안할 자를 정한다(법 제24조 제3항).

④ 지정입안: 협의가 성립되지 아니하는 경우 도시·군관리계획을 입안하려는 구역이 같은 도의 관할구역에 속할 때에는 관할 도지사가, 둘 이상의 시·도의 관할구역에 걸쳐 있을 때에는 국토교통부장관(수산자원보호구역의 경우, 해양수산부장관을 말한다)이 입안할 자를 지정하고 그 사실을 고시해야 한다(법 제24조 제4항).

기출 인접한 특별시·광역시·특별자치시·특별자치도·시 또는 군의 관할구역에 대한 도시·군관리계획은 관계 특별시장·광역시장·특별자치시장·특별자치도지사·시장 또는 군수가 협의하여 공동으로 입안하거나 입안할 자를 정한다. 제32회

(2) 예외

① 국토교통부장관: 국토교통부장관은 다음의 어느 하나에 해당하는 경우에는 직접 또는 관계 중앙행정기관의 장의 요청에 의하여 도시·군관리계획을 입안할 수 있다. 이 경우, 국토교통부장관은 관할 시·도지사 및 시장·군수의 의견을 들어야 한다(법 제24조 제5항).

> ㉠ 국가계획과 관련된 경우
> ㉡ 둘 이상의 시·도에 걸쳐 지정되는 용도지역·용도지구 또는 용도구역과 둘 이상의 시·도에 걸쳐 이루어지는 사업의 계획 중 도시·군관리계획으로 결정하여야 할 사항이 있는 경우
> ㉢ 특별시장·광역시장·특별자치시장·특별자치도지사·시장 또는 군수가 법 제138조에 따른 기한까지 국토교통부장관의 도시·군관리계획 **조정요구**에 따라 도시·군관리계획을 정비하지 아니하는 경우

기출
1. 국토교통부장관은 국가계획과 관련된 경우, 직접 도시·군관리계획을 입안할 수 있다. 제32회
2. 시·도지사는 국가계획과 관련되어 국토교통부장관이 입안하여 결정한 도시·군관리계획을 변경하려면 미리 국토교통부장관과 협의하여야 한다. 제35회

② 도지사: 도지사는 다음의 어느 하나에 해당하는 경우에는 직접 또는 시장이나 군수의 요청에 의하여 도시·군관리계획을 입안할 수 있다. 이 경우, 도지사는 관계 시장 또는 군수의 의견을 들어야 한다(법 제24조 제6항).

> ㉠ 둘 이상의 시·군에 걸쳐 지정되는 용도지역·용도지구 또는 용도구역과 둘 이상의 시·군에 걸쳐 이루어지는 사업의 계획 중 도시·군관리계획으로 결정하여야 할 사항이 포함되어 있는 경우
> ㉡ 도지사가 직접 수립하는 사업의 계획으로서 도시·군관리계획으로 결정하여야 할 사항이 포함되어 있는 경우

2. 도시·군관리계획의 입안 및 수립기준

(1) 입안기준

도시·군관리계획은 광역도시계획과 도시·군기본계획(생활권계획을 포함한다)에 부합되어야 한다(법 제25조 제1항).

> **참고** 해당 도시·군관리계획이 상위계획에 부합되게 수립되지 아니하였어도 도시·군관리계획은 계속 유효하며, 취소 또는 변경의 사유가 되는 것뿐이다.

(2) 입안시 작성서류

국토교통부장관(수산자원보호구역의 경우, 해양수산부장관을 말한다), 시·도지사, 시장 또는 군수는 도시·군관리계획을 입안할 때에는 대통령령으로 정하는 바에 따라 도시·군관리계획도서(계획도와 계획조서를 말한다)와 이를 보조하는 계획설명서(기초조사결과·재원조달방안 및 경관계획 등을 포함한다)를 작성하여야 한다(법 제25조 제2항).

(3) 차등적 입안

도시·군관리계획은 계획의 상세 정도, 도시·군관리계획으로 결정하여야 하는 기반시설의 종류 등에 대하여 도시 및 농·산·어촌 지역의 인구밀도, 토지이용의 특성 및 주변환경 등을 종합적으로 고려하여 차등을 두어 입안하여야 한다(법 제25조 제3항).

> **참고** 도시·군관리계획
> 1. 차등을 두어 입안하여야 한다.
> 2. 상위계획과 공동입안을 할 수 있다.

(4) 수립기준

도시·군관리계획의 수립기준, 도시·군관리계획도서 및 계획설명서의 작성기준·작성방법 등은 대통령령으로 정하는 바에 따라 국토교통부장관이 정한다(법 제25조 제4항).

3. 도시·군관리계획 입안의 제안 제34회, 제36회

(1) 입안제안

주민(이해관계자를 포함한다)은 다음의 사항에 대하여 도시·군관리계획을 입안할 수 있는 자에게 도시·군관리계획의 입안을 제안할 수 있다. 이 경우, 제안서에는 도시·군관리계획도서와 계획설명서를 첨부하여야 한다(법 제26조 제1항).

> ① **기반시설**의 설치·정비 또는 개량에 관한 사항
> ② **지구단위계획구역**의 지정 및 변경과 지구단위계획의 수립 및 변경에 관한 사항
> ③ 다음의 어느 하나에 해당하는 용도지구의 지정 및 변경에 관한 사항
>   ㉠ 개발진흥지구 중 공업기능 또는 유통물류기능 등을 집중적으로 개발·정비하기 위한 개발진흥지구로서 대통령령으로 정하는 개발진흥지구
>   ✓ 산업·유통개발진흥지구를 말한다.
>   ㉡ 용도지구 중 해당 용도지구에 따른 건축물이나 그 밖의 시설의 용도·종류 및 규모 등의 제한을 지구단위계획으로 대체하기 위한 용도지구
> ④ 도시·군계획시설입체복합구역의 지정 및 변경과 도시·군계획시설입체복합구역의 건축제한·건폐율·용적률·높이 등에 관한 사항

(2) 제안시 동의요건

도시·군관리계획의 입안을 제안하려는 자는 다음의 구분에 따라 토지소유자의 동의를 받아야 한다. 이 경우, 동의대상 토지면적에서 국·공유지는 제외한다(영 제19조의2 제2항).

> ① 기반시설의 설치·정비 또는 개량에 관한 사항에 대한 제안의 경우: 대상토지면적의 5분의 4 이상
> ② 도시·군계획시설입체복합구역의 지정 및 변경과 도시·군계획시설입체복합구역의 건축제한·건폐율·용적률·높이 등에 관한 사항에 대한 제안의 경우: 대상토지면적의 5분의 4 이상
> ③ 지구단위계획구역의 지정 및 변경과 지구단위계획의 수립 및 변경, 산업·유통개발진흥지구의 지정에 관한 사항에 대한 제안의 경우: 대상 토지면적의 3분의 2 이상

Tip 주민은 입안은 할 수 없지만, 입안을 제안할 수는 있다. 제안할 수 있는 사유에 대해 알아두어야 한다.

기출
1. 시가화조정구역의 지정 및 변경에 관한 사항은 주민이 도시·군관리계획의 입안권자에게 입안을 제안할 수 없다. 제34회
2. 주민은 산업·유통개발진흥지구의 지정에 관한 사항에 대하여 도시·군관리계획의 입안권자에게 도시·군관리계획의 입안을 제안할 수 있다. 제32회

심화 산업·유통개발진흥지구가 지구단위계획구역으로 지정되기 위한 요건
1. 1만m^2 이상 ~ 3만m^2 미만
2. 대상지역은 계획관리지역, 생산관리지역, 자연녹지지역일 것
3. 계획관리지역이 50% 이상일 것

기출 도시·군관리계획의 입안을 제안하려는 자가 토지소유자의 동의를 받아야 하는 경우, 국·공유지는 동의대상 토지면적에서 제외된다.

기출 주민 甲은 기반시설의 설치에 관한 사항에 대해서, 주민 乙은 지구단위계획구역의 지정에 관한 사항에 대해서 각각 도시·군관리계획의 입안 제안 시 동의요건
제36회 변형
1. 甲: 대상 토지면적의 5분의 4 이상
2. 乙: 대상 토지면적의 3분의 2 이상

(3) 결과통보

도시·군관리계획입안의 제안을 받은 국토교통부장관, 시·도지사, 시장 또는 군수는 제안일부터 45일 이내에 도시·군관리계획 입안에의 반영 여부를 제안자에게 통보하여야 한다. 다만, 부득이한 사정이 있는 경우에는 1회에 한하여 30일을 연장할 수 있다(영 제20조 제1항).

(4) 도시계획위원회의 자문

국토교통부장관, 시·도지사, 시장 또는 군수는 제안받은 내용을 도시·군관리계획입안에 반영할 것인지 여부를 결정함에 있어서 필요한 경우에는 중앙도시계획위원회 또는 해당 지방자치단체에 설치된 지방도시계획위원회의 자문을 거칠 수 있다(영 제20조 제2항).

(5) 제출서류의 활용

> 참고 ▷ 제안서에는 도시·군관리계획도서뿐만 아니라 계획설명서도 첨부하여야 한다.

국토교통부장관, 시·도지사, 시장 또는 군수는 주민으로부터 받은 제안을 도시·군관리계획입안에 반영하는 경우에는 제안서에 첨부된 도시·군관리계획도서와 계획설명서를 도시·군관리계획의 입안에 활용할 수 있다(영 제20조 제3항).

(6) 비용부담

도시·군관리계획의 입안을 제안받은 자는 제안자와 협의하여 제안된 도시·군관리계획의 입안 및 결정에 필요한 비용의 전부 또는 일부를 제안자에게 부담시킬 수 있다(법 제26조 제3항).

4. 도시·군관리계획의 입안절차

(1) 입안을 위한 기초조사 등

> 참고 ▷ 도시·군관리계획의 입안절차상 기초조사에 추가되는 사항은 환경성검토, 토지적성평가, 재해취약성분석이다.

① 기초조사의 준용: 도시·군관리계획을 입안하는 경우에는 광역도시계획 수립을 위한 기초조사 규정을 준용한다. 다만, 대통령령이 정하는 경미한 사항을 입안하는 경우에는 그러하지 아니하다(법 제27조 제1항).

② 환경성검토: 국토교통부장관(수산자원보호구역의 경우, 해양수산부장관), 시·도지사, 시장 또는 군수는 기초조사의 내용에 도시·군관리계획이 환경에 미치는 영향 등에 대한 환경성검토를 포함하여야 한다(법 제27조 제2항).

③ **토지적성평가 및 재해취약성분석**: 국토교통부장관(수산자원보호구역의 경우, 해양수산부장관), 시·도지사, 시장 또는 군수는 기초조사의 내용에 토지적성평가와 재해취약성분석을 포함하여야 한다(법 제27조 제3항).

④ **기초조사 등의 생략**: 도시·군관리계획으로 입안하려는 지역이 도심지에 위치하거나 개발이 끝나 나대지가 없는 등 대통령령으로 정하는 요건에 해당하면 ①부터 ③까지의 규정에 따른 기초조사, 환경성검토, 토지적성평가 또는 재해취약성분석을 하지 아니할 수 있다(법 제27조 제4항).

> **심화** 기초조사 면제사유 등(영 제21조) 제36회
>
> 1. 기초조사를 실시하지 아니할 수 있는 요건
>   ① 해당 지구단위계획구역이 도심지(상업지역과 상업지역에 연접한 지역을 말한다)에 위치하는 경우
>   ② 해당 지구단위계획구역의 나대지면적이 구역면적의 2%에 미달하는 경우
>   ③ 해당 지구단위계획구역 또는 도시·군계획시설부지가 다른 법률에 따라 지역·지구 등으로 지정되거나 개발계획이 수립된 경우
>   ④ 해당 지구단위계획구역의 지정목적이 해당 구역을 정비 또는 관리하고자 하는 경우로서 지구단위계획의 내용에 너비 12m 이상 도로의 설치계획이 없는 경우
>   ⑤ 기존의 용도지구를 폐지하고 지구단위계획을 수립 또는 변경하여 그 용도지구에 따른 건축물이나 그 밖의 시설의 용도·종류 및 규모 등의 제한을 그대로 대체하려는 경우
>   ⑥ 해당 도시·군계획시설의 결정을 해제하려는 경우
>   ⑦ 그 밖에 국토교통부령으로 정하는 요건에 해당하는 경우
> 2. 환경성검토를 실시하지 아니할 수 있는 요건
>   ① 1.의 ①부터 ⑦까지의 어느 하나에 해당하는 경우
>   ② 「환경영향평가법」에 따른 전략환경영향평가 대상인 도시·군관리계획을 입안하는 경우
> 3. 토지적성평가를 실시하지 아니할 수 있는 요건
>   ① 1.의 ①부터 ⑦까지의 어느 하나에 해당하는 경우
>   ② 도시·군관리계획 입안일부터 5년 이내에 토지적성평가를 실시한 경우
>   ③ 주거지역·상업지역 또는 공업지역에 도시·군관리계획을 입안하는 경우
>   ④ 법 또는 다른 법령에 따라 조성된 지역에 도시·군관리계획을 입안하는 경우
>   ⑤ 「개발제한구역의 지정 및 관리에 관한 특별조치법 시행령」 제2조 제3항 제1호·제2호 또는 제6호(같은 항 제1호 또는 제2호에 따른 지역과 연접한 대지로 한정한다)의 지역에 해당하여 개발제한구역에서 조정 또는 해제된 지역에 대하여 도시·군관리계획을 입안하는 경우

기출 해당 지구단위계획구역 안의 나대지면적이 구역면적의 3%인 경우에는 기초조사를 생략할 수 없다.
제36회

⑥ 「도시개발법」에 따른 도시개발사업의 경우
⑦ 지구단위계획구역 또는 도시·군계획시설부지에서 도시·군관리계획을 입안하는 경우
⑧ 다음의 어느 하나에 해당하는 용도지역·용도지구·용도구역의 지정 또는 변경의 경우

> ㉠ 주거지역·상업지역·공업지역 또는 계획관리지역의 그 밖의 용도지역으로의 변경(계획관리지역을 자연녹지지역으로 변경하는 경우는 제외한다)
> ㉡ 주거지역·상업지역·공업지역 또는 계획관리지역 외의 용도지역 상호간의 변경(자연녹지지역으로 변경하는 경우는 제외한다)
> ㉢ 용도지구·용도구역의 지정 또는 변경(개발진흥지구의 지정 또는 확대지정은 제외한다)

⑨ 다음의 어느 하나에 해당하는 기반시설을 설치하는 경우

> ㉠ 용도지역별 개발행위규모에 해당하는 기반시설
> ㉡ 도로·철도·궤도·수도·가스 등 선형으로 된 교통시설 및 공급시설
> ㉢ 공간시설(체육공원·묘지공원 및 유원지는 제외한다)
> ㉣ 방재시설 및 환경기초시설(폐차장은 제외한다)
> ㉤ 개발제한구역 안에 설치하는 기반시설

4. 재해취약성분석을 실시하지 않을 수 있는 요건
① 1.의 ①부터 ⑦까지의 어느 하나에 해당하는 경우
② 도시·군관리계획 입안일부터 5년 이내에 재해취약성분석을 실시한 경우
③ 3.의 ⑧에 해당하는 경우(방재지구의 지정·변경은 제외한다)
④ 다음의 어느 하나에 해당하는 기반시설을 설치하는 경우

> ㉠ 3.의 ⑨의 ㉠의 기반시설
> ㉡ 공간시설 중 녹지·공공공지

기출 도시·군관리계획으로 입안하려는 지구단위계획구역이 상업지역에 위치하는 경우에는 재해취약성분석을 하지 아니할 수 있다. 제32회

Tip 지방의회의 의견청취 내용에 지구단위계획이 없다는 점에 유의한다.

(2) 주민 및 지방의회의 의견청취

① 주민 의견청취
㉠ 원칙: 국토교통부장관(수산자원보호구역의 경우, 해양수산부장관을 말한다), 시·도지사, 시장 또는 군수는 도시·군관리계획을 입안할 때에는 주민의 의견을 들어야 하며, 그 의견이 타당하다고 인정되면 도시·군관리계획안에 반영하여야 한다(법 제28조 제1항).

ⓛ 예외: 국방상 또는 국가안전보장상 기밀을 지켜야 할 필요가 있는 사항(관계 중앙행정기관의 장이 요청하는 것만 해당한다)이거나 대통령령으로 정하는 경미한 사항인 경우에는 그러하지 아니하다(법 제28조 제1항 단서).

ⓒ 의견청취절차

특별시장, 광역시장, 특별자치시장, 특별자치 도지사, 시장·군수의 입안시 의견청취	ⓐ 공고와 열람: 주민의 의견 청취에 필요한 사항을 정할 때 적용되는 기준은 다음과 같다(영 제22조 제2항). • 도시·군관리계획안의 주요 내용을 다음의 매체에 각각 공고할 것 　- 해당 지방자치단체의 공보나 둘 이상의 일반일간신문(「신문 등의 진흥에 관한 법률」에 따라 전국 또는 해당 지방자치단체를 주된 보급지역으로 등록한 일반일간신문을 말한다) 　- 해당 지방자치단체의 **인터넷 홈페이지** 등의 매체 • 도시·군관리계획안을 14일 이상의 기간 동안 일반인이 **열람**할 수 있도록 할 것 ⓑ 의견서 제출: 공고된 도시·군관리계획안의 내용에 대하여 의견이 있는 자는 열람기간 내에 특별시장·광역시장·특별자치시장·특별자치도지사·시장 또는 군수에게 의견서를 제출할 수 있다(영 제22조 제4항). ⓒ 결과통보: 국토교통부장관, 시·도지사, 시장 또는 군수는 제출된 의견을 도시·군관리계획안에 반영할 것인지 여부를 검토하여 그 결과를 **열람기간이 종료된 날부터 60일 이내에 해당 의견을 제출한 자에게 통보해야 한다**(영 제22조 제5항).
국토교통부장관, 도지사의 입안시 의견청취	국토교통부장관이나 도지사는 도시·군관리계획을 입안하려면 주민의 의견청취기한을 밝혀 도시·군관리계획안을 관계 특별시장·광역시장·특별자치시장·특별자치도지사·시장 또는 군수에게 **송부하여야 하며**, 도시·군관리계획안을 받은 특별시장·광역시장·특별자치시장·특별자치도지사·시장 또는 군수는 명시된 기한까지 그 도시·군관리계획안에 대한 주민의 의견을 들어 그 결과를 국토교통부장관이나 도지사에게 **제출하여야 한다**(법 제28조 제2항·제3항).

참고 행정용어로서 열람은 행정청의 행정사항에 대한 결정·인가·변경 등에 있어 그 내용에 대한 일반시민, 주민, 이해관계인의 의견을 듣기 위하여 일정기간동안 관계 서류 등을 공개하는 절차행위를 말하며, 열람공고는 이러한 열람의 주요내용과 열람기간, 열람장소 등을 널리 알리는 행위를 말한다.

1. 공청회: 국가나 공공단체가 그 권한으로서 일반국민에게 큰 영향이 있는 안건을 의결함에 앞서 일반국민 또는 학자, 경험자들이 참석한 자리에서 그 의견을 듣는 형태로 간접적 의견청취를 말한다.
2. 공고·열람(공람): 국가행정기관이 일반국민에게 큰 영향을 줄 수 있는 사안에 관련된 내용을 의결함에 앞서 미리 이해관계자에게 그 사실을 알려주고 관련서류를 직접적으로 열람하게 한 후 의견을 청취하는 절차로 직접적인 의견청취를 말한다.
3. 협의: 행정계획을 수립한 후 결정절차에서 결정권자가 결정 전에 관계행정기관의 장과 협의하는데, 협의는 주로 동급인 행정기관끼리 한다.
4. 심의: 일단의 '결정, 확정, 승인' 전에 거치는 절차로서 심의기구(도시계획위원회)를 통해 제출된 안건을 상세히 검토하고 확정의 여부를 판단한다.

심화 │ 지방의회 의견청취사항

1. 용도지역·용도지구 또는 용도구역의 지정 또는 변경지정
2. 광역도시계획에 포함된 광역시설의 설치·정비 또는 개량에 관한 도시·군관리계획의 결정 또는 변경결정
3. 다음의 어느 하나에 해당하는 기반시설의 설치·정비 또는 개량에 관한 도시·군관리계획의 결정 또는 변경결정
   - 도로 중 주간선도로(시·군 내 주요지역을 연결하거나 시·군 상호간이나 주요지방 상호간을 연결하여 대량통과교통을 처리하는 도로로서 시·군의 골격을 형성하는 도로)
   - 철도 중 도시철도
   - 자동차정류장 중 여객자동차터미널(시외버스운송사업용에 한한다)
   - 공원(「도시공원 및 녹지 등에 관한 법률」에 따른 소공원 및 어린이공원은 제외한다)
   - 유통업무설비
   - 학교 중 대학
   - 공공청사 중 지방자치단체의 청사
   - 하수도(하수종말처리시설에 한한다)
   - 폐기물처리 및 재활용시설
   - 수질오염방지시설
   - 그 밖에 국토교통부령으로 정하는 시설

기출 │ 시장 또는 군수가 입안한 지구단위계획구역의 지정변경에 관한 도시·군관리계획은 시장 또는 군수가 직접 결정한다.

② 지방의회의 의견청취

 ㉠ 국토교통부장관, 시·도지사, 시장 또는 군수는 도시·군관리계획을 입안하려면 대통령령으로 정하는 사항에 대하여 해당 지방의회의 의견을 들어야 한다(법 제28조 제6항).

 ㉡ 국토교통부장관이나 도지사가 지방의회의 의견을 듣는 경우에는 ①의 ㉢의 '국토교통부장관, 도지사의 입안시 의견청취'를 준용한다. 이 경우, '주민'은 '지방의회'로 본다(법 제28조 제7항).

③ 의견제시: 특별시장·광역시장·특별자치시장·특별자치도지사·시장 또는 군수가 지방의회의 의견을 들으려면 의견제시기한을 밝혀 도시·군관리계획안을 송부하여야 한다. 이 경우, 해당 지방의회는 명시된 기한까지 특별시장·광역시장·특별자치시장·특별자치도지사·시장 또는 군수에게 의견을 제시하여야 한다(법 제28조 제8항).

5. 도시·군관리계획의 결정권자

(1) 원칙적 결정권자

도시·군관리계획은 시·도지사가 직접 또는 시장·군수의 신청에 따라 결정한다. 다만, 「지방자치법」 제198조에 따른 서울특별시와 광역시 및 특별자치시를 제외한 인구 50만 이상의 대도시(이하 '대도시'라 한다)의 경우에는 해당 시장(이하 '대도시 시장'이라 한다)이 직접 결정하고, 다음의 도시·군관리계획은 시장 또는 군수가 직접 결정한다(법 제29조 제1항).

> ① 시장 또는 군수가 입안한 지구단위계획구역의 지정·변경과 지구단위계획의 수립·변경에 관한 도시·군관리계획
> ② 지구단위계획으로 대체하는 용도지구 폐지에 관한 도시·군관리계획[해당 시장(대도시 시장 제외) 또는 군수가 도지사와 미리 협의한 경우에 한한다]

(2) 예외적 결정권자

다음의 도시·군관리계획은 국토교통부장관이 결정한다. 단, ④의 경우, 해양수산부장관이 결정한다(법 제29조 제2항).

> ① 국토교통부장관이 입안한 도시·군관리계획
> ② 개발제한구역의 지정 및 변경에 관한 도시·군관리계획
> ③ 시가화조정구역의 지정 및 변경에 관한 도시·군관리계획(국가계획 관련시)
> ④ 수산자원보호구역의 지정 및 변경에 관한 도시·군관리계획

6. 결정절차(협의 및 심의 후 결정)

(1) 결정신청

시장 또는 군수(개발제한구역, 시가화조정구역, 수산자원보호구역의 지정권한 어느 하나에 해당하는 도시·군관리계획의 결정을 신청하는 경우에는 시·도지사를 포함한다)는 도시·군관리계획 결정을 신청하려면 도시·군관리계획도서 및 계획설명서에 다음의 서류를 첨부하여 도지사(개발제한구역, 시가화조정구역의 지정권한에 해당하는 도시·군관리계획의 결정을 신청하는 경우에는 국토교통부장관을 말하며, 수산자원보호구역의 지정에 해당하는 도시·군관리계획의 결정을 신청하는 경우에는 해양수산부장관을 말한다)에게 제출하여야 한다. 다만, 시장 또는 군수가 국토교통부장관 또는 해양수산부장관에게 도시·군관리계획의 결정을 신청하는 경우에는 도지사를 거쳐야 한다(영 제23조).

① 주민의 의견청취 결과
② 지방의회의 의견청취 결과
③ 해당 지방자치단체에 설치된 지방도시계획위원회의 자문을 거친 경우에는 그 결과
④ 관계 행정기관의 장과의 협의에 필요한 서류(미리 관계 행정기관의 장과 협의한 경우에는 그 결과)
⑤ 중앙도시계획위원회 또는 시·도 도시계획위원회의 심의에 필요한 서류

(2) 사전협의

① 관계 행정기관의 장과의 협의: 시·도지사는 도시·군관리계획을 결정하려면 관계 행정기관의 장과 미리 협의하여야 하며, 국토교통부장관(수산자원보호구역의 경우, 해양수산부장관을 말한다)이 도시·군관리계획을 결정하려면 관계 중앙행정기관의 장과 미리 협의하여야 한다. 이 경우, 협의요청을 받은 기관의 장은 특별한 사유가 없으면 그 요청을 받은 날부터 30일 이내에 의견을 제시하여야 한다(법 제30조 제1항).

② 국토교통부장관과의 협의: 시·도지사는 국토교통부장관이 입안하여 결정한 도시·군관리계획을 변경하거나 그 밖에 대통령령으로 정하는 중요한 사항에 관한 도시·군관리계획을 결정하려면 미리 국토교통부장관과 협의하여야 한다(법 제30조 제2항).

기출

1. 시·도지사가 지구단위계획을 결정하려면 「건축법」에 따라 시·도에 두는 건축위원회와 도시계획위원회가 공동으로 하는 심의를 거쳐야 한다.
2. 국토교통부장관이나 시·도지사는 국방상 또는 국가안전보장상 기밀을 지켜야 할 필요가 있다고 인정되면(관계 중앙행정기관의 장이 요청할 때만 해당된다) 그 도시·군관리계획의 전부 또는 일부에 대하여 협의 및 심의 절차를 생략할 수 있다.

Tip 도시·군관리계획의 경우, 열람기간은 규정에 없음을 기억해 둔다.

(3) 도시계획위원회의 심의

① 중앙(지방)도시계획위원회의 심의: 국토교통부장관은 도시·군관리계획을 결정하려면 중앙도시계획위원회의 심의를 거쳐야 하며, 시·도지사가 도시·군관리계획을 결정하려면 시·도 도시계획위원회의 심의를 거쳐야 한다(법 제30조 제3항).

② 건축위원회와 도시계획위원회의 공동심의: 시·도지사가 지구단위계획(지구단위계획과 지구단위계획구역을 동시에 결정할 때에는 지구단위계획구역의 지정 또는 변경에 관한 사항을 포함할 수 있다)을 결정하려면 대통령령으로 정하는 바에 따라 「건축법」에 따라 시·도에 두는 건축위원회와 도시계획위원회가 공동으로 하는 심의를 거쳐야 한다(법 제30조 제3항 단서).

(4) 협의 및 심의절차의 생략

국토교통부장관이나 시·도지사는 국방상 또는 국가안전보장상 기밀을 지켜야 할 필요가 있다고 인정되면(관계 중앙행정기관의 장이 요청할 때만 해당된다) 그 도시·군관리계획의 전부 또는 일부에 대하여 협의 및 심의 절차를 생략할 수 있다(법 제30조 제4항).

(5) 고시·송부 및 열람

국토교통부장관이나 시·도지사는 도시·군관리계획을 결정하면 대통령령으로 정하는 바에 따라 그 결정을 고시하고, 국토교통부장관이나 시·도지사는 관계서류를 관계 특별시장·광역시장·특별자치시장·특별자치도지사·시장 또는 군수에게 송부하여 일반이 열람할 수 있도록 하여야 하며, 특별시장·광역시장·특별자치시장·특별자치도지사는 관계서류를 일반이 열람할 수 있도록 하여야 한다(법 제30조 제6항).

(6) 대도시 시장의 권한

시장 또는 군수가 도시·군관리계획을 결정하는 경우에는 (1)부터 (5)까지의 규정을 준용한다. 이 경우 '시·도지사'는 '시장 또는 군수'로, '시·도 도시계획위원회'는 '법 제113조 제2항에 따른 시·군·구 도시계획위원회'로, '「건축법」 제4조에 따라 시·도에 두는 건축위원회'는 '「건축법」 제4조에 따라 시 또는 군에 두는 건축위원회'로, '특별시장·광역시장·특별자치시장·특별자치도지사'는 '시장 또는 군수'로 본다(법 제30조 제7항).

❸ 도시·군관리계획 결정 후 경과조치

1. 효력발생시기

도시·군관리계획 결정의 효력은 지형도면을 고시한 날부터 발생한다. 단, 도시·군관리계획 결정의 효력 발생 및 실효 등에 관하여는 「토지이용규제 기본법」 제8조 제3항부터 제5항까지의 규정에 따른다(법 제31조 제1항·제3항).

2. 기득권보호(시행 중인 공사 등에 관한 특례)

(1) 원칙(일반적인 지역 등의 경우)

도시·군관리계획 결정 당시 이미 사업이나 공사에 착수한 자(이 법 또는 다른 법률에 따라 허가·인가·승인 등을 받아야 하는 경우에는 그 허가·인가·승인 등을 받아 사업이나 공사에 착수한 자를 말한다)는 그 도시·군관리계획 결정과 관계없이 그 사업이나 공사를 계속할 수 있다(법 제31조 제2항).

(2) 예외(시가화조정구역 또는 수산자원보호구역)

① 3개월 내 신고 후 계속시행: 시가화조정구역 또는 수산자원보호구역의 지정에 관한 도시·군관리계획의 결정 당시 이미 사업 또는 공사에 착수한 자는 해당 사업 또는 공사를 계속하고자 하는 때에는 그 지정에 관한 도시·군관리계획 결정의 고시일부터 3개월 이내에 그 사업 또는 공사의 내용을 관할 특별시장·광역시장·특별자치시장·특별자치도지사·시장 또는 군수에게 신고하여야 한다(법 제31조 제2항 단서, 영 제21조 제1항).

② 3개월 내 허가신청(참고규정): 신고한 행위가 건축물의 건축을 목적으로 하는 토지의 형질변경인 경우, 해당 건축물을 건축하고자 하는 자는 토지의 형질변경에 관한 공사를 완료한 후 3개월 이내에 건축허가를 신청하는 때에는 해당 건축물을 건축할 수 있다(영 제26조 제2항).

③ 6개월 내 허가신청(참고규정): 건축물의 건축을 목적으로 하는 토지의 형질변경에 관한 공사를 완료한 후 1년 이내에 도시·군관리계획 결정의 고시가 있는 경우, 해당 건축물을 건축하고자 하는 자는 해당 도시·군관리계획 결정의 고시일부터 6개월 이내에 건축허가를 신청하는 때에는 해당 건축물을 건축할 수 있다(영 제26조 제3항).

참고 📖 고시하지 않으면 대외적 효력은 없다.

기출 📑
1. 도시·군관리계획의 결정의 효력은 지형도면을 고시한 다음 날부터 발생하는 것이 아니라, 즉시 발생한다. 제32회
2. 도시·군관리계획 결정의 효력은 지형도면을 고시한 날부터 발생한다. 제35회

Tip 👍 기득권보호
1. 허가받은 자를 말하는 것이 아니라, 착수한 자를 말하는 것임에 유의한다.
2. 부동산공법상 대부분의 규정 중 이미 사업에 착수한 자(기득권자)는 별도의 조치 없이 사업이나 공사를 계속할 수 있다. 단, 시가화조정구역과 수산자원보호구역은 3개월 이내 신고 후 계속 가능함을 기억해 둔다.

> **예제**
>
> 국토의 계획 및 이용에 관한 법령상 도시·군관리계획의 결정에 관한 설명으로 **틀린** 것은?
> 제33회
> ① 시장 또는 군수가 입안한 지구단위계획구역의 지정·변경에 관한 도시·군관리계획은 시장 또는 군수가 직접 결정한다.
> ② 개발제한구역의 지정에 관한 도시·군관리계획은 국토교통부장관이 결정한다.
> ③ 시·도지사가 지구단위계획을 결정하려면 「건축법」에 따라 시·도에 두는 건축위원회와 도시계획위원회가 공동으로 하는 심의를 거쳐야 한다.
> ④ 국토교통부장관은 관계 중앙행정기관의 장의 요청이 없어도 국가안전보장상 기밀을 지켜야 할 필요가 있다고 인정되면 중앙도시계획위원회의 심의를 거치지 않고 도시·군관리계획을 결정할 수 있다.
> ⑤ 도시·군관리계획 결정의 효력은 지형도면을 고시한 날부터 발생한다.
>
> **해설** 국토교통부장관이나 시·도지사는 국방상 또는 국가안전보장상 기밀을 지켜야 할 필요가 있다고 인정되면(관계 중앙행정기관의 장이 요청할 때만 해당된다) 그 도시·군관리계획의 전부 또는 일부에 대하여 협의 및 심의 절차를 생략할 수 있다. **정답** ④

3. 도시·군관리계획에 관한 지형도면의 고시 등

(1) 지형도면의 작성자

Tip 👉 지형도면의 작성자는 입안권자로 기억하면 된다.

① 원칙적 작성자: 특별시장·광역시장·특별자치시장·특별자치도지사·시장 또는 군수는 도시·군관리계획 결정이 고시되면 대통령령으로 정하는 바에 따라 지적(地籍)이 표시된 지형도에 도시·군관리계획에 관한 사항을 자세히 밝힌 도면을 작성하여야 한다(법 제32조 제1항).

② 예외적 작성자: 국토교통부장관(수산자원보호구역의 경우, 해양수산부장관을 말한다) 또는 도지사는 도시·군관리계획을 직접 입안한 경우에는 관계 특별시장·광역시장·특별자치시장·특별자치도지사·시장 또는 군수의 의견을 들어 직접 지형도면을 작성할 수 있다(법 제32조 제3항).

(2) 지형도면의 승인

시장(대도시 시장은 제외한다)이나 군수는 지형도에 도시·군관리계획(지구단위계획구역의 지정·변경과 지구단위계획의 수립·변경에 관한 도시·군관리계획은 제외한다)에 관한 사항을 자세히 밝힌 도면(이하 '지형도면'이라 한다)을 작성하면 도지사의 승인을 받아야 한다. 이 경우, 지형도면의 승인신청을 받은 도지사는 그 지형도면과 결정·고시된 도시·군관리계획을 대조하여 착오가 없다고 인정되면 30일 이내에 그 지형도면을 승인하여야 한다(법 제32조 제2항, 영 제27조).

(3) 승인 및 고시

국토교통부장관, 시·도지사, 시장 또는 군수는 직접 지형도면을 작성하거나 지형도면을 승인한 경우에는 이를 고시해야 한다(법 제32조 제4항).

(4) 지형도면 작성기준 및 고시방법의 준용

지형도면의 작성기준 및 방법과 지형도면의 고시방법 및 절차 등에 관하여는 「토지이용규제 기본법」 제8조 제2항 및 제6항부터 제9항까지의 규정에 따른다(법 제32조 제5항).

4. 도시·군관리계획의 정비(타당성검토)

특별시장·광역시장·특별자치시장·특별자치도지사·시장 또는 군수는 5년마다 관할구역의 도시·군관리계획에 대하여 대통령령으로 정하는 바에 따라 타당성을 전반적으로 재검토하여 정비하여야 한다(법 제34조 제1항).

5. 도시·군관리계획 입안의 특례

(1) 동시입안

국토교통부장관, 시·도지사, 시장 또는 군수는 도시·군관리계획을 조속히 입안하여야 할 필요가 있다고 인정되면 광역도시계획이나 도시·군기본계획을 수립할 때에 도시·군관리계획을 함께 입안할 수 있다(법 제35조 제1항).

(2) 협의

국토교통부장관(수산자원보호구역의 경우, 해양수산부장관을 말한다), 시·도지사, 시장 또는 군수는 필요하다고 인정되면 도시·군관리계획을 입안할 때에 협의하여야 할 사항에 관하여 관계 중앙행정기관의 장이나 관계 행정기관의 장과 협의할 수 있다. 이 경우, 시장이나 군수는 도지사에게 그 도시·군관리계획(지구단위계획구역의 지정·변경과 지구단위계획의 수립·변경에 관한 도시·군관리계획은 제외한다)의 결정을 신청할 때에 관계 행정기관의 장과의 협의 결과를 첨부하여야 한다(법 제35조 제2항).

(3) 협의의 생략

(2)의 규정에 의하여 미리 협의한 사항에 대하여는 협의를 생략할 수 있다(법 제35조 제3항).

> **예제**
>
> 국토의 계획 및 이용에 관한 법령상 주민이 도시·군관리계획의 입안을 제안하려는 경우 요구되는 제안사항별 토지소유자의 동의요건으로 <u>틀린</u> 것은? (단, 동의대상 토지면적에서 국·공유지는 제외함)
> 제29회
>
> ① 기반시설의 설치에 관한 사항: 대상 토지면적의 5분의 4 이상
> ② 기반시설의 정비에 관한 사항: 대상 토지면적의 3분의 2 이상
> ③ 지구단위계획구역의 지정과 지구단위계획의 수립에 관한 사항: 대상토지면적의 3분의 2 이상
> ④ 산업·유통개발진흥지구의 지정에 관한 사항: 대상토지면적의 3분의 2 이상
> ⑤ 용도지구 중 해당 용도지구에 따른 건축물이나 그 밖의 시설의 용도·종류 및 규모 등의 제한을 지구단위계획으로 대체하기 위한 용도지구의 지정에 관한 사항: 대상토지면적의 3분의 2 이상
>
> **해설** 기반시설의 설치·정비 또는 개량에 관한 사항에 대한 제안의 경우, 대상 토지면적의 5분의 4 이상의 토지소유자의 동의를 받아야 한다. **정답 ②**

6. 공간재구조화계획

(1) 공간재구조화계획의 입안

① 특별시장·광역시장·특별자치시장·특별자치도지사·시장 또는 군수는 다음의 용도구역을 지정하고 해당 용도구역에 대한 계획을 수립하기 위하여 공간재구조화계획을 입안하여야 한다(법 제35조의2 제1항).

> ㉠ 도시혁신구역 및 도시혁신계획
> ㉡ 복합용도구역 및 복합용도계획
> ㉢ 도시·군계획시설입체복합구역(㉠ 또는 ㉡과 함께 구역을 지정하거나 계획을 입안으로 하는 경우로 한정)

② 공간재구조화계획의 입안과 관련하여 법 제24조 제2항부터 제6항까지를 준용한다. 이 경우 '도시·군관리계획'은 '공간재구조화계획'으로 본다(법 제35조의2 제2항).

③ 국토교통부장관은 도시의 경쟁력 향상, 특화발전 및 지역 균형발전 등을 위하여 필요한 때에는 관할 특별시장·광역시장·특별자치시장·특별자치도지사·시장 또는 군수의 요청에 따라 공간재구조화계획을 입안할 수 있다(법 제35조의2 제3항).

④ 공간재구조화계획을 입안하려는 국토교통부장관(수산자원보호구역의 경우 해양수산부장관을 말한다), 시·도지사, 시장 또는 군수(이하 '공간재구조화계획 입안권자'라 한다)는 공간재구조화계획도서(계획도와 계획조서를 말한다. 이와 같다) 및 이를 보조하는 계획설명서(기초조사 결과·재원조달방안 및 경관계획을 포함한다. 이와 같다)를 작성하여야 한다(법 제35조의2 제4항).

⑤ 공간재구조화계획의 입안범위와 기준, 공간재구조화계획도서 및 계획설명서의 작성기준·작성방법 등은 국토교통부장관이 정한다(법 제35조의2 제5항).

(2) 공간재구조화계획 입안의 제안

① 주민[이해관계자를 포함한다. (2)에서 같다]은 용도구역 지정을 위하여 공간재구조화계획 입안권자에게 공간재구조화계획의 입안을 제안할 수 있다. 이 경우 제안서에는 공간재구조화계획도서와 계획설명서를 첨부하여야 한다(법 제35조의3 제1항).

② 공간재구조화계획의 입안을 제안받은 공간재구조화계획 입안권자는 「국유재산법」, 「공유재산 및 물품관리법」에 따른 국유재산·공유재산이 공간재구조화계획으로 지정된 용도구역 내에 포함된 경우 등 대통령령으로 정하는 경우에는 제안자 외의 제3자에 의한 제안이 가능하도록 제안 내용의 개요를 공고하여야 한다. 다만, 제안받은 공간재구조화계획을 입안하지 아니하기로 결정한 때에는 그러하지 아니하다(법 제35조의3 제2항).

③ 공간재구조화계획 입안권자는 최초 제안자의 제안서 및 제3자 제안서에 대하여 토지이용계획의 적절성 등 대통령령으로 정하는 바에 따라 검토·평가한 후 제출한 제안서 내용의 전부 또는 일부를 공간재구조화계획의 입안에 반영할 수 있다(법 제35조의3 제3항).

④ 공간재구조화계획 입안권자가 제안서 내용의 채택 여부 등을 결정한 경우에는 그 결과를 제안자와 제3자에게 알려야 한다(법 제35조의3 제4항).

⑤ 공간재구조화계획 입안권자는 제안자 또는 제3자와 협의하여 제안된 공간재구조화계획의 입안 및 결정에 필요한 비용의 전부 또는 일부를 제안자 또는 제3자에게 부담시킬 수 있다(법 제35조의3 제5항).

⑥ 공간재구조화계획 제안의 기준, 절차 등에 필요한 사항은 대통령령으로 정한다(법 제35조의3 제6항).

(3) 공간재구조화계획의 내용 등

공간재구조화계획에는 다음의 사항을 포함하여야 한다(법 제35조의4).

> ① 용도구역 지정 위치 및 용도구역에 대한 계획 등에 관한 사항
> ② 용도구역을 지정함에 따라 인근 지역의 주거·교통·기반시설 등에 미치는 영향 등 대통령령으로 정하는 사항

(4) 공간재구조화계획 수립을 위한 기초조사·의견청취 등

① 공간재구조화계획의 입안을 위한 기초조사, 주민과 지방의회의 의견 청취 등에 관하여는 법 제27조 및 제28조(제28조 제4항 제2호의 경우 관계 행정기관의 장과의 협의, 중앙도시계획위원회의 심의만 해당한다)를 준용한다. 이 경우 '도시·군관리계획'은 '공간재구조화계획'으로, '국토교통부장관, 시·도지사, 시장 또는 군수'는 '공간재구조화계획 입안권자'로 본다(법 제35조의5 제1항).

② 기초조사, 환경성 검토, 토지적성평가 또는 재해취약성분석은 공간재구조화계획 입안일부터 5년 이내 기초조사를 실시한 경우 등 대통령령으로 정하는 바에 따라 생략할 수 있다(법 제35조의5 제2항).

(5) 공간재구조화계획의 결정

① 공간재구조화계획은 시·도지사가 직접 또는 시장·군수의 신청에 따라 결정한다. 다만, 국토교통부장관이 입안한 공간재구조화계획은 국토교통부장관이 결정한다(법 제35조의6 제1항).

② 국토교통부장관 또는 시·도지사가 공간재구조화계획을 결정하려면 미리 관계 행정기관의 장(국토교통부장관을 포함한다)과 협의하고 다음에 따라 중앙도시계획위원회 또는 지방도시계획위원회의 심의를 거쳐야 한다. 이 경우 협의 요청을 받은 기관의 장은 특별한 사유가 없으면 그 요청을 받은 날부터 30일(도시혁신구역 지정을 위한 공간재구조화계획 결정의 경우에는 근무일 기준으로 10일) 이내에 의견을 제시하여야 한다(법 제35조의6 제2항).

> ㉠ 다음의 어느 하나에 해당하는 사항은 중앙도시계획위원회의 심의를 거친다.
>   ⓐ 국토교통부장관이 결정하는 공간재구조화계획
>   ⓑ 시·도지사가 결정하는 공간재구조화계획 중 제35조의2 제1항 각 호의 용도구역 지정 및 입지 타당성 등에 관한 사항

ⓒ ㉠의 ⓐ·ⓑ 사항을 제외한 공간재구조화계획에 대하여는 지방도시계획위원회의 심의를 거친다.

  ③ 국토교통부장관 또는 시·도지사는 공간재구조화계획을 결정하면 대통령령으로 정하는 바에 따라 그 결정을 고시하고, 국토교통부장관이나 도지사는 관계 서류를 관계 특별시장·광역시장·특별자치시장·특별자치도지사·시장 또는 군수에게 송부하여 일반이 열람할 수 있도록 하여야 하며, 특별시장·광역시장·특별자치시장·특별자치도지사는 관계 서류를 일반이 열람할 수 있도록 하여야 한다(법 제35조의6 제3항).

(6) **공간재구조화계획 결정의 효력 등**

① 공간재구조화계획 결정의 효력은 지형도면을 고시한 날부터 발생한다. 다만, 지형도면이 필요 없는 경우에는 결정·고시한 날부터 효력이 발생한다(법 제35조의7 제1항).

② 고시를 한 경우에 해당 구역 지정 및 계획 수립에 필요한 내용에 대해서는 고시한 내용에 따라 도시·군기본계획의 수립·변경(법 제19조 제1항 각 호 중에서 인구의 배분 등은 대통령령으로 정하는 범위에서 변경하는 경우로 한정한다)과 도시·군관리계획의 결정(변경결정을 포함한다) 고시를 한 것으로 본다(법 제35조의7 제2항).

③ 지형도면 고시 등에 관하여는 법 제32조를 준용한다. 이 경우 '도시·군관리계획'은 '공간재구조화계획'으로 본다(법 제35조의7 제3항).

④ 고시를 할 당시에 이미 사업이나 공사에 착수한 자(이 법 또는 다른 법률에 따라 허가·인가·승인 등을 받아야 하는 경우에는 그 허가·인가·승인 등을 받아 사업이나 공사에 착수한 자를 말한다)는 그 공간재구조화계획 결정과 관계없이 그 사업이나 공사를 계속할 수 있다(법 제35조의7 제4항).

⑤ 고시된 공간재구조화계획의 내용은 도시·군계획으로 관리하여야 한다(법 제35조의7 제5항).

제3장 용도지역·용도지구·용도구역

회독 Check 1회 2회 3회

용도지역의 정의와 지정목적은 자주 출제되는 부분이며, 최근에는 용도지역의 지정특례도 출제되었다. 특히, 건폐율과 용적률은 매년 출제되고 있으므로 최대한도와 특례규정에 관하여 정리해야 한다. 용도지구는 개정사항 위주로 학습하고, 용도구역은 지정권자와 목적 위주로 학습하여야 한다.

❶ 용도지역

1. 용도지역의 의의 및 특징

(1) 의의

용도지역은 토지의 이용 및 건축물의 용도·건폐율·용적률·높이 등을 제한함으로써 토지를 경제적·효율적으로 이용하고 공공복리의 증진을 도모하기 위하여 서로 중복되지 아니하게 도시·군관리계획으로 결정하는 지역을 말한다(법 제2조 제15호).

(2) 특징

도시·군관리계획으로 용도지역이 지정되면 효력발생일부터는 해당 지역 안의 건축물에 대한 공법상 행위제한 등이 적용된다. 전국의 토지를 4개 용도 9개 지역(총 21개)으로 구분하여 전 국민의 토지이용의 합리화와 양호한 생활환경을 조성하기 위한 지역이다.

2. 용도지역의 종류 및 세분 ^{제36회}

(1) 종류

① 도시지역: 인구와 산업이 밀집되어 있거나, 밀집이 예상되어 해당 지역에 대하여 체계적인 개발·정비·관리·보전 등이 필요한 지역으로 다음과 같이 구분하여 지정한다(법 제36조 제1항 제1호).

주거지역	거주의 안녕과 건전한 생활환경의 보호를 위하여 필요한 지역
상업지역	상업이나 그 밖의 업무의 편익을 증진하기 위하여 필요한 지역
공업지역	공업의 편익을 증진하기 위하여 필요한 지역
녹지지역	자연환경·농지 및 산림의 보호, 보건위생, 보안과 도시의 무질서한 확산을 방지하기 위하여 녹지의 보전이 필요한 지역

참고 서울특별시의 경우에는 용도지역이 도시지역으로만 지정되어 있으며, 해당 지역 중 주거지역이 50%, 녹지지역이 40%, 공업지역이 6%, 상업지역이 4% 가량이다. 제일 작은 면적은 상업지역으로서, 토지가격 또한 제일 높다.

② 관리지역: 도시지역의 인구와 산업을 수용하기 위하여 도시지역에 준하여 체계적으로 관리하거나 농림업의 진흥, 자연환경 또는 산림의 보전을 위하여 농림지역 또는 자연환경보전지역에 준하여 관리가 필요한 지역으로 다음과 같이 구분하여 지정한다(법 제36조 제1항 제2호).

보전관리지역	자연환경보호, 산림보호, 수질오염방지, 녹지공간 확보 및 생태계보전 등을 위하여 보전이 필요하나, 주변 용도지역과의 관계 등을 고려할 때 **자연환경보전지역으로 지정하여 관리하기가 곤란한 지역**
생산관리지역	농업·임업·어업생산 등을 위하여 관리가 필요하나, 주변 용도지역과의 관계 등을 고려할 때 **농림지역으로 지정하여 관리하기가 곤란한 지역**
계획관리지역	도시지역으로의 편입이 예상되는 지역 또는 자연환경을 고려하여 제한적인 이용·개발을 하려는 지역으로서, 계획적·체계적인 관리가 필요한 지역

③ 농림지역: 도시지역에 속하지 아니하는 「농지법」에 따른 농업진흥지역 또는 「산지관리법」에 의한 보전산지 등으로서 농림업을 진흥시키고 산림을 보전하기 위하여 필요한 지역을 말한다(법 제6조 제3호).

④ 자연환경보전지역: 자연환경·수자원·해안·생태계·상수원 및 「국가유산기본법」에 따른 국가유산의 보전과 수산자원의 보호·육성 등을 위하여 필요한 지역을 말한다(법 제6조 제4호).

(2) 세분

국토교통부장관, 시·도지사 또는 대도시 시장은 대통령령으로 정하는 바에 따라 용도지역을 도시·군관리계획 결정으로 다시 세분하여 지정하거나 변경할 수 있다(법 제36조 제2항).

기출 도심·부도심의 상업기능 및 업무기능의 확충을 위하여 필요한 지역은 중심상업지역이다. 제36회

도시 지역	주거 지역	전용주거 지역	제1종	단독주택 중심의 양호한 주거환경을 보호하기 위하여 필요한 지역
			제2종	공동주택 중심의 양호한 주거환경을 보호하기 위하여 필요한 지역
		일반주거 지역	제1종	**저층(4층 이하)**주택을 중심으로 편리한 주거환경을 조성하기 위하여 필요한 지역
			제2종	**중층(조례가 정함)**주택을 중심으로 편리한 주거환경을 조성하기 위하여 필요한 지역
			제3종	**중고층(층수제한 ×)**주택을 중심으로 편리한 주거환경을 조성하기 위하여 필요한 지역
		준주거 지역		주거기능을 위주로 이를 지원하는 일부 상업기능 및 업무기능을 보완하기 위하여 필요한 지역
	상업 지역	중심상업 지역		도심·부도심의 상업기능 및 업무기능의 **확충**을 위하여 필요한 지역
		일반상업 지역		일반적인 상업기능 및 업무기능을 담당하게 하기 위하여 필요한 지역
		유통상업 지역		도시 내 및 지역 간 유통기능의 증진을 위하여 필요한 지역(단독주택 ×)
		근린상업 지역		근린지역에서의 일용품 및 서비스의 공급을 위하여 필요한 지역
	공업 지역	전용공업 지역		주로 **중화학공업(단독주택 ×)**, 공해성공업 등을 수용하기 위하여 필요한 지역
		일반공업 지역		**환경을 저해하지 아니하는 공업의 배치**를 위하여 필요한 지역
		준공업 지역		경공업, 그 밖의 공업을 수용하되, 주거기능·상업기능 및 업무기능의 보완이 필요한 지역
	녹지 지역	보전녹지 지역		도시의 자연환경·경관·산림 및 녹지공간을 보전할 필요가 있는 지역
		생산녹지 지역		주로 농업적 생산을 위하여 개발을 유보할 필요가 있는 지역
		자연녹지 지역		도시의 녹지공간의 확보, 도시확산의 방지, 장래 도시용지의 공급 등을 위하여 보전할 필요가 있는 지역으로서, 불가피한 경우에 한하여 **제한적인 개발이 허용되는 지역**

관리 지역	보전관리 지역	자연환경보호, 산림보호, 수질오염방지, 녹지공간 확보 및 생태계 보전 등을 위하여 보전이 필요하나, 주변의 용도지역과의 관계 등을 고려할 때 **자연환경보전지역**으로 지정하여 관리하기가 곤란한 지역
	생산관리 지역	농업·임업·어업생산 등을 위하여 관리가 필요하나, 주변의 용도지역과의 관계 등을 고려할 때 **농림지역**으로 지정하여 관리하기가 곤란한 지역
	계획관리 지역	**도시지역**으로의 편입이 예상되는 지역 또는 자연환경을 고려하여 **제한적인 이용·개발**을 하려는 지역으로서, 계획적·체계적인 관리가 필요한 지역
농림 지역		도시지역에 속하지 아니하는 「농지법」에 의한 **농업진흥지역** 또는 「산지관리법」에 의한 **보전산지** 등으로서 농림업의 진흥과 산림의 보전을 위하여 필요한 지역
자연환경 보전지역		자연환경·수자원·해안·생태계·상수원 및 국가유산의 보전과 수산자원의 보호·육성 등을 위하여 필요한 지역

3. 용도지역의 지정절차

(1) 원칙

국토교통부장관, 시·도지사, 대도시 시장은 용도지역의 지정 또는 변경을 도시·군관리계획으로 결정한다(법 제36조 제1항).

(2) 특례

① 공유수면매립지에 관한 용도지역의 지정

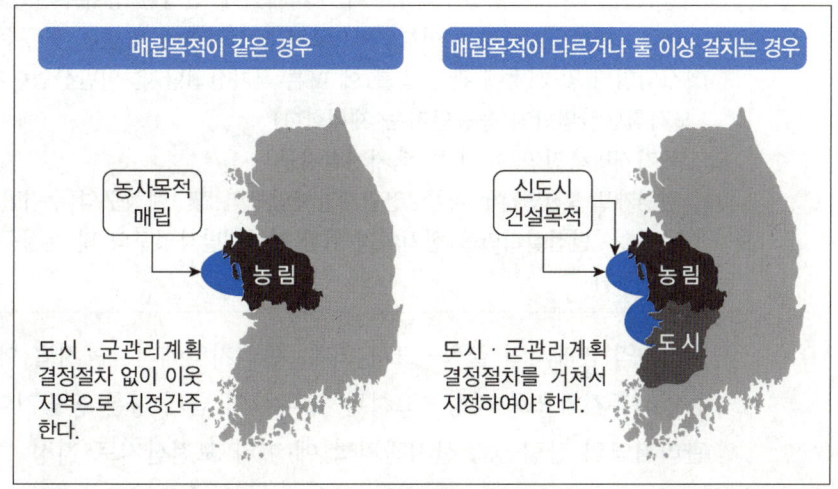

Tip 특례
1. 용도지역의 특례는 지정특례와 결정·고시특례 두 가지로 구분된다는 큰 개념을 잡고 학습한다.
2. 공유수면매립의 특례는 결정·고시가 아님에 유의한다.

㉠ 매립목적이 이웃 용도지역과 동일한 경우: 공유수면(바다만 해당한다)의 매립목적이 그 매립구역과 이웃하고 있는 용도지역의 내용과 같으면 도시·군관리계획의 입안 및 결정절차 없이 그 매립준공구역은 그 매립의 준공인가일부터 이와 이웃하고 있는 용도지역으로 지정된 것으로 본다. 이 경우, 관계 특별시장·광역시장·특별자치시장·특별자치도지사·시장 또는 군수는 그 사실을 지체 없이 고시해야 한다(법 제41조 제1항).

㉡ 매립목적이 이웃 용도지역과 다른 경우(특례 아님): 공유수면의 매립목적이 그 매립구역과 이웃하고 있는 용도지역의 내용과 다른 경우 및 그 매립구역이 둘 이상의 용도지역에 걸쳐 있거나 이웃하고 있는 경우, 그 매립구역이 속할 용도지역은 도시·군관리계획 결정으로 지정하여야 한다(법 제41조 제2항).

㉢ 통보: 관계 행정기관의 장은「공유수면 관리 및 매립에 관한 법률」에 따른 공유수면매립의 준공검사를 하면 국토교통부령으로 정하는 바에 따라 지체 없이 관계 특별시장·광역시장·특별자치시장·특별자치도지사·시장 또는 군수에게 통보하여야 한다(법 제41조 제3항).

② 다른 법률에 의하여 지정된 지역의 용도지역 지정 등의 의제 제33회

㉠ 도시지역으로 결정·고시 의제: 다음의 구역 등으로 지정·고시된 지역은 이 법에 의한 도시지역으로 결정·고시된 것으로 본다(법 제42조 제1항).

> ⓐ 「항만법」에 따른 **항만구역**으로서 도시지역에 연접한 공유수면
> ⓑ 「어촌·어항법」에 따른 **어항구역**으로서 도시지역에 연접한 공유수면
> ⓒ 「산업입지 및 개발에 관한 법률」에 따른 **국가산업단지, 일반산업단지 및 도시첨단산업단지**(농공단지는 제외한다)
> ⓓ 「택지개발촉진법」에 따른 **택지개발지구**
> ⓔ 「전원개발촉진법」에 따른 **전원개발사업구역 및 예정구역**(수력발전소 또는 송·변전설비만을 설치하기 위한 전원개발사업구역 및 예정구역은 제외한다)

㉡ 관리지역 안에서의 결정·고시 의제: **관리지역**에서「농지법」에 따른 **농업진흥지역**으로 지정·고시된 지역은 이 법에 따른 **농림지역**으로, **관리지역**의 산림 중「산지관리법」에 따라 **보전산지**로 지정·고시된 지역은 그 고시에서 구분하는 바에 따라 이 법에 따른 **농림지역** 또는 **자연환경보전지역**으로 결정·고시된 것으로 본다(법 제42조 제2항).

Tip 특례
1. 결정·고시의 특례는 별도로 고시하지 않는다.
2. 도시지역으로 보는 특례에서 제외되는 부분을 기억해 두어야 한다.
3. '관리지역 안'이라는 표현이 있는지 꼭 확인하여야 한다.

기출「택지개발촉진법」에 따른 택지개발지구로 지정·고시된 지역은「국토의 계획 및 이용에 관한 법률」에 따른 도시지역으로 결정·고시된 것으로 본다. 제33회

(3) 지형도면에의 표시 및 통보

관계 행정기관의 장은 항만구역, 어항구역, 산업단지, 택지개발지구, 전원개발사업구역 및 예정구역, 농업진흥지역 또는 보전산지를 지정한 경우에는 국토교통부령으로 정하는 바에 따라 고시된 지형도면 또는 지형도에 그 지정 사실을 표시하여 그 지역을 관할하는 특별시장·광역시장·특별자치시장·특별자치도지사·시장 또는 군수에게 통보하여야 한다(법 제42조 제3항).

(4) 용도지역 등의 환원

위의 규정에 의한 구역·단지·지구·지역 등(이하 '구역 등'이라 한다)이 해제되는 경우(개발사업의 완료로 해제되는 경우를 제외한다) 이 법 또는 다른 법률에서 그 구역 등이 어떤 용도지역에 해당되는지를 따로 정하고 있지 아니한 경우에는 이를 지정하기 이전의 용도지역으로 환원된 것으로 본다. 이 경우, 지정권자는 용도지역이 환원된 사실을 대통령령이 정하는 바에 따라 고시하고, 그 지역을 관할하는 특별시장·광역시장·특별자치시장·특별자치도지사·시장 또는 군수에게 통보하여야 한다(법 제42조 제4항).

(5) 기득권보호(용도지역 환원시)

용도지역이 환원되는 당시 이미 사업 또는 공사에 착수한 자(이 법 또는 다른 법률에 의하여 허가·인가·승인 등을 받아야 하는 경우에는 그 허가·인가·승인 등을 받아 사업 또는 공사에 착수한 자를 말한다)는 그 용도지역의 환원과 관계없이 그 사업이나 공사를 계속할 수 있다(법 제42조 제5항).

4. 용도지역 안에서의 행위제한

(1) 건축물의 건축제한

① 지정된 용도지역에서의 건축물이나 그 밖의 시설의 용도·종류 및 규모 등의 제한에 관한 사항은 대통령령으로 정한다(법 제76조 제1항).
② 지정된 용도지구에서의 건축물이나 그 밖의 시설의 용도·종류 및 규모 등의 제한에 관한 사항은 이 법 또는 다른 법률에 특별한 규정이 있는 경우 외에는 대통령령으로 정하는 기준에 따라 특별시·광역시·특별자치시·특별자치도·시 또는 군의 조례로 정할 수 있다(법 제76조 제2항).

비교➡ 행위제한
1. 용도지역의 행위제한은 원칙적으로 대통령령으로 정한다. 단, 특례가 있다.
2. 용도지구의 행위제한은 대부분 조례로 정하나, 고도지구·개발진흥지구·자연취락지구·집단취락지구는 별도 규정이 있다.

③ 건축물이나 그 밖의 시설의 용도·종류 및 규모 등의 제한은 해당 용도지역과 용도지구의 지정목적에 적합해야 한다(법 제76조 제3항).
④ 건축물이나 그 밖의 시설의 용도·종류 및 규모 등을 변경하는 경우, 변경 후의 건축물이나 그 밖의 시설의 용도·종류 및 규모 등은 ①과 ②에 맞아야 한다.

(2) 용도지역·지구 안에서의 행위제한 특례

다음의 어느 하나에 해당하는 경우의 건축물이나 그 밖의 시설의 용도·종류 및 규모 등의 제한에 관하여는 다음에서 정하는 바에 따른다(법 제76조 제5항).

> ① 취락지구: 취락지구에서는 취락지구의 지정목적 범위 안에서 대통령령으로 따로 정한다.
> ② 개발진흥지구: 개발진흥지구에서는 개발진흥지구의 지정목적 범위에서 대통령령으로 따로 정한다.
> ③ 복합용도지구: 복합용도지구에서는 복합용도지구의 지정목적 범위에서 대통령령으로 따로 정한다.
> ④ 농공단지: 「산업입지 및 개발에 관한 법률」에 따른 농공단지에서는 같은 법에서 정하는 바에 따른다.
> ⑤ 농림지역: 농림지역 중 농업진흥지역, 보전산지 또는 초지인 경우에는 각각 「농지법」, 「산지관리법」 또는 「초지법」에서 정하는 바에 따른다.
> ⑥ 자연환경보전지역: 자연환경보전지역 중 「자연공원법」에 따른 공원구역, 「수도법」에 따른 상수원보호구역, 「문화유산의 보존 및 활용에 관한 법률」에 따라 지정된 지정문화유산과 그 보호구역, 「자연유산의 보존 및 활용에 관한 법률」에 따라 지정된 천연기념물등과 그 보호구역, 「해양생태계의 보전 및 관리에 관한 법률」에 따른 해양보호구역인 경우에는 각각 「자연공원법」, 「수도법」, 「문화유산의 보존 및 활용에 관한 법률」, 「자연유산의 보존 및 활용에 관한 법률」 또는 「해양생태계의 보전 및 관리에 관한 법률」에서 정하는 바에 따른다.

(3) 용도지역 내 용도제한(영 제71조 제1항 별표 2~별표 22)

① 용도지역 안에서의 건축물 그 밖의 시설의 용도·종류 및 규모 등의 제한에 관한 사항은 별표 2에서 별표 22까지이다. 건축제한을 적용함에 있어서 부속건축물에 대하여는 주된 건축물에 대한 건축제한에 의한다. 여기서 건축제한은 원칙적으로 각 용도지역별로 건축할 수 있는 건축물의 종류를 열거하고 있다. 단, 준주거지역, 상업지역, 준공업지역, 계획관리지역은 건축할 수 '없는' 건축물을 규정하고 있다.

참고 보전관리지역, 생산관리지역에 대하여 농림축산식품부장관, 해양수산부장관, 환경부장관 또는 산림청장이 농지보전, 자연환경보전, 해양환경보전 또는 산림보전에 필요하다고 인정하는 경우에는 「농지법」, 「자연환경보전법」, 「야생생물 보호 및 관리에 관한 법률」, 「해양생태계의 보전 및 관리에 관한 법률」 또는 「산림자원의 조성 및 관리에 관한 법률」에 따라 건축물이나 그 밖의 시설의 용도·종류 및 규모 등을 제한할 수 있다. 이 경우, 이 법에 따른 제한의 취지와 형평을 이루도록 하여야 한다.

심화 「건축법 시행령」 별표 1에서 정하는 건축물 중 다음의 요건을 모두 충족하는 건축물의 종류 및 규모 등의 제한에 관하여 해당 특별시·광역시·특별자치시·특별자치도·시 또는 군의 도시·군계획조례로 따로 정할 수 있다.
1. 2012년 1월 20일 이후에 「건축법 시행령」 별표 1에서 새로이 규정하는 건축물일 것
2. 별표 2부터 별표 22까지의 규정에서 정하지 아니한 건축물일 것

참고 건축제한을 적용함에 있어서 부속건축물에 대하여는 주된 건축물에 대한 건축제한에 의한다.

② 제1종 전용주거지역 안에서 건축할 수 있는 건축물(별표 2)

> Tip 👉 전체를 학습하기에는 무리가 있으므로 대표적으로 별표 2, 별표 3만 확인한다.

┌───┐
│ ㉠ 건축할 수 있는 건축물
│   ⓐ 「건축법 시행령」 별표 1 제1호의 **단독주택**(다가구주택을 제외한다)
│   ⓑ 「건축법 시행령」 별표 1 제3호 가목부터 바목까지 및 사목(공중화장실·대피소, 그 밖에 이와 비슷한 것 및 지역아동센터는 제외한다)의 **제1종 근린생활시설로서 해당 용도에 쓰이는 바닥면적의 합계가 1천m² 미만인 것**
│ ㉡ 도시·군계획조례가 정하는 바에 의하여 건축할 수 있는 건축물
│   ⓐ 「건축법 시행령」 별표 1 제1호의 단독주택 중 다가구주택
│   ⓑ 「건축법 시행령」 별표 1 제2호의 공동주택 중 연립주택 및 다세대주택
│   ⓒ 「건축법 시행령」 별표 1 제3호 사목(공중화장실·대피소, 그 밖에 이와 비슷한 것 및 지역아동센터만 해당한다) 및 아목에 따른 제1종 근린생활시설로서 해당 용도에 쓰이는 바닥면적의 합계가 1천m² 미만인 것
│   ⓓ 「건축법 시행령」 별표 1 제4호의 제2종 근린생활시설 중 종교집회장
│   ⓔ 「건축법 시행령」 별표 1 제5호의 문화 및 집회시설 중 같은 호 라목[박물관·미술관, 체험관(「건축법 시행령」 제2조 제16호에 따른 한옥으로 건축하는 것만 해당한다) 및 기념관에 한정한다]에 해당하는 것으로서 그 용도에 쓰이는 바닥면적의 합계가 1천m² 미만인 것
│   ⓕ 「건축법 시행령」 별표 1 제6호의 종교시설에 해당하는 것으로서 그 용도에 쓰이는 바닥면적의 합계가 1천m² 미만인 것
│   ⓖ 「건축법 시행령」 별표 1 제10호의 교육연구시설 중 유치원·초등학교·중학교 및 고등학교
│   ⓗ 「건축법 시행령」 별표 1 제11호의 노유자시설
│   ⓘ 「건축법 시행령」 별표 1 제20호의 자동차관련시설 중 주차장
└───┘

③ 제2종 전용주거지역 안에서 건축할 수 있는 건축물(별표 3)

┌───┐
│ ㉠ 건축할 수 있는 건축물
│   ⓐ 「건축법 시행령」 별표 1 제1호의 **단독주택**
│   ⓑ 「건축법 시행령」 별표 1 제2호의 **공동주택**
│   ⓒ 「건축법 시행령」 별표 1 제3호의 **제1종 근린생활시설로서 해당 용도에 쓰이는 바닥면적의 합계가 1천m² 미만인 것**
│ ㉡ 도시·군계획조례가 정하는 바에 의하여 건축할 수 있는 건축물
│   ⓐ 「건축법 시행령」 별표 1 제4호의 제2종 근린생활시설 중 종교집회장
│   ⓑ 「건축법 시행령」 별표 1 제5호의 문화 및 집회시설 중 같은 호 라목[박물관·미술관, 체험관(「건축법 시행령」 제2조 제16호에 따른 한옥으로 건축하는 것만 해당한다) 및 기념관에 한정한다]에 해당하는 것으로서 그 용도에 쓰이는 바닥면적의 합계가 1천m² 미만인 것
└───┘

ⓒ 「건축법 시행령」 별표 1 제6호의 종교시설에 해당하는 것으로서 그 용도에 쓰이는 바닥면적의 합계가 1천m² 미만인 것
ⓓ 「건축법 시행령」 별표 1 제10호의 교육연구시설 중 유치원·초등학교·중학교 및 고등학교
ⓔ 「건축법 시행령」 별표 1 제11호의 노유자시설
ⓕ 「건축법 시행령」 별표 1 제20호의 자동차관련시설 중 주차장

> **핵심** 용도지역 내 행위제한
>
> 주요부분을 정리하면 다음과 같다.
>
> | 구분 | 설치가 허용된 지역 및 금지된 지역 |
> |---|---|
> | 단독주택의 설치금지 | 유통상업지역, 전용공업지역 |
> | 연립·다세대주택의 설치금지 | 유통상업지역, 전용공업지역, 일반공업지역, 보전녹지지역, 보전관리지역, 농림지역, 자연환경보전지역 |
> | 아파트의 설치금지 | 유통상업지역, 전용공업지역, 일반공업지역, 녹지지역, 관리지역, 농림지역, 자연환경보전지역, 제1종 전용주거지역, 제1종 일반주거지역 |
> | 제1종 근린생활시설의 설치허용 | 모든 용도지역에서 가능 |
> | 위락시설의 설치허용 | 모든 상업지역에서 가능(기타지역 불가능) |
> | 숙박시설의 설치허용 | 모든 상업지역, 계획관리지역, 자연녹지지역(관광지·관광단지가 지정된 지역), 준공업지역에서 가능 |
> | 종교집회장의 설치금지 | 전용공업지역, 생산녹지지역, 생산관리지역 |
> | 일반음식점의 설치금지 | 전용주거지역 |

5. 용도지역 안에서의 건폐율·용적률 제한 ^{제32회}

Tip 👍 용도지역의 건폐율·용적률은 중요하므로 반드시 기억해 두어야 한다.

(1) 건폐율과 용적률의 정의

① 건폐율: 대지면적에 대한 건축면적의 비율을 말하며, 대지 안의 공지를 확보하여 채광·통풍·피난·소화 등을 위하여 건축면적규모를 제한하는 것으로 수평적인 규제를 하는 것이다.

$$건폐율 = \frac{건축면적}{대지면적} \times 100$$

② 용적률: 대지면적에 대한 연면적✚의 비율을 말하며, 도시공간의 전체적 환경개선 및 주거환경 등을 위하여 밀도를 제한하는 것으로 연면적이 제한되는 것이다. 수직적 이용밀도를 규제하는 것으로, 일반적으로 용적률을 알면 그 건물의 총 용량을 대략 짐작할 수 있다.

$$용적률 = \frac{건축연면적}{대지면적} \times 100$$

✚ 연면적은 1개동의 바닥면적의 합계를 말한다.

핵심 용적률 산정시 연면적에는 바닥면적의 합계 중에서 다음의 4가지가 포함되지 않는다.
1. 지하층
2. 지상주차장 면적
3. 초고층(준초고층을 포함) 건축물의 피난안전구역
4. 경사지붕 아래 대피공간

(2) 건폐율과 용적률의 지정기준 제33회

① 건폐율과 용적률의 제한(국토계획법 ⇨ 국토계획법 시행령 ⇨ 조례): 용도지역에서 건폐율과 용적률의 최대한도는 관할구역의 면적과 인구규모, 용도지역의 특성 등을 고려하여 다음의 범위에서 대통령령으로 정하는 기준에 따라 특별시·광역시·특별자치시·특별자치도·시 또는 군의 조례로 정한다(법 제77조 제1항, 법 제78조 제1항, 영 제84조 제1항, 영 제85조 제1항).

용도지역	구분	세분		건폐율(%)		용적률(%)	
				국토계획법	시행령	국토계획법	시행령
도시지역	주거지역	전용	1종	70 이하	50 이하	500 이하	50 이상 100 이하
			2종		50 이하		50 이상 150 이하
		일반	1종		60 이하		100 이상 200 이하
			2종		60 이하		100 이상 250 이하
			3종		50 이하		100 이상 300 이하
		준주거			70 이하		200 이상 500 이하
	상업지역	중심		90 이하	90 이하	1,500 이하	200 이상 1,500 이하
		일반			80 이하		200 이상 1,300 이하
		유통			80 이하		200 이상 1,100 이하
		근린			70 이하		200 이상 900 이하
	공업지역	전용		70 이하	–	400 이하	150 이상 300 이하
		일반					150 이상 350 이하
		준공업					150 이상 400 이하

참고 용적률 하한선
1. 대부분: 50% 이상
2. 일반주거지역: 100% 이상
3. 공업지역: 150% 이상
4. 준주거지역 및 상업지역: 200% 이상

심화 자연녹지지역에 설치되는 도시·군계획시설 중 유원지의 건폐율은 30%의 범위에서 도시·군계획조례로 정하는 비율을 초과하여서는 아니 되며, 공원의 건폐율은 20%의 범위에서 도시·군계획조례로 정하는 비율을 초과하여서는 아니 된다.

녹지지역	보전	20 이하	–	100 이하	50 이상 80 이하
	생산				50 이상 100 이하
	자연				50 이상 100 이하
관리지역	보전	20 이하	–	80 이하	50 이상 80 이하
	생산	20 이하	–	80 이하	50 이상 80 이하
	계획	40 이하	–	100 이하	50 이상 100 이하
농림지역		20 이하	–	80 이하	50 이상 80 이하
자연환경보전지역		20 이하	–	80 이하	50 이상 80 이하

✔ 도시·군계획조례로 용도지역별 건폐율을 정함에 있어서 필요한 경우에는 해당 지방자치단체의 관할구역을 세분하여 건폐율을 달리 정할 수 있다.

비교 도시·군계획조례에 따른 특례
1. 건폐율: 80% 이하의 범위 안에서 대통령령이 정하는 기준에 따라 특별시·광역시·특별자치시·특별자치도·시 또는 군의 조례로 따로 정한다.
2. 용적률: 200% 이하의 범위 안에서 대통령령이 정하는 기준에 따라 특별시·광역시·특별자치시·특별자치도·시 또는 군의 조례로 따로 정한다.

기출 계획관리지역에 지정된 산업·유통개발진흥지구는 건폐율을 60% 이하로 별도로 정할 수 있다. 제36회

② 건폐율과 용적률의 별도규정(국토계획법 ⇨ 국토계획법 시행령 ⇨ 조례): 다음의 지역에서의 건폐율과 용적률은 각 규정에서 정한 범위에서 특별시·광역시·특별자치시·특별자치도·시 또는 군의 도시·군계획조례로 정하는 비율 이하로 한다(법 제84조 제4항, 법 제85조 제6항).

별도규정지역	건폐율	용적률
개발진흥지구	• 도시 외 지역: 40% 이하 (다만, 계획관리지역에 산업·유통개발진흥지구가 지정된 경우는 60%로 함) • 자연녹지지역: 30% 이하	100% 이하
수산자원보호구역	40% 이하	80% 이하
자연취락지구 (집단취락지구는 40%)	60% 이하	별도규정 없음
자연공원	60% 이하	100% 이하
농공단지 (도시지역 외에 지정된 경우)	70% 이하 (기반시설 충분시 80%)	150% 이하
공업지역 내 국가·일반·도시첨단산업단지, 준산업단지	80% 이하	별도규정 없음

> **참고** 방재지구의 특례
> 1. 시·도지사 또는 대도시 시장은 연안침식이 진행 중이거나 우려되는 지역 등 대통령령으로 정하는 지역에 대해서는 방재지구의 지정 또는 변경을 도시·군관리계획으로 결정하여야 한다. 이 경우, 도시·군관리계획의 내용에는 해당 방재지구의 재해저감대책을 포함하여야 한다.

2. 방재지구의 재해저감대책에 부합하게 재해예방시설을 설치하는 건축물의 경우, 주거지역·상업지역·공업지역인 용도지역에서는 해당 용적률의 140% 이하의 범위에서 도시·군계획조례로 정하는 비율로 할 수 있다.

③ 건폐율과 용적률의 조정
  ㉠ 건폐율: 다음의 어느 하나에 해당하는 경우로서 대통령령으로 정하는 경우에는 대통령령으로 정하는 기준에 따라 특별시·광역시·특별자치시·특별자치도·시 또는 군의 조례로 건폐율을 따로 정할 수 있다(법 제77조 제4항).

  ⓐ 토지이용의 과밀화를 방지하기 위하여 건폐율을 강화할 필요가 있는 경우
  ⓑ 주변 여건을 고려하여 토지의 이용도를 높이기 위하여 건폐율을 완화할 필요가 있는 경우
  ⓒ 녹지지역, 보전관리지역, 생산관리지역, 농림지역 또는 자연환경보전지역에서 농업용·임업용·어업용 건축물을 건축하려는 경우
  ⓓ 보전관리지역, 생산관리지역, 농림지역 또는 자연환경보전지역에서 주민생활의 편익을 증진시키기 위한 건축물을 건축하려는 경우

  ㉡ 용적률: 용적률에 대한 기준은 200% 이하의 범위에서 대통령령으로 정하는 기준에 따라 특별시·광역시·특별자치시·특별자치도·시 또는 군의 조례로 따로 정한다. 건축물의 주위에 공원·광장·도로·하천 등의 공지가 있거나 이를 설치하는 경우에는 대통령령으로 정하는 바에 따라 특별시·광역시·특별자치시·특별자치도·시 또는 군의 조례로 용적률을 따로 정할 수 있다(법 제78조 제3항).

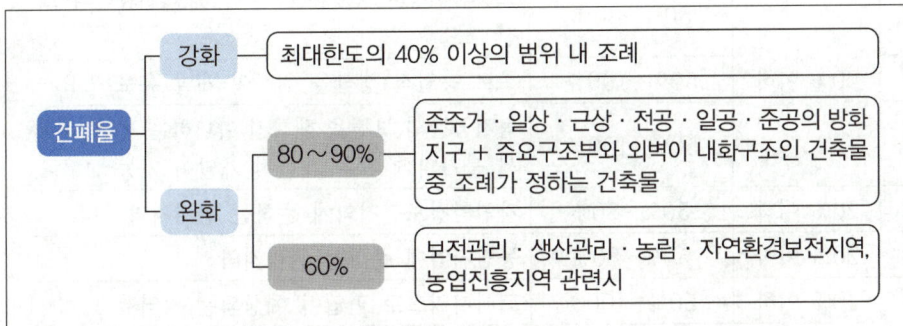

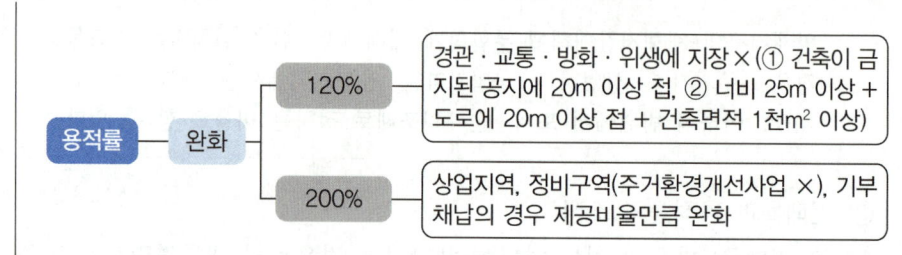

핵심 용도지역

용도지역의 내용을 전체적으로 정리하면 다음과 같다.

용도지역		세분	건폐율 한도	용적률 한도	비고(법률 ⇨ 대통령령 ⇨ 도시·군계획조례)
도시지역	주거지역	제1종 전용	50% 이하	50%~100%	단독주택 중심(양호성)
		제2종 전용		50%~150%	공동주택 중심(양호성)
		제1종 일반	60% 이하	100%~200%	저층(4층 이하)주택 중심(편리성)
		제2종 일반		100%~250%	중층(조례가 정함)주택 중심(편리성)
		제3종 일반	50% 이하	100%~300%	중고층(층수제한 ×)주택 중심
		준주거지역	70% 이하	200%~500%	주거·업무·상업기능의 보완
	상업지역	중심상업지역	90% 이하	200%~1,500%	도심·부도심의 업무 및 상업기능의 확충
		일반상업지역	80% 이하	200%~1,300%	일반적인 상업 및 업무기능을 담당
		유통상업지역	80% 이하	200%~1,100%	도시 안 및 지역 간의 유통기능 증진
		근린상업지역	70% 이하	200%~900%	근린지역에서의 일용품 및 서비스의 공급
	공업지역	전용공업지역	70% 이하	150%~300%	주로 중화학공업, 공해성공업 등을 수용
		일반공업지역		150%~350%	환경을 저해하지 않는 공업의 배치
		준공업지역		150%~400%	경공업을 수용하되 주거·상업·업무기능 보완
	녹지지역	보전녹지지역	20% 이하	50%~80%	도시의 자연환경·경관·산림 및 녹지공간의 보전 필요
		생산녹지지역		50%~100%	주로 농업적 생산을 위하여 개발 유보 필요
		자연녹지지역		50%~100%	녹지공간의 보전을 해하지 아니하는 범위 안에서 불가피한 경우 제한적 개발이 가능
관리지역		보전관리지역	20% 이하	50%~80%	**자연환경보전지역에 준하는 관리지역**
		생산관리지역	20% 이하	50%~80%	**농림지역에 준하는 관리지역**
		계획관리지역	40% 이하	50%~100%	도시지역으로 편입이 예상되는 지역
농림지역			20% 이하	50%~80%	농업진흥지역 또는 보전산지 등을 대상으로 농림업의 진흥과 산림의 보전
자연환경보전지역			20% 이하	50%~80%	자연환경·수자원·해안·생태계·상수원 및 국가유산의 보전과 수산자원의 보호·육성

예제

국토의 계획 및 이용에 관한 법령상 용도지역별 용적률의 최대한도이다. ( ) 안에 들어갈 숫자를 바르게 나열한 것은? (단, 조례, 기타 강화·완화 조건은 고려하지 않음)

제33회

- 주거지역: (㉠)% 이하
- 계획관리지역: (㉡)% 이하
- 농림지역: (㉢)% 이하

① ㉠: 400, ㉡: 150, ㉢: 80
② ㉠: 400, ㉡: 200, ㉢: 80
③ ㉠: 500, ㉡: 100, ㉢: 80
④ ㉠: 500, ㉡: 100, ㉢: 100
⑤ ㉠: 500, ㉡: 150, ㉢: 100

해설 주거지역은 500% 이하, 계획관리지역은 100% 이하, 농림지역은 80% 이하이다.

정답 ③

기출

㉠ 준주거지역
㉡ 일반공업지역
㉢ 준공업지역
㉣ 생산녹지지역

용적률이 큰 순서로 나열하면 ㉠, ㉢, ㉡, ㉣이 된다.

제36회 변형

6. 용도지역 등의 그 밖의 행위제한

(1) 용도지역 미지정 또는 미세분지역에서의 행위제한

① 용도지역이 미지정된 경우: 도시지역, 관리지역, 농림지역 또는 자연환경보전지역으로 용도가 지정되지 아니한 지역에 대하여는 자연환경보전지역에 관한 규정을 적용한다(법 제79조 제1항).

② 용도지역이 미세분된 경우: 도시지역 또는 관리지역이 세부 용도지역으로 지정되지 아니한 경우, 해당 용도지역이 도시지역인 경우에는 녹지지역 중 보전녹지지역에 관한 규정을 적용하고, 관리지역인 경우에는 보전관리지역에 관한 규정을 적용한다(법 제79조 제2항).

참고 용도지역이 미지정되었거나 미세분된 지역의 경우에는 행위제한이 가장 강한 지역의 행위제한을 적용한다.

기출 관리지역이 세부 용도지역으로 지정되지 아니한 경우에는 보전관리지역에 관한 규정을 적용한다.

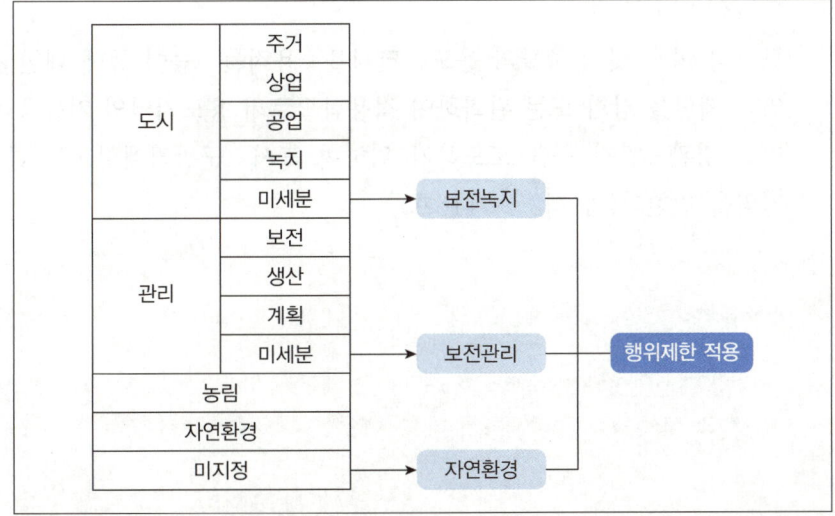

(2) 기존 건축물에 대한 특례

법령의 제정·개정이나 그 밖에 대통령령으로 정하는 사유로 기존 건축물이 이 법에 맞지 아니하게 된 경우에는 대통령령으로 정하는 범위에서 증축·개축·재축 또는 용도변경을 할 수 있다(법 제82조).

(3) 도시지역에서의 다른 법률의 적용배제

도시지역에 대하여는 다음의 법률의 규정을 적용하지 아니한다(법 제83조).

> ① 「도로법」에 따른 **접도구역**
> ② 「농지법」에 따른 **농지취득자격증명**. 다만, 녹지지역의 농지로서 도시·군계획시설사업에 필요하지 아니한 농지에 대하여는 그러하지 아니하다.

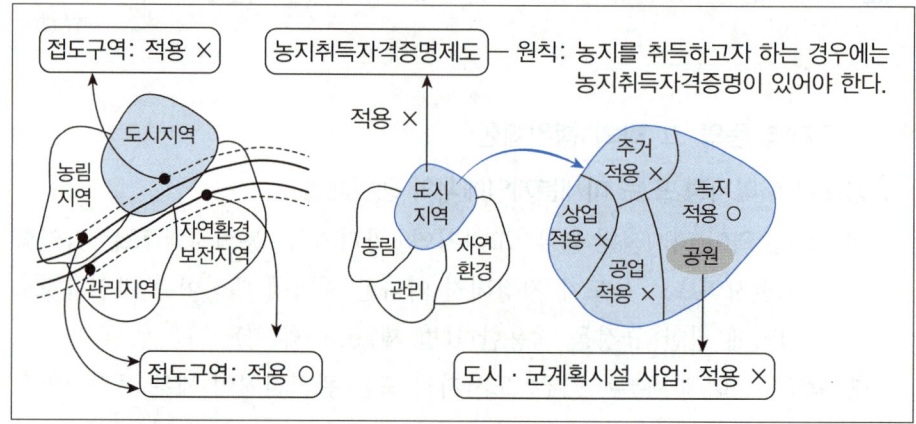

❷ 용도지구

1. 용도지구의 의의

토지의 이용 및 건축물의 용도·건폐율·용적률·높이 등에 대한 용도지역의 제한을 강화 또는 완화하여 적용함으로써 용도지역의 기능을 증진시키고 경관·안전 등을 도모하기 위하여 도시·군관리계획으로 결정하는 지역을 말한다(법 제2조 제16호).

2. 용도지구의 지정 등

(1) 법률상 용도지구의 종류

국토교통부장관, 시·도지사 또는 대도시 시장은 다음의 어느 하나에 해당하는 용도지구의 지정 또는 변경을 도시·군관리계획으로 결정한다(법 제37조 제1항).

구분	내용
경관지구	경관의 보전·관리 및 형성을 위하여 필요한 지구
고도지구	쾌적한 환경조성 및 토지의 효율적 이용을 위하여 건축물 높이의 최고한도를 규제할 필요가 있는 지구
방화지구	화재의 위험을 예방하기 위하여 필요한 지구
방재지구	풍수해, 산사태, 지반의 붕괴, 그 밖의 재해를 예방하기 위하여 필요한 지구
보호지구	국가유산, 중요 시설물(항만, 공항 등 대통령령으로 정하는 시설물을 말한다) 및 문화적·생태적으로 보존가치가 큰 지역의 보호와 보존을 위하여 필요한 지구
취락지구	녹지지역·관리지역·농림지역·자연환경보전지역·개발제한구역 또는 도시자연공원구역의 취락을 정비하기 위한 지구
개발진흥지구	주거기능·상업기능·공업기능·유통물류기능·관광기능·휴양기능 등을 집중적으로 개발·정비할 필요가 있는 지구
특정용도제한지구	주거 및 교육환경보호나 청소년보호 등의 목적으로 오염물질 배출시설, 청소년유해시설 등 특정시설의 입지를 제한할 필요가 있는 지구
복합용도지구	지역의 토지이용상황, 개발수요 및 주변 여건 등을 고려하여 효율적이고 복합적인 토지이용을 도모하기 위하여 특정시설의 입지를 완화할 필요가 있는 지구

✔ 그 밖에 대통령령으로 정하는 지구가 있다.

(2) 시행령상 용도지구의 세분 제34회, 제35회, 제36회

국토교통부장관, 시·도지사 또는 대도시 시장은 필요하다고 인정되면 도시·군관리계획 결정으로 경관지구·방재지구·보호지구·취락지구 및 개발진흥지구를 다음과 같이 세분하여 지정하거나 변경할 수 있다(법 제37조 제2항, 영 제31조 제2항).

비교▶ 용도지구의 종류
1. 세분되는 지구
   - 경관지구
   - 방재지구
   - 보호지구
   - 취락지구
   - 개발진흥지구
2. 세분되지 않는 지구
   - 복합용도지구
   - 특정용도제한지구
   - 방화지구
   - 고도지구

핵심◉ 용도지구의 세분
1. 경관지구
   - 자연경관지구
   - 시가지경관지구
   - 특화경관지구
2. 방재지구
   - 시가지방재지구
   - 자연방재지구
3. 보호지구
   - 역사문화환경보호지구
   - 중요시설물보호지구
   - 생태계보호지구
4. 취락지구
   - 집단취락지구
   - 보호취락지구
   - 자연취락지구
5. 개발진흥지구
   - 주거개발진흥지구
   - 산업·유통개발진흥지구
   - 관광·휴양개발진흥지구
   - 복합개발진흥지구
   - 특정개발진흥지구

경관지구	자연경관지구	산지·구릉지 등 자연경관을 보호하거나 유지하기 위하여 필요한 지구
	시가지경관지구	지역 내 주거지, 중심지 등 시가지의 경관을 보호 또는 유지하거나 형성하기 위하여 필요한 지구
	특화경관지구	지역 내 주요 수계의 수변 또는 문화적 보존가치가 큰 건축물 주변의 경관 등 특별한 경관을 보호 또는 유지하거나 형성하기 위하여 필요한 지구
방재지구	시가지방재지구	건축물·인구가 밀집되어 있는 지역으로서 시설 개선 등을 통하여 재해 예방이 필요한 지구
	자연방재지구	토지의 이용도가 낮은 해안변, 하천변, 급경사지 주변 등의 지역으로서 건축제한 등을 통하여 재해 예방이 필요한 지구
보호지구	역사문화환경보호지구	문화유산·전통사찰 등 역사·문화적으로 보존가치가 큰 시설 및 지역의 보호와 보존을 위하여 필요한 지구
	중요시설물보호지구	중요시설물의 보호와 기능의 유지 및 증진 등을 위하여 필요한 지구
	생태계보호지구	야생동식물서식처 등 생태적으로 보존가치가 큰 지역의 보호와 보존을 위하여 필요한 지구
취락지구	자연취락지구	녹지지역·관리지역·농림지역 또는 자연환경보전지역 안의 **취락을 정비**하기 위하여 필요한 지구
	보호취락지구	녹지지역·관리지역·농림지역 또는 자연환경보전지역 안의 취락을 **농촌의 주거환경 보호와 주거기능 강화**를 목적으로 정비하기 위한 지구
	집단취락지구	**개발제한구역** 안의 취락을 정비하기 위하여 필요한 지구
개발진흥지구	주거개발진흥지구	주거기능을 중심으로 개발·정비할 필요가 있는 지구
	산업·유통개발진흥지구	공업기능 및 유통·물류기능을 중심으로 개발·정비할 필요가 있는 지구
	관광·휴양개발진흥지구	관광·휴양기능을 중심으로 개발·정비할 필요가 있는 지구
	복합개발진흥지구	주거기능, 공업기능, 유통·물류기능 및 관광·휴양기능 중 둘 이상의 기능을 중심으로 개발·정비할 필요가 있는 지구
	특정개발진흥지구	주거기능, 공업기능, 유통·물류기능 및 관광·휴양기능 외의 기능을 중심으로 특정한 목적을 위하여 개발·정비할 필요가 있는 지구

기출 공업기능 및 유통·물류기능을 중심으로 개발·정비할 필요가 있는 지구는 산업·유통개발진흥지구이다.

> **예제**
>
> 국토의 계획 및 이용에 관한 법령상 개발진흥지구를 세분하여 지정할 수 있는 지구에 해당하지 않는 것은? (단, 조례는 고려하지 않음) 제35회
>
> ① 주거개발진흥지구 ② 중요시설물개발진흥지구
> ③ 복합개발진흥지구 ④ 특정개발진흥지구
> ⑤ 관광·휴양개발진흥지구
>
> **해설** 중요시설물개발진흥지구는 없는 지구이며, 중요시설물보호지구가 해당한다. **정답** ②

(3) 시·도 또는 대도시의 조례에 의한 용도지구의 세분 및 지정

① 조례에 의한 세분: 시·도지사 또는 대도시 시장은 지역여건상 필요한 때에는 해당 시·도 또는 대도시의 도시·군계획조례로 정하는 바에 따라 경관지구를 추가적으로 세분(특화경관지구의 세분을 포함)하거나 중요시설물보호지구 및 특정용도제한지구를 세분하여 지정할 수 있다(영 제31조 제3항).

② 조례에 의한 지정: 시·도지사 또는 대도시 시장은 지역여건상 필요하면 대통령령으로 정하는 기준에 따라 그 시·도 또는 대도시의 조례로 용도지구의 명칭 및 지정목적, 건축이나 그 밖의 행위의 금지 및 제한에 관한 사항 등을 정하여 용도지구 외의 용도지구의 지정 또는 변경을 도시·군관리계획으로 결정할 수 있다. 단, 시·도의 도시·군계획조례로 용도지구 외의 용도지구를 정할 때에는 다음의 기준을 따라야 한다(법 제37조 제3항, 영 제31조 제4항).

> ㉠ 용도지구의 신설은 법에서 정하고 있는 용도지역·용도지구 또는 용도구역만으로는 효율적인 토지이용을 달성할 수 없는 부득이한 사유가 있는 경우에 한할 것
> ㉡ 용도지구 안에서의 행위제한은 그 용도지구의 지정목적 달성에 필요한 최소한도에 그치도록 할 것
> ㉢ 해당 용도지역 또는 용도구역의 행위제한을 완화하는 용도지구를 신설하지 아니할 것

③ 방재지구의 지정: 시·도지사 또는 대도시 시장은 연안침식이 진행 중이거나 우려되는 지역 등 다음에 해당하는 지역에 대해서는 방재지구의 지정 또는 변경을 도시·군관리계획으로 결정하여야 한다. 이 경우, 도시·군관리계획의 내용에는 해당 방재지구의 재해저감대책을 포함하여야 한다(법 제37조 제4항, 영 제31조 제5항).

참고 시계경관지구는 도시의 무질서한 확산을 방지하고 도시 외곽지역의 양호한 주거환경을 확보하기 위하여 필요한 지구를 말한다(서울특별시 도시계획조례).

> ㉠ 연안침식으로 인하여 심각한 피해가 발생하거나 발생할 우려가 있어 이를 특별히 관리할 필요가 있는 지역으로서「연안관리법」에 따른 연안침식관리구역으로 지정된 지역(같은 법의 연안육역에 한정한다)
> ㉡ 풍수해, 산사태 등의 동일한 재해가 최근 10년 이내 2회 이상 발생하여 인명 피해를 입은 지역으로서 향후 동일한 재해 발생시 상당한 피해가 우려되는 지역

④ 복합용도지구의 지정기준 등: 시·도지사 또는 대도시 시장은 대통령령으로 정하는 주거지역·공업지역·관리지역에 복합용도지구를 지정할 수 있으며, 그 지정기준 및 방법 등에 필요한 사항은 대통령령으로 정한다(법 제37조 제5항).

참고 복합용도지구는 다음의 지역에서 지정된다.
1. 일반주거지역
2. 일반공업지역
3. 계획관리지역

심화 용도지구의 건축제한
1. 용도지구에서의 건축물이나 그 밖의 시설의 용도·종류 및 규모 등의 제한에 관한 사항은 이 법 또는 다른 법률에 특별한 규정이 있는 경우를 제외하고는 특별시·광역시·특별자치시·특별자치도·시 또는 군의 조례로 정할 수 있다.
2. 건축물이나 그 밖의 시설의 용도·종류 및 규모 등의 제한은 해당 용도지구의 지정목적에 적합해야 한다.
3. 건축물이나 그 밖의 시설의 용도·종류 및 규모 등을 변경하는 경우, 변경 후의 건축물이나 그 밖의 시설의 용도·종류 및 규모 등은 건축제한 규정에 적합해야 한다.

3. 용도지구의 건축제한

(1) 경관지구 안에서의 건축제한

① 경관지구 안에서는 그 지구의 경관의 보전·관리·형성에 장애가 된다고 인정하여 도시·군계획조례가 정하는 건축물을 건축할 수 없다. 다만, 특별시장·광역시장·특별자치시장·특별자치도지사·시장 또는 군수가 지구의 지정목적에 위배되지 아니하는 범위 안에서 도시·군계획조례가 정하는 기준에 적합하다고 인정하여 해당 지방자치단체에 설치된 도시계획위원회의 심의를 거친 경우에는 그러하지 아니하다(영 제72조 제1항).

② 경관지구 안에서의 건축물의 건폐율·용적률·높이·최대너비·색채 및 대지 안의 조경 등에 관하여는 그 지구의 경관의 보전·관리·형성에 필요한 범위 안에서 도시·군계획조례로 정한다(영 제72조 제2항).

③ ① 및 ②에도 불구하고 다음의 어느 하나에 해당하는 경우에는 해당 경관지구의 지정에 관한 도시·군관리계획으로 건축제한의 내용을 따로 정할 수 있다(영 제72조 제3항).

> ㉠ 도시·군계획조례로 정해진 건축제한의 전부를 적용하는 것이 주변지역의 토지이용 상황이나 여건 등에 비추어 불합리한 경우. 이 경우, 도시·군관리계획으로 정할 수 있는 건축제한은 도시·군계획조례로 정해진 건축제한의 일부에 한정하여야 한다.

> ⓒ 도시·군계획조례로 정해진 건축제한을 적용하여도 해당 지구의 위치, 환경, 그 밖의 특성에 따라 경관의 보전·관리·형성이 어려운 경우. 이 경우, 도시·군관리계획으로 정할 수 있는 건축제한은 규모(건축물 등의 앞면 길이에 대한 옆면 길이 또는 높이의 비율을 포함한다) 및 형태, 건축물 바깥쪽으로 돌출하는 건축설비 및 그 밖의 유사한 것의 형태나 그 설치의 제한 또는 금지에 관한 사항으로 한정한다.

(2) 고도지구 안에서의 건축제한

고도지구 안에서는 도시·군관리계획으로 정하는 높이를 초과하는 건축물을 건축할 수 없다(영 제74조).

(3) 방재지구 안에서의 건축제한

방재지구 안에서는 풍수해·산사태·지반붕괴·지진, 그 밖에 재해예방에 장애가 된다고 인정하여 도시·군계획조례가 정하는 건축물을 건축할 수 없다. 다만, 특별시장·광역시장·특별자치시장·특별자치도지사·시장 또는 군수가 지구의 지정목적에 위배되지 아니하는 범위 안에서 도시·군계획조례가 정하는 기준에 적합하다고 인정하여 해당 지방자치단체에 설치된 도시계획위원회의 심의를 거친 경우에는 그러하지 아니하다(영 제75조).

(4) 취락지구 안에서의 건축제한

① 자연취락지구 안에서 건축할 수 있는 건축물은 별표 23과 같다(영 제78조 제1항).
② 보호취락지구 안에서 건축할 수 있는 건축물은 별표 23의2와 같다.
③ 집단취락지구 안에서의 건축제한에 관하여는 「개발제한구역의 지정 및 관리에 관한 특별조치법」이 정하는 바에 의한다(영 제78조 제2항).

기출 집단취락지구 안에서의 건축제한에 관하여는 「개발제한구역의 지정 및 관리에 관한 특별조치법」이 정하는 바에 의한다.

(5) 개발진흥지구 안에서의 건축제한

개발진흥지구 안에서는 지구단위계획 또는 관계 법률에 의한 개발계획에 위반하여 건축물을 건축할 수 없으며, 지구단위계획 또는 개발계획이 수립되기 전에는 개발진흥지구의 계획적 개발에 위배되지 아니하는 범위 안에서 도시·군계획조례가 정하는 건축물을 건축할 수 있다(영 제79조 제1항).

(6) 특정용도제한지구 안에서의 건축제한

특정용도제한지구 안에서는 주거기능 및 교육환경을 훼손하거나 청소년 정서에 유해하다고 인정하여 도시·군계획조례가 정하는 건축물을 건축할 수 없다(영 제80조).

(7) 보호지구 안에서의 건축제한

보호지구 안에서는 다음의 구분에 따른 건축물에 한하여 건축할 수 있다. 다만, 특별시장·광역시장·특별자치시장·특별자치도지사·시장 또는 군수가 지구의 지정목적에 위배되지 아니하는 범위 안에서 도시·군계획조례가 정하는 기준에 적합하다고 인정하여 관계 행정기관의 장과의 협의 및 해당 지방자치단체에 설치된 도시계획위원회의 심의를 거친 경우에는 그러하지 아니하다(영 제76조).

역사문화환경 보호지구	「문화유산의 보존 및 활용에 관한 법률」의 적용을 받는 문화유산을 직접 관리·보호하기 위한 건축물과 문화적으로 보존가치가 큰 지역의 보호 및 보존을 저해하지 아니하는 건축물로서 도시·군계획조례가 정하는 것
중요시설물 보호지구	중요시설물의 보호와 기능 수행에 장애가 되지 아니하는 건축물로서 도시·군계획조례가 정하는 것. 이 경우, 영 제31조 제3항에 따라 공항시설에 관한 보호지구를 세분하여 지정하려는 경우에는 공항시설을 보호하고 항공기의 이·착륙에 장애가 되지 아니하는 범위에서 건축물의 용도 및 형태 등에 관한 건축제한을 포함하여 정할 수 있다.
생태계보호지구	생태적으로 보존가치가 큰 지역의 보호 및 보존을 저해하지 아니하는 건축물로서 도시·군계획조례가 정하는 것

(8) 복합용도지구에서의 건축제한 제34회

복합용도지구에서는 해당 용도지역에서 허용되는 건축물 외에 다음에 따른 건축물 중 도시·군계획조례가 정하는 건축물을 건축할 수 있다(영 제81조).

일반주거지역	준주거지역에서 허용되는 건축물. 다만, 다음의 건축물은 제외한다. ① 제2종 근린생활시설 중 안마시술소 ② 관람장 ③ 공장 ④ 위험물저장 및 처리시설 ⑤ 동물 및 식물관련시설 ⑥ 장례시설
일반공업지역	준공업지역에서 허용되는 건축물. 다만, 다음의 건축물은 제외한다. ① 아파트 ② 제2종 근린생활시설 중 단란주점 및 안마시술소 ③ 노유자시설

기출 복합용도지구는 일반주거지역, 일반공업지역, 계획관리지역에 지정할 수 있다. 제34회

계획관리지역	다음의 어느 하나에 해당하는 건축물 ① 제2종 근린생활시설 중 일반음식점·휴게음식점·제과점(별표 20 제1호 라목에 따라 건축할 수 없는 일반음식점·휴게음식점·제과점은 제외한다) ② 판매시설 ③ 숙박시설(별표 20 제1호 사목에 따라 건축할 수 없는 숙박시설은 제외한다) ④ 유원시설업의 시설, 그 밖에 이와 비슷한 시설

4. 용도지역·용도지구 및 용도구역 안에서의 건축제한의 예외 등

(1) 도시·군계획시설의 행위제한 적용

용도지역·용도지구 안에서의 도시·군계획시설에 대하여는 용도지역·용도지구 안의 건축제한에 관한 규정을 적용하지 아니한다(영 제83조 제1항).

(2) 리모델링 완화

경관지구 또는 고도지구 안에서의 「건축법 시행령」 규정에 따른 리모델링이 필요한 건축물에 대하여는 건축물의 높이·규모 등의 제한을 완화하여 제한할 수 있다(영 제83조 제2항).

3 용도구역

1. 개발제한구역

(1) 개발제한구역의 지정

① 국토교통부장관은 도시의 무질서한 확산을 방지하고 도시 주변의 자연환경을 보전하여 도시민의 건전한 생활환경을 확보하기 위하여 도시의 개발을 제한할 필요가 있거나 국방부장관의 요청이 있어 보안상 도시의 개발을 제한할 필요가 있다고 인정되는 경우에는 개발제한구역의 지정 또는 변경을 도시·군관리계획으로 결정할 수 있다(법 제38조 제1항).

② 개발제한구역의 지정 또는 변경에 관하여 필요한 사항은 따로 법률로 정한다(법 제38조 제2항).

(2) 개발제한구역 안에서의 행위제한 등

개발제한구역 안에서의 행위제한이나 그 밖에 개발제한구역의 관리에 필요한 사항은 따로 법률(「개발제한구역의 지정 및 관리에 관한 특별조치법」)로 정한다(법 제80조).

심화 건축제한의 예외 등

1. 시가화조정구역 안에서의 건축제한에 관하여는 법 제87조 내지 제89조의 규정에 의하고, 수산자원보호구역 안에서의 건축제한에 관하여는 「수산자원관리법」에서 정하는 바에 의하며, 개발제한구역 안에서의 건축제한에 관하여는 「개발제한구역의 지정 및 관리에 관한 특별조치법」이 정하는 바에 의한다.

2. 용도지역·용도지구 또는 용도구역 안에서 허용되는 건축물 또는 시설을 설치하기 위하여 공사현장에 설치하는 자재 야적장, 레미콘·아스콘생산시설 등 공사용 부대시설은 해당 공사에 필요한 최소한의 면적의 범위 안에서 기간을 정하여 사용 후에 그 시설 등을 설치한 자의 부담으로 원상복구할 것을 조건으로 설치를 허가할 수 있다.

3. 방재지구 안에서는 용도지역 안에서의 건축제한 중 층수 제한에 있어서는 1층 전부를 필로티 구조로 하는 경우 필로티 부분을 층수에서 제외한다.

2. 도시자연공원구역

(1) 도시자연공원구역의 지정

시·도지사 또는 대도시 시장은 도시의 자연환경 및 경관을 보호하고 도시민에게 건전한 여가·휴식공간을 제공하기 위하여 도시지역 안에서 식생이 양호한 산지의 개발을 제한할 필요가 있다고 인정하면 도시자연공원구역의 지정 또는 변경을 도시·군관리계획으로 결정할 수 있다(법 제38조의2 제1항).

(2) 도시자연공원구역 안에서의 행위제한 등

도시자연공원구역 안에서의 행위제한 등 도시자연공원구역의 관리에 필요한 사항은 따로 법률(「도시공원 및 녹지 등에 관한 법률」 및 동 시행령)로 정한다(법 제80조의2).

3. 시가화조정구역 제32회

(1) 시가화조정구역의 지정

① 지정권자: 시·도지사는 직접 또는 관계 행정기관의 장의 요청을 받아 도시지역과 그 주변지역의 무질서한 시가화를 방지하고 계획적·단계적인 개발을 도모하기 위하여 대통령령이 정하는 일정기간(5년 이상 20년 이내 기간 중 정한 기간) 동안 시가화를 유보할 필요가 있다고 인정되는 경우에는 시가화조정구역의 지정 또는 변경을 도시·군관리계획으로 결정할 수 있다. 다만, 국가계획과 연계하여 시가화조정구역의 지정 또는 변경이 필요한 경우에는 국토교통부장관이 직접 시가화조정구역의 지정 또는 변경을 도시·군관리계획으로 결정할 수 있다(법 제39조 제1항).

② 실효: 시가화조정구역의 지정에 관한 도시·군관리계획의 결정은 시가화유보기간이 끝난 날의 다음 날부터 그 효력을 잃는다. 이 경우, 국토교통부장관 또는 시·도지사는 대통령령으로 정하는 바에 따라 그 사실을 고시해야 한다(법 제39조 제2항).

③ 시가화유보기간: 국토교통부장관 또는 시·도지사는 시가화조정구역을 지정 또는 변경하고자 하는 때에는 해당 도시지역과 그 주변지역의 인구의 동태, 토지의 이용상황, 산업발전상황 등을 고려하여 5년 이상 20년 이내에서 도시·군관리계획으로 시가화유보기간을 정하여야 한다(영 제32조 제1항·제2항).

기출

1. 국가계획과 연계하여 시가화조정구역의 지정이 필요한 경우, 국토교통부장관이 직접 그 지정을 도시·군관리계획으로 결정할 수 있다.
2. 시가화유보기간은 5년 이상 20년 이내의 기간이다. 제32회
3. 국방상 또는 공익상 시가화조정구역 안에서의 사업 시행이 불가피한 것으로서 관계 중앙행정기관의 장의 요청에 의하여 국토교통부장관이 시가화조정구역의 지정목적 달성에 지장이 없다고 인정하는 도시·군계획사업은 시행할 수 있다. 제32회

(2) 시가화조정구역 안에서의 행위제한 등 제33회

① 시가화조정구역 안에서의 도시·군계획사업은 국방상 또는 공익상 시가화조정구역 안에서의 사업시행이 불가피한 것으로서 관계 중앙행정기관의 장의 요청에 의하여 국토교통부장관이 시가화조정구역의 지정목적 달성에 지장이 없다고 인정하는 도시·군계획사업만 시행할 수 있다(법 제81조 제1항, 영 제87조).

② 시가화조정구역에서는 도시·군계획사업의 경우 외에는 일부 행위➕에 한정하여 특별시장·광역시장·특별자치시장·특별자치도지사·시장 또는 군수의 허가를 받아 그 행위를 할 수 있다(법 제81조 제2항, 영 제88조).

③ 특별시장·광역시장·특별자치시장·특별자치도지사·시장 또는 군수는 다음의 행위에 대하여는 특별한 사유가 없는 한 허가를 거부하여서는 아니 된다(영 제89조 제3항, 별표 25).

> ⊙ 개발행위허가를 받지 아니하고 할 수 있는 경미한 행위
> ⓒ 다음의 어느 하나에 해당하는 행위
>   ⓐ 축사의 설치: 1가구(시가화조정구역 안에서 주택을 소유하면서 거주하는 경우로서 농업 또는 어업에 종사하는 1세대를 말한다)당 기존 축사의 면적을 포함하여 $300m^2$ 이하(나환자촌의 경우에는 $500m^2$ 이하). 다만, 과수원·초지 등의 관리사 인근에는 $100m^2$ 이하의 축사를 별도로 설치할 수 있다.
>   ⓑ 퇴비사의 설치: 1가구당 기존 퇴비사의 면적을 포함하여 $100m^2$ 이하
>   ⓒ 잠실의 설치: 뽕나무밭 조성면적 2천m^2당 또는 뽕나무 1,800주당 $50m^2$ 이하
>   ⓓ 창고의 설치: 시가화조정구역 안의 토지 또는 그 토지와 일체가 되는 토지에서 생산되는 생산물의 저장에 필요한 것으로서 기존창고면적을 포함하여 그 토지면적의 0.5% 이하. 다만, 감귤을 저장하기 위한 경우에는 1% 이하로 한다.
>   ⓔ 관리용 건축물의 설치: 과수원·초지·유실수단지 또는 원예단지 안에 설치하되, 생산에 직접 공여되는 토지면적의 0.5% 이하로서 기존관리용 건축물의 면적을 포함하여 $33m^2$ 이하
> ⓒ 「건축법」상 건축신고로서 건축허가를 갈음하는 행위

④ 특별시장·광역시장·특별자치시장·특별자치도지사·시장 또는 군수는 허가를 하려면 미리 다음의 어느 하나에 해당하는 자와 협의하여야 한다(법 제81조 제3항).

Tip 시가화조정구역 안에서의 행위제한에서는 허가사유와 허가를 거부할 수 없는 사유를 구분하며, 신고로 가능한 경우는 거의 없다.

➕ 허가받아 가능한 행위는 다음과 같다.
1. 농업·임업 또는 어업용의 건축물 중 대통령령으로 정하는 종류와 규모의 건축물이나 그 밖의 시설을 건축하는 행위
2. 마을공동시설, 공익시설·공공시설, 광공업 등 주민의 생활을 영위하는 데에 필요한 행위로서 대통령령으로 정하는 행위
3. 입목의 벌채, 조림, 육림, 토석의 채취, 그 밖에 대통령령으로 정하는 경미한 행위

기출
1. 시가화조정구역에서 입목의 벌채, 조림, 육림행위는 허가를 받아 가능한 행위이다. 제32회
2. 시가화조정구역 안에서 주택의 증축(기존 주택의 면적을 포함하여 $100m^2$ 이하에 해당하는 면적의 증축을 말한다)은 허가를 받아 가능하다. 제33회
3. 시가화조정구역 안에서 마을공동시설로서 정자 등 간이휴게소의 설치는 허가를 받아 가능하다. 제33회

⊙ 허가에 관한 권한이 있는 자
ⓒ 허가대상 행위와 관련이 있는 공공시설의 관리자
ⓒ 허가대상 행위에 따라 설치되는 공공시설을 관리하게 될 자

⑤ 시가화조정구역 안에서 허가를 받지 아니하고 건축물의 건축, 토지의 형질변경 등의 행위를 하는 자는 개발행위허가를 받지 아니하고 행한 자와 동일한 규정을 적용하며 **3년 이하의 징역 또는 3천만원 이하의 벌금**에 처한다(법 제81조 제4항, 법 제140조 제2호).

Tip 👉 「농지법」상 농지전용 허가 의제는 없다.

⑥ 허가가 있는 경우에는 다음의 허가 또는 신고가 있는 것으로 본다(법 제81조 제5항).

⊙ 「산지관리법」에 따른 산지전용허가 및 산지전용신고, 산지일시사용허가·신고
ⓒ 「산림자원의 조성 및 관리에 관한 법률」에 따른 입목벌채 등의 허가·신고

(3) 시가화조정구역 안에서의 행위허가의 기준 등

① 특별시장·광역시장·특별자치시장·특별자치도지사·시장 또는 군수는 시가화조정구역의 지정목적 달성에 지장이 있거나 해당 토지 또는 주변토지의 합리적인 이용에 지장이 있다고 인정되는 경우에는 허가를 하여서는 아니 된다(영 제89조 제1항).

② 시가화조정구역 안에 있는 산림 안에서의 입목의 벌채, 조림 및 육림의 허가기준에 관하여는 「산림자원의 조성 및 관리에 관한 법률」의 규정에 의한다(영 제89조 제2항).

③ 특별시장·광역시장·특별자치시장·특별자치도지사·시장 또는 군수는 허가를 함에 있어서 시가화조정구역의 지정목적상 필요하다고 인정되는 경우에는 조경 등 필요한 조치를 할 것을 조건으로 허가할 수 있다(영 제89조 제4항).

④ 특별시장·광역시장·특별자치시장·특별자치도지사·시장 또는 군수는 허가를 하고자 하는 때에는 해당 행위가 도시·군계획사업의 시행에 지장을 주는지의 여부에 관하여 해당 시가화조정구역 안에서 시행되는 도시·군계획사업의 시행자의 의견을 들어야 한다(영 제89조 제5항).

⑤ 허가를 신청하고자 하는 자는 국토교통부령이 정하는 서류를 특별시장·광역시장·특별자치시장·특별자치도지사·시장 또는 군수에게 제출하여야 한다(영 제89조 제7항).

4. 수산자원보호구역

해양수산부장관은 직접 또는 관계 행정기관의 장의 요청을 받아 수산자원을 보호·육성하기 위하여 필요한 공유수면이나 그에 인접한 토지에 대한 수산자원보호구역의 지정 또는 변경을 도시·군관리계획으로 결정할 수 있다(법 제40조).

5. 도시혁신구역의 지정 등 제36회

① **공간재구조화계획 결정권자**는 다음의 어느 하나에 해당하는 지역을 도시혁신구역으로 지정할 수 있다(법 제43조의3 제1항).

> ㉠ 도시·군기본계획에 따른 도심·부도심 또는 생활권의 중심지역
> ㉡ 주요 기반시설과 연계하여 지역의 거점 역할을 수행할 수 있는 지역
> ㉢ 그 밖에 도시공간의 창의적이고 혁신적인 개발이 필요하다고 인정되는 경우로서 대통령령으로 정하는 지역

② 도시혁신계획에는 도시혁신구역의 지정 목적을 이루기 위하여 다음에 관한 사항이 포함되어야 한다(법 제43조의3 제2항).

> ㉠ 용도지역·용도지구, 도시·군계획시설 및 지구단위계획의 결정에 관한 사항
> ㉡ 주요 기반시설의 확보에 관한 사항
> ㉢ 건축물의 건폐율·용적률·높이에 관한 사항
> ㉣ 건축물의 용도·종류 및 규모 등에 관한 사항
> ㉤ 도시혁신구역의 체계적 개발과 관리에 필요한 사항

③ 도시혁신구역의 지정 및 변경과 도시혁신계획은 다음의 사항을 종합적으로 고려하여 공간재구조화계획으로 결정한다(법 제43조의3 제3항).

> ㉠ 도시혁신구역의 지정 목적
> ㉡ 해당 지역의 용도지역·기반시설 등 토지이용 현황
> ㉢ 도시·군기본계획 등 상위계획과의 부합성
> ㉣ 주변 지역의 기반시설, 경관, 환경 등에 미치는 영향 및 도시환경 개선·정비 효과
> ㉤ 도시의 개발 수요 및 지역에 미치는 사회적·경제적 파급효과

참고

도시혁신구역에 대하여는 다음의 법률 규정에도 불구하고 도시혁신계획으로 따로 정할 수 있다.
1. 「주택법」 제35조에 따른 주택의 배치, 부대시설·복리시설의 설치기준 및 대지조성기준
2. 「주차장법」 제19조에 따른 부설주차장의 설치
3. 「문화예술진흥법」 제9조에 따른 건축물에 대한 미술작품의 설치
4. 「건축법」 제43조에 따른 공개 공지 등의 확보
5. 「도시공원 및 녹지 등에 관한 법률」 제14조에 따른 도시공원 또는 녹지 확보기준
6. 「학교용지 확보 등에 관한 특례법」 제3조에 따른 학교용지의 조성·개발 기준

④ 다른 법률에서 공간재구조화계획의 결정을 의제하고 있는 경우에도 이 법에 따르지 아니하고 도시혁신구역의 지정과 도시혁신계획을 결정할 수 없다(법 제43조의3 제4항).
⑤ 공간재구조화계획 결정권자가 공간재구조화계획을 결정하기 위하여 관계 행정기관의 장과 협의하는 경우 협의 요청을 받은 기관의 장은 그 요청을 받은 날부터 10일(근무일 기준) 이내에 의견을 회신하여야 한다(법 제43조의3 제5항).
⑥ 도시혁신구역 및 도시혁신계획에 관한 도시·군관리계획 결정의 실효, 도시혁신구역에서의 건축 등에 관하여 다른 특별한 규정이 없으면 법 제53조 및 제54조를 준용한다. 이 경우 '지구단위계획구역'은 '도시혁신구역'으로, '지구단위계획'은 '도시혁신계획'으로 본다(법 제43조의3 제6항).
⑦ 도시혁신구역의 지정 및 변경과 도시혁신계획의 수립 및 변경에 관한 세부적인 사항은 국토교통부장관이 정하여 고시한다(법 제43조의3 제7항).
⑧ 도시혁신구역에서의 행위 제한: 용도지역 및 용도지구에 따른 제한에도 불구하고 도시혁신구역에서의 토지의 이용, 건축물이나 그 밖의 시설의 용도·건폐율·용적률·높이 등에 관한 제한 및 그 밖에 대통령령으로 정하는 사항에 관하여는 도시혁신계획으로 따로 정한다(법 제80조의4).

6. 복합용도구역의 지정 등

① 공간재구조화계획 결정권자는 다음의 어느 하나에 해당하는 지역을 복합용도구역으로 지정할 수 있다(법 제40조의4 제1항).

> ㉠ 산업구조 또는 경제활동의 변화로 복합적 토지이용이 필요한 지역
> ㉡ 노후 건축물 등이 밀집하여 단계적 정비가 필요한 지역
> ㉢ 그 밖에 복합된 공간이용을 촉진하고 다양한 도시공간을 조성하기 위하여 계획적 관리가 필요하다고 인정되는 경우로서 대통령령으로 정하는 지역

② 복합용도계획에는 복합용도구역의 지정 목적을 이루기 위하여 다음에 관한 사항이 포함되어야 한다(법 제40조의4 제2항).

> ㉠ 용도지역·용도지구, 도시·군계획시설 및 지구단위계획의 결정에 관한 사항
> ㉡ 주요 기반시설의 확보에 관한 사항

ⓒ 건축물의 용도별 복합적인 배치비율 및 규모 등에 관한 사항
　　　ⓔ 건축물의 건폐율·용적률·높이에 관한 사항
　　　ⓜ 특별건축구역계획에 관한 사항
　　　ⓗ 그 밖에 복합용도구역의 체계적 개발과 관리에 필요한 사항

③ 복합용도구역의 지정 및 변경과 복합용도계획은 다음의 사항을 종합적으로 고려하여 공간재구조화계획으로 결정한다(법 제40조의4 제3항).

　　　㉠ 복합용도구역의 지정 목적
　　　㉡ 해당 지역의 용도지역·기반시설 등 토지이용 현황
　　　㉢ 도시·군기본계획 등 상위계획과의 부합성
　　　㉣ 주변 지역의 기반시설, 경관, 환경 등에 미치는 영향 및 도시환경 개선·정비 효과

④ 복합용도구역 및 복합용도계획에 관한 도시·군관리계획 결정의 실효, 복합용도구역에서의 건축 등에 관하여 다른 특별한 규정이 없으면 법 제53조 및 제54조를 준용한다. 이 경우 '지구단위계획구역'은 '복합용도구역'으로, '지구단위계획'은 '복합용도계획'으로 본다(법 제40조의4 제4항).

⑤ 복합용도구역의 지정 및 변경과 복합용도계획의 수립 및 변경에 관한 세부적인 사항은 국토교통부장관이 정하여 고시한다(법 제40조의4 제5항).

⑥ 복합용도구역에서의 행위 제한(법 제80조의5)

　　　㉠ 용도지역 및 용도지구에 따른 제한에도 불구하고 복합용도구역에서의 건축물이나 그 밖의 시설의 용도·종류 및 규모 등의 제한에 관한 사항은 대통령령으로 정하는 범위에서 복합용도계획으로 따로 정한다.
　　　㉡ 복합용도구역에서의 건폐율과 용적률은 용도지역별 건폐율과 용적률의 최대한도의 범위에서 복합용도계획으로 정한다.

7. 도시·군계획시설입체복합구역의 지정

① 도시·군관리계획의 결정권자(이하 '도시·군관리계획 결정권자'라 한다)는 도시·군계획시설의 입체복합적 활용을 위하여 다음의 어느 하나에 해당하는 경우에 도시·군계획시설이 결정된 토지의 전부 또는 일부를 도시·군계획시설입체복합구역(이하 '입체복합구역'이라 한다)으로 지정할 수 있다(법 제40조의5 제1항).

> ㉠ 도시·군계획시설 준공 후 10년이 경과한 경우로서 해당 시설의 개량 또는 정비가 필요한 경우
> ㉡ 주변지역 정비 또는 지역경제 활성화를 위하여 기반시설의 복합적 이용이 필요한 경우
> ㉢ 첨단기술을 적용한 새로운 형태의 기반시설 구축 등이 필요한 경우
> ㉣ 그 밖에 효율적이고 복합적인 도시·군계획시설의 조성을 위하여 필요한 경우로서 대통령령으로 정하는 경우

② 이 법 또는 다른 법률의 규정에도 불구하고 입체복합구역에서의 도시·군계획시설과 도시·군계획시설이 아닌 시설에 대한 건축물이나 그 밖의 시설의 용도·종류 및 규모 등의 제한(이하 7.에서 '건축제한'이라 한다), 건폐율, 용적률, 높이 등은 대통령령으로 정하는 범위에서 따로 정할 수 있다. 다만, 다른 법률에 따라 정하여진 건축제한, 건폐율, 용적률, 높이 등을 완화하는 경우에는 미리 관계 기관의 장과 협의하여야 한다(법 제40조의5 제2항).

③ 우리가 정한 건폐율과 용적률은 법 제77조 및 제78조에 따라 대통령령으로 정하고 있는 해당 용도지역별 최대 한도의 200% 이하로 한다(법 제40조의5 제3항).

④ 그 밖에 입체복합구역의 지정·변경 등에 필요한 사항은 국토교통부장관이 정한다(법 제40조의5 제4항).

8. 도시혁신구역·복합용도구역·입체복합구역에 대한 공공시설 등의 설치비용 등

① 다음의 어느 하나에 해당하는 구역 안에서 개발사업이나 개발행위를 하려는 자(도시·군관리계획을 입안하거나 공간재구조화계획을 입안하는 경우 입안제안자를 포함한다)는 건축물이나 그 밖의 시설의 용도, 건폐율, 용적률 등의 건축제한 완화 또는 행위제한 완화로 인한 토지가치 상승분(「감정평가 및 감정평가사에 관한 법률」에 따른 감정평가법인등이 해당 구역에 따른 계획 등의 변경 전·후에 대하여 각각 감정평가한 토지가액의 차이를 말한다)의 범위에서 해당 구역에 따른 계획으로 정하는 바에 따라 해당 구역 안에 공공시설 등의 부지를 제공하거나 공공시설 등을 설치하여 제공하도록 하여야 한다(법 제40조의6 제1항).

> ㉠ 5.에 따른 도시혁신구역
> ㉡ 6.에 따른 복합용도구역
> ㉢ 7.에 따른 입체복합구역

② 공공시설 등의 부지제공과 설치, 비용납부 등에 관하여는 법 제52조의 2 제2항부터 제6항까지를 준용한다. 이 경우 '지구단위계획구역'은 각 각 '도시혁신구역', '복합용도구역', '입체복합구역'으로, '지구단위계획'은 각각 '도시혁신계획', '복합용도계획', '도시·군관리계획'으로 본다(법 제40조의6 제2항).

③ ① 및 ②는 ①의 ㉠~㉢의 구역이 의제되는 경우에도 적용한다. 다만, 다음의 부담금이 부과(해당 법률에 따라 부담금을 면제하는 경우를 포함한다)되는 경우에는 그러하지 아니하다(법 제40조의6 제3항).

> ㉠ 「개발이익 환수에 관한 법률」에 따른 개발부담금
> ㉡ 「재건축초과이익 환수에 관한 법률」에 따른 재건축부담금

9. 도시혁신구역에서의 다른 법률의 적용 특례

① 도시혁신구역에 대하여는 다음의 법률 규정에도 불구하고 도시혁신계획으로 따로 정할 수 있다(법 제83조의3 제1항).

> ㉠ 주택의 배치, 부대시설·복리시설의 설치기준 및 대지조성기준
> ㉡ 부설주차장의 설치
> ㉢ 건축물에 대한 미술작품의 설치
> ㉣ 공개 공지 등의 확보
> ㉤ 도시공원 또는 녹지 확보기준
> ㉥ 학교용지의 조성·개발 기준

② 도시혁신구역으로 지정된 지역은 「건축법」에 따른 특별건축구역으로 지정된 것으로 본다(법 제83조의3 제2항).

③ 시·도지사 또는 시장·군수·구청장은 「건축법」에도 불구하고 도시혁신구역에서 건축하는 건축물을 건축기준 등의 특례사항을 적용하여 건축할 수 있는 건축물에 포함시킬 수 있다(법 제83조의3 제3항).

④ 도시혁신구역의 지정·변경 및 도시혁신계획 결정의 고시는 「도시개발법」에 따른 개발계획의 내용에 부합하는 경우 도시개발구역의 지정 및 개발계획 수립의 고시로 본다. 이 경우 도시혁신계획에서 정한 시행자는 사업시행자 지정요건 및 도시개발구역 지정 제안 요건 등을 갖춘 경우에 한정하여 같은 법에 따른 도시개발사업의 시행자로 지정된 것으로 본다(법 제83조의3 제4항).

⑤ 도시혁신계획에 대한 도시계획위원회 심의시 「교육환경 보호에 관한 법률」에 따른 지역교육환경보호위원회, 「문화유산의 보존 및 활용에 관한 법률」에 따른 문화유산위원회(시·도지정문화유산에 관한 사항의 경우 시·도문화유산위원회를 말한다) 또는 「자연유산의 보존 및 활용에 관한 법률」에 따른 자연유산위원회(시·도자연유산에 관한 사항의 경우 시·도자연유산위원회를 말한다)와 공동으로 심의를 개최하고, 그 결과에 따라 다음의 법률 규정을 완화하여 적용할 수 있다. 이 경우 다음의 완화 여부는 각각 지역교육환경보호위원회, 문화유산위원회 및 자연유산위원회의 의결에 따른다(법 제83조의3 제5항).

> ㉠ 교육환경보호구역에서의 행위제한
> ㉡ 「문화유산의 보존 및 활용에 관한 법률」에 따른 역사문화환경 보존지역에서의 행위제한
> ㉢ 「자연유산의 보존 및 활용에 관한 법률」에 따른 역사문화환경 보존지역에서의 행위제한

✔ 복합용도구역에서의 「건축법」 적용 특례: 복합용도구역에도 적용한다. 이 경우 '도시혁신구역'은 '복합용도구역'으로 본다.

❹ 둘 이상의 용도지역 등에 걸치는 대지에 대한 적용기준

(1) 원칙

비교➡ 둘 이상에 걸치는 경우의 기준
1. 「국토의 계획 및 이용에 관한 법률」: 330m²
2. 「건축법」: 과반을 넘는 쪽

하나의 대지가 둘 이상의 용도지역·용도지구 또는 용도구역(이하 '용도지역 등'이라 한다)에 걸치는 경우로서 각 용도지역 등에 걸치는 부분 중 가장 작은 부분의 규모가 330m²(도로변에 띠모양으로 지정된 상업지역에 걸쳐 있는 토지의 경우에는 660m²) 이하인 경우에는 전체 대지의 건폐율 및 용적률은 각 부분이 전체 대지면적에서 차지하는 비율을 고려하여 다음의 구분에 따라 각 용도지역 등별 건폐율 및 용적률을 가중평균한 값을 적용하고, 그 밖의 건축제한 등에 관한 사항은 그 대지 중 가장 넓은 면적이 속하는 용도지역 등에 관한 규정을 적용한다(법 제84조 제1항 본문).

> ① 가중평균한 건폐율 = $(f_1 x_1 + f_2 x_2 + \cdots + f_n x_n)$ / 전체 대지면적. 이 경우 f_1부터 f_n까지는 각 용도지역 등에 속하는 토지 부분의 면적을 말하고, x_1부터 x_n까지는 해당 토지부분이 속하는 각 용도지역 등의 건폐율을 말하며, n은 용도지역 등에 걸치는 각 토지부분의 총 개수를 말한다.

② 가중평균한 용적률 = ($f_1x_1 + f_2x_2 + \cdots + f_nx_n$) / 전체 대지면적. 이 경우 f_1부터 f_n까지는 각 용도지역 등에 속하는 토지 부분의 면적을 말하고, x_1부터 x_n까지는 해당 토지부분이 속하는 각 용도지역 등의 용적률을 말하며, n은 용도지역 등에 걸치는 각 토지부분의 총 개수를 말한다.

(2) 특례

① **고도지구에 걸치는 경우:** 건축물이 고도지구에 걸쳐 있는 경우에는 그 건축물 및 대지의 전부에 대하여 고도지구의 건축물 및 대지에 관한 규정을 적용한다(법 제84조 제1항 단서).

② **방화지구에 걸치는 경우:** 하나의 건축물이 방화지구와 그 밖의 용도지역·용도지구 또는 용도구역에 걸쳐 있는 경우에는 그 전부에 대하여 방화지구의 건축물에 관한 규정을 적용한다. 다만, 그 건축물이 있는 방화지구와 그 밖의 용도지역·용도지구 또는 용도구역의 경계가 「건축법」에 따른 방화벽으로 구획되는 경우 그 밖의 용도지역·용도지구 또는 용도구역에 있는 부분에 대하여는 그러하지 아니하다(법 제84조 제2항).

③ **녹지지역에 걸치는 경우:** 하나의 대지가 녹지지역과 그 밖의 용도지역·용도지구 또는 용도구역에 걸쳐 있는 경우(규모가 가장 작은 부분이 녹지지역으로서 해당 녹지지역이 $330m^2$ 이하인 경우는 제외한다)에는 원칙적인 규정에도 불구하고 각각의 용도지역·용도지구 또는 용도구역의 건축물 및 토지에 관한 규정을 적용한다. 다만, 녹지지역의 건축물이 고도지구 또는 방화지구에 걸쳐 있는 경우에는 ①이나 ②에 따른다(법 제84조 제3항).

제4장 지구단위계획

대상지역과 지구단위계획의 내용에 대해 자주 출제되고 있으며, 완화되는 사항에 대해서도 출제되었다. 특히, 지구단위계획의 내용 중 반드시 포함해야 하는 2가지는 암기해야 한다.

제1절 | 지구단위계획

Tip 👆 도시·군계획 수립대상지역의 '일부'를 대상으로 수립하는 것이지, '전부'를 대상으로 하는 것은 아니다.

1 지구단위계획의 의의

지구단위계획은 도시·군계획 수립대상지역의 일부에 대하여 토지이용을 합리화하고 그 기능을 증진시키며 미관을 개선하고 양호한 환경을 확보하며, 해당 지역을 체계적·계획적으로 관리하기 위하여 수립하는 도시·군관리계획을 말한다(법 제2조 제5호).

2 지구단위계획의 수립 등

(1) 지구단위계획의 수립

지구단위계획은 다음의 사항을 고려하여 수립한다(법 제49조 제1항, 영 제42조의3 제1항).

> ① 도시의 정비·관리·보전·개발 등 지구단위계획구역의 지정목적
> ② 주거·산업·유통·관광휴양·복합 등 지구단위계획구역의 중심기능
> ③ 해당 용도지역의 특성
> ④ 그 밖에 대통령령으로 정하는 사항
>   ㉠ 지역 공동체의 활성화
>   ㉡ 안전하고 지속가능한 생활권의 조성
>   ㉢ 해당 지역 및 인근 지역의 토지이용을 고려한 토지이용계획과 건축계획의 조화

(2) 지구단위계획의 수립기준 등

지구단위계획의 수립기준 등은 다음의 대통령령으로 정하는 바에 따라 국토교통부장관이 정한다(법 제49조 제2항, 영 제42조의3 제2항).

> ① 개발제한구역에 지구단위계획을 수립할 때에는 개발제한구역의 지정목적이나 주변환경이 훼손되지 아니하도록 하고, 「개발제한구역의 지정 및 관리에 관한 특별조치법」을 우선하여 적용할 것
> ② 보전관리지역에 지구단위계획을 수립할 때에는 녹지 또는 공원으로 계획하는 등 환경 훼손을 최소화할 것
> ③ 역사문화환경보존지역에서 지구단위계획을 수립하는 경우에는 문화유산 및 역사문화환경과 조화되도록 할 것
> ④ 지구단위계획구역에서 원활한 교통소통을 위하여 필요한 경우에는 지구단위계획으로 건축물부설주차장을 해당 건축물의 대지가 속하여 있는 가구에서 해당 건축물의 대지 바깥에 단독 또는 공동으로 설치하게 할 수 있도록 할 것. 이 경우, 대지 바깥에 공동으로 설치하는 건축물부설주차장의 위치 및 규모 등은 지구단위계획으로 정한다.
> ⑤ ④에 따라 대지 바깥에 설치하는 건축물부설주차장의 출입구는 간선도로변에 두지 아니하도록 할 것. 다만, 특별시장·광역시장·특별자치시장·특별자치도지사·시장 또는 군수가 해당 지구단위계획구역의 교통소통에 관한 계획 등을 고려하여 교통소통에 지장이 없다고 인정하는 경우에는 그러하지 아니하다.

❸ 지구단위계획구역 및 지구단위계획의 결정

지구단위계획구역 및 지구단위계획은 도시·군관리계획으로 결정한다(법 제50조).

제2절 | 지구단위계획구역

❶ 지구단위계획구역의 지정

1. 임의적 지정(지정할 수 있다) 제32회, 제34회

국토교통부장관, 시·도지사, 시장 또는 군수는 다음의 어느 하나에 해당하는 지역의 전부 또는 일부에 대하여 지구단위계획구역을 지정할 수 있다(법 제51조 제1항).

Tip 시장 또는 군수가 입안한 지구단위계획구역의 지정·변경과 지구단위계획의 수립·변경에 관한 도시·군관리계획은 시장·군수가 직접 결정한다는 점에 주의한다.

① 용도지구
② 「도시개발법」에 따라 지정된 도시개발구역
③ 「도시 및 주거환경정비법」에 따라 지정된 정비구역
④ 「택지개발촉진법」에 따라 지정된 택지개발지구
⑤ 「주택법」에 따른 대지조성사업지구
⑥ 「산업입지 및 개발에 관한 법률」의 산업단지와 준산업단지
⑦ 「관광진흥법」에 따라 지정된 관광단지와 관광특구
⑧ 개발제한구역·도시자연공원구역·시가화조정구역 또는 공원에서 해제되는 구역, 녹지지역에서 주거·상업·공업지역으로 변경되는 구역과 새로 **도시지역으로 편입**되는 구역 중 계획적인 개발 또는 관리가 필요한 지역
⑨ 도시지역 내 주거·상업·업무 등의 기능을 결합하는 등 복합적인 토지이용을 증진시킬 필요가 있는 지역으로서 대통령령으로 정하는 요건에 해당하는 지역 (**일반주거지역, 준주거지역, 준공업지역 및 상업지역**에서 낙후된 도심 기능을 회복하거나 도시균형발전을 위한 중심지 육성이 필요한 경우로서 다음의 어느 하나에 해당하는 지역)
　㉠ 주요 역세권, 고속버스 및 시외버스터미널, 간선도로의 교차지 등 양호한 기반시설을 갖추고 있어 대중교통 이용이 용이한 지역
　㉡ 역세권의 체계적·계획적 개발이 필요한 지역
　㉢ 세 개 이상의 노선이 교차하는 대중교통 결절지로부터 1km 이내에 위치한 지역
　㉣ 「역세권의 개발 및 이용에 관한 법률」에 따른 역세권개발구역, 「도시재정비 촉진을 위한 특별법」에 따른 고밀복합형 재정비촉진지구로 지정된 지역
⑩ 도시지역 내 유휴토지를 효율적으로 개발하거나 교정시설, 군사시설, 그 밖에 대통령령으로 정하는 시설을 이전 또는 재배치하여 토지이용을 합리화하고 그 기능을 증진시키기 위하여 집중적으로 정비가 필요한 지역으로서 대통령령으로 정하는 요건에 해당하는 지역
　㉠ '대통령령으로 정하는 시설'이란 다음의 시설을 말한다.
　　ⓐ 철도, 항만, 공항, 공장, 병원, 학교, 공공청사, 공공기관, 시장, 운동장 및 터미널
　　ⓑ 그 밖에 ⓐ와 유사한 시설로서 특별시·광역시·특별자치시·특별자치도·시 또는 군의 도시·군계획조례로 정하는 시설
　㉡ '대통령령으로 정하는 요건에 해당하는 지역'이란 1만m² 이상의 유휴토지 또는 대규모 시설의 이전부지로서 다음의 어느 하나에 해당하는 지역을 말한다.
　　ⓐ 대규모 시설의 이전에 따라 도시기능의 재배치 및 정비가 필요한 지역
　　ⓑ 토지의 활용 잠재력이 높고 지역거점 육성이 필요한 지역
　　ⓒ 지역경제 활성화와 고용창출의 효과가 클 것으로 예상되는 지역

기출
1. 「관광진흥법」에 따라 지정된 관광단지의 전부 또는 일부에 대하여 지구단위계획구역을 지정할 수 있다. 제32회
2. 시·도지사는 도시자연공원구역에서 해제되는 구역 중 계획적인 개발이 필요한 지역의 전부 또는 일부에 대하여 지구단위계획구역을 도시·군관리계획으로 지정할 수 있다.
3. 도시지역 내 복합적인 토지이용을 증진시킬 필요가 있는 지역으로서 지구단위계획구역을 지정할 수 있는 지역에 일반공업지역은 해당하지 않는다. 제34회

⑪ 도시지역의 체계적·계획적인 관리 또는 개발이 필요한 지역
⑫ 그 밖에 양호한 환경의 확보나 기능 및 미관의 증진 등을 위하여 필요한 지역으로서 다음의 대통령령으로 정하는 지역
  ㉠ 시범도시
  ㉡ 개발행위허가제한지역
  ㉢ 지하 및 공중공간을 효율적으로 개발하고자 하는 지역
  ㉣ 용도지역의 지정·변경에 관한 도시·군관리계획을 입안하기 위하여 열람공고된 지역
  ㉤ 주택재건축사업에 의하여 공동주택을 건축하는 지역
  ㉥ 지구단위계획구역으로 지정하고자 하는 토지와 접하여 공공시설을 설치하고자 하는 자연녹지지역
  ㉦ 그 밖에 양호한 환경의 확보 또는 기능 및 미관의 증진 등을 위하여 필요한 지역으로서 특별시·광역시·특별자치시·특별자치도·시 또는 군의 도시·군계획조례가 정하는 지역

2. 필수적 지정(지정하여야 한다)

국토교통부장관, 시·도지사, 시장 또는 군수는 다음의 어느 하나에 해당하는 지역은 지구단위계획구역으로 지정하여야 한다. 다만, 관계 법률에 따라 그 지역에 토지이용과 건축에 관한 계획이 수립되어 있는 경우에는 그러하지 아니하다(법 제51조 제2항, 영 제43조 제5항).

① 다음에 해당하는 지역으로, 시행되는 사업이 끝난 후 10년이 지난 지역
  ㉠ 정비구역
  ㉡ 택지개발지구
② 다음에 해당하는 지역으로, 체계적·계획적인 개발 또는 관리가 필요한 지역으로서 그 면적이 30만m² 이상인 지역
  ㉠ 시가화조정구역 또는 공원에서 해제되는 지역. 다만, 녹지지역으로 지정 또는 존치되거나 법 또는 다른 법령에 의하여 도시·군계획사업 등 개발계획이 수립되지 아니하는 경우를 제외한다.
  ㉡ 녹지지역에서 주거지역·상업지역 또는 공업지역으로 변경되는 지역
  ㉢ 그 밖에 특별시·광역시·특별자치시·특별자치도·시 또는 군의 도시·군계획조례로 정하는 지역

Tip 필수적 지정대상은 해당 구역이 사업이 완료된 경우이지, 구역이 지정된 날로부터 10년을 말하는 것이 아님에 주의한다.

3. 도시지역 외의 지역의 지정요건

도시지역 외의 지역을 지구단위계획구역으로 지정하려는 경우, (1)~(3)의 지역 중 어느 하나에 해당하여야 한다(법 제51조 제3항).

참고 지구단위계획구역은 도시지역이 아니더라도 지정할 수 있다.

(1) 지정하려는 구역 면적의 100분의 50 이상이 계획관리지역으로서 다음에서 정하는 요건에 해당하는 지역

① 계획관리지역 외 지구단위계획구역으로 포함할 수 있는 나머지 용도지역은 생산관리지역 또는 보전관리지역일 것
② 지구단위계획구역에 보전관리지역을 포함하는 경우, 해당 보전관리지역의 면적은 다음의 구분에 따른 요건을 충족할 것. 이 경우, 개발행위허가를 받는 등 이미 개발된 토지, 「산지관리법」에 따른 토석채취허가를 받고 토석의 채취가 완료된 토지로서 준보전산지에 해당하는 토지 및 해당 토지를 개발하여도 주변지역의 환경오염·환경훼손 우려가 없는 경우로서 해당 도시계획위원회 또는 공동위원회의 심의를 거쳐 지구단위계획구역에 포함되는 토지의 면적은 다음에 따른 보전관리지역의 면적산정에서 제외한다.
 ㉠ 전체 지구단위계획구역 면적이 10만m² 이하인 경우: 전체 지구단위계획구역 면적의 20% 이내
 ㉡ 전체 지구단위계획구역 면적이 10만m² 초과 20만m² 이하인 경우: 2만m²
 ㉢ 전체 지구단위계획구역 면적이 20만m²를 초과하는 경우: 전체 지구단위계획구역 면적의 10% 이내
③ 지구단위계획구역으로 지정하고자 하는 토지의 면적이 다음의 어느 하나에 규정된 면적요건에 해당할 것
 ㉠ 지정하고자 하는 지역에 아파트 또는 연립주택의 건설계획이 포함되는 경우에는 30만m² 이상일 것. 이 경우, 다음 요건에 해당하는 때에는 일단의 토지를 통합하여 하나의 지구단위계획구역으로 지정할 수 있다.
  ⓐ 아파트 또는 연립주택의 건설계획이 포함되는 **각각의 토지의 면적이 10만m² 이상이고, 그 총면적이 30만m² 이상**일 것
  ⓑ ⓐ의 각 토지는 국토교통부장관이 정하는 범위 안에 위치하고, 국토교통부장관이 정하는 규모 이상의 도로로 서로 연결되어 있거나 **연결도로의 설치가 가능**할 것
 ㉡ 지정하고자 하는 지역에 아파트 또는 연립주택의 건설계획이 포함되는 경우로서 다음의 어느 하나에 해당하는 경우에는 10만m² 이상일 것
  ⓐ 지구단위계획구역이 「수도권정비계획법」의 규정에 의한 **자연보전권역인 경우**
  ⓑ 지구단위계획구역 안에 초등학교 용지를 확보하여 관할 **교육청의 동의**를 얻거나 지구단위계획구역 안 또는 지구단위계획구역으로부터 통학이 가능한 거리에 초등학교가 위치하고 학생수용이 가능한 경우로서 관할 **교육청의 동의**를 얻은 경우
 ㉢ ㉠ 및 ㉡의 경우를 제외하고는 3만m² 이상일 것
④ 해당 지역에 도로·수도공급설비·하수도 등 기반시설을 공급할 수 있을 것
⑤ 자연환경·경관·미관 등을 해치지 아니하고 문화유산의 훼손우려가 없을 것

핵심 ◎ 지구단위계획구역으로 지정시 면적기준
1. 아파트 또는 연립주택의 건설: 30만m² 이상
2. 아파트 또는 연립주택의 건설시 자연보전권역이거나 구역 안에 초등학교를 설치한 경우: 10만m² 이상
3. 그 밖의 경우: 3만m² 이상

(2) 개발진흥지구로서 다음의 대통령령으로 정하는 요건에 해당하는 지역 제34회

① (1)의 ③~⑤의 요건에 해당할 것
② 해당 개발진흥지구가 다음의 지역에 위치할 것
　㉠ 주거개발진흥지구, 복합개발진흥지구(주거기능이 포함된 경우에 한한다) 및 특정개발진흥지구: 계획관리지역
　㉡ 산업·유통개발진흥지구 및 복합개발진흥지구(주거기능이 포함되지 아니한 경우에 한한다): 계획관리지역·생산관리지역 또는 농림지역
　㉢ 관광·휴양개발진흥지구: 도시지역 외의 지역

(3) 용도지구를 폐지하고 그 용도지구에서의 행위제한 등을 지구단위계획으로 대체하려는 지역

기출 보전관리지역에 위치한 산업·유통개발진흥지구는 지구단위계획구역으로 지정할 수 있는 대상지역에 포함되지 않는다. 제34회

❷ 지구단위계획의 내용

지구단위계획구역의 지정목적을 이루기 위하여 지구단위계획에는 다음의 사항 중 ③과 ⑤의 사항을 포함한 둘 이상의 사항이 포함되어야 한다. 다만, ②를 내용으로 하는 지구단위계획의 경우에는 그러하지 아니하다(법 제52조 제1항).

① 용도지역이나 용도지구를 대통령령으로 정하는 범위에서 세분하거나 변경하는 사항
② 기존의 용도지구를 폐지하고 그 용도지구에서의 건축물이나 그 밖의 시설의 용도·종류 및 규모 등의 제한을 대체하는 사항
③ 대통령령으로 정하는 기반시설의 배치와 규모
④ 도로로 둘러싸인 일단의 지역 또는 계획적인 개발·정비를 위하여 구획된 일단의 토지의 규모와 조성계획
⑤ 건축물의 용도제한, 건축물의 건폐율 또는 용적률, 건축물 높이의 최고한도 또는 최저한도
⑥ 건축물의 배치·형태·색채 또는 건축선에 관한 계획
⑦ 환경관리계획 또는 경관계획
⑧ 보행안전 등을 고려한 교통처리계획
⑨ 그 밖에 토지이용의 합리화, 도시나 농·산·어촌의 기능 증진 등에 필요한 사항으로서 대통령령으로 정하는 사항

심화 지구단위계획의 내용
1. 지구단위계획은 도로, 상하수도 등 대통령령으로 정하는 도시·군계획시설의 처리·공급 및 수용능력이 지구단위계획구역에 있는 건축물의 연면적, 수용인구 등 개발밀도와 적절한 조화를 이룰 수 있도록 하여야 한다.
2. 지구단위계획구역에서는 법 제76조~제78조의 규정과 「건축법」 제42조~제44조, 제60조 및 제61조, 「주차장법」 제19조 및 제19조의2를 대통령령으로 정하는 범위에서 지구단위계획으로 정하는 바에 따라 완화하여 적용할 수 있다.

참고 건축물의 형태·색채에 관한 계획도 지구단위계획의 내용으로 포함될 수 있다.

③ 지구단위계획구역 안에서의 규제 완화

「국토의 계획 및 이용에 관한 법률」상 건축기준의 완화	① 용도지역·지구 안에서의 건축제한 등 ② 용도지역 안에서의 건폐율 ③ 용도지역 안에서의 용적률
「건축법」상 건축기준의 완화	① 대지 안의 조경 ② 대지와 도로의 관계 ③ 건축물의 높이제한 ④ 일조 등의 확보를 위한 건축물의 높이제한 ⑤ 공개공지 등의 확보
「주차장법」상 건축기준의 완화	① 부설주차장의 설치허가 ② 부설주차장의 설치계획서

Tip 👉 「건축법」상 대지분할 제한면적과 건축선에 관한 규정은 완화되지 않음에 유의한다.

심화 지구단위계획구역 안에서의 건축기준 완화적용

1. 도시지역 내 지구단위계획구역에서의 건폐율 등의 완화적용(영 제46조)
   ① 지구단위계획구역(도시지역 내에 지정하는 경우로 한정한다)에서 건축물을 건축하려는 자가 그 대지의 일부를 공공시설 또는 기반시설 중 학교와 해당 시·도 또는 대도시의 도시·군계획조례로 정하는 기반시설(이하 '공공시설 등'이라 한다)의 부지로 제공하거나 공공시설 등을 설치하여 제공하는 경우[지구단위계획구역 밖의 배수구역에 공공하수처리시설을 설치하여 제공하는 경우(지구단위계획구역에 다른 기반시설이 충분히 설치되어 있는 경우로 한정한다)를 포함한다]에는 그 건축물에 대하여 지구단위계획으로 다음의 구분에 따라 건폐율·용적률 및 높이제한을 완화하여 적용할 수 있다.

   > ㉠ 공공시설 등의 부지를 제공하는 경우에는 다음의 비율까지 건폐율·용적률 및 높이제한을 완화하여 적용할 수 있다. 다만, 지구단위계획구역의 일부 토지를 공공시설 등의 부지로 제공하는 자가 해당 지구단위계획구역의 다른 대지에서 건축물을 건축하는 경우에는 ⓑ의 비율까지 그 용적률만 완화하여 적용할 수 있다.
   > ⓐ 완화할 수 있는 건폐율: 해당 용도지역에 적용되는 건폐율 × [1 + 공공시설 등의 부지로 제공하는 면적(공공시설 등의 부지를 제공하는 자가 용도가 폐지되는 공공시설을 무상으로 양수받은 경우에는 그 양수받은 부지면적을 빼고 산정한다) ÷ 원래의 대지면적] 이내
   > ⓑ 완화할 수 있는 용적률: 해당 용도지역에 적용되는 용적률 + [1.5 × (공공시설 등의 부지로 제공하는 면적 × 공공시설 등 제공 부지의 용적률) ÷ 공공시설 등의 부지 제공 후의 대지면적] 이내
   > ⓒ 완화할 수 있는 높이: 「건축법」에 따라 제한된 높이 × (1 + 공공시설 등의 부지로 제공하는 면적 ÷ 원래의 대지면적) 이내

ⓒ 공공시설 등을 설치하여 제공(그 부지의 제공은 제외한다)하는 경우에는 공공시설 등을 설치하는 데에 드는 비용에 상응하는 가액의 부지를 제공한 것으로 보아 ㉠에 따른 비율까지 건폐율·용적률 및 높이제한을 완화하여 적용할 수 있다. 이 경우, 공공시설 등 설치비용 및 이에 상응하는 부지 가액의 산정방법 등은 시·도 또는 대도시의 도시·군계획조례로 정한다.

　　ⓒ 공공시설 등을 설치하여 그 부지와 함께 제공하는 경우에는 ㉠ 및 ⓒ에 따라 완화할 수 있는 건폐율·용적률 및 높이를 합산한 비율까지 완화하여 적용할 수 있다.

② 특별시장·광역시장·특별자치시장·특별자치도지사·시장 또는 군수는 지구단위계획구역에 있는 토지를 공공시설부지로 제공하고 보상을 받은 자 또는 그 포괄승계인이 그 보상금액에 국토교통부령이 정하는 이자를 더한 금액(이하 '반환금'이라 한다)을 반환하는 경우에는 해당 지방자치단체의 도시·군계획조례가 정하는 바에 따라 해당 건축물에 대한 건폐율·용적률 및 높이제한을 완화할 수 있다. 이 경우, 그 반환금은 기반시설의 확보에 사용하여야 한다.

③ 지구단위계획구역에서 건축물을 건축하고자 하는 자가 「건축법」에 따른 공개공지 또는 공개공간을 의무면적을 초과하여 설치한 경우에는 해당 건축물에 대하여 지구단위계획으로 다음의 비율까지 용적률 및 높이제한을 완화하여 적용할 수 있다.

　　㉠ 완화할 수 있는 용적률: 「건축법」에 따라 완화된 용적률 + (해당 용도지역에 적용되는 용적률 × 의무면적을 초과하는 공개공지 또는 공개공간의 면적의 절반 ÷ 대지면적) 이내
　　ⓒ 완화할 수 있는 높이: 「건축법」에 따라 완화된 높이 + (「건축법」에 따른 높이 × 의무면적을 초과하는 공개공지 또는 공개공간의 면적의 절반 ÷ 대지면적) 이내

④ 지구단위계획구역에서는 도시·군계획조례의 규정에 불구하고 지구단위계획으로 건폐율을 완화하여 적용할 수 있다.

⑤ 지구단위계획구역에서는 지구단위계획으로 용도지역 안에서 건축할 수 있는 건축물(도시·군계획조례가 정하는 바에 의하여 건축할 수 있는 건축물의 경우 도시·군계획조례에서 허용되는 건축물에 한한다)의 용도·종류 및 규모 등의 범위 안에서 이를 완화하여 적용할 수 있다.

⑥ 지구단위계획구역의 지정목적이 다음에 해당하는 경우에는 지구단위계획으로 「주차장법」에 의한 주차장 설치기준을 100%까지 완화하여 적용할 수 있다.

　　㉠ 한옥마을을 보존하고자 하는 경우
　　ⓒ 차 없는 거리를 조성하고자 하는 경우(지구단위계획으로 보행자전용도로를 지정하거나 차량의 출입을 금지한 경우를 포함한다)

심화 법 제51조 제1항 제8호의2 또는 제8호의3에 해당하는 지역의 전부 또는 일부를 지구단위계획구역으로 지정함에 따라 지구단위계획으로 각 목 간의 용도지역이 변경되어 용적률이 높아지거나 건축제한이 완화되는 경우 또는 지구단위계획으로 도시·군계획시설 결정이 변경되어 행위제한이 완화되는 경우에는 해당 지구단위계획구역에서 건축물을 건축하려는 자(법 제26조 제1항 제2호에 따라 도시·군관리계획이 입안되는 경우 입안제안자를 포함한다)가 용도지역의 변경 또는 도시·군계획시설 결정의 변경 등으로 인한 토지가치 상승분(감정평가법인이 용도지역의 변경 또는 도시·군계획시설 결정의 변경 전·후에 대하여 각각 감정평가한 토지가액의 차이를 말한다)의 범위에서 지구단위계획으로 정하는 바에 따라 해당 지구단위계획구역 안에 다음의 시설(이하 '공공시설 등'이라 한다)의 부지를 제공하거나 공공시설 등을 설치하여 제공하도록 하여야 한다.

1. 공공시설
2. 기반시설
3. 「공공주택 특별법」 제2조 제1호 가목에 따른 공공임대주택 또는 「건축법」 및 같은 법 시행령 별표 1 제2호 라목에 따른 기숙사 등 공공필요성이 인정되어 해당 시·도 또는 대도시의 조례로 정하는 시설

기출 지구단위계획으로 차량진입금지구간을 지정한 경우, 「주차장법」에 따른 주차장 설치기준을 최대 100%까지 완화하여 적용할 수 있다.

ⓒ 원활한 교통소통 또는 보행환경 조성을 위하여 도로에서 대지로의 차량통행이 제한되는 **차량진입금지구간**을 지정한 경우

⑦ 다음에 해당하는 경우에는 지구단위계획으로 해당 용도지역에 적용되는 **용적률의 120% 이내에서 용적률을 완화**하여 적용할 수 있다.

㉠ 도시지역에 개발진흥지구를 지정하고 해당 지구를 지구단위계획구역으로 지정한 경우
㉡ 다음에 해당하는 경우로서, 특별시장·광역시장·특별자치시장·특별자치도지사·시장 또는 군수의 권고에 따라 공동개발을 하는 경우
　ⓐ 지구단위계획에 2필지 이상의 토지에 하나의 건축물을 건축하도록 되어 있는 경우
　ⓑ 지구단위계획에 합벽건축을 하도록 되어 있는 경우
　ⓒ 지구단위계획에 주차장·보행자통로 등을 공동으로 사용하도록 되어 있어 2필지 이상의 토지에 건축물을 동시에 건축할 필요가 있는 경우

⑧ 도시지역에 개발진흥지구를 지정하고 해당 지구를 지구단위계획구역으로 지정한 경우에는 지구단위계획으로「건축법」에 따라 제한된 **건축물 높이의 120% 이내**에서 높이제한을 완화하여 적용할 수 있다.

⑨ 1.의 ①의 ⓑ와 ③의 ㉠ 및 ⑦은 다음의 어느 하나에 해당하는 경우에는 적용하지 아니한다.

㉠ 개발제한구역·시가화조정구역·녹지지역 또는 공원에서 해제되는 구역과 새로이 도시지역으로 편입되는 구역 중 계획적인 개발 또는 관리가 필요한 지역인 경우
㉡ 기존의 용도지역 또는 용도지구가 용적률이 높은 용도지역 또는 용도지구로 변경되는 경우로서 기존의 용도지역 또는 용도지구의 용적률을 적용하지 아니하는 경우

⑩ ① 내지 ④ 및 ⑦의 규정에 의하여 완화하여 적용되는 건폐율 및 용적률은 해당 용도지역 또는 용도지구에 적용되는 **건폐율의 150% 및 용적률의 200%**를 각각 초과할 수 없다.

⑪ 지구단위계획구역 내 준주거지역(법 제45조 제2항 전단에 따라 준주거지역으로 변경하는 경우를 포함한다. 이하 같다)에서 건축물을 건축하려는 자가 그 대지의 일부를 공공시설 등의 부지로 제공하거나 공공시설 등을 설치하여 제공하는 경우에는 지구단위계획으로 용적률의 140% 이내의 범위에서 용적률을 완화하여 적용할 수 있다. 이 경우, 공공시설 등의 부지를 제공하거나 공공시설 등을 설치하여 제공하는 비용은 용적률 완화에 따른 토지가치 상승분(「감정평가 및 감정평가사에 관한 법률」에 따른 감정평가법인 등이 용적률 완화 전·후에 각각 감정평가한 토지가액의 차이를 말한다)의 범위로 하며, 그 비용 중 시·도 또는 대도시의 도시·군계획조례로 정하는 비율 이상은「공공주택 특별법」

제2조 제1호 가목에 따른 공공임대주택을 제공하는 데에 사용해야 한다.
⑫ 지구단위계획구역 내 준주거지역에서 「공공주택 특별법」에 따른 도심공공주택복합사업 또는 「빈집 및 소규모주택정비에 관한 특례법」에 따른 소규모재개발사업을 시행하는 경우에는 지구단위계획으로 용적률의 140% 이내의 범위에서 용적률을 완화하여 적용할 수 있다.
⑬ 지구단위계획구역 내 준주거지역에서는 지구단위계획으로 「건축법」에 따른 채광(採光) 등의 확보를 위한 건축물의 높이 제한을 200% 이내의 범위에서 완화하여 적용할 수 있다.

2. 도시지역 외 지구단위계획구역에서의 건폐율 등의 완화적용(영 제47조)
① 지구단위계획구역(도시지역 외에 지정하는 경우로 한정한다)에서는 지구단위계획으로 해당 용도지역 또는 개발진흥지구에 적용되는 건폐율의 150% 및 용적률의 200% 이내에서 건폐율 및 용적률을 완화하여 적용할 수 있다.
② 지구단위계획구역에서는 지구단위계획으로 건축물의 용도·종류 및 규모 등을 완화하여 적용할 수 있다. 다만, 개발진흥지구(계획관리지역에 지정된 개발진흥지구를 제외한다)에 지정된 지구단위계획구역에 대하여는 「건축법 시행령」별표 1 제2호의 공동주택 중 아파트 및 연립주택은 허용되지 아니한다.

기출 계획관리지역 외의 지역에 지정된 개발진흥지구 내의 지구단위계획구역에서는 건축물의 용도·종류 및 규모 등을 완화하여 적용할 경우, 아파트 및 연립주택은 허용되지 아니한다.

4 지구단위계획구역의 지정에 관한 도시·군관리계획 결정의 실효 등

(1) 실효사유 제34회

① 지구단위계획의 미결정·미고시(원칙): 지구단위계획구역의 지정에 관한 도시·군관리계획 결정의 고시일부터 3년 이내에 그 지구단위계획구역에 관한 지구단위계획이 결정·고시되지 아니하면 그 3년이 되는 날의 다음 날에 그 지구단위계획구역의 지정에 관한 도시·군관리계획 결정은 효력을 잃는다. 다만, 다른 법률에서 지구단위계획의 결정(결정된 것으로 보는 경우를 포함한다)에 관하여 따로 정한 경우에는 그 법률에 따라 지구단위계획을 결정할 때까지 지구단위계획구역의 지정은 그 효력을 유지한다(법 제53조 제1항).

② 사업·공사의 미착수: 지구단위계획(주민이 입안을 제안한 것에 한정한다)에 관한 도시·군관리계획 결정의 고시일부터 5년 이내에 이 법 또는 다른 법률에 따라 허가·인가·승인 등을 받아 사업이나 공사에 착수하지 아니하면 그 5년이 된 날의 다음 날에 그 지구단위계획에 관한 도시·군관리계획 결정은 효력을 잃는다. 이 경우, 지구단위계획과 관련한 도시·군관리계획 결정에 관한 사항은 해당 지구단위계획구역 지정 당시의 도시·군관리계획으로 환원된 것으로 본다(법 제53조 제2항).

핵심 실효되는 날: 해당되는 날의 '다음 날'이다.

(2) 실효고시

지구단위계획구역 지정의 실효고시는 국토교통부장관이 하는 경우에는 관보와 국토교통부의 인터넷 홈페이지에, 시·도지사 또는 시장·군수가 하는 경우에는 해당 시·도 또는 시·군의 공보와 인터넷 홈페이지에 다음의 사항을 게재하는 방법으로 한다(영 제50조).

> ① 실효일자
> ② 실효사유
> ③ 실효된 지구단위계획구역의 내용

5 지구단위계획구역에서의 건축 등 제32회

기출 지구단위계획이 수립되어 있는 지구단위계획구역에서 공사기간 중 이용하는 공사용 가설건축물을 건축하려면 그 지구단위계획에 맞게 하지 않아도 된다. 제32회

지구단위계획구역에서 건축물(일정 기간 내 철거가 예상되는 경우 등 대통령령으로 정하는 가설건축물은 제외한다)을 건축 또는 용도변경하거나 공작물을 설치하려면 그 지구단위계획에 맞게 하여야 한다. 다만, 지구단위계획이 수립되어 있지 아니한 경우에는 그러하지 아니하다(법 제54조).

> **예제**
>
> 국토의 계획 및 이용에 관한 법령상 도시·군관리계획 결정의 실효에 관한 설명이다. ( )에 들어갈 공통된 숫자로 옳은 것은? 제34회
>
> 지구단위계획(주민이 입안을 제안한 것에 한정한다)에 관한 도시·군관리계획 결정의 고시일부터 ( )년 이내에 「국토의 계획 및 이용에 관한 법률」 또는 다른 법률에 따라 허가·인가·승인 등을 받아 사업이나 공사에 착수하지 아니하면 그 ( )년이 된 날의 다음 날에 그 지구단위계획에 관한 도시·군관리계획 결정은 효력을 잃는다.
>
> ① 2　　　　　② 3　　　　　③ 5
> ④ 10　　　　⑤ 20
>
> **해설** 지구단위계획(주민이 입안을 제안한 것에 한정한다)에 관한 도시·군관리계획 결정의 고시일부터 5년 이내에 이 법 또는 다른 법률에 따라 허가·인가·승인 등을 받아 사업이나 공사에 착수하지 아니하면 그 5년이 된 날의 다음 날에 그 지구단위계획에 관한 도시·군관리계획 결정은 효력을 잃는다. **정답** ③

제5장 도시·군계획시설

회독 Check 1회 2회 3회

💬 장기 미집행 도시·군계획시설부지에서의 매수청구는 매년 출제되는 부분이므로 반드시 학습하여야 하며, 시행자를 위한 보호조치와 도시·군계획시설 결정의 해제신청 규정도 중요하다.

제1절 | 기반시설 등

❶ 기반시설과 도시·군계획시설

(1) 기반시설 제32회

기반시설이란 다음의 시설로서 대통령령으로 정하는 시설을 말한다(법 제2조 제16호).

교통시설	도로·철도·항만·공항·주차장·자동차정류장·궤도·차량검사 및 면허시설
공간시설	광장·공원·녹지·유원지·공공공지
유통·공급시설	유통업무설비, 수도·전기·가스·열공급설비, 방송·통신시설, 공동구·시장, 유류저장 및 송유설비
공공·문화 체육시설	학교·공공청사·문화시설 및 공공필요성이 인정되는 체육시설·연구시설·사회복지시설·공공직업훈련시설·청소년수련시설
방재시설	하천·유수지·저수지·방화설비·방풍설비·방수설비·사방설비·방조설비
보건위생시설	장사시설·도축장·종합의료시설
환경기초시설	하수도, 폐기물처리 및 재활용시설, 빗물저장 및 이용시설, 수질오염방지시설, **폐차장**

✔ 의원, 군사시설, 학원, 공장, 교회, 백화점, 아파트는 기반시설이 아니다.
✔ 시장은 기반시설이고, 백화점은 기반시설이 아님에 유의한다.

기출 폐기물처리 및 재활용시설은 환경기초시설에 해당한다. 제32회

(2) 세분이 가능한 기반시설 제35회

도로	① 일반도로 ③ 보행자전용도로 ⑤ 자전거전용도로 ⑦ 지하도로	② 자동차전용도로 ④ 보행자우선도로 ⑥ 고가도로
자동차정류장	① 여객자동차터미널 ③ 공영차고지 ⑤ 화물자동차휴게소 ⑦ 환승센터	② 물류터미널 ④ 공동차고지 ⑥ 복합환승센터
광장	① 교통광장 ③ 경관광장 ⑤ 건축물부설광장	② 일반광장 ④ 지하광장

기출📖 자전거전용도로는 '기반시설'에 해당한다. 제35회

(3) 도시·군계획시설 제32회

기반시설 중 도시·군관리계획으로 결정된 시설을 말한다(법 제2조 제7호).

기출📖 도시·군계획시설은 기반시설 중 도시·군관리계획으로 결정된 시설이다. 제32회

❷ 도시·군계획시설의 설치·관리 등

1. 도시·군계획시설의 결정

(1) 원칙

지상·수상·공중·수중 또는 지하에 기반시설을 설치하려면 그 시설의 종류·명칭·위치·규모 등을 미리 도시·군관리계획으로 결정하여야 한다(법 제43조 제1항).

참고📖 도시·군관리계획의 결정절차 없이도 도시·군계획시설의 설치가 가능하다.

(2) 예외 제33회

용도지역·기반시설의 특성 등을 고려하여 대통령령으로 정하는 다음의 경우에는 그러하지 아니하다(법 제43조 제1항 단서, 영 제35조 제1항).

기출📖
1. 대지면적이 500m² 미만인 도축장은 도시지역에서 미리 도시·군관리계획으로 결정하지 않고 설치할 수 있는 시설이다. 제33회
2. 폐기물처리 및 재활용시설 중 재활용시설은 도시지역에서 미리 도시·군관리계획으로 결정하지 않고 설치할 수 있는 시설이다. 제33회
3. 옥외에 설치하는 변전시설은 도시·군관리계획의 결정 없이 설치할 수 있는 시설에 해당하지 않는다. 제36회

① 도시지역 또는 지구단위계획구역에서 다음의 기반시설을 설치하고자 하는 경우
㉠ **주차장**, 차량검사 및 면허시설, 공공공지, 열공급설비, 방송·통신시설, 시장·공공청사·문화시설·공공필요성이 인정되는 체육시설·연구시설·사회복지시설·**공공직업훈련시설**·**청소년수련시설**·**저수지**·방화설비·방풍설비·방수설비·사방설비·방조설비·**장사시설**·**종합의료시설**·빗물저장 및 이용시설·**폐차장**
㉡ 「도시공원 및 녹지 등에 관한 법률」의 규정에 의하여 점용허가대상이 되는 공원 안의 기반시설
㉢ 그 밖에 국토교통부령이 정하는 시설

② 도시지역 및 지구단위계획구역 외의 지역에서 다음의 기반시설을 설치하고자 하는 경우
㉠ ①의 ㉠·㉡의 기반시설
㉡ 궤도·삭도 및 전기공급설비
㉢ 그 밖에 국토교통부령이 정하는 시설

2. 도시·군계획시설의 결정·구조 및 설치의 기준

도시·군계획시설의 결정·구조 및 설치의 기준 등에 관하여 필요한 사항은 국토교통부령으로 정하고, 그 세부사항은 국토교통부령으로 정하는 범위에서 시·도의 조례로 정할 수 있다. 다만, 다른 법률에 특별한 규정이 있는 경우에는 그 법률에 따른다(법 제43조 제3항).

Tip 👉 도시·군계획시설의 결정·구조 및 설치기준만 국토교통부령이고, 대부분 국토교통부장관으로 기억해 둔다.

3. 도시·군계획시설의 관리

도시·군계획시설의 관리에 관하여 이 법 또는 다른 법률에 특별한 규정이 있는 경우 외에는 국가가 관리하는 경우에는 대통령령으로, 지방자치단체가 관리하는 경우에는 그 지방자치단체의 조례로 도시·군계획시설의 관리에 관한 사항을 정한다(법 제43조 제4항).

심화 👉 국가가 관리하는 도시·군계획시설은 「국유재산법」 규정에 의한 중앙관서의 장이 관리한다.

4. 도시·군계획시설의 공중 및 지하에의 설치기준과 보상 등

도시·군계획시설을 공중·수중·수상 또는 지하에 설치하는 경우, 그 높이나 깊이의 기준과 그 설치로 인하여 토지나 건물의 소유권 행사에 제한을 받는 자에 대한 보상 등에 관하여는 따로 법률로 정한다(법 제46조).

5. 광역시설의 설치·관리 등

(1) 의의

광역시설이란 기반시설 중 광역적인 정비체계가 필요한 다음의 시설로서 대통령령이 정하는 시설을 말한다(법 제2조 제8호, 영 제3조).

둘 이상의 특별시·광역시·특별자치시·특별자치도·시 또는 군의 관할구역에 걸쳐 있는 시설	도로·철도·광장·녹지, 수도·전기·가스·열공급설비, 방송·통신시설, 공동구, 유류저장 및 송유설비, 하천·하수도(하수종말처리시설을 제외한다)

둘 이상의 특별시·광역시·특별자치시·특별자치도·시 또는 군이 공동으로 이용하는 시설	항만·공항·자동차정류장·공원·유원지·유통업무설비·문화시설·공공필요성이 인정되는 체육시설·사회복지시설·공공직업훈련시설·청소년수련시설·유수지·장사시설·도축장·하수도(하수종말처리시설에 한한다)·폐기물처리 및 재활용시설·수질오염방지시설·폐차장

기출 장사시설, 도축장은 광역시설이 될 수 있다.

참고 지방자치단체는 환경오염이 심하게 발생하거나 해당 지역의 개발이 현저하게 위축될 우려가 있는 광역시설을 다른 지방자치단체의 관할구역에 설치할 때에는 대통령령으로 정하는 바에 따라 환경오염방지를 위한 사업이나 해당 지역 주민의 편익을 증진시키기 위한 사업을 해당 지방자치단체와 함께 시행하거나 이에 필요한 자금을 해당 지방자치단체에 지원하여야 한다. 다만, 다른 법률에 특별한 규정이 있는 경우에는 그 법률에 따른다.

기출 국가계획으로 설치하는 광역시설은 그 광역시설의 설치·관리를 사업종목으로 하여 다른 법률에 따라 설립된 법인이 설치·관리할 수 있다. 제32회

(2) 설치·관리 제32회

① 원칙: 광역시설의 설치 및 관리는 도시·군계획시설의 설치·관리에 따른다(법 제45조 제1항).

② 특례

㉠ 협약체결 및 협의회 등의 구성: 관계 특별시장·광역시장·특별자치시장·특별자치도지사·시장 또는 군수는 협약을 체결하거나 협의회 등을 구성하여 광역시설을 설치·관리할 수 있다. 다만, 협약의 체결이나 협의회 등의 구성이 이루어지지 아니하는 경우, 그 시 또는 군이 같은 도에 속할 때에는 관할 도지사가 광역시설을 설치·관리할 수 있다(법 제45조 제2항).

㉡ 법인의 설치·관리: 국가계획으로 설치하는 광역시설은 그 광역시설의 설치·관리를 사업목적 또는 사업종목으로 하여 다른 법률에 따라 설립된 법인이 설치·관리할 수 있다(법 제45조 제3항).

6. 공동구의 설치·관리 등

(1) 의의

공동구란 지하매설물(전기·가스·수도 등의 공급설비, 통신시설, 하수도시설 등)을 공동수용함으로써 미관의 개선, 도로구조의 보전 및 교통의 원활한 소통을 기하기 위하여 지하에 설치하는 시설물을 말한다(법 제2조 제9호).

(2) 설치 제32회

기출
1. 사업시행자가 공동구를 설치해야 하는 지역에「산업입지 및 개발에 관한 법률」에 따른 일반산업단지는 포함되지 않는다.
2. 200만m²를 초과하는「도시개발법」에 따른 도시개발구역에서 개발사업을 시행하는 자는 공동구를 설치해야 한다. 제32회

① 설치대상지역: 다음에 해당하는 지역·지구·구역 등(이하 '지역 등'이라 한다)이 200만m²를 초과하는 경우에는 해당 지역 등에서 개발사업을 시행하는 자(이하 '사업시행자'라 한다)는 공동구를 설치해야 한다(법 제44조 제1항, 영 제35조의2 제1항·제2항).

> ㉠ 「도시개발법」에 따른 도시개발구역
> ㉡ 「택지개발촉진법」에 따른 택지개발지구
> ㉢ 「경제자유구역의 지정 및 운영에 관한 특별법」에 따른 경제자유구역
> ㉣ 「도시 및 주거환경정비법」에 따른 정비구역
> ㉤ 그 밖에 대통령령으로 정하는 지역
>   ⓐ 「공공주택 특별법」에 따른 공공주택지구
>   ⓑ 「도청이전을 위한 도시건설 및 지원에 관한 특별법」에 따른 도청이전 신도시

② 타당성검토: 「도로법」에 따른 도로관리청은 지하매설물의 빈번한 설치 및 유지관리 등의 행위로 인하여 도로구조의 보전과 안전하고 원활한 도로교통의 확보에 지장을 초래하는 경우에는 공동구 설치의 타당성을 검토하여야 한다. 이 경우, 재정여건 및 설치 우선순위 등을 고려하여 단계적으로 공동구가 설치될 수 있도록 하여야 한다(법 제44조 제2항).

③ 설치의무: 공동구가 설치된 경우에는 대통령령으로 정하는 바에 따라 공동구에 수용하여야 할 시설이 모두 수용되도록 하여야 한다(법 제44조 제3항).

④ 협의 및 심의: 개발사업의 계획을 수립할 경우에는 공동구 설치에 관한 계획을 포함하여야 한다. 이 경우, 공동구에 수용되어야 할 시설을 설치하고자 공동구를 점용하려는 자(이하 '공동구 점용예정자'라 한다)와 설치 노선 및 규모 등에 관하여 미리 협의한 후 공동구협의회의 심의를 거쳐야 한다(법 제44조 제4항).

⑤ 비용부담: 공동구의 설치(개량하는 경우를 포함한다)에 필요한 비용은 이 법 또는 다른 법률에 특별한 규정이 있는 경우를 제외하고는 공동구 점용예정자와 사업시행자가 부담한다. 이 경우, 공동구 점용예정자는 해당 시설을 개별적으로 매설할 때 필요한 비용의 범위에서 대통령령으로 정하는 바에 따라 부담한다(법 제44조 제5항).

⑥ 설치비 보조·융자: 공동구 점용예정자와 사업시행자가 공동구 설치비용을 부담하는 경우 국가, 특별시장·광역시장·특별자치시장·특별자치도지사·시장 또는 군수는 공동구의 원활한 설치를 위하여 그 비용의 일부를 보조 또는 융자할 수 있다(법 제44조 제6항).

⑦ 설치기준: 공동구에 수용되어야 하는 시설물의 설치기준 등은 다른 법률에 특별한 규정이 있는 경우를 제외하고는 국토교통부장관이 정한다(법 제44조 제7항).

심화 공동구에 수용하여야 하는 시설
1. 의무적 수용대상: 전선로, 통신선로, 수도관, 열수송관, 중수도관, 쓰레기수송관
2. 임의적 수용대상(공동구협의회의 심의를 거쳐 수용 가능): 가스관, 하수도관, 그 밖의 시설

(3) 관리·운영 등

① 위탁: 공동구는 특별시장·광역시장·특별자치시장·특별자치도지사·시장 또는 군수(이하 '공동구관리자'라 한다)가 관리한다. 다만, 공동구의 효율적인 관리·운영을 위하여 필요하다고 인정하는 경우에는 대통령령으로 정하는 기관에 그 관리·운영을 위탁할 수 있다(법 제44조의2 제1항).

② 계획의 수립·시행: 공동구관리자는 5년마다 해당 공동구의 안전 및 유지관리계획을 대통령령으로 정하는 바에 따라 수립·시행하여야 한다(법 제44조의2 제2항).

③ 안전점검 실시: 공동구관리자는 1년에 1회 이상 공동구의 안전점검을 실시하여야 하며, 안전점검 결과 이상이 있다고 인정되는 때에는 지체 없이 정밀안전진단·보수·보강 등 필요한 조치를 하여야 한다(법 제44조의2 제3항).

④ 공동구협의회의 구성 및 운영: 공동구관리자는 공동구의 설치·관리에 관한 주요 사항의 심의 또는 자문을 하게 하기 위하여 공동구협의회를 둘 수 있다. 이 경우, 공동구협의회의 구성·운영 등에 필요한 사항은 대통령령으로 정한다(법 제44조의2 제4항).

⑤ 세부사항의 규정: 국토교통부장관은 공동구의 관리에 필요한 사항을 정할 수 있다(법 제44조의2 제5항).

(4) 관리비용 등

① 관리비용의 부담
  ㉠ 공동구의 관리에 소요되는 비용은 그 공동구를 **점용하는 자가 함께 부담하되, 부담비율은 점용면적을 고려하여 공동구관리자가 정한다**(법 제44조의3 제1항).
  ㉡ 공동구관리자는 공동구의 관리에 소요되는 비용을 연 2회로 분할하여 납부하게 하여야 한다(영 제39조의3).

② 점용·사용허가: 공동구설치비용을 부담하지 아니한 자(부담액을 완납하지 아니한 자를 포함한다)가 공동구를 점용하거나 사용하려면 그 공동구를 관리하는 공동구관리자의 허가를 받아야 한다(법 제44조의3 제2항).

③ 점용료 또는 사용료의 납부: 공동구를 점용하거나 사용하는 자는 그 공동구를 관리하는 특별시·광역시·특별자치시·특별자치도·시 또는 군의 조례로 정하는 바에 따라 점용료 또는 사용료를 납부하여야 한다(법 제44조의3 제3항).

기출 공동구관리자는 5년마다 해당 공동구의 안전 및 유지관리계획을 대통령령으로 정하는 바에 따라 수립·시행하여야 한다.

참고 안전점검
1. 정기점검: 매년 1월 1일을 기준으로 6개월에 1회 이상 실시
2. 정밀점검: 전 회의 정밀점검 또는 정밀안전진단 완료일을 기준으로 2년에 1회 이상 실시
3. 긴급점검: 공동구관리자가 필요하다고 판단하는 때에 실시

심화 공동구협의회 의원
1. 해당 지방자치단체의 공무원
2. 관할 소방관서의 공무원
3. 사업시행자의 소속직원
4. 공동구 점용예정자의 소속직원
5. 공동구의 구조안전 또는 방재업무에 관한 학식과 경험이 있는 사람

참고 공동구 관리비용은 점용자들이 점용면적비율로 부담한다.

7. 도시·군계획시설부지에서의 개발행위

(1) 원칙(개발행위의 금지)

특별시장·광역시장·특별자치시장·특별자치도지사·시장 또는 군수는 도시·군계획시설의 설치 장소로 결정된 지상·수상·공중·수중 또는 지하는 그 도시·군계획시설이 아닌 건축물의 건축이나 공작물의 설치를 허가하여서는 아니 된다. 다만, 대통령령으로 정하는 경우에는 그러하지 아니하다(법 제64조 제1항).

(2) 예외(개발행위의 허가)

특별시장·광역시장·특별자치시장·특별자치도지사·시장 또는 군수는 도시·군계획시설 결정의 고시일부터 2년이 지날 때까지 그 시설의 설치에 관한 사업이 시행되지 아니한 도시·군계획시설 중 단계별 집행계획이 수립되지 아니하거나 단계별 집행계획에서 제1단계 집행계획(단계별 집행계획을 변경한 경우에는 최초의 단계별 집행계획을 말한다)에 포함되지 아니한 도시·군계획시설의 부지에 대하여는 다음의 개발행위를 허가할 수 있다(법 제64조 제2항).

① 가설건축물의 건축과 이에 필요한 범위에서의 토지의 형질변경
② 도시·군계획시설의 설치에 지장이 없는 공작물의 설치와 이에 필요한 범위에서의 토지의 형질변경
③ 건축물의 개축 또는 재축과 이에 필요한 범위에서의 토지의 형질변경(법 제56조 제4항 제2호에 해당하는 경우를 제외한다)

(3) 원상회복명령

특별시장·광역시장·특별자치시장·특별자치도지사·시장 또는 군수는 가설건축물의 건축이나 공작물의 설치를 허가한 토지에서 도시·군계획시설사업이 시행되는 경우에는 그 시행예정일 3개월 전까지 가설건축물이나 공작물 소유자의 부담으로 그 가설건축물이나 공작물의 철거 등 원상회복에 필요한 조치를 명하여야 한다. 다만, 원상회복이 필요하지 아니하다고 인정되는 경우에는 그러하지 아니하다(법 제64조 제3항).

(4) 행정대집행

특별시장·광역시장·특별자치시장·특별자치도지사·시장 또는 군수는 원상회복의 명령을 받은 자가 원상회복을 하지 아니하면 「행정대집행법」에 따른 행정대집행에 따라 원상회복을 할 수 있다(법 제64조 제4항).

제2절 | 도시·군계획시설사업

1 도시·군계획시설사업의 시행 제32회, 제36회

1. 도시·군계획시설사업의 의의

도시·군계획시설사업이란 도시·군계획시설을 설치·정비 또는 개량하는 사업을 말한다(법 제2조 제10호).

2. 도시·군계획시설사업의 시행절차

(1) 단계별 집행계획의 수립권자 제34회

① 원칙: 특별시장·광역시장·특별자치시장·특별자치도지사·시장 또는 군수는 도시·군계획시설에 대하여 도시·군계획시설 결정의 고시일부터 **3개월 이내**에 대통령령으로 정하는 바에 따라 재원조달계획, 보상계획 등을 포함하는 단계별 집행계획을 수립하여야 한다. 다만, 대통령령으로 정하는 법률+에 따라 도시·군관리계획의 결정이 의제되는 경우에는 해당 도시·군계획시설 결정의 고시일부터 2년 이내에 단계별 집행계획을 수립할 수 있다(법 제85조 제1항).

② 예외: 국토교통부장관이나 도지사가 직접 입안한 도시·군관리계획인 경우, 국토교통부장관이나 도지사는 단계별 집행계획을 수립하여 해당 특별시장·광역시장·특별자치시장·특별자치도지사·시장 또는 군수에게 송부할 수 있다(법 제85조 제2항).

(2) 단계별 집행계획의 구분 제34회

단계별 집행계획은 제1단계 집행계획과 제2단계 집행계획으로 구분하여 수립하되, 3년 이내에 시행하는 도시·군계획시설사업은 제1단계 집행계획에, 3년 후에 시행하는 도시·군계획시설사업은 제2단계 집행계획에 포함되도록 하여야 한다(법 제85조 제3항).

제1단계 집행계획	3년 이내에 시행하는 도시·군계획시설사업
제2단계 집행계획	3년 후에 시행하는 도시·군계획시설사업. 단, 특별시장·광역시장·특별자치시장·특별자치도지사·시장 또는 군수는 매년 제2단계 집행계획을 검토하여 3년 이내에 도시·군계획시설사업을 시행할 도시·군계획시설은 이를 제1단계 집행계획에 포함시킬 수 있다.

+ 대통령령으로 정하는 법률이란 다음과 같다.
1. 「도시 및 주거환경정비법」
2. 「도시재정비 촉진을 위한 특별법」
3. 「도시재생 활성화 및 지원에 관한 특별법」

기출
1. 「도시 및 주거환경정비법」에 따라 도시·군관리계획의 결정이 의제되는 경우에는 해당 도시·군계획시설 결정의 고시일부터 2년 이내에 도시·군계획시설에 대하여 단계별 집행계획을 수립할 수 있다. 제34회
2. 3년 이내 시행하는 도시·군계획시설사업은 단계별 집행계획 중 제1단계 집행계획에 포함되어야 한다. 제34회

(3) 단계별 집행계획의 수립절차

① 사전협의 후 수립: 특별시장·광역시장·특별자치시장·특별자치도지사·시장 또는 군수는 단계별 집행계획을 수립하고자 하는 때에는 미리 관계 행정기관의 장과 협의하여야 한다(영 제95조 제1항).

② 수립과 공고
  ㉠ 특별시장·광역시장·특별자치시장·특별자치도지사·시장 또는 군수는 단계별 집행계획을 수립하거나 받은 때에는 대통령령으로 정하는 바에 따라 지체 없이 그 사실을 공고하여야 한다(법 제85조 제4항).
  ㉡ 단계별 집행계획의 공고는 해당 지방자치단체의 공보와 인터넷 홈페이지에 게재하는 방법으로 하며, 필요한 경우 전국 또는 해당 지방자치단체를 주된 보급지역으로 하는 일간신문에 게재하는 방법이나 방송 등의 방법을 병행할 수 있다(영 제95조 제4항).

③ 변경: 공고된 단계별 집행계획을 변경하는 경우에는 단계별 집행계획의 수립절차를 준용한다. 다만, 대통령령(도시·군관리계획의 변경에 따라 단계별 집행계획을 변경하는 경우)으로 정하는 경미한 사항을 변경하는 경우에는 그러하지 아니하다(법 제85조 제5항).

(4) 다른 법령에 따른 사업시 관련서류 제출

해당 도시·군계획시설사업이 다른 법령에 의하여 면허·허가·인가 등을 받아야 하는 사업인 경우에는 그 사업시행에 관한 면허·허가·인가 등의 사실을 증명하는 서류의 사본을 신청서에 첨부하여야 한다. 다만, 다른 법령에서 도시·군계획시설사업의 시행자 지정을 면허·허가·인가 등의 조건으로 하는 경우에는 관계 행정기관의 장의 의견서로 갈음할 수 있다(영 제96조 제5항).

3. 도시·군계획시설사업의 시행자

(1) 원칙적 사업시행자(입안권자)

① **특별시장·광역시장·특별자치시장·특별자치도지사·시장 또는 군수**는 이 법 또는 다른 법률에 특별한 규정이 있는 경우 외에는 관할구역의 도시·군계획시설사업을 시행한다(법 제86조 제1항).

② 도시·군계획시설사업이 둘 이상의 특별시·광역시·특별자치시·특별자치도·시 또는 군의 관할구역에 걸쳐 시행되게 되는 경우에는 관계 특별시장·광역시장·특별자치시장·특별자치도지사·시장 또는 군수가 서로 협의하여 시행자를 정한다(법 제86조 제2항).

핵심 사업시행자
1. 원칙: 특·광·특·특·시장 또는 군수
2. 예외: 국장, 도지사, 지정받은 자(비행정청)

기출
광역도시계획과 관련되는 경우에는 도지사가 관계 시장 또는 군수의 의견을 들어 직접 도시·군계획시설사업을 시행할 수 있다. 제36회

③ 협의가 성립되지 아니하는 경우, 도시·군계획시설사업을 시행하려는 구역이 같은 도의 관할구역에 속하는 경우에는 관할 도지사가 시행자를 지정하고, 둘 이상의 시·도의 관할구역에 걸치는 경우에는 국토교통부장관이 시행자를 지정한다(법 제86조 제3항).

(2) 예외적 사업시행자(지정받은 비행정청 포함)

① 국토교통부장관은 국가계획과 관련되거나 그 밖에 특히 필요하다고 인정되는 경우에는 관계 특별시장·광역시장·특별자치시장·특별자치도지사·시장 또는 군수의 의견을 들어 직접 도시·군계획시설사업을 시행할 수 있으며, 도지사는 광역도시계획과 관련되거나 특히 필요하다고 인정되는 경우에는 관계 시장 또는 군수의 의견을 들어 직접 도시·군계획시설사업을 시행할 수 있다(법 제86조 제4항).

② 시행자가 될 수 있는 자 외의 자는 대통령령으로 정하는 바에 따라 국토교통부장관, 시·도지사, 시장 또는 군수로부터 시행자로 지정을 받아 도시·군계획시설사업을 시행할 수 있다. 도시·군계획시설사업의 시행자로 지정받고자 하는 자는 신청서를 국토교통부장관, 시·도지사 또는 시장·군수에게 제출하여야 한다(법 제86조 제5항, 영 제96조).

③ 국토교통부장관, 시·도지사, 시장 또는 군수는 도시·군계획시설사업의 시행자를 지정한 경우에는 국토교통부령으로 정하는 바에 따라 그 지정 내용을 고시해야 한다(법 제86조 제6항).

④ 다음에 해당하지 아니하는 자가 도시·군계획시설사업의 시행자로 지정을 받으려면 도시·군계획시설사업의 대상인 토지(국·공유지는 제외한다)의 소유면적 및 토지소유자의 동의 비율에 관하여 대통령령으로 정하는 요건➕을 갖추어야 한다(법 제86조 제7항).

> ㉠ 국가 또는 지방자치단체
> ㉡ 대통령령으로 정하는 공공기관(한국농수산식품유통공사, 대한석탄공사, 한국토지주택공사, 한국관광공사, 한국농어촌공사, 한국도로공사, 한국석유공사, 한국수자원공사, 한국전력공사, 한국철도공사)
> ㉢ 「지방공기업법」에 의한 지방공사 및 지방공단
> ㉣ 다른 법률에 의하여 도시·군계획시설사업이 포함된 사업의 시행자로 지정된 자
> ㉤ 공공시설을 관리할 관리청에 무상으로 귀속되는 공공시설을 설치하고자 하는 자
> ㉥ 「국유재산법」 또는 「공유재산 및 물품관리법」에 따라 기부를 조건으로 시설물을 설치하려는 자

심화 시행자지정신청서의 기재사항
1. 사업의 종류 및 명칭
2. 사업시행자의 성명 및 주소(법인인 경우에는 법인의 명칭 및 소재지와 대표자의 성명 및 주소)
3. 토지 또는 건물의 소재지·지번·지목 및 면적, 소유권과 소유권 외의 권리의 명세 및 그 소유자·권리자의 성명·주소
4. 사업의 착수예정일 및 준공예정일
5. 자금조달계획

➕ 도시·군계획시설사업의 대상인 토지(국·공유지를 제외한다)면적의 3분의 2 이상에 해당하는 토지를 소유하고, 토지소유자 총수의 2분의 1 이상에 해당하는 자의 동의를 얻는 것을 말한다.

기출 한국토지주택공사는 도시·군계획시설사업 대상 토지소유자 동의요건을 갖추지 않아도 도시·군계획시설사업의 시행자로 지정받을 수 있다. 제32회

(3) 도시·군계획시설사업의 분할시행

도시·군계획시설사업의 시행자는 도시·군계획시설사업을 효율적으로 추진하기 위하여 필요하다고 인정되면 사업시행 대상지역 또는 대상시설을 둘 이상으로 분할하여 도시·군계획시설사업을 시행할 수 있다(법 제87조).

4. 실시계획 제32회

(1) 실시계획의 작성자(시행자)

도시·군계획시설사업의 시행자는 대통령령으로 정하는 바에 따라 그 도시·군계획시설사업에 관한 실시계획(이하 '실시계획'이라 한다)을 작성하여야 한다(법 제88조 제1항).

(2) 실시계획의 인가권자(국토교통부장관 또는 시·도지사, 대도시 시장)

도시·군계획시설사업의 시행자(국토교통부장관, 시·도지사와 대도시 시장은 제외한다)는 실시계획을 작성하면 대통령령[국토교통부장관이 지정한 시행자는 국토교통부장관의 인가를 받아야 하며, 그 밖의 시행자는 시·도지사 또는 대도시 시장의 인가를 받아야 한다(영 제97조 제2항)]으로 정하는 바에 따라 국토교통부장관, 시·도지사 또는 대도시 시장의 인가를 받아야 한다. 다만, 법 제98조에 따른 준공검사를 받은 후에 해당 도시·군계획시설사업에 대하여 국토교통부령으로 정하는 경미한 사항을 변경하기 위하여 실시계획을 작성하는 경우에는 국토교통부장관, 시·도지사 또는 대도시 시장의 인가를 받지 아니한다(법 제88조 제2항).

> **참고** 도시·군계획시설사업의 조건부인가 등 제32회
>
> 1. 도시·군계획시설사업의 조건부인가: 국토교통부장관, 시·도지사 또는 대도시 시장은 도시·군계획시설사업의 시행자가 작성한 실시계획이 도시·군계획시설의 결정·구조 및 설치의 기준 등에 맞다고 인정하는 때에는 실시계획을 인가하여야 한다. 이 경우, 국토교통부장관, 시·도지사 또는 대도시 시장은 기반시설의 설치 또는 그에 필요한 용지의 확보·위해방지·환경오염방지·경관·조경 등의 조치를 할 것을 조건으로 실시계획을 인가할 수 있다(법 제88조 제3항).
> 2. 도시·군계획시설사업의 이행담보
>   ① 특별시장·광역시장·특별자치시장·특별자치도지사·시장 또는 군수는 기반시설의 설치나 그에 필요한 용지의 확보, 위해방지, 환경오염방지, 경관조성, 조경 등을 위하여 필요하다고 인정되는 경우로서 대통령령으로 정하는 경우에는 그 이행을 담보하기 위하여 도시·군계획시설사업의 시행자에게 이행보증금을 예치하게 할 수 있다(법 제89조 제1항).

기출 시행자는 도시·군계획시설사업을 효율적으로 추진하기 위하여 필요하다고 인정되면 사업시행 대상지역을 둘 이상으로 분할하여 시행할 수 있다.

참고 실시계획에는 사업시행에 필요한 설계도서·자금계획 및 시행기간, 그 밖에 대통령령이 정하는 사항을 명시하거나 첨부하여야 한다.

심화 실시계획에 포함되어야 하는 사항
1. 사업의 종류 및 명칭
2. 사업의 면적 또는 규모
3. 사업시행자의 성명 및 주소(법인인 경우에는 법인의 명칭 및 소재지와 대표자의 성명 및 주소)
4. 사업의 착수예정일 및 준공예정일

기출 도시·군계획시설사업 실시계획에는 사업의 착수예정일 및 준공예정일도 포함되어야 한다. 제32회

> ㉠ 도시·군계획시설사업으로 인하여 도로·수도공급설비·하수도 등 기반시설의 설치가 필요한 경우
> ㉡ 도시·군계획시설사업 시행을 위한 토지의 굴착으로 인하여 인근의 토지가 붕괴될 우려가 있거나 인근의 건축물 또는 공작물이 손괴될 우려가 있는 경우
> ㉢ 도시·군계획시설사업 시행을 위한 토석의 발파로 인한 낙석·먼지 등에 의하여 인근지역에 피해가 발생할 우려가 있는 경우
> ㉣ 도시·군계획시설사업 시행을 위하여 토석을 운반하는 차량의 통행으로 인하여 통행로 주변의 환경이 오염될 우려가 있는 경우
> ㉤ 도시·군계획시설사업 시행을 위한 토지의 형질변경이나 토석의 채취가 완료된 후 비탈면에 조경을 할 필요가 있는 경우

② 다만, 다음의 어느 하나에 해당하는 자에 대하여는 그러하지 아니하다(법 제89조 제1항 단서).

> ㉠ 국가 또는 지방자치단체
> ㉡ 대통령령으로 정하는 공공기관
> ㉢ 그 밖에 대통령령으로 정하는 자(지방공사 및 지방공단)

③ **원상회복명령**: 특별시장·광역시장·특별자치시장·특별자치도지사·시장 또는 군수는 실시계획의 인가 또는 변경인가를 받지 아니하고 도시·군계획시설사업을 하거나 그 인가 내용과 다르게 도시·군계획시설사업을 하는 자에게 그 토지의 원상회복을 명할 수 있다(법 제89조 제3항).

④ **행정대집행**: 특별시장·광역시장·특별자치시장·특별자치도지사·시장 또는 군수는 원상회복의 명령을 받은 자가 원상회복을 하지 아니하는 경우에는 「행정대집행법」에 따른 행정대집행에 따라 원상회복을 할 수 있다. 이 경우, 행정대집행에 필요한 비용은 도시·군계획시설사업의 시행자가 예치한 이행보증금으로 충당할 수 있다(법 제89조 제4항).

기출 도시·군계획시설사업 실시계획 인가내용과 다르게 도시·군계획시설사업을 하여 토지의 원상회복명령을 받은 자가 원상회복을 하지 아니하면 「행정대집행법」에 따른 행정대집행에 따라 원상회복을 할 수 있다. 제32회

(3) 서류의 열람 등

① 국토교통부장관, 시·도지사 또는 대도시 시장은 실시계획을 인가하려면 미리 대통령령으로 정하는 바에 따라 그 사실을 공고하고, 관계 서류의 사본을 14일 이상 일반이 열람할 수 있도록 하여야 한다(법 제90조 제1항).

② 도시·군계획시설사업의 시행지구의 토지·건축물 등의 소유자 및 이해관계인은 열람기간 이내에 국토교통부장관, 시·도지사, 대도시 시장 또는 도시·군계획시설사업의 시행자에게 의견서를 제출할 수 있으며, 국토교통부장관, 시·도지사, 대도시 시장 또는 도시·군계획시설사업의 시행자는 제출된 의견이 타당하다고 인정되면 그 의견을 실시계획에 반영하여야 한다(법 제90조 제2항).

③ 국토교통부장관, 시·도지사 또는 대도시 시장이 실시계획을 작성하는 경우에 관하여는 ①과 ②를 준용한다(법 제90조 제3항).

> **심화** 실시계획의 열람(영 제99조)
>
> 1. 법 제90조 제1항에 따른 공고는 국토교통부장관이 하는 경우에는 관보나 전국을 보급지역으로 하는 일간신문에, 시·도지사 또는 대도시 시장이 하는 경우에는 해당 시·도 또는 대도시의 공보나 해당 시·도 또는 대도시를 주된 보급지역으로 하는 일간신문에 다음의 사항을 게재하는 방법에 따른다. 이 경우 국토교통부장관, 시·도지사 또는 대도시 시장은 공고한 내용을 해당 기관의 인터넷 홈페이지에도 게재해야 한다.
>
>   ① 인가신청의 요지   ② 열람의 일시 및 장소
>
> 2. 다음의 어느 하나에 해당하는 경미한 사항의 변경인 경우에는 1.에 따른 공고 및 열람을 하지 아니할 수 있다.
>
>   ① 사업시행지의 변경이 수반되지 아니하는 범위 안에서의 사업내용변경
>   ② 사업의 착수예정일 및 준공예정일의 변경. 다만, 사업시행에 필요한 토지 등(공공시설은 제외한다)의 취득이 완료되기 전에 준공예정일을 연장하는 경우는 제외한다.
>   ③ 사업시행자의 주소(사업시행자가 법인인 경우에는 법인의 소재지와 대표자의 성명 및 주소)의 변경
>
> 3. 1.의 규정에 의한 공고에 소요되는 비용은 도시·군계획시설사업의 시행자가 부담한다.

(4) 실시계획의 고시

① 고시: 국토교통부장관, 시·도지사 또는 대도시 시장은 실시계획을 작성(변경작성을 포함한다), 인가(변경인가를 포함한다), 폐지하거나 실시계획이 효력을 잃은 경우에는 국토교통부장관이 하는 경우에는 관보와 국토교통부의 인터넷 홈페이지에, 시·도지사 또는 대도시 시장이 하는 경우에는 해당 시·도 또는 대도시의 공보와 인터넷 홈페이지에 다음의 사항을 게재하는 방법으로 그 내용을 고시해야 한다(법 제91조, 영 제100조 제1항).

> ㉠ 사업시행지의 위치
> ㉡ 사업의 종류 및 명칭
> ㉢ 면적 또는 규모
> ㉣ 시행자의 성명 및 주소(법인인 경우에는 법인의 명칭 및 주소와 대표자의 성명 및 주소)
> ㉤ 사업의 착수예정일 및 준공예정일
> ㉥ 수용 또는 사용할 토지 또는 건물의 소재지·지번·지목 및 면적, 소유권과 소유권외의 권리의 명세 및 그 소유자·권리자의 성명·주소
> ㉦ 공공시설 등의 귀속 및 양도에 관한 사항

② 통보: 국토교통부장관, 시·도지사 또는 대도시 시장은 실시계획을 고시하였으면 그 내용을 관계 행정기관의 장에게 통보하여야 한다(영 제100조 제2항).

핵심 재결신청이 없는 경우 실효규정

1. 도시·군계획시설 결정의 고시일부터 10년 이후에 실시계획을 작성하거나 인가(다른 법률에 따라 의제된 경우는 제외한다)받은 도시·군계획시설사업의 시행자(이하 '장기 미집행 도시·군계획시설사업의 시행자'라 한다)가 실시계획 고시일부터 5년 이내에 「공익사업을 위한 토지 등의 취득 및 보상에 관한 법률」에 따른 재결신청을 하지 아니한 경우에는 실시계획 고시일부터 5년이 지난 다음 날에 그 실시계획은 효력을 잃는다. 다만, 장기 미집행 도시·군계획시설사업의 시행자가 재결신청을 하지 아니하고 실시계획 고시일부터 5년이 지나기 전에 해당 도시·군계획시설사업에 필요한 토지면적의 3분의 2 이상을 소유하거나 사용할 수 있는 권원을 확보하고 실시계획 고시일부터 7년 이내에 재결신청을 하지 아니한 경우 실시계획 고시일부터 7년이 지난 다음 날에 그 실시계획은 효력을 잃는다.
2. 장기 미집행 도시·군계획시설사업의 시행자가 재결신청 없이 도시·군계획시설사업에 필요한 모든 토지·건축물 또는 그 토지에 정착된 물건을 소유하거나 사용할 수 있는 권원을 확보한 경우, 그 실시계획은 효력을 유지한다.
3. 실시계획이 폐지되거나 효력을 잃은 경우, 해당 도시·군계획시설 결정은 다음에서 정한 날 효력을 잃는다. 이 경우, 시·도지사 또는 대도시 시장은 대통령령으로 정하는 바에 따라 지체 없이 그 사실을 고시해야 한다.

> ① 도시·군계획시설 결정의 고시일부터 20년이 되기 전에 실시계획이 폐지되거나 효력을 잃고 다른 도시·군계획시설사업이 시행되지 아니하는 경우: 도시·군계획시설 결정의 고시일부터 20년이 되는 날의 다음 날
> ② 도시·군계획시설 결정의 고시일부터 20년이 되는 날의 다음 날 이후 실시계획이 폐지되거나 효력을 잃은 경우: 실시계획이 폐지되거나 효력을 잃은 날

(5) 실시계획 고시의 효과

① **인·허가 등의 의제**: 국토교통부장관, 시·도지사 또는 대도시 시장이 실시계획을 작성 또는 변경작성하거나 인가 또는 변경인가를 할 때에 그 실시계획에 대한 인·허가 등에 관하여 관계 행정기관의 장과 협의한 사항에 대하여는 해당 인·허가 등을 받은 것으로 보며, 실시계획을 고시한 경우에는 관계 법률에 따른 인·허가 등의 고시·공고 등이 있은 것으로 본다(법 제92조 제1항).

② **관련서류 제출**: 인·허가 등의 의제를 받으려는 자는 실시계획 인가 또는 변경인가를 신청할 때에 해당 법률에서 정하는 관련서류를 함께 제출하여야 한다(법 제92조 제2항).

③ **사전협의**: 국토교통부장관, 시·도지사 또는 대도시 시장은 실시계획을 작성 또는 변경작성하거나 인가 또는 변경인가할 때에 그 내용에 의제 사항에 해당하는 사항이 있으면 미리 관계 행정기관의 장과 협의하여야 한다(법 제92조 제3항).

④ **고시**: 국토교통부장관은 의제되는 인·허가 등의 처리기준을 관계 중앙행정기관으로부터 받아 통합하여 고시해야 한다(법 제92조 제4항).

> **참고** 실시계획인가에 따른 인·허가 의제사항
> 1. 「건축법」에 따른 건축허가·신고 및 가설건축물 건축의 허가·신고
> 2. 「산업집적활성화 및 공장설립에 관한 법률」에 따른 공장설립 등의 승인
> 3. 「공유수면 관리 및 매립에 관한 법률」에 따른 공유수면의 점용·사용허가, 점용·사용 실시계획의 승인 또는 신고, 공유수면의 매립면허, 국가 등이 시행하는 매립의 협의 또는 승인 및 같은 법 따른 공유수면매립실시계획의 승인
> 4. 「광업법」에 따른 채굴계획의 인가

(6) 사업시행을 위한 조치 등 제34회

① **관계서류의 열람 등**: 도시·군계획시설사업의 시행자는 도시·군계획시설사업을 시행하기 위하여 필요하면 등기소나 그 밖의 관계 행정기관의 장에게 필요한 서류의 열람 또는 복사나 그 등본 또는 초본의 발급을 무료로 청구할 수 있다(법 제93조).

② **서류의 송달**

㉠ 도시·군계획시설사업의 시행자는 이해관계인에게 서류를 송달할 필요가 있으나, 이해관계인의 주소 또는 거소(居所)가 불분명하거나 그 밖의 사유로 서류를 송달할 수 없는 경우에는 대통령령으로 정하는 바에 따라 그 서류의 송달을 갈음하여 그 내용을 공시할 수 있다(법 제94조 제1항).

㉡ 서류의 공시송달에 관하여는 「민사소송법」의 공시송달의 예에 따른다(법 제94조 제2항).

㉢ 행정청이 아닌 도시·군계획시설사업의 시행자는 공시송달을 하려는 경우에는 국토교통부장관, 관할 시·도지사 또는 대도시 시장의 승인을 받아야 한다(영 제101조).

> **기출** 행정청인 시행자는 이해관계인의 주소 또는 거소가 불분명하여 서류를 송달할 수 없는 경우, 그 서류의 송달을 갈음하여 그 내용을 공시할 수 있다.

③ 토지 등의 수용 및 사용
　㉠ 수용 및 사용: 도시·군계획시설사업의 시행자는 도시·군계획시설사업에 필요한 다음의 물건 또는 권리를 수용하거나 사용할 수 있다(법 제95조 제1항).

> ⓐ 토지·건축물 또는 그 토지에 정착된 물건
> ⓑ 토지·건축물 또는 그 토지에 정착된 물건에 관한 소유권 외의 권리

　㉡ 인접지의 일시사용: 도시·군계획시설사업의 시행자는 사업시행을 위하여 특히 필요하다고 인정되면 도시·군계획시설에 인접한 다음의 물건 또는 권리를 일시사용할 수 있다(법 제95조 제2항).

> ⓐ 토지·건축물 또는 그 토지에 정착된 물건
> ⓑ 토지·건축물 또는 그 토지에 정착된 물건에 관한 소유권 외의 권리

　㉢ 「공익사업을 위한 토지 등의 취득 및 보상에 관한 법률」의 준용
　　ⓐ 준용: 수용 및 사용에 관하여는 이 법에 특별한 규정이 있는 경우 외에는 「공익사업을 위한 토지 등의 취득 및 보상에 관한 법률」을 준용한다(법 제96조 제1항).
　　ⓑ 사업인정의 의제: 「공익사업을 위한 토지 등의 취득 및 보상에 관한 법률」을 준용할 때에 실시계획을 고시한 경우에는 같은 법에 따른 사업인정 및 그 고시가 있었던 것으로 본다(법 제96조 제2항).
　　ⓒ 재결신청: 재결신청은 같은 법에도 불구하고 실시계획에서 정한 도시·군계획시설사업의 시행기간에 하여야 한다(법 제96조 제2항 단서).
④ 국·공유지의 처분제한: 도시·군관리계획 결정을 고시한 경우에는 국·공유지로서 도시·군계획시설사업에 필요한 토지는 그 도시·군관리계획으로 정하여진 목적 외의 목적으로 매각하거나 양도할 수 없으며, 이를 위반한 행위는 무효로 한다(법 제97조 제1항·제2항).

> 📑 **참고** 토지 등의 수용·사용시 특례

1. 모든 사업시행자는 수용·사용 가능하다.
2. 특칙
   ① 수용의 절차상 특례
   > ㉠ 공익사업으로 간주
   > ㉡ 사업인정의 절차생략: 실시계획의 고시가 있는 때에는 「공익사업을 위한 토지 등의 취득 및 보상에 관한 법률」상 사업인정 및 그 고시가 있는 것으로 본다.
   > ㉢ 재결신청기간의 완화: 실시계획에서 정한 도시·군계획시설사업의 시행기간 이내이다.

   ② 수용의 유형상 특례
   > ㉠ 지대사용(확장사용)
   > ㉡ 잔여지의 수용·사용: 잔여지를 종래의 목적에 사용할 수 없거나 택지로 이용할 수 없는 경우, 그 소유자는 시행자에게 수용·사용을 청구할 수 있다.
   >   ⓐ 잔여지(잔지): 잔지수용(○), 잔지사용(○)
   >   ⓑ 인접지역(지대): **지대수용(×)**, 지대사용(○)

   ③ 「공익사업을 위한 토지 등의 취득 및 보상에 관한 법률」 준용: 이 법에 특별한 규정을 제외하고는 일반법인 「공익사업을 위한 토지 등의 취득 및 보상에 관한 법률」을 준용한다.

3. 수용대상 토지의 종류에 따른 사용·수용

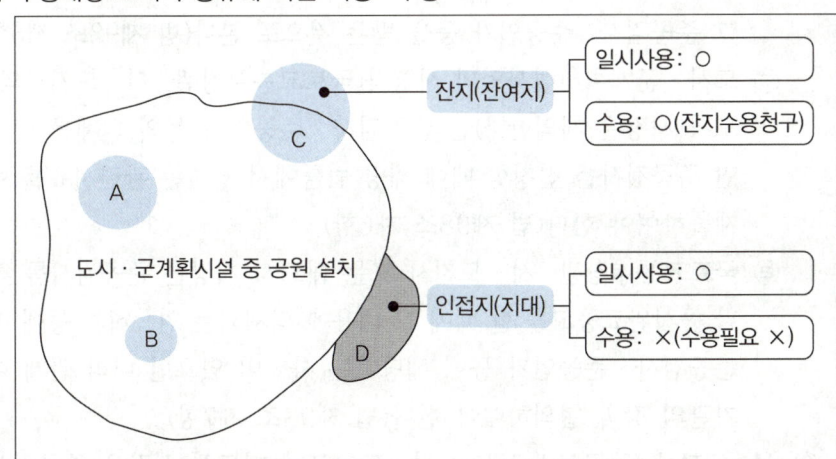

심화 수용 특례
1. 도시·군계획시설사업의 사업인정 간주시기: 실시계획 인가·고시
2. 재결신청기간: 사업시행기간까지

Tip 👉 부동산공법상 수용이 가능한 경우는 4가지이다. 사업 인정 간주시기 중 도시개발사업의 경우가 특이하기 때문에 해당 사항은 암기해 두어야 한다.

공취법	공익사업으로 간주되는 사업	사업 인정	재결신청 (1년 내)
부동산공법상 사업 인정 간주	도시·군계획시설사업	실시계획 인가·고시	재결신청은 모두 사업시행 기간 내
	도시개발사업	토지의 세부목록 고시	
	도시 및 주거환경정비사업 (재건축사업 ×)	사업시행계획 인가·고시	
	국가 등의 국민주택 건설사업(대지)	사업계획 승인·고시	

(7) 공사완료의 공고 등

① 공사완료보고서 작성: 도시·군계획시설사업의 시행자(국토교통부장관, 시·도지사와 대도시 시장은 제외한다)는 도시·군계획시설사업의 공사를 마친 때에는 국토교통부령으로 정하는 바에 따라 공사완료보고서를 작성하여 시·도지사나 대도시 시장의 준공검사를 받아야 한다(법 제98조 제1항).

② 준공검사
  ㉠ 시·도지사나 대도시 시장은 ①에 따른 공사완료보고서를 받으면 지체 없이 준공검사를 하여야 한다(법 제98조 제2항).
  ㉡ 준공검사를 하거나 공사완료공고를 할 때에 국토교통부장관, 시·도지사 또는 대도시 시장이 의제되는 인·허가 등에 따른 준공검사·준공인가 등에 관하여 관계 행정기관의 장과 협의한 사항에 대하여는 그 준공검사·준공인가 등을 받은 것으로 본다(법 제98조 제5항).
  ㉢ 도시·군계획시설사업의 시행자(국토교통부장관, 시·도지사와 대도시 시장은 제외한다)는 준공검사·준공인가 등의 의제를 받으려면 준공검사를 신청할 때에 해당 법률에서 정하는 관련서류를 함께 제출하여야 한다(법 제98조 제6항).
  ㉣ 국토교통부장관, 시·도지사 또는 대도시 시장은 준공검사를 하거나 공사완료공고를 할 때에 그 내용에 의제되는 인·허가 등에 따른 준공검사·준공인가 등에 해당하는 사항이 있으면 미리 관계 행정기관의 장과 협의하여야 한다(법 제98조 제7항).

③ 시·도지사 등 공사완료공고: 시·도지사나 대도시 시장은 준공검사를 한 결과 실시계획대로 완료되었다고 인정되는 경우에는 도시·군계획시설사업의 시행자에게 준공검사증명서를 발급하고 공사완료공고를 하여야 한다(법 제98조 제3항).

④ 시행자 공사완료공고: 국토교통부장관, 시·도지사 또는 대도시 시장인 도시·군계획시설사업의 시행자는 도시·군계획시설사업의 공사를 마친 때에는 공사완료공고를 하여야 한다. 공사완료공고는 국토교통부장관이 하는 경우에는 관보와 국토교통부의 홈페이지에, 시·도지사 또는 대도시 시장이 하는 경우에는 해당 시·도 또는 대도시의 공보와 인터넷 홈페이지에 게재하는 방법으로 한다(법 제98조 제4항, 영 제102조 제2항).

⑤ 처리기준의 통합 고시: 국토교통부장관은 의제되는 준공검사·준공인가 등의 처리기준을 관계 중앙행정기관으로부터 제출받아 이를 통합하여 고시해야 한다(법 제98조 제8항).

(8) 공공시설 등의 귀속

도시·군계획시설사업에 의하여 새로 공공시설을 설치하거나 기존의 공공시설에 대체되는 공공시설을 설치한 경우에는 법 제65조(개발행위에 따른 공공시설 등의 귀속)를 준용한다(법 제99조).

❷ 도시·군계획시설부지의 매수청구 제32회

1. 매수청구권자 및 매수청구대상

(1) 매수청구권자

도시·군계획시설에 대한 도시·군관리계획의 결정(이하 '도시·군계획시설 결정'이라 한다)의 고시일부터 10년 이내에 그 도시·군계획시설의 설치에 관한 도시·군계획시설사업이 시행되지 아니하는 경우(실시계획의 인가나 그에 상당하는 절차가 진행된 경우는 제외한다) 그 도시·군계획시설의 부지로 되어 있는 토지 중 지목(地目)이 대(垈)인 토지(그 토지에 있는 건축물 및 정착물을 포함한다)의 소유자는 대통령령으로 정하는 바에 따라 그 토지의 매수를 청구할 수 있다(법 제47조 제1항).

(2) 매수의무자

① 원칙: 특별시장·광역시장·특별자치시장·특별자치도지사·시장 또는 군수에게 그 매수를 청구할 수 있다.

② 예외: 다음의 특정한 경우에는 그에 해당하는 자(특별시장·광역시장·특별자치시장·특별자치도지사·시장 또는 군수를 포함한다. 이하 '매수의무자'라 한다)에게 그 토지의 매수를 청구할 수 있다.

참고 매수청구의 조건
1. 도시·군관리계획의 결정·고시일부터 10년간 사업이 시행되지 않은 경우에 매수청구할 수 있다.
2. 지목이 '대'인 토지소유자만 가능하다.
3. 실시계획인가 등이 난 경우는 매수청구할 수 없다.

핵심 기간 정리
1. 매수청구: 결정·고시 후 10년
2. 실효: 결정·고시 후 20년

⊙ 이 법에 따라 해당 도시·군계획시설사업의 시행자가 정하여진 경우에는 그 시행자
⊙ 이 법 또는 다른 법률에 따라 도시·군계획시설을 **설치**하거나 **관리**하여야 할 의무가 있는 자가 있으면 그 의무가 있는 자. 이 경우, 도시·군계획시설을 설치하거나 관리하여야 할 의무가 있는 자가 서로 **다른 경우**에는 **설치**해야 할 의무가 있는 자에게 매수청구하여야 한다.

참고 | 매수청구제도의 제정 취지

종래 도로·광장 등 도시의 기반시설인 도시·군계획시설이 설치되기로 결정된 토지에 대해서는 장래 도시·군계획시설 설치에 지장이 되는 건축물의 건축이나 공작물의 설치행위가 제한되고 있었다. 그러나 도시·군계획시설의 설치사업은 지방자치단체의 재정사정 등으로 인해 장기간 추진이 미루어져 재산권행사의 제한을 받는 토지소유자로부터 많은 민원이 제기되고 있었다.

이에 따라 1999년 헌법재판소는 도시·군계획시설 결정으로 말미암아 종래의 용도대로 토지를 사용할 수 없거나 사적 이용권이 완전히 배제되는 경우에도 아무런 보상 없이 장기간 이를 감수하도록 하는 것은 법이 실현하려는 중대한 공익이라는 이유만으로는 정당화될 수 없는 과도한 부담이며, 비례의 원칙에 위반되어 해당 토지소유자의 재산권을 과도하게 침해하는 것이라 헌법불합치 결정을 내린 바 있다.

이에 따라 장기 미집행의 문제를 해소하기 위하여 도시·군계획시설 결정의 실효제를 도입함과 아울러 권리구제를 위해 2000년 도시·군계획법의 개정을 통해 매수청구권을 인정하였다. 즉, 20년이 지날 때까지 도시·군계획시설의 설치에 관한 도시·군계획시설사업이 시행되지 아니한 경우 도시·군계획시설 결정 그 자체가 실효되도록 함과 동시에 토지소유자가 침해된 권리의 구제를 받도록 하기 위해 보상의 대체수단이라 할 수 있는 매수청구권을 인정하였다.

그 후 이 제도는 통합법인 「국토의 계획 및 이용에 관한 법률」에 계승되어 오늘에 이르고 있다. 매수청구권이란 계획제한 등으로 인해 규제를 받는 토지에 대하여 손실보상의 대체적 조치로서 권리자에게 해당 토지의 매수를 청구할 수 있도록 인정하는 제도이다. 이 제도의 취지는 토지소유자를 경제적으로 구제하는 데 있다는 주장과 권리구제적인 매입제도로서의 성격을 지닌다는 주장으로 나누어지고 있다. 도시·군계획시설부지의 매수청구는 토지소유자의 경제적 불이익을 구제함과 동시에 침해로 인하여 발생한 손실을 보상하는 대체적 수단으로 채용되고 있다고 할 수 있다. 따라서, 이 경우 보상규정을 두는 것이 타당하나, 침해로 인한 재산가치의 감소를 측정하기 어려울 뿐만 아니라 정부로서도 보상부담이 크기 때문에 보상의 대체수단으로서 매수청구권을 인정하고 있다.

2. 매수절차

(1) 절차

① 관련서류 제출: 토지의 매수를 청구하고자 하는 자는 국토교통부령이 정하는 도시·군계획시설부지매수청구서(전자문서로 된 청구서를 포함한다)에 대상토지 및 건물에 대한 등기사항증명서를 첨부하여 매수의무자에게 제출하여야 한다. 다만, 매수의무자는 「전자정부법」에 따른 행정정보의 공동이용을 통하여 대상토지 및 건물에 대한 등기사항증명서를 확인할 수 있는 경우에는 그 확인으로 첨부서류를 갈음하여야 한다(영 제41조 제1항).

② 매수 여부 결정통보: 매수의무자는 매수청구를 받은 날부터 **6개월 이내**에 매수 여부를 결정하여 토지소유자와 특별시장·광역시장·특별자치시장·특별자치도지사·시장 또는 군수(매수의무자가 특별시장·광역시장·특별자치시장·특별자치도지사·시장 또는 군수인 경우는 제외한다)에게 **알려야 하며**, 매수하기로 결정한 토지는 매수 결정을 **알린 날부터 2년 이내에 매수하여야** 한다(법 제47조 제6항).

기출 도시·군계획시설부지의 매수의무자는 매수하기로 결정한 토지를 매수 결정을 알린 날부터 2년 이내에 매수하여야 한다. 제32회

(2) 대금지급방법 제32회

① 현금(원칙): 매수의무자는 매수청구를 받은 토지를 매수할 때에는 현금으로 그 대금을 지급한다(법 제47조 제2항).

② 도시·군계획시설채권 발행(예외)

㉠ 다음의 어느 하나에 해당하는 경우로서 **매수의무자가 지방자치단체인 경우**에는 도시·군계획시설채권을 발행하여 지급할 수 있다(법 제47조 제2항 단서).

> ⓐ 토지소유자가 원하는 경우
> ⓑ 부재부동산 소유자의 토지 또는 비업무용 토지로서 매수대금이 3천만원을 초과하여 그 초과하는 금액을 지급하는 경우

㉡ 상환기간 및 이율: 도시·군계획시설채권의 상환기간은 **10년 이내**로 하며, 그 이율은 채권 발행 당시 「은행법」에 따른 인가를 받은 은행 중 전국을 영업으로 하는 은행이 적용하는 1년 만기 정기예금 금리의 **평균 이상**이어야 하며, 구체적인 상환기간과 이율은 특별시·광역시·특별자치시·특별자치도·시 또는 군의 조례로 정한다(법 제47조 제3항).

Tip 매수청구시 부재부동산 소유의 토지 또는 비업무용 토지의 경우에는 토지소유자의 의사에 반하여 채권을 발행할 수도 있음에 주의한다.

기출
1. 도시·군계획시설부지의 매수의무자인 지방공사는 도시·군계획시설채권을 발행하여 그 대금을 지급할 수 없다. 제32회
2. 도시·군계획시설채권의 상환기간은 10년 이내로 한다. 제32회

Tip 👉 지방채이므로 「지방재정법」을 준용한다.

　　ⓒ 준용 법률: 도시·군계획시설채권의 발행절차나 그 밖에 필요한 사항에 관하여 이 법에 특별한 규정이 있는 경우 외에는 「지방재정법」에서 정하는 바에 따른다(법 제47조 제5항).

(3) 매수거부 또는 지연시 행위제한 완화

① 매수청구를 한 토지의 소유자는 다음의 어느 하나에 해당하는 경우, 허가를 받아 대통령령으로 정하는 건축물 또는 공작물을 설치할 수 있다. 이 경우, 개발행위허가의 기준에 관한 규정은 이를 적용하지 아니한다(법 제47조 제7항).

> ㉠ 매수하지 아니하기로 결정한 경우
> ㉡ 매수결정을 알린 날부터 2년이 지날 때까지 해당 토지를 매수하지 아니하는 경우

참고 📖 **매수거부시 건축가능**
1. 3층 이하의 순수 단독주택(다중주택과 다가구주택은 불가능)
2. 3층 이하의 제1종 및 제2종 근린생활시설(단란주점·안마시술소·노래연습장·다중생활시설 제외)
3. 공작물

② ①의 '대통령령으로 정하는 건축물 또는 공작물'이란 다음의 것을 말한다 (영 제41조 제5항).

> ㉠ 「건축법 시행령」 별표 1 제1호 가목의 단독주택으로서 3층 이하인 것
> ㉡ 「건축법 시행령」 별표 1 제3호의 제1종 근린생활시설로서 3층 이하인 것
> ㉢ 「건축법 시행령」 별표 1 제4호의 제2종 근린생활시설[단란주점, 안마시술소, 노래연습장, 다중생활시설(500m² 미만)은 제외한다]로서 3층 이하인 것
> ㉣ 공작물

(4) 「공익사업을 위한 토지 등의 취득 및 보상에 관한 법률」의 규정 준용

Tip 👉 매수청구된 토지의 매수가격은 공시지가로 하는 것이 아니라, 「공익사업을 위한 토지 등의 취득 및 보상에 관한 법률」을 준용하는 것임에 주의한다.

매수청구된 토지의 매수가격·매수절차 등에 관하여 이 법에 특별한 규정이 있는 경우 외에는 「공익사업을 위한 토지 등의 취득 및 보상에 관한 법률」을 준용한다(법 제47조 제4항).

핵심 🎯 **도시·군계획시설 결정의 실효**
1. 요건: 결정·고시 후 20년간 사업 미시행시
2. 시점: 20년이 되는 날의 다음 날
3. 고시: 국토교통부장관, 시·도지사, 대도시 시장

(5) 도시·군계획시설 결정의 실효

① 실효사유: 도시·군계획시설 결정이 고시된 도시·군계획시설에 대하여 그 고시일부터 20년이 지날 때까지 그 시설의 설치에 관한 도시·군계획시설사업이 시행되지 아니하는 경우, 그 도시·군계획시설 결정은 그 고시일부터 20년이 되는 날의 다음 날에 그 효력을 잃는다(법 제48조 제1항).

② 실효고시: 시·도지사 또는 대도시 시장은 도시·군계획시설 결정이 효력을 잃으면 국토교통부장관이 하는 경우에는 관보와 국토교통부의 인터넷 홈페이지에, 시·도지사 또는 대도시 시장이 하는 경우에는 해당 시·도 또는 대도시의 공보와 인터넷 홈페이지에 다음의 사항을 게재하는 방법으로 지체 없이 그 사실을 고시해야 한다(법 제48조 제2항, 영 제42조 제1항).

> ㉠ 실효일자
> ㉡ 실효사유
> ㉢ 실효된 도시·군계획의 내용

③ 미집행 사업의 지방의회 보고

㉠ 특별시장·광역시장·특별자치시장·특별자치도지사·시장 또는 군수(이하 '지방자치단체의 장'이라 한다)는 도시·군계획시설 결정이 고시된 도시·군계획시설 중 설치할 필요성이 없어진 도시·군계획시설 또는 그 고시일부터 10년이 지날 때까지 해당 시설의 설치에 관한 도시·군계획시설사업이 시행되지 아니한 도시·군계획시설(이하 '장기 미집행 도시·군계획시설 등'이라 한다)에 대하여 다음의 사항을 매년 해당 지방의회의 정례회 또는 임시회의기간 중에 보고하여야 한다. 이 경우, 지방자치단체의 장이 필요하다고 인정하는 경우에는 해당 지방자치단체에 소속된 지방도시계획위원회의 자문을 거치거나 관계 행정기관의 장과 미리 협의를 거칠 수 있다(법 제48조 제3항, 영 제42조 제2항).

> ⓐ 장기 미집행 도시·군계획시설 등의 전체 현황(시설의 종류, 면적 및 설치비용 등을 말한다)
> ⓑ 장기 미집행 도시·군계획시설 등의 명칭, 고시일 또는 변경고시일, 위치, 규모, 미집행 사유, 단계별 집행계획, 개략도면, 현황사진 또는 항공사진 및 해당 시설의 해제에 관한 의견
> ⓒ 그 밖에 지방의회의 심의·의결에 필요한 사항

㉡ 지방자치단체의 장은 지방의회에 보고한 장기 미집행 도시·군계획시설 등 중 도시·군계획시설 결정이 해제되지 아니한 장기 미집행 도시·군계획시설 등에 대하여 최초로 지방의회에 보고한 때부터 2년마다 지방의회에 보고하여야 한다. 이 경우, 지방의회의 보고에 관하여는 ㉠을 준용한다(영 제42조 제3항).

참고 지방의회 보고
1. 특별시장·광역시장·특별자치시장·특별자치도지사·시장 또는 군수가 보고한다.
2. 지방의회에 보고한다.
3. 지방의회는 90일 내에 해제권고한다.
4. 특별시장·광역시장·특별자치시장·특별자치도지사는 1년 이내에 해제결정한다.
5. 시장 또는 군수는 도지사에게 해제결정신청한다.
6. 도지사는 1년 이내에 해제결정한다.

④ 해제권고: 보고를 받은 지방의회는 대통령령으로 정하는 바에 따라 해당 특별시장·광역시장·특별자치시장·특별자치도지사·시장 또는 군수에게 도시·군계획시설 결정의 해제를 권고할 수 있다(법 제48조 제4항, 영 제42조 제4항·제5항).

> ㉠ 서면제출: 지방의회는 장기 미집행 도시·군계획시설 등에 대하여 해제를 권고하는 경우에는 보고가 지방의회에 접수된 날부터 90일 이내에 해제를 권고하는 서면(도시·군계획시설의 명칭, 위치, 규모 및 해제사유 등이 포함되어야 한다)을 지방자치단체의 장에게 보내야 한다.
> ㉡ 해제결정: 장기 미집행 도시·군계획시설 등의 해제를 권고받은 지방자치단체의 장은 상위계획과의 연관성, 단계별 집행계획, 교통, 환경 및 주민의사 등을 고려하여 해제할 수 없다고 인정하는 특별한 사유가 있는 경우를 제외하고는 장기 미집행 도시·군계획시설 등의 해제권고를 받은 날부터 1년 이내에 해제를 위한 도시·군관리계획을 결정해야 한다. 이 경우, 지방자치단체의 장은 지방의회에 해제할 수 없다고 인정하는 특별한 사유를 해제권고를 받은 날부터 6개월 이내에 소명해야 한다.

⑤ 해제결정 및 신청: 도시·군계획시설 결정의 해제를 권고받은 특별시장·광역시장·특별자치시장·특별자치도지사·시장 또는 군수는 특별한 사유가 없으면 대통령령(도지사가 결정한 도시·군관리계획의 해제가 필요한 경우에는 도지사에게 그 결정을 신청하여야 한다)으로 정하는 바에 따라 그 도시·군계획시설 결정의 해제를 위한 도시·군관리계획을 결정하거나 도지사에게 그 결정을 신청하여야 한다. 이 경우, 신청을 받은 도지사는 특별한 사유가 없으면 그 도시·군계획시설 결정의 해제를 위한 도시·군관리계획을 결정하여야 한다(법 제48조 제5항, 영 제42조 제6항).

(6) 도시·군계획시설 결정의 해제신청 등 제33회

① 해제신청: 도시·군계획시설 결정의 고시일부터 10년 이내에 그 도시·군계획시설의 설치에 관한 도시·군계획시설사업이 시행되지 아니한 경우로서 단계별 집행계획상 해당 도시·군계획시설의 실효시까지 집행계획이 없는 경우에는 그 도시·군계획시설부지로 되어 있는 토지의 소유자는 대통령령으로 정하는 바에 따라 해당 도시·군계획시설에 대한 도시·군관리계획 입안권자에게 그 토지의 도시·군계획시설 결정 해제를 위한 도시·군관리계획 입안을 신청할 수 있다(법 제48조의2 제1항).

> **참고 입안신청서 포함사항**
> 1. 해당 도시·군계획시설부지 내 신청인소유의 토지현황
> 2. 해당 도시·군계획시설의 개요
> 3. 해당 도시·군계획시설 결정의 해제를 위한 도시·군관리계획 입안신청사유

② 해제를 위한 도시·군관리계획의 입안: 도시·군관리계획 입안권자는 신청을 받은 날부터 3개월 이내에 입안 여부를 결정하여 토지소유자에게 알려야 하며, 해당 도시·군계획시설 결정의 실효시까지 설치하기로 집행계획을 수립하는 등 대통령령으로 정하는 다음의 특별한 사유가 없으면 그 도시·군계획시설 결정의 해제를 위한 도시·군관리계획을 입안하여야 한다(법 제48조의2 제2항).

> ㉠ 해당 도시·군계획시설 결정의 실효시까지 해당 도시·군계획시설을 설치하기로 집행계획을 수립하거나 변경하는 경우
> ㉡ 해당 도시·군계획시설에 대하여 법 제88조에 따른 실시계획이 인가된 경우
> ㉢ 해당 도시·군계획시설에 대하여 「공익사업을 위한 토지 등의 취득 및 보상에 관한 법률」에 따른 보상계획이 공고된 경우(토지소유자 및 관계인에게 각각 통지하였으나 공고를 생략한 경우를 포함한다)
> ㉣ 신청토지 전부가 포함된 일단의 토지에 대하여 「공익사업을 위한 토지 등의 취득 및 보상에 관한 법률」 제4조 제8호의 공익사업을 시행하기 위한 지역·지구 등의 지정 또는 사업계획 승인 등의 절차가 진행 중이거나 완료된 경우
> ㉤ 해당 도시·군계획시설 결정의 해제를 위한 도시·군관리계획 변경절차가 진행 중인 경우

③ 계획의 미입안시 해제신청: 해제신청을 한 토지소유자는 해당 도시·군계획시설 결정의 해제를 위한 도시·군관리계획이 입안되지 아니하는 등 대통령령으로 정하는 다음의 사항에 해당하는 경우에는 해당 도시·군계획시설에 대한 도시·군관리계획 결정권자에게 그 도시·군계획시설 결정의 해제를 신청할 수 있다(법 제48조의2 제3항).

> ㉠ 입안권자가 해제입안을 하지 아니하기로 정하여 신청인에게 통지한 경우
> ㉡ 입안권자가 해제입안을 하기로 정하여 신청인에게 통지하고 해제입안을 하였으나 해당 도시·군계획시설에 대한 도시·군관리계획 결정권자가 도시·군관리계획 결정절차를 거쳐 신청토지의 전부 또는 일부를 해제하지 아니하기로 결정한 경우(해제입안을 하지 아니하는 것으로 통지되었으나 도시·군관리계획 변경절차를 진행한 결과 신청토지의 전부 또는 일부를 해제하지 아니하기로 결정한 경우를 포함한다)

④ 해제: 도시·군관리계획 결정권자는 해제신청을 받은 날부터 2개월 이내에 결정 여부를 정하여 토지소유자에게 알려야 하며, 특별한 사유가 없으면 그 도시·군계획시설 결정을 해제하여야 한다(법 제48조의2 제4항).

핵심 해제입안신청의 절차
1. 신청자: 10년간 사업이 시행되지 않은 경우로, 단계별 집행계획상 실효시까지 집행계획이 없는 경우의 토지소유자
2. 해제입안신청
 • 토지소유자 ⇨ 입안권자
 • 입안권자는 3개월 내 통보
3. 해제결정신청
 • 토지소유자 ⇨ 결정권자
 • 결정권자는 2개월 내 통보
4. 해제심사신청
 • 토지소유자 ⇨ 국토교통부장관
 • 국토교통부장관은 결정권자에게 해제권고

⑤ 해제심사의 신청
  ㉠ 해제신청을 한 토지소유자는 해당 도시·군계획시설 결정이 해제되지 아니하는 등 대통령령으로 정하는 다음의 사항에 해당하는 경우에는 국토교통부장관에게 그 도시·군계획시설 결정의 해제심사를 신청할 수 있다(법 제48조의2 제5항).

  > ⓐ 결정권자가 도시·군계획시설 결정의 해제를 하지 아니하기로 정하여 신청인에게 통지한 경우
  > ⓑ 결정권자가 도시·군계획시설 결정의 해제를 하기로 정하여 신청인에게 통지하였으나 도시·군관리계획 결정절차를 거쳐 신청토지의 전부 또는 일부를 해제하지 아니하기로 결정한 경우

  ㉡ 국토교통부장관은 해제심사신청을 받은 경우에는 입안권자 및 결정권자에게 해제심사를 위한 관련서류 등을 제출할 것을 요구할 수 있다(영 제42조의2 제5항).

⑥ 해제의 권고: 해제신청을 받은 국토교통부장관은 대통령령(중앙도시계획위원회의 심의를 거친다)으로 정하는 바에 따라 해당 도시·군계획시설에 대한 도시·군관리계획 결정권자에게 도시·군계획시설 결정의 해제를 권고할 수 있다(법 제48조의2 제6항).

⑦ 해제권고에 따른 해제: 해제를 권고받은 도시·군관리계획 결정권자는 특별한 사유가 없으면 그 도시·군계획시설 결정을 해제하여야 한다(법 제48조의2 제7항).

⑧ 해제절차의 규정: 도시·군계획시설 결정 해제를 위한 도시·군관리계획의 입안절차와 ④ 및 ⑦에 따른 도시·군계획시설 결정의 해제절차는 대통령령으로 정한다(법 제48조의2 제8항).

⑨ 해제결정의 이행: 법 제48조의2 제2항·제4항 또는 제7항에 따른 도시·군계획시설 결정의 해제결정(해제를 하지 아니하기로 결정하는 것을 포함한다)은 다음의 구분에 따른 날부터 6개월(영 제42조의2 제9항 본문에 따라 결정하는 경우에는 2개월) 이내에 이행되어야 한다. 다만, 관계 법률에 따른 별도의 협의가 필요한 경우, 그 협의에 필요한 기간은 기간 계산에서 제외한다(영 제42조의2 제8항).

기출 국토교통부장관이 해당 도시·군계획시설에 대한 도시·군관리계획 결정권자에게 도시·군계획시설 결정의 해제를 권고하려는 경우에는 중앙도시계획위원회의 심의를 거쳐야 한다. 제33회

> ③ 도시·군계획시설 결정의 해제입안을 하기로 통지한 경우: 입안권자가 신청인에게 입안하기로 통지한 날
> ⓒ 도시·군계획시설 결정을 해제하기로 통지한 경우: 결정권자가 신청인에게 해제하기로 통지한 날
> ⓒ 도시·군계획시설 결정을 해제할 것을 권고받은 경우: 결정권자가 해제권고를 받은 날

③ 비용부담

(1) 비용부담의 원칙

광역도시계획 및 도시·군계획의 수립과 도시·군계획시설사업에 관한 비용은 이 법 또는 다른 법률에 특별한 규정이 있는 경우 외에는 국가가 하는 경우에는 국가예산에서, 지방자치단체가 하는 경우에는 해당 지방자치단체가, 행정청이 아닌 자가 하는 경우에는 그 자가 부담함을 원칙으로 한다(법 제101조).

(2) 수익을 받는 자의 부담(예외)

① 국토교통부장관이나 시·도지사는 그가 시행한 도시·군계획시설사업으로 현저히 이익을 받는 시·도, 시 또는 군이 있으면 대통령령으로 정하는 바에 따라 그 도시·군계획시설사업에 든 비용의 일부를 그 이익을 받는 시·도, 시 또는 군에 부담시킬 수 있다. 이 경우, 국토교통부장관은 시·도, 시 또는 군에 비용을 부담시키기 전에 행정안전부장관과 협의하여야 한다(법 제102조 제1항).

② 시·도지사는 그 시·도에 속하지 아니하는 특별시·광역시·특별자치시·특별자치도·시 또는 군에 비용을 부담시키려면 해당 지방자치단체의 장과 협의하되, 협의가 성립되지 아니하는 경우에는 행정안전부장관이 결정하는 바에 따른다(법 제102조 제2항).

③ 시장이나 군수는 그가 시행한 도시·군계획시설사업으로 현저히 이익을 받는 다른 지방자치단체가 있으면 대통령령으로 정하는 바에 따라 그 도시·군계획시설사업에 든 비용의 일부를 그 이익을 받는 다른 지방자치단체와 협의하여 그 지방자치단체에 부담시킬 수 있다. 단, 협의가 성립되지 아니하는 경우 다른 지방자치단체가 같은 도에 속할 때에는 관할 도지사가 결정하는 바에 따르며, 다른 시·도에 속할 때에는 행정안전부장관이 결정하는 바에 따른다(법 제102조 제3항·제4항).

기출 도지사가 시행한 도시·군계획시설사업으로 그 도에 속하지 않는 군이 현저한 이익을 받는 경우, 해당 도지사와 군수 간의 비용부담에 관한 협의가 성립되지 아니한 때에는 행정안전부장관이 결정하는 바에 따른다.

(3) 취락지구에 대한 지원

국가나 지방자치단체는 다음의 대통령령으로 정하는 바에 따라 취락지구 주민의 생활 편익과 복지 증진 등을 위한 사업을 시행하거나 그 사업을 지원할 수 있다(법 제105조, 영 제107조).

> ① 자연취락지구
>   ㉠ 자연취락지구 안에 있거나 자연취락지구에 연결되는 도로·수도공급설비·하수도 등의 정비
>   ㉡ 어린이놀이터·공원·녹지·주차장·학교·마을회관 등의 설치·정비
>   ㉢ 쓰레기처리장·하수처리시설 등의 설치·개량
>   ㉣ 하천정비 등 재해방지를 위한 시설의 설치·개량
>   ㉤ 주택의 신축·개량
> ② 보호취락지구: 농촌공간 재구조화 및 재생지원에 관한 법령에서 정하는 바에 따른다.
> ③ 집단취락지구: 「개발제한구역의 지정 및 관리에 관한 특별조치법」에서 정하는 바에 의한다.

기출 자연취락지구 안에서는 동물 전용의 장례식장은 건축이 불가능하다.

제6장 개발행위의 허가 등

회독 Check 1회 2회 3회

> 허가대상과 허가제한에서 가장 많이 출제되며, 허가받기 위한 기준도 가끔씩 출제된다. 전체적인 허가의 절차를 익힌 뒤 세부적인 내용을 정리하는 형태로 학습하면 된다.

1 개발행위의 허가

1. 허가대상 제34회, 제35회

(1) 원칙

다음에 해당하는 행위를 하려는 자는 **특별시장·광역시장·특별자치시장·특별자치도지사·시장 또는 군수**의 허가를 받아야 한다. 다만, 도시·군계획사업(다른 법률에 따라 도시·군계획사업을 의제한 사업을 포함한다)에 의한 행위는 그러하지 아니하다(법 제56조 제1항, 영 제51조 제1항).

① 건축물의 건축: 「건축법」에 따른 건축물의 건축
② 공작물의 설치: 인공을 가하여 제작한 시설물(「건축법」에 따른 건축물을 제외한다)의 설치
③ 토지의 형질변경: 절토(땅깎기)·성토(흙쌓기)·정지(땅고르기)·포장 등의 방법으로 토지의 형상을 변경하는 행위와 공유수면의 매립(경작을 위한 토지의 형질변경을 제외한다)
④ 토석채취: 흙·모래·자갈·바위 등의 토석을 채취하는 행위. 다만, 토지의 형질변경을 목적으로 하는 것은 제외한다.
⑤ 토지분할: 다음의 어느 하나에 해당하는 토지의 분할(「건축법」에 따른 건축물이 있는 대지는 제외한다)
  ㉠ 녹지지역·관리지역·농림지역 및 자연환경보전지역 안에서 관계 법령에 따른 허가·인가 등을 받지 아니하고 행하는 토지의 분할
  ㉡ 「건축법」에 따른 **분할제한면적** 미만으로의 토지의 분할
  ㉢ 관계 법령에 의한 허가·인가 등을 받지 아니하고 행하는 너비 5m 이하로의 토지의 분할
⑥ 물건을 쌓아놓는 행위: 녹지지역·관리지역 또는 자연환경보전지역 안에서 「건축법」에 따라 사용승인을 받은 건축물의 울타리 안(적법한 절차에 의하여 조성된 대지에 한한다)에 위치하지 아니한 토지에 물건을 1개월 이상 쌓아놓는 행위

핵심 개발행위허가제도
1. 허가대상
2. 허가를 요하지 않는 대상
3. 허가절차
4. 허가기준
5. 성장관리계획
6. 허가제한
7. 조건부허가
8. 인·허가 의제
9. 준공검사
10. 공공시설의 귀속
11. 허가 위반시 조치
12. 개발행위에 대한 기반시설의 설치

Tip 개발행위는 사적 목적이고 도시·군계획사업은 공적 목적이므로 도시·군계획사업은 개발행위허가 대상에 당연히 해당하지 않는다.

기출 도시·군계획사업에 의하여 10층 이상의 건축물을 건축하려는 경우라 하더라도 개발행위허가를 받지 않는다. 제35회

(2) 허가받은 사항의 경미한 변경

개발행위허가를 받은 사항을 변경하는 경우에도 허가를 받아야 한다. 다만, 대통령령으로 정하는 다음의 경미한 사항을 변경하는 경우에는 지체 없이 그 사실을 특별시장·광역시장·특별자치시장·특별자치도지사·시장 또는 군수에게 통지하여야 한다(법 제56조 제2항, 영 제52조 제1항·제2항).

> 기출 ▤ 허가받은 개발행위의 사업기간을 단축하는 경우에는 허가를 다시 받지 않으나, 기간을 연장하는 경우에는 허가를 받아야 한다.

① 사업기간을 단축하는 경우
② 다음의 어느 하나에 해당하는 경우
  ㉠ 부지면적 또는 건축물 연면적을 **5% 범위에서 축소**[공작물의 무게, 부피, 수평투영면적(하늘에서 내려다보이는 수평면적을 말한다) 또는 토석채취량을 **5% 범위에서 축소**하는 경우를 포함한다]하는 경우
  ㉡ 관계 법령의 개정 또는 도시·군관리계획의 변경에 따라 허가받은 사항을 불가피하게 **변경**하는 경우
  ㉢ 「공간정보의 구축 및 관리 등에 관한 법률」 및 「건축법」에 따라 **허용되는 오차**를 반영하기 위한 변경인 경우
  ㉣ 「건축법 시행령」상 일괄신고대상인 경우(공작물의 위치를 1m 범위에서 변경하는 경우를 포함한다)

(3) 개별법의 적용

토지형질변경과 토석의 채취에 해당하는 개발행위 중 도시지역과 계획관리지역의 산림에서의 임도 설치와 사방사업에 관하여는 「산림자원의 조성 및 관리에 관한 법률」과 「사방사업법」에 따르고, 보전관리지역·생산관리지역·농림지역 및 자연환경보전지역의 산림에서의 토지형질변경(농업·임업·어업을 목적으로 하는 토지의 형질변경만 해당한다) 및 토석의 채취에 해당하는 개발행위에 관하여는 「산지관리법」에 따른다(법 제56조 제3항).

(4) 허가 없이 가능한 개발행위

다음에 해당하는 행위는 개발행위허가를 받지 아니하고 할 수 있다. 다만, ①의 응급조치를 한 경우에는 1개월 이내에 특별시장·광역시장·특별자치시장·특별자치도지사·시장 또는 군수에게 신고하여야 한다(법 제56조 제4항).

> 참고 ▤ 1개월 이내에 신고하지 않는 경우, 500만원 이하의 과태료에 처한다.

> 기출 ▤ 재해복구를 위한 응급조치로서 공작물의 설치를 하려는 자는 도시·군계획사업에 의한 행위가 아닌 한 개발행위허가를 받지 않는다.

① 재해복구나 재난수습을 위한 **응급조치**
② 「건축법」에 따라 신고하고 설치할 수 있는 건축물의 개축·증축 또는 재축과 이에 필요한 범위에서의 토지의 형질변경(도시·군계획시설사업이 시행되지 아니하고 있는 도시·군계획시설의 부지인 경우만 가능하다)

③ 그 밖에 다음의 경미한 행위. 다만, 다음에 규정된 범위에서 특별시·광역시·특별자치시·특별자치도·시 또는 군의 도시·군계획조례로 따로 정하는 경우에는 그에 따른다(영 제53조).
  ㉠ 건축물의 건축: 「건축법」에 따른 건축허가 또는 건축신고 및 가설건축물 건축의 허가 또는 가설건축물의 축조신고 대상에 해당하지 아니하는 건축물의 건축
  ㉡ 공작물의 설치
    ⓐ 도시지역 또는 지구단위계획구역에서 무게가 50t 이하, 부피가 $50m^3$ 이하, 수평투영면적이 $50m^2$ 이하인 공작물의 설치. 다만, 「건축법 시행령」의 어느 하나에 해당하는 공작물의 설치는 제외한다.
    ⓑ 도시지역·자연환경보전지역 및 지구단위계획구역 외의 지역에서 무게가 150t 이하, 부피가 $150m^3$ 이하, 수평투영면적이 $150m^2$ 이하인 공작물의 설치. 다만, 「건축법 시행령」의 어느 하나에 해당하는 공작물의 설치는 제외한다.
    ⓒ 녹지지역·관리지역 또는 농림지역 안에서의 농림어업용 비닐하우스(「양식산업발전법」에 따른 양식업을 하기 위하여 비닐하우스 안에 설치하는 양식장은 제외한다)의 설치
    ⓓ 개발행위허가를 받아 설치한 공작물의 철거 후 재설치(보수를 포함하며, 다음의 요건을 모두 갖춘 경우로 한정한다)
      • 토지의 형질변경을 수반하지 않을 것
      • 기존의 개발행위허가 규모 이내로서 용도의 변경이 없을 것
  ㉢ 토지의 형질변경
    ⓐ 높이 50cm 이내(여러 차례에 걸쳐 이루어지는 경우에는 누적하여 산정한다) 또는 깊이 50cm 이내(여러 차례에 걸쳐 이루어지는 경우에는 누적하여 산정한다)의 절토·성토·정지 등(포장을 제외하며, 주거지역·상업지역 및 공업지역 외의 지역에서는 지목변경을 수반하지 아니하는 경우에 한한다)
    ⓑ 도시지역·자연환경보전지역·지구단위계획구역 외의 지역에서 면적이 $660m^2$ 이하인 토지에 대한 지목변경을 수반하지 아니하는 절토·성토·정지·포장 등(토지의 형질변경면적은 형질변경이 이루어지는 해당 필지의 총면적을 말한다)
    ⓒ 조성이 완료된 기존 대지에 건축물이나 그 밖의 공작물을 설치하기 위한 토지의 형질변경(지하구조물 설치를 위한 터파기 및 되메우기를 포함하되, 그 밖의 절토 및 성토는 제외한다)
    ⓓ 국가 또는 지방자치단체가 공익상의 필요에 의하여 직접 시행하는 사업을 위한 토지의 형질변경
  ㉣ 토석의 채취
    ⓐ 도시지역 또는 지구단위계획구역에서 채취면적이 $25m^2$ 이하인 토지에서의 부피 $50m^3$ 이하의 토석채취

심화 개발행위허가를 받지 아니하여도 되는 공작물의 설치범위 중 수평투영면적 기준을 도시지역 또는 지구단위계획구역의 경우 $25m^2$ 이하에서 $50m^2$ 이하 등으로 완화함으로써, 소규모태양광발전시설 등과 같이 환경 및 안전 등에 영향을 크게 미치지 아니하는 시설의 인·허가절차를 간소화하였다.

참고 국유재산은 행정재산과 일반재산으로 구분된다.

ⓑ 도시지역·자연환경보전지역 및 지구단위계획구역 외의 지역에서 채취면적이 250m² 이하인 토지에서의 부피 500m³ 이하의 토석채취
ⓜ 토지의 분할
  ⓐ 「사도법」에 의한 사도개설허가를 받은 토지의 분할
  ⓑ 토지의 일부를 국유지 또는 공유지로 하거나 공공시설로 사용하기 위한 토지의 분할
  ⓒ 행정재산 중 용도폐지되는 부분의 분할 또는 일반재산을 매각·교환 또는 양여하기 위한 분할
  ⓓ 토지의 일부가 도시·군계획시설로 지형도면고시가 된 해당 토지의 분할
  ⓔ 너비 5m 이하로 이미 분할된 토지의 「건축법」에 따른 분할제한면적 이상으로의 분할
ⓗ 물건을 쌓아놓는 행위
  ⓐ 녹지지역 또는 지구단위계획구역에서 물건을 쌓아놓는 면적이 25m² 이하인 토지에 전체 무게 50t 이하, 전체 부피 50m³ 이하로 물건을 쌓아놓는 행위
  ⓑ 관리지역(지구단위계획구역으로 지정된 지역은 제외)에서 물건을 쌓아놓는 면적이 250m² 이하인 토지에 전체 무게 500t 이하, 전체 부피 500m³ 이하로 물건을 쌓아놓는 행위

기출 농림지역에 물건을 1개월 이상 쌓아놓는 행위는 개발행위허가의 대상이 아니다. 제34회

Tip 면적은 25m², 부피는 50m³, 무게는 50t, 높이는 50cm 이내를 기준으로 허가의 경미기준을 정한다. 단, 도시지역 외에서는 10배를 기준으로 함에 유의한다.

2. 개발행위허가의 절차 제34회, 제35회

(1) 개발행위허가신청서의 제출

개발행위를 하려는 자는 그 개발행위에 따른 기반시설의 설치나 그에 필요한 용지의 확보, 위해방지, 환경오염방지, 경관, 조경 등에 관한 계획서를 첨부한 신청서를 개발행위허가권자에게 제출하여야 한다. 이 경우, 개발밀도관리구역 안에서는 기반시설의 설치나 그에 필요한 용지의 확보에 관한 계획서를 제출하지 아니한다. 다만, 「건축법」의 적용을 받는 건축물의 건축 또는 공작물의 설치를 하려는 자는 「건축법」에서 정하는 절차에 따라 신청 서류를 제출하여야 한다(법 제57조 제1항).

(2) 의견청취

① 도시·군계획사업 시행자의 의견청취: 특별시장·광역시장·특별자치시장·특별자치도지사·시장 또는 군수는 개발행위허가 또는 변경허가를 하려면 그 개발행위가 도시·군계획사업의 시행에 지장을 주는지에 관하여 해당 지역에서 시행되는 도시·군계획사업의 시행자의 의견을 들어야 한다(법 제58조 제2항).

Tip 허가신청시 시행자와 관리청의 의견을 청취하는 것이다. 즉, 주민 의견청취가 아님에 유의한다.

② 공공시설관리청의 의견청취: 특별시장·광역시장·특별자치시장·특별자치도지사·시장 또는 군수는 공공시설의 귀속에 관한 사항이 포함된 개발행위허가를 하고자 하는 때에는 미리 해당 공공시설의 관리청의 의견을 들어야 한다. 다만, 관리청이 지정되지 아니한 경우에는 관리청이 지정된 후 준공되기 전에 관리청의 의견을 들어야 하며, 관리청이 불분명한 경우에는 도로·구거(도랑) 등은 국토교통부장관을, 하천은 기후에너지환경부장관을, 그 외의 재산에 대하여는 재정경제부장관을 관리청으로 본다(법 제65조 제3항).

기출☞ 환경오염방지조치를 할 것을 조건으로 개발행위허가를 하려는 경우에는 미리 개발행위허가를 신청한 자의 의견을 들어야 한다.

(3) 개발행위에 대한 협의 및 심의

① 협의: 특별시장·광역시장·특별자치시장·특별자치도지사·시장 또는 군수는 개발행위허가를 함에 있어서 그 내용에 개발행위허가로 인한 인·허가의 의제에 해당하는 사항이 있는 때에는 미리 관계 행정기관의 장과 협의하여야 한다(법 제61조 제3항).

② 도시계획위원회 심의
  ㉠ 원칙: 관계 행정기관의 장은 개발행위 중 건축물의 건축 또는 공작물의 설치, 토지의 형질변경, 토석의 채취 중 어느 하나에 해당하는 행위로서 이 법에 의하여 허가 또는 변경허가를 하거나 다른 법률에 따라 인가·허가·승인 또는 협의를 하려면 중앙도시계획위원회 또는 지방도시계획위원회의 심의를 거쳐야 한다. 단, 도시·군계획사업(「택지개발촉진법」 등 다른 법률에서 도시·군계획사업을 의제하는 사업의 경우에는 심의 필요)에 의하는 경우를 제외한다(법 제59조 제1항, 영 제57조 제1항).
  ㉡ 예외: 다음의 어느 하나에 해당하는 개발행위는 중앙도시계획위원회와 지방도시계획위원회의 심의를 거치지 아니한다(법 제59조 제2항).

  ⓐ 도시계획위원회의 심의를 받는 구역에서 하는 개발행위
  ⓑ **지구단위계획 또는 성장관리계획을 수립한 지역에서 하는 개발행위**
  ⓒ 주거지역·상업지역·공업지역에서 시행하는 개발행위 중 특별시·광역시·특별자치시·특별자치도·시 또는 군의 조례로 정하는 규모·위치 등에 해당하지 아니하는 개발행위
  ⓓ 「환경영향평가법」에 따라 환경영향평가를 받은 개발행위
  ⓔ 「도시교통정비 촉진법」에 따라 교통영향평가에 대한 검토를 받은 개발행위
  ⓕ 「농어촌정비법」에 따른 농어촌정비사업 중 대통령령으로 정하는 사업을 위한 개발행위

기출☞ 「사방사업법」에 따른 사방사업을 위한 개발행위에 대하여 허가를 하는 경우, 중앙도시계획위원회와 지방도시계획위원회의 심의를 거치지 아니한다. 제34회

⑨ 「산림자원의 조성 및 관리에 관한 법률」에 따른 산림사업 및 「사방사업법」에 따른 사방사업을 위한 개발행위

(4) 허가·불허가처분

① 허가기간: 특별시장·광역시장·특별자치시장·특별자치도지사·시장 또는 군수는 개발행위허가의 신청에 대하여 특별한 사유가 없으면 15일(도시계획위원회의 심의를 거쳐야 하거나 관계 행정기관의 장과 협의를 하여야 하는 경우에 심의 또는 협의기간은 제외) 이내에 허가 또는 불허가의 처분을 하여야 한다(법 제57조 제2항, 영 제54조 제1항).

② 허가처분방법: 특별시장·광역시장·특별자치시장·특별자치도지사·시장 또는 군수는 허가 또는 불허가의 처분을 할 때에는 지체 없이 그 신청인에게 허가내용이나 불허가처분의 사유를 서면 또는 국토이용정보체계를 통하여 알려야 한다(법 제57조 제3항).

> **기출** 허가의 신청이 있는 경우 특별한 사유가 없으면 도시계획위원회의 심의 또는 기타 협의기간을 제외한 15일 이내에 허가 또는 불허가의 처분을 하여야 한다. 제35회

3. 개발행위허가의 기준

(1) 허가기준

① 특별시장·광역시장·특별자치시장·특별자치도지사·시장 또는 군수는 개발행위허가의 신청내용이 다음의 기준에 맞는 경우에만 개발행위허가 또는 변경허가를 하여야 한다(법 제58조 제1항).

> ㉠ 용도지역별 특성을 감안하여 다음에 정하는 개발행위의 규모에 적합할 것. 다만, 개발행위가 「농어촌정비법」에 따른 농어촌정비사업으로 이루어지는 경우 등 대통령령으로 정하는 경우에는 개발행위 규모의 제한을 받지 아니한다.
> ⓐ 도시지역
>   • 주거·상업·생산녹지·자연녹지지역: 1만m^2 미만
>   • 공업지역: 3만m^2 미만
>   • 보전녹지지역: 5천m^2 미만
> ⓑ 관리지역: 3만m^2 미만
> ⓒ 농림지역: 3만m^2 미만
> ⓓ 자연환경보전지역: 5천m^2 미만

> **참고** 허가신청시 허가기준에 맞으면 허가를 하여야 하는 기속행위이다.
>
> **기출**
> 1. 개발행위허가의 신청내용이 성장관리계획의 내용에 어긋나는 경우에는 개발행위허가를 하여서는 아니 된다.
> 2. 자금조달계획이 목적사업의 실현에 적합해야 하는 것은 개발행위허가 기준에 해당하지 않는다.

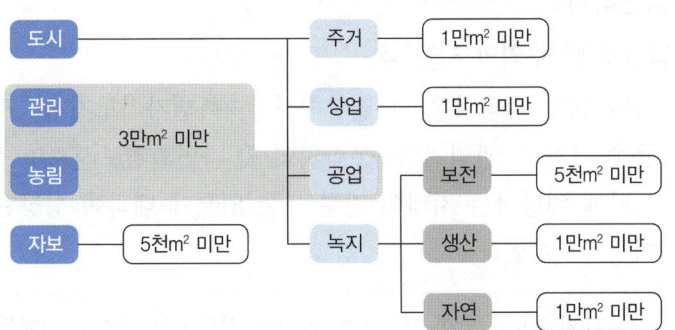

  ⓒ 도시·군관리계획 및 성장관리계획의 내용에 어긋나지 아니할 것
  ⓒ 도시·군계획사업의 시행에 지장이 없을 것
  ⓔ 주변지역의 토지이용실태 또는 토지이용계획, 건축물의 높이, 토지의 경사도, 수목의 상태, 물의 배수, 하천·호소·습지의 배수 등 주변환경 또는 경관과 조화를 이룰 것
  ⓜ 해당 개발행위에 따른 기반시설의 설치나 그에 필요한 용지의 확보계획이 적절할 것

② ①에 따라 허가할 수 있는 경우, 그 허가의 기준은 지역의 특성, 지역의 개발상황, 기반시설의 현황 등을 고려하여 다음의 구분에 따라 대통령령으로 정한다(법 제58조 제3항).

  ㉠ 시가화 용도: 토지의 이용 및 건축물의 용도·건폐율·용적률·높이 등에 대한 용도지역의 제한에 따라 개발행위허가의 기준을 적용하는 **주거지역·상업지역 및 공업지역**
  ㉡ 유보 용도: 도시계획위원회의 심의를 통하여 개발행위허가의 기준을 강화 또는 완화하여 적용할 수 있는 **계획관리지역·생산관리지역 및 자연녹지지역**
  ㉢ 보전 용도: 도시계획위원회의 심의를 통하여 개발행위허가의 기준을 강화하여 적용할 수 있는 **보전관리지역·농림지역·자연환경보전지역·생산녹지지역 및 보전녹지지역**

기출 자연녹지지역에서는 도시계획위원회의 심의를 통하여 개발행위허가의 기준을 강화 또는 완화하여 적용할 수 있다.

참고 유보 용도와 보전 용도는 성장관리계획의 수립대상지역이다.

(2) 둘 이상의 용도지역에 걸치는 경우

개발행위허가의 대상인 토지가 둘 이상의 용도지역에 걸치는 경우에는 각각의 용도지역에 위치하는 토지부분에 대하여 각각의 용도지역의 개발행위의 규모에 관한 규정을 적용한다. 다만, 개발행위허가의 대상인 토지의 총면적이 해당 토지가 걸쳐 있는 용도지역 중 개발행위의 규모가 가장 큰 용도지역의 개발행위의 규모를 초과하여서는 아니 된다(영 제55조 제2항).

Tip 👍 성장관리계획은 지구단위계획의 작은 동생의 개념으로 파악하면 이해하기가 쉽다.

➕ 대통령령으로 정하는 지역이란 다음의 지역을 말한다.
1. 인구 감소 또는 경제성장 정체 등으로 압축적이고 효율적인 도시성장관리가 필요한 지역
2. 공장 등과 입지 분리 등을 통해 쾌적한 주거환경 조성이 필요한 지역
3. 그 밖에 난개발의 방지와 체계적인 관리가 필요한 지역으로서 특별시·광역시·특별자치시·특별자치도·시 또는 군의 도시·군계획조례로 정하는 지역

기출 📑 기반시설의 배치와 규모에 관한 사항은 성장관리계획에 포함되어야 한다.

4. 성장관리계획 제32회, 제33회, 제35회

(1) 성장관리계획구역의 지정 등

① 특별시장·광역시장·특별자치시장·특별자치도지사·시장 또는 군수는 녹지지역, 관리지역, 농림지역 및 자연환경보전지역 중 다음의 어느 하나에 해당하는 지역의 전부 또는 일부에 대하여 성장관리계획구역을 지정할 수 있다.

> ㉠ 개발수요가 많아 무질서한 개발이 진행되고 있거나 진행될 것으로 예상되는 지역
> ㉡ 주변의 토지이용이나 교통여건 변화 등으로 향후 시가화가 예상되는 지역
> ㉢ 주변지역과 연계하여 체계적인 관리가 필요한 지역
> ㉣ 「토지이용규제 기본법」에 따른 지역·지구 등의 변경으로 토지이용에 대한 행위제한이 완화되는 지역
> ㉤ 난개발의 방지와 체계적인 관리가 필요한 지역으로서 대통령령으로 정하는 지역 ➕

② 지정 절차는 다음과 같다.

> ㉠ 주민, 지방의회 의견 ⇨ 협의·심의를 거쳐 지정
> ㉡ 지방의회는 60일 내 의견제시, 협의요청 받은 자는 30일 내 의견제시

(2) 성장관리계획의 수립 등

① 특·광·특·특·시장 또는 군수는 성장관리계획구역을 지정할 때에는 다음의 사항 중 그 성장관리계획구역의 지정목적을 이루는 데 필요한 사항을 포함하여 성장관리계획을 수립하여야 한다.

> ㉠ 도로, 공원 등 기반시설의 배치와 규모에 관한 사항
> ㉡ 건축물의 용도제한, 건축물의 건폐율 또는 용적률
> ㉢ 건축물의 배치, 형태, 색채 및 높이
>   ✔ 건축선은 없음에 유의한다.
> ㉣ 환경관리 및 경관계획
> ㉤ 난개발의 방지와 체계적인 관리에 필요한 사항으로서 대통령령으로 정하는 다음의 사항
>   ⓐ 성장관리계획구역 내 토지개발·이용, 기반시설, 생활환경 등의 현황 및 문제점

ⓑ 그 밖에 난개발의 방지와 체계적인 관리에 필요한 사항으로서 특별시·광역시·특별자치시·특별자치도·시 또는 군의 도시·군계획조례로 정하는 사항

② 성장관리계획구역에서 완화되는 건폐율과 용적률(조례로 완화 가능)

건폐율	㉠ 계획관리지역: 50% 이하 ㉡ 생산관리지역·농림지역·자연녹지지역 및 생산녹지지역: 30% 이하 ✔ 보전녹지지역·보전관리지역·자연환경보전지역은 완화되지 않음에 유의한다.
용적률	계획관리지역에서는 125% 이하의 범위에서 성장관리계획으로 정하는 바에 따라 조례로 정하는 비율까지

③ 타당성검토: 수립권자는 5년마다 성장관리계획에 대하여 타당성을 전반적으로 재검토한다.

5. 개발행위허가의 제한 제33회, 제34회

(1) 제한권자 및 제한사유

국토교통부장관, 시·도지사, 시장 또는 군수는 다음의 어느 하나에 해당되는 지역으로서 도시·군관리계획상 특히 필요하다고 인정되는 지역에 대해서는 대통령령으로 정하는 바에 따라 중앙도시계획위원회나 지방도시계획위원회의 심의를 거쳐 한 차례만 3년 이내의 기간 동안 개발행위허가를 제한할 수 있다. 다만, 다음의 ③부터 ⑤까지에 해당하는 지역에 대해서는 중앙도시계획위원회나 지방도시계획위원회의 심의를 거치지 아니하고 한 차례만 2년 이내의 기간 동안 개발행위허가의 제한을 연장할 수 있다(법 제63조 제1항).

① 녹지지역이나 계획관리지역으로서 수목이 집단적으로 자라고 있거나 조수류 등이 집단적으로 서식하고 있는 지역 또는 우량농지 등으로 보전할 필요가 있는 지역
② 개발행위로 인하여 주변의 환경·경관·미관 및 국가유산 등이 크게 오염되거나 손상될 우려가 있는 지역
③ 도시·군기본계획이나 도시·군관리계획을 수립하고 있는 지역으로서 그 도시·군기본계획이나 도시·군관리계획이 결정될 경우 용도지역·용도지구 또는 용도구역의 변경이 예상되고 그에 따라 개발행위허가의 기준이 크게 달라질 것으로 예상되는 지역(심의 거치지 않고 2년 연장 가능)
④ 지구단위계획구역으로 지정된 지역(심의 거치지 않고 2년 연장 가능)
⑤ 기반시설부담구역으로 지정된 지역(심의 거치지 않고 2년 연장 가능)

(2) 제한절차

① 심의: 개발행위허가를 제한하고자 하는 자가 국토교통부장관인 경우에는 중앙도시계획위원회의 심의를 거쳐야 하며, 시·도지사 또는 시장·군수인 경우에는 해당 지방자치단체에 설치된 지방도시계획위원회의 심의를 거쳐야 한다(영 제60조 제1항).

② 의견청취: 개발행위허가를 제한하고자 하는 자가 국토교통부장관 또는 시·도지사인 경우에는 중앙도시계획위원회 또는 시·도 도시계획위원회의 심의 전에 미리 제한하고자 하는 지역을 관할하는 시장 또는 군수의 의견을 들어야 한다(영 제60조 제2항).

③ 제한사유 등의 사전고시

㉠ 국토교통부장관, 시·도지사, 시장 또는 군수는 개발행위허가를 제한하려면 제한지역·제한사유·제한대상행위 및 제한기간을 미리 관보 또는 공보에 고시해야 한다(법 제63조 제2항).

㉡ 개발행위허가의 제한에 관한 고시는 국토교통부장관이 하는 경우에는 관보에, 시·도지사가 하는 경우에는 해당 시·도의 공보에 게재하는 방법에 의한다(영 제60조 제3항).

④ 홈페이지 고시: 국토교통부장관, 시·도지사, 시장 또는 군수는 고시한 내용을 해당 기관의 인터넷 홈페이지에도 게재하여야 한다(영 제60조 제4항).

(3) 개발행위허가제한지역의 해제

① 개발행위허가를 제한하기 위하여 개발행위허가 제한지역 등을 고시한 국토교통부장관, 시·도지사, 시장 또는 군수는 해당 지역에서 개발행위를 제한할 사유가 없어진 경우에는 그 제한기간이 끝나기 전이라도 지체 없이 개발행위허가의 제한을 해제하여야 한다. 이 경우, 국토교통부장관, 시·도지사, 시장 또는 군수는 대통령령으로 정하는 바에 따라 해제지역 및 해제시기를 고시해야 한다(법 제63조 제3항).

② 국토교통부장관, 시·도지사, 시장 또는 군수가 개발행위허가를 제한하거나 개발행위허가제한을 연장 또는 해제하는 경우, 그 지역의 지형도면고시, 지정의 효력, 주민 의견청취 등에 관하여는 「토지이용규제 기본법」을 따른다(법 제63조 제4항).

참고 소식지(알림)
1. 관보: 중앙관서 소식지
2. 공보: 지방관서 소식지

6. 개발행위허가의 조건부허가와 이행담보

(1) 조건부허가

특별시장·광역시장·특별자치시장·특별자치도지사·시장 또는 군수는 개발행위허가를 하는 경우에는 대통령령으로 정하는 바에 따라 그 개발행위에 따른 기반시설의 설치 또는 그에 필요한 용지의 확보, 위해방지, 환경오염방지, 경관, 조경 등에 관한 조치를 할 것을 조건으로 개발행위허가를 할 수 있다. 개발행위허가에 조건을 붙이려는 때에는 미리 개발행위허가를 신청한 자의 의견을 들어야 한다(법 제57조 제4항, 영 제54조 제2항).

(2) 이행보증금의 예치요건(임의사항)

특별시장·광역시장·특별자치시장·특별자치도지사·시장 또는 군수는 기반시설의 설치나 그에 필요한 용지의 확보, 위해방지, 환경오염방지, 경관, 조경 등을 위하여 필요하다고 인정되는 경우로서 다음의 경우에는 이의 이행을 보증하기 위하여 개발행위허가(다른 법률에 따라 개발행위허가가 의제되는 협의를 거친 인가·허가·승인 등을 포함한다)를 받는 자로 하여금 이행보증금을 예치하게 할 수 있다(법 제60조, 영 제59조 제1항).

> ① 건축물의 건축 또는 공작물의 설치, 토지의 형질변경, 토석을 채취하는 개발행위로서 해당 개발행위로 인하여 도로·수도공급설비·하수도 등 기반시설의 설치가 필요한 경우(물건적치와 토지분할은 해당사항 없다)
> ② 토지의 굴착으로 인하여 인근의 토지가 붕괴될 우려가 있거나 인근의 건축물 또는 공작물이 손괴될 우려가 있는 경우
> ③ 토석의 발파로 인한 낙석·먼지 등에 의하여 인근지역에 피해가 발생할 우려가 있는 경우
> ④ 토석을 운반하는 차량의 통행으로 인하여 통행로 주변의 환경이 오염될 우려가 있는 경우
> ⑤ 토지의 형질변경이나 토석의 채취가 완료된 후 비탈면에 조경을 할 필요가 있는 경우

핵심 이행보증금 예치요건
1. 기반시설의 설치
2. 굴착
3. 발파
4. 차량통행
5. 비탈면 조경

참고 예치의무 제외사유
1. 국가 또는 지방자치단체가 시행하는 개발행위
2. 「공공기관의 운영에 관한 법률」에 따른 공공기관 중 대통령령으로 정하는 기관이 시행하는 개발행위
3. 그 밖에 해당 지방자치단체의 조례가 정하는 공공단체가 시행하는 개발행위

(3) 이행보증금의 예치와 반환

① 예치금액: 이행보증금의 예치금액은 기반시설의 설치나 그에 필요한 용지의 확보, 위해의 방지, 환경오염의 방지, 경관 및 조경에 필요한 비용의 범위 안에서 산정하되 총공사비의 20%(산지에서의 개발행위의 경우, 「산지관리법」에 따른 복구비를 합하여 총공사비의 20%) 이내가 되도록 하고, 그 산정에 관한 구체적인 사항 및 예치방법은 특별시·광역

시·특별자치시·특별자치도·시 또는 군의 도시·군계획조례로 정한다. 이 경우, 산지 안에서의 개발행위에 대한 이행보증금의 예치금액은 「산지관리법」에 따른 복구비를 포함하여 정하되, 복구비가 이행보증금에 중복하여 계상되지 아니하도록 하여야 한다(영 제59조 제2항).

② 납입방법: 이행보증금은 현금으로 납입하되, 「국가를 당사자로 하는 계약에 관한 법률 시행령」 및 「지방자치단체를 당사자로 하는 계약에 관한 법률 시행령」 각 호의 보증서 등 또는 「한국광해광업공단법」 제8조 제1항 제6호에 따라 한국광해광업공단이 발행하는 이행보증서 등으로 이를 갈음할 수 있다(영 제59조 제3항).

③ 예치금의 반환: 이행보증금은 개발행위허가를 받은 자가 준공검사를 받은 때에는 즉시 이를 반환하여야 한다(영 제59조 제4항).

④ 원상회복: 특별시장·광역시장·특별자치시장·특별자치도지사·시장 또는 군수는 개발행위허가를 받은 자가 원상회복명령을 이행하지 아니하는 때에는 이행보증금을 사용하여 대집행에 의하여 원상회복을 할 수 있다. 이 경우, 잔액이 있는 때에는 즉시 이를 이행보증금의 예치자에게 반환하여야 한다(영 제59조 제6항).

7. 관련 인·허가 등의 의제

(1) 인·허가 등의 의제

개발행위허가 또는 변경허가를 할 때에 특별시장·광역시장·특별자치시장·특별자치도지사·시장 또는 군수가 그 개발행위에 대한 다음의 인가·허가·승인·면허·협의·해제·신고 또는 심사 등(이하 '인·허가 등'이라 한다)에 관하여 미리 관계 행정기관의 장과 협의한 사항에 대하여는 그 인·허가 등을 받은 것으로 본다(법 제61조 제1항).

> ① 「공유수면 관리 및 매립에 관한 법률」에 따른 공유수면의 점용·사용허가, 점용·사용 실시계획의 승인 또는 신고, 공유수면의 매립면허 및 공유수면 매립실시계획의 승인
> ② 「광업법」에 따른 채굴계획의 인가
> ③ 「농어촌정비법」에 따른 농업생산기반시설의 사용허가
> ④ 「농지법」에 따른 농지전용의 허가 또는 협의, 농지전용의 신고 및 농지의 타용도 일시사용의 허가 또는 협의
> ⑤ 「도로법」에 따른 도로관리청이 아닌 자에 대한 도로공사 시행의 허가, 도로와 다른 시설의 연결허가 및 도로의 점용허가

Tip ☞ 단, 개발행위의 허가에 따라 건축허가를 의제하지는 않음에 유의한다.

(2) 서류의 제출

인·허가 등의 의제를 받으려는 자는 개발행위허가 또는 변경허가를 신청할 때에 해당 법률에서 정하는 관련서류를 함께 제출해야 한다(법 제61조 제2항).

(3) 관계 행정기관의 장과 사전협의

특별시장·광역시장·특별자치시장·특별자치도지사·시장 또는 군수는 개발행위허가 또는 변경허가를 할 때에 그 내용에 의제사항이 있으면 미리 관계 행정기관의 장과 협의하여야 한다. 협의요청을 받은 관계 행정기관의 장은 요청을 받은 날부터 20일 이내에 의견을 제출하여야 하며, 그 기간 내에 의견을 제출하지 아니하면 협의가 이루어진 것으로 본다(법 제61조 제3항·제4항).

(4) 인·허가 등의 통합고시

국토교통부장관은 의제되는 인·허가 등의 처리기준을 관계 중앙행정기관으로부터 제출받아 통합하여 고시해야 한다(법 제61조 제5항).

8. 준공검사

(1) 준공검사의 대상

① 원칙: 건축물의 건축 또는 공작물의 설치, 토지의 형질변경(경작을 위한 토지의 형질변경은 제외한다), 토석의 채취행위에 대한 개발행위허가를 받은 자는 그 개발행위를 마치면 국토교통부령으로 정하는 바에 따라 특별시장·광역시장·특별자치시장·특별자치도지사·시장 또는 군수의 준공검사를 받아야 한다(법 제62조 제1항).

② 예외: 건축물의 건축 또는 공작물의 설치행위에 대하여 「건축법」에 의한 건축물의 사용승인을 얻은 경우에는 그러하지 아니하다(법 제62조 제1항 단서).

> **Tip** 물건적치와 토지분할은 준공검사의 대상이 아님에 유의한다.

(2) 다른 준공검사 등의 의제

① 의제: 준공검사를 받은 경우에는 특별시장·광역시장·특별자치시장·특별자치도지사·시장 또는 군수가 의제되는 인·허가 등에 따른 준공검사·준공인가 등에 관하여 관계 행정기관의 장과 협의한 사항에 대하여는 그 준공검사·준공인가 등을 받은 것으로 본다(법 제62조 제2항).

② 관련서류 제출: 준공검사·준공인가 등의 의제를 받으려는 자는 인·허가 의제에 따른 준공검사를 신청할 때에 해당 법률에서 정하는 관련 서류를 함께 제출해야 한다(법 제62조 제3항).

③ 사전협의: 특별시장·광역시장·특별자치시장·특별자치도지사·시장 또는 군수는 ①에 따른 준공검사를 할 때에 그 내용에 법 제61조에 따라 의제되는 인·허가 등에 따른 준공검사·준공인가 등에 해당하는 사항이 있으면 미리 관계 행정기관의 장과 협의하여야 한다(법 제62조 제4항).

④ 고시: 국토교통부장관은 의제되는 준공검사·준공인가 등의 처리기준을 관계 중앙행정기관으로부터 제출받아 통합하여 고시해야 한다(법 제62조 제5항).

9. 개발행위에 따른 공공시설 귀속 제32회, 제33회

(1) 귀속 주체

행정청이 개발행위허가를 받은 경우 (다른 법률에 따라 개발행위허가가 의제되는 협의를 거친 인가·허가·승인 등을 포함)	「국유재산법」 및 「공유재산 및 물품관리법」의 규정에 불구	① 새로 설치된 공공시설: 그 시설을 관리할 관리청에 무상으로 귀속된다. ② 종래의 공공시설: 개발행위허가를 받은 자에게 무상으로 귀속된다.
행정청이 아닌 자가 개발행위허가를 받은 경우		③ 새로 설치한 공공시설: 그 시설을 관리할 관리청에 무상으로 귀속된다. ④ 개발행위로 용도가 폐지되는 공공시설: 새로 설치한 공공시설의 설치비용에 상당하는 범위에서 개발행위허가를 받은 자에게 무상으로 이를 양도할 수 있다.

(2) 관리청의 간주

특별시장·광역시장·특별자치시장·특별자치도지사·시장 또는 군수는 공공시설의 귀속에 관한 사항이 포함된 개발행위허가를 하려면 미리 해당 공공시설이 속한 관리청의 의견을 들어야 한다. 다만, 관리청이 지정되지 아니한 경우에는 관리청이 지정된 후 준공되기 전에 관리청의 의견을 들어야 하며, 관리청이 불분명한 경우에는 도로 등에 대하여는 국토교통부장관을, 하천에 대하여는 기후에너지환경부장관을 관리청으로 보고, 그 외의 재산에 대하여는 재정경제부장관을 관리청으로 본다(법 제65조 제3항).

(3) 점용료 등의 면제

특별시장·광역시장·특별자치시장·특별자치도지사·시장 또는 군수가 관리청의 의견을 듣고 개발행위허가를 한 경우, 개발행위허가를 받은 자는 그 허가에 포함된 공공시설의 점용 및 사용에 관하여 관계 법률에 따른 승

기출

1. 개발행위허가를 받은 자가 행정청인 경우, 새로 설치된 공공시설은 그 시설을 관리할 관리청에 무상으로 귀속된다. 제33회

2. 개발행위허가를 받은 자가 행정청이 아닌 경우, 개발행위허가를 받은 자가 새로 설치한 공공시설은 그 시설을 관리할 관리청에 무상으로 귀속되고, 개발행위로 용도가 폐지되는 공공시설은 「국유재산법」과 「공유재산 및 물품관리법」에도 불구하고 새로 설치한 공공시설의 설치비용에 상당하는 범위에서 개발행위허가를 받은 자에게 무상으로 양도할 수 있다. 제32회

인·허가 등을 받은 것으로 보아 개발행위를 할 수 있다. 이 경우, 해당 공공시설의 점용 또는 사용에 따른 점용료 또는 사용료는 면제된 것으로 본다(법 제65조 제4항).

(4) 공공시설의 귀속시기

① 행정청이 개발행위허가를 받은 경우: 개발행위허가를 받은 자는 개발행위가 끝나 준공검사를 마친 때에는 해당 시설의 관리청에 공공시설의 종류와 토지의 세목(細目)을 통지하여야 한다. 이 경우, 공공시설은 그 통지한 날에 해당 시설을 관리할 관리청과 개발행위허가를 받은 자에게 각각 귀속된 것으로 본다(법 제65조 제5항).

② 행정청이 아닌 자가 개발행위허가를 받은 경우: 개발행위허가를 받은 자는 관리청에 귀속되거나 그에게 양도될 공공시설에 관하여 개발행위가 끝나기 전에 그 시설의 관리청에 그 종류와 토지의 세목을 통지하여야 하고, 준공검사를 한 특별시장·광역시장·특별자치시장·특별자치도지사·시장 또는 군수는 그 내용을 해당 시설의 관리청에 통보하여야 한다. 이 경우, 공공시설은 준공검사를 받음으로써 그 시설을 관리할 관리청과 개발행위허가를 받은 자에게 각각 귀속되거나 양도된 것으로 본다(법 제65조 제6항).

심화 법 제65조 제5항 중 '준공검사를 마친 때'는 '준공검사를 마친 때(시행자가 국토교통부장관, 시·도지사 또는 대도시 시장인 경우에는 공사완료공고를 한 때를 말한다)'로 보고, 같은 조 제7항 중 '준공검사를 받았음을 증명하는 서면'은 '준공검사증명서(시행자가 국토교통부장관, 시·도지사 또는 대도시 시장인 경우에는 공사완료공고를 하였음을 증명하는 서면을 말한다)'로 본다.

(5) 부동산등기의 특례

공공시설을 등기할 때에 「부동산등기법」에 따른 등기원인을 증명하는 서면은 준공검사를 받았음을 증명하는 서면으로 갈음한다(법 제65조 제7항).

(6) 수익금의 전용제한

개발행위허가를 받은 자가 행정청인 경우, 개발행위허가를 받은 자는 그에게 귀속된 공공시설의 처분으로 인한 수익금을 도시·군계획사업 외의 목적에 사용하여서는 아니 된다(법 제65조 제8항).

Tip 수익금이란 시행자가 행정청인 경우에만 나온다. 비행정청인 시행자는 해당되지 않는다는 점에 유의한다.

(7) 법률의 준용

공공시설의 귀속에 관하여 다른 법률에 특별한 규정이 있는 경우에는 이 법률의 규정에도 불구하고 그 법률에 따른다(법 제65조 제9항).

> **핵심** 위반시 조치
> 1. 원상회복명령
> 2. 행정대집행
> 3. 행정형벌(3년·3천)

10. 허가위반자에 대한 조치

(1) 원상회복명령

특별시장·광역시장·특별자치시장·특별자치도지사·시장 또는 군수는 개발행위허가를 받지 아니하고 개발행위를 하거나 허가내용과 다르게 개발행위를 하는 자에게는 그 토지의 원상회복을 명할 수 있다(법 제60조 제3항).

(2) 행정대집행

특별시장·광역시장·특별자치시장·특별자치도지사·시장 또는 군수는 원상회복의 명령을 받은 자가 원상회복을 하지 아니하면 「행정대집행법」에 따른 행정대집행에 따라 원상회복을 할 수 있다. 이 경우, 행정대집행에 필요한 비용은 개발행위허가를 받은 자가 예치한 이행보증금을 사용할 수 있다(법 제60조 제4항).

(3) 행정형벌

3년 이하의 징역 또는 3천만원 이하의 벌금에 처한다.

11. 개발행위복합민원 일괄협의회

특별시장·광역시장·특별자치시장·특별자치도지사·시장 또는 군수는 관계 행정기관의 장과 협의하기 위하여 대통령령으로 정하는 바에 따라 개발행위복합민원 일괄협의회를 개최하여야 한다(법 제61조의2 제1항).

② 개발행위에 따른 기반시설의 설치 제32회, 제33회, 제34회

1. 개발밀도관리구역

(1) 지정권자

특별시장·광역시장·특별자치시장·특별자치도지사·시장 또는 군수는 주거·상업 또는 공업지역에서의 개발행위로 기반시설(도시·군계획시설을 포함한다)의 처리·공급 또는 수용능력이 부족할 것으로 예상되는 지역 중 기반시설의 설치가 곤란한 지역을 개발밀도관리구역으로 지정할 수 있다(법 제66조 제1항).

(2) 지정기준

개발밀도관리구역의 지정기준, 개발밀도관리구역의 관리 등에 관하여 필요한 사항은 다음에 정하는 바에 따라 국토교통부장관이 정한다(법 제66조 제5항, 영 제63조).

① 개발밀도관리구역은 도로·수도공급설비·하수도·학교 등 기반시설의 용량이 부족할 것으로 예상되는 지역 중 기반시설의 설치가 곤란한 지역으로서 다음에 해당하는 지역에 대하여 지정할 수 있도록 할 것
  ㉠ 해당 지역의 도로서비스 수준이 매우 낮아 차량통행이 **현저하게 지체**되는 지역. 이 경우, 도로서비스 수준의 측정에 관하여는 「도시교통정비촉진법」에 따른 교통영향평가의 예에 따른다.
  ㉡ 해당 지역의 도로율이 국토교통부령이 정하는 용도지역별 **도로율에 20% 이상 미달**하는 지역
  ㉢ 향후 2년 이내에 해당 지역의 수도에 대한 수요량이 수도시설의 시설용량을 초과할 것으로 예상되는 지역
  ㉣ 향후 2년 이내에 해당 지역의 하수발생량이 하수시설의 시설용량을 초과할 것으로 예상되는 지역
  ㉤ 향후 2년 이내에 해당 지역의 학생 수가 학교수용능력을 20% 이상 초과할 것으로 예상되는 지역
② 개발밀도관리구역의 경계는 도로·하천, 그 밖에 특색 있는 지형지물을 이용하거나 용도지역의 경계선을 따라 설정하는 등 경계선이 **분명하게 구분**되도록 할 것
③ 용적률의 강화범위는 해당 용도지역에 적용되는 **용적률의 최대한도의 50%의 범위**에서 ①의 ㉠~㉤에 따른 기반시설의 부족정도를 고려하여 결정할 것
④ 개발밀도관리구역 안의 기반시설의 변화를 **주기적으로 검토**하여 용적률을 강화 또는 완화하거나 개발밀도관리구역을 해제하는 등 필요한 조치를 취하도록 할 것

핵심 🎯 지정기준
1. 숫자 2와 관련
2. 경계는 분명하게 구분
3. 용적률의 최대한도의 50% 이내
4. 주기적 검토

기출 개발밀도관리구역에서는 해당 용도지역에 적용되는 용적률의 최대한도 50% 범위에서 용적률을 강화하여 적용한다. 제33회

(3) 지정절차

① 도시계획위원회의 심의: 특별시장·광역시장·특별자치시장·특별자치도지사·시장 또는 군수는 개발밀도관리구역을 지정 또는 이를 변경하고자 하는 경우에는 다음의 사항을 포함하여 해당 지방자치단체에 설치된 지방도시계획위원회의 심의를 거쳐야 한다(법 제66조 제3항).

  ㉠ 개발밀도관리구역의 명칭
  ㉡ 개발밀도관리구역의 범위
  ㉢ 건폐율 또는 용적률의 강화범위

② 지정·변경의 고시: 특별시장·광역시장·특별자치시장·특별자치도지사·시장 또는 군수는 개발밀도관리구역을 지정하거나 변경한 경우에는 그 사실을 대통령령으로 정하는 바에 따라 고시해야 한다(법 제66조 제4항, 영 제62조 제2항).

Tip 👆 개발밀도관리구역은 심의만 거쳐서 지정한다. 도시·군관리계획의 절차로 지정하는 것이 아님에 유의한다.

기출 특별시장·광역시장·특별자치시장·특별자치도지사·시장 또는 군수는 개발밀도관리구역을 지정하거나 변경하려면 지방자치단체에 설치된 지방도시계획위원회의 심의를 거쳐야 한다. 제32회

(4) 지정·고시의 효과

특별시장·광역시장·특별자치시장·특별자치도지사·시장 또는 군수는 개발밀도관리구역에서는 대통령령으로 정하는 범위(해당 용도지역에 적용되는 용적률의 최대한도의 50%)에서 건폐율 또는 용적률을 강화하여 적용한다(법 제66조 제2항, 영 제62조 제1항).

구분	개발밀도관리구역
의의(지정목적)	개발로 인하여 기반시설이 부족할 것이 예상되나 기반시설의 설치가 곤란한 지역을 대상으로 건폐율 또는 용적률을 강화하여 적용하기 위하여 지정하는 구역
지정대상지역	주거지역·상업지역·공업지역(녹지 ×)
지정절차	지방도시계획위원회의 심의 ⇨ 특별시장·광역시장·특별자치시장·특별자치도지사·시장 또는 군수의 지정 ⇨ 고시
지정효과	용적률의 최대한도의 50% 강화 적용(대통령령으로 정한다)

2. 기반시설부담구역 제32회, 제33회

(1) 기반시설부담구역의 지정

① 지정권자 및 지정대상지역: 특별시장·광역시장·특별자치시장·특별자치도지사·시장 또는 군수는 다음의 어느 하나에 해당하는 지역에 대하여는 기반시설부담구역으로 지정하여야 한다. 다만, 개발행위가 집중되어 특별시장·광역시장·특별자치시장·특별자치도지사·시장 또는 군수가 해당 지역의 계획적 관리를 위하여 필요하다고 인정하면 다음에 해당하지 아니하는 경우라도 기반시설부담구역으로 지정할 수 있다(법 제67조 제1항, 영 제64조 제1항).

> ㉠ 이 법 또는 다른 법령의 제정·개정으로 인하여 행위제한이 완화되거나 해제되는 지역
> ㉡ 이 법 또는 다른 법령에 따라 지정된 용도지역 등이 변경되거나 해제되어 행위제한이 완화되는 지역
> ㉢ 개발행위허가 현황 및 인구증가율 등을 고려한 다음의 지역
>   ⓐ 해당 지역의 전년도 개발행위허가 건수가 전전년도 개발행위허가 건수보다 20% 이상 증가한 지역
>   ⓑ 해당 지역의 전년도 인구증가율이 그 지역이 속하는 특별시·광역시·특별자치시·특별자치도·시 또는 군(광역시의 관할구역에 있는 군은 제외한다)의 전년도 인구증가율보다 20% 이상 높은 지역

기출
1. 광역시장은 「국토의 계획 및 이용에 관한 법률」의 개정으로 인하여 행위제한이 완화되는 지역에 대하여 이를 기반시설부담구역으로 지정하여야 한다.
2. 기반시설의 설치가 필요하다고 인정하는 지역으로서, 해당 지역의 전년도 개발행위허가 건수가 전전년도 개발행위허가 건수보다 20% 이상 증가한 지역에 대하여는 기반시설부담구역으로 지정하여야 한다. 제33회

비교⇨ 구역 지정
1. 개발밀도관리구역: 심의만 거쳐 지정한다.
2. 기반시설부담구역: 의견청취와 심의를 거쳐 지정한다.

② 지정·고시: 특별시장·광역시장·특별자치시장·특별자치도지사·시장 또는 군수는 기반시설부담구역을 지정하거나 변경하였으면 기반시설부담구역의 명칭·위치·면적 및 지정일자와 관계 도서의 열람방법을 해당 지방자치단체의 공보와 인터넷 홈페이지에 고시해야 한다(법 제66조 제4항, 영 제62조 제2항·제3항).

③ 기반시설설치계획

㉠ **특별시장·광역시장·특별자치시장·특별자치도지사·시장 또는 군수**는 기반시설부담구역이 지정되면 다음의 정하는 바에 따라 기반시설설치계획을 수립하여야 하며, 이를 도시·군관리계획에 반영하여야 한다(법 제67조 제4항, 영 제65조 제1항).

> ⓐ 설치가 필요한 기반시설(기반시설부담구역에 설치가 필요한 기반시설을 말한다)의 종류, 위치 및 규모
> ⓑ 기반시설의 설치 우선순위 및 단계별 설치계획
> ⓒ 그 밖에 기반시설의 설치에 필요한 사항

기출 기반시설부담구역이 지정되면 기반시설설치계획을 수립하여야 하며, 이를 도시·군관리계획에 반영하여야 한다. 제33회

㉡ 수립시 고려사항: 특별시장·광역시장·특별자치시장·특별자치도지사·시장 또는 군수는 기반시설설치계획을 수립할 때에는 다음의 사항을 종합적으로 고려해야 한다(영 제65조 제2항).

> ⓐ 기반시설의 배치는 해당 기반시설부담구역의 토지이용계획 또는 앞으로 예상되는 개발수요를 고려하여 적절하게 정할 것
> ⓑ 기반시설의 설치시기는 재원조달계획, 시설별 우선순위, 사용자의 편의와 예상되는 개발행위의 완료시기 등을 고려하여 합리적으로 정할 것

㉢ 기반시설부담구역의 해제: 기반시설부담구역의 지정·고시일부터 1년이 되는 날까지 기반시설설치계획을 수립하지 아니하면 그 **1년이 되는 날의 다음 날**에 기반시설부담구역의 지정은 해제된 것으로 본다(영 제65조 제3항·제4항).

④ 지정기준: 기반시설부담구역의 지정기준 등에 관하여 필요한 사항은 대통령령으로 정하는 바에 따라 국토교통부장관이 정하며, 기반시설부담구역의 지정기준을 정할 때에는 다음의 사항을 종합적으로 고려해야 한다(법 제67조 제5항, 영 제66조).

비교 수립시기
1. 지구단위계획구역: 지정 후 3년 이내에 수립한다.
2. 기반시설부담구역: 지정 후 1년 이내에 수립한다.
✔ 수립되지 않으면 그 기간이 되는 날의 다음 날에 실효된다.

> ㉠ 기반시설부담구역은 기반시설이 적절하게 배치될 수 있는 규모로서 **최소 10만㎡ 이상의 규모**가 되도록 지정할 것
> ㉡ 소규모 개발행위가 연접하여 시행될 것으로 예상되는 지역의 경우에는 **하나의 단위구역으로 묶어서** 기반시설부담구역을 지정할 것
> ㉢ 기반시설부담구역의 경계는 도로, 하천, 그 밖의 특색 있는 지형지물을 이용하는 등 **경계선이 분명하게 구분**되도록 할 것

(2) 기반시설설치비용의 부과대상 및 산정기준

① 부과대상 건축행위: 기반시설부담구역에서 기반시설설치비용의 부과대상인 건축행위는 200㎡(기존 건축물의 연면적을 포함한다)를 초과하는 건축물의 신축·증축행위로 한다. 다만, 기존 건축물을 철거하고 신축하는 경우에는 기존 건축물의 건축연면적을 초과하는 건축행위만 부과대상으로 한다(법 제68조 제1항).

② 기반시설설치비용: 기반시설설치비용은 기반시설을 설치하는 데 필요한 기반시설 표준시설비용과 용지비용을 합산한 금액에 부과대상 건축연면적과 기반시설 설치를 위하여 사용되는 총 비용 중 국가·지방자치단체의 부담분을 제외하고 민간 개발사업자가 부담하는 부담률을 곱한 금액으로 한다. 다만, 특별시장·광역시장·특별자치시장·특별자치도지사·시장 또는 군수가 해당 지역의 기반시설 소요량 등을 고려하여 대통령령으로 정하는 바에 따라 기반시설부담계획을 수립한 경우에는 그 부담계획에 따른다(법 제68조 제2항).

> [(기반시설 표준시설비용 + 용지비용) − 총 비용 중 국가·지방자치단체의 부담분을 제외] × 민간 개발사업자가 부담하는 부담률

③ 기반시설 표준시설비용: 기반시설 표준시설비용은 기반시설 조성을 위하여 사용되는 단위당 시설비로서 해당 연도의 생산자물가상승률 등을 고려하여 매년 1월 1일을 기준으로 한 기반시설 표준시설비용을 매년 6월 10일까지 국토교통부장관이 고시한다(법 제68조 제3항, 영 제68조).

④ 용지비용: 기반시설의 용지비용은 부과대상이 되는 건축행위가 이루어지는 토지를 대상으로 다음의 기준을 곱하여 산정한 가액(價額)으로 한다(법 제68조 제4항).

㉠ 지역별 기반시설의 설치정도를 고려하여 0.4 범위 내에서 지방자치단체의 조례로 정하는 용지환산계수
㉡ 기반시설부담구역 내 개별공시지가 평균 및 대통령령으로 정하는 건축물별 기반시설유발계수(별표 1의3)

> **참고** 용지환산계수: 기반시설부담구역별로 기반시설이 설치된 정도를 고려하여 산정된 기반시설필요면적률(기반시설부담구역의 전체 토지면적 중 기반시설이 필요한 토지면적의 비율을 말한다)을 건축 연면적당 기반시설필요면적으로 환산하는 데 사용되는 계수를 말한다.

⑤ 민간 개발사업자가 부담하는 부담률: 민간 개발사업자가 부담하는 부담률은 20%로 하며, 특별시장·광역시장·특별자치시장·특별자치도지사·시장 또는 군수가 건물의 규모, 지역 특성 등을 고려하여 25%의 범위에서 부담률을 가감할 수 있다(법 제68조 제5항).

⑥ 감면사항: 납부의무자가 다음의 어느 하나에 해당하는 경우에는 이 법에 따른 기반시설설치비용에서 감면한다(법 제68조 제6항).

㉠ 기반시설을 설치하거나 그에 필요한 용지를 확보한 경우
㉡ 「도로법」에 따른 원인자부담금 등 대통령령으로 정하는 비용을 납부한 경우

⑦ 기준을 정하는 사항: 기반시설부담구역의 감면기준 및 절차, 그 밖의 필요한 사항은 대통령령으로 정한다(법 제68조 제7항).

> **참고** 건축물별 기반시설유발계수
>
> 1. 단독주택: 0.7
> 2. 공동주택: 0.7
> 3. 제1종 근린생활시설: 1.3
> 4. 제2종 근린생활시설: 1.6
> 5. 문화 및 집회시설: 1.4
> 6. 종교시설: 1.4
> 7. 판매시설: 1.3
> 8. 운수시설: 1.4
> 9. 의료시설: 0.9
> 10. 교육연구시설: 0.7
> 11. 노유자시설: 0.7
> 12. 수련시설: 0.7
> 13. 운동시설: 0.7
> 14. 업무시설: 0.7
> 15. 숙박시설: 1.0
> 16. 위락시설: 2.1
> 17. 공장: 0.3~2.5
> 18. 창고시설: 0.5
> 19. 위험물저장 및 처리시설: 0.7
> 20. 자동차관련시설: 0.7
> 21. 동물 및 식물관련시설: 0.7
> 22. 자원순환관련시설: 1.4
> 23. 교정시설: 0.7
> 24. 국방·군사시설: 0.7
> 25. 방송통신시설: 0.8
> 26. 발전시설: 0.7
> 27. 묘지관련시설: 0.7
> 28. 관광휴게시설: 1.9
> 29. 장례시설: 0.7
> 30. 야영장시설: 0.7

참고 기반시설설치비용

1. 부과대상: 200m²를 초과하는 신축·증축행위
2. 부과시기: 허가를 받은 날로부터 2개월 이내
3. 부과권자: 허가권자
4. 납부시기: 사용승인신청시까지
5. 납부방법: 현금·카드납부가 원칙이나, 물납도 가능
6. 미납시: 강제징수

심화 기반시설설치비용의 감면 등(영 제70조)

1. 납부의무자가 직접 기반시설을 설치하거나 그에 필요한 용지를 확보한 경우에는 기반시설설치비용에서 직접 기반시설을 설치하거나 용지를 확보하는 데 든 비용을 공제한다.

2. 1.에 따른 공제금액 중 납부의무자가 직접 기반시설을 설치하는 데 든 비용은 다음의 금액을 합산하여 산정한다.

   ① 건축허가(다른 법률에 따른 사업승인 등 건축허가가 의제되는 경우에는 그 사업승인)를 받은 날(이하 '부과기준시점'이라 한다)을 기준으로 국토교통부장관이 정하는 요건을 갖춘 둘 이상의 감정평가법인 등이 감정평가한 금액을 산술평균한 토지의 가액
   ② 부과기준시점을 기준으로 국토교통부장관이 매년 고시하는 기반시설별 단위당 표준조성비에 납부의무자가 설치하는 기반시설량을 곱하여 산정한 기반시설별 조성비용. 다만, 납부의무자가 실제 투입된 조성비용명세서를 제출하면 국토교통부령으로 정하는 바에 따라 그 조성비용을 기반시설별 조성비용으로 인정할 수 있다.

3. 2.에도 불구하고 부과기준시점에 다음의 어느 하나에 해당하는 금액에 따른 토지의 가액과 기반시설별 조성비용을 적용하여 산정된 공제금액이 기반시설설치비용을 초과하는 경우에는 그 금액을 납부의무자가 직접 기반시설을 설치하는 데 든 비용으로 본다.

   ① 부과기준시점으로부터 가장 최근에 결정·공시된 개별공시지가
   ② 국가, 지방자치단체, 「공공기관의 운영에 관한 법률」에 따른 공공기관 또는 「지방공기업법」에 따른 지방공기업으로부터 매입한 토지의 가액
   ③ 「공공기관의 운영에 관한 법률」에 따른 공공기관 또는 「지방공기업법」에 따른 지방공기업이 매입한 토지의 가액
   ④ 「공익사업을 위한 토지 등의 취득 및 보상에 관한 법률」에 따른 협의 또는 수용에 따라 취득한 토지의 가액
   ⑤ 해당 토지의 무상 귀속을 목적으로 한 토지의 감정평가금액

4. 1.에 따른 공제금액 중 기반시설에 필요한 용지를 확보하는 데 든 비용은 2.의 ①에 따라 산정한다.

5. 1.의 경우 외에 기반시설설치비용에서 감면하는 비용 및 감면액은 별표 1의 4와 같다.

(3) 기반시설설치비용의 납부 및 체납처분

① **납부의무자**: 건축행위를 하는 자(건축행위의 위탁자 또는 지위의 승계자 등 다음의 정하는 자를 포함한다. 이하 '납부의무자'라 한다)는 기반시설설치비용을 내야 한다(법 제69조 제1항, 영 제70조의2).

> ㉠ 건축행위를 위탁 또는 도급한 경우에는 그 위탁이나 도급을 한 자
> ㉡ 타인 소유의 토지를 임차하여 건축행위를 하는 경우에는 그 행위자
> ㉢ 건축행위를 완료하기 전에 건축주의 지위나 ㉠ 또는 ㉡에 해당하는 자의 지위를 승계하는 경우에는 그 지위를 승계한 자

② **납부기한**: 특별시장·광역시장·특별자치시장·특별자치도지사·시장 또는 군수는 납부의무자가 국가 또는 지방자치단체로부터 건축허가(다른 법률에 따른 사업승인 등 건축허가가 의제되는 경우에는 그 사업승인)를 받은 날부터 **2개월 이내에 기반시설설치비용을 부과**하여야 하고, 납부의무자는 **사용승인**(다른 법률에 따라 준공검사 등 사용승인이 의제되는 경우에는 그 준공검사)**신청시까지 이를 내야 한다**(법 제69조 제2항).

③ **강제징수**: 특별시장·광역시장·특별자치시장·특별자치도지사·시장 또는 군수는 납부의무자가 납부기한까지 기반시설설치비용을 내지 아니하는 경우에는 「지방행정제재·부과금의 징수 등에 관한 법률」에 따라 징수할 수 있다(법 제69조 제3항).

④ **환급**: 특별시장·광역시장·특별자치시장·특별자치도지사·시장 또는 군수는 기반시설설치비용을 납부한 자가 사용승인신청 후 해당 건축행위와 관련된 기반시설의 추가설치 등 기반시설설치비용을 환급하여야 하는 사유가 발생하는 경우에는 그 사유에 상당하는 기반시설설치비용을 환급하여야 한다(법 제69조 제4항).

⑤ **세부사항의 규정**: 그 밖에 기반시설설치비용의 부과절차, 납부 및 징수방법, 환급사유 등에 관하여 필요한 사항은 대통령령으로 정할 수 있다(법 제69조 제5항).

(4) 기반시설설치비용의 관리 및 사용 등

① **관리 및 운용**: 특별시장·광역시장·특별자치시장·특별자치도지사·시장 또는 군수는 기반시설설치비용의 관리 및 운용을 위하여 기반시설부담구역별로 **특별회계**를 설치해야 하며, 그에 필요한 사항은 지방자치단체의 조례로 정한다(법 제70조 제1항).

기출
1. 시장 또는 군수는 기반시설설치비용 납부의무자가 지방자치단체로부터 건축허가를 받은 날부터 2개월 이내에 기반시설설치비용을 부과하여야 한다. 제32회
2. 기반시설설치비용 납부의무자는 사용승인(다른 법률에 따라 준공검사 등 사용승인이 의제되는 경우에는 그 준공검사)신청시까지 그 비용을 내야 한다. 제32회

기출 기반시설설치비용의 관리 및 운용을 위하여 기반시설부담구역별로 특별회계를 설치하여야 한다. 제33회

② 사용
  ㉠ 기반시설설치비용은 해당 기반시설부담구역 안에서 기반시설의 설치 또는 그에 필요한 용지의 확보 등을 위하여 사용하여야 한다. 다만, 해당 기반시설부담구역 안에 사용하기가 곤란한 경우로서 대통령령으로 정하는 경우(기반시설부담구역에 필요한 기반시설을 모두 설치하거나 그에 필요한 용지를 모두 확보한 후에도 잔액이 생기는 경우)에는 해당 기반시설부담구역의 기반시설과 연계된 기반시설의 설치 또는 그에 필요한 용지의 확보 등에 사용할 수 있다(법 제70조 제2항).
  ㉡ 납부한 기반시설설치비용은 다음의 용도로 사용하여야 한다(영 제70조의11).

> ⓐ 기반시설부담구역별 기반시설설치계획 및 기반시설부담계획 수립
> ⓑ 기반시설부담구역에서 건축물의 신·증축행위로 유발되는 기반시설의 신규 설치, 그에 필요한 용지 확보 또는 기존 기반시설의 개량
> ⓒ 기반시설부담구역별로 설치하는 특별회계의 관리 및 운영

③ 필요사항의 규정: 기반시설설치비용의 관리, 운영 등에 관하여 필요한 사항은 대통령령으로 정하는 바에 따라 국토교통부장관이 정한다(법 제70조 제3항).

참고 기반시설부담구역 안에서 모두 사용하고도 남은 금액은 반환하지 않고, 연계된 기반시설의 설치 등에 사용할 수 있다.

제7장 보칙 및 벌칙

💬 이 장은 시험에 자주 출제되는 부분은 아니지만, '타인토지의 출입' 부분이 출제 가능성이 있으므로 정리해 두어야 한다. 그 외에는 청문과 행정심판 위주로 학습하면 된다.

1 도시계획위원회 제33회

1. 중앙도시계획위원회

(1) 업무

다음의 업무를 수행하기 위하여 국토교통부에 중앙도시계획위원회를 둔다(법 제106조).

> ① 광역도시계획, 도시·군계획, 토지거래계약허가구역 등 국토교통부장관의 권한에 속하는 사항의 심의
> ② 이 법 또는 다른 법률에서 중앙도시계획위원회의 심의를 거치도록 한 사항의 심의
> ③ 도시·군계획에 관한 조사·연구

(2) 조직

① 중앙도시계획위원회는 위원장·부위원장 각 1명을 포함한 25명 이상 30명 이하의 위원으로 구성한다(법 제107조 제1항).
② 중앙도시계획위원회의 위원장과 부위원장은 위원 중에서 국토교통부 장관이 임명하거나 위촉한다(법 제107조 제2항).
③ 위원은 관계 중앙행정기관의 공무원과 토지이용, 건축, 주택, 교통, 공간정보, 환경, 법률, 복지, 방재, 문화, 농림 등 도시·군계획에 관한 학식과 경험이 풍부한 자 중에서 국토교통부장관이 임명하거나 위촉한다(법 제107조 제3항).
④ 공무원이 아닌 위원의 수는 10명 이상으로 하고, 그 임기는 2년으로 한다(법 제107조 제4항).
⑤ 보궐위원의 임기는 전임자 임기의 남은 기간으로 한다(법 제107조 제5항).

(3) 위원장 등의 직무
① 위원장은 중앙도시계획위원회의 업무를 총괄하며, 중앙도시계획위원회의 의장이 된다(법 제108조 제1항).
② 부위원장은 위원장을 보좌하며, 위원장이 부득이한 사유로 그 직무를 수행하지 못할 때에는 그 직무를 대행한다(법 제108조 제2항).
③ 위원장과 부위원장이 모두 부득이한 사유로 그 직무를 수행하지 못할 때에는 위원장이 미리 지명한 위원이 그 직무를 대행한다(법 제108조 제3항).

(4) 회의의 소집 및 의결정족수
① 중앙도시계획위원회의 회의는 국토교통부장관이나 위원장이 필요하다고 인정하는 경우에 국토교통부장관이나 위원장이 소집한다(법 제109조 제1항).
② 중앙도시계획위원회의 회의는 재적위원 과반수의 출석으로 개의(開議)하고, 출석위원 과반수의 찬성으로 의결한다(법 제109조 제2항).

2. 지방도시계획위원회

(1) 시·도 도시계획위원회

다음의 심의를 하게 하거나 자문에 응하게 하기 위하여 시·도에 시·도 도시계획위원회를 둔다(법 제113조 제1항).

> ① 시·도지사가 결정하는 도시·군관리계획의 심의 등 시·도지사의 권한에 속하는 사항과 다른 법률에서 시·도 도시계획위원회의 심의를 거치도록 한 사항의 심의
> ② 국토교통부장관의 권한에 속하는 사항 중 중앙도시계획위원회의 심의대상에 해당하는 사항이 시·도지사에게 위임된 경우, 그 위임된 사항의 심의
> ③ 도시·군관리계획과 관련하여 시·도지사가 자문하는 사항에 대한 조언
> ④ 그 밖에 대통령령으로 정하는 사항에 관한 심의 또는 조언

(2) 시·군·구 도시계획위원회

도시·군관리계획과 관련된 다음의 심의를 하게 하거나 자문에 응하게 하기 위하여 시·군(광역시의 관할구역에 있는 군을 포함한다) 또는 구에 각각 시·군·구 도시계획위원회를 둔다(법 제113조 제2항).

> ① 시장 또는 군수가 결정하는 도시·군관리계획의 심의와 국토교통부장관이나 시·도지사의 권한에 속하는 사항 중 시·도 도시계획위원회의 심의대상에 해당하는 사항이 시장·군수 또는 구청장에게 위임되거나 재위임된 경우, 그 위임되거나 재위임된 사항의 심의
> ② 도시·군관리계획과 관련하여 시장·군수 또는 구청장이 자문하는 사항에 대한 조언
> ③ 법 제59조에 따른 개발행위의 허가 등에 관한 심의
> ④ 그 밖에 대통령령으로 정하는 사항에 관한 심의 또는 조언

(3) 분과위원회 및 전문위원회

① 시·도 도시계획위원회나 시·군·구 도시계획위원회의 심의사항 중 대통령령으로 정하는 사항을 효율적으로 심의하기 위하여 시·도 도시계획위원회나 시·군·구 도시계획위원회에 분과위원회를 둘 수 있다(법 제113조 제3항).

② 분과위원회에서 심의하는 사항 중 시·도 도시계획위원회나 시·군·구 도시계획위원회가 지정하는 사항은 분과위원회의 심의를 시·도 도시계획위원회나 시·군·구 도시계획위원회의 심의로 본다(법 제113조 제4항).

③ 도시·군계획 등에 관한 중요 사항을 조사·연구하기 위하여 지방도시계획위원회에 전문위원을 둘 수 있다. 지방도시계획위원회에 전문위원을 두는 경우에는 법 제111조 제2항 및 제3항을 준용한다. 이 경우 '중앙도시계획위원회'는 '지방도시계획위원회'로, '국토교통부장관'은 '해당 지방도시계획위원회가 속한 지방자치단체의 장'으로 본다(법 제113조 제4항·제5항).

3. 도시·군계획 상임기획단

지방자치단체의 장이 입안한 광역도시계획, 도시·군기본계획 또는 도시·군관리계획을 검토하거나 지방자치단체의 장이 의뢰하는 광역도시계획, 도시·군기본계획 또는 도시·군관리계획에 관한 기획·지도 및 조사·연구를 위하여 해당 지방자치단체의 조례로 정하는 바에 따라 지방도시계획위원회에 전문위원 등으로 구성되는 도시·군계획 상임기획단을 둔다(법 제116조).

> 참고 시범도시에 관한 사항은 국토의 계획 및 이용에 관한 법령상의 내용에 해당한다.

② 시범도시

(1) 지정권자와 지정대상

① 국토교통부장관은 도시의 경제·사회·문화적인 특성을 살려 개성 있고 지속 가능한 발전을 촉진하기 위하여 필요하면 직접 또는 관계 중앙행정기관의 장이나 시·도지사의 요청에 의하여 경관, 생태, 정보통신, 과학, 문화, 관광, 그 밖에 대통령령으로 정하는 분야(교육·안전·교통·경제활력·도시재생 및 기후변화 분야)별로 시범도시(시범지구나 시범단지를 포함한다)를 지정할 수 있다(법 제127조 제1항, 영 제126조 제1항).

② 국토교통부장관, 관계 중앙행정기관의 장 또는 시·도지사는 지정된 시범도시에 대하여 예산·인력 등 필요한 지원을 할 수 있다(법 제127조 제2항).

③ 국토교통부장관은 관계 중앙행정기관의 장이나 시·도지사에게 시범도시의 지정과 지원에 필요한 자료를 제출하도록 요청할 수 있다(법 제127조 제3항).

(2) 지정기준

① 시범도시는 다음의 기준에 적합해야 한다(영 제126조 제2항).

> ㉠ 시범도시의 지정이 도시의 경쟁력 향상, 특화발전 및 지역균형발전에 기여할 수 있을 것
> ㉡ 시범도시의 지정에 대한 주민의 호응도가 높을 것
> ㉢ 시범도시의 지정목적 달성에 필요한 사업(이하 '시범도시사업'이라 한다)에 주민이 참여할 수 있을 것
> ㉣ 시범도시사업의 재원조달계획이 적정하고 실현 가능할 것

② 국토교통부장관은 분야별로 시범도시의 지정에 관한 세부기준을 정할 수 있다(영 제126조 제3항).

(3) 지정절차

① 의견청취: 관계 중앙행정기관의 장 또는 시·도지사는 국토교통부장관에게 시범도시의 지정을 요청하고자 하는 때에는 미리 설문조사·열람 등을 통하여 주민의 의견을 들은 후 관계 지방자치단체의 장의 의견을 들어야 한다(영 제126조 제4항).

② 자문: 시·도지사는 국토교통부장관에게 시범도시의 지정을 요청하고자 하는 때에는 미리 해당 시·도 도시계획위원회의 자문을 거쳐야 한다(영 제126조 제5항).

③ 심의: 국토교통부장관은 시범도시를 지정하려면 중앙도시계획위원회의 심의를 거쳐야 한다(영 제126조 제7항).

④ 공고 및 통보: 국토교통부장관은 시범도시를 지정한 때에는 지정목적·지정분야·지정대상 도시 등을 관보와 국토교통부의 인터넷 홈페이지에 공고하고 관계 행정기관의 장에게 통보해야 한다(영 제126조 제8항).

(4) 시범도시의 공모

① 국토교통부장관은 직접 시범도시를 지정함에 있어서 필요한 경우에는 국토교통부령이 정하는 바에 따라 그 대상이 되는 도시를 공모할 수 있다(영 제127조 제1항).

② ①에 의한 공모에 응모할 수 있는 자는 특별시장·광역시장·특별자치시장·특별자치도지사·시장·군수 또는 구청장으로 한다(영 제127조 제2항).

③ 국토교통부장관은 시범도시의 공모 및 평가 등에 관한 업무를 원활하게 수행하기 위하여 필요한 때에는 전문기관에 자문하거나 조사·연구를 의뢰할 수 있다(영 제127조 제3항).

참고 요청시 제출서류
1. 지정기준에 적합함을 설명하는 서류
2. 지정을 요청하는 관계 중앙행정기관의 장 또는 시·도지사가 직접 시범도시에 대하여 지원할 수 있는 예산·인력 등의 내역
3. 주민 의견청취의 결과와 관계 지방자치단체의 장의 의견
4. 시·도 도시계획위원회의 자문결과

❸ 타인토지 출입 등

1. 타인토지의 출입

(1) 기초조사 등으로 인한 출입 제33회, 제34회

국토교통부장관, 시·도지사, 시장 또는 군수나 도시·군계획시설사업의 시행자는 다음의 행위를 하기 위하여 필요하면 타인의 토지에 출입하거나 타인의 토지를 재료 적치장 또는 임시통로로 일시 사용할 수 있으며, 특히 필요한 경우에는 나무, 흙, 돌, 그 밖의 장애물을 변경하거나 제거할 수 있다(법 제130조 제1항).

① 도시·군계획, 광역도시계획에 관한 기초조사
② 개발밀도관리구역, 기반시설부담구역 및 기반시설설치계획에 관한 기초조사
③ 지가의 동향 및 토지거래의 상황에 관한 조사
④ 도시·군계획시설사업에 관한 조사·측량 또는 시행

비교 출입시 허가 유무
1. 행정청: 허가 없이 가능
2. 비행정청: 허가받아 가능

기출
1. 개발밀도관리구역, 기반시설부담구역 및 기반시설설치계획에 관한 기초조사시에 타인의 토지에 출입을 할 수 있다. 제33회
2. 도시·군계획시설사업의 시행자인 시장·군수는 개발밀도관리구역에 관한 기초조사를 하기 위하여 필요하면 타인의 토지에 출입할 수 있다. 제34회

핵심 🎯 통지시기
1. 출입: 7일 전 통지
2. 일시사용, 장애물제거 등: 3일 전 동의 및 통지

기출 📑
1. 타인의 토지에 출입하려는 행정청인 사업시행자는 출입하려는 날의 7일 전까지 그 토지의 소유자·점유자 또는 관리인에게 그 일시와 장소를 알려야 한다. 제34회
2. 사업시행자가 행정청인 경우에는 허가를 받지 않고 타인의 토지에 출입할 수 있다. 제34회

(2) 출입절차 제34회

① **사전통지**: 타인의 토지에 출입하려는 자는 특별시장·광역시장·특별자치시장·특별자치도지사·시장 또는 군수의 허가를 받아야 하며, 출입하려는 날의 7일 전까지 그 토지의 소유자·점유자 또는 관리인에게 그 일시와 장소를 알려야 한다. 다만, 행정청인 도시·군계획시설사업의 시행자는 허가를 받지 아니하고 타인의 토지에 출입할 수 있다(법 제130조 제2항).

② **사전동의**: 타인의 토지를 재료 적치장 또는 임시통로로 일시사용하거나 나무, 흙, 돌, 그 밖의 장애물을 변경 또는 제거하려는 자는 토지의 소유자·점유자 또는 관리인의 동의를 받아야 한다(법 제130조 제3항).

③ **출입 전 허가 또는 통보**: 토지나 장애물의 소유자·점유자 또는 관리인이 현장에 없거나 주소 또는 거소가 불분명하여 그 동의를 받을 수 없는 경우에는 행정청인 도시·군계획시설사업의 시행자는 관할 특별시장·광역시장·특별자치시장·특별자치도지사·시장 또는 군수에게 그 사실을 통지하여야 하며, 행정청이 아닌 도시·군계획시설사업의 시행자는 미리 관할 특별시장·광역시장·특별자치시장·특별자치도지사·시장 또는 군수의 허가를 받아야 한다(법 제130조 제4항).

④ **일시사용 등의 경우 사전통지**: 토지를 일시사용하거나 장애물을 변경 또는 제거하려는 자는 토지를 사용하려는 날이나 장애물을 변경 또는 제거하려는 날의 3일 전까지 그 토지나 장애물의 소유자·점유자 또는 관리인에게 알려야 한다(법 제130조 제5항).

⑤ **출입제한**: 일출 전이나 일몰 후에는 그 토지점유자의 승낙 없이 택지나 담장 또는 울타리로 둘러싸인 타인의 토지에 출입할 수 없다(법 제130조 제6항).

⑥ **토지점유자의 수인의무**: 토지의 점유자는 정당한 사유 없이 타인 토지에의 출입 등의 행위를 방해하거나 거부하지 못한다(법 제130조 제7항).

⑦ **증표 또는 허가증의 제시**: 타인토지 등에 출입행위를 하고자 하는 자는 그 권한을 표시하는 증표와 허가증을 지니고 이를 관계인에게 내보여야 한다(법 제130조 제8항).

⑧ **필요사항의 규정**: 증표와 허가증에 관하여 필요한 사항은 국토교통부령으로 정한다(법 제130조 제9항).

(3) 토지에의 출입 등에 따른 손실보상

① 손실보상의무자: 타인토지 출입 등의 행위로 인하여 손실을 입은 자가 있으면 그 행위자가 속한 행정청이나 도시·군계획시설사업의 시행자가 그 손실을 보상하여야 한다(법 제131조 제1항).

② 손실보상의 협의: 손실보상에 관하여는 그 손실을 보상할 자와 손실을 입은 자가 협의하여야 한다(법 제131조 제2항).

③ 재결신청: 손실을 보상할 자나 손실을 입은 자는 ②에 따른 협의가 성립되지 아니하거나 협의를 할 수 없는 경우에는 관할 토지수용위원회에 재결을 신청할 수 있다(법 제131조 제3항).

④ 이의신청: 관할 토지수용위원회의 재결에 관하여는 「공익사업을 위한 토지 등의 취득 및 보상에 관한 법률」의 규정을 준용한다(법 제131조 제4항).

Tip 행위자가 아니라, 행위자가 속한 행정청이 손실보상의무자임에 유의한다.

2. 행정심판

이 법에 따른 도시·군계획시설사업 시행자의 처분에 대하여는 행정심판법에 따라 행정심판을 제기할 수 있다. 이 경우, 행정청이 아닌 시행자의 처분에 대하여는 그 시행자를 지정한 자[도시·군관리계획 입안권자(국토교통부장관, 시·도지사, 시장·군수)]에게 행정심판을 제기하여야 한다(법 제134조).

3. 청문

국토교통부장관, 시·도지사, 시장·군수 또는 구청장은 다음의 어느 하나에 해당하는 처분을 하려면 청문을 하여야 한다(법 제136조).

① 개발행위허가의 취소
② 도시·군계획시설사업의 시행자 지정의 취소
③ 실시계획인가의 취소

참고 청문이란 가혹한 처분 전에 소명을 듣는 제도로, 취소처분 등을 하기 전에 사전 의견진술을 하는 것을 말한다.

기출 개발행위허가의 제한은 청문사유에 해당하지 않는다.

④ 벌칙

1. 행정형벌

(1) 3년 이하의 징역 또는 3천만원 이하의 벌금

다음의 어느 하나에 해당하는 자는 3년 이하의 징역 또는 3천만원 이하의 벌금에 처한다(법 제140조).

> ① 개발행위허가 또는 변경허가 규정에 위반하여 허가 또는 변경허가를 받지 아니하거나, 속임수나 그 밖의 부정한 방법으로 허가 또는 변경허가를 받아 개발행위를 한 자
> ② 시가화조정구역 안에서 허가를 받지 아니하고 허가대상 개발행위에 해당하는 행위를 한 자

(2) 3년 이하의 징역 또는 기반시설설치비용의 3배 이하에 상당하는 벌금

기반시설설치비용을 면탈·경감할 목적 또는 면탈·경감하게 할 목적으로 거짓 계약을 체결하거나 거짓 자료를 제출한 자는 3년 이하의 징역 또는 면탈·경감하였거나 면탈·경감하고자 한 기반시설설치비용의 3배 이하에 상당하는 벌금에 처한다(법 제140조의2).

(3) 2년 이하의 징역 또는 2천만원 이하의 벌금

다음의 어느 하나에 해당하는 자는 2년 이하의 징역 또는 2천만원 이하의 벌금에 처한다(법 제141조).

> ① 도시·군계획시설의 설치·관리 규정에 위반하여 도시·군관리계획의 결정이 없이 기반시설을 설치한 자
> ② 공동구 수용의무 규정에 위반하여 공동구에 수용하여야 하는 시설을 공동구에 수용하지 아니한 자
> ③ 지구단위계획구역 안에서 지구단위계획에 적합하게 건축해야 할 의무를 위반하여 지구단위계획에 맞지 아니하게 건축물을 건축하거나 용도를 변경한 자
> ④ 용도지역 또는 용도지구 안에서의 건축물 그 밖의 시설의 용도·종류 및 규모 등의 제한을 위반하여 건축물이나 그 밖의 시설을 건축 또는 설치하거나 그 용도를 변경한 자

(4) 1년 이하의 징역 또는 1천만원 이하의 벌금

법률 등의 위반자에 대한 처분 규정에 의한 허가·인가 등의 취소, 공사의 중지, 공작물 등의 개축 또는 이전 등의 처분 또는 조치명령을 위반한 자는 1년 이하의 징역 또는 1천만원 이하의 벌금에 처한다(법 제142조).

(5) 양벌 규정(과실책임주의)

법인의 대표자나 법인 또는 개인의 대리인, 사용인, 그 밖의 종업원이 그 법인 또는 개인의 업무에 관하여 위 (1)부터 (4)까지의 어느 하나에 해당하는 위반행위를 하면 그 행위자를 벌할 뿐만 아니라 그 법인 또는 개인에게도 해당 조문의 벌금형을 과(科)한다. 다만, 법인 또는 개인이 그 위반행위를 방지하기 위하여 해당 업무에 관하여 상당한 주의와 감독을 게을리하지 아니한 경우는 그러하지 아니하다(법 제143조).

2. 행정질서벌

(1) 1천만원 이하의 과태료

다음의 어느 하나에 해당하는 자에게는 1천만원 이하의 과태료를 부과한다(법 제144조 제1항).

> ① 공동구설치비용을 부담하지 아니한 자의 공동구 점용·사용시 허가 규정에 의한 허가를 받지 아니하고 공동구를 점용 또는 사용한 자
> ② 정당한 사유 없이 타인의 토지 등의 출입이나 일시사용 및 장애물의 변경·제거행위를 방해 또는 거부한 자
> ③ 타인의 토지 등의 출입 등을 위한 허가나 동의 규정에 의한 허가 또는 동의를 받지 아니하고 행위를 한 자
> ④ 소속공무원으로 하여금 개발행위나 도시·군계획시설사업에 관한 업무의 상황을 검사할 수 있는 규정에 의한 검사를 거부·방해 또는 기피한 자

(2) 500만원 이하의 과태료

다음의 어느 하나에 해당하는 자에게는 500만원 이하의 과태료를 부과한다(법 제144조 제2항).

> ① 개발행위 중 재해복구 또는 재난수습을 위한 응급조치 후 1개월 내에 신고를 하지 아니한 자
> ② 개발행위허가를 받은 자 또는 도시·군계획시설사업의 시행자에게 감독을 위하여 필요한 보고를 하게 하거나 자료를 제출하도록 명할 수 있는 규정에 따른 보고 또는 자료제출을 하지 아니하거나 거짓된 보고 또는 자료제출을 한 자

Tip 👆 벌칙의 출제유형
1. 다음 벌칙 중 가장 강한 것은?
2. 다음 벌칙 중 유형이 다른 것은?
3. 다음 중 과태료 부과대상이 아닌 것은?

 국토의 계획 및 이용에 관한 법령상 벌칙

다음의 표를 통해 정리한다.

사유	벌칙
① 개발행위허가 규정을 위반한 자 ② 시가화조정구역 내에서의 행위제한을 위반한 자	3년 이하의 징역 또는 3천만원 이하의 벌금
① 도시·군관리계획의 결정 없이 기반시설을 설치한 자 ② 공동구 수용시설을 수용하지 않은 자 ③ 지구단위계획에 맞지 않게 건축행위를 한 자 ④ 기타 등	2년 이하의 징역 또는 2천만원 이하의 벌금
① 공동구를 무단점용(사용)한 자 ② 타인토지에의 출입을 거부 또는 방해한 자(수인의 무위반)	1천만원 이하의 과태료

✔ 허위보고 및 신고위반시: 500만원 이하의 과태료

제1편 메타인지 학습체크

01 광역도시계획을 수립할 수 있는 자는 [① 국토교통부장관, 시·도지사, 시장·군수 / ② 광역시장]이다.

02 광역계획권의 지정권자와 광역도시계획의 수립권자는 [① 동일하다. / ② 동일하지 않다.]

03 광역도시계획을 경미하게 변경하는 경우, 기초조사·의견청취·협의 및 심의 절차를 [① 생략할 수 있다. / ② 생략할 수 없다.]

04 광역도시계획은 지정된 [① 광역시 / ② 광역계획권]의 장기발전방향을 제시하는 계획을 말한다.

05 도시·군기본계획을 특별시장이 수립한 경우, 승인권자는 [① 국토교통부장관 / ② 특별시장 본인]이다.

06 도시·군기본계획은 [① 5년마다 / ② 10년마다] 타당성검토를 하여야 하고, 기본적인 방향제시만을 하는 비구속적 행정계획이다. 따라서, 국민에게 직접적인 효력을 미치지 않으므로 행정쟁송의 대상이 아니다.

07 도시·군기본계획이란 [① 특별시·광역시·도 / ② 특별시·광역시·특별자치시·특별자치도·시 또는 군]의 장기발전방향을 제시하는 계획이다.

08 도시·군관리계획 입안시 계획의 상세정도, 도시·군관리계획으로 결정하여야 하는 기반시설의 종류 등에 대하여 [① 평등하게 / ② 차등을 두어] 입안하여야 한다.

09 보전관리지역과 계획관리지역의 건폐율은 [① 동일하다. / ② 동일하지 않다.]

10 용적률(시행령)의 상한 기준을 높은 지역에서 낮은 지역으로 배열한다면 [① 일반상업지역 ⇨ 준주거지역 ⇨ 근린상업지역 ⇨ 계획관리지역 ⇨ 준공업지역 / ② 일반상업지역 ⇨ 근린상업지역 ⇨ 준주거지역 ⇨ 준공업지역 ⇨ 계획관리지역] 순서이다.

정답

01 ① 02 ② 03 ② 04 ② 05 ② 06 ① 07 ② 08 ② 09 ② 10 ②

제1편 메타인지 학습체크

11 개발제한구역의 지정 또는 변경, 행위제한, 관리에 관하여 필요한 사항이 [① 국토의 계획 및 이용에 관한 법률 / ② 개발제한구역의 지정 및 관리에 관한 특별조치법]에 규정되어 있다.

12 시가화조정구역의 지정 또는 변경은 시·도지사가 [① 도시·군관리계획 / ② 도시·군기본계획]으로 결정할 수 있다.

13 [① 개발제한구역·도시자연공원구역 / ② 도시개발구역·정비구역]은 국토교통부장관, 시·도지사, 시장·군수가 도시·군관리계획의 결정절차로 지구단위계획구역을 지정할 수 있다.

14 도로로 둘러싸인 일단의 지역 또는 계획적인 개발·정비를 위하여 구획된 일단의 토지의 규모와 조성계획은 지구단위계획수립시 [① 반드시 포함해야 하는 / ② 임의적으로 포함할 수 있는] 사항이다.

15 단계별 집행계획은 도시·군계획사업 중 [① 도시·군계획시설사업 / ② 도시개발사업]을 시행하는 경우 수립하여야 한다.

16 도시·군계획시설사업은 사업시행 대상지역을 분할하여 시행할 수 있으며, 분할된 지역별로 실시계획을 [① 따로 작성할 수 있다. / ② 따로 작성할 수 없다.]

17 국·공유지로서 도시·군계획시설사업에 필요한 토지는 도시·군관리계획으로 정하여진 목적 외의 목적으로 매각하거나 양도할 수 없으며, 이러한 규정을 위반한 행위는 [① 취소사유 / ② 무효사유]이다.

18 도시·군계획시설에 대한 도시·군관리계획의 결정·고시일부터 [① 10년 이내 / ② 20년 이내] 도시·군계획시설의 설치에 관한 사업이 시행되지 아니하는 경우, 지목이 대인 토지소유자는 해당 토지의 매수를 청구할 수 있다.

정답

11 ② 12 ① 13 ② 14 ② 15 ① 16 ① 17 ② 18 ①

19 도시·군계획시설에 대한 도시·군관리계획의 결정·고시일부터 10년 이내 도시·군계획시설의 설치에 관한 사업이 시행되지 아니하는 경우, 지목이 대인 토지소유자는 특별시장·광역시장·특별자치시장·특별자치도지사·시장 또는 군수에게 매수청구할 수 있다. 다만, 도시·군계획시설사업의 시행자가 정하여진 경우 또는 설치·관리할 의무가 있는 자가 있는 경우 그에게 청구할 수 있고, 설치·관리의무자가 다른 경우에는 [① 설치할 의무가 있는 자 / ② 관리할 의무가 있는 자]에게 청구할 수 있다.

20 도시·군계획시설 결정이 고시된 도시·군계획시설에 대하여 그 고시일부터 20년이 지날 때까지 그 시설의 설치에 관한 도시·군계획시설사업이 시행되지 아니하는 경우, 그 도시·군계획시설 결정은 그 고시일부터 [① 20년이 되는 날 / ② 20년이 되는 날의 다음 날]에 그 효력을 잃는다.

21 지방의회는 장기 미집행 도시·군계획시설 등에 대하여 해제를 권고하는 경우에는 보고가 지방의회에 접수된 날부터 [① 90일 / ② 120일] 이내에 해제를 권고하는 서면(도시·군계획시설의 명칭, 위치, 규모 및 해제사유 등이 포함되어야 한다)을 지방자치단체의 장에게 보내야 한다.

22 도시·군관리계획 결정권자는 해제신청을 받은 날부터 [① 2개월 / ② 3개월] 이내에 결정 여부를 정하여 토지소유자에게 알려야 하며, 특별한 사유가 없으면 그 도시·군계획시설 결정을 해제하여야 한다.

23 [① 일출 전이나 일몰 후 / ② 일출 후나 일몰 전]에는 그 토지점유자의 승낙 없이 택지나 담장 또는 울타리로 둘러싸인 타인토지에 출입할 수 없다.

24 타인토지 출입 등의 행위로 인하여 손실을 입은 자가 있으면 그 [① 행위자나 / ② 행위자가 속한 행정청이나] 도시·군계획시설사업의 시행자가 그 손실을 보상하여야 한다.

25 공동구설치비용을 부담하지 아니한 자의 공동구 점용·사용시 허가 규정에 의한 허가를 받지 아니하고 공동구를 점용·사용한 자는 [① 500만원 이하의 과태료 / ② 1,000만원 이하의 과태료]에 해당하는 처분을 받는다.

정답

19 ①   20 ②   21 ①   22 ①   23 ①   24 ②   25 ②

제 2 편
도시개발법

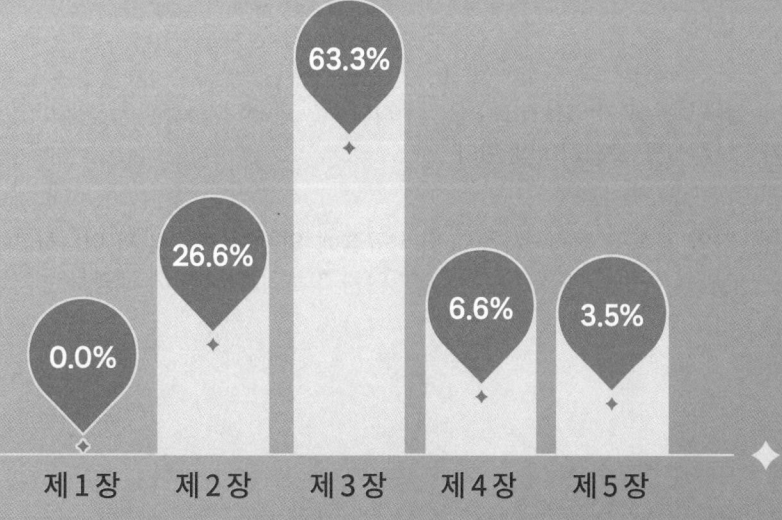

◆ 최근 5개년 **출제경향 분석**

- 제1장 | 총칙
- 제2장 | 도시개발구역의 지정 등
- 제3장 | 도시개발사업의 시행
- 제4장 | 비용의 부담 등
- 제5장 | 보칙 등

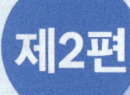

제2편 도시개발법

❖ 도시개발사업의 절차

구역 지정 (요청·제안)
① 요청: 시장(대도시 시장 제외)·군수·구청장 ⇨ 특별시장·광역시장·도지사
② 제안: 시행자가 될 수 있는 자 ⇨ 특별자치도지사, 시장·군수·구청장(단, 국가, 지방자치단체, 조합은 제외)
  ㉠ 민간시행자: 토지면적의 2/3 이상에 해당하는 토지소유자의 동의 필요
  ㉡ 공공기관, 정부출연기관의 장: 30만㎡ 이상 + 국가계획과 밀접한 관련 ⇨ 국토교통부장관에게 제안 가능

⇩

기초조사
① 임의적 사항
② 시행자 또는 시행자가 되고자 하는 자가 실시

⇩

공람 또는 공청회
① 주민, 관계 전문가의 의견청취: 공람(14일 이상 의무사항) 후 ⇨ 공청회를 개최하여야 한다 (100만㎡ 이상일 경우 의무사항).
② 공람절차상 일간신문에 공고하여야 하나, 면적이 10만㎡ 미만인 경우에는 신문에 공고하지 아니하고 공보에 의한다.

⇩

협의
지정권자(국토교통부장관, 시·도지사, 대도시 시장)와 관계 행정기관의 장

⇩

심의
① 국토교통부장관 ⇨ 중앙도시계획위원회
② 시·도지사(대도시 시장) ⇨ 시·도(대도시) 도시계획위원회

⇩

제2편 5개년 평균 출제문항 수 총 40문제 | 6문제

지정·고시	① 지정·고시: 시·도지사, 대도시 시장 ⇨ 공보, 국토교통부장관 ⇨ 관보
	② 효과 ─ 도시지역, 지구단위계획구역 결정·고시 의제(이미 지구단위계획구역, 취락지구였던 지역은 의제되지 않는다)
	─ 행위제한: 도시개발사업을 제외하고 개발행위허가(특·광·특·시·군)
	㉠ 도시·군관리계획에 관한 지형도면의 고시기간: 사업시행기간 내
	㉡ 건축(건축＋대수선＋용도변경), 공작물설치, 물건 쌓는 행위, 토지형질변경, 토석채취, 토지분할, 죽목벌채·식재(개발행위)는 허가를 받아야 한다. 단, 천재지변 등의 사유가 있으면 허가 없이도 가능하다.
	㉢ 기득권 보호(30일 이내 신고 후 계속시행 가능, 정비구역도 같다)

⇩

| 공람 | 시장·군수 또는 구청장 ⇨ 14일 이상 일반에게 공람시켜야 한다.
⇨ 시행자의 실시계획 작성 및 인가 후 사업시행 |

⇩

| 사업방식 | ① 수용·사용방식
② 환지방식
③ 혼용방식 |

제2편 도시개발법

❖ 사업시행방식 – 수용방식

토지의 수용
① 수용방식의 구성: 수용특례, 토지상환채권, 이주대책, 선수금, 조성토지의 공급, 원형지
② 시행자는 도시개발사업에 필요한 토지 등을 수용 또는 사용할 수 있다(조합 제외).
③ 수용시 동의: 민간시행자의 경우에는 사업대상 토지면적의 2/3 이상에 해당하는 토지를 소유하고, 토지소유자 총수의 1/2 이상에 해당하는 자의 동의를 얻어야 한다.

⇩

착수

⇩

공사완료

⇩

준공검사

⇩

공사완료 공고
[조성토지의 공급방법]
① 원칙: 경쟁입찰
② 예외
  ㉠ 추첨방법: 「주택법」에 따른 국민주택규모 이하의 주택건설용지(임대주택건설용지 포함한다), 「주택법」에 따른 공공택지, 국토교통부령으로 정하는 면적(330m²) 이하의 단독주택용지 및 공장용지에 대하여는 추첨의 방법으로 분양할 수 있다.
  ㉡ 수의계약: 시행자는 위의 추첨방식 이외의 공공성에 대한 공급은 수의계약의 방법으로 공급할 수 있다.

⇩

다음 날 — 개발구역 해제 간주

❖ 사업시행방식 – 환지방식

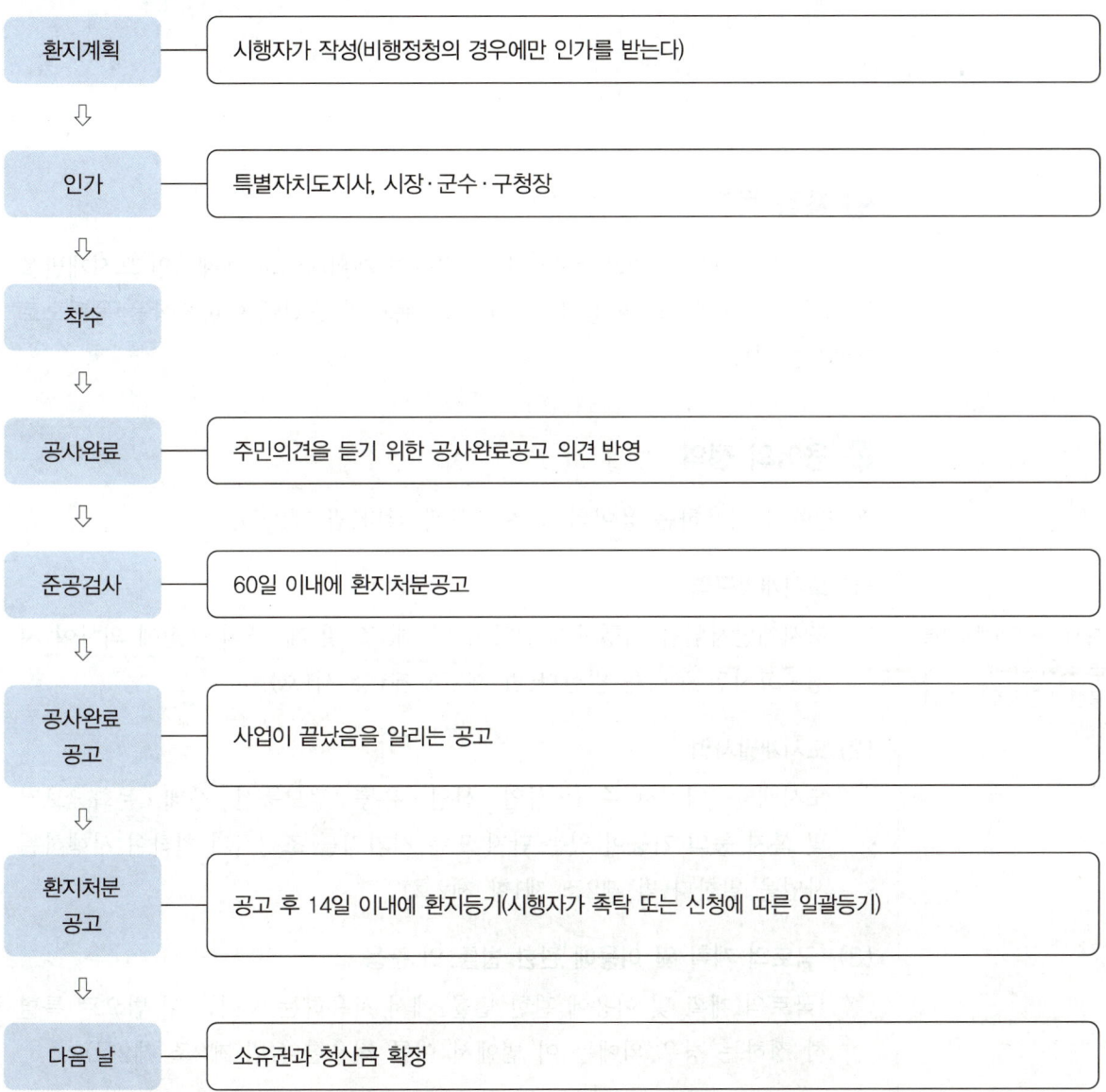

제1장 총칙

> 이 장은 거의 출제되지 않으니 간단하게 용어의 정의만 확인하면 된다.

❶ 제정 목적

이 법은 도시개발에 필요한 사항을 규정하여 계획적이고 체계적인 도시개발을 도모하고 쾌적한 도시환경의 조성과 공공복리의 증진에 이바지함을 목적으로 한다(법 제1조).

❷ 용어의 정의

이 법에서 사용하는 용어의 뜻은 다음과 같다(법 제2조).

(1) 도시개발구역

도시개발사업을 시행하기 위하여 법 제3조 및 제9조의 규정에 의하여 지정·고시된 구역을 말한다(법 제2조 제1항 제1호).

(2) 도시개발사업

도시개발구역에서 주거·상업·산업·유통·정보통신·생태·문화·보건 및 복지 등의 기능이 있는 단지 또는 시가지를 조성하기 위하여 시행하는 사업을 말한다(법 제2조 제1항 제2호).

(3) 「국토의 계획 및 이용에 관한 법률」의 준용

「국토의 계획 및 이용에 관한 법률」에서 사용하는 용어는 이 법으로 특별히 정하는 경우 외에는 이 법에서 이를 적용한다(법 제2조 제2항).

Tip 도시·군관리계획으로 지정하는 것이 아니라, 도시개발법령상의 절차로 지정함에 유의한다.

제2장 도시개발구역의 지정 등

회독 Check 1회 2회 3회

개발구역의 지정권자, 지정절차, 지정효과를 꼼꼼히 학습하여야 한다. 개발구역의 해제 부분은 출제 빈도는 낮지만 함께 정리하여 둔다.

참고 | 도시개발사업 방식에 따른 사업절차도

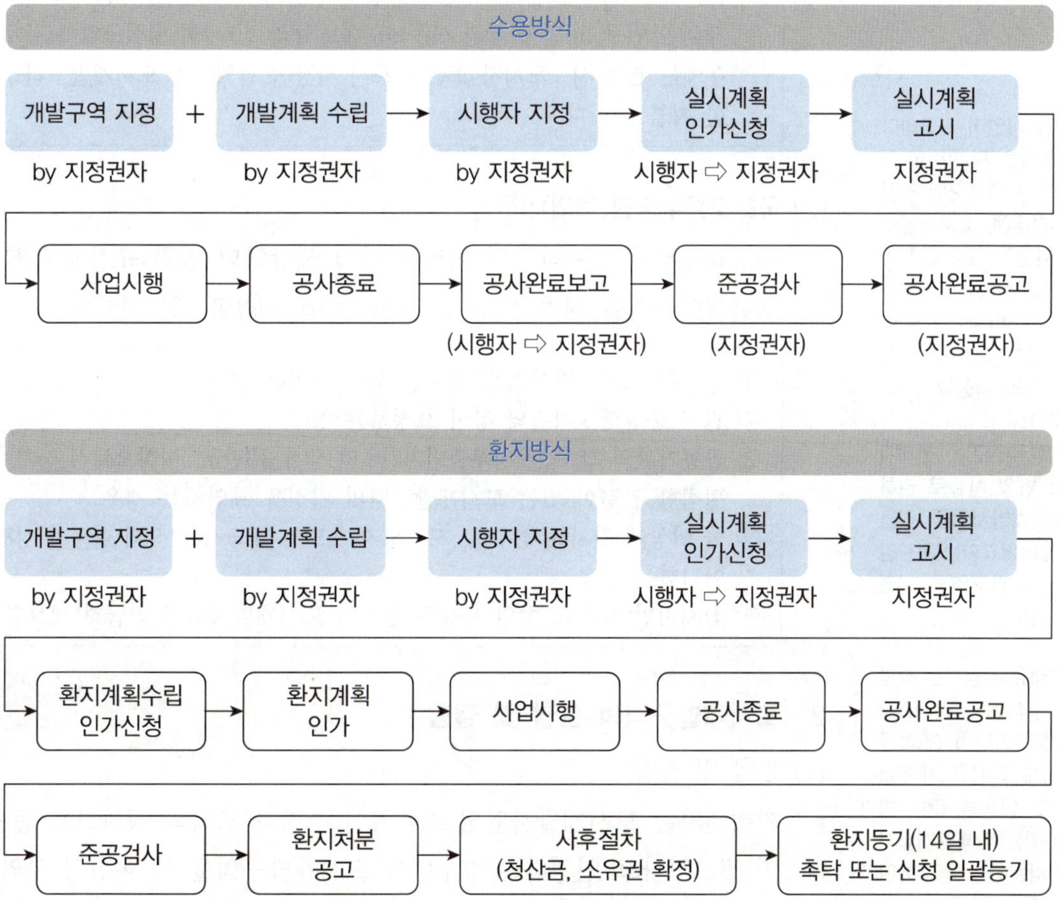

수용방식

개발구역 지정 (by 지정권자) + 개발계획 수립 (by 지정권자) → 시행자 지정 (by 지정권자) → 실시계획 인가신청 (시행자 ⇨ 지정권자) → 실시계획 고시 (지정권자)

→ 사업시행 → 공사종료 → 공사완료보고 (시행자 ⇨ 지정권자) → 준공검사 (지정권자) → 공사완료공고 (지정권자)

환지방식

개발구역 지정 (by 지정권자) + 개발계획 수립 (by 지정권자) → 시행자 지정 (by 지정권자) → 실시계획 인가신청 (시행자 ⇨ 지정권자) → 실시계획 고시 (지정권자)

→ 환지계획수립 인가신청 → 환지계획 인가 → 사업시행 → 공사종료 → 공사완료공고

→ 준공검사 → 환지처분 공고 → 사후절차 (청산금, 소유권 확정) → 환지등기(14일 내) 촉탁 또는 신청 일괄등기

1 도시개발구역의 지정 제32회, 제33회, 제36회

1. 도시개발구역의 지정권자

(1) 시·도지사 또는 대도시 시장(도시·군관리계획의 원칙적 결정권자)

다음의 어느 하나에 해당하는 자는 계획적인 도시개발이 필요하다고 인정되는 때에는 도시개발구역을 지정할 수 있다(법 제3조 제1항·제2항).

> ① 특별시장·광역시장·도지사·특별자치도지사(이하 '시·도지사'라 한다)
> ② 「지방자치법」에 따른 서울특별시·광역시 및 특별자치시를 제외한 인구 50만 이상 대도시의 시장(이하 '대도시 시장'이라 한다). 단, 도시개발사업이 필요하다고 인정되는 지역이 둘 이상의 특별시·광역시·도·특별자치도(이하 '시·도'라 한다) 또는 「지방자치법」에 따른 서울특별시와 광역시를 제외한 인구 50만 이상의 시(이하 '대도시'라 한다)의 행정구역에 걸치는 경우에는 관계 시·도지사 또는 대도시 시장이 협의하여 도시개발구역을 지정할 자를 정한다.

(2) 국토교통부장관(예외) 제33회

국토교통부장관은 다음의 어느 하나에 해당하면 원칙 규정에도 불구하고 도시개발구역을 지정할 수 있다(법 제3조 제3항, 영 제4조).

> ① 국가가 도시개발사업을 실시할 필요가 있는 경우
> ② 관계 중앙행정기관의 장이 요청하는 경우
> ③ 공공기관의 장 또는 정부출연기관✚의 장이 30만m² 이상으로서 국가계획과 밀접한 관련이 있는 도시개발구역의 지정을 제안하는 경우
> ④ 둘 이상에 걸치는 경우로, 시·도지사 또는 대도시 시장의 협의가 성립되지 아니하는 경우
> ⑤ 천재지변이나 그 밖의 사유로 인하여 도시개발사업이 긴급히 필요한 경우

2. 도시개발구역의 분할 및 결합

(1) 분할 및 결합

지정권자는 도시개발사업의 효율적인 추진과 도시의 경관보호 등을 위하여 필요하다고 인정하는 경우에는 도시개발구역을 둘 이상의 사업시행지구로 분할하거나 서로 떨어진 둘 이상의 지역을 결합하여 하나의 도시개발구역으로 지정할 수 있다. 단, 분할 후 각 사업시행지구의 면적이 각각 1만m² 이상인 경우로 한다(법 제3조의2 제1항, 영 제5조의2 제1항).

Tip 개발구역의 지정권자는 도시·군관리계획의 결정권자로 기억해 두면 이해하기 쉽다.

참고 개발구역의 지정권자에는 시장(대도시의 시장은 제외한다)·군수·구청장은 포함되지 않는다.

기출
1. 도시개발사업이 필요하다고 인정되는 지역이 둘 이상의 도의 행정구역에 걸치는 경우에 도시개발구역을 지정할 자에 관하여 관계 도지사 간에 협의가 성립되지 아니하는 경우, 국토교통부장관이 도시개발구역을 지정할 수 있다. 제33회
2. 국토교통부장관은 천재지변, 그 밖의 사유로 인하여 도시개발사업을 긴급하게 할 필요가 있는 경우 도시개발구역을 지정할 수 있다. 제36회

✚ 대통령령으로 정하는 정부출연기관은 다음과 같다.
1. 「국가철도공단법」에 따른 국가철도공단(「역세권의 개발 및 이용에 관한 법률」에 따른 역세권개발사업을 시행하는 경우에만 해당한다)
2. 「제주특별자치도 설치 및 국제자유도시 조성을 위한 특별법」에 따른 제주국제자유도시개발센터(제주특별자치도 내의 개발사업으로 한정한다)

(2) 분할 및 결합의 요건과 절차 규정

① 도시개발구역을 분할 또는 결합하여 지정하는 요건과 절차 등에 필요한 사항은 대통령령으로 정한다(법 제3조의2 제2항).

② 서로 떨어진(동일 또는 연접한 특별시·광역시·도·특별자치도로 한정한다) 둘 이상의 지역을 결합하여 하나의 도시개발구역으로 지정(이하 '결합개발'이라 한다)할 수 있는 경우는 면적이 1만㎡ 이상인 다음의 어느 하나에 해당하는 지역이 도시개발구역에 하나 이상 포함된 경우로 한다. 다만, ⓑ의 지역은 1만㎡ 미만인 경우도 포함한다(영 제5조의2 제2항).

> ⊙ 도시경관, 국가유산, 군사시설 및 항공시설 등을 관리하거나 보호하기 위하여 「국토의 계획 및 이용에 관한 법률」, 「문화유산의 보존 및 활용에 관한 법률」, 「근현대문화유산의 보존 및 활용에 관한 법률」, 「자연유산의 보존 및 활용에 관한 법률」, 「군사기지 및 군사시설 보호법」 및 「공항시설법」 등 관계 법령에 따라 토지이용이 제한되는 지역
> ⓛ 용도지역별 개발행위허가의 규모 이상의 기반시설, 공장, 공공청사 및 관사, 군사시설 등이 철거되거나 이전되는 지역(해당 시설물의 주변지역을 포함한다)
> ⓒ 다음의 어느 하나에 해당하는 지역·지구(도시개발사업으로 재해예방시설 또는 주민안전시설 등을 설치하여 재해 등을 장기적으로 예방하거나 복구할 수 있는 경우로 한정한다)
>   ⓐ 방화지구 또는 방재지구
>   ⓑ 자연재해위험개선지구
>   ⓒ 특별재난지역
> ⓔ 순환개발방식으로 도시개발사업을 시행하는 지역
> ⓜ 도시·군계획시설사업의 시행이 필요한 지역(결합개발이 필요한 지역으로서 사업비가 「국가재정법」 제38조 제1항에 따른 총사업비 이상인 경우로 한정한다)
> ⓑ 「개발제한구역의 지정 및 관리에 관한 특별조치법」에 따른 정비사업구역에 포함된 같은 법 시행령 제2조의6 제1항 제2호의 지역
> ⓢ 그 밖에 지정권자가 도시개발사업의 효율적인 시행을 위하여 결합개발이 필요하다고 인정한 지역

③ 도시개발구역 지정을 제안하는 자가 결합개발방식을 적용하려는 경우에는 도시개발구역에 포함될 서로 떨어진 지역별로 토지소유자(지상권자를 포함한다)의 동의를 받아야 한다(영 제5조의2 제3항).

기출

1. 지정권자는 도시개발사업의 효율적 추진을 위하여 필요하다고 인정하는 경우, 서로 떨어진 둘 이상의 지역을 결합하여 하나의 도시개발구역으로 지정할 수 있다.
2. 도시개발구역을 둘 이상의 사업시행지구로 분할할 수 있는 경우는 지정권자가 도시개발사업의 효율적인 추진을 위하여 필요하다고 인정하는 경우로서, 분할 후 각 사업시행지구 면적이 각각 1만㎡ 이상인 경우로 한다.
3. 지정권자는 도시지역 외의 지역에 도시개발구역을 지정할 때에는 도시개발구역을 지정한 후에 개발계획을 수립할 수 있다. 제36회
4. 도시개발구역을 둘 이상의 사업시행지구로 분할하는 경우 분할 후 각 사업시행지구의 면적은 각각 1만㎡ 이상이어야 한다. 제36회
5. 도시개발구역 지정대장은 전자적 처리가 불가능한 특별한 사유가 없으면 전자적 처리가 가능한 방법으로 작성·관리하여야 한다. 제36회

④ 시행자가 토지를 수용하거나 사용하여 서로 떨어진 지역에 대하여 결합개발 방식으로 도시개발사업을 시행하려는 경우에는 수용 또는 사용 대상인 지역 각각에 대하여 토지소유자의 동의를 받아야 한다(영 제5조의2 제4항).

⑤ 시행자가 결합개발방식을 적용하여 도시개발사업을 시행하는 경우에는 ②에 해당하는 지역을 우선적으로 개발하여야 한다. 다만, 도시개발사업의 특성상 필요한 경우에는 지정권자가 다르게 정할 수 있다(영 제5조의2 제5항).

⑥ 지정권자는 필요하다고 인정하는 경우에는 ②에 해당하는 지역에 대하여 영 제2조 제2항에 따른 제한을 적용하지 아니할 수 있다(영 제5조의2 제6항).

3. 도시개발구역의 지정요건

(1) 도시개발구역으로 지정할 수 있는 규모(영 제2조 제1항)

핵심 면적 기준
1. 주·상·생·자: 1만㎡ 이상
2. 공: 3만㎡ 이상
3. 도시 밖: 30만㎡ 이상
- 도시 밖에서 초등학교가 있고 4차로 이상의 도로가 설치된 경우: 10만㎡ 이상

기출 공업지역이 3만㎡ 이상인 경우에는 도시개발구역으로 지정할 수 있다.

도시지역	① 주거지역 및 상업지역: 1만㎡ 이상 ② 공업지역: 3만㎡ 이상 ③ 자연녹지지역: 1만㎡ 이상 ④ 생산녹지지역(생산녹지지역이 도시개발구역 지정면적의 30% 이하인 경우에만 해당된다): 1만㎡ 이상 ✔ 보전녹지지역은 도시개발사업을 하지 않는다.
도시지역 외의 지역	① 원칙: 30만㎡ 이상 ② 예외: 「건축법 시행령」상 공동주택 중 아파트 또는 연립주택의 건설계획이 포함되는 경우로서 다음 요건을 모두 갖춘 경우에는 10만㎡ 이상으로 한다. 　㉠ 도시개발구역에 초등학교용지를 확보(도시개발구역 내 또는 도시개발구역으로부터 통학이 가능한 거리에 학생을 수용할 수 있는 초등학교가 있는 경우를 포함한다)하여 관할 교육청과 협의한 경우 　㉡ 도시개발구역에서 「도로법」에 해당하는 도로 또는 국토교통부령이 정하는 도로와 연결되는 4차로 이상의 도로를 설치하는 경우

(2) 미개발지역에 도시개발구역을 지정하는 경우

자연녹지지역, 생산녹지지역 및 도시지역 외의 지역에 도시개발구역을 지정하는 경우에는 광역도시계획 또는 도시·군기본계획에 의하여 개발이 가능한 용도로 지정된 지역에서만 국토교통부장관이 정하는 기준에 따라 지정하여야 한다. 다만, 광역도시계획 및 도시·군기본계획이 수립되지 아니한 지역인 경우에는 자연녹지지역 및 계획관리지역에서만 도시개발구역을 지정할 수 있다(영 제2조 제2항).

(3) 지정요건의 배제

다음의 어느 하나에 해당하는 지역으로서, 지정권자가 계획적인 도시개발이 필요하다고 인정하는 지역에 대하여는 위 (1) 및 (2)에 따른 제한을 적용하지 아니한다(영 제2조 제3항).

> ① 「국토의 계획 및 이용에 관한 법률」에 따른 **취락지구 또는 개발진흥지구**로 지정된 지역
> ② 「국토의 계획 및 이용에 관한 법률」에 따른 **지구단위계획구역**으로 지정된 지역
> ③ 국토교통부장관이 지역균형발전을 위하여 관계 **중앙행정기관의 장과 협의**하여 도시개발구역으로 지정하고자 하는 지역(「국토의 계획 및 이용에 관한 법률」에 따른 자연환경보전지역은 제외한다)

참고 계획요건·면적요건을 배제하는 지역
1. 취락지구
2. 개발진흥지구
3. 지구단위계획구역
4. 중앙행정기관의 장과 협의한 지역(자연환경보전지역 제외)

4. 지정의 요청

(1) 시·도지사에게 요청

시장(대도시 시장은 제외한다)·군수 또는 구청장은 대통령령으로 정하는 바에 따라 시·도지사에게 도시개발구역의 지정을 요청할 수 있다(법 제3조 제4항).

Tip '요청'은 대부분 행정청이 행정청에게 요구할 때 사용하는 표현이다.

(2) 자문 및 서류제출

시장(대도시 시장은 제외한다)·군수 또는 구청장이 특별시장·광역시장·도지사에게 도시개발구역의 지정을 요청하려면 「국토의 계획 및 이용에 관한 법률」에 따른 시·군·구 도시계획위원회에 자문을 한 후 국토교통부령으로 정하는 서류를 특별시장·광역시장·도지사에게 제출해야 한다. 다만, 지구단위계획구역에서 이미 결정된 지구단위계획에 따라 도시개발사업을 시행하기 위하여 도시개발구역의 지정을 요청하는 경우에는 시·군·구 도시계획위원회에 자문을 하지 아니할 수 있다(영 제5조).

> **예제**
>
> 도시개발법령상 국토교통부장관이 도시개발구역을 지정할 수 있는 경우에 해당하지 않는 것은?
> 제33회
>
> ① 국가가 도시개발사업을 실시할 필요가 있는 경우
> ② 관계 중앙행정기관의 장이 요청하는 경우
> ③ 한국토지주택공사 사장이 20만m²의 규모로 국가계획과 밀접한 관련이 있는 도시개발구역의 지정을 제안하는 경우
> ④ 천재지변, 그 밖의 사유로 인하여 도시개발사업을 긴급하게 할 필요가 있는 경우
> ⑤ 도시개발사업이 필요하다고 인정되는 지역이 둘 이상의 도의 행정구역에 걸치는 경우에 도시개발구역을 지정할 자에 관하여 관계 도지사간에 협의가 성립되지 아니하는 경우
>
> **해설** 공공기관의 장 또는 정부출연기관의 장이 30만m² 이상의 규모로서 국가계획과 밀접한 관련이 있는 도시개발구역의 지정을 제안하는 경우 국토교통부장관이 도시개발구역을 지정할 수 있다. 따라서 30만m² 이상이어야 하는데 지문은 20만m²이므로 국토교통부장관이 지정할 수 없다.
> **정답** ③

❷ 개발계획

1. 개발계획의 수립 및 변경

(1) 수립권자

참고 개발계획의 수립
1. 원칙: 개발구역 지정과 동시에 수립한다.
2. 예외: 특정한 경우, 개발구역을 지정한 후에 개발계획을 수립한다.

① 원칙: 지정권자는 도시개발구역을 지정하려면 해당 도시개발구역에 대한 도시개발사업의 계획(이하 '개발계획'이라 한다)을 수립하여야 한다(법 제4조 제1항).

② 예외: 개발계획을 공모하거나, 대통령령으로 정하는 다음의 지역에 도시개발구역을 지정할 때에는 도시개발구역을 지정한 후에 개발계획을 수립할 수 있다(법 제4조 제1항 단서, 영 제6조 제1항).

기출 자연녹지지역에서 도시개발구역을 지정한 이후 도시개발사업의 계획을 수립하는 것은 허용된다.

> ㉠ 자연녹지지역
> ㉡ 생산녹지지역
> ㉢ 도시지역 외의 지역
> ㉣ 국토교통부장관이 지역균형발전을 위하여 관계 중앙행정기관의 장과 협의하여 도시개발구역으로 지정하고자 하는 지역(「국토의 계획 및 이용에 관한 법률」에 따른 자연환경보전지역은 제외한다)
> ㉤ 해당 도시개발구역에 포함되는 주거지역·상업지역·공업지역의 면적의 합계가 전체 도시개발구역 지정면적의 100분의 30 이하인 지역

(2) 공모에 의한 개발계획의 반영

① 지정권자는 창의적이고 효율적인 도시개발사업을 추진하기 위하여 필요한 경우에는 개발계획안을 공모하여 선정된 안을 개발계획에 반영할 수 있다. 이 경우, 선정된 개발계획안의 응모자가 자격요건을 갖춘 자인 경우에는 해당 응모자를 우선하여 시행자로 지정할 수 있다(법 제4조 제2항).

② 지정권자는 도시개발구역을 지정한 후에 법 제4조 제2항 전단에 따라 개발계획안을 공모하는 경우에는 다음의 사항을 전국 또는 해당 지역을 주된 보급지역으로 하는 일간신문과 관보 또는 공보에 각각 공고해야 하고, 그 밖에 인터넷 홈페이지에 게재하는 방법 등으로 공고해야 한다. 이 경우, 응모기간은 90일 이상으로 해야 한다(영 제6조 제2항).

> ㉠ 도시개발사업의 개요
> ㉡ 공모참가자격 및 일정
> ㉢ 개발계획안의 평가·심사계획
> ㉣ 도시개발사업 시행자 지정절차
> ㉤ 개발계획안 작성지침
> ㉥ 그 밖에 개발계획안의 공모에 필요한 사항

③ 단, 지정권자는 응모자가 둘 이상인 경우에는 공모심의위원회를 구성하여 제안된 개발계획안을 심사할 수 있다. 이 경우, 공모심사위원회의 구성 및 운영 등에 필요한 사항은 지정권자가 정한다(영 제6조 제3항).

(3) 개발계획의 변경

지정권자는 직접 개발계획을 변경하거나, 관계 중앙행정기관의 장 또는 시장(대도시 시장은 제외한다)·군수·구청장 또는 도시개발사업의 시행자의 요청을 받아 개발계획을 변경할 수 있다(법 제4조 제3항).

(4) 환지방식의 동의요건

지정권자는 환지(換地)방식의 도시개발사업에 대한 개발계획을 수립하려면 환지방식이 적용되는 지역의 토지면적의 3분의 2 이상에 해당하는 토지소유자와 그 지역의 토지소유자 총수의 2분의 1 이상의 동의를 받아야 한다. 환지방식으로 시행하기 위하여 개발계획을 변경(대통령령으로 정하는 경미한 사항의 변경은 제외한다)하려는 경우에도 또한 같다(법 제4조 제4항).

기출 지정권자는 도시개발사업을 환지방식으로 시행하려고 개발계획을 수립할 때에 시행자가 지방자치단체이면 토지소유자의 동의를 받을 필요가 없다.

참고 개발계획 수립시 환지방식 동의를 받지 않는 경우
1. 시행자가 국가, 지방자치단체인 경우
2. 조합의 경우, 총회에서 면적 3분의 2 이상의 조합원과 총수 2분의 1 이상의 찬성으로 개발계획을 지정권자에게 제출한 경우

(5) 국가·지방자치단체의 경우 환지방식의 동의 간주

지정권자는 도시개발사업을 환지방식으로 시행하려고 개발계획을 수립하거나 변경할 때에 도시개발사업의 시행자가 국가나 지방자치단체인 경우에는 환지방식의 동의요건의 규정에 불구하고 토지소유자의 동의를 받을 필요가 없다(법 제4조 제5항).

(6) 조합의 경우 환지방식의 동의 간주

지정권자가 도시개발사업의 전부를 환지방식으로 시행하려고 개발계획을 수립하거나 변경할 때에 도시개발사업의 시행자가 조합에 해당하는 경우로서 조합이 성립된 후 총회에서 도시개발구역의 토지면적의 3분의 2 이상에 해당하는 조합원과 그 지역의 조합원 총수의 2분의 1 이상의 찬성으로 수립 또는 변경을 의결한 개발계획을 지정권자에게 제출한 경우에는 환지방식의 동의요건 규정에 불구하고 토지소유자의 동의를 받은 것으로 본다(법 제4조 제6항).

(7) 동의자 수의 산정방법

환지방식의 동의요건에 관한 규정에 따른 동의자 수의 산정방법 및 동의절차 그 밖에 필요한 사항은 대통령령으로 정한다(법 제4조 제7항).

> **심화** 동의자 수의 산정방법 등(영 제6조)
>
> 1. 동의자의 수를 산정하는 방법은 다음과 같다.
>   ① 도시개발구역의 토지면적을 산정하는 경우: 국·공유지를 포함하여 산정할 것
>   ② 1필지의 토지소유권을 여럿이 공유하는 경우: 다른 공유자의 동의를 받은 **대표 공유자 1인**을 해당 토지소유자로 볼 것. 다만, 「집합건물의 소유 및 관리에 관한 법률」에 따른 **구분소유자는** 각각을 토지소유자 1인으로 본다.
>   ③ 1인이 둘 이상 필지의 토지를 단독으로 소유한 경우: 필지의 수에 관계없이 토지소유자를 1인으로 볼 것
>   ④ 둘 이상 필지의 토지를 소유한 공유자가 동일한 경우: 공유자 여럿을 대표하는 1인을 토지소유자로 볼 것
>   ⑤ 공람·공고일 후에 「집합건물의 소유 및 관리에 관한 법률」에 따른 구분소유권을 분할하게 되어 토지소유자의 수가 증가하게 된 경우: 공람·공고일 전의 토지소유자의 수를 기준으로 산정하고, 증가된 토지소유자의 수는 토지소유자 총수에 추가산입하지 말 것

⑥ 도시개발구역의 지정이 제안되기 전에 또는 도시개발구역에 대한 도시개발사업의 계획(개발계획)의 변경을 요청받기 전에 동의를 철회하는 사람이 있는 경우: 그 사람은 동의자 수에서 제외할 것
⑦ 도시개발구역의 지정이 제안된 후부터 개발계획이 수립되기 전까지의 사이에 토지소유자가 변경된 경우 또는 개발계획의 변경을 요청받은 후부터 개발계획이 변경되기 전까지의 사이에 토지소유자가 변경된 경우: 기존 토지소유자의 동의서를 기준으로 할 것

2. 국·공유지를 제외한 전체 **사유 토지면적 및 토지소유자에 대하여 동의요건 이상으로 동의를 받은 후에 그 토지면적 및 토지소유자의 수가 법적 동의요건에 미달하게 된 경우에는 국·공유지 관리청의 동의를 받아야 한다.**
3. 토지소유자가 동의하거나 동의를 철회할 경우, 국토교통부령으로 정하는 동의서 또는 동의철회서를 제출해야 하며, 토지 또는 지상권을 공동으로 소유하는 토지 또는 지상권의 대표소유자는 대표자지정동의서와 대표소유자 및 공유자의 신분을 증명할 수 있는 서류를 각각 첨부하여 함께 제출해야 한다.
4. 1.부터 3.까지에서 규정한 사항 외에 동의자 수의 산정방법·절차 등에 관한 세부적인 사항은 국토교통부장관이 정한다.

기출 개발계획 변경시 개발계획의 변경을 요청받기 전에 동의를 철회하는 사람이 있는 경우, 그 사람은 동의자 수에서 제외한다.

2. 개발계획의 내용 제34회

개발계획에는 다음의 사항이 포함되어야 한다. 다만, ⑭부터 ⑰까지의 규정에 해당하는 사항은 도시개발구역을 지정한 후에 개발계획에 포함시킬 수 있다(법 제5조 제1항).

① 도시개발구역의 명칭·위치 및 면적
② 도시개발구역의 지정목적과 도시개발사업의 시행기간
③ 도시개발구역을 둘 이상의 사업시행지구로 분할하거나 서로 떨어진 둘 이상의 지역을 하나의 구역으로 결합하여 도시개발사업을 시행하는 경우에는 그 분할이나 결합에 관한 사항
④ 도시개발사업의 시행자에 관한 사항
⑤ 도시개발사업의 시행방식
⑥ 인구수용계획(분양주택 및 임대주택으로 구분한 주택별 수용계획을 포함한다)
⑦ 토지이용계획
⑧ 원형지로 공급될 대상토지 및 개발방향
⑨ 교통처리계획
⑩ 환경보전계획
⑪ 보건의료시설 및 복지시설의 설치계획
⑫ 도로, 상하수도 등 주요 기반시설의 설치계획

⑬ 재원조달계획
⑭ 도시개발구역 밖의 지역에 기반시설을 설치해야 하는 경우에는 그 시설의 설치에 필요한 비용의 부담계획
⑮ 수용(收用) 또는 사용의 대상이 되는 토지·건축물 또는 토지에 정착한 물건과 이에 관한 소유권 외의 권리, 광업권, 어업권, 양식업권, 물의 사용에 관한 권리(이하 '토지 등'이라 한다)가 있는 경우에는 그 세부목록
⑯ 임대주택건설계획 등 세입자 등의 주거 및 생활안정대책
⑰ 순환개발 등 단계적 사업추진이 필요한 경우, 사업추진계획 등에 관한 사항
⑱ 그 밖에 대통령령으로 정하는 사항

기출 임대주택건설계획 등 세입자 등의 주거 및 생활안정대책은 도시개발구역을 지정한 후에 개발계획에 포함시킬 수 있다. 제34회

3. 개발계획의 세부수립기준

(1) 수립기준

광역도시계획이나 도시·군기본계획이 수립되어 있는 지역에 대하여 개발계획을 수립하려면 개발계획의 내용이 해당 광역도시계획이나 도시·군기본계획에 들어맞도록 하여야 한다(법 제5조 제2항).

(2) 수립시 포함내용

도시개발구역을 지정한 후에 개발계획을 수립하는 경우에는 도시개발구역을 지정할 때에 지정목적, 시행방식 및 인구수용계획 등 대통령령으로 정하는 사항에 관한 계획을 수립하여야 한다(법 제5조 제3항).

(3) 복합기능도시

면적이 330만m² 이상인 도시개발구역에 관한 개발계획을 수립할 때에는 해당 구역에서 주거, 생산, 교육, 유통, 위락 등의 기능이 서로 조화를 이루도록 노력하여야 한다(법 제5조 제4항, 영 제9조 제3항).

❸ 도시개발구역의 지정절차 등

1. 도시개발구역의 지정절차

(1) 기초조사

참고 기초조사는 공법의 일반적인 의무사항이나, 도시개발구역의 경우에는 임의적 사항이다.

① 의의: 도시개발사업의 시행자나 시행자가 되려는 자는 도시개발구역을 지정하거나 도시개발구역의 지정을 요청 또는 제안하려고 할 때에는 도시개발구역으로 지정될 구역의 토지, 건축물, 공작물, 주거 및 생활실태, 주택수요, 그 밖에 필요한 사항에 관하여 대통령령으로 정하는 바에 따라 조사하거나 측량할 수 있다(법 제6조 제1항).

② 자료제출의 요청: 조사나 측량을 하려는 자는 관계 행정기관, 지방자치단체, 「공공기관의 운영에 관한 법률」에 따른 공공기관(이하 '공공기관'이라 한다), 정부출연기관, 그 밖의 관계 기관의 장에게 필요한 자료의 제출을 요청할 수 있다. 이 경우, 자료제출을 요청받은 기관의 장은 특별한 사유가 없으면 요청에 따라야 한다(법 제6조 제2항).

(2) 주민 등의 의견청취

① 의견청취: 국토교통부장관, 시·도지사 또는 대도시 시장이 도시개발구역을 지정(대도시 시장이 아닌 시장·군수 또는 구청장의 요청에 의하여 지정하는 경우는 제외한다)하고자 하거나 대도시 시장이 아닌 시장·군수 또는 구청장이 도시개발구역의 지정을 요청하려고 하는 경우에는 공람이나 공청회를 통하여 주민이나 관계 전문가 등으로부터 의견을 들어야 하며, 공람이나 공청회에서 제시된 의견이 타당하다고 인정되면 이를 반영하여야 한다. 도시개발구역을 변경(대통령령으로 정하는 경미한 사항은 제외한다)하려는 경우에도 또한 같다(법 제7조 제1항).

② 송부 및 공람

㉠ 국토교통부장관 또는 특별시장·광역시장·도지사·특별자치도지사(이하 '시·도지사'라 한다)는 도시개발구역의 지정에 관한 주민의 의견을 청취하려면 관계서류 사본을 시장·군수 또는 구청장에게 송부하여야 한다(영 제11조 제1항).

㉡ 시장·군수 또는 구청장은 관계서류 사본을 송부받거나 주민의 의견을 청취하려는 경우에는 다음의 사항을 전국 또는 해당 지방을 주된 보급지역으로 하는 둘 이상의 일간신문과 해당 시·군 또는 구의 인터넷 홈페이지에 공고하고 14일(토요일과 「관공서의 공휴일에 관한 규정」에 따른 공휴일을 제외하고 계산한다) 이상 일반인에게 공람시켜야 한다. 다만, 도시개발구역의 면적이 10만m² 미만인 경우에는 일간신문에 공고하지 아니하고 공보와 해당 시·군 또는 구의 인터넷 홈페이지에 공고할 수 있다(영 제11조 제2항).

> ⓐ 입안할 도시개발구역의 지정 및 개발계획의 개요
> ⓑ 시행자 및 도시개발사업의 시행방식에 관한 사항
> ⓒ 공람기간
> ⓓ 그 밖에 국토교통부령으로 정하는 사항

참고 📖 주민 등의 의견청취
1. 주민, 관계 전문가의 의견청취: 공람[14일 이상(토요일과 공휴일 제외)] 후 공청회를 개최하여야 한다(100만m² 이상일 경우 의무사항).
2. 공람절차상 일간신문에 공고하여야 하나, 면적이 10만m² 미만인 경우에는 신문에 공고하지 아니하고 공보에 의한다.

③ 의견제출: 공고된 내용에 관하여 의견이 있는 자는 공람기간에 도시개발구역의 지정에 관한 공고를 한 자에게 의견서를 제출할 수 있다. 시장·군수 또는 구청장은 제출된 의견을 종합하여 국토교통부장관(국토교통부장관이 시장·군수·구청장에게 송부한 경우에만 해당한다), 시·도지사에게 제출해야 하며, 제출된 의견이 없으면 그 사실을 국토교통부장관, 시·도지사에게 통보하여야 한다. 다만, 대도시 시장이 지정권자인 경우에는 그러하지 아니하다(영 제11조 제3항·제4항).

④ 의견제시의 결과통보: 국토교통부장관, 시·도지사, 시장·군수 또는 구청장은 제출된 의견을 공고한 내용에 반영할 것인지를 검토하여 그 결과를 공람기간이 끝난 날부터 30일 이내에 그 의견을 제출한 자에게 통보하여야 한다(영 제11조 제5항).

(3) 공청회

① 개최의무: 국토교통부장관, 시·도지사, 시장·군수 또는 구청장은 도시개발사업을 시행하려는 구역의 면적이 100만m² 이상인 경우(도시개발계획의 변경 후의 면적이 100만m² 이상인 경우를 포함한다)에는 공람기간이 끝난 후에 공청회를 개최하여야 한다(영 제13조 제1항).

② 개최공고: 국토교통부장관, 시·도지사, 시장·군수 또는 구청장은 공청회를 개최하려면 다음의 사항을 전국 또는 해당 지방을 주된 보급지역으로 하는 일간신문과 인터넷 홈페이지에 공청회 개최예정일 14일 전까지 1회 이상 공고하여야 한다. 다만, 공고시 다음의 사항을 이미 공고한 경우에는 그러하지 아니하다(영 제13조 제2항).

> ㉠ 공청회의 개최목적
> ㉡ 공청회의 개최예정일시 및 장소
> ㉢ 입안하고자 하는 도시개발구역 지정 및 개발계획의 개요
> ㉣ 의견발표의 신청에 관한 사항
> ㉤ 그 밖에 국토교통부령으로 정하는 사항

③ 공청회의 생략: 공청회가 국토교통부장관, 시·도지사, 시장·군수 또는 구청장이 책임질 수 없는 사유로 2회에 걸쳐 개최되지 못하거나, 개최는 되었으나 정상적으로 진행되지 못한 경우에는 공청회를 생략할 수 있다. 이 경우, 공청회를 생략하게 된 사유와 달리 의견을 제출할 수 있는 의견제출의 시기 및 방법 등에 관한 사항을 공고함으로써 주민의 의견을 듣도록 하여야 한다(영 제13조 제3항).

④ 공청회의 주재: 공청회는 공청회를 개최하는 자가 지명하는 자가 주재한다(영 제13조 제4항).

⑤ 기타: ①부터 ④까지에서 규정한 사항 외에 공청회의 개최에 필요한 사항은 그 공청회를 개최하는 주체에 따라 국토교통부장관이 정하거나 해당 지방자치단체의 조례로 정할 수 있다(영 제13조 제5항).

(4) 도시계획위원회의 심의 등

① 협의 후 심의: 지정권자는 도시개발구역을 지정하거나 개발계획을 수립하려면 관계 행정기관의 장과 협의한 후, 「국토의 계획 및 이용에 관한 법률」에 따른 중앙도시계획위원회 또는 시·도 도시계획위원회나 대도시에 두는 대도시 도시계획위원회의 심의를 거쳐야 한다. 변경하는 경우에도 또한 같다. 다만, 대통령령으로 정하는 경미한 사항을 변경하는 경우에는 그러하지 아니하다(법 제8조 제1항).

② 심의 생략: 「국토의 계획 및 이용에 관한 법률」에 따른 지구단위계획에 따라 도시개발사업을 시행하기 위하여 도시개발구역을 지정하는 경우에는 중앙도시계획위원회 또는 시·도 도시계획위원회나 대도시에 두는 대도시 도시계획위원회의 심의를 거치지 아니한다(법 제8조 제2항).

③ 국토교통부장관과의 협의: 지정권자는 관계 행정기관의 장과 협의하는 경우, 지정하려는 도시개발구역이 일정 규모(50만m^2) 이상 또는 국가계획과 관련되는 등 대통령령으로 정하는 경우에 해당하면 국토교통부장관과 협의하여야 한다(법 제8조 제3항).

(5) 도시개발구역 지정의 고시 등

지정권자는 도시개발구역을 지정하거나 개발계획을 수립한 경우에는 이를 관보나 공보에 고시하고, 대도시 시장인 지정권자는 관계서류를 일반에게 공람시켜야 하며, 대도시 시장이 아닌 지정권자는 해당 도시개발구역을 관할하는 시장(대도시 시장은 제외한다)·군수 또는 구청장에게 관계서류의 사본을 보내야 하며, 지정권자인 특별자치도지사와 관계서류를 송부받은 시장(대도시 시장은 제외한다)·군수 또는 구청장은 해당 관계서류를 일반인에게 공람시켜야 한다. 변경하는 경우에도 또한 같다(법 제9조 제1항).

2. 도시개발구역의 지정·고시의 효과

(1) 도시지역 등의 의제

도시개발구역이 지정·고시된 경우, 해당 도시개발구역은 「국토의 계획 및 이용에 관한 법률」에 의한 도시지역과 지구단위계획구역으로 결정·고시된 것으로 본다. 다만, 「국토의 계획 및 이용에 관한 법률」 규정에 의한 지구단위계획구역 및 취락지구로 지정된 지역인 경우에는 그러하지 아니하다(법 제9조 제2항).

(2) 지정·고시 통보

시·도지사 또는 대도시 시장이 도시개발구역을 지정·고시한 경우에는 국토교통부장관에게 그 내용을 통보하여야 한다(법 제9조 제3항).

(3) 지형도면의 고시기간 특례

도시지역으로 결정·고시된 것으로 보는 사항에 대하여「국토의 계획 및 이용에 관한 법률」의 도시·군관리계획에 관한 지형도면의 고시는 도시개발사업의 시행기간에 할 수 있다(법 제9조 제4항).

(4) 도시개발구역에서의 행위제한 제32회

① 원칙: 도시개발구역 지정에 관한 주민 등의 의견청취를 위한 공고가 있는 지역 및 도시개발구역에서 건축물의 건축, 공작물의 설치, 토지의 형질변경, 토석의 채취, 토지분할, 물건을 쌓아놓는 행위, 죽목의 벌채 및 식재 등 다음의 대통령령으로 정하는 행위를 하려는 자는 특별시장·광역시장·특별자치도지사·시장 또는 군수의 허가를 받아야 한다. 허가받은 사항을 변경하려는 경우에도 또한 같다(법 제9조 제5항, 영 제16조 제1항).

> ㉠ 건축물의 건축 등: 「건축법」에 따른 건축물(가설건축물을 포함한다)의 건축, 대수선(大修繕) 또는 용도변경
> ㉡ 공작물의 설치: 인공을 가하여 제작한 시설물(「건축법」에 따른 건축물을 제외한다)의 설치
> ㉢ 토지의 형질변경: 절토(땅깎기)·성토(흙쌓기)·정지·포장 등의 방법으로 토지의 형상을 변경하는 행위, 토지의 굴착 또는 공유수면의 매립
> ㉣ 토석의 채취: 흙·모래·자갈·바위 등의 토석을 채취하는 행위. 다만, 토지의 형질변경을 목적으로 하는 것은 ㉢에 따른다.
> ㉤ 토지의 분할

비교 ▶ 개발행위의 규제
1. 「도시개발법」
 • 용도변경, 대수선
 • 죽목의 벌채 및 식재
2. 「도시 및 주거환경정비법」
 • 용도변경
 • 죽목의 벌채 및 식재

기출 토지의 합병은 허가를 받아야 하는 대상이 아니다.
제32회

ⓑ 물건을 쌓아놓는 행위: 옮기기 쉽지 아니한 물건을 1개월 이상 쌓아놓는 행위
　　　ⓐ 죽목(竹木)의 벌채 및 식재(植栽)

② 예외: 다음의 어느 하나에 해당하는 행위는 허가를 받지 아니하고 이를 할 수 있다(법 제9조 제6항, 영 제16조 제3항).

　　㉠ 재해복구 또는 재난수습에 필요한 응급조치를 위하여 하는 행위
　　㉡ 다음의 어느 하나에 해당하는 행위로서「국토의 계획 및 이용에 관한 법률」에 따른 개발행위허가의 대상이 아닌 것
　　　ⓐ 농림수산물의 생산에 직접 이용되는 것으로서 국토교통부령으로 정하는 간이공작물의 설치
　　　ⓑ 경작을 위한 토지의 형질변경
　　　ⓒ 도시개발구역의 개발에 지장을 주지 아니하고 자연경관을 훼손하지 아니하는 범위에서의 토석채취
　　　ⓓ 도시개발구역에 남겨두기로 결정된 대지에서 물건을 쌓아놓는 행위
　　　ⓔ 관상용 죽목의 임시식재(경작지에서의 임시식재는 제외한다)

③ 기득권보호: 허가를 받아야 하는 행위로서 도시개발구역의 지정 및 고시 당시 이미 관계 법령에 따라 행위허가를 받았거나 허가를 받을 필요가 없는 행위에 관하여 그 공사 또는 사업에 착수한 자는 도시개발구역이 지정·고시된 날부터 30일 이내에 국토교통부령이 정하는 신고서에 그 공사 또는 사업의 진행사항과 시행계획을 첨부하여 관할 특별시장·광역시장·특별자치도지사·시장 또는 군수에게 신고한 후 이를 계속시행할 수 있다(법 제9조 제7항).

④ 원상회복명령 및 대집행: 특별시장·광역시장·특별자치도지사·시장 또는 군수는 개발행위허가를 위반한 자에 대하여 원상회복을 명할 수 있다. 이 경우, 명령을 받은 자가 그 의무를 이행하지 아니하는 때에는 특별시장·광역시장·특별자치도지사·시장 또는 군수는「행정대집행법」에 따라 이를 대집행할 수 있다(법 제9조 제8항).

⑤「국토의 계획 및 이용에 관한 법률」의 준용
　　㉠ 허가에 관하여 이 법에 규정한 것을 제외하고는「국토의 계획 및 이용에 관한 법률」의 개발행위허가에 관한 사항을 준용한다(법 제9조 제9항).
　　㉡ 개발행위허가를 받은 경우에는「국토의 계획 및 이용에 관한 법률」에 따라 개발행위허가를 받은 것으로 본다(법 제9조 제10항).

3. 도시개발구역 지정의 해제

(1) 해제사유

① 도시개발구역의 지정과 동시에 개발계획을 수립하는 경우: 다음에 규정된 날의 다음 날에 해제된 것으로 본다(법 제10조 제1항).

> ㉠ 도시개발구역이 지정·고시된 날부터 3년이 되는 날까지 도시개발사업에 관한 실시계획의 인가를 신청하지 아니하는 경우에는 그 3년이 되는 날
> ㉡ 도시개발사업의 공사완료(환지방식에 의한 사업은 그 환지처분)의 공고일

② 도시개발구역의 지정 이후에 개발계획을 수립하는 경우: 다음에 규정된 날의 다음 날에 해제된 것으로 본다(법 제10조 제2항).

> ㉠ 도시개발구역을 지정·고시한 날부터 2년이 되는 날까지 개발계획을 수립·고시하지 아니하는 경우에는 그 2년이 되는 날. 다만, 도시개발구역의 면적이 330만m^2 이상인 경우에는 5년으로 한다.
> ㉡ 개발계획을 수립·고시한 날부터 3년이 되는 날까지 실시계획의 인가를 신청하지 아니하는 경우에는 그 3년이 되는 날. 다만, 도시개발구역의 면적이 330만m^2 이상인 경우에는 5년으로 한다.

(2) 용도지역 등의 환원

도시개발구역의 지정이 해제 의제된 경우에는 그 도시개발구역에 대한 「국토의 계획 및 이용에 관한 법률」에 따른 용도지역 및 지구단위계획구역은 해당 도시개발구역 지정 전의 용도지역 및 지구단위계획구역으로 각각 환원되거나 폐지된 것으로 본다. 다만, 도시개발사업의 **공사 완료로 도시개발구역의 지정이 해제 의제**(사업이 끝나서 해제된 것을 말한다)**된 경우에는 환원되거나 폐지된 것으로 보지 아니한다**(법 제10조 제3항).

기출 도시개발사업의 공사 완료로 도시개발구역의 지정이 해제 의제된 경우에는 도시개발구역의 용도지역은 해당 도시개발구역 지정 전의 용도지역으로 환원되거나 폐지된 것으로 보지 아니한다.

참고 해제고시의 내용
1. 도시개발구역의 명칭
2. 도시개발구역의 위치 및 면적
3. 도시개발구역 지정의 해제 사유
4. 「국토의 계획 및 이용에 관한 법률」에 의한 용도지역·지구·구역 및 도시·군계획시설의 환원 또는 폐지에 관한 사항
5. 그 밖에 국토교통부령이 정하는 사항

(3) 해제 의제의 고시·공람

도시개발구역의 지정이 해제 의제되는 경우 지정권자는 대통령령으로 정하는 바에 따라 이를 관보나 공보에 고시하고, 대도시 시장인 지정권자는 관계 행정기관의 장에게 통보하여야 하며, 관계서류를 일반에게 공람시켜야 하고, 대도시 시장이 아닌 지정권자는 관계 행정기관의 장과 도시개발구역을 관할하는 시장(대도시 시장은 제외한다)·군수 또는 구청장에게 통보하여야 한다. 이 경우, 지정권자인 특별자치도지사와 본문에 따라 통보를 받은 시장(대도시 시장은 제외한다)·군수 또는 구청장은 관계서류를 일반인에게 공람(14일 이상)시켜야 한다(법 제10조 제4항, 영 제17조 제3항).

4. 보안관리 및 부동산투기방지대책

(1) 관련정보 누설금지

다음에 해당하는 자는 주민 등의 의견청취를 위한 공람 전까지는 도시개발구역의 지정을 위한 조사, 관계서류 작성, 관계 기관 협의, 중앙도시계획위원회 또는 시·도 도시계획위원회나 대도시 도시계획위원회의 심의 등의 과정에서 관련정보가 누설되지 아니하도록 필요한 조치를 하여야 한다. 다만, 지정권자가 도시개발사업의 원활한 시행을 위하여 필요하다고 인정하는 경우로서 대통령령으로 정하는 경우에는 관련정보를 미리 공개할 수 있다(법 제10조의2 제1항).

① 지정권자
② 법 제3조 제3항 제2호 또는 같은 조 제4항에 따라 도시개발구역의 지정을 요청하거나 요청하려는 관계 중앙행정기관의 장 또는 시장(대도시 시장은 제외한다)·군수·구청장
③ 법 제11조 제1항에 따른 시행자 또는 시행자가 되려는 자 및 도시개발구역의 지정을 제안하거나 제안하려는 자
④ 도시개발구역을 지정하거나 도시개발구역의 지정을 요청 또는 제안하기 위한 자료의 제출을 요구받은 자
⑤ 법 제3조 제4항, 법 제8조 제1항 또는 제3항 및 법 제11조 제5항에 따라 도시개발구역 지정시 협의하는 관계 행정기관의 장 또는 자문·심의기관의 장

(2) 미공개정보의 제공 또는 누설금지

다음의 기관 또는 업체에 종사하였거나 종사하는 자(③의 경우 토지소유자를 포함한다)는 업무 처리 중 알게 된 도시개발구역 지정 또는 지정의 요청·제안과 관련한 정보로서 불특정 다수인이 알 수 있도록 공개되기 전의 정보(이하 '미공개정보'라 한다)를 도시개발구역의 지정 또는 지정요청·제안목적 외로 사용하거나 타인에게 제공 또는 누설해서는 아니 된다(법 제10조의2 제2항).

① 지정권자가 속한 기관
② 법 제3조 제3항 제2호 또는 같은 조 제4항에 따라 도시개발구역의 지정을 요청하거나 또는 요청하려는 관계 중앙행정기관 또는 시(대도시는 제외한다)·군·구
③ 법 제11조 제1항에 따른 시행자 또는 시행자가 되려는 자 및 같은 조 제5항에 따라 도시개발구역의 지정을 제안하거나 제안하려는 자

> ④ 법 제6조 제2항에 따라 도시개발구역을 지정하거나 도시개발구역의 지정을 요청 또는 제안하기 위한 자료의 제출을 요구받은 기관
> ⑤ 법 제3조 제4항, 법 제8조 제1항 또는 제3항 및 법 제11조 제5항에 따라 도시개발구역 지정시 협의하는 관계 기관 또는 자문·심의 기관
> ⑥ 도시개발사업의 시행자 또는 시행자가 되려는 자가 법 제6조에 따라 도시개발구역의 지정 또는 지정요청·제안에 필요한 조사·측량을 하거나 관계 서류 작성 등을 위하여 용역계약을 체결한 업체

(3) 미공개정보의 사용금지

(2)의 ①~⑥의 어느 하나에 해당하는 기관 또는 업체에 종사하였거나 종사하는 자[(2)의 ③의 경우 토지소유자를 포함한다]로부터 미공개정보를 제공받은 자 또는 미공개정보를 부정한 방법으로 취득한 자는 그 미공개정보를 도시개발구역의 지정 또는 지정요청·제안목적 외로 사용하거나 타인에게 제공 또는 누설해서는 아니 된다(법 제10조의2 제3항).

(4) 부동산투기방지대책

지정권자는 도시개발구역으로 지정하려는 지역 및 주변지역이 부동산투기가 성행하거나 성행할 우려가 있는 경우에는 다음의 부동산투기방지대책을 수립·시행해야 한다(영 제17조의2).

> ① 도시개발구역의 지정제안 등으로 부동산투기 또는 부동산가격의 급등이 우려되는 지역에 대한 「주택법」 제63조에 따른 투기과열지구 지정
> ② 도시개발구역 및 주변지역의 무분별한 개발을 방지하기 위한 개발행위허가 제한
> ③ 도시개발구역 지정을 위한 조사·용역·협의 등의 과정에서 직접적·간접적으로 관계되는 자에 대한 자체 보안대책
> ④ 그 밖에 다른 법령에 따른 부동산가격안정대책 등 도시개발구역 및 주변지역의 부동산투기 방지를 위하여 필요하다고 인정되는 대책

제3장 도시개발사업의 시행

> 조합 부분은 매년 출제되므로 반복학습을 해야 한다. 시행방식은 수용·사용방식 위주로 정리하고, 환지방식은 전체적인 개념 위주로 익혀야 한다. 수용방식에서는 토지상환채권과 조성토지공급 위주로, 환지방식에서는 환지계획 내용, 환지예정지, 환지처분 효과 위주로 보면 된다.

❶ 도시개발사업의 시행자 등

1. 원칙적 시행자 제33회

도시개발사업의 시행자는 다음의 자 중에서 지정권자가 지정한다(법 제11조 제1항, 영 제18조).

> ① 국가나 지방자치단체
> ② 대통령령으로 정하는 다음의 공공기관
>   ㉠ 「한국토지주택공사법」에 따른 한국토지주택공사
>   ㉡ 「한국수자원공사법」에 따른 한국수자원공사
>   ㉢ 「한국농어촌공사 및 농지관리기금법」에 따른 한국농어촌공사
>   ㉣ 「한국관광공사법」에 따른 한국관광공사
>   ㉤ 「한국철도공사법」에 따른 한국철도공사
>   ㉥ 「혁신도시 조성 및 발전에 관한 특별법」에 따른 매입공공기관(같은 법에 따른 종전 부동산 및 그 주변을 개발하는 경우로 한정한다)
>   ㉦ 「한국공항공사법」에 따른 **한국공항공사**
> ③ 대통령령으로 정하는 다음의 정부출연기관
>   ㉠ 「국가철도공단법」에 따른 국가철도공단(「역세권의 개발 및 이용에 관한 법률」에 따른 역세권개발사업을 시행하는 경우에만 해당한다)
>   ㉡ 「제주특별자치도 설치 및 국제자유도시 조성을 위한 특별법」에 따른 제주국제자유도시개발센터(제주특별자치도에서 개발사업을 하는 경우에만 해당한다)
> ④ 「지방공기업법」에 따라 설립된 **지방공사**
> ⑤ 도시개발구역의 토지소유자(「공유수면 관리 및 매립에 관한 법률」에 따라 면허를 받은 자를 해당 공유수면을 소유한 자로 보고, 그 공유수면을 토지로 보며, 수용 또는 사용 방식의 경우에는 도시개발구역의 국·공유지를 제외한 토지면적의 3분의 2 이상을 소유한 자를 말한다)
> ⑥ 도시개발구역의 토지소유자(「공유수면 관리 및 매립에 관한 법률」에 따라 면허를 받은 자를 해당 공유수면을 소유한 자로 보고, 그 공유수면을 토지로 본다)가 도시개발을 위하여 설립한 조합(도시개발사업의 전부를 환지방식으로 시행하는 경우에만 해당하며, 이하 '조합'이라 한다)

기출 「한국부동산원법」에 따른 한국부동산원은 도시개발사업의 시행자로 지정될 수 없다. 제33회

⑦ 「수도권정비계획법」에 따른 과밀억제권역에서 수도권 외의 지역으로 이전하는 법인 중 과밀억제권역의 사업기간 등 대통령령으로 정하는 다음의 요건에 해당하는 법인(수도권 외 이전법인)
  ㉠ 「수도권정비계획법」에 따른 과밀억제권역 안에 3년 이상 계속하여 공장시설을 갖추고 사업을 영위하고 있거나 3년 이상 계속하여 본점 또는 주사무소(이하 '본사'라 한다)를 두고 있는 법인으로서 그 공장시설의 전부 또는 본사를 수도권 외의 지역으로 이전하는 법인. 이 경우, 공장시설 또는 본사의 이전에 따라 이전하는 종업원의 수(여러 개의 법인이 모여 지방으로 이전하는 경우에는 그 종업원 총수)가 500명 이상이어야 한다.
  ㉡ 과밀억제권역에서 「고등교육법」에 따른 대학(대학원대학은 제외한다)을 운영 중인 학교법인으로서 대학시설의 전부를 수도권 외의 지역으로 이전하는 학교법인
⑧ 「주택법」에 따라 등록한 자 중 도시개발사업을 시행할 능력이 있다고 인정되는 자로서 대통령령으로 정하는 요건에 해당하는 자[「주택법」에 따른 주택단지와 그에 수반되는 기반시설을 조성하는 경우에만 해당한다(등록업자)]
⑨ 「건설산업기본법」에 따른 토목공사업 또는 토목건축공사업의 면허를 받는 등 개발계획에 맞게 도시개발사업을 시행할 능력이 있다고 인정되는 자로서 대통령령으로 정하는 다음의 요건에 해당하는 자로, 경영의 건전성이 국토교통부령으로 정하여 고시하는 기준 이상인 자(능력 있는 자)
  ㉠ 「건설산업기본법」에 따라 일반 건설업(토목공사업 및 토목건축공사업에 한한다)의 등록을 한 자로서, 공시된 시공능력평가액이 해당 도시개발사업에 소요되는 연평균사업비(보상비를 제외한다) 이상인 자
  ㉡ 「자본시장과 금융투자업에 관한 법률」에 따른 신탁업자 중 「주식회사 등의 외부감사에 관한 법률」에 따른 외부감사의 대상이 되는 자
⑩ 「부동산개발업의 관리 및 육성에 관한 법률」에 따라 등록한 부동산개발업자로서 대통령령으로 정하는 요건에 해당하는 자(부동산개발업자)
⑪ 「부동산투자회사법」에 따라 설립된 자기관리부동산투자회사 또는 위탁관리부동산투자회사로서 다음의 어느 하나에 해당하는 자
  ㉠ 최근 3년간 「부동산투자회사법」 제21조 제1항 제1호부터 제3호까지에서 규정한 사항에 대하여 같은 조 제2항 제1호 및 제2호에 해당하는 방법으로 투자·운용한 자산의 연평균 투자·운용실적(위탁관리 부동산투자회사의 경우에는 해당 부동산투자회사로부터 자산의 투자·운용업무를 위탁받은 자산관리회사가 투자·운용을 위탁받은 실적 총합계액의 연평균 금액을 말한다)이 해당 도시개발사업에 드는 연평균 사업비 이상인 자
  ㉡ 「부동산투자회사법」에 따른 사업계획상 자기자본이 해당 도시개발사업에 드는 총사업비의 100분의 15 이상인 자
⑫ ①부터 ⑪에 해당하는 자(⑥에 따른 조합은 제외한다)가 도시개발사업을 시행할 목적으로 출자에 참여하여 설립한 법인으로서, 대통령령으로 정하는 요건에 해당하는 법인

 **핵심** 도시개발사업의 원칙적 시행자

	시행자	알아둘 규정
공공 시행자	① 국가 또는 지방자치단체	동의요건 규정이 거의 없다.
	② 공공기관 ③ 정부출연기관 ④ 지방공사	–
민간 시행자	⑤ 토지소유자 ⑥ 조합(전부환지방식만 가능) ⑦ 수도권 외 이전법인 ⑧ 등록업자 ⑨ 능력 있는 자 ⑩ 자기·위탁관리부동산투자회사	㉠ 개발구역의 지정제안시: 면적 3분의 2 이상의 동의 요한다. ㉡ 토지상환채권 발행: 지급보증을 받아야 한다. ㉢ 수용방식 시행시: 면적 3분의 2 소유, 총수 2분의 1 동의 요한다. ㉣ 선수금: 민간의 경우, 공사진척 10% 이상이어야 한다.
공공 또는 민간시행자	⑪ 공동출자법인	출자비율 50% 기준에 따라 공공 또는 민간

2. 환지방식의 시행자

(1) 토지소유자 또는 조합(원칙)

도시개발구역의 전부를 환지방식으로 시행하는 경우에는 토지소유자 또는 조합을 시행자로 지정한다(법 제11조 제1항 단서).

(2) 지방자치단체 등(예외)

지정권자는 다음에 해당하는 사유가 있을 때에는 지방자치단체 등(지방자치단체, 한국토지주택공사, 지방공사 및 신탁회사)을 시행자로 지정할 수 있다. 이 경우, 도시개발사업을 시행하는 자가 시·도지사 또는 대도시 시장인 경우 국토교통부장관이 지정한다(법 제11조 제2항, 영 제20조 제1항·제2항).

> ① 토지소유자나 조합이 개발계획의 수립·고시일부터 1년 이내(다만, 지정권자가 시행자지정신청기간의 연장이 불가피하다고 인정하여 6개월의 범위 안에서 이를 연장한 경우에는 그 연장된 기간을 말한다)에 시행자 지정을 신청하지 아니한 경우 또는 지정권자가 신청된 내용이 위법하거나 부당하다고 인정한 경우
> ② 지방자치단체의 장이 집행하는 공공시설에 관한 사업과 **병행**하여 시행할 필요가 있다고 인정한 경우
> ③ 도시개발구역의 국·공유지를 제외한 토지면적의 2분의 1 이상에 해당하는 토지소유자 및 토지소유자 **총수**의 2분의 1 이상이 지방자치단체 등의 시행에 동의한 경우

참고 환지방식의 시행자
1. 도시개발구역의 전부를 환지방식으로 시행하는 경우에는 토지소유자 또는 조합을 시행자로 지정한다.
2. 도시개발구역의 전부를 환지방식으로 시행하는 시행자가 도시개발구역 지정의 고시일로부터 6개월 이내에 실시계획인가를 신청하지 아니한 경우, 지정권자는 시행자를 변경할 수 없다.

기출 동의자 수 산정방법 간단 암기 정리
1. 1필지 여럿 공유시 대표자 1인. 단, 집합건물은 각각
2. 1인이 2 이상 소유시 수에 관계없이 1인
3. 2 이상 필지를 소유한 공유자가 동일한 경우 대표자 1인
4. 공람·공고일 후 변경시 기존 동의자 수 기준
5. '전'을 기준으로 한다.
6. 국·공유지 동의는 포함된다(국제대는 개포동에 있다).

기출
1. 도시개발구역의 토지면적을 산정하는 경우 국·공유지를 포함하여 산정하여야 한다. 제35회
2. 도시개발구역의 지정이 제안된 후부터 개발계획이 수립되기 전까지의 사이에 토지소유자가 변경된 경우에는 기존 토지소유자의 동의서를 기준으로 한다. 제35회

참고 사업시행자지정신청서 기재사항
1. 신청인의 성명(법인인 경우에는 법인의 명칭 및 대표자의 성명)·주소
2. 사업시행계획의 개요
   - 사업의 명칭
   - 사업의 시행목적
   - 사업의 내용
   - 사업의 시행기간
   - 사업의 시행방식
3. 첨부서류
   - 사업계획서
   - 자금조달계획서
   - 위치도

> **심화** 동의자 수의 산정방법 등(영 제25조) 제35회
>
> 1. 동의자 수의 산정방법은 다음과 같다.
>   > ① 1필지의 토지소유권을 여럿이 공유하거나 1필지의 토지지상권을 여럿이 공유하는 경우: 다른 공유자의 동의를 받은 대표 공유자 또는 대표 지상권자 1인을 해당 토지소유자 또는 지상권자로 볼 것. 다만, 「집합건물의 소유 및 관리에 관한 법률」에 따른 구분소유자는 각각을 토지소유자 1인으로 본다.
>   > ② 1인이 둘 이상 필지의 토지를 단독으로 소유하거나 1인이 둘 이상 필지 토지의 단독 지상권자인 경우: 필지의 수에 관계없이 토지소유자 또는 지상권자를 1인으로 볼 것
>   > ③ 둘 이상 필지의 토지를 소유한 공유자가 동일하거나 둘 이상 필지의 토지지상권을 공유한 지상권자가 동일한 경우: 공유자 여럿을 대표하는 1인을 토지소유자 또는 지상권자로 볼 것
>   > ④ 공람·공고일 후에 「집합건물의 소유 및 관리에 관한 법률」에 따른 구분소유권을 분할하게 되어 토지소유자의 수가 증가하게 된 경우: 공람·공고일 전의 토지소유자의 수를 기준으로 산정하고, 증가된 토지소유자의 수는 토지소유자 총수에 추가산입하지 말 것
>   > ⑤ 도시개발구역 지정이 제안되기 전에 동의를 철회한 사람이 있는 경우: 그 사람은 동의자 수에서 제외할 것
>   > ⑥ 도시개발구역 지정이 제안된 후부터 도시개발구역이 지정되기 전까지 토지소유자가 변경된 경우: 기존 토지소유자의 동의서를 기준으로 할 것
>
> 2. 토지소유자가 동의하거나 동의를 철회할 경우에는 국토교통부령으로 정하는 동의서 또는 동의철회서를 제출해야 하며, 토지 또는 지상권을 공동으로 소유하는 토지 또는 지상권의 대표소유자는 공유자의 인감을 찍은 대표자 지정동의서와 해당 인감증명서를 첨부하여 함께 제출해야 한다.
>
> 3. 1. 및 2.에서 규정한 사항 외에 동의자 수의 산정방법·절차 등에 관하여 필요한 세부적인 사항은 국토교통부장관이 정한다.

3. 시행자의 지정신청

시행자로 지정받으려는 자는 사업시행자지정신청서를 시장(대도시 시장은 제외한다)·군수 또는 구청장을 거쳐 지정권자에게 제출해야 하며, 지정받은 내용을 변경하는 경우에도 또한 같다. 다만, 지정권자가 도시개발사업을 직접 시행하는 경우에는 그러하지 아니하며, 국토교통부장관·특별자치도지사 또는 대도시 시장이 지정권자인 경우에는 국토교통부장관·특별자치도지사 또는 대도시 시장에게 직접 제출할 수 있다(영 제19조).

4. 시행자의 변경사유

지정권자는 다음에 해당하는 경우에는 시행자를 변경할 수 있다(법 제11조 제8항).

> ① 도시개발사업에 관한 실시계획의 인가를 받은 후 2년 이내에 사업을 착수하지 아니하는 경우
> ② 행정처분에 의하여 시행자의 지정이나 실시계획의 인가가 취소된 경우
> ③ 시행자의 부도·파산, 그 밖에 이와 유사한 사유로 인하여 도시개발사업의 목적을 달성하기 어렵다고 인정되는 경우
> ④ 도시개발구역의 전부를 환지방식으로 시행하는 경우로서, 원칙적 시행자인 토지소유자 또는 조합이 도시개발구역 지정의 고시일부터 1년 이내(다만, 지정권자가 실시계획의 인가신청기간의 연장이 불가피하다고 인정하여 6개월의 범위 안에서 이를 연장한 경우에는 그 연장된 기간)에 도시개발사업에 관한 실시계획의 인가를 신청하지 아니하는 경우

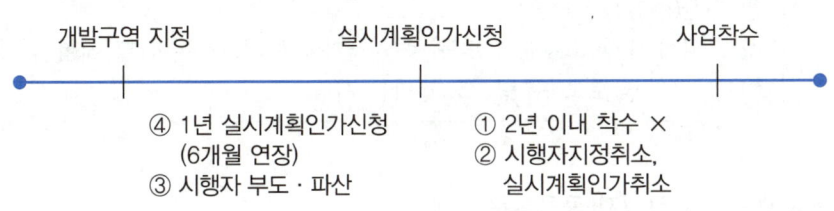

기출

1. 지정권자는 시행자가 도시개발사업에 관한 실시계획의 인가를 받은 후 2년 이내에 사업을 착수하지 아니하는 경우, 시행자를 변경할 수 있다.
2. 시행자의 부도·파산으로 도시개발사업의 목적을 달성하기 어렵다고 인정되는 경우에는 지정권자가 도시개발사업 시행자를 변경할 수 있다.

5. 규약 등의 작성

(1) 규약의 작성자(민간부분 시행자)

지정권자는 토지소유자 2인 이상이 도시개발사업을 시행하려고 할 때 또는 토지소유자가 이전법인, 등록사업자, 건설업자나 부동산투자회사와 공동으로 도시개발사업을 시행하려고 할 때에는 대통령령이 정하는 바에 따라 도시개발사업에 관한 규약을 정하게 할 수 있다(법 제11조 제3항).

> **심화** 도시개발사업에 관한 규약에 포함되어야 하는 사항(영 제21조)
>
> 공동으로 도시개발사업을 시행하려는 자가 정하는 규약에는 다음의 사항이 포함되어야 한다. 다만, ⑫·⑭·⑯ 및 ⑱은 환지방식으로 도시개발사업을 시행하는 경우에만 해당한다.
>
> ① 사업의 명칭
> ② 사업의 목적
> ③ 도시개발구역의 위치 및 면적
> ④ 사업의 시행기간

> ⑤ 사업의 범위
> ⑥ 주된 사무소의 소재지
> ⑦ 임원을 정할 경우에는 그 자격·수·임기·직무 및 선임방법
> ⑧ 회의에 관한 사항
> ⑨ 비용부담
> ⑩ 회계 및 계약
> ⑪ 공고의 방법
> ⑫ 토지평가협의회의 구성 및 운영
> ⑬ 토지 등의 가액의 평가방법
> ⑭ 환지계획 및 환지예정지의 지정
> ⑮ 토지등의 관리 및 처분
> ⑯ 보류지 및 체비지의 관리·처분
> ⑰ 공공시설용지의 부담
> ⑱ 청산(淸算)
> ⑲ 토지에 대한 소유권의 변동 등 시행자에게 통보하여야 할 사항
> ⑳ 그 밖에 국토교통부령으로 정하는 사항

기출 지방자치단체가 도시개발사업의 전부를 환지방식으로 시행하고자 할 때에는 시행규정을 작성하여야 한다.

(2) 시행규정의 작성자(공공부문 시행자)

지방자치단체 등이 도시개발사업의 전부를 환지방식에 의하여 시행하려고 할 때와 국가 또는 지방자치단체, 공공기관, 정부출연기관, 지방공사, 시행자 중 둘 이상이 도시개발사업을 시행할 목적으로 출자하여 설립한 법인(국가 또는 지방자치단체, 공공기관, 정부출연기관, 지방공사가 50%를 초과하여 출자한 경우에 한한다)에 해당하는 자가 도시개발사업의 일부를 환지방식에 의하여 시행하려고 할 때에는 대통령령이 정하는 바에 따라 시행규정을 작성하여야 한다. 이 경우, 시행자(공공기관, 정부출연기관, 지방공사)는 사업관리에 필요한 비용의 책정에 관한 사항을 시행규정에 포함할 수 있다(법 제11조 제4항, 영 제22조).

참고 제안자에는 국가·지방자치단체·조합은 제외된다.

기출
㉠ 「한국공항공사법」에 따른 한국공항공사
㉡ 「지방공기업법」에 따라 설립된 지방공사
㉢ 「한국철도공사법」에 따른 한국철도공사
위 3가지는 특별자치도지사·시장·군수 또는 구청장에게 도시개발구역의 지정을 제안할 수 있다. 제36회

6. 도시개발구역 지정의 제안 제36회

(1) 제안

① 공공기관, 정부출연기관, 지방공사, 도시개발구역의 토지소유자[수용 또는 사용의 방식으로 제안하는 경우에는 도시개발구역의 국·공유지를 제외한 토지면적의 3분의 2 이상을 사용할 수 있는 대통령령이 정하는 권원(토지사용승낙서 및 토지매매계약서)을 가지고 2분의 1 이상을 소유한 자

를 말한다] 또는 수도권 외의 지역으로 이전하는 법인, 등록업자, 능력 있는 자, 자기관리·위탁관리부동산투자회사, 공동출자법인은 대통령령이 정하는 바에 따라 특별자치도지사·시장·군수 또는 구청장에게 도시개발구역의 지정을 제안할 수 있다(법 제11조 제5항, 영 제23조).

② 공공기관의 장 또는 정부출연기관의 장은 국토교통부장관에게 직접 제안할 수 있다(법 제11조 제3항).

(2) 제안시 동의

'토지소유자 또는 수도권 외의 지역으로 이전하는 법인, 등록업자, 능력 있는 자, 자기관리·위탁관리부동산투자회사, 공동출자법인(국가 또는 지방자치단체, 공공기관, 정부출연기관, 지방공사가 50%를 초과하여 출자한 경우는 제외한다)에 해당하는 자(민간사업시행자)'가 도시개발구역의 지정을 제안하고자 하는 경우에는 대상구역의 토지면적의 3분의 2 이상에 해당하는 토지소유자(지상권자를 포함한다)의 동의를 받아야 한다(법 제11조 제6항).

(3) 관련서류의 제출

① 도시개발구역의 지정을 제안하려는 자는 국토교통부령이 정하는 도시개발구역지정제안서를 국토교통부장관·특별자치도지사·시장·군수 또는 구청장에게 제출해야 한다(영 제23조 제1항).

② 도시개발구역의 지정을 제안하려는 지역이 둘 이상의 시·군 또는 구의 행정구역에 걸치는 경우에는 그 지역에 포함된 면적이 가장 큰 지역의 시장·군수 또는 구청장에게 서류를 제출해야 한다(영 제23조 제2항).

(4) 비용부담

특별자치도지사·시장·군수 또는 구청장은 제안자와 협의하여 도시개발구역의 지정을 위하여 필요한 비용의 전부 또는 일부를 제안자에게 부담시킬 수 있다(법 제11조 제7항).

(5) 수용 여부 통보

도시개발구역 지정의 제안을 받은 국토교통부장관·특별자치도지사·시장·군수 또는 구청장은 제안내용의 수용 여부를 1개월 이내에 제안자에게 통보하여야 한다. 다만, 관계 기관과의 협의가 지연되는 등 불가피한 사유가 있는 경우에는 1개월 이내의 범위에서 통보기간을 연장할 수 있다(영 제23조 제3항).

심화 주택건설사업자 등에게 대행하게 할 수 있는 도시개발사업 범위는 다음과 같다.
1. 실시설계
2. 부지조성공사
3. 기반시설공사
4. 조성된 토지의 분양

핵심 도시개발조합
1. 설립인가: 구역 안의 토지소유자 7명 이상, 정관 작성, 지정권자의 인가
2. 토지소유자 동의: 토지면적 3분의 2 이상, 토지소유자 총수 2분의 1 이상의 동의
3. 설립등기: 주된 사무소 소재지에 등기함으로써 성립(인가 후 30일 이내)
4. 조합의 성격: 법인(이 법 이외 「민법」 중 사단법인 규정 준용)
✔ 해당 파트는 제36회에 그대로 출제되었다.

7. 대행자 지정 제34회

공공부문 시행자는 도시개발사업을 효율적으로 시행하기 위하여 필요한 경우에는 대통령령으로 정하는 바에 따라 설계·분양 등 도시개발사업의 일부를 「주택법」 제4조에 따른 주택건설사업자 등으로 하여금 대행하게 할 수 있다(법 제11조 제11항).

❷ 도시개발조합 제33회, 제34회, 제35회, 제36회

1. 조합설립의 인가

(1) 설립인가

조합을 설립하려면 도시개발구역의 토지소유자 7명 이상이 대통령령으로 정하는 사항을 포함한 정관을 작성하여 지정권자에게 조합설립의 인가를 받아야 한다(법 제13조 제1항).

(2) 변경인가

조합이 인가를 받은 사항을 변경하려면 지정권자로부터 변경인가를 받아야 한다. 다만, 대통령령이 정하는 다음의 경미한 사항을 변경하고자 하려는 경우에는 이를 신고하여야 한다(법 제13조 제2항, 영 제30조).

> ① 주된 사무소의 소재지를 변경하려는 경우
> ② 공고방법을 변경하려는 경우

(3) 인가신청시 동의요건

조합설립의 인가를 신청하고자 하는 때에는 해당 도시개발구역의 토지면적의 3분의 2 이상에 해당하는 토지소유자와 그 구역의 토지소유자 총수의 2분의 1 이상의 동의를 받아야 한다(법 제13조 제3항).

기출 조합설립의 인가를 신청하려면 해당 도시개발구역의 토지면적의 3분의 2 이상에 해당하는 토지소유자와 그 구역의 토지소유자 총수의 2분의 1 이상의 동의를 받아야 한다. 제33회

(4) 동의자 수의 산정방법 등

① 동의자 수의 산정방법 등에 관하여는 영 제6조 제4항부터 제7항까지(제4항 제4호 및 제5호는 제외한다)의 규정을 준용한다(법 제13조 제4항, 영 제31조 제1항).

② 토지소유자는 조합설립인가의 신청 전에 동의를 철회할 수 있다. 이 경우, 그 토지소유자는 동의자 수에서 제외한다(영 제31조 제2항).

③ 조합설립인가에 동의한 자로부터 토지를 취득한 자는 조합의 설립에 동의한 것으로 본다. 다만, 토지를 취득한 자가 조합설립인가 신청 전에 동의를 철회한 경우에는 그러하지 아니하다(영 제31조 제3항).

2. 조합의 법인격 등

(1) 법인격
조합은 법인으로 한다(법 제15조 제1항).

(2) 성립요건
조합의 설립인가를 받은 조합의 대표자는 설립인가를 받은 날부터 30일 이내에 주된 사무소의 소재지에서 설립등기를 하여야 하고, 등기를 하면 성립한다(법 제15조 제2항, 영 제32조 제1항).

✔ 등기함으로써 성립이 되는 것이지, 인가를 받음으로써 성립이 되는 것이 아니다.

(3) 「민법」의 준용
조합에 관하여 이 법에 규정한 것을 제외하고는 「민법」 중 사단법인에 관한 규정을 준용한다(법 제15조 제4항).

3. 조합원 등

(1) 조합원
조합의 조합원은 도시개발구역의 토지소유자로 한다(법 제14조 제1항). 즉, 동의를 불문하고 모두 조합원이다.

(2) 조합의 임원
① 겸직 금지: 조합의 임원은 그 조합의 다른 임원이나 직원을 겸할 수 없다(법 제14조 제2항).
② 구성원: 조합에는 다음의 임원을 둔다(영 제33조 제1항).

> ㉠ 조합장 1명
> ㉡ 이사
> ㉢ 감사

③ 선임: 조합의 임원은 의결권을 가진 조합원이어야 하고, 정관으로 정한 바에 따라 총회에서 선임한다(영 제33조 제2항).

기출
1. 조합의 설립인가를 받은 조합의 대표자는 설립인가를 받은 날부터 30일 이내에 주된 사무소의 소재지에서 설립등기를 하여야 한다. 제33회
2. 조합은 그 주된 사무소의 소재지에서 등기를 하면 성립한다. 제33회
3. 도시개발구역의 토지소유자가 미성년자인 경우에는 조합의 조합원이 될 수 있다.

참고 조합원의 권리·의무
1. 보유토지의 면적에 관계없는 평등한 의결권(공유토지는 공유자의 동의를 받은 대표공유자 1명만 의결권이 있으며, 「집합건물의 소유 및 관리에 관한 법률」에 따른 구분소유자는 구분소유자별로 의결권이 있다. 다만, 공람·공고일 후에 「집합건물의 소유 및 관리에 관한 법률」에 따른 구분소유권을 분할하여 구분소유권을 취득한 자는 의결권이 없다)
2. 정관에서 정한 조합의 운영 및 도시개발사업의 시행에 필요한 경비의 부담
3. 그 밖에 정관에서 정하는 권리 및 의무

기출
1. 조합의 감사는 도시개발구역의 토지소유자이어야 한다.
2. 조합의 이사는 의결권을 가진 조합원이어야 한다.

④ 결격사유: 다음에 해당하는 자는 조합의 임원이 될 수 없다(법 제14조 제3항).

> ㉠ 피성년후견인, 피한정후견인 또는 미성년자
> ㉡ 파산선고를 받은 자로서 복권되지 아니한 자
> ㉢ 금고 이상의 형을 선고받고 그 집행이 끝나거나 집행을 받지 아니하기로 확정된 후 2년이 지나지 아니한 자 또는 그 형의 집행유예기간 중에 있는 자

기출 금고 이상의 형을 선고받고 그 형의 집행유예기간 중에 있는 자는 조합의 임원이 될 수 없다. 제34회

⑤ 자격상실: 조합의 임원으로 선임된 자가 ④의 결격사유에 해당하게 된 경우에는 그 다음 날부터 임원의 자격을 상실한다(법 제14조 제4항).

⑥ 직무 등
  ㉠ 조합장은 조합을 대표하고 그 사무를 총괄하며, 총회·대의원회 또는 이사회의 의장이 된다(영 제34조 제1항).
  ㉡ 이사는 정관에서 정하는 바에 따라 조합장을 보좌하며, 조합의 사무를 분장(分掌)한다(영 제34조 제2항).
  ㉢ 감사는 조합의 사무 및 재산상태와 회계에 관한 사항을 감사한다(영 제34조 제3항).
  ㉣ 조합장 또는 이사의 자기를 위한 조합과의 계약이나 소송에 관하여는 감사가 조합을 대표한다(영 제34조 제4항).
  ㉤ 조합의 임원은 같은 목적의 사업을 하는 다른 조합의 임원 또는 직원을 겸할 수 없다(영 제34조 제5항).

기출 조합장 또는 이사의 자기를 위한 조합과의 계약이나 소송에 관하여는 감사가 조합을 대표한다. 제34회

4. 조합원의 경비부담 등

(1) 경비의 부과·징수

조합은 그 사업에 필요한 비용을 조성하기 위하여 정관이 정하는 바에 따라 조합원에 대하여 경비를 부과·징수할 수 있다(법 제16조 제1항).

(2) 고려사항

부과금의 금액은 도시개발구역의 토지의 위치, 지목(地目), 면적, 이용상황, 환경, 그 밖의 사항을 종합적으로 고려하여 정하여야 한다(법 제16조 제2항).

(3) 연체료의 부과

조합은 그 조합원이 부과금의 납부를 게을리한 경우에는 정관으로 정하는 바에 따라 연체료를 부담시킬 수 있다(법 제16조 제3항).

(4) 징수의 위탁

조합은 부과금 또는 연체료를 체납하는 자가 있으면 대통령령➕으로 정하는 바에 따라 특별자치도지사·시장·군수 또는 구청장에게 그 징수를 위탁할 수 있다(법 제16조 제4항, 영 제37조).

(5) 위탁수수료

특별자치도지사·시장·군수 또는 구청장이 부과금 또는 연체료의 징수를 위탁받으면 지방세 체납처분의 예에 따라 징수할 수 있다. 이 경우, 조합은 특별자치도지사·시장·군수 또는 구청장이 징수한 금액의 100분의 4에 해당하는 금액을 해당 특별자치도·시·군 또는 구(자치구의 구를 말한다)에 지급하여야 한다(법 제16조 제5항).

➕ 조합은 특별자치도지사·시장·군수 또는 구청장에게 부과금 또는 연체료의 징수를 위탁하는 경우에는 납입의무자의 주소·성명, 납입금액 및 납입기간을 기재한 징수위탁서를 해당 특별자치도지사·시장·군수 또는 구청장에게 제출해야 한다.

기출 조합원이 정관에 따라 부과된 부과금을 체납하는 경우, 조합은 특별자치도지사·시장·군수 또는 구청장에게 그 징수를 위탁할 수 있다.

5. 총회(최고 의결기구)

다음의 사항은 총회의 의결을 거쳐야 한다(영 제35조).

① 정관의 변경
② 개발계획 및 실시계획의 수립 및 변경
③ 자금의 차입과 그 방법·이율 및 상환방법
④ 조합의 수지예산
⑤ 부과금의 금액 또는 징수방법
⑥ 환지계획의 작성
⑦ 환지예정지의 지정
⑧ 법 제44조에 따른 체비지 등의 처분방법
⑨ 조합임원의 선임
⑩ 조합의 합병 또는 해산에 관한 사항. 다만, 법 제46조의 규정에 따른 청산금의 징수·교부를 완료한 후에 조합을 해산하는 경우는 제외한다.
⑪ 그 밖에 정관으로 정하는 사항

6. 대의원회

(1) 임의기구

의결권을 가진 조합원의 수가 50인 이상인 조합은 총회의 권한을 대행하게 하기 위하여 대의원회를 둘 수 있다(영 제36조 제1항).

비교 ➡ 대의원회
1. 「도시개발법」: 조합원의 수가 50인 이상인 경우 둘 수 있다.
2. 「도시 및 주거환경정비법」: 조합원의 수가 100인 이상인 경우 두어야 한다.

(2) 대의원의 수

대의원회에 두는 대의원의 수는 의결권을 가진 조합원 총수의 **100분의 10 이상**으로 하고, 대의원은 의결권을 가진 조합원 중에서 정관에서 정하는 바에 따라 선출한다(영 제36조 제2항).

(3) 권한

대의원회는 총회의 의결사항 중 다음의 사항을 **제외한** 총회의 권한을 대행할 수 있다(영 제36조 제3항).

> ① 정관의 변경
> ② 개발계획 및 실시계획의 수립 및 변경(개발계획의 경미한 변경 및 실시계획의 수립·변경은 제외한다)
> ③ 환지계획의 작성(환지계획의 경미한 변경은 제외한다)
> ④ 조합임원의 선임
> ⑤ 조합의 합병 또는 해산에 관한 사항(청산금의 징수·교부를 완료한 후에 조합을 해산하는 경우는 제외한다)

기출 환지예정지의 지정에 관한 사항은 대의원회에서 대행할 수 있는 사항이다.

예제

도시개발법령상 도시개발사업조합에 관한 설명으로 옳은 것은? 제35회

① 조합을 설립하려면 도시개발구역의 토지소유자 10명 이상이 정관을 작성하여 지정권자에게 조합 설립의 인가를 받아야 한다.
② 조합이 설립인가를 받은 사항 중 청산에 관한 사항을 변경하려는 경우에는 지정권자에게 신고하여야 한다.
③ 다른 조합원으로부터 해당 도시개발구역에 그가 가지고 있는 토지소유권 전부를 이전받은 조합원은 정관으로 정하는 바에 따라 본래의 의결권과는 별도로 그 토지소유권을 이전한 조합원의 의결권을 승계할 수 있다.
④ 조합은 총회의 권한을 대행하게 하기 위하여 대의원회를 두어야 한다.
⑤ 조합의 임원으로 선임된 자가 금고 이상의 형을 선고받으면 그날부터 임원의 자격을 상실한다.

해설 ① 조합을 설립하려면 도시개발구역의 토지소유자 7명 이상이 정관을 작성하여 지정권자에게 조합 설립의 인가를 받아야 한다.
② 조합이 설립인가를 받은 사항 중 청산에 관한 사항을 변경하려는 경우에는 지정권자에게 인가를 받아야 한다.
④ 의결권을 가진 조합원의 수가 50인 이상인 조합은 총회의 권한을 대행하게 하기 위하여 대의원회를 둘 수 있다.
⑤ 조합의 임원으로 선임된 자가 금고 이상의 형을 선고받으면 그날의 다음 날부터 임원의 자격을 상실한다.

정답 ③

❸ 도시개발사업의 위탁시행 등

(1) 공공시설 건설 등의 위탁시행

시행자는 항만·철도 그 밖의 대통령령이 정하는 공공시설의 건설과 공유수면의 매립에 관한 업무를 대통령령이 정하는 바에 따라 국가·지방자치단체나 대통령령이 정하는 공공기관 및 정부출연기관 또는 지방공사에 위탁하여 시행할 수 있다(법 제12조 제1항).

(2) 토지매수업무 등의 위탁시행

시행자는 도시개발사업을 위한 기초조사, 토지매수업무, 손실보상업무, 주민이주대책사업 등을 대통령령으로 정하는 바에 따라 관할 지방자치단체, 대통령령으로 정하는 공공기관(한국토지주택공사, 한국수자원공사, 한국농어촌공사)·정부출연기관·정부출자기관 또는 지방공사에 위탁할 수 있다. 다만, 정부출자기관에 대하여 주민이주대책사업을 위탁하는 경우에는 이주대책의 수립·실시 또는 이주정착금의 지급, 그 밖에 보상과 관련된 부대업무만을 위탁할 수 있다(법 제12조 제2항).

(3) 위탁수수료의 지급

시행자가 업무를 위탁하여 시행하는 경우에는 국토교통부령이 정하는 요율의 위탁수수료를 해당 업무를 위탁받아 시행하는 자에게 지급하여야 한다(법 제12조 제3항).

(4) 신탁개발

토지소유자 또는 이들이 설립하는 조합이나 「수도권정비계획법」에 의한 법인 및 「주택법」, 「건설산업기본법」에 의한 도시개발사업을 시행할 능력이 있다고 인정되는 자는 지정권자의 승인을 받아 「자본시장과 금융투자업에 관한 법률」에 따른 신탁업자와 대통령령으로 정하는 바에 따라 신탁계약을 체결하여 도시개발사업을 시행할 수 있다. 시행자는 승인을 받아 신탁계약을 체결한 경우에는 그 계약을 체결한 날부터 1개월 이내에 그 계약서 사본을 첨부하여 지정권자에게 그 사실을 통보하여야 한다(법 제12조 제4항, 영 제28조).

❹ 실시계획

1. 실시계획의 작성 및 인가 등

(1) 실시계획의 작성의무

시행자는 대통령령이 정하는 바에 따라 도시개발사업에 관한 실시계획을 작성하여야 한다. 이 경우, 실시계획에는 지구단위계획이 포함되어야 한다(법 제17조 제1항).

> **기출** 시행자가 작성하는 실시계획에는 지구단위계획이 포함되어야 한다.

(2) 실시계획의 작성기준

① 실시계획은 개발계획에 맞게 작성하여야 한다(영 제38조 제1항).
② 지구단위계획은 「국토의 계획 및 이용에 관한 법률」상 지구단위계획의 수립기준에 따라 작성하여야 한다(영 제38조 제2항).
③ 실시계획의 작성에 필요한 세부적인 사항은 국토교통부장관이 정한다(영 제38조 제3항).

(3) 실시계획의 인가

① 지정권자의 인가: 시행자(지정권자가 시행자인 경우를 제외한다)는 작성된 실시계획에 관하여 지정권자의 인가를 받아야 한다. 인가를 받은 실시계획을 변경하거나 폐지하는 경우에 관하여 이를 준용한다. 다만, 국토교통부령이 정하는 경미한 사항을 변경하는 경우에는 그러하지 아니하다(법 제17조 제2항·제4항).

② 인가신청: 시행자가 실시계획의 인가를 받으려는 경우에는 실시계획인가신청서에 국토교통부령으로 정하는 서류를 첨부하여 시장(대도시 시장은 제외한다)·군수 또는 구청장을 거쳐 지정권자에게 제출해야 한다. 다만, 국토교통부장관·특별자치도지사 또는 대도시 시장이 지정권자인 경우에는 국토교통부장관·특별자치도지사 또는 대도시 시장에게 직접 제출할 수 있다(영 제39조).

③ 의견의 사전청취: 지정권자가 실시계획을 작성하거나 인가하는 경우, 국토교통부장관이 지정권자이면 시·도지사 또는 대도시 시장의 의견을, 시·도지사가 지정권자이면 시장(대도시 시장은 제외한다)·군수 또는 구청장의 의견을 미리 들어야 한다(법 제17조 제3항).

> **기출** 지정권자인 국토교통부장관이 실시계획을 작성하는 경우, 시·도지사 또는 대도시 시장의 의견을 미리 들어야 한다.

(4) 관련서류의 제출

실시계획에는 사업시행에 필요한 설계도서, 자금계획, 시행기간, 그 밖에 대통령령으로 정하는 사항과 서류를 명시하거나 첨부하여야 한다(법 제17조 제5항).

2. 실시계획의 고시 및 공람 등

(1) 고시 및 공람

지정권자가 실시계획을 작성하거나 인가한 경우에는 대통령령으로 정하는 바에 따라 이를 관보나 공보에 고시하고, 시행자에게 관계서류의 사본을 송부하며, 대도시 시장인 지정권자는 일반에게 관계서류를 공람시켜야 하고, 대도시 시장이 아닌 지정권자는 해당 도시개발구역을 관할하는 시장(대도시 시장은 제외한다)·군수 또는 구청장에게 관계서류의 사본을 보내야 한다. 이 경우, 지정권자인 특별자치도지사와 본문에 따라 관계서류를 받은 시장(대도시 시장은 제외한다)·군수 또는 구청장은 이를 일반인에게 14일 이상 공람시켜야 한다(법 제18조 제1항).

(2) 도시·군관리계획의 결정·고시 특례

실시계획을 고시한 경우, 그 고시된 내용 중「국토의 계획 및 이용에 관한 법률」에 따라 도시·군관리계획(지구단위계획을 포함한다)으로 결정하여야 하는 사항은 같은 법에 따른 도시·군관리계획이 결정되어 고시된 것으로 본다. 이 경우, 종전에 도시·군관리계획으로 결정된 사항 중 고시내용에 저촉되는 사항은 고시된 내용으로 변경된 것으로 본다(법 제18조 제2항).

(3) 지형도면의 고시

도시·군관리계획으로 결정·고시된 사항에 대한「국토의 계획 및 이용에 관한 법률」의 도시·군관리계획에 관한 지형도면의 고시에 대하여는 도시개발사업의 시행기간에 할 수 있다(법 제18조 제3항).

(4) 관련 인·허가 등의 의제

① 의제시기: 실시계획을 작성하거나 인가할 때 지정권자가 해당 실시계획에 대한 다음의 허가·승인·심사·인가·신고·면허·등록·협의·지정·해제 또는 처분 등(이하 '인·허가 등'이라 한다)에 관하여 관계 행정기관의 장과 협의한 사항에 대하여는 해당 인·허가 등을 받은 것으로 보며, 실시계획을 고시한 경우에는 관계 법률에 따른 인·허가 등의 고시나 공고를 한 것으로 본다(법 제19조 제1항).

참고 실시계획의 고시사항
1. 사업의 명칭
2. 사업의 목적
3. 도시개발구역의 위치 및 면적
4. 시행자
5. 시행기간
6. 시행방식
7. 도시·군관리계획(지구단위계획 포함)의 결정내용
8. 인가된 실시계획에 관한 도서의 공람기간 및 공람장소
9. 실시계획의 고시로 의제되는 인·허가 등의 고시 또는 공고사항

기출 실시계획을 인가할 때 지정권자가 해당 실시계획에 대한「하수도법」에 따른 공공하수도 공사시행의 허가에 관하여 관계 행정기관의 장과 협의한 때에는 해당 허가를 받은 것으로 본다.

> ⊙ 「수도법」에 따른 수도사업의 인가, 전용상수도 설치의 인가
> ⊙ 「하수도법」에 따른 공공하수도 공사시행의 허가
> ⊙ 「공유수면 관리 및 매립에 관한 법률」에 따른 점용 및 사용의 허가
> ⊙ 「공유수면 관리 및 매립에 관한 법률」에 따른 공유수면 매립의 면허, 실시계획의 승인, 매립의 협의 또는 승인
> ⊙ 「하천법」에 따른 하천공사 시행의 허가, 하천의 점용허가 및 하천수의 사용허가

② 관련서류 제출: 인·허가 등의 의제를 받으려는 자는 실시계획의 인가를 신청하는 때에 해당 법률로 정하는 관계서류를 함께 제출해야 한다(법 제19조 제2항).

③ 사전 협의: 지정권자는 실시계획을 작성하거나 인가할 때 그 내용에 ①의 ⊙~⊙에 해당하는 사항이 있으면 미리 관계 행정기관의 장과 협의하여야 한다. 이 경우, 관계 행정기관의 장은 협의요청을 받은 날부터 20일 이내에 의견을 제출해야 하며, 그 기간 내에 의견을 제출하지 아니하면 협의한 것으로 본다(법 제19조 제3항, 영 제41조).

❺ 도시개발사업의 시행방식

도시개발사업은 시행자가 도시개발구역의 토지 등을 수용 또는 사용하는 방식이나, 환지방식 또는 이를 혼용하는 방식으로 시행할 수 있다(법 제21조 제1항).

1. 시행방식의 변경 제35회

지정권자는 도시개발구역 지정 이후 다음의 어느 하나에 해당하는 경우에는 도시개발사업의 시행방식을 변경할 수 있다(법 제21조 제2항).

> ① 시행자(공공시행자)가 도시개발사업의 시행방식을 수용 또는 사용방식에서 전부환지방식으로 변경하는 경우
> ② 시행자(공공시행자)가 도시개발사업의 시행방식을 혼용방식에서 전부환지방식으로 변경하는 경우
> ③ 시행자(조합을 제외한 시행자)가 도시개발사업의 시행방식을 수용 또는 사용방식에서 혼용방식으로 변경하는 경우

기출
1. 도시개발구역 지정 이후에도 도시개발사업의 시행방식을 변경할 수 있다.
2. 국가가 시행자로 시행하는 경우 혼용방식에서 전부환지방식으로의 변경은 가능하다. 제35회

참고 수용방식에서 혼용방식으로의 변경이나, 수용방식에서 전부환지방식으로의 변경은 가능하다. 하지만 환지방식을 수용방식으로 전환하는 경우는 없다.

2. 시행방식의 구분

(1) 시행방식 규정

시행자는 도시개발구역으로 지정하려는 지역에 대하여 다음에서 정하는 바에 따라 도시개발사업의 시행방식을 정함을 원칙으로 하되, 사업의 용이성·규모 등을 고려하여 필요하면 국토교통부장관이 정하는 기준에 따라 도시개발사업의 시행방식을 정할 수 있다(영 제43조 제1항).

수용 또는 사용방식	계획적이고 체계적인 도시개발 등 **집단적인 조성과 공급이 필요한 경우**
환지방식	① 대지로서의 **효용증진**과 공공시설의 정비를 위하여 토지의 교환, 분할·합병, 그 밖의 구획변경, 지목 또는 형질의 변경이나 공공시설의 설치·변경이 필요한 경우 ② 도시개발사업을 시행하는 지역의 **지가가 인근의 다른 지역에 비하여 현저히 높아** 수용·사용방식으로 시행하는 것이 어려운 경우
혼용방식	도시개발구역으로 지정하려는 지역이 부분적으로 환지방식, 수용 또는 사용방식에 해당하는 경우

기출 계획적이고 체계적인 도시개발 등 집단적인 조성과 공급이 필요한 경우에는 환지방식으로 정하는 것이 아니라, 수용·사용방식으로 정한다.

(2) 혼용방식의 분할시행

① 시행자가 도시개발사업을 혼용방식으로 시행하려는 경우에는 다음의 방식으로 도시개발사업을 시행할 수 있다(영 제43조 제2항).

> ㉠ 분할 혼용방식: 수용 또는 사용방식이 적용되는 지역과 환지방식이 적용되는 지역을 사업시행지구별로 분할하여 시행하는 방식
>
> ㉡ 미분할 혼용방식: 사업시행지구를 분할하지 아니하고 수용 또는 사용방식과 환지방식을 혼용하여 시행하는 방식. 이 경우, 환지에 대해서는 환지방식에 의한 사업시행에 관한 규정을 적용하고, 그 밖의 사항에 대해서는 수용 또는 사용방식에 관한 규정을 적용한다.

② 사업시행지구를 분할하여 시행하는 경우에는 각 사업지구에서 부담하여야 하는「국토의 계획 및 이용에 관한 법률」에 따른 기반시설의 설치비용 등을 명확히 구분하여 실시계획에 반영하여야 한다(영 제43조 제3항).

③ 사업시행의 방법 등에 관하여 필요한 세부적인 사항은 국토교통부장관이 정한다(영 제43조 제4항).

④ 지정권자는 지가상승 등 지역개발 여건의 변화로 도시개발사업 시행방식 지정 당시의 요건을 충족하지 못하나 (1)의 어느 하나의 요건을 충족하는 경우에는 해당 요건을 충족하는 도시개발사업 시행방식으로 변경할 수 있다(영 제43조 제5항).

3. 새로운 개발방식의 도입

(1) 순환개발방식의 개발사업

① 순환개발방식: 시행자는 도시개발사업을 원활하게 시행하기 위하여 도시개발구역의 내외에 새로 건설하는 주택 또는 이미 건설되어 있는 주택에 그 도시개발사업의 시행으로 철거되는 주택의 세입자 또는 소유자(주민 등의 의견을 듣기 위하여 공람한 날 또는 공청회의 개최에 관한 사항을 공고한 날 이전부터 도시개발구역의 주택에 실제로 거주하는 자에 한정한다. 이하 '세입자 등'이라 한다)를 임시로 거주하게 하는 등의 방식으로 그 도시개발구역을 순차적으로 개발할 수 있다(법 제21조의2 제1항).

② 순환용 주택의 사용·임대: 시행자는 순환개발방식으로 도시개발사업을 시행하는 경우에는 「주택법」에도 불구하고 임시로 거주하는 주택(이하 '순환용 주택'이라 한다)을 임시거주시설로 사용하거나 임대할 수 있다(법 제21조의2 제2항).

③ 순환용 주택의 분양·임대: 순환용 주택에 거주하는 자가 도시개발사업이 완료된 후에도 순환용 주택에 계속 거주하기를 희망하는 때에는 대통령령으로 정하는 바에 따라 이를 분양하거나 계속 임대할 수 있다. 이 경우, 계속 거주하는 자가 환지대상자이거나 이주대책대상자인 경우에는 대통령령으로 정하는 바에 따라 환지대상에서 제외하거나 이주대책을 수립한 것으로 본다(법 제21조의2 제3항).

(2) 세입자 등을 위한 임대주택건설용지의 공급 등

① 임대주택의 건설·공급: 시행자는 도시개발사업에 따른 세입자 등의 주거안정 등을 위하여 주거 및 생활실태조사와 주택수요조사 결과를 고려하여 대통령령으로 정하는 바에 따라 임대주택건설용지를 조성·공급하거나 임대주택을 건설·공급하여야 한다(법 제21조의3 제1항).

② 임대주택 등의 인수
  ㉠ 법 제11조 제1항 제1호부터 제4호(국가, 지방자치단체, 공공기관, 정부출연기관, 지방공사)까지의 규정에 해당하는 자 중 주택의 건설, 공급, 임대를 할 수 있는 자는 시행자가 요청하는 경우 도시개발사업의 시행으로 공급되는 임대주택건설용지나 임대주택을 인수하여야 한다(법 제21조의3 제2항).
  ㉡ 임대주택건설용지 또는 임대주택 인수의 절차와 방법 및 인수가격 결정의 기준 등은 대통령령으로 정한다(법 제21조의3 제3항).

③ 시행자(임대주택건설용지를 공급하는 경우에는 공급받은 자를 말하고, 인수한 경우에는 그 인수자를 말한다)가 도시개발구역에서 임대주택을 건설·공급하는 경우에 임차인의 자격, 선정방법, 임대보증금, 임대료 등에 관하여는 「민간임대주택에 관한 특별법」 제42조 및 제44조, 「공공주택 특별법」 제48조, 제49조 및 제50조의3에도 불구하고 대통령령으로 정하는 범위에서 그 기준을 따로 정할 수 있다. 이 경우, 행정청이 아닌 시행자는 미리 시장·군수·구청장의 승인을 받아야 한다(법 제21조의3 제4항).

(3) 도시개발사업 분쟁조정위원회

① 분쟁조정위원회의 설치 등: 도시개발사업으로 인한 분쟁을 조정하기 위하여 도시개발구역이 지정된 특별자치도 또는 시·군·구에 도시개발사업 분쟁조정위원회(이하 '분쟁조정위원회'라 한다)를 둘 수 있다. 다만, 해당 지방자치단체에 「도시 및 주거환경정비법」 제116조에 따른 도시분쟁조정위원회가 이미 설치되어 있는 경우에는 대통령령으로 정하는 바에 따라 분쟁조정위원회의 기능을 대신하도록 할 수 있다(법 제21조의4 제1항).

② 분쟁조정위원회의 구성 등: 분쟁조정위원회의 구성, 운영, 분쟁조정의 절차 등에 관한 사항은 「도시 및 주거환경정비법」 제116조 및 제117조를 준용한다. 이 경우, '정비사업'은 '도시개발사업'으로 본다(법 제21조의4 제2항).

> **심화** 임대주택건설용지 등의 인수절차 및 방법(영 제43조의4)
>
> 1. 임대주택건설용지 또는 임대주택의 인수방법, 시기 및 하자 보수 등에 필요한 사항은 시행자와 임대주택건설용지 또는 임대주택을 인수할 자가 협의하여 결정한다.
> 2. 임대주택건설용지의 인수가격은 다음에 따라 산정한 금액으로 하고, 건설된 임대주택을 인수하는 경우의 건축비는 분양전환가격의 산정기준 중 건축비로 한다. 이 경우, 임대주택건설용지의 가격과 건축비에 가산할 항목은 시행자와 인수자가 협의하여 정할 수 있다.
>   ① 「공공주택 특별법 시행령」 제54조 제1항 제1호부터 제4호까지의 임대주택건설용지: 감정평가법인 등이 평가한 금액을 산술평균한 금액(이하 '감정가격'이라 한다)의 100분의 80
>   ② 「공공주택 특별법 시행령」 제54조 제1항 제5호 및 제6호의 임대주택건설용지: 감정가격의 100분의 90
>   ③ ① 및 ② 외의 임대주택건설용지: 감정가격

> 3. 지정권자는 1. 및 2.에 따른 임대주택건설용지 등의 인수 등에 대한 협의가 이루어지지 아니한 경우에는 필요한 권고 등을 할 수 있다.

6 수용·사용방식에 의한 사업시행 제32회

1. 토지 등의 수용·사용

(1) 수용의 주체

시행자는 도시개발사업에 필요한 토지 등을 수용하거나 사용할 수 있다(법 제22조 제1항).

(2) 수용시 동의

민간사업시행자[토지소유자, 수도권 외의 지역으로 이전하는 법인, 등록업자, 능력 있는 자, 자기관리·위탁관리부동산투자회사, 공동출자법인(국가 또는 지방자치단체, 공공기관, 정부출연기관, 지방공사가 50%를 초과하여 출자한 경우를 제외한다)]에 해당하는 시행자는 사업대상 토지면적의 3분의 2 이상에 해당하는 토지를 소유하고, 토지소유자 총수의 2분의 1 이상에 해당하는 자의 동의를 받아야 한다. 이 경우, 토지소유자의 동의요건 산정기준일은 도시개발구역 지정고시일을 기준으로 하며, 그 기준일 이후 시행자가 취득한 토지에 대하여는 동의요건에 필요한 토지소유자의 총수에 포함하고 이를 동의한 자의 수로 산정한다(법 제22조 제1항 단서).

(3) 「공익사업을 위한 토지 등의 취득 및 보상에 관한 법률」상 특례

① 준용 법률: 토지 등의 수용 또는 사용에 관하여 이 법에 특별한 규정이 있는 경우 외에는 「공익사업을 위한 토지 등의 취득 및 보상에 관한 법률」을 준용한다(법 제22조 제2항).

② 사업인정 의제: 「공익사업을 위한 토지 등의 취득 및 보상에 관한 법률」을 준용할 때 수용 또는 사용의 대상이 되는 토지의 세부목록을 고시한 경우에는 「공익사업을 위한 토지 등의 취득 및 보상에 관한 법률」에 따른 사업인정 및 그 고시가 있었던 것으로 본다(법 제22조 제3항).

③ 재결신청기간의 특례: 재결신청은 「공익사업을 위한 토지 등의 취득 및 보상에 관한 법률」 규정에 불구하고 개발계획에서 정한 도시개발사업의 시행기간 종료일까지 하여야 한다(법 제22조 제3항 단서).

기출

1. 「지방공기업법」에 따라 설립된 지방공사가 시행자인 경우, 토지소유자 동의 없이도 도시개발사업에 필요한 토지 등을 수용하거나 사용할 수 있다.

2. 도시개발사업을 시행하는 정부출연기관이 그 사업에 필요한 토지를 수용하려면 사업대상 토지면적의 3분의 2 이상에 해당하는 토지를 소유하고 토지소유자 총수의 2분의 1 이상에 해당하는 자의 동의를 받지 않아도 된다.
제32회

2. 토지상환채권의 발행 제33회

(1) 발행권자

시행자는 토지소유자가 원하면 토지 등의 매수대금의 일부를 지급하기 위하여 대통령령으로 정하는 바에 따라 사업시행으로 조성된 토지·건축물로 상환하는 채권(이하 '토지상환채권')을 발행할 수 있다(법 제23조 제1항).

(2) 지급보증

민간사업시행자(토지소유자 또는 이들이 설립한 조합, 「수도권정비계획법」에 의한 이전법인, 「건설산업기본법」에 의한 능력 있는 자, 공동출자법인)는 은행 등(「은행법」에 따른 은행, 「보험업법」에 따른 보험회사 및 「건설산업기본법」에 따른 공제조합)으로부터 지급보증을 받은 경우에만 이를 발행할 수 있다(법 제23조 제1항 단서).

(3) 지정권자의 승인

시행자(지정권자가 시행자인 경우는 제외한다)가 토지상환채권을 발행하려면 대통령령으로 정하는 바에 따라 토지상환채권의 발행계획을 작성하여 미리 지정권자의 승인을 받아야 한다(법 제23조 제2항).

(4) 발행조건

토지상환채권의 이율은 발행 당시의 은행의 예금금리 및 부동산 수급상황을 고려하여 발행자가 정한다. 또한 토지상환채권은 기명식(記名式)증권으로 한다(영 제49조 제1항·제2항).

(5) 토지상환채권의 이전 등

① 대항요건: 토지상환채권을 이전하는 경우, 취득자는 그 성명과 주소를 토지상환채권원부에 기재하여 줄 것을 요청해야 하며, 취득자의 성명과 주소가 토지상환채권에 기재되지 아니하면 취득자는 발행자 및 그 밖의 제3자에게 대항하지 못한다(영 제53조 제1항).

② 질권설정

㉠ 토지상환채권을 질권의 목적으로 하는 경우에는 질권자의 성명과 주소가 토지상환채권원부에 기재되지 아니하면 질권자는 발행자 및 그 밖의 제3자에게 대항하지 못한다(영 제53조 제2항).

㉡ 발행자는 (권리)질권이 설정된 때에는 토지상환채권에 그 사실을 표시하여야 한다(영 제53조 제3항).

기출
1. 도시개발사업을 시행하는 공공기관은 토지상환채권을 발행할 수 있다.
2. 토지상환채권의 발행규모는 그 토지상환채권으로 상환할 토지·건축물이 해당 도시개발사업으로 조성되는 분양토지 또는 분양건축물 면적의 2분의 1을 초과하지 아니하도록 하여야 한다. 제33회

참고 토지상환채권의 발행계획에는 다음의 사항이 포함되어야 한다.
1. 시행자의 명칭
2. 토지상환채권의 발행총액
3. 토지상환채권의 이율
4. 토지상환채권의 발행가액 및 발행시기
5. 상환대상지역 또는 상환대상토지의 용도
6. 토지가격의 추산방법
7. 보증기관 및 보증의 내용 (민간부분 시행자가 발행하는 경우에만 해당한다)
제35회

(6) 토지상환채권의 소유자에 대한 통지

토지상환채권의 소유자에 대한 통지 또는 최고는 토지상환채권원부에 기재된 주소로 하여야 한다. 다만, 토지상환채권의 소유자가 토지상환채권의 발행자에게 따로 주소를 알린 경우에는 그 주소로 하여야 한다(영 제54조).

> **예제**
>
> 도시개발법령상 토지 등의 수용 또는 사용의 방식에 따른 사업시행에 관한 설명으로 옳은 것은? 　　　　　　　　　　　　　　　　　　　　　　　　　　　제32회
> ① 도시개발사업을 시행하는 지방자치단체는 도시개발구역 지정 이후 그 시행방식을 혼용방식에서 수용 또는 사용방식으로 변경할 수 있다.
> ② 도시개발사업을 시행하는 정부출연기관이 그 사업에 필요한 토지를 수용하려면 사업대상 토지면적의 3분의 2 이상에 해당하는 토지를 소유하고, 토지소유자 총수의 2분의 1 이상에 해당하는 자의 동의를 받아야 한다.
> ③ 도시개발사업을 시행하는 공공기관은 토지상환채권을 발행할 수 없다.
> ④ 원형지를 공급받아 개발하는 지방공사는 원형지에 대한 공사완료공고일부터 5년이 지난 시점이라면 해당 원형지를 매각할 수 있다.
> ⑤ 원형지가 공공택지 용도인 경우, 원형지개발자의 선정은 추첨의 방법으로 할 수 있다.
>
> **해설** ① 수용 또는 사용방식으로 변경하는 경우는 없다.
> 　　　② 정부출연기관의 장은 공공부문 시행자로서, 동의요건을 요하지 않는다.
> 　　　③ 시행자 모두가 토지상환채권을 발행할 수 있다.
> 　　　⑤ 추첨의 방법으로 원형지개발자를 선정하는 경우는 없다. 　　　**정답 ④**

3. 이주대책 등

시행자는 「공익사업을 위한 토지 등의 취득 및 보상에 관한 법률」로 정하는 바에 따라 도시개발사업의 시행에 필요한 토지 등의 제공으로 생활의 근거를 상실하게 되는 자에 관한 이주대책 등을 수립·시행하여야 한다(법 제24조).

4. 선수금

(1) 선수금의 사전수령

시행자는 조성토지 등과 도시개발사업으로 조성되지 아니한 상태의 토지(이하 '원형지'라 한다)를 공급받거나 이용하려는 자로부터 대통령령으로 정하는 바에 따라 해당 대금의 전부 또는 일부를 미리 받을 수 있다(법 제25조 제1항).

(2) 지정권자의 승인

선수금을 받고자 하는 시행자(지정권자가 시행자인 경우는 제외한다)는 해당 대금의 전부 또는 일부를 미리 받으려면 다음의 구분에 따른 요건을 갖추어 지정권자의 승인을 받아야 한다(법 제25조 제2항).

> **기출** 지정권자가 아닌 시행자는 조성토지 등을 공급받거나 이용하려는 자로부터 지정권자의 승인을 받아 해당 대금의 전부 또는 일부를 미리 받을 수 있다.
>
> **참고** 선수금 받기 위한 요건
> 1. 공공시행자: 토지면적의 10% 이상의 소유권확보
> 2. 민간시행자: 공사 진척률 10% 이상

공공시행자 (공동출자법인으로 공공이 출자한 경우)	개발계획을 수립·고시한 후에 사업시행 토지면적의 100분의 10 이상의 토지에 대한 소유권을 확보할 것(사용동의를 포함한다). 다만, 실시계획인가를 받기 전에 선수금을 받으려는 경우에는 「환경영향평가법」에 따른 환경영향평가 및 「도시교통정비 촉진법」에 따른 교통영향평가를 수립하여 「국토의 계획 및 이용에 관한 법률」에 따른 기반시설 투자계획이 구체화된 경우로 한정한다.
민간시행자 (공동출자법인으로 공공이 출자한 경우 제외)	해당 도시개발구역에 대하여 실시계획인가를 받은 후 다음의 요건을 모두 갖출 것 ① 공급하려는 토지에 대한 소유권을 확보하고, 해당 토지에 설정된 저당권을 말소하였을 것. 다만, 부득이한 사유로 토지소유권을 확보하지 못하였거나 저당권을 말소하지 못한 경우에는 시행자·토지소유자 및 저당권자가 다음 내용의 공동약정서를 공증하여 제출해야 한다. 　㉠ 토지소유자는 제3자에게 해당 토지를 양도하거나 담보로 제공하지 아니할 것 　㉡ 선수금을 납부한 자가 준공검사 또는 준공 전 사용허가를 받아 해당 토지를 사용하게 되는 경우에는 토지소유자 및 저당권자는 지체 없이 소유권을 이전하고, 저당권을 말소할 것 ② 공급하려는 토지에 대한 도시개발사업의 공사 진척률이 100분의 10 이상일 것 ③ 공급계약의 불이행시 선수금의 환불을 담보하기 위하여 다음의 내용이 포함된 보증서 등(「국가를 당사자로 하는 계약에 관한 법률 시행령」에 따른 지급보증서, 증권, 보증보험증권, 정기예금증서 및 수익증권 등을 말한다)을 지정권자에게 제출할 것. 다만, ㉡의 경우, 그 사업기간을 연장하는 때에는 당초의 보증 또는 보험의 기간에 그 연장하려는 기간을 가산한 기간을 보증 또는 보험의 기간으로 하는 보증서 등을 제출해야 한다. 　㉠ 보증 또는 보험의 금액은 선수금에 그 금액에 대한 보증 또는 보험기간에 해당하는 약정 이자 상당액을 가산한 금액 이상으로 할 것 　㉡ 보증 또는 보험기간의 개시일은 선수금을 받는 날 이전이어야 하며, 그 종료일은 준공예정일부터 1개월 이상으로 할 것

(3) 담보제공 제한

시행자는 공사완료공고 전에 미리 토지를 공급하거나 시설물을 이용하게 한 후에는 그 토지를 담보로 제공하여서는 아니 된다(영 제55조 제2항).

(4) 선수금의 환불

지정권자는 시행자가 공급계약의 내용대로 사업을 이행하지 아니하거나 시행자의 파산 등(「채무자 회생 및 파산에 관한 법률」에 따른 법원의 결정·인가를 포함한다)으로 사업을 이행할 능력이 없다고 인정하는 경우에는 해당 도시개발사업의 준공 전에 보증서 등을 선수금의 환불을 위하여 사용할 수 있다(영 제55조 제3항).

5. 원형지의 공급과 개발

(1) 원형지의 공급대상자 등

시행자는 도시를 자연친화적으로 개발하거나 복합적·입체적으로 개발하기 위하여 필요한 경우에는 대통령령으로 정하는 절차에 따라 미리 지정권자의 승인을 받아 원형지를 공급하여 개발하게 할 수 있다. 이 경우, 공급될 수 있는 원형지의 면적은 도시개발구역 전체 토지면적의 3분의 1 이내로 한정한다(법 제25조의2 제1항).

참고 원형지를 공급받을 수 있는 자
1. 국가 또는 지방자치단체
2. 「공공기관의 운영에 관한 법률」에 따른 공공기관
3. 「지방공기업법」에 따라 설립된 지방공사
4. 시행자가 복합개발 등을 위하여 실시한 공모에서 선정된 자
5. 원형지를 학교나 공장 등의 부지로 직접 사용하는 자

기출
1. 원형지의 면적은 도시개발구역 전체 토지면적의 3분의 1을 초과하여 공급할 수 없다.
2. 원형지 공급승인신청서에는 원형지 사용조건에 관한 서류가 첨부되어야 한다.

(2) 원형지 공급계획의 제출

시행자는 원형지를 공급하기 위하여 지정권자에게 승인신청을 할 때에는 원형지의 공급계획을 작성하여 함께 제출해야 한다. 작성된 공급계획을 변경하는 경우에도 같다(법 제25조의2 제2항).

(3) 원형지 공급계획의 내용

원형지 공급계획에는 원형지를 공급받아 개발하는 자(이하 '원형지개발자'라 한다)에 관한 사항과 원형지의 공급내용 등이 포함되어야 한다(법 제25조의2 제3항).

(4) 실시계획에의 반영

시행자는 개발방향과 승인내용 및 공급계획에 따라 원형지개발자와 공급계약을 체결한 후 원형지개발자로부터 세부계획을 제출받아 이를 실시계획의 내용에 반영하여야 한다(법 제25조의2 제4항).

(5) 이행조건

지정권자는 승인을 할 때에는 용적률 등 개발밀도, 토지용도별 면적 및 배치, 교통처리계획 및 기반시설의 설치 등에 관한 이행조건을 붙일 수 있다(법 제25조의2 제5항).

(6) 원형지의 매각제한 제34회

원형지개발자(국가 및 지방자치단체는 제외한다)는 10년의 범위에서 대통령령으로 정하는 다음의 기간 안에는 원형지를 매각할 수 없다. 다만, 이주용 주택이나 공공·문화시설 등 대통령령으로 정하는 경우(기반시설 용지, 임대주택용지, 그 밖에 원형지개발자가 직접 조성하거나 운영하기 어려운 시설의 설치를 위한 용지)로서 미리 지정권자의 승인을 받은 경우에는 예외로 한다(법 제25조의2 제6항).

> ① 원형지에 대한 공사완료공고일부터 5년
> ② 원형지공급계약일부터 10년

✔ 전매가능기간이란 위 ①·②의 기간 중 **먼저 끝나는 기간**을 말한다.

(7) 원형지 공급승인의 취소

지정권자는 다음의 어느 하나에 해당하는 경우에는 원형지 공급승인을 취소하거나 시행자로 하여금 그 이행의 촉구, 원상회복 또는 손해배상의 청구, 원형지 공급계약의 해제 등 필요한 조치를 취할 것을 요구할 수 있다(법 제25조의2 제7항).

> ① 시행자가 원형지의 공급계획대로 토지를 이용하지 아니하는 경우
> ② 원형지개발자가 세부계획의 내용대로 사업을 시행하지 아니하는 경우
> ③ 시행자 또는 원형지개발자가 이행조건을 이행하지 아니하는 경우

기출
1. 지방자치단체가 원형지개발자인 경우, 원형지 공사완료공고일부터 5년이 지나기 전에도 원형지를 매각할 수 있다.
2. 원형지를 공급받아 개발하는 지방공사는 원형지에 대한 공사완료공고일부터 5년이 지난 시점이라면 해당 원형지를 매각할 수 있다. 제32회

(8) 원형지 공급계약의 해제 ^{제34회}

시행자는 다음의 어느 하나에 해당하는 경우, 대통령령으로 정하는 바에 따라 원형지 공급계약을 해제할 수 있다(법 제25조의2 제8항).

> ① 원형지개발자가 세부계획에서 정한 착수기한 안에 공사에 착수하지 않는 경우
> ② 원형지개발자가 공사 착수 후 세부계획에서 정한 사업기간을 넘겨 사업 시행을 지연하는 경우
> ③ 공급받은 토지의 전부나 일부를 시행자의 동의 없이 제3자에게 매각하는 경우
> ④ 그 밖에 공급받은 토지를 세부계획에서 정한 목적대로 사용하지 아니하는 등 공급계약의 내용을 위반한 경우

참고 시행자는 법 제25조의2 제8항에 해당하는 사유가 발생한 경우, 원형지개발자에게 2회 이상 시정을 요구하여야 하고, 원형지개발자가 시정하지 아니한 경우에는 원형지공급계약을 해제할 수 있다. 이 경우, 원형지개발자는 시행자의 시정요구에 대해 의견을 제시할 수 있다.

(9) 원형지개발자의 선정기준 등

① 원형지개발자의 선정은 수의계약의 방법으로 한다. 다만, 학교용지 또는 공장용지에 해당하는 원형지개발자의 선정은 경쟁입찰의 방식으로 하며, 경쟁입찰이 2회 이상 유찰된 경우에는 수의계약의 방법으로 할 수 있다.
② 원형지 공급가격은 개발계획이 반영된 원형지의 감정가격에 시행자가 원형지에 설치한 기반시설 등의 공사비를 더한 금액을 기준으로 시행자와 원형지개발자가 협의하여 결정한다.
③ 시행자와 원형지개발자의 업무범위는 공급계약에서 정하되, 시행자는 원형지 조성을 위한 인·허가 등의 신청 등 관계 법령에 따른 업무를 담당한다.

참고 경쟁입찰의 경우, 최고가격으로 입찰한 자를 낙찰자로 한다. 이 경우, 경쟁입찰대상 토지가 「건축법 시행령」 별표1 제2호의 공동주택과 주거용 외의 용도가 복합된 건축물(다수의 건축물이 일체적으로 연결된 하나의 건축물을 포함한다)을 건축하기 위한 토지인 때에는 경쟁입찰대상 토지의 면적에 주거용 외의 용도에 해당하는 비율(실시계획에 포함된 지구단위계획상의 비율을 말하며, 건축물의 연면적 대비 비율로 산정한다)을 곱하여 산정된 면적(이하 '상업면적'이라 한다)에 대하여 최고가격으로 입찰한 자를 낙찰자로 하며, 상업면적에 대하여는 낙찰가격을, 상업면적 외에 대하여는 감정가를 각각 적용하여 산정한 가격을 합한 가격을 해당 토지의 공급가격으로 한다.

6. 조성토지 등의 공급

(1) 조성토지 등의 공급계획

① 시행자는 조성토지 등을 공급하려고 할 때에는 조성토지 등의 공급계획을 작성하여야 하며, 지정권자가 아닌 시행자는 작성한 조성토지 등의 공급계획에 대하여 지정권자의 승인을 받아야 한다. 조성토지 등의 공급계획을 변경하려는 경우에도 또한 같다(법 제26조 제1항).
② 지정권자가 조성토지 등의 공급계획을 작성하거나 승인하는 경우, 국토교통부장관이 지정권자이면 시·도지사 또는 대도시 시장의 의견을, 시·도지사가 지정권자이면 시장(대도시 시장은 제외한다)·군수 또는 구청장의 의견을 미리 들어야 한다(법 제26조 제2항).

③ 시행자(법인이 시행자인 경우에는 그 출자자를 포함한다)가 직접 건축물을 건축하여 사용하거나 공급하려고 계획한 토지가 있는 경우에는 그 현황을 ①에 따른 조성토지 등의 공급계획의 내용에 포함하여야 한다. 다만, 민간참여자가 직접 건축물을 건축하여 사용하거나 공급하려고 계획한 토지는 전체 조성토지 중 해당 민간참여자의 출자지분 범위 내에서만 조성토지 등의 공급계획에 포함할 수 있다(법 제26조 제3항).

④ 위에서 규정한 사항 외에 조성토지 등의 공급계획의 내용, 공급의 절차·기준, 조성토지 등의 가격의 평가, 그 밖에 필요한 사항은 대통령령으로 정한다(법 제26조 제4항).

(2) 조성토지 등의 공급방법

① 시행자의 권한·의무: 시행자는 (1)의 ①에 따른 조성토지 등의 공급계획에 따라 조성토지 등을 공급해야 한다. 이 경우, 시행자는 「국토의 계획 및 이용에 관한 법률」에 따른 기반시설의 원활한 설치를 위하여 필요하면 공급대상자의 자격을 제한하거나 공급조건을 부여할 수 있다(영 제57조 제1항).

② 원칙적 공급방법: 조성토지 등의 공급은 경쟁입찰의 방법에 따른다(영 제57조 제2항).

③ 공급방식의 특례

㉠ 추첨방식: 다음의 어느 하나에 해당하는 토지는 추첨의 방법으로 분양할 수 있다(영 제57조 제3항).

> ⓐ 「주택법」에 따른 국민주택규모 이하의 주택건설용지
> ⓑ 「주택법」에 따른 공공택지
> ⓒ 국토교통부령으로 정하는 면적 이하의 단독주택용지 및 공장용지

㉡ 수의계약방식: 시행자는 다음의 어느 하나에 해당하는 경우에는 수의계약의 방법으로 조성토지 등을 공급할 수 있다(영 제57조 제5항).

> ⓐ 학교용지, 공공청사용지 등 일반에게 분양할 수 없는 공공용지를 국가, 지방자치단체, 그 밖의 법령에 따라 해당 시설을 설치할 수 있는 자에게 공급하는 경우
> ⓑ 임대주택건설용지를 다음에 해당하는 자가 단독 또는 공동으로 총지분의 100분의 50을 초과하여 출자한 「부동산투자회사법」에 따른 부동산투자회사에 공급하는 경우
> • 국가나 지방자치단체

- 한국토지주택공사
- 주택사업을 목적으로 설립된 지방공사

ⓒ 실시계획에 따라 존치하는 시설물의 유지관리에 필요한 최소한의 토지를 공급하는 경우

ⓓ 「공익사업을 위한 토지 등의 취득 및 보상에 관한 법률」에 따른 협의를 하여 그가 소유하는 도시개발구역의 조성토지 등의 전부를 시행자에게 양도한 자에게 국토교통부령으로 정하는 기준에 따라 토지를 공급하는 경우

ⓔ 토지상환채권에 의하여 토지를 상환하는 경우

ⓕ 토지의 규모 및 형상, 입지조건 등에 비추어 토지이용가치가 현저히 낮은 토지로서, 인접 토지소유자 등에게 공급하는 것이 불가피하다고 시행자가 인정하는 경우

ⓖ 법 제11조 제1항 제1호부터 제4호까지의 규정에 해당하는 시행자가 도시개발구역에서 도시발전을 위하여 특별설계(현상설계 등의 방법으로 창의적인 개발안을 받아들일 필요가 있거나 다양한 용도를 수용하기 위하여 복합적이고 입체적인 개발이 필요한 경우 등에 실시하는 설계를 말한다)를 통한 개발이 필요하여 국토교통부령으로 정하는 절차와 방법에 따라 선정된 자에게 토지를 공급하는 경우. 이 경우 전단에 따라 공급하는 토지면적의 범위는 국토교통부령으로 정한다.

ⓗ 산업통상자원부장관이 「외국인투자 촉진법」에 따른 외국인투자위원회의 심의를 거쳐 외국인투자기업에게 수의계약을 통하여 조성토지 등을 공급할 필요가 있다고 인정하는 경우. 다만, 2009년 7월 1일부터 2011년 6월 30일까지 공급되는 조성토지 등만 해당한다.

ⓘ 대행개발사업자가 개발을 대행하는 토지를 해당 대행개발사업자에게 공급하는 경우

ⓙ 경쟁입찰 또는 추첨의 결과 2회 이상 유찰된 경우

ⓚ 그 밖에 관계 법령의 규정에 따라 수의계약으로 공급할 수 있는 경우

(3) 조성토지 등의 가격의 평가

① 원칙: 조성토지 등의 가격 평가는 감정가격으로 한다(영 제57조 제6항).

② 특례

㉠ 시행자는 학교, 폐기물처리시설, 임대주택, 그 밖에 대통령령으로 정하는 시설을 설치하기 위한 조성토지 등과 이주단지의 조성을 위한 토지를 공급하는 경우에는 해당 토지의 가격을 「감정평가 및 감정평가사에 관한 법률」에 따른 감정평가법인 등이 감정평가한 가격 이하로 정할 수 있다. 다만, 법 제11조 제1항 제1호부터 제4호까지의 규정에 해당하는 자에게 임대주택건설용지를 공급하는 경우에는 해당 토지의 가격을 감정평가한 가격 이하로 정하여야 한다(법 제27조 제1항).

㉡ 시행자(국가, 지방자치단체, 공공기관, 정부출연기관, 지방공사)는 토지 외에 지역특성화사업 유치 등 도시개발사업의 활성화를 위하여 필요한 경우에는 대통령령으로 정하는 바에 따라 감정평가한 가격 이하로 공급할 수 있다(법 제27조 제2항).

> **심화** 공급가격을 감정평가한 가격 이하로 가능한 시설(영 제58조)
>
> 1. 공공청사(2013년 12월 31일까지는 정부가 납입자본금 전액을 출자한 법인의 주된 사무소를 포함한다)
> 2. 사회복지시설(행정기관 및 「사회복지사업법」에 따른 사회복지법인이 설치하는 사회복지시설을 말한다). 다만, 「사회복지사업법」에 따른 사회복지시설의 경우에는 유료시설을 제외한 시설로서 관할 지방자치단체의 장의 추천을 받은 경우로 한정한다.
> 3. 「국토의 계획 및 이용에 관한 법률 시행령」 별표 17 제2호 차목에 해당하는 공장. 다만, 해당 도시개발사업으로 이전되는 공장의 소유자가 설치하는 경우로 한정한다.
> 4. 임대주택
> 5. 「주택법」에 따른 국민주택규모 이하의 공동주택. 다만, 법 제11조 제1호부터 제4호까지의 규정에 따른 시행자가 국민주택규모 이하의 공동주택을 건설하려는 자에게 공급하는 경우로 한정한다.
> 6. 「관광진흥법」에 따른 호텔업시설. 다만, 법 제11조 제1항 제1호부터 제4호까지의 규정에 따른 시행자가 200실 이상의 객실을 갖춘 호텔의 부지로 토지를 공급하는 경우로 한정한다.
> 7. 그 밖에 「국토의 계획 및 이용에 관한 법률」에 따른 기반시설로서 국토교통부령으로 정하는 시설

기출

1. 조성토지 등의 가격 평가는 「감정평가 및 감정평가사에 관한 법률」에 따른 감정평가법인 등이 평가한 금액을 산술평균한 금액으로 한다.
2. 도시개발구역에 있는 조성토지 등의 가격은 감정가격으로 한다.

참고 환지란 사업시행 전에 존재하던 권리관계에 변동을 가하지 않고 각 토지의 위치, 지목, 토지이용상황 및 환경 등을 고려하여 사업시행 후의 새로이 조성된 대지에 기존의 권리를 이전하는 행위를 말하며, 미개발된 시가지나 농지를 택지로 조성하기 위하여 공공시설의 설치, 변경 또는 토지의 교환, 분할·합병, 구획변경, 형질변경 등을 가하는 도시개발사업으로서 환지와 감보를 수반한다.

기출
1. 환지계획에는 필지별로 된 환지명세와 필지별과 권리별로 된 청산대상 토지명세가 포함되어야 한다.
2. 「집합건물의 소유 및 관리에 관한 법률」에 따른 대지사용권에 해당하는 토지지분은 분할환지할 수 없다. 제35회

7 환지방식에 의한 사업시행 제36회

1. 환지계획의 작성

시행자는 도시개발사업의 전부 또는 일부를 환지방식으로 시행하려면 다음의 사항이 포함된 환지계획을 작성하여야 한다(법 제28조 제1항).

① 환지설계
② 필지별로 된 환지명세
③ 필지별과 권리별로 된 청산대상 토지명세
④ 체비지(替費地) 또는 보류지(保留地)의 명세
⑤ 입체환지를 계획하는 경우에는 입체환지용 건축물의 명세와 입체환지에 따른 공급방법·규모에 관한 사항
⑥ 그 밖의 국토교통부령이 정하는 사항

2. 환지계획의 작성기준

(1) 적응환지의 원칙

환지계획은 종전의 토지와 환지의 위치·지목·면적·토질·수리(水利)·이용상황·환경, 그 밖의 사항을 종합적으로 고려하여 합리적으로 정하여야 한다. 환지계획의 작성에 따른 환지계획의 기준, 보류지(체비지·공공시설용지)의 책정기준 등에 관하여 필요한 사항은 국토교통부령으로 정할 수 있다(법 제28조 제2항·제5항).

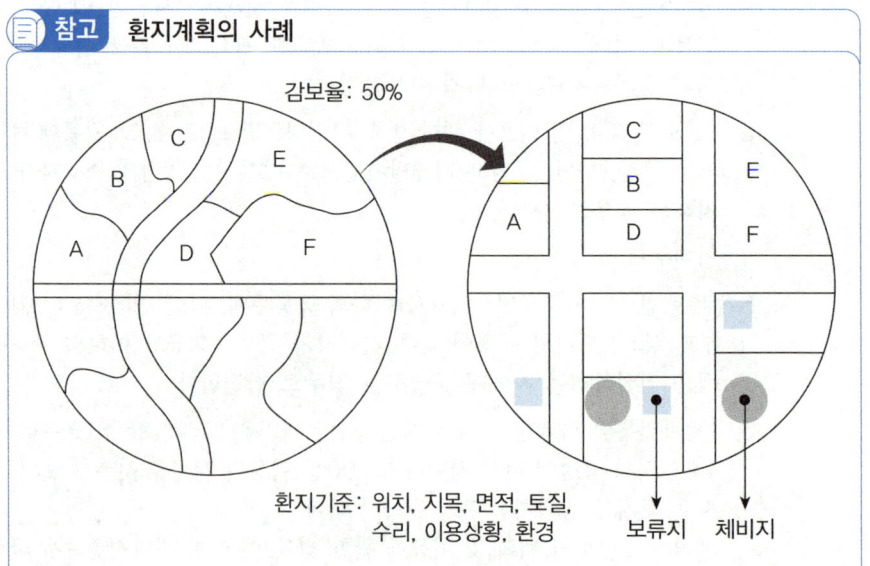

참고 환지계획의 사례

환지기준: 위치, 지목, 면적, 토질, 수리, 이용상황, 환경
보류지 체비지

- 과소토지기준: 30m²
- A: 100m² ⇨ 50m²: 적응환지(청산의 문제가 발생하지 않는다)
- B: 10,000m² ⇨ 5,000m²(−1,000): 감환지(손실보상금)(청산금 교부)
- C: 50m² ⇨ 25(+5)m²: 증환지(부당이득반환금)(청산금 징수)
- D: 70m² ⇨ 돈(청산금): 환지부지정(임차권자 동의)
- D-1: 5m² ⇨ 2.5m²(직권으로): 환지부지정
- D-2: 공공시설 ⇨ 대체시설: 환지부지정(해당 토지는 다른 소유자환지로 정한다)
- E: 30m² ⇨ 15m²(애매) ⇨ 건물 + 공유지분: 입체환지(토지, 건축물소유자의 신청)

(2) 예외 제32회

① 환지부지정

동의 등에 의한 환지의 제외 (법 제30조)	㉠ 토지소유자가 신청하거나 동의하면 해당 토지의 전부 또는 일부에 대하여 환지를 정하지 아니할 수 있다. 다만, 해당 토지에 관하여 임차권자 등이 있는 경우에는 그 동의를 받아야 한다. ㉡ 위의 규정에도 불구하고 시행자는 다음의 어느 하나에 해당하는 토지는 규약·정관 또는 시행규정으로 정하는 방법과 절차에 따라 환지를 정하지 아니할 토지에서 제외할 수 있다. ⓐ 환지예정지를 지정하기 전에 사용하는 토지 ⓑ 환지계획인가에 따라 환지를 지정받기로 결정된 토지 ⓒ 종전과 같은 위치에 종전과 같은 용도로 환지를 계획하는 토지 ⓓ 토지소유자가 환지 제외를 신청한 토지의 면적 또는 평가액(토지평가협의회에서 정한 종전토지의 평가액을 말한다)이 모두 합하여 구역 전체의 토지(국·공유지는 제외한다)면적 또는 평가액의 15% 이상이 되는 경우로서, 환지를 정하지 아니할 경우 사업시행이 곤란하다고 판단되는 토지 ⓔ 공람한 날 또는 공고한 날 이후에 토지의 양수계약을 체결한 토지. 다만, 양수일부터 3년이 지난 경우는 제외한다.

심화 과소토지의 기준

1. 대통령령으로 정하는 범위란 「건축법 시행령」에서 정하는 면적을 말한다. 이 경우, 과소토지 여부의 판단은 권리면적(토지소유자가 환지계획에 따라 환지가 이루어질 경우 도시개발사업으로 조성되는 토지에서 받을 수 있는 토지의 면적을 말한다)을 기준으로 한다.
2. 다음의 어느 하나에 해당하는 경우에는 과소토지의 기준이 되는 면적을 국토교통부장관이 정하는 바에 따라 규약·정관 또는 시행규정에서 따로 정할 수 있다.
   - 기존 건축물이 없는 경우
   - 환지로 지정할 토지의 필지 수가 도시개발사업으로 조성되는 토지의 필지 수보다 많은 경우
   - 환지계획에 따라 도시개발사업으로 조성되는 토지에 대한 지구단위계획에서 정하는 획지(劃地)의 최소 규모가 1.에 따른 면적보다 큰 경우
   - 미분할 혼용방식으로 사업을 시행하는 경우
   - 그 밖에 시행자가 환지계획상 1.에 따른 면적을 기준으로 하여 환지하기 곤란하다고 인정하는 토지
3. 1. 및 2.에서 규정한 사항 외에 권리면적의 산정방법 등 과소토지기준의 산정 등에 필요한 세부적인 사항은 국토교통부장관이 정하여 고시한다.

토지면적을 고려한 환지 (법 제31조)	㉠ 시행자는 토지면적의 규모를 조정할 특별한 필요가 있으면 면적이 작은 토지는 과소토지가 되지 아니하도록 면적을 늘려 환지를 정하거나 환지대상에서 제외할 수 있고, 면적이 넓은 토지는 그 면적을 줄여서 환지를 정할 수 있다. ㉡ 과소토지의 기준이 되는 면적은 대통령령으로 정하는 범위에서 시행자가 규약·정관 또는 시행규정으로 정한다.
공공시설의 용지 등에 관한 조치 (법 제33조)	㉠ 「공익사업을 위한 토지 등의 취득 및 보상에 관한 법률」의 어느 하나에 해당하는 공공시설의 용지에 대하여는 환지계획을 정할 때 그 위치·면적 등에 관하여 기준을 적용하지 아니할 수 있다. ㉡ 시행자가 도시개발사업의 시행으로 국가 또는 지방자치단체가 소유한 공공시설과 대체되는 공공시설을 설치하는 경우 종전의 공공시설의 전부 또는 일부의 용도가 폐지되거나 변경되어 사용하지 못하게 될 토지는 환지를 정하지 아니하며, 이를 다른 토지에 대한 환지의 대상으로 하여야 한다.

기출 시행자는 토지면적의 규모를 조정할 특별한 필요가 있으면 면적이 작은 토지는 과소토지가 되지 아니하도록 면적을 늘려 환지를 정하거나 환지대상에서 제외할 수 있고, 면적이 넓은 토지는 그 면적을 줄여서 환지를 정할 수 있다. 제32회, 제36회

② 입체환지

㉠ 시행자는 도시개발사업을 원활히 시행하기 위하여 특히 필요한 경우에는 토지 또는 건축물소유자의 신청을 받아 건축물의 일부와 그 건축물이 있는 토지의 공유지분을 부여할 수 있다. 다만, 토지 또는 건축물이 대통령령으로 정하는 기준 이하✚인 경우에는 시행자가 규약·정관 또는 시행규정으로 신청대상에서 제외할 수 있다(법 제32조 제1항).

㉡ 입체환지의 경우 시행자는 환지계획 작성 전에 실시계획의 내용, 환지계획기준, 환지대상 필지 및 건축물의 명세, 환지신청기간 등 대통령령으로 정하는 사항을 토지소유자(건축물소유자를 포함한다. 입체환지방식으로 사업을 시행하는 경우에도 같다)에게 통지하고 해당 지역에서 발행되는 일간신문에 공고하여야 한다(법 제32조 제3항).

㉢ 입체환지의 신청기간은 통지한 날부터 30일 이상 60일 이하로 하여야 한다. 다만, 시행자는 환지계획의 작성에 지장이 없다고 판단하는 경우에는 20일의 범위에서 그 신청기간을 연장할 수 있다(법 제32조 제4항).

㉣ 입체환지를 받으려는 토지소유자는 환지신청기간 이내에 대통령령으로 정하는 방법 및 절차에 따라 시행자에게 환지신청을 하여야 한다(법 제32조 제5항).

㉤ 입체환지계획의 작성에 관하여 필요한 사항은 국토교통부장관이 정할 수 있다(법 제32조 제6항).

기출
1. 도시개발사업을 입체환지 방식으로 시행하는 경우에는 환지계획에 건축계획이 포함되어야 한다. 제32회
2. 시행자는 입체환지를 시행하는 경우 건축계획이 포함된 환지계획을 작성하여야 한다. 제36회

✚ 입체환지를 신청하는 자의 종전 소유토지 및 건축물의 권리가액(환지계획상 환지 후 조성토지 등에 대하여 종전의 토지 및 건축물소유자가 얻을 수 있는 권리의 가액을 말한다)이 도시개발사업으로 조성되는 토지에 건축되는 구분건축물의 최소공급가격의 100분의 70 이하인 경우를 말한다. 이 경우, 구분건축물의 최소공급가격은 감정평가를 한 후 토지평가협의회의 심의를 거쳐서 결정된 가격에 따른다.

✔ 단, 환지 전 토지에 주택을 소유하고 있던 토지소유자는 권리가액과 관계없이 입체환지를 신청할 수 있다.

③ 환지지정 등의 제한
  ㉠ 시행자는 주민 등의 의견청취를 위하여 공람 또는 공청회의 개최에 관한 사항을 공고한 날 또는 투기억제를 위하여 시행예정자✚의 요청에 따라 지정권자가 따로 정하는 날(이하 '기준일'이라 한다)의 다음 날부터 다음의 어느 하나에 해당하는 경우에는 국토교통부령으로 정하는 바에 따라 해당 토지 또는 건축물에 대하여 금전으로 청산(건축물은 법 제65조에 따라 보상한다)하거나 환지지정을 제한할 수 있다(법 제 32조의2 제1항).

  ✚ 법 제3조 제3항 제2호 및 제4항에 따른 요청자 또는 법 제11조 제5항에 따른 제안자를 말한다.

  기출 도시개발구역 지정권자가 정한 기준일의 다음 날부터 단독주택이 다세대주택으로 전환되는 경우, 시행자는 해당 건축물에 대하여 금전으로 청산하거나 환지지정을 제한할 수 있다. 제32회

  > ⓐ 1필지의 토지가 여러 개의 필지로 분할되는 경우
  > ⓑ 단독주택 또는 다가구주택이 다세대주택으로 전환되는 경우
  > ⓒ 하나의 대지범위 안에 속하는 동일인 소유의 토지와 주택 등 건축물을 토지와 주택 등 건축물로 각각 분리하여 소유하는 경우
  > ⓓ 나대지에 건축물을 새로 건축하거나 기존 건축물을 철거하고 다세대주택이나 그 밖의 「집합건물의 소유 및 관리에 관한 법률」에 따른 구분소유권의 대상이 되는 건물을 건축하여 토지 또는 건축물의 소유자가 증가되는 경우

  ㉡ 지정권자는 기준일을 따로 정하는 경우에는 기준일과 그 지정사유 등을 관보 또는 공보에 고시해야 한다(법 제32조의2 제2항).

④ 입체환지에 따른 주택공급 등
  ㉠ 시행자의 주택공급: 시행자는 입체환지로 건설된 주택 등 건축물을 인가된 환지계획에 따라 환지신청자에게 공급하여야 한다. 이 경우, 주택을 공급하는 경우에는 「주택법」에 따른 주택의 공급에 관한 기준을 적용하지 아니한다(법 제32조의3 제1항).
  ㉡ 원칙: 입체환지로 주택을 공급하는 경우, 환지계획의 내용은 다음의 기준에 따른다. 이 경우, 주택의 수를 산정하기 위한 구체적인 기준은 대통령령으로 정한다(법 제32조의3 제2항).

  심화 입체환지에 따른 주택 등 건축물의 공급방법 등
  1. 시행자는 입체환지에 따른 주택 등을 공급하고 남은 건축물은 일반에게 공급하되, 환지대상에서 제외되어 도시개발사업으로 새로 조성된 토지를 환지받지 못하고 금전으로 청산을 받은 자 또는 도시개발사업으로 철거되는 건축물의 세입자에게 우선적으로 공급할 수 있다.
  2. 시행자는 주택 등을 공급하고, 남은 건축물 등을 토지소유자 외의 자에게 분양하는 경우에는 분양공고 등을 실시하여 공급하여야 한다.

  > ⓐ 1세대 또는 1명이 하나 이상의 주택 또는 토지를 소유한 경우, 1주택을 공급할 것
  > ⓑ 같은 세대에 속하지 아니하는 2명 이상이 1주택 또는 1토지를 공유한 경우에는 1주택만 공급할 것

  ㉢ 예외: 시행자는 ㉡에도 불구하고 다음의 어느 하나에 해당하는 토지소유자에 대하여는 소유한 주택의 수만큼 공급할 수 있다(법 제32조의3 제3항).

핵심 입체환지의 공급

1. 시행자는 입체환지로 건설된 주택 등 건축물을 인가된 환지계획에 따라 환지신청자에게 공급하여야 한다.
2. 1주택 공급원칙은 다음과 같다.
   - 1세대 또는 1명이 하나 이상의 주택 또는 토지를 소유한 경우, 1주택을 공급할 것
   - 같은 세대에 속하지 아니하는 2명 이상이 1주택 또는 1토지를 공유한 경우, 1주택만 공급할 것
3. 소유한 주택의 수만큼 공급하는 경우는 다음과 같다.
   - 과밀억제권역에 위치하지 아니한 토지소유자
   - 근로자숙소나 기숙사 용도 주택소유자
   - 국가, 지방자치단체, 공공기관, 정부출연기관, 지방공사인 시행자

기출 시행자는 체비지의 용도로 환지예정지가 지정된 경우에는 도시개발사업에 드는 비용을 충당하기 위하여 이를 처분할 수 있다.

ⓐ 「수도권정비계획법」에 따른 과밀억제권역에 위치하지 아니하는 도시개발구역의 토지소유자
ⓑ 근로자(공무원인 근로자를 포함한다)숙소나 기숙사의 용도로 주택을 소유하고 있는 토지소유자
ⓒ 법 제11조 제1항 제1호부터 제4호까지의 시행자(국가, 지방자치단체, 공공기관, 정부출연기관, 지방공사)

② 나대지의 기준: 입체환지로 주택을 공급하는 경우, 주택을 소유하지 아니한 토지소유자에 대하여는 기준일 현재 다음의 어느 하나에 해당하는 경우에만 주택을 공급할 수 있다(법 제32조의3 제4항).

ⓐ 토지면적이 국토교통부장관이 정하는 규모 이상인 경우
ⓑ 종전 토지의 총 권리가액(주택 외의 건축물이 있는 경우 그 건축물의 총 권리가액을 포함한다)이 입체환지로 공급하는 공동주택 중 가장 작은 규모의 공동주택 공급예정가격 이상인 경우

㉤ 잔여건축물의 공급: 시행자는 입체환지의 대상이 되는 용지에 건설된 건축물 중 공급대상자에게 공급하고 남은 건축물의 공급에 대하여는 규약·정관 또는 시행규정으로 정하는 목적을 위하여 체비지(건축물을 포함한다)로 정하거나 토지소유자 외의 자에게 분양할 수 있다(법 제32조의3 제5항).

㉥ 필요사항의 규정: 주택 등 건축물을 공급하는 경우, 공급의 방법 및 절차 등과 분양의 공고와 신청절차 등에 필요한 사항은 대통령령으로 정한다(법 제32조의3 제6항).

⑤ 공공시설의 용지(적응환지의 원칙 예외): 「공익사업을 위한 토지 등의 취득 및 보상에 관한 법률」의 어느 하나에 해당하는 공공시설의 용지에 대하여는 환지계획을 정할 때 그 위치·면적 등에 관하여 원칙적인 기준을 적용하지 아니할 수 있다(법 제33조 제1항).

⑥ 체비지 등(증환지·감환지)
  ㉠ 시행자는 도시개발사업에 필요한 경비에 충당하거나 규약·정관·시행규정 또는 실시계획이 정하는 목적을 위하여 일정한 토지를 환지로 정하지 아니하고 보류지로 정할 수 있으며, 그 중 일부를 체비지로 정하여 도시개발사업에 필요한 경비에 충당할 수 있다(법 제34조 제1항).

ⓒ 시장·군수 또는 구청장은 「주택법」에 의한 공동주택의 건설을 촉진하기 위하여 필요하다고 인정하는 때에는 체비지 중 일부를 같은 지역 안에 집단으로 정하게 할 수 있다(법 제34조 제2항).

> **참고** 환지처분의 내용
>
> 개발구역에서 감보율이 50%, 시행자가 정한 과소토지의 기준이 200m²인 경우이다.
>
> 단위: m²
>
> | 구분 | A | B | C | D | E (공공시설) |
> |---|---|---|---|---|---|
> | 본래 토지면적 | 400 | 500 | 300 | 100 | 200 |
> | 감보율 적용면적 | 200 | 250 | 150 | 50 | 100 |
> | 실제환지 처분면적 | 200 | 200(−50) | 200(+50) | (건물+공유지분) | × (신청·동의) | 700 |
> | 환지 내용 | 적응환지 (청산금×) | 감환지 처분 (청산금 지급) | 증환지 처분 (청산금 징수) | 입체환지 처분 | 환지 부지정 | 환지기준 부적용 (위치·면적×) |
> | 법적 성격 | − | 손실 보상금 | 부당이득 반환금 | (소유자 신청) | 사전청산 | − |

> **심화** 토지의 부담률
>
> 1. 감보의 개념
>   ① 시행지구 내의 모든 토지소유자는 환지방식 개발사업으로 얻은 각각의 수익에 따라 사업비용의 충당과 공공시설의 설치를 위한 용지(체비지 또는 보류지)를 부담하여야 하는데, 이에 따라 종전의 토지면적에 비해 환지의 면적이 다소 감소하게 되는바, 이와 같은 면적의 감소를 감보(減步)라고 한다.
>   ② 현행 환지방식 개발사업에서는 시행자는 도시개발사업에 필요한 경비를 충당하거나 규약·정관·시행규정 또는 실시계획에 정하는 목적을 위하여 환지계획에서 일정한 토지를 환지로 정하지 아니하고 이를 체비지 또는 유보지로 정할 수 있다고 규정함으로써 감보를 제도적으로 명문화하고 있다.

> **기출**
> 1. 환지설계를 평가식으로 하는 경우 평균부담률은 '[총사업비/(권리가액의 합계+체비지 평가액의 합계)]×100'의 계산식에 따른다. 제36회
> 2. 평면환지는 환지 전 토지에 대한 권리를 도시개발사업으로 조성되는 토지에 이전하는 방식이다. 제36회

2. 감보의 종류

① 시행자는 환지방식에 의한 도시개발사업에 의해 신설 또는 확장된 공공시설용지를 제외한 토지를 권리자에게 배분하는 것이다. 따라서, 신설 또는 확장된 공공시설용지에 상당하는 지적은 감보하게 되며, 이를 공공감보라 한다.
② 감보(정확하게는 공공감보)는 크게 연도감보와 공통감보로 나누어진다.

> ㉠ 연도감보(또는 연도부담): 일반적으로 정리 후 택지의 접면도로 폭원에 따라 받는 이익에 차이가 발생한다는 논리에서 접면도로 면적 일부를 시행규정이 정함에 따라 부담하는 감보를 말한다.
> ㉡ 공통감보: 환지기준면적에 비례해서 연도감보에서 제외된 도로면적과 신설 또는 확장되는 공원·하천·시장·학교용지 및 보류지에 충당될 면적을 부담하는 것이다.

3. 감보율(부담률)의 산정방법

① 감보율의 결정은 환지방식 개발사업구역의 자연적 또는 인문사회적 여건에 따라 달라질 수 있는 성질의 것으로서, 모든 경우에 적합한 일률적인 감보율의 결정은 있을 수 없다. 산정기준은 다음과 같다.

> ㉠ 공공시설용지의 면적을 명확히 파악하고, 환지 전·후의 지가변동률 및 인근 토지의 가격을 참작하여 체비지를 책정함으로써 토지부담률을 적정하게 할 것
> ㉡ 기존 시가지·주택밀집지역 등 토지의 이용도가 높은 지역과 저지대·임야 등 토지의 이용도가 낮은 지역에 대하여는 토지부담률을 차등하여 산정하되, 사업시행 전부터 도로, 상·하수도 등 기반시설이 갖추어져 있는 주택지에 대하여는 토지부담률을 최소화할 것
> ㉢ 면적식으로 환지설계를 하는 경우, 지목상 전·답·임야이나 사실상 형질변경 등으로 대지화한 토지와 도로 등 공공시설을 지방자치단체에 기부채납 또는 무상귀속시킨 토지는 그에 상당하는 비용을 감안하여 토지부담률을 산정할 것

② 환지계획구역의 평균 토지부담률은 50%를 초과할 수 없다. 다만, 해당 환지계획구역의 특성을 고려하여 지정권자가 인정하는 경우에는 60%까지로 할 수 있으며, 환지계획구역 안의 토지소유자 총수의 3분의 2 이상이 동의(시행자가 조합인 경우에는 총회에서 의결권 총수의 3분의 2 이상이 동의한 경우를 말한다)하는 경우에는 60%를 초과하여 정할 수 있다.
③ 환지계획구역의 평균 토지부담률은 다음의 산식에 의하여 산정한다.

$$\frac{\text{보류지면적} - (\text{시행자에게 무상귀속되는 공공시설면적} + \text{시행자가 소유하는 토지})}{\text{환지계획구역면적} - (\text{시행자에게 무상귀속되는 공공시설면적} + \text{시행자가 소유하는 토지})} \times 100$$

④ 시행자는 사업시행 중 부득이한 경우를 제외하고는 토지소유자에게 부담을 주는 토지부담률의 변경을 하여서는 아니 된다.
⑤ 환지계획구역의 외부와 연결되는 환지계획구역 안의 도로로서 너비 25m 이상의 간선도로는 토지소유자가 도로의 부지를 부담하고, 관할 지방자치단체가 공사비를 보조하여 건설할 수 있다.

비교➡ 환지의 개념
1. 과소토지: 증환지하거나 제외 가능하다.
2. 과대토지: 감환지로 정할 수 있으나, 제외할 수는 없다.

> **예제**
>
> 도시개발법령상 환지방식에 의한 사업시행에 관한 설명으로 틀린 것은? 제33회
> ① 도시개발사업을 입체환지방식으로 시행하는 경우에는 환지계획에 건축계획이 포함되어야 한다.
> ② 시행자는 토지면적의 규모를 조정할 특별한 필요가 있으면 면적이 넓은 토지는 그 면적을 줄여서 환지를 정하거나 환지대상에서 제외할 수 있다.
> ③ 도시개발구역 지정권자가 정한 기준일의 다음 날부터 단독주택이 다세대주택으로 전환되는 경우, 시행자는 해당 건축물에 대하여 금전으로 청산하거나 환지지정을 제한할 수 있다.
> ④ 시행자는 환지예정지를 지정한 경우에 해당 토지를 사용하거나 수익하는 데에 장애가 될 물건이 그 토지에 있으면 그 토지의 사용 또는 수익을 시작할 날을 따로 정할 수 있다.
> ⑤ 시행자는 환지를 정하지 아니하기로 결정된 토지소유자나 임차권자 등에게 날짜를 정하여 그 날부터 해당 토지 또는 해당 부분의 사용 또는 수익을 정지시킬 수 있다.
>
> **해설** 면적이 작은 토지는 면적을 늘려 환지를 정할 수 있고 환지대상에서 제외할 수도 있다. 반면, 면적이 넓은 토지는 면적을 줄여서 환지를 정할 수 있지만 환지대상에서 제외할 수는 없다.
> **정답** ②

3. 조성토지 등의 가격평가

(1) 시행자는 환지방식이 적용되는 도시개발구역에 있는 조성토지 등의 가격을 평가할 때에는 토지평가협의회의 심의를 거쳐 결정하되, 그에 앞서 공인평가기관(감정평가법인 등)이 평가하게 하여야 한다(법 제28조 제3항, 영 제59조).

(2) 토지평가협의회의 구성 및 운영 등에 필요한 사항은 해당 규약·정관 또는 시행규정으로 정한다(법 제28조 제4항).

비교➡ 조성토지의 가격
1. 수용방식: 감정가격
2. 환지방식: 감정가격 평가 후 토지평가협의회 심의 거쳐 결정한다.

4. 환지계획의 인가 등

(1) 인가권자(특별자치도지사·시장·군수 또는 구청장)

① 행정청이 아닌 시행자(비행정청)가 환지계획을 작성한 때에는 특별자치도지사·시장·군수 또는 구청장의 인가를 받아야 한다(법 제29조 제1항).

② 인가받은 내용을 변경하고자 하는 경우에 관하여 ①을 준용한다. 다만, 다음의 경미한 사항을 변경하는 경우에는 그러하지 아니하다(법 제29조 제2항, 영 제60조).

> ㉠ 종전 토지의 합필 또는 분필로 환지명세가 변경되는 경우
> ㉡ 토지 또는 건축물소유자(체비지인 경우에는 시행자 또는 체비지매수자를 말한다)의 동의에 따라 환지계획을 변경하는 경우. 다만, 다른 토지 또는 건축물소유자에 대한 환지계획의 변경이 없는 경우로 한정한다.
> ㉢ 「공간정보의 구축 및 관리 등에 관한 법률」에 따른 지적측량의 결과를 반영하기 위하여 환지계획을 변경하는 경우
> ㉣ 환지로 지정된 토지나 건축물을 금전으로 청산하는 경우
> ㉤ 그 밖에 국토교통부령으로 정하는 경우

✔ 행정청이 아닌 시행자는 위 ㉠~㉤ 중 하나에 해당하는 사유로 환지계획을 변경하려는 경우에는 특별자치도지사·시장·군수 또는 구청장에게 통보하여야 한다.

(2) 인가절차 제35회

① 통지·공람: 행정청이 아닌 시행자가 환지계획의 인가를 신청하려고 하거나 행정청인 시행자가 환지계획을 정하려고 하는 경우에는 토지소유자와 해당 토지에 대하여 임차권, 지상권, 그 밖에 사용하거나 수익할 권리(이하 '임차권 등'이라 한다)를 가진 자(이하 '임차권자 등'이라 한다)에게 환지계획의 기준 및 내용 등을 알리고 대통령령으로 정하는 바에 따라 관계서류의 사본을 일반인에게 공람시켜야 한다. 다만, 대통령령으로 정하는 경미한 사항을 변경하는 경우에는 그러하지 아니하다(법 제29조 제3항).

② 의견제출 및 반영통보: 토지소유자나 임차권자 등은 공람기간에 시행자에게 의견서를 제출할 수 있으며, 시행자는 그 의견이 타당하다고 인정하면 환지계획에 이를 반영하여야 한다(법 제29조 제4항).

③ 반영 여부 결과통보: 시행자는 제출된 의견에 대하여 공람기일이 종료된 날부터 60일 이내에 그 의견을 제출한 자에게 환지계획에의 반영 여부에 관한 검토결과를 통보하여야 한다(법 제29조 제6항).

8 환지예정지 제36회

1. 환지예정지의 의의

도시개발사업을 환지방식으로 시행함에 있어 도시개발사업에 지장이 없는 범위에서 보통 환지로 받게 될 토지의 사용·수익권을 미리 부여함으로서, 장기간 동안 사유재산권이 침해될 수 있는 가능성을 방지하기 위해 도시개발사업이 완료된 후에 처분할 환지를 미리 지정하여 토지소유자나 용익권자가 환지예정지를 사용·수익할 수 있게 하여 불안정한 권리관계를 안정시키고, 시행자는 체비지를 사용·수익 및 처분할 수 있으므로 원활하게 사업을 시행하기 위하여 지정되는 것이다.

2. 환지예정지의 지정절차

(1) 지정

시행자는 도시개발사업의 시행을 위하여 필요하면 도시개발구역의 토지에 대하여 환지예정지를 지정할 수 있다. 이 경우, 종전의 토지에 대한 임차권자 등이 있으면 해당 환지예정지에 대하여 해당 권리의 목적인 토지 또는 그 부분을 아울러 지정하여야 한다(법 제35조 제1항).

(2) 통지 및 공람

① 민간시행자가 환지예정지를 지정하고자 하는 때에는 토지소유자와 임차권자 등에게 환지계획의 기준 및 내용 등을 알리고, 관계서류의 사본을 일반인에게 공람시켜야 한다(법 제35조 제2항).

② 시행자가 환지예정지를 지정하려면 관계 토지소유자와 임차권자 등에게 환지예정지의 위치·면적과 환지예정지 지정의 효력발생시기를 알려야 한다(법 제35조 제3항).

3. 환지예정지 지정의 효과

(1) 사용·수익권의 이전 제35회

환지예정지가 지정되면 종전의 토지의 소유자와 임차권자 등은 '환지예정지 지정의 효력발생일부터 환지처분이 공고되는 날까지' 환지예정지나 해당 부분에 대하여 종전과 같은 내용의 권리를 행사할 수 있으며, 종전의 토지는 사용하거나 수익할 수 없다(법 제36조 제1항).

핵심 환지예정지

1. 환지예정지가 지정되면 종전 토지에 대하여는 사용·수익이 금지되며, 환지예정지에 대하여 사용·수익권을 취득한다.
2. 환지예정지를 지정한 경우 토지소유자 등에게 이를 통지한다(공고 ✕).
3. 환지예정지 지정시 토지소유자의 동의를 요하지 않고, 환지예정지 지정이 있더라도 종전 토지의 처분은 가능하다.
4. 원칙적으로 체비지의 사용·수익 및 처분의 시기는 환지처분공고일의 다음 날이다. 다만, 환지예정지가 지정이 되면 환지예정지지정효력발생일로부터 시행자는 이를 사용·수익할 수 있다(체비지의 경우, 환지예정지가 지정되면 사용·수익뿐 아니라 처분까지 할 수 있다. 이때 취득시기는 소유권이전등기를 마친 때이다).
5. 환지예정지를 지정하면 환지예정지로 사용·수익권이 이전되지만, 소유권은 종전 토지에 그대로 존속한다.

기출 환지예정지가 지정되면 종전의 토지의 소유자는 환지예정지 지정의 효력발생일부터 환지처분이 공고되는 날까지 종전의 토지를 사용할 수 없다. 제35회

(2) 사용·수익개시일의 지정 제32회

시행자는 환지예정지를 지정한 경우에 해당 토지를 사용하거나 수익하는 데에 장애가 될 물건이 그 토지에 있거나 그 밖에 특별한 사유가 있으면 그 토지의 사용 또는 수익을 시작할 날을 따로 정할 수 있다(법 제36조 제2항).

(3) 수인의무

환지예정지 지정의 효력이 발생하거나 그 토지의 사용 또는 수익을 시작하는 경우에 해당 환지예정지의 종전의 소유자 또는 임차권자 등은 '환지예정지 지정의 효력발생일부터 환지처분이 공고되는 날까지' 이를 사용하거나 수익할 수 없으며, 그에 따른 권리의 행사를 방해할 수 없다(법 제36조 제3항).

(4) 체비지의 사용·수익·처분

시행자는 체비지의 용도로 환지예정지가 지정된 경우에는 도시개발사업에 드는 비용을 충당하기 위하여 이를 사용 또는 수익하게 하거나 처분할 수 있다(법 제36조 제4항).

(5) 임대료 등의 증감청구

① 임차권 등의 목적인 토지에 관하여 환지예정지가 지정된 경우, 임대료·지료(地料), 그 밖의 사용료 등의 증감(增減)이나 권리의 포기 등에 관하여는 임대료 등의 증감청구와 권리의 포기 등에 관한 규정을 준용한다(법 제36조 제5항).

② 임대료 등의 증감청구는 '환지예정지 지정의 효력발생일부터 60일 이내'에 하여야 한다.

(6) 환지예정지 지정 전 토지사용

① 국가, 지방자치단체, 공공기관, 정부출연기관, 지방공사인 시행자는 다음의 어느 하나에 해당하는 경우에는 환지예정지를 지정하기 전이라도 실시계획 인가사항의 범위에서 토지사용을 하게 할 수 있다(법 제36조의2 제1항).

> ㉠ 순환개발을 위한 순환용 주택을 건설하려는 경우
> ㉡ 「국방·군사시설 사업에 관한 법률」에 따른 국방·군사시설을 설치하려는 경우
> ㉢ 주민 등의 의견청취를 위한 공고일 이전부터 「주택법」에 따라 등록한 주택건설사업자가 주택건설을 목적으로 토지를 소유하고 있는 경우
> ㉣ 그 밖에 기반시설의 설치나 개발사업의 촉진에 필요한 경우 등 대통령령으로 정하는 경우

기출

1. 시행자는 환지예정지를 지정한 경우에 해당 토지를 사용하거나 수익하는 데에 장애가 될 물건이 그 토지에 있으면 그 토지의 사용 또는 수익을 시작할 날을 따로 정할 수 있다. 제32회

2. 종전의 토지의 소유자는 환지예정지 지정 이후에도 환지처분이 공고되는 날까지 종전의 토지를 사용하거나 수익할 수 없다. 제36회

3. 환지예정지가 지정되면 종전의 토지의 임차권자는 환지예정지 지정의 효력발생일부터 환지처분 공고일까지 환지예정지에 대하여 종전과 같은 내용의 권리를 행사할 수 있다. 제36회

4. 환지예정지 지정의 효력이 발생하는 경우에 해당 환지예정지의 종전의 소유자는 환지예정지 지정의 효력발생일부터 환지처분 공고일까지 이를 사용하거나 수익할 수 없다. 제36회

5. 시행자가 환지예정지를 지정할 때 종전의 토지에 대한 임차권자 등이 있으면 해당 환지예정지에 대하여 해당 권리의 목적인 토지 또는 그 부분을 아울러 지정하여야 한다. 제36회

6. 체비지의 용도로 환지예정지가 지정된 경우 시행자는 도시개발사업에 드는 비용을 충당하기 위하여 이를 사용 또는 수익하게 하거나 처분할 수는 없다. 제36회

② ①의 ⓒ 또는 ⓔ의 경우에는 다음 모두에 해당하는 경우에만 환지예정지를 지정하기 전에 토지를 사용할 수 있다(법 제36조의2 제2항).

> ⊙ 사용하려는 토지의 면적이 구역 면적의 100분의 5 이상(최소 1만m² 이상)이고 소유자가 동일할 것. 이 경우, 국·공유지는 관리청과 상관없이 같은 소유자로 본다.
> ⓒ 사용하려는 종전 토지가 실시계획인가로 정한 하나 이상의 획지(劃地) 또는 가구(街區)의 경계를 모두 포함할 것
> ⓒ 사용하려는 토지의 면적 또는 평가액이 구역 내 동일소유자가 소유하고 있는 전체 토지의 면적 또는 평가액의 100분의 60 이하이거나 대통령령으로 정하는 바에 따라 보증금을 예치할 것
> ⓔ 사용하려는 토지에 임차권자 등이 있는 경우, 임차권자 등의 동의가 있을 것

③ 토지를 사용하는 자는 환지예정지를 지정하기 전까지 새로 조성되는 토지 또는 그 위에 건축되는 건축물을 공급 또는 분양하여서는 아니 된다(법 제36조의2 제3항).
④ 토지를 사용하는 자는 환지계획에 따라야 한다(법 제36조의2 제4항).
⑤ 위 규정의 시행에 필요한 구체적인 절차, 방법 및 세부기준 등은 대통령령으로 정할 수 있다(법 제36조의2 제5항).

(7) 사용·수익의 정지 제32회

① 시행자는 환지를 정하지 아니하기로 결정된 토지소유자나 임차권자 등에게 날짜를 정하여 그 날부터 해당 토지 또는 해당 부분의 사용 또는 수익을 정지시킬 수 있다(법 제37조 제1항).
② 시행자가 사용 또는 수익을 정지하게 하려면 30일 이상의 기간을 두고 미리 해당 토지소유자 또는 임차권자 등에게 알려야 한다(법 제37조 제2항).

(8) 토지의 관리 등

① 시행자의 관리: 환지예정지의 지정이나 사용 또는 수익의 정지처분으로 이를 사용하거나 수익할 수 있는 자가 없게 된 토지 또는 해당 부분은 환지예정지의 지정일이나 사용 또는 수익의 정지처분이 있은 날부터 환지처분을 공고한 날까지 시행자가 관리한다(법 제39조 제1항).

기출 시행자는 환지를 정하지 아니하기로 결정된 토지소유자나 임차권자 등에게 날짜를 정하여 그 날부터 해당 토지 또는 해당 부분의 사용 또는 수익을 정지시킬 수 있다. 제32회

② 환지예정지 또는 환지의 표지 설치: 시행자는 환지예정지 또는 환지의 위치를 나타내려고 하는 경우에는 국토교통부령으로 정하는 표지를 설치할 수 있으며, 누구든지 환지처분이 공고된 날까지는 시행자의 승낙 없이 설치된 표지를 이전하거나 훼손하여서는 아니 된다(법 제39조 제2항·제3항).

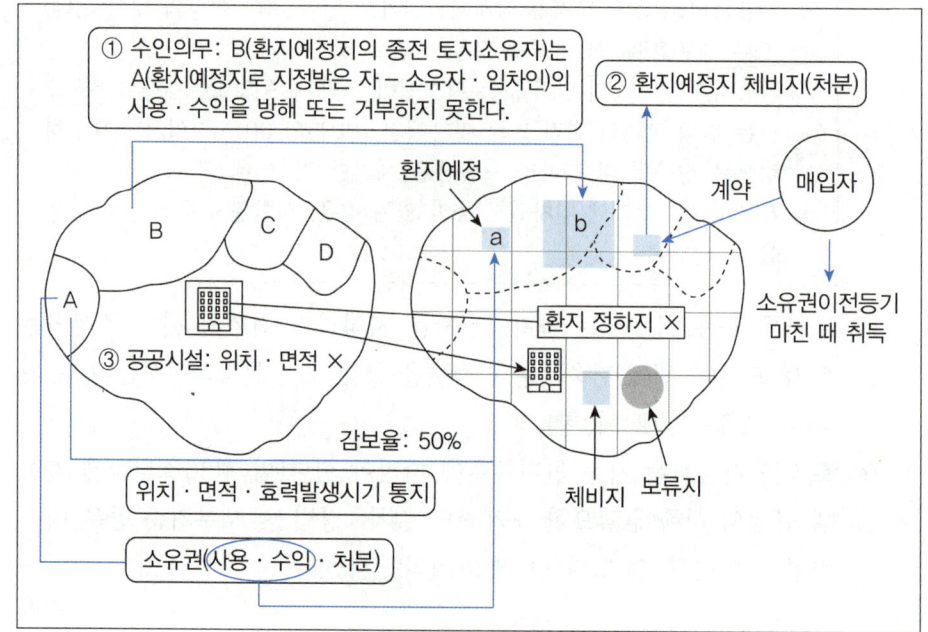

9 환지처분 제33회

1. 환지처분의 의의

환지처분이란 시행자가 환지계획에 따라 환지방식 개발사업구역 내의 토지에 대하여 환지방식 개발사업 시행 전 토지의 각 필지(종전 토지) 및 그 토지상에 존재하는 임차권·지상권·지역권 등 권리의 목적이 되는 부분을 환지방식 개발사업 공사 후의 환지에 위치와 면적을 확보하는 처분을 말한다.

2. 법적 성질

환지처분은 행정처분의 하나이다. 시행자가 행정청이 아닌 토지소유자 또는 조합인 경우에도 그가 행하는 환지처분은 국가의 공권력을 위임받아 행하는 행위로서 행정처분이다. 따라서, 중대하고도 명백한 하자가 있으면 환지처분은 무효로 되고, 행정청이나 재판에 의해 취소되지 않는 한 공정력을 갖는다.

3. 환지처분의 절차 제33회

(1) 공사완료의 공고 및 공람

시행자는 환지방식으로 도시개발사업에 관한 공사를 끝낸 경우에는 지체 없이 관보 또는 공보에 따라 이를 공고하고 공사 관계서류를 일반인에게 공람(14일 이상)시켜야 한다(법 제40조 제1항).

(2) 의견 제출

도시개발구역의 토지소유자나 이해관계인은 공람기간에 시행자에게 의견서를 제출할 수 있으며, 의견서를 받은 시행자는 공사 결과와 실시계획 내용에 맞는지를 확인하여 필요한 조치를 하여야 한다(법 제40조 제2항).

> **기출** 도시개발구역의 토지소유자나 이해관계인은 환지방식에 의한 도시개발사업 공사 관계서류의 공람기간에 시행자에게 의견서를 제출할 수 있다. 제33회

(3) 준공검사 또는 공사완료

시행자는 공람기간에 의견서의 제출이 없거나 제출된 의견서에 따라 필요한 조치를 한 경우에는 지정권자에 의한 준공검사를 신청하거나 도시개발사업의 공사를 끝내야 한다(법 제40조 제3항).

(4) 환지처분공고

① 시행자는 지정권자에 의한 준공검사를 받은 경우(지정권자가 시행자인 경우에는 공사완료공고가 있는 때)에는 60일 내에 환지처분을 하여야 한다(법 제40조 제4항).

② 시행자는 환지처분을 하려는 경우에는 환지계획에서 정한 사항을 토지소유자에게 알리고 대통령령으로 정하는 바에 따라 이를 공고하여야 한다(법 제40조 제5항).

> **참고** 공고의 내용
> 1. 사업의 명칭
> 2. 시행자
> 3. 시행기간
> 4. 환지처분일
> 5. 사업비 정산내역
> 6. 체비지 매각대금과 보조금, 기타 사업비의 재원별 내역

> **기출**
> 1. 지정권자가 시행자인 경우, 법 제51조에 따른 공사완료공고가 있는 때에는 60일 이내에 환지처분을 하여야 한다.
> 2. 시행자가 환지처분을 하려는 경우에는 환지계획에서 정한 사항을 토지소유자에게 알리고, 관보 또는 공보에 의해 이를 공고하여야 한다. 제33회

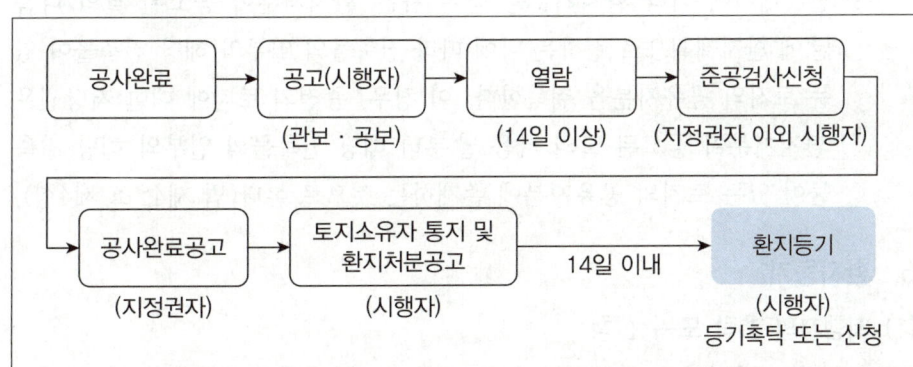

4. 환지처분의 효과

(1) 원칙적인 효과 제33회

① 환지계획에서 정해진 환지는 그 '환지처분이 공고된 날의 다음 날'부터 종전의 토지로 보며, 환지계획에서 환지를 정하지 아니한 종전의 토지에 있던 권리는 그 '환지처분이 공고된 날이 끝나는 때'에 소멸한다(법 제42조 제1항).

② 체비지는 시행자가, 보류지는 환지계획에서 정한 자가 각각 '환지처분이 공고된 날의 다음 날'에 해당 소유권을 취득한다. 다만, 이미 처분된 체비지는 그 체비지를 매입한 자가 소유권이전등기를 마친 때에 소유권을 취득한다(법 제42조 제5항).

토지의 종류	취득하는 자	취득시기
체비지	시행자	환지처분공고일의 다음 날
보류지	환지계획에서 정한 자	

③ 청산금은 '환지처분이 공고된 날의 다음 날'에 확정된다(법 제42조 제6항).

(2) 예외적인 효과

① 행정상 처분이나 재판상의 처분으로서 종전의 토지에 대하여 전속하는 것에 관하여는 영향을 미치지 아니한다(법 제42조 제2항).

② 도시개발구역의 토지에 대한 지역권(地役權)은 종전의 토지에 존속한다. 다만, 도시개발사업의 시행으로 행사할 이익이 없어진 지역권은 '환지처분이 공고된 날이 끝나는 때'에 소멸한다(법 제42조 제3항).

③ 환지계획에 따라 환지처분을 받은 자는 '환지처분이 공고된 날의 다음 날'에 환지계획으로 정하는 바에 따라 건축물의 일부와 해당 건축물이 있는 토지의 공유지분을 취득한다. 이 경우, 종전의 토지에 대한 저당권은 '환지처분이 공고된 날의 다음 날'부터 해당 건축물의 일부와 해당 건축물이 있는 토지의 공유지분에 존재하는 것으로 본다(법 제42조 제4항).

5. 환지등기

(1) 시행자의 촉탁 또는 신청

시행자는 환지처분이 공고되면 공고 후 14일 이내에 관할 등기소에 이를 알리고 토지와 건축물에 관한 등기를 촉탁하거나 신청하여야 한다(법 제43조 제1항).

기출
1. 환지계획에서 정하여진 환지는 그 환지처분이 공고된 날의 다음 날부터 종전의 토지로 보며, 환지계획에서 환지를 정하지 아니한 종전의 토지에 있던 권리는 그 환지처분이 공고된 날이 끝나는 때에 소멸한다. 제36회 변형
2. 체비지로 정해지지 않은 보류지는 환지계획에서 정한 자가 환지처분이 공고된 날의 다음 날에 해당 소유권을 취득한다.

참고 원칙적인 효과는 종전의 토지에 관한 소유권, 그 밖의 권리가 그 동일성을 잃지 않고 환지계획에서 정해진 새로운 토지로 옮아가는 데 있다. 단, 행정상 처분이나 재판상의 처분으로서 종전의 토지에 전속(專屬)하는 것에 관하여는 영향을 미치지 아니한다.

심화 종전의 토지에 대하여 전속하는 처분이라 함은 특정 토지의 사실관계에 착안하여 행하여진 처분으로서, 그 처분의 성질상 다른 토지로서 바꿀 수 없는 것을 말한다. 「공익사업을 위한 토지 등의 취득 및 보상에 관한 법률」에 의한 수용처분, 「국토의 계획 및 이용에 관한 법률」에 의한 지역·지구·구역의 지정, 재판상의 검증·출입금지가처분·증거보전처분 등이 이에 해당한다.

기출 도시개발구역의 토지에 대한 지역권은 도시개발사업의 시행으로 행사할 이익이 없어지면 환지처분이 공고된 날이 끝나는 때에 소멸한다.

(2) 타 등기의 제한

① 원칙: 환지처분이 공고된 날부터 등기가 있는 때까지는 다른 등기를 할 수 없다(법 제43조 제3항).

② 예외: 등기신청인이 확정일자가 있는 서류로 환지처분의 공고일 전에 등기원인(登記原因)이 생긴 것임을 증명하면 다른 등기를 할 수 있다(법 제43조 제3항 단서).

비교➡ 등기시기
1. 「도시개발법」: 14일 이내 환지등기
2. 「도시 및 주거환경정비법」: 지체 없이 분양등기

6. 체비지의 처분 등

(1) 체비지의 처분

시행자는 체비지나 보류지를 규약·정관·시행규정 또는 실시계획으로 정하는 목적 및 방법에 따라 합리적으로 처분하거나 관리하여야 한다(법 제44조 제1항).

(2) 시행자에 대한 특례

행정청인 시행자가 체비지 또는 보류지를 관리하거나 처분(체비지를 관리하거나 처분하는 경우를 포함한다)하는 경우에는 국가나 지방자치단체의 재산처분에 관한 법률을 적용하지 아니한다. 다만, 신탁계약에 따라 체비지를 처분하려는 경우에는 「공유재산 및 물품관리법」 규정을 준용한다(법 제44조 제2항).

7. 용익권자 보호를 위한 권리의 조정

(1) 임대료 등의 증감청구

① 증감청구의 요건: 도시개발사업으로 임차권 등의 목적인 토지 또는 지역권에 관한 승역지(承役地)의 이용이 증진되거나 방해를 받아 종전의 임대료·지료, 그 밖의 사용료 등이 불합리하게 되면 당사자는 계약조건에도 불구하고 장래에 관하여 그 증감을 청구할 수 있다. 도시개발사업으로 건축물이 이전된 경우 그 임대료에 관하여도 또한 같다(법 제48조 제1항).

② 증감청구의 면제: 당사자는 해당 권리를 포기하거나 계약을 해지하여 그 의무를 지지 아니할 수 있다(법 제48조 제2항).

③ 권리행사의 제척기간: 환지처분이 공고된 날부터 60일이 지나면 임대료·지료, 그 밖의 사용료 등의 증감을 청구할 수 없다(법 제48조 제3항).

참고📖 환지방식 개발사업에 의해 소유권은 일시적인 제약을 받으나 환지에 의해 종전의 가치를 회복할 수 있다. 반면에 임차권·지상권 등은 권리의 목적물이 변경되기 때문에 가치에 증감이 발생되거나 권리의 설정 목적을 달성할 수 없게 되는 경우가 발생하며, 이러한 경우 권리의 조정이 불가피하다.

핵심🎯 임대료 등의 증감청구
1. 환지예정지가 지정된 경우: 환지예정지 효력발생일로부터 60일 이내 행사한다.
2. 환지예정지가 지정되지 않은 경우: 환지처분이 공고된 날부터 60일 이내 행사한다.
✓ 1. 및 2. 이내에 하지 않은 경우, 증감청구를 할 수 없다.

> **핵심** 권리의 포기 등
> 1. 계약해지: 당사자는 권리 포기 또는 계약을 해지하여 의무를 면할 수 있다.
> 2. 손실보상청구: 권리를 포기하거나 계약을 해지한 자는 그로 인한 손실의 보상을 시행자에게 청구할 수 있다.
> 3. 구상권의 행사: 손실을 보상한 시행자는 해당 토지·건축물의 소유자나 그로 인해 이익을 받은 자에게 이를 구상할 수 있다.

(2) 권리의 포기 등

① 권리의 포기 및 계약해지: 도시개발사업의 시행으로 지역권 또는 임차권 등을 설정한 목적을 달성할 수 없게 되면 당사자는 해당 권리를 포기하거나 계약을 해지할 수 있다. 도시개발사업으로 건축물이 이전되어 그 임대의 목적을 달성할 수 없게 된 경우에도 또한 같다(법 제49조 제1항).

② 손실보상청구: 권리를 포기하거나 계약을 해지한 자는 그로 인한 손실을 보상하여 줄 것을 시행자에게 청구할 수 있다(법 제49조 제2항).

③ 구상권 행사
  ㉠ 손실을 보상한 시행자는 해당 토지 또는 건축물의 소유자 또는 그로 인하여 이익을 얻는 자에게 이를 구상(求償)할 수 있다(법 제49조 제3항).
  ㉡ 손실금의 구상에 관하여 특별자치도지사·시장·군수 또는 구청장에게 구상금의 징수를 위탁할 수 있다. 특별자치도지사·시장·군수 또는 구청장은 구상금의 징수를 위탁받으면 지방세 체납처분의 예에 따라 징수할 수 있다. 이 경우, 조합은 특별자치도지사·시장·군수 또는 구청장이 징수한 금액의 100분의 4에 해당하는 금액을 해당 특별자치도·시·군 또는 자치구(자치구의 구를 말한다)에 지급하여야 한다(법 제49조 제6항).

④ 권리행사기간: 환지처분이 공고된 날부터 60일이 지나면 권리를 포기하거나 계약을 해지할 수 없다(법 제49조 제4항).

⑩ 청산금 제34회

1. 청산금의 의의

환지계획에 의해서 관계 권리자 간 공평성이 유지되어야 하나, 환지설계 기술상 어느 정도의 불균형이 발생하는 것은 부득이하다. 청산이란 종전의 토지에 대하여 환지가 지정되지 않거나, 지정되었더라도 증환지 내지는 감환지로 인해 종전의 토지와 가치가 일치하지 않게 되는 경우, 그 과부족분을 금전으로 정리하는 것을 말한다. 따라서, 이득을 받은 자로부터는 청산금을 징수하고, 손실을 받은 자에게는 청산금을 교부하게 된다.

2. 청산금의 산정기준

(1) 기준 제33회

환지를 정하거나 그 대상에서 제외한 경우, 그 과부족분(過不足分)은 종전의 토지(입체환지방식으로 사업을 시행하는 경우에는 환지대상 건축물을 포함한다) 및 환지의 위치·지목·면적·토질·수리·이용상황·환경, 그 밖의 사항을 종합적으로 고려하여 금전으로 청산하여야 한다(법 제41조 제1항).

기출 환지를 정하거나 그 대상에서 제외한 경우, 그 과부족분은 금전으로 청산하여야 한다. 제33회

(2) 결정시기

청산금은 환지처분을 하는 때에 결정하여야 한다. 다만, 환지대상에서 제외한 토지 등에 대하여는 청산금을 교부하는 때에 청산금을 결정할 수 있다(법 제41조 제2항).

기출 토지소유자의 신청에 따라 환지대상에서 제외한 토지에 대하여는 청산금을 교부하는 때에 청산금을 결정할 수 있다. 제34회

3. 청산금의 징수·교부 등

(1) 징수 및 교부시기

시행자는 환지처분이 공고된 후에 확정된 청산금을 징수하거나 교부하여야 한다. 다만, 환지를 정하지 아니하는 토지에 대하여는 환지처분 전이라도 청산금을 교부할 수 있다(법 제46조 제1항).

(2) 분할징수·분할교부

① 원칙: 일괄징수·일괄교부한다.
② 예외: 대통령령으로 정하는 바에 따라 이자를 붙여 분할징수하거나 분할교부할 수 있다(법 제46조 제2항).

(3) 강제징수

① 강제징수: 행정청인 시행자는 청산금을 내야 할 자가 이를 내지 아니하면 국세 또는 지방세 체납처분의 예에 따라 징수할 수 있으며, 행정청이 아닌 시행자는 특별자치도지사·시장·군수 또는 구청장에게 청산금의 징수를 위탁할 수 있다(법 제46조 제3항).
② 징수위탁: 특별자치도지사·시장·군수 또는 구청장이 청산금의 징수를 위탁받으면 지방세 체납처분의 예에 따라 징수할 수 있다. 이 경우, 조합은 특별자치도지사·시장·군수 또는 구청장이 징수한 금액의 100분의 4에 해당하는 금액을 해당 특별자치도지사·시·군 또는 구(자치구의 구를 말한다)에 지급하여야 한다(법 제46조 제3항 후단).

비교 강제징수
1. 행정청인 시행자: 강제징수가 가능하다.
2. 비행정청인 시행자: 직접 강제징수가 불가능하므로 징수를 위탁할 수 있다. 수수료는 100분의 4에 해당하는 금액을 지급해야 한다.

기출 행정청이 아닌 시행자가 군수에게 청산금의 징수를 위탁한 경우, 그 시행자는 군수가 징수한 금액의 100분의 4에 해당하는 금액을 해당 군에 지급하여야 한다. 제34회

(4) 공탁

청산금을 받을 자가 주소 불분명 등의 이유로 청산금을 받을 수 없거나 받기를 거부하면 그 청산금을 공탁할 수 있다(법 제46조 제4항).

(5) 소멸시효

청산금을 받을 권리나 징수할 권리를 5년간 행사하지 아니하면 시효로 소멸한다(법 제47조).

⑪ 감가보상금

(1) 의의

행정청인 시행자는 도시개발사업의 시행으로 사업시행 후의 토지가액(價額)의 총액이 사업시행 전의 토지가액의 총액보다 줄어든 경우에는 그 차액에 해당하는 감가보상금을 대통령령으로 정하는 기준에 따라 종전의 토지소유자나 임차권자 등에게 지급하여야 한다(법 제45조).

(2) 감가보상의 기준

감가보상금으로 지급하여야 할 금액은 도시개발사업 시행 후의 토지가액의 총액과 시행 전의 토지가액의 총액과의 차액을 시행 전의 토지가액의 총액으로 나누어 얻은 수치에 종전의 토지 또는 그 토지에 대하여 수익할 수 있는 권리의 시행 전의 가액을 곱한 금액으로 한다(영 제67조).

$$\frac{\text{시행 전 토지가액의 총액} - \text{시행 후 토지가액의 총액}}{\text{시행 전 토지가액의 총액}} \times \text{종전의 토지 (수익할 수 있는 권리)가액}$$

(3) 유의사항

① 행정청이 시행자인 경우에 한하여 발생한다.
② 공공시설용지의 과다 확보로 인하여 발생한다.
③ 사업시행 후 토지가액이 종전 가격보다 감소한 경우에 발생한다.

핵심 청산금·감가보상금

1. 도시개발사업 정리 전후의 대지를 평가·비교하여 각 대지 간에 불균형이 있는 경우에는 금전으로 평균화시키지 않으면 안 된다. 이 금전이 바로 청산금으로서, 정리의 결과 비교적 좋은 환지를 얻은 자는 청산금을 지급하지 않으면 아니 되고, 다른 사람에 비교하여 나쁜 환지를 받은 자는 청산금을 수취하게 된다.

2. 시행자가 행정청인 경우, 정리 후의 대지의 총가격이 정리 전의 대지의 총가격과 비교하여 감소한 경우에는 그 차액에 상당하는 금액을 종전 토지소유자 또는 권리자에게 배분하게 되는데, 이를 감가보상금이라 한다.

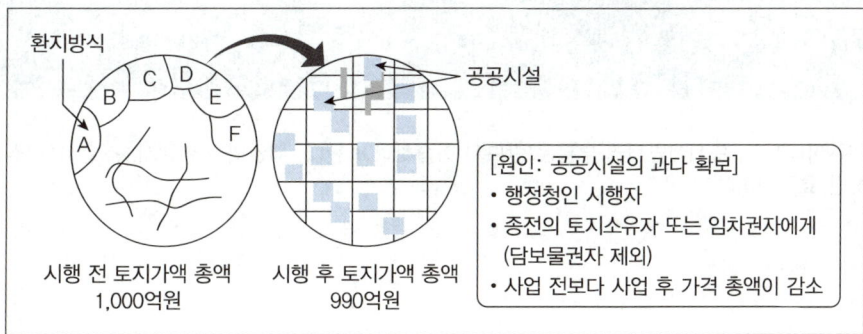

⑫ 준공검사

(1) 신청

시행자(지정권자가 시행자인 경우는 제외한다)가 도시개발사업의 공사를 끝낸 때에는 국토교통부령으로 정하는 바에 따라 공사완료보고서를 작성하여 지정권자의 준공검사를 받아야 한다(법 제50조 제1항).

(2) 절차

① 검사시기: 지정권자는 공사완료보고서를 받으면 지체 없이 준공검사를 하여야 한다. 이 경우, 지정권자는 효율적인 준공검사를 위하여 필요하면 관계 행정기관·공공기관·연구기관, 그 밖의 전문기관 등에 의뢰하여 준공검사를 할 수 있다(법 제50조 제2항).

② 참여요청: 지정권자는 공사완료보고서의 내용에 포함된 공공시설을 인수하거나 관리하게 될 국가기관·지방자치단체 또는 공공기관의 장 등에게 준공검사에 참여할 것을 요청할 수 있으며, 이를 요청받은 자는 특별한 사유가 없으면 요청에 따라야 한다(법 제50조 제3항).

③ 완료부분의 준공검사: 시행자는 도시개발사업을 효율적으로 시행하기 위하여 필요하면 해당 도시개발사업에 관한 공사가 전부 끝나기 전이라도, 공사가 끝난 부분에 관하여 준공검사(지정권자가 시행자인 경우에는 시행자에 의한 공사완료공고를 말한다)를 받을 수 있다(법 제50조 제4항).

> **심화** 준공검사 전 또는 공사완료공고 전에는 조성토지 등(체비지는 제외한다)을 사용할 수 없다. 다만, 사업시행의 지장 여부를 확인받는 등 다음의 대통령령으로 정하는 바에 따라 지정권자로부터 사용허가를 받은 경우에는 그러하지 아니하다.
> 1. 시행자는 조성토지 등을 준공 전에 사용하려면 그 범위를 정하여 준공전사용허가신청서에 사업시행상의 지장 여부에 관한 검토서를 첨부하여 지정권자에게 제출해야 한다.
> 2. 지정권자는 허가신청이 있는 경우, 그 사용으로 인하여 앞으로 시행될 사업에 지장이 있는지를 확인한 후 허가 여부를 결정하여야 한다.

제4장 비용의 부담 등

> 자주 출제되는 장은 아니지만, 도시개발채권 부분은 반드시 학습하여야 한다. 채권의 발행권자, 소멸시효, 상환기간 위주로 정리하면 효율적이다.

❶ 비용부담의 원칙

도시개발사업에 필요한 비용은 이 법이나 다른 법률에 특별한 규정이 있는 경우 외에는 시행자가 부담한다(법 제54조).

❷ 비용부담의 특례

(1) 지방자치단체의 비용부담

① 부담절차

㉠ 시행자가 지정권자인 경우: 그 시행자는 그가 시행한 도시개발사업으로 이익을 얻는 시·도 또는 시·군·구가 있으면 대통령령으로 정하는 바에 따라 그 도시개발사업에 든 비용의 일부를 그 이익을 얻는 시·도 또는 시·군·구에 부담시킬 수 있다. 이 경우, 국토교통부장관은 행정안전부장관과 협의하여야 하고, 시·도지사 또는 대도시 시장은 관할 외의 시·군·구에 비용을 부담시키려면 그 시·군·구를 관할하는 시·도지사와 협의하여야 하며, 시·도지사 간 또는 대도시 시장과 시·도지사 간의 협의가 성립되지 아니하는 경우에는 행정안전부장관의 결정에 따른다(법 제56조 제1항).

㉡ 시행자가 시·군·구인 경우: 시장(대도시 시장은 제외한다)·군수 또는 구청장은 그가 시행한 도시개발사업으로 이익을 얻는 다른 지방자치단체가 있으면 대통령령으로 정하는 바에 따라 그 도시개발사업에 든 비용의 일부를 그 이익을 얻는 다른 지방자치단체와 협의하여 그 지방자치단체에 부담시킬 수 있다. 이 경우, 협의가 성립되지 아니하면 관할 시·도지사의 결정에 따르며, 그 시·군·구를 관할하는 시·도지사가 서로 다른 경우에는 ㉠의 후단을 준용한다(법 제56조 제2항).

② 부담금액
　㉠ 부담금의 총액은 해당 도시개발사업에 소요된 비용의 2분의 1을 넘지 못한다. 이 경우, 도시개발사업에 소요된 비용에는 해당 도시개발사업의 조사비, 측량비, 설계비 및 관리비는 포함하지 아니한다(영 제72조 제1항).
　㉡ 국토교통부장관, 시·도지사 또는 대도시 시장은 도시개발사업으로 이익을 받는 시·도 또는 시·군·구에 부담금을 부담시키려는 경우에는 도시개발사업에 소요된 비용 총액의 명세와 부담금의 금액을 명시하여 비용을 부담시키려는 시·도 또는 시·군·구에 송부하여야 한다(영 제72조 제2항).
　㉢ 부담금의 산정·배분 등에 필요한 사항은 국토교통부장관이 정한다(영 제72조 제3항).
　㉣ 시장(대도시 시장은 제외한다)·군수 또는 구청장이 다른 지방자치단체에 도시개발사업에 소요된 비용의 일부를 부담시키려는 경우에는 ㉠부터 ㉢까지의 규정을 준용한다(영 제72조 제4항).

기출 시행자가 지방자치단체인 경우에는 공원·녹지의 조성비 전부를 국고에서 보조하거나 융자할 수 있다.

(2) 공공시설관리자의 비용부담

시행자는 공동구(共同溝)를 설치하는 경우에는 다른 법률에 따라 그 공동구에 수용될 시설을 설치할 의무가 있는 자에게 공동구의 설치에 드는 비용을 부담시킬 수 있다. 이 경우, 공동구의 설치방법·기준 및 절차와 비용의 부담 등에 관한 사항은 「국토의 계획 및 이용에 관한 법률」 제44조를 준용한다(법 제57조).

기출 시행자는 공동구를 설치하는 경우에는 다른 법률에 따라 그 공동구에 수용될 시설을 설치할 의무가 있는 자에게 공동구의 설치에 드는 비용을 부담시킬 수 있다.

③ 도시개발채권 제32회, 제36회

(1) 발행권자

지방자치단체의 장은 도시개발사업 또는 도시·군계획시설사업에 필요한 자금을 조달하기 위하여 도시개발채권을 발행할 수 있으며, 도시개발채권은 시·도의 조례로 정하는 바에 따라 시·도지사가 이를 발행한다(법 제62조 제1항, 영 제82조 제1항).

기출
1. 시·도지사가 도시개발채권을 발행하는 경우, 상환방법 및 절차에 대하여 행정안전부장관의 승인을 받아야 한다.
2. 시·도지사가 도시개발채권을 발행하는 경우에는 행정안전부장관의 승인을 받아야 한다. 제36회

(2) 발행절차

승인 및 협의	시·도지사는 도시개발채권을 발행하려는 경우에는 다음의 사항에 대하여 행정안전부장관의 승인을 받아야 한다(영 제82조 제2항). ① 채권의 발행총액 ② 채권의 발행방법 ③ 채권의 발행조건 ④ 상환의 방법 및 절차 ⑤ 그 밖에 채권의 발행에 필요한 사항
공고	시·도지사는 위에 따라 승인을 받은 후 도시개발채권을 발행하려는 경우에는 다음의 사항을 공고하여야 한다(영 제82조 제3항). ① 채권의 발행총액 ② 채권의 발행기간 ③ 채권의 이율 ④ 원금상환의 방법 및 시기 ⑤ 이자지급의 방법 및 시기

(3) 발행방법 등 제32회

발행방법	도시개발채권은 「주식·사채 등의 전자등록에 관한 법률」에 따라 **전자등록하여 발행하거나 무기명으로 발행할 수 있으며**, 발행방법에 관하여 필요한 세부적인 사항은 시·도의 조례로 정한다(영 제83조 제1항).
이율 및 상환	① 도시개발채권의 이율은 채권의 발행 당시의 국채·공채 등의 금리와 특별회계의 상황 등을 참작하여 해당 시·도의 조례로 정한다(영 제83조 제2항). ② 도시개발채권의 **상환은 5년부터 10년의 범위**에서 지방자치단체의 조례로 정한다(영 제83조 제3항).
취급기관	① 도시개발채권의 매출 및 상환업무의 사무취급기관은 해당 시·도지사가 지정하는 은행 또는 「자본시장과 금융투자업에 관한 법률」에 의하여 설립된 한국예탁결제원으로 한다(영 제83조 제4항). ② 도시개발채권의 사무취급기관은 월별 도시개발채권의 매출 및 상환업무에 관한 사항을 다음 달 20일까지 해당 시·도지사에게 보고하여야 한다(규칙 제37조 제2항).

기출
1. 도시개발채권은 무기명으로 발행할 수 있다. 제36회
2. 도시개발채권의 상환은 5년부터 10년까지의 범위에서 지방자치단체의 조례로 정한다. 제36회
3. 도시개발채권의 상환기간은 5년보다 짧게 정할 수는 없다. 제32회
4. 매입필증을 제출받는 자는 매입자로부터 제출받은 매입필증을 5년간 따로 보관하여야 하며, 지방자치단체의 장이나 도시개발채권 사무취급기관, 그 밖에 관계기관의 요구가 있는 때에는 이를 제시하여야 한다.
5. 도시개발채권 매입필증을 제출받는 자는 매입자로부터 제출받은 매입필증을 5년간 따로 보관하여야 한다. 제36회

(4) 소멸시효

도시개발채권의 소멸시효는 상환일부터 기산(起算)하여 **원금은 5년, 이자는 2년**으로 한다(법 제62조 제3항).

(5) 도시개발채권의 매입 제32회

① 매입자: 다음에 해당하는 자(다른 법률에 의하여 실시계획의 인가 또는 「국토의 계획 및 이용에 관한 법률」의 개발행위허가가 의제되는 협의를 거친 자를 포함한다)는 도시개발채권을 매입하여야 한다(법 제63조 제1항).

> ㉠ 수용 또는 사용방식에 의하여 시행하는 도시개발사업의 경우 국가나 지방자치단체, 공공기관, 지방공사와 도시개발사업의 시행을 위한 공사의 도급계약을 체결하는 자
> ㉡ 도시개발사업의 시행을 위하여 공동으로 출자하여 설립한 법인, 토지소유자 또는 조합, 수도권 이외 지역 이전법인, 공동출자법인(㉠ 이외의 도시개발사업 시행자)으로서 도시개발사업을 시행하는 자
> ㉢ 「국토의 계획 및 이용에 관한 법률」에 따른 개발행위허가를 받은 자 중 토지의 형질변경허가를 받은 자

② 매입대상별 금액: 도시개발채권의 매입대상별 매입금액은 다음과 같다(영 제84조 제1항).

매입대상	매입금액
법 제11조 제1항 제1호부터 제4호까지의 규정에 해당하는 자와 도시개발사업의 시행을 위한 공사의 도급계약을 체결한 자	공사도급계약금액의 100분의 3
법 제11조 제1항 제5호부터 제9호까지, 제9호의2, 제10호 및 제11호에 해당하는 자로서 도시개발사업을 시행하는 자	시행면적 3.3m²당 20,000원
「국토의 계획 및 이용에 관한 법률」 제56조에 따라 토지의 형질변경허가를 받는 자	토지형질변형 허가면적 3.3m²당 20,000원

기출

1. 도시개발채권의 소멸시효는 상환일부터 기산하여 원금은 5년, 이자는 2년으로 한다. 제36회
2. 「국토의 계획 및 이용에 관한 법률」에 따른 공작물의 설치허가를 받은 자는 도시개발채권을 매입하지 않아도 된다. 제32회

제5장 보칙 등

> 이 장은 출제 빈도가 낮기 때문에, 참고로만 보아도 무방하다.

비교 ➡ 타인토지의 출입 등
1. 「국토의 계획 및 이용에 관한 법률」
   - 출입: 7일 전 통지
   - 장애물 등의 변경: 3일 전 통지
2. 「도시개발법」
   - 출입: 3일 전 통지
   - 장애물 등의 변경: 3일 전 통지

❶ 타인토지의 출입 등

(1) 출입의 주체

시행자는 도시개발구역의 지정, 도시개발사업에 관한 조사·측량 또는 사업의 시행을 위하여 필요하면 타인이 점유하는 토지에 출입하거나 타인의 토지를 재료를 쌓아두는 장소 또는 임시도로로 일시사용할 수 있으며, 특히 필요하면 장애물 등을 변경하거나 제거할 수 있다(법 제64조 제1항).

(2) 출입의 절차

① 사전통지: 타인의 토지에 출입하려는 자는 특별자치도지사·시장·군수 또는 구청장의 허가를 받아야 하며(행정청이 아닌 도시개발사업의 시행자만 해당한다), 출입하려는 날의 3일 전에 그 토지의 소유자·점유자 또는 관리인에게 그 일시와 장소를 알려야 한다(법 제64조 제2항).

② 사전동의: 타인의 토지를 재료를 쌓아두는 장소 또는 임시도로로 일시사용하거나 장애물 등을 변경하거나 제거하려는 자는 미리 그 토지의 소유자·점유자 또는 관리인의 동의를 받아야 한다(법 제64조 제3항).

③ 허가 및 통지
   ㉠ 토지나 장애물 등의 소유자·점유자 또는 관리인이 현장에 없거나 주소 또는 거소(居所)를 알 수 없어 그 동의를 받을 수 없으면 관할 특별자치도지사·시장·군수 또는 구청장에게 알려야 한다. 다만, 행정청이 아닌 도시개발사업의 시행자는 관할 특별자치도지사·시장·군수 또는 구청장의 허가를 받아야 한다(법 제64조 제4항).
   ㉡ 토지를 일시사용하거나 장애물 등을 변경하거나 제거하려는 자는 토지를 사용하려는 날이나 장애물 등을 변경하거나 제거하려는 날의 3일 전까지 해당 토지나 장애물 등의 소유자·점유자 또는 관리인에게 토지의 일시사용이나 장애물 등의 변경 또는 제거에 관한 사항을 알려야 한다(법 제64조 제5항).

④ 출입의 제한: 일출 전이나 일몰 후에는 해당 토지의 점유자의 승낙 없이 택지 또는 담장과 울타리로 둘러싸인 타인의 토지에 출입할 수 없다(법 제64조 제6항).

⑤ 수인의무: 토지의 점유자는 정당한 사유 없이 시행자의 행위를 방해하거나 거절하지 못한다(법 제64조 제7항).

⑥ 증표·허가증의 제시: 토지출입 등의 행위를 하려는 자는 그 권한을 표시하는 증표와 허가증을 지니고 이를 관계인에게 내보여야 하며, 증표와 허가증에 필요한 사항은 국토교통부령으로 정한다(법 제64조 제8항).

(3) 손실보상

① 시행자의 보상의무: 타인토지 등의 출입행위(「국토의 계획 및 이용에 관한 법률」을 위반한 건축물에 대하여는 그러하지 아니하다)로 손실을 입은 자가 있으면 시행자가 그 손실을 보상하여야 한다(법 제65조 제1항).

② 손실보상의 협의: 손실보상에 관하여는 그 손실을 보상할 자와 손실을 입은 자가 협의하여야 한다(법 제65조 제2항).

③ 재결신청: 손실을 보상할 자나 손실을 입은 자는 협의가 성립되지 아니하거나 협의를 할 수 없으면 관할 토지수용위원회에 재결을 신청할 수 있다(법 제65조 제3항).

④ 재결시 준용규정: 관할 토지수용위원회의 재결에 관하여는 「공익사업을 위한 토지 등의 취득 및 보상에 관한 법률」의 규정을 준용한다(법 제65조 제4항).

(4) 건축물의 존치 등

① 시행자는 도시개발구역에 있는 기존 건축물이나 그 밖의 시설을 이전하거나 철거하지 아니하여도 도시개발사업에 지장이 없다고 인정하여 대통령령으로 정하는 요건을 충족하는 경우에는 이를 존치하게 할 수 있다(법 제65조의2 제1항).

② 수용 또는 사용의 방식으로 시행하는 도시개발사업(혼용방식 중 수용 또는 사용의 방식이 적용되는 구역을 포함한다)의 시행자는 법 제55조 및 제57조에도 불구하고 ①에 따라 존치하게 된 시설물의 소유자에게 도로, 공원, 상하수도, 그 밖에 대통령령으로 정하는 공공시설의 설치 등에 필요한 비용의 일부를 부담하게 할 수 있다(법 제65조의2 제2항).

❷ 공공시설의 무상귀속

(1) 행정청의 시행자가 공공시설을 설치한 경우

공공사업시행자(공동출자법인 제외)가 새로 공공시설을 설치하거나 기존의 공공시설에 대체되는 공공시설을 설치한 경우에는 「국유재산법」과 「공유재산 및 물품관리법」 등에도 불구하고 종전의 공공시설은 시행자에게 무상으로 귀속되고, 새로 설치된 공공시설은 그 시설을 관리할 행정청(이하 '관리청'이라 한다)에 무상으로 귀속된다(법 제66조 제1항).

(2) 비행정청의 시행자가 공공시설을 설치한 경우

민간지정시행자(공동출자법인 포함)가 새로 설치한 공공시설은 그 관리청에 무상으로 귀속되며, 도시개발사업의 시행으로 용도가 폐지되는 행정청의 공공시설은 「국유재산법」과 「공유재산 및 물품관리법」 등에도 불구하고 새로 설치한 공공시설의 설치비용에 상당하는 범위에서 시행자에게 무상으로 귀속시킬 수 있다(법 제66조 제2항).

❸ 청문

지정권자나 특별자치도지사·시장(대도시 시장은 제외한다)·군수 또는 구청장은 법 제75조에 따라 이 법에 따른 허가·지정·인가 또는 승인을 취소하려면 청문을 하여야 한다(법 제76조).

❹ 행정심판

이 법에 따라 시행자가 행한 처분에 불복하는 자는 「행정심판법」에 따라 행정심판을 제기할 수 있다. 다만, 행정청이 아닌 시행자가 한 처분에 관하여는 다른 법률에 특별한 규정이 있는 경우 외에는 지정권자에게 행정심판을 제기하여야 한다(법 제77조).

「국토의 계획 및 이용에 관한 법률」	시행자가 비행정청	해당 시행자를 지정한 자(입안권자 = 국토교통부장관, 시·도지사, 시장·군수)
「도시개발법」		지정권자(국토교통부장관, 시·도지사, 대도시 시장)

5 행정형벌 제32회

(1) 3년 이하의 징역 또는 3천만원 이하의 벌금

다음의 어느 하나에 해당하는 자는 3년 이하의 징역이나 3천만원 이하의 벌금에 처한다(법 제80조).

> ① 개발행위허가를 받지 아니하고 행위를 한 자
> ② 부정한 방법으로 시행자의 지정을 받은 자
> ③ 부정한 방법으로 실시계획의 인가를 받은 자
> ④ 법 제25조의2 제1항 및 제2항에 따라 원형지공급계획을 승인받지 아니하고 원형지를 공급하거나 부정한 방법으로 공급계획을 승인받은 자
> ⑤ 법 제25조의2 제6항을 위반하여 원형지를 매각한 자

(2) 2년 이하의 징역 또는 2천만원 이하의 벌금

다음의 어느 하나에 해당하는 자는 2년 이하의 징역이나 2천만원 이하의 벌금에 처한다(법 제81조).

> ① 실시계획의 인가를 받지 아니하고 사업을 시행한 자
> ② 조성토지 등의 공급계획을 승인받지 아니하고 조성토지 등을 공급한 자
> ③ 사용허가 없이 조성토지 등을 사용한 자

(3) 1년 이하의 징역 또는 1천만원 이하의 벌금

다음의 어느 하나에 해당하는 자는 1년 이하의 징역 또는 1천만원 이하의 벌금에 처한다(법 제82조).

> ① 고의나 과실로 법 제20조 제2항에 따른 감리업무를 게을리하여 위법한 도시개발사업의 공사를 시공함으로써 시행자 또는 조성토지 등을 분양받은 자에게 손해를 입힌 자
> ② 법 제20조 제4항을 위반하여 시정통지를 받고도 계속하여 도시개발사업의 공사를 시공한 시공자 및 시행자
> ③ 법 제75조에 따른 시행자 지정 또는 실시계획의 인가 등의 취소, 공사의 중지, 건축물 등이나 장애물 등의 개축 또는 이전 등의 처분이나 조치명령을 위반한 자

참고 미공개정보를 목적 외로 사용하거나 타인에게 제공 또는 누설한 자는 5년 이하의 징역 또는 그 위반행위로 얻은 재산상 이익 또는 회피한 손실액의 3배 이상 5배 이하에 상당하는 벌금에 처한다. 다만, 얻은 이익 또는 회피한 손실액이 없거나 산정하기 곤란한 경우 또는 그 위반행위로 얻은 재산상 이익의 5배에 해당하는 금액이 10억원 이하인 경우에는 벌금의 상한액을 10억원으로 한다.

제2편 메타인지 학습체크

01 도시개발구역 안의 토지소유자 또는 건축물소유자 또는 이들이 설립한 조합은 도시개발사업의 시행자가 [① 될 수 있다. / ② 될 수 없다.]

02 도시개발사업의 시행방식 중 [① 환지방식 / ② 수용 또는 사용방식]은 대지로서의 효용증진과 공공시설의 정비를 위하여 토지의 교환, 분할·합병, 기타의 구획변경, 지목 또는 형질의 변경이나 공공시설의 설치·변경이 필요한 경우 또는 도시개발사업을 시행하는 지역의 지가가 인근의 다른 지역에 비하여 현저히 높은 경우에 시행하는 방식이다.

03 도시개발구역 [① 전부 / ② 일부]를 환지방식으로 시행하는 경우에는 토지소유자 또는 조합을 사업시행자로 지정하여야 한다.

04 실시계획의 인가를 받은 후 2년 이내에 사업을 착수하지 아니하는 경우에는 [① 지방자치단체 등을 사업시행자로 지정하여야 한다. / ② 시행자를 변경할 수 있다.]

05 전부환지방식으로 시행하는 경우, 시행자로 지정된 자(토지소유자 또는 조합)가 도시개발구역 지정·고시일부터 [① 1년 / ② 2년] 이내 실시계획의 인가신청을 하지 아니하는 경우, 시행자를 변경할 수 있다.

06 도시개발구역이 지정·고시된 경우, 해당 도시개발구역은 도시지역과 [① 지구단위계획구역 / ② 특별건축구역]으로 결정·고시된 것으로 본다. 다만, 지구단위계획구역과 취락지구로 지정된 지역인 경우에는 그러하지 아니하다.

07 조합의 임원이 피한정후견인으로 된 경우, 그 [① 해당일 즉시 / ② 다음 날부터] 임원자격을 상실한다.

08 도시개발구역 안의 조합원은 조합의 설립인가신청시 [① 조합설립에 동의한 토지소유자만 / ② 토지소유자 전부가] 조합원이 될 수 있다.

09 도시개발사업의 조합원은 도시개발구역 안의 [① 토지소유자와 건축물소유자 / ② 토지소유자]로 한다.

10 조합을 설립하고자 하는 경우에는 도시개발구역 안의 [① 토지면적 3분의 2 이상의 토지소유자와 그 구역 안의 토지소유자 총수의 2분의 1 이상 / ② 토지면적 2분의 1 이상의 토지소유자와 그 구역 안의 토지소유자 총수의 3분의 2 이상] 동의를 받아야 한다.

정답

01 ② 02 ① 03 ① 04 ② 05 ① 06 ① 07 ② 08 ② 09 ② 10 ①

11 조합의 임원은 그 조합의 다른 임원 또는 직원을 겸할 수 [① 있다. / ② 없다.]

12 조합원은 보유토지면적에 [① 관계없이 평등한 / ② 비례하는] 의결권을 갖는다.

13 시행자는 도시를 자연친화적으로 개발하거나 복합적·입체적으로 개발하기 위해 지정권자의 승인을 받아 원형지를 공급하여 개발 가능하다. 단, 원형지의 면적은 개발구역 전체 면적의 [① 3분의 1 / ② 2분의 1] 이내로 하여야 한다.

14 도시개발사업을 환지방식으로 시행하는 경우, 사업이 장기화될 우려가 있는 경우에는 환지예정지를 [① 지정하여야 한다. / ② 지정할 수 있다.]

15 개발사업의 [① 환지처분공고일 / ② 환지처분공고일의 다음 날]에 시행자는 체비지를, 환지계획에서 정한 자는 보류지를 취득한다.

16 도시개발사업의 시행자(지정권자인 시행자 제외)는 지정권자에게 준공검사를 받은 때에는 [① 14일 이내 / ② 60일 이내] 환지처분을 하여야 한다.

17 감환지처분시 그 청산금은 [① 손실보상금 / ② 부당이득반환금]의 법적 성격을 갖는다.

18 도시개발채권의 소멸시효는 상환일로부터 기산하여 [① 원금 5년, 이자 2년 / ② 원금 10년, 이자 3년]으로 한다.

19 청산금을 받을 권리나 징수할 권리를 [① 3년간 / ② 5년간] 행사하지 아니하면 시효로 소멸한다.

20 도시개발구역의 토지에 대한 지역권은 종전의 토지에 존속한다. 다만, 도시개발사업의 시행으로 행사할 이익이 없어진 지역권은 [① 환지처분이 공고된 날의 다음 날이 끝나는 때 / ② 환지처분이 공고된 날이 끝나는 때]에 소멸한다.

> 정답
> 11 ②　12 ①　13 ①　14 ②　15 ②　16 ②　17 ①　18 ①　19 ②　20 ②

제 3 편
도시 및 주거환경정비법

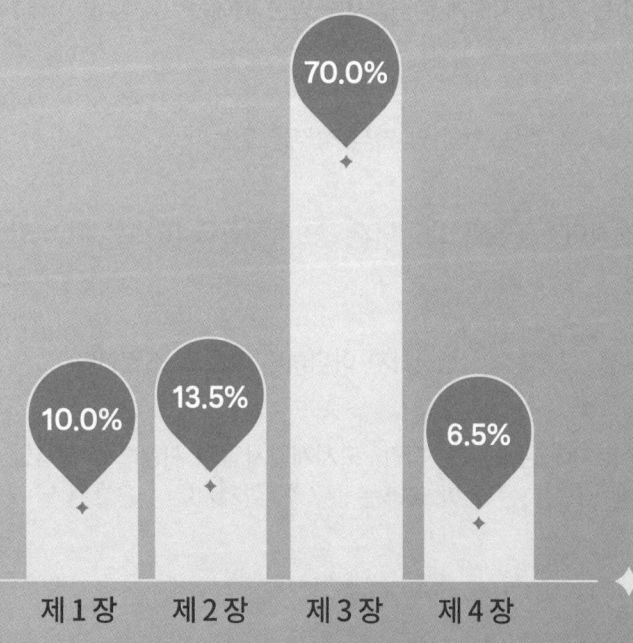

◆ 최근 5개년 출제경향 분석

www.megaland.co.kr

- ◆ 제 1 장 | 총칙
- ◆ 제 2 장 | 계획 및 구역의 지정
- ◆ 제 3 장 | 정비사업의 시행
- ◆ 제 4 장 | 보칙 및 벌칙

제3편 도시 및 주거환경정비법

❖ **정비사업의 절차**

정비기본계획 수립
① 특별시장·광역시장·특별자치시장·특별자치도지사·시장이 10년 단위로 수립, 5년마다 타당성검토
② 시장(대도시 시장 제외) ⇨ 도지사 승인
③ 특별시장·광역시장·특별자치시장·특별자치도지사·시장 ⇨ (국토교통부장관)보고
④ 정비예정구역(정비계획의 수립시기를 포함)

⇩

정비계획 수립
① 구청장 등은 직접 수립하여 특별시장과 광역시장에게 지정신청
② 특별자치시장·특별자치도지사·시장·군수는 직접 수립하여 직접 정비구역 지정
③ 주민설명회 ⇨ 공람 ⇨ 지방의회(60일 내) ⇨ 관리청의 의견청취 ⇨ 공람 30일 이상

⇩

정비구역의 지정
지구단위계획구역 지정 및 지구단위계획 수립 의제

⇩

시행자
① 주거환경개선사업
② 재개발사업
③ 재건축사업

⇩

사업시행계획 인가·고시
① 작성: 시행자
② 인가: 시장·군수 등

⇩

분양신청
사업시행계획 인가·고시일 120일 내 통지(분양신청기간: 30일~60일)

⇩

관리처분계획 인가·고시
① 작성: 시행자
② 인가: 시장·군수 등

⇩

착수 ⇨ 공사완료 ⇨ 준공인가 ⇨ 공사완료공고
① 관리처분인가·고시 후: 사용·수익의 정지 및 임차권자 등의 권리 조정
② 시행자가 시장·군수 등에게 준공인가

⇩

소유권이전 고시
사업시행자는 대지 및 건축물의 소유권을 이전하고자 하는 때에는 그 내용을 해당 지방자치단체의 공보에 고시한 후 이를 시장·군수 등에게 보고하여야 한다.

⇩

다음 날
대지 또는 건축물을 분양받을 자는 고시가 있은 날의 다음 날에 그 대지 또는 건축물에 대한 소유권을 취득한다.

❖ 정비사업의 시행자 및 시행방식

사업 종류	기반시설	시행자		시행방식
주거환경 개선사업	극히 열악	① 스스로개량방식: 시장·군수 등, 토지주택공사 등 ② 수용·환지·관리처분방식 　㉠ 시장·군수 등이 직접시행 　㉡ 시장·군수 등이 지정시행(토지주택공사 등, 법인) 　㉢ 시장·군수 등이 공동시행(건설업자, 등록사업자)		① 스스로개량 ② 수용 ③ 환지 ④ 관리처분 ○(주택)
재개발사업	열악	조합(원칙)	과반수 동의 공동시행 ① 시장·군수 등 ② 토지주택공사 등 ③ 건설업자, 등록사업자 ④ 신탁업자, 한국부동산원	① 환지 ○ ② 관리처분 ○(건축물)
		토지등소유자 (20인 미만)		
재건축사업	양호	조합(원칙)	과반수 동의 공동시행 ① 시장·군수 등 ② 토지주택공사 등 ③ 건설업자, 등록사업자	① 환지 × ② 관리처분 ○ ⇨ 건축물 + 공동주택 외 　(준주거·상업, 30% 이하)

❖ 재건축사업의 재건축진단

대상	재건축사업시 주택단지 내 '건축물'을 대상으로 한다.
의무자	시장·군수 등(단, 재건축하고자 하는 자가 요청 가능하다)
신청	시장·군수 등(요청자에게 비용을 부담하게 할 수 있다)
재건축진단 여부의 통보	30일 내(현지조사 + 전문가 의견청취 후)
재건축진단의 요청	① 정비계획의 입안 제안시 1/10 이상의 동의를 얻어 요청한다. ② 정비구역 외 지역의 재건축사업시 추진위원회 구성승인신청시 1/10 이상의 동의를 얻어서 요청한다.
결정권자	시장·군수 등(시·도에게 보고: 취소를 요청하는 경우 응해야 한다)
재건축진단 제외	붕괴, 사용 금지, 잔여건축물, 기반시설 위 건축물, 시특법에서 D, E 등급을 받은 건축물

제1장 총칙

💬 이 장은 매년 출제되고 있으므로 용어의 정의 위주로 꼼꼼히 정리하여야 한다.

1 제정 목적

이 법은 도시기능의 회복이 필요하거나 주거환경이 불량한 지역을 계획적으로 정비하고 노후·불량건축물을 효율적으로 개량하기 위하여 필요한 사항을 규정함으로써 도시환경을 개선하고 주거생활의 질을 높이는 데 이바지함을 목적으로 한다(법 제1조).

2 용어의 정의

이 법에서 사용하는 용어의 뜻은 다음과 같다(법 제2조).

(1) 정비구역

정비사업을 계획적으로 시행하기 위하여 지정·고시된 구역을 말한다.

(2) 정비사업 제32회

이 법에서 정한 절차에 따라 도시기능을 회복하기 위하여 정비구역에서 정비기반시설을 정비하거나 주택 등 건축물을 개량 또는 건설하는 다음의 사업을 말한다.

> ① 주거환경개선사업: 도시저소득주민이 집단거주하는 지역으로서 정비기반시설이 극히 **열악**하고 노후·불량건축물이 **과도하게 밀집한** 지역의 주거환경을 개선하거나 **단독주택 및 다세대주택이** 밀집한 지역에서 정비기반시설과 공동이용시설 확충을 통하여 주거환경을 보전·정비·개량하기 위한 사업
> ② 재개발사업: 정비기반시설이 **열악**하고 노후·불량건축물이 밀집한 지역에서 주거환경을 개선하거나 **상업지역·공업지역** 등에서 도시기능의 회복 및 상권활성화 등을 위하여 도시환경을 개선하기 위한 사업. 이 경우, 다음 요건을 모두 갖추어 시행하는 재개발사업을 '공공재개발사업'이라 한다.

심화 공공재개발사업의 공공임대주택 건설비율
1. 건설·공급해야 하는 공공임대주택 건설비율은 건설·공급되는 주택의 전체 세대수의 100분의 20 이하에서 국토교통부장관이 정하여 고시하는 비율 이상으로 한다.
2. 특별시장·광역시장·특별자치시장·특별자치도지사·시장 또는 군수(광역시의 군수는 제외하며, 이하 '정비구역지정권자'라 한다)는 다음의 어느 하나에 해당하는 경우에는 지방도시계획위원회(정비구역이 재정비촉진지구 내에 있는 경우로서 도시재정비위원회)의 심의를 거쳐 공공임대주택 건설비율을 1.의 비율보다 완화할 수 있다.
   • 건설하는 주택의 전체 세대수가 200세대 미만인 경우
   • 정비구역의 입지, 정비사업의 규모, 토지등소유자의 수 등을 고려할 때 토지등소유자의 부담이 지나치게 높아 공공임대주택 건설비율을 확보하기 어렵다고 인정하는 경우

⊙ 특별자치시장, 특별자치도지사, 시장, 군수, 자치구의 구청장(이하 '시장·군수 등'이라 한다) 또는 토지주택공사 등(조합과 공동으로 시행하는 경우를 포함)이 주거환경개선사업의 시행자, 법 제25조 제1항(재개발사업의 시행자) 또는 법 제26조 제1항(공공시행자)에 따른 재개발사업의 시행자나 재개발사업의 대행자(이하 '공공재개발사업 시행자'라 한다)일 것

ⓒ 건설·공급되는 주택의 전체 세대수 또는 전체 연면적 중 토지등소유자 대상 분양분(지분형주택은 제외한다)을 제외한 나머지 주택의 세대수 또는 연면적의 100분의 20 이상 100분의 50 이하의 범위에서 대통령령으로 정하는 기준에 따라 특별시·광역시·특별자치시·도·특별자치도 또는 「지방자치법」에 따른 서울특별시·광역시 및 특별자치시를 제외한 인구 50만 이상 대도시(이하 '대도시'라 한다)의 조례(이하 '시·도 조례'라 한다)로 정하는 비율 이상을 지분형주택, 「공공주택 특별법」에 따른 공공임대주택(이하 '공공임대주택'이라 한다) 또는 「민간임대주택에 관한 특별법」에 따른 공공지원민간임대주택(이하 '공공지원민간임대주택'이라 한다)으로 건설·공급할 것. 이 경우, 주택 수 산정방법 및 주택 유형별 건설비율은 대통령령으로 정한다.

③ 재건축사업: 정비기반시설은 **양호**하나 노후·불량건축물에 해당하는 공동주택이 밀집한 지역에서 주거환경을 개선하기 위한 사업. 이 경우, 다음 요건을 모두 갖추어 시행하는 재건축사업을 '공공재건축사업'이라 한다.

⊙ 시장·군수 등 또는 토지주택공사 등(조합과 공동으로 시행하는 경우를 포함)이 법 제25조 제2항(재건축사업 시행자) 또는 법 제26조 제1항(공공시행자)에 따른 재건축사업의 시행자나 재건축사업의 대행자(이하 '공공재건축사업 시행자'라 한다)일 것

ⓒ 종전의 용적률, 토지면적, 기반시설현황 등을 고려하여 대통령령으로 정하는 세대수 이상을 건설·공급할 것. 다만, 정비구역의 지정권자가 「국토의 계획 및 이용에 관한 법률」에 따른 도시·군기본계획, 토지이용현황 등 대통령령으로 정하는 불가피한 사유✚로 해당하는 세대수를 충족할 수 없다고 인정하는 경우에는 그러하지 아니하다.

비교 ➡ 정비사업
1. 주거환경개선사업
 • 노후·불량 과도밀집
 • 극히 열악
2. 재개발사업
 • 노후·불량 밀집
 • 열악
3. 재건축사업
 • 노후·불량 밀집
 • 양호

✚ 불가피한 사유란 다음의 어느 하나에 해당하는 사유를 말한다. 이 경우, 정비구역 지정권자는 다음의 사유로 영 제1조의3 제1항에 따른 세대수를 충족할 수 없는지를 판단할 때에는 지방도시계획위원회의 심의를 거쳐야 한다.
1. 위의 세대수를 건설·공급하는 경우, 「국토의 계획 및 이용에 관한 법률」에 따른 도시·군기본계획에 부합하지 않게 되는 경우
2. 해당 토지 및 인근토지의 이용현황을 고려할 때 위의 세대수를 건설·공급하기 어려운 부득이한 사정이 있는 경우

(3) 노후·불량건축물

다음의 어느 하나에 해당하는 건축물을 말한다.

> ① 건축물이 훼손되거나 일부가 멸실되어 붕괴 그 밖의 안전사고의 우려가 있는 건축물
> ② 내진성능이 확보되지 아니한 건축물 중 중대한 기능적 결함 또는 부실설계·시공으로 인한 구조적 결함 등이 있는 건축물로서, 대통령령으로 정하는 건축물(건축물을 건축하거나 대수선할 당시 건축법령에 따른 지진에 대한 안전 여부 확인대상이 아닌 건축물로서 다음의 어느 하나에 해당하는 건축물)
> ⊙ 급수·배수·오수설비 등의 설비 또는 지붕·외벽 등 마감의 노후화나 손상으로 그 기능을 유지하기 곤란할 것으로 우려되는 건축물
> ⊙ 재건축진단기관이 실시한 재건축진단 결과 건축물의 내구성·내하력(耐荷力) 등이 국토교통부장관이 정하여 고시하는 기준에 미치지 못할 것으로 예상되어 구조안전의 확보가 곤란할 것으로 우려되는 건축물
> ③ 요건➕을 모두 충족하는 건축물로서, 대통령령으로 정하는 바에 따라 시·도조례로 정하는 건축물
> ⊙ 「건축법」에 따라 해당 지방자치단체의 조례로 정하는 면적에 미치지 못하거나 「국토의 계획 및 이용에 관한 법률」에 따른 도시·군계획시설 등의 설치로 인하여 효용을 다할 수 없게 된 대지에 있는 건축물
> ⊙ 공장의 매연·소음 등으로 인하여 위해를 초래할 우려가 있는 지역에 있는 건축물
> ⊙ 해당 건축물을 준공일 기준으로 40년까지 사용하기 위하여 보수·보강하는 데 드는 비용이 철거 후 새로운 건축물을 건설하는 데 드는 비용보다 클 것으로 예상되는 건축물
> ④ 도시 미관을 저해하거나 노후화된 건축물로서 대통령령으로 정하는 바에 따라 시·도조례로 정하는 건축물
> ⊙ 준공된 후 20년 이상 30년 이하의 범위에서 시·도조례로 정하는 기간이 지난 건축물
> ⊙ 「국토의 계획 및 이용에 관한 법률」에 따른 도시·군기본계획상의 경관에 관한 사항에 저촉되는 건축물

➕ 다음의 요건을 모두 충족하는 건축물을 말한다.
1. 주변 토지의 이용상황 등에 비추어 주거환경이 불량한 곳에 위치할 것
2. 건축물을 철거하고 새로운 건축물을 건설하는 경우, 건설에 드는 비용과 비교하여 효용의 현저한 증가가 예상될 것

(4) 정비기반시설(필수적 시설)

도로·상하수도·구거(溝渠: 도랑)·공원·공용주차장·공동구(「국토의 계획 및 이용에 관한 법률」에 따른 공동구를 말한다), 그 밖에 주민의 생활에 필요한 열·가스 등의 공급시설로서 대통령령으로 정하는 다음의 시설을 말한다.

① 녹지
② 하천
③ 공공공지
④ 광장
⑤ 소방용수시설
⑥ 비상대피시설
⑦ 가스공급시설
⑧ 지역난방시설
⑨ 주거환경개선사업을 위하여 지정·고시된 정비구역에 설치하는 공동이용시설로서 사업시행계획서에 해당 특별자치시장·특별자치도지사·시장·군수 또는 자치구의 구청장이 관리하는 것으로 포함된 시설

(5) 공동이용시설 제34회

주민이 공동으로 사용하는 놀이터·마을회관·공동작업장, 그 밖에 대통령령으로 정하는 다음의 시설을 말한다.

① 공동으로 사용하는 구판장·세탁장·화장실 및 수도
② 탁아소·어린이집·경로당 등 노유자시설
③ 그 밖에 ① 및 ②의 시설과 유사한 용도의 시설로 시·도조례로 정하는 시설

기출
1. 공동작업장은 공동이용시설에 해당한다.
2. 공동으로 사용하는 구판장은 공동이용시설에 해당한다. 제34회

Tip 유치원은 노유자시설이 아님에 유의한다.

(6) 대지

정비사업으로 조성된 토지를 말한다.

(7) 주택단지

주택 및 부대시설·복리시설을 건설하거나 대지로 조성되는 일단의 토지로서 다음의 어느 하나에 해당하는 일단의 토지를 말한다.

① 「주택법」에 따른 사업계획승인을 받아 주택 및 부대시설·복리시설을 건설한 일단의 토지
② ①에 따른 일단의 토지 중 「국토의 계획 및 이용에 관한 법률」에 따른 도시·군계획시설(이하 '도시·군계획시설'이라 한다)인 도로나 그 밖에 이와 유사한 시설로 분리되어 따로 관리되고 있는 각각의 토지
③ ①에 따른 일단의 토지 둘 이상이 공동으로 관리되고 있는 경우, 그 전체 토지
④ 재건축사업에서 분할된 토지 또는 분할되어 나가는 토지
⑤ 「건축법」에 따라 건축허가를 받아 아파트 또는 연립주택을 건설한 일단의 토지

기출 「건축법」에 따라 건축허가를 받아 아파트 또는 연립주택을 건설한 일단의 토지는 주택단지에 해당한다.

(8) 사업시행자

정비사업을 시행하는 자를 말한다.

(9) 토지등소유자

다음의 어느 하나에 해당하는 자를 말한다. 다만, 「자본시장과 금융투자업에 관한 법률」에 따른 신탁업자(이하 '신탁업자'라 한다)가 사업시행자로 지정된 경우, 토지등소유자가 정비사업을 목적으로 신탁업자에게 신탁한 토지 또는 건축물에 대하여는 위탁자를 토지등소유자로 본다.

> ① 주거환경개선사업 및 재개발사업의 경우에는 정비구역에 위치한 토지 또는 건축물의 소유자 또는 그 지상권자
> ② 재건축사업의 경우에는 정비구역에 위치한 건축물 및 그 부속토지의 소유자

기출 재개발사업 정비구역에 위치한 건축물의 소유자는 토지등소유자에 해당한다.
제35회

참고 재건축사업의 토지등소유자에는 지상권자는 포함되지 않는다.

(10) 토지주택공사 등

「한국토지주택공사법」에 따라 설립된 한국토지주택공사 또는 「지방공기업법」에 따라 주택사업을 수행하기 위하여 설립된 지방공사를 말한다.

(11) 정관 등

다음의 것을 말한다.

> ① 조합의 정관
> ② 사업시행자인 토지등소유자가 자치적으로 정한 규약
> ③ 시장·군수 등✚, 토지주택공사 등 또는 신탁업자가 작성한 시행규정

✚ 특별자치시장, 특별자치도지사, 시장, 군수, 자치구의 구청장을 '시장·군수 등'이라 한다.

제2장 계획 및 구역의 지정

> 정비기본계획의 수립권자, 정비계획의 수립과 지정권자에 대하여 비교학습하여야 한다. 또한, 정비구역의 지정효과와 해제 규정을 반드시 학습하여야 한다.

❶ 도시 및 주거환경정비기본방침의 수립

국토교통부장관은 도시 및 주거환경을 개선하기 위하여 10년마다 다음의 사항을 포함한 기본방침을 수립하고, 5년마다 그 타당성을 검토하여 그 결과를 기본방침에 반영하여야 한다(법 제3조).

① 도시 및 주거환경정비를 위한 국가정책방향
② 도시·주거환경정비기본계획의 수립방향
③ 노후·불량주거지 조사 및 개선계획의 수립
④ 도시 및 주거환경 개선에 필요한 재정지원계획
⑤ 그 밖에 도시 및 주거환경 개선을 위하여 필요한 사항으로서 대통령령으로 정하는 사항

비교▶ 수립시기 등
1. 정비기본방침
   - 10년마다 수립
   - 5년마다 타당성검토
2. 정비기본계획
   - 10년 단위로 수립
   - 5년마다 타당성검토

❷ 도시·주거환경정비기본계획의 수립 제36회

1. 수립권자

(1) 의무적 수립(원칙)

특별시장·광역시장·특별자치시장·특별자치도지사 또는 시장은 관할 구역에 대하여 도시·주거환경정비기본계획(이하 '기본계획'이라 한다)을 10년 단위로 수립하여야 한다(법 제4조 제1항).

(2) 임의적 수립(예외)

도지사가 대도시가 아닌 시로서 기본계획을 수립할 필요가 없다고 인정하는 시에 대하여는 기본계획을 수립하지 아니할 수 있다(법 제4조 제1항 단서).

기출 도지사가 대도시가 아닌 시로서 기본계획을 수립할 필요가 없다고 인정하는 시에 대하여는 기본계획을 수립하지 아니할 수 있다. 제36회

참고 기본계획의 작성기준 및 작성방법은 국토교통부장관이 정하여 고시한다.

심화 기본계획의 수립권자는 기본계획에 다음의 사항을 포함하는 경우에는 ⑨ 및 ⑩의 사항을 생략할 수 있다.
1. 생활권의 설정, 생활권별 기반시설 설치계획 및 주택수급계획
2. 생활권별 주거지의 정비·보전·관리의 방향

기출 기본계획에는 건폐율·용적률 등에 관한 건축물의 밀도계획이 포함되어야 한다.
제36회

2. 기본계획의 내용

기본계획에는 다음의 사항이 포함되어야 한다(법 제5조).

① 정비사업의 기본방향
② 정비사업의 계획기간
③ 인구·건축물·토지이용·정비기반시설·지형 및 환경 등의 현황
④ 주거지관리계획
⑤ 토지이용계획·정비기반시설계획·공동이용시설설치계획 및 교통계획
⑥ 녹지·조경·에너지공급·폐기물처리 등에 관한 환경계획
⑦ 사회복지시설 및 주민문화시설 등의 설치계획
⑧ 도시의 광역적 재정비를 위한 기본방향
⑨ 정비구역으로 지정할 예정인 구역(이하 '정비예정구역'이라 한다)의 개략적 범위
⑩ 단계별 정비사업추진계획(정비예정구역별 정비계획의 수립시기가 포함되어야 한다)
⑪ 건폐율·용적률 등에 관한 건축물의 밀도계획
⑫ **세입자에 대한 주거안정대책**
⑬ 그 밖에 주거환경 등을 개선하기 위하여 필요한 사항으로서 대통령령으로 정하는 사항

3. 타당성검토

특별시장·광역시장·특별자치시장·특별자치도지사 또는 시장(이하 '기본계획의 수립권자'라 한다)은 기본계획에 대하여 5년마다 타당성을 검토하여 그 결과를 기본계획에 반영하여야 한다(법 제4조 제2항).

기출 특별시장·광역시장·특별자치시장·특별자치도지사 또는 시장은 기본계획에 대하여 5년마다 타당성을 검토하여 그 결과를 기본계획에 반영하여야 한다.
제36회

4. 수립절차

(1) 공람·의견청취

① 기본계획의 수립권자는 기본계획을 수립하거나 변경하려는 경우에는 14일 이상 주민에게 공람하여 의견을 들어야 하며, 제시된 의견이 타당하다고 인정되면 이를 기본계획에 반영하여야 한다(법 제6조 제1항).
② 기본계획의 수립권자는 공람과 함께 지방의회의 의견을 들어야 한다. 이 경우, 지방의회는 기본계획의 수립권자가 기본계획을 통지한 날부터 60일 이내에 의견을 제시하여야 하며, 의견제시 없이 60일이 지난 경우 이의가 없는 것으로 본다(법 제6조 제2항).
③ ① 및 ②에도 불구하고 다음의 대통령령으로 정하는 경미한 사항을 변경하는 경우에는 주민공람과 지방의회의 의견청취절차를 거치지 아니할 수 있다(법 제6조 제3항).

기출 기본계획의 수립권자는 기본계획을 수립하려는 경우에는 14일 이상 주민에게 공람하여 의견을 들어야 한다.

참고 주민에게 공람하려는 때에는 미리 공람의 요지 및 장소를 해당 지방자치단체의 공보 및 인터넷에 공고하고, 공람장소에 관계서류를 갖추어 두어야 한다.

⊙ 정비기반시설의 규모를 확대하거나 그 면적을 10% 미만의 범위에서 축소하는 경우
⊙ 정비사업의 계획기간을 단축하는 경우
⊙ 공동이용시설에 대한 설치계획을 변경하는 경우
⊙ 사회복지시설 및 주민문화시설 등에 대한 설치계획을 변경하는 경우
⊙ 구체적으로 면적이 명시된 정비예정구역의 면적을 20% 미만의 범위에서 변경하는 경우
⊙ 단계별 정비사업추진계획을 변경하는 경우
⊙ 건폐율(「건축법」에 따른 건폐율을 말한다) 및 용적률(「건축법」에 따른 용적률을 말한다)을 각 20% 미만의 범위에서 변경하는 경우
⊙ 정비사업의 시행을 위하여 필요한 재원조달에 관한 사항을 변경하는 경우
⊙ 「국토의 계획 및 이용에 관한 법률」에 따른 도시·군기본계획의 변경에 따라 기본계획을 변경하는 경우

> 기출 📖
> 1. 기본계획의 내용 중 정비사업의 계획기간을 단축하는 경우에는 주민공람 절차를 거치지 아니할 수 있다. 제36회
> 2. 기본계획의 내용 중 공동이용시설에 대한 설치계획을 변경하는 경우에는 지방의회의 의견청취절차를 거치지 아니할 수 있다. 제36회

(2) 기본계획의 확정·고시 등

① 기본계획의 수립권자(대도시의 시장이 아닌 시장은 제외한다)는 기본계획을 수립하거나 변경하려면 관계 행정기관의 장과 협의한 후 「국토의 계획 및 이용에 관한 법률」에 따른 지방도시계획위원회의 심의를 거쳐야 한다. 다만, 대통령령으로 정하는 경미한 사항을 변경하는 경우에는 관계 행정기관의 장과의 협의 및 지방도시계획위원회의 심의를 거치지 아니한다(법 제7조 제1항).

② **대도시의 시장이 아닌 시장**은 기본계획을 수립하거나 변경하려면 **도지사의 승인**을 받아야 하며, 도지사가 이를 승인하려면 관계 행정기관의 장과 협의한 후 지방도시계획위원회의 심의를 거쳐야 한다. 다만, 관계 행정기관의 장과 협의 및 지방도시계획위원회의 심의를 거치지 아니할 수 있는 경미한 변경의 경우에는 도지사의 승인을 받지 아니할 수 있다(법 제7조 제2항).

③ 기본계획의 수립권자는 기본계획을 수립하거나 변경한 때에는 지체 없이 이를 해당 지방자치단체의 공보에 고시하고 일반인이 열람할 수 있도록 하여야 한다(법 제7조 제3항).

④ 기본계획의 수립권자는 기본계획을 고시한 때에는 국토교통부령으로 정하는 방법 및 절차에 따라 국토교통부장관에게 보고하여야 한다(법 제7조 제4항).

> 기출 📖 기본계획의 내용 중 공동이용시설에 대한 설치계획을 변경하는 경우에는 지방도시계획위원회의 심의를 거치지 않아도 된다.

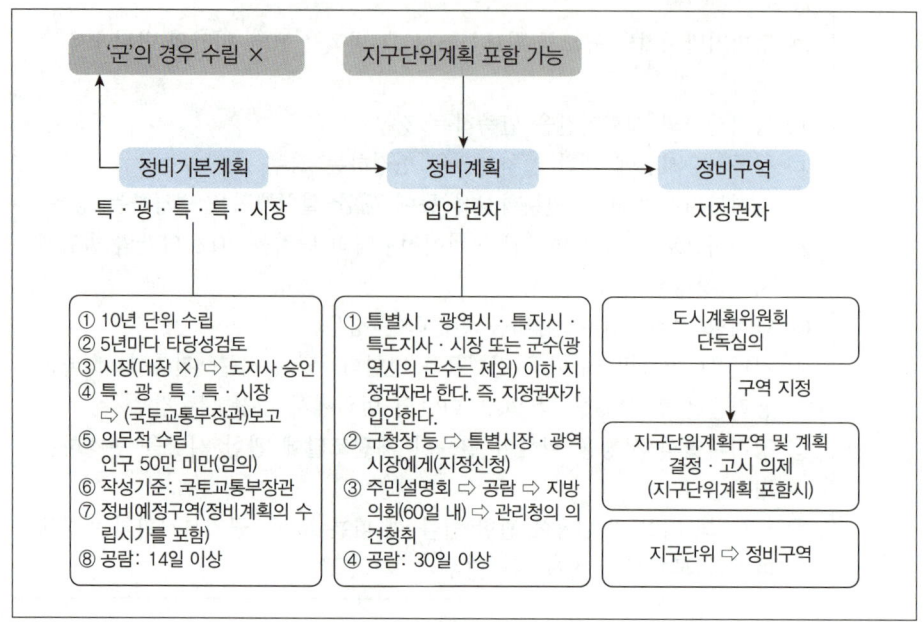

> **핵심** 계획 및 구역의 권한자

1. 정비기본계획: 특·광·특·특·시(특별시장·광역시장·특별자치시장·특별자치도지사·시장)

2. 정비계획: 입안권자

   > ① 구청장 등(구청장과 광역시의 군수) ⇨ 특별시장·광역시장에게 지정요청
   > ② 특별자치시장·특별자치도지사·시장·군수는 직접 수립하여 직접 지정한다. 즉, 특별자치시장·특별자치도지사·시장·군수·구청장 ⇨ 이하 '시장·군수 등'이라 하고, 이들이 정비계획을 수립하였기 때문에 대부분 권한자이다.

3. 정비구역: 특별시장·광역시장·특별자치시장·특별자치도지사·시장·군수
   ✔ 지정권자도 직접 입안하는 경우가 있다.

3 정비구역 지정을 위한 정비계획의 입안 제36회

1. 정비구역의 지정

(1) 지정권자

특별시장·광역시장·특별자치시장·특별자치도지사·시장 또는 군수(광역시의 군수는 제외하며, 이하 '정비구역의 지정권자'라 한다)는 기본계획에 적합한 범위에서 노후·불량건축물이 밀집하는 등 대통령령으로 정하는 요건에 해당하는 구역에 대하여 정비계획을 결정하여 정비구역을 지정(변경지정을 포함한다)할 수 있다(법 제8조 제1항).

(2) 기본계획의 수립 없이 지정

천재지변, 「재난 및 안전관리 기본법」 제27조 또는 「시설물의 안전 및 유지관리에 관한 특별법」에 따른 사용제한·사용금지, 그 밖의 불가피한 사유로 긴급하게 정비사업을 시행할 필요가 있다고 인정되는 정비사업을 시행하려는 경우에는 기본계획을 수립하거나 변경하지 아니하고 정비구역을 지정할 수 있다(법 제8조 제2항).

(3) 인접지역 포함

정비구역의 지정권자는 정비구역의 진입로 설치를 위하여 필요한 경우에는 진입로지역과 그 인접지역을 포함하여 정비구역을 지정할 수 있다(법 제8조 제3항).

(4) 정비계획의 입안과 지정

정비구역의 지정권자는 정비구역 지정을 위하여 직접 정비계획을 입안할 수 있다(법 제8조 제4항).

> **심화** 정비계획의 입안대상지역(별표 1)
>
> 1. 주거환경개선사업을 위한 정비계획은 다음의 어느 하나에 해당하는 지역에 대하여 입안한다.
>
>> ① 1985년 6월 30일 이전에 건축된 건축물로서, 법률 제3533호 특정건축물정리에 관한 특별조치법에 따른 무허가건축물 또는 위법시공 건축물과 노후·불량건축물이 밀집되어 있어 주거지로서의 기능을 다하지 못하거나 도시미관을 현저히 훼손하고 있는 지역
>> ② 「개발제한구역의 지정 및 관리에 관한 특별조치법」에 따른 개발제한구역으로서 그 구역 지정 이전에 건축된 노후·불량건축물의 수가 해당 정비구역의 건축물 수의 50% 이상인 지역
>> ③ 재개발사업을 위한 정비구역의 토지면적의 50% 이상의 소유자와 토지 또는 건축물을 소유하고 있는 자의 50% 이상이 각각 재개발사업의 시행을 원하지 않는 지역
>> ④ 철거민이 50세대 이상 규모로 정착한 지역이거나 인구가 과도하게 밀집되어 있고 기반시설의 정비가 불량하여 주거환경이 열악하고 그 개선이 시급한 지역
>> ⑤ 정비기반시설이 현저히 부족하여 재해발생시 피난 및 구조활동이 곤란한 지역

⑥ 건축대지로서 효용을 다할 수 없는 과소필지 등이 과다하게 분포된 지역으로서 건축행위제한 등으로 주거환경이 열악하여 그 개선이 시급한 지역
⑦ 「국토의 계획 및 이용에 관한 법률」에 따른 방재지구로서 주거환경 개선사업이 필요한 지역
⑧ 단독주택 및 다세대주택 등이 밀집한 지역으로서 주거환경의 보전·정비·개량이 필요한 지역
⑨ 법 제20조 및 제21조에 따라 해제된 정비구역 및 정비예정구역
⑩ 기존 단독주택 재건축사업 또는 재개발사업을 위한 정비구역 및 정비예정구역의 토지등소유자의 50% 이상이 주거환경개선사업으로의 전환에 동의하는 지역
⑪ 「도시재정비 촉진을 위한 특별법」에 따른 존치지역 및 재정비촉진지구가 해제된 지역

2. 재개발사업을 위한 정비계획은 노후·불량건축물(국토교통부령으로 정하는 무허가건축물을 포함한다. 이하 2.의 ② 및 4. 후단에서 같다)의 수가 전체 건축물(국토교통부령으로 정하는 무허가건축물을 포함한다. 이하 2.의 ② 및 4. 후단에서 같다)의 수의 60%(「도시재정비 촉진을 위한 특별법」 제5조에 따른 재정비촉진지구에서 재개발사업을 위한 정비계획을 입안하는 경우에는 50%로 하며, 재정비촉진지구 외의 지역의 경우에는 50% 이상 70% 이하의 범위에서 시·도조례로 증감할 수 있다) 이상인 지역으로서 다음의 어느 하나에 해당하는 지역에 대하여 입안한다. 이 경우 순환용주택을 건설하기 위하여 필요한 지역을 포함할 수 있다.

① 정비기반시설의 정비에 따라 토지가 대지로서의 효용을 다할 수 없게 되거나 과소토지로 되어 도시의 환경이 현저히 불량하게 될 우려가 있는 지역
② 노후·불량건축물의 연면적의 합계가 전체 건축물의 연면적의 합계의 60%(「도시재정비 촉진을 위한 특별법」 제5조에 따른 재정비촉진지구에서 재개발사업을 위한 정비계획을 입안하는 경우에는 50%로 하며, 재정비촉진지구 외의 지역의 경우에는 50% 이상 70% 이하의 범위에서 시·도조례로 증감할 수 있다) 이상이거나 건축물이 과도하게 밀집되어 있어 그 구역 안의 토지의 합리적인 이용과 가치의 증진을 도모하기 곤란한 지역
③ 인구·산업 등이 과도하게 집중되어 있어 도시기능의 회복을 위하여 토지의 합리적인 이용이 요청되는 지역

④ 해당 지역의 최저고도지구의 토지(정비기반시설용지를 제외한다)면적이 전체 토지면적의 50%를 초과하고, 그 최저고도에 미달하는 건축물이 해당 지역 건축물의 바닥면적합계의 3분의 2 이상인 지역
⑤ 공장의 매연·소음 등으로 인접지역에 보건위생상 위해를 초래할 우려가 있는 공업지역 또는 「산업집적활성화 및 공장설립에 관한 법률」에 따른 도시형 공장이나 공해 발생 정도가 낮은 업종으로 전환하려는 공업지역
⑥ 역세권 등 양호한 기반시설을 갖추고 있어 대중교통 이용이 용이한 지역으로서 「주택법」에 따라 토지의 고도이용과 건축물의 복합개발을 통한 주택 건설·공급이 필요한 지역
⑦ 「국토의 계획 및 이용에 관한 법률」 제37조 제1항 제4호에 따른 방재지구가 해당 지역 전체 토지면적의 2분의 1 이상인 지역
⑧ 「건축법」 제2조 제1항 제5호에 따른 지하층의 전부 또는 일부를 주거용도로 사용하는 건축물의 수가 해당 지역 전체 건축물의 수의 2분의 1 이상인 지역
⑨ 1.의 ④ 또는 ⑤에 해당하는 지역

3. 재건축사업을 위한 정비계획은 1. 및 2.에 해당하지 않는 지역으로서 다음의 어느 하나에 해당하는 지역에 대하여 입안한다.

① 건축물의 일부가 멸실되어 붕괴나 그 밖의 안전사고의 우려가 있는 지역
② 재해 등이 발생할 경우, 위해의 우려가 있어 신속히 정비사업을 추진할 필요가 있는 지역
③ 노후·불량건축물로서 기존 세대수가 200세대 이상이거나 그 부지면적이 1만m^2 이상인 지역
④ 셋 이상의 「건축법 시행령」 별표 1 제2호 가목에 따른 아파트 또는 같은 호 나목에 따른 연립주택이 밀집되어 있는 지역으로서, 법 제12조에 따른 재건축진단 실시 결과 전체 주택의 3분의 2 이상이 재건축이 필요하다는 판정을 받은 지역으로서 시·도조례로 정하는 면적 이상인 지역

4. 무허가건축물의 수, 노후·불량건축물의 수, 호수밀도, 토지의 형상 또는 주민의 소득수준 등 정비계획의 입안대상지역 요건은 필요한 경우 1.부터 3.까지에서 규정한 범위에서 시·도조례로 이를 따로 정할 수 있다.

5. 부지의 정형화, 효율적인 기반시설의 확보 등을 위하여 필요하다고 인정되는 경우에는 지방도시계획위원회의 심의를 거쳐 1.부터 3.까지의 규정에 해당하는 정비구역의 입안대상지역 면적의 100분의 120 이하의 범위에서 시·도조례로 정하는 바에 따라 1.부터 3.까지의 규정에 해당하지 않는 지역을 포함하여 정비계획을 입안할 수 있다.

> 6. 건축물의 상당수가 붕괴나 그 밖의 안전사고의 우려가 있거나 상습 침수, 홍수, 산사태, 해일, 토사 또는 제방 붕괴 등으로 재해가 생길 우려가 있는 지역에 대해서는 정비계획을 입안할 수 있다.

(5) 정비구역의 지정을 위한 정비계획의 입안요청 등

① 토지등소유자 또는 추진위원회는 다음의 어느 하나에 해당하는 경우에는 정비계획의 입안권자에게 정비구역의 지정을 위한 정비계획의 입안을 요청할 수 있다(법 제13조의2 제1항).

> ㉠ 기본계획을 수립하지 아니한 지역으로서 대통령령으로 정하는 경우
> ㉡ 단계별 정비사업 추진계획상 정비예정구역별 정비계획의 입안시기가 지났음에도 불구하고 정비계획이 입안되지 아니한 경우
> ㉢ 기본계획에 법 제5조 제1항 제9호 및 제10호에 따른 사항을 생략한 경우
> ㉣ 천재지변 등 대통령령으로 정하는 불가피한 사유로 긴급하게 정비사업을 시행할 필요가 있다고 판단되는 경우

② 정비계획의 입안권자는 ①의 요청이 있는 경우에는 요청일부터 4개월 이내에 정비계획의 입안 여부를 결정하여 토지등소유자 및 정비구역의 지정권자에게 알려야 한다. 다만, 정비계획의 입안권자는 정비계획의 입안 여부의 결정 기한을 2개월의 범위에서 한 차례만 연장할 수 있다(법 제13조의2 제2항).

③ 정비구역의 지정권자는 다음의 어느 하나에 해당하는 경우에는 토지이용, 주택건설 및 기반시설의 설치 등에 관한 기본방향(이하 '정비계획의 기본방향'이라 한다)을 작성하여 정비계획의 입안권자에게 제시하여야 한다(법 제13조의2 제3항).

> ㉠ 정비계획의 입안권자가 토지등소유자에게 정비계획을 입안하기로 통지한 경우
> ㉡ 단계별 정비사업 추진계획에 따라 정비계획의 입안권자가 요청하는 경우
> ㉢ 정비계획의 입안권자가 정비계획을 입안하기로 결정한 경우로서 대통령령으로 정하는 경우
> ㉣ 정비계획을 변경하는 경우로서 대통령령으로 정하는 경우

④ ①부터 ③까지에서 규정한 사항 외에 정비구역의 지정요청을 위한 요청서의 작성, 토지등소유자의 동의, 요청서의 처리 및 정비계획의 기본방향 작성을 위하여 필요한 사항은 대통령령으로 정한다(법 제13조의2 제4항).

(6) 정비계획의 입안제안

① 토지등소유자(㉢은 법 제26조 제1항 제1호 및 제27조 제1항 제1호에 따라 사업시행자가 되려는 자이다) 또는 추진위원회는 다음 어느 하나에 해당하는 경우, 정비계획의 입안권자에게 정비계획의 입안을 제안할 수 있다(법 제14조 제1항).

> ㉠ 단계별 정비사업추진계획상 정비예정구역별 정비계획의 입안시기가 지났음에도 불구하고 정비계획이 입안되지 아니하거나 정비예정구역별 정비계획의 수립시기를 정하고 있지 아니한 경우
> ㉡ 토지등소유자가 토지주택공사 등을 사업시행자로 지정요청하려는 경우
> ㉢ 대도시가 아닌 시 또는 군으로서 시·도조례로 정하는 경우
> ㉣ 정비사업을 통하여 공공지원 민간임대주택을 공급하거나 임대할 목적으로 주택을 주택임대관리업자에게 위탁하려는 경우로서 정비계획의 입안을 요청하려는 경우
> ㉤ 천재지변, 사용제한·사용금지, 그 밖의 불가피한 사유로 긴급하게 정비사업을 시행할 필요가 있다고 인정하는 정비사업을 시행하려는 경우
> ㉥ 토지등소유자(조합이 설립된 경우에는 조합원을 말한다)가 3분의 2 이상의 동의로 정비계획의 변경을 요청하는 경우. 다만, 경미한 사항을 변경하는 경우에는 토지등소유자의 동의절차를 거치지 아니한다.
> ㉦ 토지등소유자가 공공재개발사업 또는 공공재건축사업을 추진하려는 경우

② 정비계획 입안의 제안을 위한 토지등소유자의 동의, 제안서의 처리 등에 필요한 사항은 대통령령으로 정한다(법 제14조 제2항).

(7) 정비구역의 지정신청

자치구의 구청장 또는 광역시의 군수(이하 '구청장 등'이라 한다)는 정비계획을 입안하여 특별시장·광역시장에게 정비구역 지정을 신청하여야 한다. 이 경우, 지방의회의 의견을 첨부하여야 한다(법 제8조 제5항).

2. 정비계획의 내용

정비계획에는 다음의 사항이 포함되어야 한다(법 제9조 제1항).

> ① 정비사업의 명칭
> ② 정비구역 및 그 면적
> ③ 토지등소유자 유형별 분담금 추산액 및 산출근거
> ④ 도시·군계획시설의 설치에 관한 계획
> ⑤ 공동이용시설 설치계획

심화 정비계획의 입안제안

1. 토지등소유자가 정비계획의 입안권자에게 정비계획의 입안을 제안하려는 경우 토지등소유자의 3분의 2 이하 및 토지면적 3분의 2 이하의 범위에서 시·도조례로 정하는 비율 이상의 동의를 받은 후 시·도조례로 정하는 제안서 서식에 정비계획도서, 계획설명서, 그 밖의 필요한 서류를 첨부하여 정비계획의 입안권자에게 제출해야 한다.
2. 정비계획의 입안권자는 제안이 있는 경우에는 제안일부터 60일 이내에 정비계획에의 반영 여부를 제안자에게 통보하여야 한다. 다만, 부득이한 사정이 있는 경우에는 한 차례만 30일을 연장할 수 있다.
3. 정비계획의 입안권자는 제안을 정비계획에 반영하는 경우에는 제안서에 첨부된 정비계획도서와 계획설명서를 정비계획의 입안에 활용할 수 있다.

⑥ 건축물의 주용도·건폐율·용적률·높이에 관한 계획
⑦ 환경보전 및 재난방지에 관한 계획
⑧ 정비구역 주변의 교육환경보호에 관한 계획
⑨ **세입자주거대책**
⑩ 정비사업시행 예정시기
⑪ 정비사업을 통하여 **공공지원민간임대주택**을 공급하거나 주택임대관리업자에게 임대할 목적으로 주택을 위탁하려는 경우에는 다음의 사항. 다만, ⓒ과 ⓒ의 사항은 건설하는 주택 전체 세대수에서 공공지원민간임대주택 또는 임대할 목적으로 주택임대관리업자에게 위탁하려는 주택(이하 '임대관리위탁주택'이라 한다)이 차지하는 비율이 100분의 20 이상, 임대기간이 8년 이상의 범위 등에서 대통령령으로 정하는 요건에 해당하는 경우로 한정한다.
　㉠ 공공지원민간임대주택 또는 임대관리위탁주택에 관한 획지별 토지이용계획
　㉡ 주거·상업·업무 등의 기능을 결합하는 등 복합적인 토지이용을 증진시키기 위하여 필요한 건축물의 용도에 관한 계획
　㉢ 「국토의 계획 및 이용에 관한 법률」에 따른 주거지역을 세분 또는 변경하는 계획과 용적률에 관한 사항
　㉣ 그 밖에 공공지원민간임대주택 또는 임대관리위탁주택의 원활한 공급 등을 위하여 대통령령으로 정하는 사항
⑫ 「국토의 계획 및 이용에 관한 법률」의 지구단위계획에 관한 계획(필요한 경우로 한정한다)
⑬ 그 밖에 정비사업의 시행을 위하여 필요한 사항으로서 대통령령으로 정하는 사항

> 참고 사업시행자는 고시된 내용에 따라 주택을 건설하여야 한다.

3. 임대주택 및 주택 규모별 건설비율

정비계획의 입안권자는 주택수급의 안정과 저소득주민의 입주기회 확대를 위하여 정비사업으로 건설하는 주택에 대하여 다음의 구분에 따른 범위에서 국토교통부장관이 정하여 고시하는 임대주택 및 주택 규모별 건설비율 등을 정비계획에 반영하여야 한다(법 제10조 제1항).

① 「주택법」에 따른 국민주택규모의 주택(이하 '**국민주택규모 주택**'이라 한다)이 전체 세대수의 100분의 90 이하에서 대통령령으로 정하는 범위
② 임대주택(공공임대주택 및 「민간임대주택에 관한 특별법」에 따른 민간임대주택을 말한다. 이하 같다)이 전체 세대수 또는 전체 연면적의 100분의 30 이하에서 대통령령으로 정하는 범위

> **예제**
>
> 도시 및 주거환경정비법령상 임대주택 및 주택규모별 건설비율에 관한 규정의 일부이다. ( )에 들어갈 숫자를 순서대로 나열하시오. 제35회 변형
>
> - 「주택법」에 따른 국민주택규모의 주택이 전체 세대수의 100분의 (㉠) 이하에서 대통령령으로 정하는 범위
> - 공공임대주택 및 「민간임대주택에 관한 특별법」에 따른 민간임대주택이 전체 세대수 또는 전체 연면적의 100분의 (㉡) 이하에서 대통령령으로 정하는 범위
>
> 정답 ㉠ 90, ㉡ 30

심화 주택의 규모 및 건설비율(영 제9조)

1. 주거환경개선사업의 경우
   ① 국민주택규모의 주택: 건설하는 주택 전체 세대수의 100분의 90 이하
   ② 공공임대주택: 건설하는 주택 전체 세대수의 100분의 30 이하로 하며, 주거전용면적이 $40m^2$ 이하인 공공임대주택이 전체 공공임대주택 세대수의 100분의 50 이하
2. 재개발사업의 경우
   ① 국민주택규모의 주택: 건설하는 주택 전체 세대수의 100분의 80 이하
   ② 임대주택: 건설하는 주택 전체 세대수 또는 전체 연면적(정비계획으로 정한 용적률을 초과하여 건축함으로써 증가된 세대수 또는 면적은 제외한다. 이하 같다)의 100분의 20 이하(임대주택은 제외하며, 해당 임대주택 중 주거전용면적이 $40m^2$ 이하인 임대주택이 전체 임대주택 세대수의 100분의 40 이하여야 한다). 다만, 특별시장·광역시장·특별자치시장·특별자치도지사·시장·군수 또는 자치구의 구청장이 정비계획을 입안할 때 관할구역에서 시행된 재개발사업에서 건설하는 주택 전체 세대수에서 별표 3 제2호 가목 1)에 해당하는 세입자가 입주하는 임대주택 세대수가 차지하는 비율이 특별시장·광역시장·특별자치시장·도지사·특별자치도지사가 정하여 고시하는 임대주택비율보다 높은 경우 등 관할구역의 특성상 주택 수급안정이 필요한 경우에는 다음 계산식에 따라 산정한 임대주택 비율 이하의 범위에서 임대주택 비율을 높일 수 있다.

   $$\text{해당 시·도지사가 고시한 임대주택 비율} + (\text{건설하는 주택 전체 세대수} \times \frac{10}{100})$$

3. 재건축사업의 경우: 국민주택규모의 주택이 건설하는 주택 전체 세대수의 100분의 60 이하

4. 정비계획의 입안절차

(1) 주민 의견청취

정비계획의 입안권자는 정비계획을 입안하거나 변경하려면 주민에게 서면으로 통보한 후 주민설명회 및 30일 이상 주민에게 공람하여 의견을 들어야 하며, 제시된 의견이 타당하다고 인정되면 이를 정비계획에 반영하여야 한다(법 제15조 제1항).

(2) 지방의회의 의견청취

정비계획의 입안권자는 주민공람과 함께 지방의회의 의견을 들어야 한다. 이 경우, 지방의회는 정비계획의 입안권자가 정비계획을 통지한 날부터 60일 이내에 의견을 제시하여야 하며, 의견제시 없이 60일이 지난 경우 이의가 없는 것으로 본다(법 제15조 제2항).

(3) 의견청취의 생략

대통령령으로 정하는 경미한 사항을 변경하는 경우에는 주민에 대한 서면통보, 주민설명회, 주민공람 및 지방의회의 의견청취절차를 거치지 아니할 수 있다(법 제15조 제3항).

(4) 관리청의 의견청취

정비계획의 입안권자는 정비기반시설 및 국유·공유재산의 귀속 및 처분에 관한 사항이 포함된 정비계획을 입안하려면 미리 해당 정비기반시설 및 국유·공유재산의 관리청의 의견을 들어야 한다(법 제15조 제4항).

5. 기본계획 및 정비계획 수립시 용적률 완화

(1) 완화 범위

기본계획의 수립권자 또는 정비계획의 입안권자는 정비사업의 원활한 시행을 위하여 기본계획을 수립하거나 정비계획을 입안하려는 경우(기본계획 또는 정비계획을 변경하려는 경우에도 같다)에는 「국토의 계획 및 이용에 관한 법률」에 따른 주거지역에 대하여는 조례로 정한 용적률에도 불구하고 관계 법률에 따른 용적률의 상한까지 용적률을 정할 수 있다(법 제11조 제1항).

(2) 기부채납 요구금지

기본계획의 수립권자 또는 정비계획의 입안권자는 천재지변, 그 밖의 불가피한 사유로 건축물이 붕괴할 우려가 있어 긴급히 정비사업을 시행할 필요가 있다고 인정하는 경우에는 용도지역의 변경을 통해 용적률을 완화하여

참고 공람기간
1. 대부분의 공람기간은 14일 이상이다.
2. 정비계획과 관리처분계획의 의견청취시 공람기간은 30일 이상이다.

기출
1. 정비구역의 지정권자는 정비구역을 직권으로 해제하려는 경우 30일 이상 주민에게 공람하여 의견을 들어야 한다. 제36회
2. '관계 중앙행정기관의 장의 의견'은 시장·군수가 정비구역 지정을 위하여 직접 정비계획을 입안하는 경우 조사·확인하여야 하는 사항으로 명시되어 있지 않다.

기본계획을 수립하거나 정비계획을 입안할 수 있다. 이 경우, 기본계획의 수립권자, 정비계획의 입안권자 및 정비구역의 지정권자는 용도지역의 변경을 이유로 기부채납을 요구하여서는 아니 된다(법 제11조 제2항).

(3) 기본계획의 변경요청

구청장 등 또는 대도시의 시장이 아닌 시장은 (1)에 따라 정비계획을 입안하거나 변경입안하려는 경우, 기본계획의 변경 또는 변경승인을 특별시장·광역시장·도지사에게 요청할 수 있다(법 제11조 제3항).

6. 재건축사업을 위한 재건축진단

(1) 재건축진단권자

시장·군수 등은 정비예정구역별 정비계획의 수립시기가 도래한 때부터 사업시행계획인가 전까지 재건축진단을 실시하여야 한다(법 제12조 제1항).

(2) 재건축진단의 사유

시장·군수 등은 (1)에도 불구하고 다음의 어느 하나에 해당하는 경우에는 재건축진단을 실시하여야 한다. 이 경우 시장·군수 등은 재건축진단에 드는 비용을 해당 재건축진단의 실시를 요청하는 자에게 부담하게 할 수 있다(법 제12조 제2항).

> ① 정비계획의 입안을 요청하려는 자가 입안을 요청하기 전에 해당 정비예정구역 또는 사업예정구역에 위치한 건축물 및 그 부속토지의 소유자 10분의 1 이상의 동의를 받아 재건축진단의 실시를 요청하는 경우
> ② 정비계획의 입안을 제안하려는 자가 입안을 제안하기 전에 해당 정비예정구역에 위치한 건축물 및 그 부속토지의 소유자 10분의 1 이상의 동의를 받아 재건축진단의 실시를 요청하는 경우
> ③ 정비예정구역을 지정하지 아니한 지역에서 재건축사업을 하려는 자가 사업예정구역에 있는 건축물 및 그 부속토지의 소유자 10분의 1 이상의 동의를 받아 재건축진단의 실시를 요청하는 경우
> ④ 건축물(내진성능이 확보되지 않은)의 소유자로서 재건축사업을 시행하려는 자가 해당 사업예정구역에 위치한 건축물 및 그 부속토지의 소유자 10분의 1 이상의 동의를 받아 재건축진단의 실시를 요청하는 경우
> ⑤ 정비계획을 입안하여 주민에게 공람한 지역 또는 정비구역으로 지정된 지역에서 재건축사업을 시행하려는 자가 해당 구역에 위치한 건축물 및 그 부속토지의 소유자 10분의 1 이상의 동의를 받아 재건축진단의 실시를 요청하는 경우

참고 재건축진단
1. 대상: 재건축사업시 주택단지(연접단지 포함) 내 '건축물'
2. 의무자: 시장·군수 등
3. 신청: 시장·군수 등에게
4. 재건축진단 여부의 통보: 30일 이내에
5. 결정권자: 시장·군수 등
6. 재건축진단 제외: 붕괴, 사용 금지, 잔여건축물, 기반시설 위 건축물, 「시설물의 안전 및 유지관리에 관한 특별법」에서 D 또는 E 등급을 받은 건축물

기출
1. 정비계획의 입안을 제안하려는 자가 입안을 제안하기 전에 해당 정비예정구역에 위치한 건축물 및 그 부속토지의 소유자 10분의 1 이상의 동의를 받아 재건축진단의 실시를 요청하는 경우에는 재건축진단을 실시하여야 한다.
2. 「국토안전관리원법」에 따른 국토안전관리원은 재건축사업의 재건축진단을 할 수 있다.

> ⑥ 시장·군수 등의 승인을 받은 조합설립추진위원회 또는 사업시행자가 재건축진단의 실시를 요청하는 경우

(3) 재건축진단의 대상

재건축사업의 재건축진단은 주택단지(연접한 단지를 포함)의 건축물을 대상으로 한다. 다만, 대통령령으로 정하는 주택단지의 건축물인 경우에는 재건축진단 대상에서 제외할 수 있다(법 제12조 제3항).

> ① 시장·군수 등이 천재지변 등으로 **주택이 붕괴되어** 신속히 재건축을 추진할 필요가 있다고 인정하는 것
> ② 주택의 구조안전상 **사용금지가 필요**하다고 시장·군수 등이 인정하는 것
> ③ 노후·불량건축물 수에 관한 기준을 충족한 경우, 잔여 **건축물**
> ④ 시장·군수 등이 진입도로 등 기반시설 설치를 위하여 불가피하게 정비구역에 포함된 것으로 인정하는 건축물
> ⑤ 「시설물의 안전 및 유지관리에 관한 특별법」의 시설물로서 지정받은 안전등급이 D(미흡) 또는 E(불량)인 건축물

(4) 재건축진단의 의뢰

시장·군수 등은 대통령령으로 정하는 재건축진단기관에 의뢰하여 주거환경 적합성, 해당 건축물의 구조안전성, 건축마감, 설비노후도 등에 관한 재건축진단을 실시하여야 한다(법 제12조 제4항).

> ① 한국건설기술연구원
> ② 「시설물의 안전 및 유지관리에 관한 특별법」에 따른 재건축진단전문기관
> ③ 「국토안전관리원법」에 따른 국토안전관리원

(5) 재건축진단의 실시

재건축진단을 의뢰받은 재건축진단기관은 국토교통부장관이 정하여 고시하는 기준(건축물의 내진성능 확보를 위한 비용을 포함)에 따라 재건축진단을 실시하여야 하며, 국토교통부령으로 정하는 방법 및 절차에 따라 재건축진단 결과보고서를 작성하여 시장·군수 등 및 (2)에 따라 재건축진단의 실시를 요청한 자에게 제출하여야 한다(법 제12조 제5항).

(6) 재건축진단의 결정

시장·군수 등은 재건축진단의 결과와 도시계획 및 지역여건 등을 종합적으로 검토하여 사업시행계획인가 여부(시기 조정을 포함)를 결정하여야 한다. 재건축진단의 대상·기준·실시기관·지정절차·수수료 및 결과에 대한 조치 등에 필요한 사항은 대통령령으로 정한다(법 제12조 제6항·제7항).

(7) 재건축진단 결과의 적정성 검토

① 시장·군수 등[특별자치시장 및 특별자치도지사는 제외. 이하 (7)에서 같다]은 재건축진단 결과보고서를 제출받은 경우에는 지체 없이 특별시장·광역시장·도지사에게 결정내용과 해당 재건축진단결과보고서를 제출하여야 한다(법 제13조 제1항).

② 특별시장·광역시장·특별자치시장·도지사·특별자치도지사(이하 '시·도지사')는 필요한 경우 「국토안전관리원법」에 따른 국토안전관리원 또는 「과학기술분야 정부출연연구기관 등의 설립·운영 및 육성에 관한 법률」에 따른 한국건설기술연구원에 재건축진단 결과의 적정성에 대한 검토를 의뢰할 수 있다(법 제13조 제2항).

③ 국토교통부장관은 시·도지사에게 재건축진단결과보고서의 제출을 요청할 수 있으며, 필요한 경우 시·도지사에게 재건축진단 결과의 적정성에 대한 검토를 요청할 수 있다(법 제13조 제3항).

④ 특별시장·광역시장·도지사는 검토결과에 따라 필요한 경우 시장·군수 등에게 재건축진단에 대한 시정요구 등 대통령령으로 정하는 조치를 요청할 수 있으며, 시장·군수 등은 특별한 사유가 없으면 그 요청에 따라야 한다(법 제13조 제4항).

4 정비구역

1. 정비계획의 결정 및 정비구역의 지정·고시

(1) 심의

정비구역의 지정권자는 정비구역을 지정하거나 변경지정하려면 지방도시계획위원회의 심의를 거쳐야 한다. 다만, 경미한 사항을 변경하는 경우에는 지방도시계획위원회의 심의를 거치지 아니할 수 있다(법 제16조 제1항).

비교 ➡ 지구단위계획 포함
1. 「도시개발법」: 실시계획에 포함
2. 「도시 및 주거환경정비법」: 정비계획에 포함

(2) 고시

정비구역의 지정권자는 정비구역을 지정(변경지정을 포함한다)하거나 정비계획을 결정(변경결정을 포함한다)한 때에는 정비계획을 포함한 정비구역 지정의 내용을 해당 지방자치단체의 공보에 고시해야 한다. 이 경우, 지형도면 고시 등에 대하여는 「토지이용규제 기본법」 제8조에 따른다(법 제16조 제2항).

(3) 보고 및 열람

정비구역의 지정권자는 정비계획을 포함한 정비구역을 지정·고시한 때에는 국토교통부령으로 정하는 방법 및 절차에 따라 국토교통부장관에게 그 지정의 내용을 보고하여야 하며, 관계서류를 일반인이 열람할 수 있도록 하여야 한다(법 제16조 제3항).

2. 정비구역의 지정·고시의 효력 등

(1) 지구단위계획구역 및 지구단위계획으로 결정·고시 의제

정비구역의 지정·고시가 있는 경우, 해당 정비구역 및 정비계획 중 「국토의 계획 및 이용에 관한 법률」에 해당하는 사항은 지구단위계획구역 및 지구단위계획으로 결정·고시된 것으로 본다(법 제17조 제1항).

(2) 정비구역으로 지정·고시 의제

「국토의 계획 및 이용에 관한 법률」에 따른 지구단위계획구역에 대하여 정비계획의 내용을 모두 포함한 지구단위계획을 결정·고시(변경결정·고시하는 경우를 포함한다)하는 경우, 해당 지구단위계획구역은 정비구역으로 지정·고시된 것으로 본다(법 제17조 제2항).

(3) 건폐율과 용적률의 완화 등

정비계획을 통한 토지의 효율적 활용을 위하여 건폐율·용적률 등의 완화규정은 정비계획에 준용한다. 이 경우 '지구단위계획구역'은 '정비구역'으로, '지구단위계획'은 '정비계획'으로 본다. 다만, 용적률이 완화되는 경우로서 사업시행자가 정비구역에 있는 대지의 가액 일부에 해당하는 금액을 현금으로 납부한 경우에는 대통령령으로 정하는 공공시설 또는 기반시설(이하 '공공시설 등'이라 한다)의 부지를 제공하거나 공공시설 등을 설치하여 제공한 것으로 본다. 현금납부 및 부과방법 등에 필요한 사항은 대통령령으로 정한다(법 제17조 제3항·제4항·제5항).

(4) 주거환경개선구역의 지정효과

① 주거환경개선구역은 해당 정비구역의 지정·고시가 있는 날부터 주거지역을 세분하여 정하는 지역 중 다음의 지역으로 결정·고시된 것으로 본다(법 제69조 제1항).

> ③ 주거환경개선사업이 스스로 주택 보전·정비·개량하는 방법 또는 환지방법으로 시행되는 경우: 제2종 일반주거지역
> ⓒ 주거환경개선사업이 수용방식 또는 관리처분방법으로 시행되는 경우: 제3종 일반주거지역. 다만, 공공지원민간**임대주택** 또는 「공공주택 특별법」에 따른 공공건설임대주택을 **200세대** 이상 공급하려는 경우로서 해당 임대주택의 건설지역을 포함하여 정비계획에서 따로 정하는 구역은 준주거지역으로 한다.

② 다만, 다음의 어느 하나에 해당하는 경우에는 그러하지 아니하다(법 제69조 제1항 단서).

> ③ 해당 정비구역이 「개발제한구역의 지정 및 관리에 관한 특별조치법」에 따라 결정된 **개발제한구역**인 경우
> ⓒ 시장·군수 등이 주거환경개선사업을 위하여 필요하다고 인정하여 해당 정비구역의 일부분을 종전 용도지역으로 그대로 유지하거나 동일면적의 범위에서 위치를 변경하는 내용으로 정비계획을 수립한 경우
> ⓒ 시장·군수 등이 법 제9조 제1항 제10호 다목(주거지역을 세분 또는 변경하는 계획과 용적률에 관한 사항)의 사항을 포함하는 정비계획을 수립한 경우

> **참고 지정효과**
> 1. 스스로개량방식·환지방식: 제2종 일반주거지역 의제
> 2. 수용방식·관리처분방식: 제3종 일반주거지역 의제
> ✓ 임대주택을 200세대 이상 건설하는 경우에는 '준주거지역' 의제

3. 정비구역의 분할·통합·결합

정비구역의 지정권자는 정비사업의 효율적인 추진 또는 도시의 경관보호를 위하여 필요하다고 인정하는 경우에는 다음의 방법에 따라 정비구역을 지정할 수 있다(법 제18조 제1항).

> ① 하나의 정비구역을 둘 이상의 정비구역으로 분할
> ② 서로 연접한 정비구역을 하나의 정비구역으로 통합
> ③ 서로 연접하지 아니한 둘 이상의 구역(법 제8조 제1항에 따라 대통령령으로 정하는 요건에 해당하는 구역으로 한정한다) 또는 정비구역을 하나의 정비구역으로 결합

4. 정비구역에서의 개발행위제한 등

(1) 개발행위 허가대상

정비구역에서 다음의 어느 하나에 해당하는 행위를 하려는 자는 시장·군수 등의 허가를 받아야 한다. 허가받은 사항을 변경하려는 때에도 또한 같다(법 제19조 제1항, 영 제15조 제1항).

> ① 건축물의 건축 등: 「건축법」에 따른 건축물(가설건축물을 포함한다)의 **건축, 용도변경**
> ② 공작물의 설치: 인공을 가하여 제작한 시설물(「건축법」에 따른 건축물을 제외한다)의 설치
> ③ 토지의 형질변경: 절토(땅깎기)·성토(흙쌓기)·정지(땅고르기)·포장 등의 방법으로 토지의 형상을 변경하는 행위, 토지의 굴착 또는 공유수면의 매립
> ④ 토석의 채취: 흙·모래·자갈·바위 등의 토석을 채취하는 행위. 다만, 토지의 형질변경을 목적으로 하는 것은 ③에 따른다.
> ⑤ 토지분할
> ⑥ 물건을 쌓아놓는 행위: 이동이 쉽지 아니한 물건을 **1개월 이상 쌓아놓는 행위**
> ⑦ 죽목의 벌채 및 식재

(2) 허가 예외

다음 어느 하나에 해당하는 행위는 허가를 받지 아니하고 할 수 있다(법 제19조 제2항, 영 제15조 제2항).

> ① 재해복구 또는 재난수습에 필요한 응급조치를 위한 행위
> ② 기존 건축물의 붕괴 등 안전사고의 우려가 있는 경우, 해당 건축물에 대한 안전조치를 위한 행위
> ③ 그 밖에 대통령령으로 정하는 행위
>   ㉠ 농림수산물의 생산에 직접 이용되는 것으로서 국토교통부령으로 정하는 간이공작물의 설치
>   ㉡ 경작을 위한 토지의 형질변경
>   ㉢ 정비구역의 개발에 지장을 주지 아니하고 자연경관을 손상하지 아니하는 범위에서의 토석의 채취
>   ㉣ 정비구역에 존치하기로 결정된 대지에 물건을 쌓아놓는 행위
>   ㉤ 관상용 죽목의 임시식재(경작지에서의 임시식재는 제외한다)

비교 ⇨ 대수선 허가대상
1. 도시개발구역: ○
2. 정비구역: ✕

기출
1. 정비구역에서 이동이 쉽지 않은 물건을 14일 동안 쌓아두기 위해서는 시장·군수 등의 허가를 받지 않는다.
2. 정비구역 안에서 경작지에서의 관상용 죽목의 임시식재는 시장·군수 등의 허가를 받아야 한다.

(3) 기득권보호

허가를 받아야 하는 행위로서 정비구역의 지정 및 고시 당시 이미 관계 법령에 따라 행위허가를 받았거나 허가를 받을 필요가 없는 행위에 관하여 그 공사 또는 사업에 착수한 자는 대통령령으로 정하는 바(정비구역이 지정·고시된 날부터 30일 이내에 그 공사 또는 사업의 진행상황과 시행계획을 첨부하여 관할 시장·군수 등에게 신고)에 따라 시장·군수 등에게 신고한 후 이를 계속시행할 수 있다(법 제19조 제3항, 영 제15조 제4항).

> **참고 기득권보호**
> 1. 원칙: 이미 착수한 자는 계속 가능하다.
> 2. 예외: 개발구역, 정비구역 지정 당시 이미 착수한 자는 30일 내 신고하고 계속 가능하다.

(4) 원상회복명령

시장·군수 등은 허가를 위반한 자에게 원상회복을 명할 수 있다. 이 경우, 명령을 받은 자가 그 의무를 이행하지 아니하는 때에는 시장·군수 등은 「행정대집행법」에 따라 대집행할 수 있다(법 제19조 제4항).

(5) 「국토의 계획 및 이용에 관한 법률」의 준용

허가에 관하여 이 법에 규정된 사항을 제외하고는 「국토의 계획 및 이용에 관한 법률」을 준용한다(법 제19조 제5항).

(6) 개발행위허가 의제

허가를 받은 경우에는 「국토의 계획 및 이용에 관한 법률」에 따라 개발행위허가를 받은 것으로 본다(법 제19조 제6항).

(7) 개발행위제한

국토교통부장관, 시·도지사, 시장, 군수 또는 구청장(자치구의 구청장)은 비경제적인 건축행위 및 투기 수요의 유입을 막기 위하여 기본계획을 공람 중인 정비예정구역 또는 정비계획을 수립 중인 지역에 대하여 3년 이내의 기간(1년의 범위에서 한 차례만 연장할 수 있다)을 정하여 대통령령으로 정하는 방법과 절차에 따라 다음 행위를 제한할 수 있다(법 제19조 제7항).

> ① 건축물의 건축
> ② 토지의 분할
> ③ 「건축법」에 따른 건축물대장 중 일반건축물대장을 집합건축물대장으로 전환
> ④ 「건축법」에 따른 건축물대장 중 집합건축물대장의 전유부분 분할

(8) 지역주택조합원 모집금지

정비예정구역 또는 정비구역(이하 '정비구역 등'이라 한다)에서는 「주택법」에 따른 지역주택조합의 조합원을 모집해서는 아니 된다(법 제19조 제8항).

기출 정비구역에서는 「주택법」에 따른 지역주택조합의 조합원을 모집해서는 아니 된다. 제36회

5. 정비구역 등의 해제

(1) 지정권자의 필수적 해제

정비구역의 지정권자는 다음의 어느 하나에 해당하는 경우에는 정비구역 등을 해제하여야 한다(법 제20조 제1항).

> ① 정비예정구역에 대하여 기본계획에서 정한 정비구역 지정예정일부터 3년이 되는 날까지 특별자치시장, 특별자치도지사, 시장 또는 군수가 정비구역을 지정하지 아니하거나 구청장 등이 정비구역의 지정을 신청하지 아니하는 경우
> ② 재개발사업·재건축사업[법 제35조에 따른 조합(이하 '조합'이라 한다)이 시행하는 경우로 한정한다]이 다음의 어느 하나에 해당하는 경우
>   ㉠ 토지등소유자가 정비구역으로 지정·고시된 날부터 2년이 되는 날까지 조합설립추진위원회(이하 '추진위원회'라 한다)의 승인을 신청하지 아니하는 경우
>   ㉡ 토지등소유자가 정비구역으로 지정·고시된 날부터 3년이 되는 날까지 조합설립인가를 신청하지 아니하는 경우(추진위원회를 구성하지 아니하는 경우로 한정한다)
>   ㉢ 추진위원회가 추진위원회 승인일부터 2년이 되는 날까지 조합설립인가를 신청하지 아니하는 경우
>   ㉣ 조합이 조합설립인가를 받은 날부터 3년이 되는 날까지 사업시행계획인가를 신청하지 아니하는 경우
> ③ 토지등소유자가 시행하는 재개발사업으로서 토지등소유자가 정비구역으로 지정·고시된 날부터 5년이 되는 날까지 사업시행계획 인가를 신청하지 아니하는 경우

(2) 구청장 등의 필수적 해제요청

구청장 등은 (1)의 어느 하나에 해당하는 경우에는 특별시장·광역시장에게 정비구역 등의 해제를 요청해야 한다(법 제20조 제2항).

(3) 주민 의견청취

특별자치시장, 특별자치도지사, 시장, 군수 또는 구청장 등이 다음의 어느 하나에 해당하는 경우에는 30일 이상 주민에게 공람하여 의견을 들어야 한다(법 제20조 제3항).

> ① 정비구역 등을 해제하는 경우
> ② 정비구역 등의 해제를 요청하는 경우

(4) 지방의회의 의견청취

특별자치시장, 특별자치도지사, 시장, 군수 또는 구청장 등은 주민공람을 하는 경우에는 지방의회의 의견을 들어야 한다. 이 경우, 지방의회는 특별자치시장, 특별자치도지사, 시장, 군수 또는 구청장 등이 정비구역 등의 해제에 관한 계획을 통지한 날부터 60일 이내에 의견을 제시하여야 하며, 의견제시 없이 60일이 지난 경우 이의가 없는 것으로 본다(법 제20조 제4항).

(5) 심의

정비구역의 지정권자는 정비구역 등의 해제를 요청받거나 정비구역 등을 해제하려면 지방도시계획위원회의 심의를 거쳐야 한다. 다만, 재정비촉진지구에서는 도시재정비위원회의 심의를 거쳐 정비구역 등을 해제하여야 한다(법 제20조 제5항).

(6) 해제기간의 연장

정비구역의 지정권자는 다음에 해당하는 경우에는 해제규정에 따른 기간을 2년의 범위에서 연장하여 정비구역 등을 해제하지 아니할 수 있다(법 제20조 제6항).

> ① 정비구역 등의 토지등소유자(조합을 설립한 경우에는 조합원을 말한다)가 100분의 30 이상의 동의로 해당 기간이 도래하기 전까지 연장을 요청하는 경우
> ② 정비사업의 추진상황으로 보아 주거환경의 계획적 정비 등을 위하여 정비구역 등의 존치가 필요하다고 인정하는 경우

(7) 고시·통보 및 열람

정비구역의 지정권자는 정비구역 등을 해제하는 경우에는 그 사실을 해당 지방자치단체의 공보에 고시하고 국토교통부장관에게 통보하여야 하며, 관계서류를 일반인이 열람할 수 있도록 하여야 한다(법 제20조 제7항).

6. 정비구역 등의 직권해제

(1) 임의적 해제

정비구역의 지정권자는 다음의 어느 하나에 해당하는 경우에는 지방도시계획위원회의 심의를 거쳐 정비구역 등을 해제할 수 있다. 이 경우, ① 및 ②에 따른 구체적인 기준 등에 필요한 사항은 시·도조례로 정한다(법 제21조 제1항).

> ① 정비사업의 시행으로 토지등소유자에게 **과도한 부담**이 발생할 것으로 예상되는 경우
> ② 정비구역 등의 추진상황으로 보아 지정목적을 달성할 수 **없다고** 인정되는 경우
> ③ 토지등소유자의 **100분의 30 이상**이 정비구역 등(추진위원회가 구성되지 아니한 구역으로 한정한다)의 **해제를 요청**하는 경우
> ④ 법 제23조 제1항 제1호(스스로개량방식)에 따른 방법으로 시행 중인 주거환경개선사업의 정비구역이 지정·고시된 날부터 10년 이상 지나고, 추진상황으로 보아 지정목적을 달성할 수 없다고 인정되는 경우로서, 토지등소유자의 **과반수**가 정비구역의 **해제에 동의**하는 경우
> ⑤ 추진위원회 구성 또는 조합설립에 동의한 토지등소유자의 2분의 1 이상 3분의 2 이하의 범위에서 시·도조례로 정하는 비율 이상의 동의로 정비구역의 해제를 요청하는 경우(사업시행계획 인가를 신청하지 아니한 경우로 한정한다)
> ⑥ 추진위원회가 구성되거나 조합이 설립된 정비구역에서 토지등소유자 과반수의 동의로 정비구역의 해제를 요청하는 경우(사업시행계획 인가를 신청하지 아니한 경우로 한정한다)

(2) 비용지원

정비구역 등을 해제하여 추진위원회구성승인 또는 조합설립인가가 취소되는 경우, 정비구역의 지정권자는 해당 추진위원회 또는 조합이 사용한 비용의 일부를 대통령령으로 정하는 범위에서 시·도조례로 정하는 바에 따라 보조할 수 있다(법 제21조 제3항).

(3) 도시재생선도지역 지정요청

정비구역 등이 해제된 경우, 정비구역의 지정권자는 해제된 정비구역 등을 「도시재생 활성화 및 지원에 관한 특별법」에 따른 도시재생선도지역으로 지정하도록 국토교통부장관에게 요청할 수 있다(법 제21조의2).

7. 정비구역 등의 해제의 효력

(1) 해제의 효과

정비구역 등이 해제된 경우에는 정비계획으로 변경된 용도지역, 정비기반시설 등은 정비구역 지정 이전의 상태로 환원된 것으로 본다. 다만, 법 제21조 제1항 제4호의 경우(스스로개량방식에 따른 방법으로 시행 중인 주거환경개선사업의 정비구역이 지정·고시된 날부터 10년 이상 지나고, 추진상황으로 보아 지정목적을 달성할 수 없다고 인정되는 경우로서, 토지등소유자의 과반수가 정비구역의 해제에 동의하는 경우), 정비구역의 지정권

핵심 해제의 효과
1. 종전 용도로 환원된다.
2. 정비구역 등(재개발사업 및 재건축사업 한정)이 해제된 경우, 지정권자는 해제된 정비구역 등을 '스스로개량방식'의 방법으로 시행하는 주거환경개선구역으로 지정할 수 있다.
3. 추진위원회구성승인 또는 조합설립인가는 취소간주 한다.
✔ 지정권자는 해제된 정비구역 등을 '도시재생선도지역'으로 지정하도록 국토교통부장관에게 요청할 수 있다.

자는 정비기반시설의 설치 등 해당 정비사업의 추진상황에 따라 환원되는 범위를 제한할 수 있다(법 제22조 제1항).

(2) 주거환경개선구역으로의 의제

정비구역 등(재개발사업 및 재건축사업을 시행하려는 경우로 한정한다)이 해제된 경우, 정비구역의 지정권자는 해제된 정비구역 등을 '스스로개량방식'의 방법으로 시행하는 주거환경개선구역으로 지정할 수 있다. 이 경우, 주거환경개선구역으로 지정된 구역은 기본계획에 반영된 것으로 본다(법 제22조 제2항).

(3) 추진위원회구성승인 및 조합설립인가의 취소 의제

정비구역 등이 해제·고시된 경우, 추진위원회구성승인 또는 조합설립인가는 취소된 것으로 보고, 시장·군수 등은 해당 지방자치단체의 공보에 그 내용을 고시하여야 한다(법 제22조 제3항).

제3장 정비사업의 시행

회독 Check 1회 2회 3회

이 장은 출제 비중이 가장 높으며, 특히 조합은 매년 출제되고 있으므로 조합의 구성과 동의요건, 대의원회 부분을 꼼꼼히 정리하여야 한다. 또한 3가지 정비사업의 시행자와 시행방식을 구분하고, 특례 규정 위주로 학습하여야 한다.

1 정비사업의 시행방법(법 제23조) 제34회

주거환경 개선사업	주거환경개선사업은 다음의 어느 하나에 해당하는 방법 또는 이를 혼용하는 방법으로 한다. ① 사업시행자가 정비구역에서 정비기반시설 및 공동이용시설을 새로 설치하거나 확대하고 토지등소유자가 스스로 주택을 보전·정비하거나 개량하는 방법(스스로개량방식) ② 사업시행자가 정비구역의 전부 또는 일부를 수용하여 주택을 건설한 후 토지등소유자에게 우선공급하거나 대지를 토지등소유자 또는 토지등소유자 외의 자에게 공급하는 방법(수용방식) ③ 사업시행자가 환지로 공급하는 방법(환지방식) ④ 사업시행자가 정비구역에서 인가받은 관리처분계획에 따라 주택 및 부대시설·복리시설을 건설하여 공급하는 방법(관리처분방식)
재개발사업	재개발사업은 정비구역에서 인가받은 **관리처분계획**에 따라 **건축물**을 건설하여 공급하거나 환지로 공급하는 방법으로 한다.
재건축사업	정비구역에서 인가받은 **관리처분계획**에 따라 건축물을 건설하여 공급하는 방법으로 한다. 다만, 주택단지에 있지 아니하는 건축물의 경우에는 지형여건·주변의 환경으로 보아 사업시행상 불가피한 경우로서 정비구역으로 보는 사업에 한정한다. ✔ 건축물을 건설하여 공급하는 경우 주택, 부대시설 및 복리시설을 제외한 건축물(이하 '공동주택 외 건축물'이라 한다)은 준주거지역 및 상업지역에서만 건설할 수 있다. 이 경우 공동주택 외 건축물의 연면적은 전체 건축물 연면적의 100분의 30 이하이어야 한다.

Tip 👉 재건축사업에 환지방식은 없음에 유의한다.

❷ 정비사업의 시행자

1. 주거환경개선사업의 시행자(원칙적 시행자)

(1) 스스로개량방식에 따른 방법으로 시행하는 주거환경개선사업은 시장·군수 등이 직접 시행하되, 토지주택공사 등을 사업시행자로 지정하여 시행하게 하려는 경우에는 공람공고일 현재 토지등소유자의 과반수의 동의를 받아야 한다(법 제24조 제1항).

(2) 수용방식, 환지방식, 관리처분방식의 방법으로 시행하는 주거환경개선사업은 시장·군수 등이 직접 시행하거나, 다음에서 정한 자에게 시행하게 할 수 있다(법 제24조 제2항).

> ① 시장·군수 등이 다음의 어느 하나에 해당하는 자를 사업시행자로 지정하는 경우
>   ㉠ 토지주택공사 등
>   ㉡ 주거환경개선사업을 시행하기 위하여 국가, 지방자치단체, 토지주택공사 등 또는 「공공기관의 운영에 관한 법률」에 따른 공공기관이 총지분의 100분의 50을 초과하는 출자로 설립한 법인
> ② 시장·군수 등이 ①에 해당하는 자와 다음의 어느 하나에 해당하는 자를 공동시행자로 지정하는 경우
>   ㉠ 「건설산업기본법」에 따른 건설업자(이하 '건설업자'라 한다)
>   ㉡ 「주택법」에 따라 건설업자로 보는 등록사업자(이하 '등록사업자'라 한다)

(3) (2)에 따라 시행하려는 경우에는 공람공고일 현재 해당 정비예정구역의 토지 또는 건축물의 소유자 또는 지상권자의 3분의 2 이상의 동의와 세입자(공람공고일 3개월 전부터 해당 정비예정구역에 3개월 이상 거주하고 있는 자를 말한다) 세대수의 과반수의 동의를 각각 받아야 한다. 다만, 세입자의 세대수가 토지등소유자의 2분의 1 이하인 경우 등 대통령령으로 정하는 사유➕가 있는 경우에는 세입자의 동의절차를 거치지 아니할 수 있다(법 제24조 제3항).

(4) 시장·군수 등은 천재지변, 그 밖의 불가피한 사유로 건축물이 붕괴할 우려가 있어 긴급히 정비사업을 시행할 필요가 있다고 인정하는 경우에는 토지등소유자 및 세입자의 동의 없이 자신이 직접 시행하거나 토지주택공사 등을 사업시행자로 지정하여 시행하게 할 수 있다. 이 경우, 시장·군수 등은 지체 없이 토지등소유자에게 긴급한 정비사업의 시행사유·방법 및 시기 등을 통보하여야 한다(법 제24조 제4항).

➕ 다음의 어느 하나에 해당하는 것을 말한다.
1. 세입자의 세대수가 토지등소유자의 2분의 1 이하인 경우
2. 정비구역의 지정·고시일 현재 해당 지역이 속한 시·군·구에 공공임대주택 등 세입자가 입주 가능한 임대주택이 충분하여 임대주택을 건설할 필요가 없다고 시·도지사가 인정하는 경우
3. 스스로개량방식, 환지방식, 관리처분방식으로 사업을 시행하는 경우

2. 재개발사업·재건축사업의 시행자

(1) 재개발사업 제32회

재개발사업은 다음의 어느 하나에 해당하는 방법으로 시행할 수 있다(법 제25조 제1항).

> ① 조합이 시행하거나 조합이 조합원의 과반수의 동의를 받아 시장·군수 등, 토지주택공사 등, 건설업자, 등록사업자 또는 대통령령으로 정하는 요건을 갖춘 자(신탁업자, 한국부동산원)와 공동으로 시행하는 방법
> ② 토지등소유자가 20인 미만인 경우에는 토지등소유자가 시행하거나 토지등소유자가 토지등소유자의 과반수의 동의를 받아 시장·군수 등, 토지주택공사 등, 건설업자, 등록사업자 또는 대통령령으로 정하는 요건을 갖춘 자(신탁업자, 한국부동산원)와 공동으로 시행하는 방법

기출 재개발사업은 토지등소유자가 30인인 경우에는 토지등소유자가 직접 시행할 수 없다. 제32회

(2) 재건축사업

재건축사업은 조합이 시행하거나 조합이 조합원의 과반수의 동의를 받아 시장·군수 등, 토지주택공사 등, 건설업자 또는 등록사업자와 공동으로 시행할 수 있다(법 제25조 제2항).

핵심 정비사업의 시행자 및 시행방식

사업종류	기반시설	시행자		시행방식

주거환경개선사업	극히 열악	① 스스로개량방식: 시장·군수 등, 토지주택공사 등
		② 수용·환지·관리처분방식
		  ㉠ 시장·군수 등이 직접시행
		  ㉡ 시장·군수 등이 지정시행
		    (토지주택공사 등, 법인)
		  ㉢ 시장·군수 등이 공동시행
		    (건설업자 등)
				① 스스로개량
				② 수용
				③ 환지
				④ 관리처분 ○

재개발사업	열악	조합(원칙)	과반수 동의 공동시행 ① 시장·군수 등 ② 토지주택공사 등 ③ 건설업자, 등록사업자 ④ 신탁업자, 한국부동산원	① 환지 ○ ② 관리처분 ○
		토지등소유자 (20인 미만)		
재건축사업 (재건축진단, 토지 ×, 수용 ×)	양호	조합(원칙)	과반수 동의 공동시행 ① 시장·군수 등 ② 토지주택공사 등 ③ 건설업자, 등록사업자	① 환지 × ② 관리처분 ○ ⇨ 건축물 + 공동주택 외[준주거·상업(30% 이하)]

3. 재개발사업·재건축사업의 공공시행자

(1) 시행사유

시장·군수 등은 재개발사업 및 재건축사업이 다음의 어느 하나에 해당하는 때에는 정비사업을 시행하거나 토지주택공사 등(토지주택공사 등이 건설업자 또는 등록사업자와 공동으로 시행하는 경우를 포함한다)을 사업시행자로 지정하여 정비사업을 시행하게 할 수 있다(법 제26조 제1항).

> ① 천재지변, 「재난 및 안전관리 기본법」 또는 「시설물의 안전 및 유지관리에 관한 특별법」에 따른 사용제한·사용금지, 그 밖의 불가피한 사유로 긴급하게 정비사업을 시행할 필요가 있다고 인정하는 때
> ② 정비계획에서 정한 정비사업시행 예정일부터 2년 이내에 사업시행계획 인가를 신청하지 아니하거나 사업시행계획 인가를 신청한 내용이 위법 또는 부당하다고 인정하는 때(재건축사업의 경우는 제외한다)
> ③ 추진위원회가 시장·군수 등의 구성승인을 받은 날부터 3년 이내에 조합설립인가를 신청하지 아니하거나, 조합이 조합설립인가를 받은 날부터 3년 이내에 사업시행계획 인가를 신청하지 아니한 때✚
> ④ 지방자치단체의 장이 시행하는 「국토의 계획 및 이용에 관한 법률」에 따른 도시·군계획사업과 병행하여 정비사업을 시행할 필요가 있다고 인정하는 때
> ⑤ 순환정비방식으로 정비사업을 시행할 필요가 있다고 인정하는 때
> ⑥ 사업시행계획 인가가 취소된 때
> ⑦ 해당 정비구역의 국·공유지 면적 또는 국·공유지와 토지주택공사 등이 소유한 토지를 합한 면적이 전체 토지면적의 2분의 1 이상으로서 토지등소유자의 과반수가 시장·군수 등 또는 토지주택공사 등을 사업시행자로 지정하는 것에 동의하는 때
> ⑧ 해당 정비구역의 토지면적 2분의 1 이상의 토지소유자와 토지등소유자의 3분의 2 이상에 해당하는 자가 시장·군수 등 또는 토지주택공사 등을 사업시행자로 지정할 것을 요청하는 때. 이 경우, 토지등소유자가 정비계획의 입안을 제안한 경우 입안제안에 동의한 토지등소유자는 토지주택공사 등의 사업시행자 지정에 동의한 것으로 본다. 다만, 사업시행자의 지정요청 전에 시장·군수 등 및 주민대표회의에 사업시행자의 지정에 대한 반대의 의사표시를 한 토지등소유자의 경우에는 그러하지 아니하다.

(2) 고시 및 통보

① 시장·군수 등은 직접 정비사업을 시행하거나 토지주택공사 등을 사업시행자로 지정하는 때에는 정비사업 시행구역 등 토지등소유자에게 알릴 필요가 있는 사항으로서 대통령령으로 정하는 사항을 해당 지방자치단체의 공보에 고시해야 한다(법 제26조 제2항).

핵심 🎯 재개발·재건축사업의 시행자 등
1. 공공시행자 시행
2. 지정개발자 시행
3. 대행자 시행

✚ 해제사유가 아니다. 기존에 결정된 사업을 말한다.

② 다만, (1)의 ①의 경우에는 토지등소유자에게 지체 없이 정비사업의 시행사유·시기 및 방법 등을 통보하여야 한다(법 제26조 제2항 단서).

(3) 공공시행자 지정의 효과

시장·군수 등이 직접 정비사업을 시행하거나 토지주택공사 등을 사업시행자로 지정·고시한 때에는 그 고시일 다음 날에 추진위원회의 구성승인 또는 조합설립인가가 취소된 것으로 본다. 이 경우, 시장·군수 등은 해당 지방자치단체의 공보에 해당 내용을 고시해야 한다(법 제26조 제3항).

> **기출** 조합설립인가 후 시장·군수 등이 토지주택공사 등을 사업시행자로 지정·고시한 때에는 그 고시일의 다음 날에 조합설립인가가 취소된 것으로 본다.

4. 재개발사업·재건축사업의 지정개발자

(1) 시행사유

시장·군수 등은 재개발사업 및 재건축사업이 다음의 어느 하나에 해당하는 때에는 토지등소유자, 「사회기반시설에 대한 민간투자법」에 따른 민관합동법인 또는 신탁업자로서 대통령령으로 정하는 요건을 갖춘 자(이하 '지정개발자'라 한다)를 사업시행자로 지정하여 정비사업을 시행하게 할 수 있다(법 제27조 제1항).

① 천재지변, 「재난 및 안전관리 기본법」 또는 「시설물의 안전 및 유지관리에 관한 특별법」에 따른 사용제한·사용금지, 그 밖의 불가피한 사유로 긴급하게 정비사업을 시행할 필요가 있다고 인정하는 때
② 정비계획에서 정한 정비사업시행 예정일부터 2년 이내에 사업시행계획 인가를 신청하지 아니하거나 사업시행계획 인가를 신청한 내용이 위법 또는 부당하다고 인정하는 때(재건축사업의 경우는 제외한다)
③ 재개발사업 및 재건축사업의 조합설립을 위한 동의요건 이상에 해당하는 자가 신탁업자를 사업시행자로 지정하는 것에 동의하는 때

> **참고** 지정개발자의 요건
> 1. 정비구역의 토지 중 정비구역 전체 면적 대비 50% 이상의 토지를 소유한 자로서 토지등소유자의 2분의 1 이상의 추천을 받은 자
> 2. 「사회기반시설에 대한 민간투자법」에 따른 민관합동법인(민간투자사업의 부대사업으로 시행하는 경우에만 해당한다)으로서 토지등소유자의 2분의 1 이상의 추천을 받은 자
> 3. 신탁업자로서 토지등소유자의 2분의 1 이상의 추천을 받거나 법 제27조 제1항 제3호 또는 법 제28조 제1항 제2호에 따른 동의를 받은 자

(2) 고시 및 통보

시장·군수 등은 지정개발자를 사업시행자로 지정하는 때에는 정비사업 시행구역 등 토지등소유자에게 알릴 필요가 있는 사항으로서 대통령령으로 정하는 사항을 해당 지방자치단체의 공보에 고시해야 한다. 다만, (1)의 ①의 경우에는 토지등소유자에게 지체 없이 정비사업의 시행사유·시기 및 방법 등을 통보하여야 한다(법 제27조 제2항).

(3) 신탁업자의 정보제공

① 신탁업자는 사업시행자 지정에 필요한 동의를 받기 전에 다음에 관한 사항을 토지등소유자에게 제공하여야 한다(법 제27조 제3항).

> ㉠ 토지등소유자별 분담금 추산액 및 산출근거
> ㉡ 그 밖에 추정분담금의 산출 등과 관련하여 시·도조례로 정하는 사항

② 토지등소유자의 동의는 국토교통부령으로 정하는 동의서에 동의를 받는 방법으로 한다. 이 경우, 동의서에는 다음의 사항이 모두 포함되어야 한다(법 제27조 제4항).

> ㉠ 건설되는 건축물의 설계의 개요
> ㉡ 건축물의 철거 및 새 건축물의 건설에 드는 공사비 등 정비사업에 드는 비용(이하 '정비사업비'라 한다)
> ㉢ 정비사업비의 분담기준(신탁업자에게 지급하는 신탁보수 등의 부담에 관한 사항을 포함한다)
> ㉣ 사업완료 후 소유권의 귀속
> ㉤ 정비사업의 시행방법 등에 필요한 시행규정
> ㉥ 신탁계약의 내용

(4) 지정개발자 지정의 효과

시장·군수 등이 지정개발자를 사업시행자로 지정·고시한 때에는 그 고시일 다음 날에 추진위원회의 구성승인 또는 조합설립인가가 취소된 것으로 본다. 이 경우, 시장·군수 등은 해당 지방자치단체의 공보에 해당 내용을 고시해야 한다(법 제27조 제5항).

(5) 표준계약서의 사용권장

국토교통부장관은 신탁업자와 토지등소유자 상호간의 공정한 계약의 체결을 위하여 대통령령으로 정하는 바에 따라 표준계약서 및 표준시행규정을 마련하여 그 사용을 권장할 수 있다(법 제27조 제6항).

5. 재개발사업·재건축사업의 사업대행자

(1) 시행사유

시장·군수 등은 다음의 어느 하나에 해당하는 경우에는 해당 조합 또는 토지등소유자를 대신하여 직접 정비사업을 시행하거나 토지주택공사 등 또는 지정개발자에게 해당 조합 또는 토지등소유자를 대신하여 정비사업을 시행하게 할 수 있다(법 제28조 제1항).

> ① 장기간 정비사업이 지연되거나 권리관계에 관한 분쟁 등으로 해당 조합 또는 토지등소유자가 시행하는 정비사업을 계속 추진하기 어렵다고 인정하는 경우
> ② 토지등소유자(조합을 설립한 경우에는 조합원을 말한다)의 과반수 동의로 요청하는 경우

(2) 사업대행자의 권리

정비사업을 대행하는 시장·군수 등, 토지주택공사 등 또는 지정개발자(이하 '사업대행자'라 한다)는 사업시행자에게 청구할 수 있는 보수 또는 비용의 상환에 대한 권리로써 사업시행자에게 귀속될 대지 또는 건축물을 압류할 수 있다(법 제28조 제2항).

(3) 사업대행의 필요사항

정비사업을 대행하는 경우 사업대행의 개시결정, 그 결정의 고시 및 효과, 사업대행자의 업무집행, 사업대행의 완료와 그 고시 등에 필요한 사항은 대통령령으로 정한다(법 제28조 제3항).

❸ 계약의 방법 및 시공자 선정 등

(1) 계약의 방법

① 경쟁입찰(원칙): 추진위원장 또는 사업시행자(청산인을 포함한다)는 이 법 또는 다른 법령에 특별한 규정이 있는 경우를 제외하고는 계약(공사, 용역, 물품구매 및 제조 등을 포함한다)을 체결하려면 일반경쟁에 부쳐야 한다(법 제29조 제1항).

② 수의계약(예외): 계약규모, 재난의 발생 등 대통령령으로 정하는 경우에는 입찰 참가자를 지명(指名)하여 경쟁에 부치거나 수의계약(隨意契約)으로 할 수 있다(법 제29조 제1항 단서).

③ 일정규모초과계약: 일반경쟁의 방법으로 계약을 체결하는 경우로서 대통령령으로 정하는 규모를 초과하는 계약은 「전자조달의 이용 및 촉진에 관한 법률」의 국가종합전자조달시스템(이하 '전자조달시스템'이라 한다)을 이용하여야 한다(법 제29조 제2항).

④ 계약방법 및 절차 등의 고시: 계약을 체결하는 경우, 계약의 방법 및 절차 등에 필요한 사항은 국토교통부장관이 정하여 고시한다(법 제29조 제3항).

(2) 조합이 시행자인 경우의 시공자 선정

조합은 조합설립인가를 받은 후 조합총회에서 경쟁입찰 또는 수의계약(2회 이상 경쟁입찰이 유찰된 경우로 한정한다)의 방법으로 건설업자 또는 등록사업자를 시공자로 선정하여야 한다. 다만, 대통령령으로 정하는 규모 이하의 정비사업(조합원이 100인 이하인 정비사업)은 조합총회에서 정관으로 정하는 바에 따라 선정할 수 있다(법 제29조 제4항).

(3) 토지등소유자가 시행자인 경우의 시공자 선정

토지등소유자가 재개발사업을 시행하는 경우에는 사업시행계획 인가를 받은 후 규약에 따라 건설업자 또는 등록사업자를 시공자로 선정하여야 한다(법 제29조 제5항).

(4) 시장·군수 등이 시행자인 경우의 시공자 선정

① 시장·군수 등이 직접 정비사업을 시행하거나 토지주택공사 등 또는 지정개발자를 사업시행자로 지정한 경우, 사업시행자는 사업시행자 지정·고시 후 경쟁입찰 또는 수의계약의 방법으로 건설업자 또는 등록사업자를 시공자로 선정하여야 한다(법 제29조 제6항).

② 시장·군수 등이 시공자를 선정하거나 관리처분방식의 방법으로 시행하는 주거환경개선사업의 사업시행자가 시공자를 선정하는 경우, 주민대표회의 또는 토지등소유자 전체회의는 대통령령으로 정하는 경쟁입찰 또는 수의계약(2회 이상 경쟁입찰이 유찰된 경우로 한정한다)의 방법으로 시공자를 추천할 수 있다(법 제29조 제7항).

③ 주민대표회의 또는 토지등소유자 전체회의가 시공자를 추천한 경우, 사업시행자는 추천받은 자를 시공자로 선정하여야 한다. 이 경우, 시공자와의 계약에 관해서는 「지방자치단체를 당사자로 하는 계약에 관한 법률」 또는 「공공기관의 운영에 관한 법률」을 적용하지 아니한다(법 제29조 제8항).

기출 시장·군수 등이 시공자를 선정하거나 관리처분방식의 방법으로 시행하는 주거환경개선사업의 사업시행자가 시공자를 선정하는 경우, 주민대표회의 또는 토지등소유자 전체회의는 대통령령으로 정하는 경쟁입찰 또는 수의계약(2회 이상 경쟁입찰이 유찰된 경우로 한정한다)의 방법으로 시공자를 추천할 수 있다.

> **핵심** 시공자 선정
>
> 다음의 내용을 비교하여 정리한다.
>
> | 사업시행자 | 선정시기 |
> | --- | --- |
> | 조합[경쟁입찰 또는 수의계약
(2회 이상 경쟁입찰이 유찰된 경우로 한정)] | 조합설립인가를 받은 후 |
> | 재개발사업을 토지등소유자가 시행하는 경우
(규약에 따라) | 사업시행인가를 받은 후 |
> | 시장·군수, 토지주택공사 등(경쟁입찰 또는 수의계약) | 사업시행자 지정·고시 후 |
>
> ✔ 건설업자 또는 등록사업자를 시공자로 선정하여야 한다.

(5) 시공자의 철거공사 등

사업시행자(사업대행자를 포함한다)는 선정된 시공자와 공사에 관한 계약을 체결할 때에는 기존 건축물의 철거공사(「석면안전관리법」에 따른 석면조사·해체·제거를 포함한다)에 관한 사항을 포함시켜야 한다(법 제29조 제9항).

기출 사업시행자(사업대행자를 포함한다)는 선정된 시공자와 공사에 관한 계약을 체결할 때에는 기존 건축물의 철거공사(「석면안전관리법」에 따른 석면조사·해체·제거를 포함한다)에 관한 사항을 포함시켜야 한다.

(6) 시공자 선정취소명령 또는 과징금

① 시·도지사(해당 정비사업을 관할하는 시·도지사를 말한다)는 건설업자 또는 등록사업자가 다음의 어느 하나에 해당하는 경우, 사업시행자에게 건설업자 또는 등록사업자의 해당 정비사업에 대한 시공자 선정을 취소할 것을 명하거나 그 건설업자 또는 등록사업자에게 사업시행자와 시공자 사이의 계약서상 공사비의 100분의 20 이하에 해당하는 금액의 범위에서 과징금을 부과할 수 있다. 이 경우, 시공자 선정취소의 명을 받은 사업시행자는 시공자 선정을 취소하여야 한다(법 제113조의2 제1항).

> ㉠ 건설업자 또는 등록사업자가 법 제132조 제1항 또는 제2항을 위반한 경우
> ㉡ 건설업자 또는 등록사업자가 법 제132조의2를 위반하여 관리·감독 등 필요한 조치를 하지 아니한 경우로서, 용역업체의 임직원(건설업자 또는 등록사업자가 고용한 개인을 포함한다)이 법 제132조 제1항을 위반한 경우

② 과징금을 부과하는 위반행위의 종류와 위반 정도 등에 따른 과징금의 금액 등에 필요한 사항은 대통령령으로 정한다(법 제113조의2 제2항).

③ 시·도지사는 과징금의 부과처분을 받은 자가 납부기한까지 과징금을 내지 아니하면 「지방행정제재·부과금의 징수 등에 관한 법률」에 따라 징수한다(법 제113조의2 제3항).

(7) 선정관련 금지행위

누구든지 시공자, 설계자 또는 정비사업전문관리업자의 선정과 관련하여 다음의 행위를 할 수 없다. 위반시 5년 이하의 징역 또는 5천만원 이하의 벌금에 해당한다.

> ① 금품, 향응 또는 그 밖의 재산상 이익을 제공하거나 제공의사를 표시하거나 제공을 약속하는 행위
> ② 금품, 향응 또는 그 밖의 재산상 이익을 제공받거나 제공의사 표시를 승낙하는 행위
> ③ 제3자를 통하여 ① 또는 ②에 해당하는 행위를 하는 행위

④ 조합설립추진위원회

1. 추진위원회의 구성·승인

(1) 추진위원회 구성

조합을 설립하려는 경우에는 정비구역 지정·고시 후 다음의 사항에 대하여 토지등소유자 과반수의 동의를 받아 조합설립을 위한 추진위원회를 구성하여 국토교통부령으로 정하는 방법과 절차에 따라 시장·군수 등의 승인을 받아야 한다. 이 경우 시장·군수 등은 승인 이후 구역경계, 토지등소유자의 수 등 국토교통부령으로 정하는 사항을 해당 지방자치단체 공보에 고시하여야 한다(법 제31조 제1항).

> ① 추진위원회 위원장(이하 '추진위원장'이라 한다)을 포함한 5명 이상의 추진위원회 위원(이하 '추진위원'이라 한다)
> ② 운영규정

(2) 추진위원회 구성대상지역

① 정비구역으로 지정·고시된 지역
② 정비구역으로 지정·고시되지 아니한 지역으로서 다음의 어느 하나에 해당하는 지역

비교 ➡ 조합설립의무
1. 주거환경개선사업: 없음
2. 재개발사업: 원칙(단, 20인 미만인 경우 토지등소유자 단독 가능)
3. 재건축사업: 의무사항

기출 '조합설립동의서에 포함되는 사항으로서 정비사업비의 분담기준'은 조합설립추진위원회가 운영에 필요한 사항 중 추진위원회 구성에 동의한 토지등소유자에게 등기우편으로 통지하여야 한다.
제33회

> ㉠ 기본계획을 수립하지 아니한 지역 또는 기본계획에 법 제5조 제1항 제9호 및 제10호의 사항을 생략한 지역으로서 대통령령으로 정하는 지역
> ㉡ 기본계획에 따른 정비예정구역이 설정된 지역
> ㉢ 입안 요청 및 입안 제안에 따라 정비계획의 입안을 결정한 지역
> ㉣ 정비계획의 입안을 위하여 주민에게 공람한 지역

(3) 조합설립 동의 간주

추진위원회의 구성에 동의한 토지등소유자(이하 1.에서 '추진위원회 동의자'라 한다)는 조합의 설립에 동의한 것으로 본다. 다만, 조합설립인가를 신청하기 전에 시장·군수 등 및 추진위원회에 조합설립에 대한 반대의 의사표시를 한 추진위원회 동의자의 경우에는 그러하지 아니하다(법 제31조 제3항).

(4) 면적 차이에 따른 승인

추진위원회를 구성하여 승인받은 경우로서 승인 당시의 구역과 정비구역의 면적 차이가 대통령령으로 정하는 기준 이상인 경우 추진위원회는 토지등소유자 과반수의 동의를 받아 시장·군수 등에게 다시 승인을 받아야 한다. 이 경우 추진위원회 구성에 동의한 자는 정비구역 지정·고시 이후 1개월 이내에 동의를 철회하지 아니하는 경우 동의한 것으로 본다(법 제31조 제4항).

(5) 포괄승계

승인이 있는 경우 기존의 추진위원회의 업무와 관련된 권리·의무는 승인받은 추진위원회가 포괄승계한 것으로 본다(법 제31조 제5항).

(6) 동의의 절차

① 토지등소유자의 동의를 받으려는 자는 대통령령으로 정하는 방법 및 절차에 따라야 한다. 이 경우, 동의를 받기 전에 (3)의 내용을 설명·고지하여야 한다(법 제31조 제6항).
② 정비사업에 대하여 공공지원을 하려는 경우에는 추진위원회를 구성하지 아니할 수 있다. 이 경우, 조합설립 방법 및 절차 등에 필요한 사항은 대통령령으로 정한다(법 제31조 제7항).

2. 추진위원회의 기능

(1) 업무범위

추진위원회는 다음의 업무를 수행할 수 있다(법 제32조 제1항).

> ① 정비사업전문관리업자의 선정 및 변경
> ② 설계자의 선정 및 변경
> ③ 개략적인 정비사업시행계획서의 작성
> ④ 조합설립인가를 받기 위한 준비업무
> ⑤ 그 밖에 조합설립을 추진하기 위하여 대통령령으로 정하는 업무

기출 정비사업비의 조합원별 분담내역의 결정에 대한 사항은 추진위원회의 업무에 해당하지 않는다.

(2) 정비사업전문관리업자의 선정

추진위원회가 정비사업전문관리업자를 선정하려는 경우에는 추진위원회 승인을 받은 후 경쟁입찰 또는 수의계약(2회 이상 경쟁입찰이 유찰된 경우로 한정한다)의 방법으로 선정하여야 한다(법 제32조 제2항).

(3) 창립총회의 개최

추진위원회는 조합설립인가를 신청하기 전에 대통령령으로 정하는 방법 및 절차에 따라 조합설립을 위한 창립총회를 개최하여야 한다(법 제32조 제3항).

(4) 업무수행에 관한 동의

추진위원회가 수행하는 업무의 내용이 토지등소유자의 비용부담을 수반하거나 권리·의무에 변동을 발생시키는 경우로서 대통령령으로 정하는 사항에 대하여는 그 업무를 수행하기 전에 대통령령으로 정하는 비율 이상의 토지등소유자의 동의를 받아야 한다(법 제32조 제4항).

(5) 추진위원회의 조직

추진위원회는 추진위원회를 대표하는 추진위원장 1명과 감사를 두어야 한다(법 제33조 제1항).

(6) 추진위원회의 운영

① 국토교통부장관은 추진위원회의 공정한 운영을 위하여 다음의 사항을 포함한 추진위원회의 운영규정을 정하여 고시해야 한다(법 제34조 제1항).

> ㉠ 추진위원의 선임방법 및 변경
> ㉡ 추진위원의 권리·의무
> ㉢ 추진위원회의 업무범위

ㄹ. 추진위원회의 운영방법
ㅁ. 토지등소유자의 운영경비 납부
ㅂ. 추진위원회 운영자금의 차입
ㅅ. 그 밖에 추진위원회의 운영에 필요한 사항으로서 대통령령으로 정하는 사항

② 추진위원회는 운영규정에 따라 운영하여야 하며, 토지등소유자는 운영에 필요한 경비를 운영규정에 따라 납부하여야 한다(법 제34조 제2항).
③ 추진위원회는 수행한 업무를 총회에 보고하여야 하며, 그 업무와 관련된 권리·의무는 조합이 포괄승계한다(법 제34조 제3항).
④ 추진위원회는 사용경비를 기재한 회계장부 및 관계서류를 조합설립인가일부터 30일 이내에 조합에 인계하여야 한다(법 제34조 제4항).
⑤ 추진위원회의 운영에 필요한 사항은 대통령령으로 정한다(법 제34조 제5항).

5 정비사업조합

1. 조합설립인가

(1) 조합설립의 대상

시장·군수 등, 토지주택공사 등 또는 지정개발자가 아닌 자가 정비사업을 시행하려는 경우에는 토지등소유자로 구성된 조합을 설립하여야 한다. 다만, 토지등소유자가 재개발사업을 시행하려는 경우에는 그러하지 아니하다(법 제35조 제1항).

(2) 조합설립의 동의요건

① 재개발사업: 재개발사업의 추진위원회(추진위원회를 구성하지 아니하는 경우에는 토지등소유자를 말한다)가 조합을 설립하려면 **토지등소유자의 4분의 3 이상 및 토지면적의 2분의 1 이상**의 토지소유자의 동의를 받아 다음의 사항을 첨부하여 정비구역 지정·고시 후 시장·군수 등의 인가를 받아야 한다(법 제35조 제2항).

㉠ 정관
㉡ 정비사업비와 관련된 자료 등 국토교통부령으로 정하는 서류
㉢ 그 밖에 시·도조례로 정하는 서류

비교 ▶ 조합원 여부
1. 재개발조합: 동의 불문하고 자동 조합원이다.
2. 재건축조합: 동의한 자만 조합원이고, 동의하지 않은 자는 매도청구대상이다.

기출
1. 조합 정관의 기재사항 중 정비사업비의 부담 시기 및 절차를 변경하려는 경우에는 조합원 3분의 2 이상의 찬성으로 시장·군수 등의 인가를 받아야 한다. 제36회
2. 법인인 토지등소유자가 대리인을 지정하는 경우. 이 경우 법인의 대리인은 조합임원 또는 대의원으로 선임될 수 있다. 제36회
3. 조합장은 선임일부터 관리처분계획인가를 받을 때까지는 해당 정비구역에서 거주(영업을 하는 자의 경우 영업을 말한다)하여야 한다. 제36회
4. 전문조합관리인의 임기는 3년으로 한다. 제36회

② 재건축사업
　㉠ 주택단지 안: 추진위원회가 조합을 설립하려는 때에는 주택단지의 공동주택의 각 동(주택단지의 복리시설 전체를 하나의 동으로 본다)별 구분소유자의 과반수(복리시설로서 대통령령으로 정하는 경우에는 3분의 1 이상으로 한다) 동의(공동주택의 각 동별 구분소유자가 5 이하인 경우는 제외한다)와 주택단지의 전체 구분소유자의 100분의 70 이상 및 토지면적의 100분의 70 이상의 토지소유자의 동의를 받아 ①의 ㉠~㉢을 첨부하여 정비구역 지정·고시 후 시장·군수 등의 인가를 받아야 한다(법 제35조 제3항).
　㉡ 주택단지가 아닌 지역 포함: 주택단지가 아닌 지역이 정비구역에 포함된 때에는 주택단지가 아닌 지역의 토지 또는 건축물소유자의 4분의 3 이상 및 토지면적의 3분의 2 이상의 토지소유자의 동의를 받아야 한다(법 제35조 제4항).

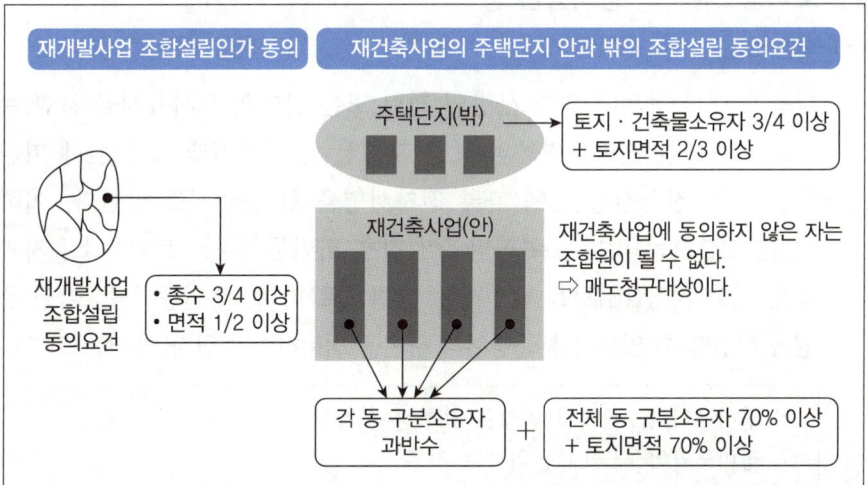

(3) 인가의 변경

조합이 인가받은 사항을 변경하고자 하는 때에는 총회에서 조합원의 3분의 2 이상의 찬성으로 의결하고, (2)의 ①의 ㉠~㉢을 첨부하여 시장·군수 등의 인가를 받아야 한다. 다만, 대통령령으로 정하는 경미한 사항을 변경하려는 때에는 총회의 의결 없이 시장·군수 등에게 신고하고 변경할 수 있다(법 제35조 제5항).

(4) 조합이 정비사업을 시행하는 경우

조합이 정비사업을 시행하는 경우「주택법」제54조를 적용할 때에는 조합을 같은 법에 따른 사업주체로 보며, 조합설립인가일부터 같은 법에 따른 주택건설사업 등의 등록을 한 것으로 본다(법 제35조 제8항).

(5) 토지등소유자의 동의

토지등소유자에 대한 동의의 대상 및 절차, 조합설립신청 및 인가절차, 인가받은 사항의 변경 등에 필요한 사항은 대통령령으로 정한다(법 제35조 제9항).

(6) 정보의 제공

추진위원회는 조합설립에 필요한 동의를 받기 전에 추정분담금 등 대통령령으로 정하는 정보를 토지등소유자에게 제공하여야 한다(법 제35조 제10항).

2. 토지등소유자의 동의방법 등

(1) 동의방법

다음에 대한 동의(동의한 사항의 철회 또는 반대의 의사표시를 포함)는 서면동의서 또는 전자서명동의서(「전자문서 및 전자거래 기본법」에 따른 전자문서에 「전자서명법」에 따른 전자서명을 한 동의서를 말한다. 이하 같다)를 제출하는 방법으로 한다. 이 경우 서면동의서는 토지등소유자가 성명을 적고 지장(指章)을 날인하는 방법으로 하며, 주민등록증, 여권 등 신원을 확인할 수 있는 신분증명서의 사본을 첨부하여야 한다(법 제36조 제1항).

> ① 정비구역 등 해제의 연장을 요청하는 경우
> ② 정비구역의 해제에 동의하는 경우
> ③ 주거환경개선사업의 시행자를 토지주택공사 등으로 지정하는 경우
> ④ 토지등소유자가 재개발사업을 시행하려는 경우
> ⑤ 재개발사업·재건축사업의 공공시행자 또는 지정개발자를 지정하는 경우
> ⑥ 조합설립을 위한 추진위원회를 구성하는 경우
> ⑦ 추진위원회의 업무가 토지등소유자의 비용부담을 수반하거나 권리·의무에 변동을 가져오는 경우
> ⑧ 조합을 설립하는 경우
> ⑨ 주민대표회의를 구성하는 경우
> ⑩ 사업시행계획 인가를 신청하는 경우
> ⑪ 사업시행자가 사업시행계획서를 작성하려는 경우

(2) 불가피한 사유가 있다고 인정하는 경우

토지등소유자가 해외에 장기체류하거나 법인인 경우 등 불가피한 사유가 있다고 시장·군수 등이 인정하는 경우에는 토지등소유자의 인감도장을 찍은 서면동의서에 해당 인감증명서를 첨부하는 방법으로 할 수 있다(법 제36조 제2항).

(3) 서면동의서의 사용

서면동의서 또는 전자서명동의서를 작성하는 경우, 시장·군수 등이 대통령령으로 정하는 방법에 따라 검인(檢印) 또는 확인한 서면동의서를 사용하여야 하며, 검인 또는 확인을 받지 아니한 서면동의서는 그 효력이 발생하지 아니한다(법 제36조 제3항).

> **심화** 토지등소유자의 동의자 수 산정방법 등(영 제33조)
>
> 1. 주거환경개선사업, 재개발사업의 경우에는 다음의 기준에 의한다.
>   ① 1필지의 토지 또는 하나의 건축물을 여럿이서 공유하는 경우에는 해당 토지 또는 건축물의 토지등소유자의 4분의 3 이상의 동의를 받아 이를 대표하는 1인을 토지등소유자로 산정할 것
>   ② 토지에 지상권이 설정되어 있는 경우, 토지의 소유자와 해당 토지의 지상권자를 대표하는 1인을 토지등소유자로 산정할 것
>   ③ 1인이 다수 필지의 토지 또는 다수의 건축물을 소유하고 있는 경우에는 필지나 건축물의 수에 관계없이 토지등소유자를 1인으로 산정할 것. 다만, 재개발사업으로서 토지등소유자가 재개발사업을 시행하는 경우 토지등소유자가 정비구역 지정 후에 정비사업을 목적으로 취득한 토지 또는 건축물에 대해서는 정비구역 지정 당시의 토지 또는 건축물의 소유자를 토지등소유자의 수에 포함하여 산정하되, 이 경우 동의 여부는 이를 취득한 토지등소유자에 따른다.
>   ④ 둘 이상의 토지 또는 건축물을 소유한 공유자가 동일한 경우에는 그 공유자 여럿을 대표하는 1인을 토지등소유자로 산정할 것
>
> 2. 재건축사업의 경우에는 다음의 기준에 따른다.
>   ① 소유권 또는 구분소유권을 여럿이서 공유하는 경우에는 그 여럿을 대표하는 1인을 토지등소유자로 산정할 것
>   ② 1인이 둘 이상의 소유권 또는 구분소유권을 소유하고 있는 경우에는 소유권 또는 구분소유권의 수에 관계없이 토지등소유자를 1인으로 산정할 것
>   ③ 둘 이상의 소유권 또는 구분소유권을 소유한 공유자가 동일한 경우에는 그 공유자 여럿을 대표하는 1인을 토지등소유자로 할 것

3. 추진위원회의 구성 또는 조합의 설립에 동의한 자로부터 토지 또는 건축물을 취득한 자는 추진위원회의 구성 또는 조합의 설립에 동의한 것으로 본다.
4. 토지건물등기사항증명서·건물등기사항증명서·토지대장 또는 건축물관리대장에 소유자로 등재될 당시 주민등록번호의 기록이 없고, 기록된 주소가 현재 주소와 다른 경우로서 소재가 확인되지 아니한 자는 토지등소유자의 수 또는 공유자 수에서 제외한다.
5. 국·공유지에 대해서는 그 재산관리청 각각을 토지등소유자로 산정한다. 이 경우 재산관리청은 동의 요청을 받은 날부터 30일 이내에 동의 여부를 표시하지 않으면 동의한 것으로 본다.

(4) 동의 철회

① 동의 철회 또는 반대의사 표시의 시기는 다음의 기준에 따른다(영 제33조 제2항).

> ㉠ 동의의 철회 또는 반대의사의 표시는 해당 동의에 따른 인·허가 등을 신청하기 전까지 할 수 있다.
> ㉡ 다음의 동의는 최초로 동의한 날부터 30일까지만 철회할 수 있다. 다만, ⓑ의 동의는 최초로 동의한 날부터 30일이 지나지 아니한 경우에도 조합설립을 위한 창립총회 후에는 철회할 수 없다.
>   ⓐ 정비구역의 해제에 대한 동의
>   ⓑ 조합설립에 대한 동의(동의 후 법 제30조 제2항 각 호의 사항이 변경되지 아니한 경우로 한정한다)

② 동의를 철회하거나 반대의 의사표시를 하려는 토지등소유자는 철회서에 토지등소유자가 성명을 적고 지장(指章)을 날인한 후 주민등록증 및 여권 등 신원을 확인할 수 있는 신분증명서 사본을 첨부하여 동의의 상대방 및 시장·군수 등에게 내용증명의 방법으로 발송하여야 한다. 이 경우, 시장·군수 등이 철회서를 받은 때에는 지체 없이 동의의 상대방에게 철회서가 접수된 사실을 통지하여야 한다(영 제33조 제3항).
③ 동의의 철회나 반대의 의사표시는 철회서가 동의의 상대방에게 도달한 때 또는 시장·군수 등이 동의의 상대방에게 철회서가 접수된 사실을 통지한 때 중 빠른 때에 효력이 발생한다(영 제33조 제4항).

3. 토지등소유자의 동의서 재사용의 특례

(1) 동의서의 재사용

조합설립인가(변경인가를 포함한다)를 받은 후에 동의서 위조, 동의 철회, 동의율 미달 또는 동의자 수 산정방법에 관한 하자 등으로 다툼이 있는 경우로서 다음의 어느 하나에 해당하는 때에는 동의서의 유효성에 다툼이 없는 토지등소유자의 동의서를 다시 사용할 수 있다(법 제37조 제1항).

> ① 조합설립인가의 무효 또는 취소소송 중에 일부 동의서를 추가 또는 보완하여 조합설립변경인가를 신청하는 때
> ② 법원의 판결로 조합설립인가의 무효 또는 취소가 확정되어 조합설립인가를 다시 신청하는 때

(2) 재사용의 요건

조합[(1)의 ②의 경우에는 추진위원회를 말한다]이 토지등소유자의 동의서를 다시 사용하려면 다음의 요건을 충족하여야 한다(법 제37조 제2항).

> ① 토지등소유자에게 기존 동의서를 다시 사용할 수 있다는 취지와 반대 의사 표시의 절차 및 방법을 설명·고지할 것
> ② (1)의 ②의 경우에는 다음의 요건
>   ㉠ 조합설립인가의 무효 또는 취소가 확정된 조합과 새롭게 설립하려는 조합이 추진하려는 정비사업의 목적과 방식이 동일할 것
>   ㉡ 조합설립인가의 무효 또는 취소가 확정된 날부터 3년의 범위에서 대통령령으로 정하는 기간 내에 새로운 조합을 설립하기 위한 창립총회를 개최할 것

(3) 재사용시 필요사항

토지등소유자의 동의서 재사용의 요건(정비사업의 내용 및 정비계획의 변경범위 등을 포함한다), 방법 및 절차 등에 필요한 사항은 대통령령으로 정한다(법 제37조 제3항).

4. 조합의 성격 등 제36회

(1) 성격

조합은 법인으로 한다(법 제38조 제1항).

핵심 정비사업조합
1. 자동 조합원이 원칙이나, 재건축사업은 조합설립에 동의한 자에 한한다.
2. 조합의 설립인가 후 양도·증여·판결 등으로 인하여 조합원의 권리가 이전된 때에는 조합원의 권리를 취득한 자를 조합원으로 본다.
3. 토지등소유자 ⇨ 조합원 (재건축사업: 동의한 자만) ⇨ 임원 선출
4. 조합은 조합설립의 인가 ⇨ 30일 이내 ⇨ 등기함으로써 성립한다.
5. 조합장은 조합을 대표하고, 그 사무를 총괄하며, 총회 또는 대의원회의 의장이 된다.
6. 조합장 또는 이사의 자기를 위한 조합과의 계약이나 소송에 관하여는 감사가 조합을 대표한다.
7. 조합임원이 결격사유에 해당하게 되거나 선임 당시 그에 해당하는 자이었음이 밝혀진 때에는 당연 퇴임한다.

(2) 성립요건

조합은 조합설립인가를 받은 날부터 30일 이내에 주된 사무소의 소재지에서 대통령령으로 정하는 사항을 등기하는 때에 성립한다(법 제38조 제2항).

(3) 명칭

조합은 명칭에 '정비사업조합'이라는 문자를 사용하여야 한다(법 제38조 제3항).

(4) 「민법」의 준용

조합에 관하여는 이 법에 규정된 사항을 제외하고는 「민법」 중 사단법인에 관한 규정을 준용한다(법 제49조).

5. 조합원의 자격 등

(1) 조합원의 자격

정비사업의 조합원(사업시행자가 신탁업자인 경우에는 위탁자를 말하며, 토지주택공사 등인 경우에는 분양신청을 할 수 있는 자를 말한다. 이하 같다)은 토지등소유자(재건축사업의 경우에는 재건축사업에 동의한 자만 해당한다)로 하되, 다음의 어느 하나에 해당하는 때에는 그 여러 명을 대표하는 1명을 조합원으로 본다. 다만, 「지방자치분권 및 지역균형발전에 관한 특별법」에 따른 공공기관지방이전 및 혁신도시 활성화를 위한 시책 등에 따라 이전하는 공공기관이 소유한 토지 또는 건축물을 양수한 경우, 양수한 자(공유의 경우, 대표자 1명을 말한다)를 조합원으로 본다(법 제39조 제1항).

> ① 토지 또는 건축물의 소유권과 지상권이 여러 명의 공유에 속하는 때
> ② 여러 명의 토지등소유자가 1세대에 속하는 때. 이 경우, 동일한 세대별 주민등록표 상에 등재되어 있지 아니한 배우자 및 미혼인 19세 미만의 직계비속은 1세대로 보며, 1세대로 구성된 여러 명의 토지등소유자가 조합설립인가 후 세대를 분리하여 동일한 세대에 속하지 아니하는 때에도 이혼 및 19세 이상 자녀의 분가(세대별 주민등록을 달리하고, 실거주지를 분가한 경우로 한정한다)를 제외하고는 1세대로 본다.
> ③ 조합설립인가(조합설립인가 전에 토지주택공사등 또는 신탁업자를 사업시행자로 지정한 경우에는 사업시행자의 지정을 말한다) 후 1명의 토지등소유자로부터 토지 또는 건축물의 소유권이나 지상권을 양수하여 여러 명이 소유하게 된 때

(2) 투기과열지구에서 조합원의 지위 양도

「주택법」에 따른 투기과열지구로 지정된 지역에서 재건축사업을 시행하는 경우에는 조합설립인가 후, 재개발사업을 시행하는 경우에는 관리처분계획인가 후 해당 정비사업의 건축물 또는 토지를 양수(매매·증여, 그 밖의 권리의 변동을 수반하는 모든 행위를 포함하되, 상속·이혼으로 인한 양도·양수의 경우는 제외한다)한 자는 조합원이 될 수 없다. 다만, 양도인이 다음의 어느 하나에 해당하는 경우, 그 양도인으로부터 그 건축물 또는 토지를 양수한 자는 그러하지 아니하다(법 제39조 제2항).

① 세대원(세대주가 포함된 세대의 구성원을 말한다)의 근무상 또는 생업상의 사정이나 질병치료(「의료법」에 따른 의료기관의 장이 1년 이상의 치료나 요양이 필요하다고 인정하는 경우로 한정한다)·취학·결혼으로 세대원이 모두 해당 사업구역에 위치하지 아니한 특별시·광역시·특별자치시·특별자치도·시 또는 군으로 이전하는 경우
② 상속으로 취득한 주택으로 세대원 모두 이전하는 경우
③ 세대원 모두 해외로 이주하거나 세대원 모두 2년 이상 해외에 체류하려는 경우
④ 1세대[(1)의 ②에 따라 1세대에 속하는 때를 말한다] 1주택자로서, 양도하는 주택에 대한 소유기간 및 거주기간이 대통령령으로 정하는 기간✚ 이상인 경우
⑤ 지분형 주택을 공급받기 위하여 건축물 또는 토지를 토지주택공사 등과 공유하려는 경우
⑥ 공공임대주택, 「공공주택 특별법」에 따른 공공분양주택의 공급 및 대통령령으로 정하는 사업을 목적으로 건축물 또는 토지를 양수하려는 공공재개발사업 시행자에게 양도하려는 경우
⑦ 그 밖에 불가피한 사정으로 양도하는 경우로서 대통령령으로 정하는 경우
  ㉠ 조합설립인가일부터 3년 이상 사업시행인가신청이 없는 재건축사업의 건축물을 3년 이상 계속하여 소유하고 있는 자(소유기간을 산정할 때 소유자가 피상속인으로부터 상속받아 소유권을 취득한 경우에는 피상속인의 소유기간을 합산한다)가 사업시행인가신청 전에 양도하는 경우
  ㉡ 사업시행계획인가일부터 3년 이내에 착공하지 못한 재건축사업의 토지 또는 건축물을 3년 이상 계속하여 소유하고 있는 자가 착공 전에 양도하는 경우
  ㉢ 착공일부터 3년 이상 준공되지 않은 재개발사업·재건축사업의 토지를 3년 이상 계속하여 소유하고 있는 경우
  ㉣ 토지등소유자로부터 상속·이혼으로 인하여 토지 또는 건축물을 소유한 자

✚ 대통령령으로 정하는 기간은 다음과 같다.
1. 소유기간: 10년
2. 거주기간(「주민등록법」에 따른 주민등록표를 기준으로 하며, 소유자가 거주하지 아니하고 소유자의 배우자나 직계존비속이 해당 주택에 거주한 경우에는 그 기간을 합산한다): 5년

ⓜ 국가·지방자치단체 및 금융기관(「주택법 시행령」의 금융기관을 말한다)에 대한 채무를 이행하지 못하여 재개발사업·재건축사업의 토지 또는 건축물이 경매 또는 공매되는 경우
ⓑ 「주택법」에 따른 투기과열지구로 지정되기 전에 건축물 또는 토지를 양도하기 위한 계약(계약금 지급내역 등으로 계약일을 확인할 수 있는 경우로 한정한다)을 체결하고, 투기과열지구로 지정된 날부터 60일 이내에 「부동산 거래신고 등에 관한 법률」에 따라 부동산거래의 신고를 한 경우

(3) 손실보상

사업시행자는 조합원의 자격을 취득할 수 없는 경우 정비사업의 토지, 건축물 또는 그 밖의 권리를 취득한 자에게 손실보상을 하여야 한다(법 제39조 제3항).

6. 조합임원의 구성 등 제33회

(1) 임원의 구성

조합은 조합원으로서 정비구역에 위치한 건축물 또는 토지(재건축사업의 경우에는 건축물과 그 부속토지를 말한다. 이하 같다)를 소유한 자[하나의 건축물 또는 토지의 소유권을 다른 사람과 공유한 경우에는 가장 많은 지분을 소유(2인 이상의 공유자가 가장 많은 지분을 소유한 경우를 포함한다)한 경우로 한정한다] 중 다음의 어느 하나의 요건을 갖춘 조합장 1명과 이사, 감사를 임원으로 둔다. 이 경우, 조합장은 선임일부터 법 제74조 제1항에 따른 관리처분계획인가를 받을 때까지는 해당 정비구역에서 거주(영업을 하는 자의 경우, 영업을 말한다. 이하 같다)하여야 한다(법 제41조 제1항).

① 정비구역에 위치한 건축물 또는 토지를 5년 이상 소유할 것
② 정비구역에서 거주하고 있는 자로서, 선임일 직전 3년 동안 정비구역에서 1년 이상 거주할 것

(2) 임원의 수

조합에 두는 이사의 수는 3명 이상으로 하고, 감사의 수는 1명 이상 3명 이하로 한다. 다만, 토지등소유자의 수가 100인을 초과하는 경우에는 이사의 수를 5명 이상으로 한다(영 제40조).

기출 조합에 두는 이사의 수는 3명 이상으로 하고, 감사의 수는 1명 이상 3명 이하로 한다. 다만, 토지등소유자의 수가 100명을 초과하는 경우에는 이사의 수를 5명 이상으로 한다.

(3) 선거관리의 위탁

조합은 총회 의결을 거쳐 조합임원의 선출에 관한 선거관리를 「선거관리위원회법」 제3조에 따라 선거관리위원회에 위탁할 수 있다(법 제41조 제3항).

(4) 임원의 임기

조합임원의 임기는 3년 이하의 범위에서 정관으로 정하되, 연임할 수 있다(법 제41조 제4항).

(5) 임원의 선출

조합임원의 선출방법 등은 정관으로 정한다. 다만, 시장·군수 등은 다음의 어느 하나에 해당하는 경우 시·도조례로 정하는 바에 따라 변호사·회계사·기술사 등으로서 대통령령으로 정하는 요건을 갖춘 자를 전문조합관리인으로 선정하여 조합임원의 업무를 대행하게 할 수 있다(법 제41조 제5항).

> ① 조합임원이 사임, 해임, 임기만료, 그 밖에 불가피한 사유 등으로 직무를 수행할 수 없는 때부터 6개월 이상 선임되지 아니한 경우
> ② 총회에서 조합원 과반수의 출석과 출석조합원 과반수의 동의로 전문조합관리인의 선정을 요청하는 경우

참고 전문조합관리인의 선정절차, 업무집행 등에 필요한 사항은 대통령령으로 정한다.

7. 조합임원의 직무 등

(1) 조합장

조합장은 조합을 대표하고, 그 사무를 총괄하며, 총회 또는 대의원회의 의장이 된다. 조합장이 대의원회의 의장이 되는 경우에는 대의원으로 본다(법 제42조 제1항·제2항).

기출 대의원회는 임기 중 궐위된 조합장을 보궐선임할 수 없다. 제34회

(2) 조합의 대표

조합장 또는 이사가 자기를 위하여 조합과 계약이나 소송을 할 때에는 감사가 조합을 대표한다(법 제42조 제3항).

(3) 겸직 금지

조합임원은 같은 목적의 정비사업을 하는 다른 조합의 임원 또는 직원을 겸할 수 없다(법 제42조 제4항).

(4) 조합임원의 결격사유 및 해임 제34회

① 다음의 어느 하나에 해당하는 자는 조합임원 또는 전문조합관리인이 될 수 없다(법 제43조 제1항).

> ⊙ 미성년자·피성년후견인 또는 피한정후견인
> ⓒ 파산선고를 받고 복권되지 아니한 자
> ⓒ 금고 이상의 실형을 선고받고 그 집행이 종료(종료된 것으로 보는 경우를 포함한다)되거나 집행이 면제된 날부터 2년이 지나지 아니한 자
> ⓔ 금고 이상의 형의 집행유예를 받고 그 유예기간 중에 있는 자
> ⓜ 이 법을 위반하여 벌금 100만원 이상의 형을 선고받고 10년이 지나지 아니한 자
> ⓗ 조합설립 인가권자에 해당하는 지방자치단체의 장, 지방의회의원 또는 그 배우자·직계존속·직계비속

② 조합임원이 다음의 어느 하나에 해당하는 경우에는 당연 퇴임한다(법 제43조 제2항).

> ⊙ ①의 어느 하나에 해당하게 되거나, 선임 당시 그에 해당하는 자이었음이 밝혀진 경우
> ⓒ 조합임원이 자격요건을 갖추지 못한 경우

③ **퇴임된 임원이 퇴임 전에 관여한 행위는 그 효력을 잃지 아니한다**(법 제43조 제3항).
④ 조합임원은 조합원 **10분의 1 이상의 요구로 소집된 총회**에서 조합원 과반수의 출석과 출석조합원 과반수의 동의를 받아 해임할 수 있다. 이 경우, 요구자 대표로 선출된 자가 해임 총회의 소집 및 진행을 할 때에는 조합장의 권한을 대행한다(법 제43조 제4항).
⑤ 시장·군수 등이 전문조합관리인을 선정한 경우, 전문조합관리인이 업무를 대행할 임원은 **당연 퇴임**한다(법 제43조 제5항).

기출 조합임원이 결격사유에 해당하여 퇴임한 경우, 그 임원이 퇴임 전에 관여한 행위는 효력을 잃지 않는다.

기출 총회에서 요청하여 시장·군수 등이 전문조합관리인을 선정한 경우, 전문조합관리인이 업무를 대행할 임원은 당연 퇴임한다. 제34회

예제

도시 및 주거환경정비법령상 조합의 임원에 관한 설명으로 틀린 것은? 제33회
① 토지등소유자의 수가 100인을 초과하는 경우, 조합에 두는 이사의 수는 5명 이상으로 한다.
② 조합임원의 임기는 3년 이하의 범위에서 정관으로 정하되, 연임할 수 있다.
③ 조합장이 아닌 조합임원은 대의원이 될 수 있다.
④ 조합임원은 같은 목적의 정비사업을 하는 다른 조합의 임원 또는 직원을 겸할 수 없다.
⑤ 시장·군수 등이 전문조합관리인을 선정한 경우, 전문조합관리인이 업무를 대행할 임원은 당연 퇴임한다.

해설 조합장이 아닌 조합임원(이사와 감사)은 대의원이 될 수 없다. **정답** ③

8. 정관의 기재사항 등

(1) 정관에 포함되는 사항

조합의 정관에는 다음의 사항이 포함되어야 한다(법 제40조 제1항).

> ① 조합의 명칭 및 사무소의 소재지
> ② 조합원의 자격
> ③ 조합원의 제명·탈퇴 및 교체
> ④ **정비구역의 위치 및 면적**
> ⑤ 조합의 임원의 수 및 업무의 범위
> ⑥ 조합임원의 권리·의무·보수·선임방법·변경 및 해임
> ⑦ 대의원의 수, 선임방법, 선임절차 및 대의원회의 의결방법
> ⑧ 조합의 비용부담 및 조합의 회계
> ⑨ 정비사업의 시행연도 및 시행방법
> ⑩ 총회의 소집 절차·시기 및 의결방법
> ⑪ 총회의 개최 및 조합원의 총회소집 요구
> ⑫ 이자 지급
> ⑬ 정비사업비의 부담시기 및 절차
> ⑭ 정비사업이 종결된 때의 청산절차
> ⑮ 청산금의 징수·지급의 방법 및 절차
> ⑯ 시공자·설계자의 선정 및 계약서에 포함될 내용
> ⑰ 정관의 변경절차
> ⑱ 그 밖에 정비사업의 추진 및 조합의 운영을 위하여 필요한 사항으로서 대통령령으로 정하는 사항

(2) 표준정관의 보급

시·도지사는 표준정관을 작성하여 보급할 수 있다(법 제40조 제2항).

(3) 정관의 변경 제34회

① 원칙: 조합이 정관을 변경하려는 경우에는 총회를 개최하여 조합원 과반수의 찬성으로 시장·군수 등의 인가를 받아야 한다. 다만, (1)의 ②·③·④·⑧·⑬ 또는 ⑯의 경우에는 조합원 3분의 2 이상의 찬성으로 한다(법 제40조 제3항).

② 예외: 대통령령으로 정하는 경미한 사항을 변경하려는 때에는 이 법 또는 정관으로 정하는 방법에 따라 변경하고 시장·군수 등에게 신고하여야 한다(법 제40조 제4항).

기출 청산금의 징수·지급의 방법 및 절차에 관한 사항을 변경할 때에는 과반수의 찬성으로 시장·군수 등의 인가를 받아야 한다.
제34회

참고 정관의 변경
1. 조합이 정관을 변경하려는 경우에는 총회를 개최하여 조합원 과반수의 찬성으로 시장·군수 등의 인가를 받아야 한다.
2. 다만, 다음의 사항은 3분의 2 이상의 찬성을 받아야 한다.
   - 조합원의 자격
   - 조합원의 제명·탈퇴 및 교체
   - 정비구역의 위치 및 면적
   - 조합의 비용부담 및 조합의 회계
   - 정비사업비의 부담시기 및 절차
   - 시공자·설계자의 선정 및 계약서에 포함될 내용

9. 시행규정의 작성 제33회

시장·군수 등, 토지주택공사 등 또는 신탁업자가 단독으로 정비사업을 시행하는 경우, 다음 사항을 포함하는 시행규정을 작성하여야 한다(법 제53조).

> ① 정비사업의 종류 및 명칭
> ② 정비사업의 시행연도 및 시행방법
> ③ 비용부담 및 회계
> ④ 토지등소유자의 권리·의무
> ⑤ 정비기반시설 및 공동이용시설의 부담
> ⑥ 공고·공람 및 통지의 방법
> ⑦ 토지 및 건축물에 관한 권리의 평가방법
> ⑧ 관리처분계획 및 청산(분할징수 또는 납입에 관한 사항을 포함한다)✚
> ⑨ 시행규정의 변경
> ⑩ 사업시행계획서의 변경
> ⑪ 토지등소유자 전체회의(신탁업자가 사업시행자인 경우로 한정한다)
> ⑫ 그 밖에 시·도조례로 정하는 사항

✚ 다만, 수용의 방법으로 시행하는 경우는 제외한다.

참고 온라인총회(신설 규정)

1. 조합은 총회의 의결을 거쳐 총회와 병행하여 「정보통신망 이용촉진 및 정보보호 등에 관한 법률」에 따른 정보통신망을 이용한 총회(이하 '온라인총회'라 한다)를 개최하여 조합원이 참석하게 할 수 있다. 다만, 「재난 및 안전관리 기본법」에 따른 재난의 발생 등 대통령령으로 정하는 사유가 발생하여 시장·군수 등이 조합원의 직접 출석이 어렵다고 인정하는 경우에는 온라인총회를 단독으로 개최할 수 있다.
2. 온라인총회는 다음의 요건을 모두 갖추어 개최하여야 한다. 이 경우 정족수를 산정할 때에는 직접 출석한 것으로 본다.
   - 온라인총회에 참석한 조합원이 본인인지 여부를 확인할 수 있을 것
   - 온라인총회에 참석한 조합원의 접속 기록 등이 보관되어 실제 참석 여부를 확인·관리할 수 있을 것
   - 그 밖에 원활한 의견의 청취·제시 등을 위하여 대통령령으로 정하는 기준에 부합할 것

10. 총회의 소집과 의결

(1) 총회의 소집

① 조합에는 조합원으로 구성되는 **총회를 둔다**(법 제44조 제1항).

② 총회는 조합장이 직권으로 소집하거나 조합원 5분의 1 이상(정관의 기재사항 중 조합임원의 권리·의무·보수·선임방법·변경 및 해임에 관한 사항을 변경하기 위한 총회의 경우는 10분의 1 이상으로 한다) 또는 대의원 3분의 2 이상의 요구로 조합장이 소집하며, 조합원 또는 대의원의 요구로 총회를 소집하는 경우 조합은 소집을 요구하는 자가 본인인지 여부를 대통령령으로 정하는 기준에 따라 정관으로 정하는 방법으로 확인하여야 한다(법 제44조 제2항).

③ **조합임원의 사임, 해임 또는 임기만료 후 6개월 이상 조합임원이 선임되지 아니한 경우에는 시장·군수 등이 조합임원 선출을 위한 총회를 소집할 수 있다**(법 제44조 제3항).

④ 총회를 소집하려는 자는 총회가 개최되기 **7일 전까지** 회의 목적·안건·일시 및 장소와 서면의결권의 행사기간 및 장소 등 서면의결권 행사에 필요한 사항을 정하여 조합원에게 통지하여야 한다(법 제44조 제4항).

⑤ 총회의 소집절차·시기 등에 필요한 사항은 정관으로 정한다(법 제44조 제5항).

(2) 총회의 의결

① 다음의 사항은 총회의 의결을 거쳐야 한다(법 제45조 제1항).

> ㉠ 정관의 변경(법 제40조 제4항에 따른 경미한 사항의 변경은 이 법 또는 정관에서 총회 의결사항으로 정한 경우로 한정한다)
> ㉡ 자금의 차입과 그 방법·이자율 및 상환방법
> ㉢ 정비사업비의 세부항목별 사용계획이 포함된 예산안 및 예산의 사용내역
> ㉣ 예산으로 정한 사항 외에 조합원에게 부담이 되는 계약
> ㉤ 시공자·설계자 또는 감정평가법인 등(시장·군수 등이 선정·계약하는 감정평가법인 등은 제외한다)의 선정 및 변경. 다만, 감정평가법인 등의 선정 및 변경은 총회의 의결을 거쳐 시장·군수 등에게 위탁할 수 있다.
> ㉥ 정비사업전문관리업자의 선정 및 변경
> ㉦ 조합임원의 선임 및 해임
> ㉧ 정비사업비의 조합원별 분담내역
> ㉨ 사업시행계획서의 작성 및 변경(정비사업의 중지 또는 폐지에 관한 사항을 포함하며, 경미한 변경은 제외한다)
> ㉩ 관리처분계획의 수립 및 변경(경미한 변경은 제외한다)
> ㉪ 조합의 해산과 조합 해산시의 회계보고
> ㉫ 청산금의 징수·지급(분할징수·분할지급을 포함한다)
> ㉬ 비용의 금액 및 징수방법
> ㉭ 그 밖에 조합원에게 경제적 부담을 주는 사항 등 주요한 사항을 결정하기 위하여 대통령령 또는 정관으로 정하는 다음의 사항
>   ⓐ 조합의 합병 또는 해산에 관한 사항
>   ⓑ 대의원의 선임 및 해임에 관한 사항
>   ⓒ 건설되는 건축물의 설계 개요의 변경
>   ⓓ 정비사업비의 변경

② 이 법 또는 정관에 따라 조합원의 동의가 필요한 사항은 총회에 상정하여야 한다(법 제45조 제2항).

③ 총회의 의결은 이 법 또는 정관에 다른 규정이 없으면 조합원 과반수의 출석과 출석조합원의 과반수 찬성으로 한다(법 제45조 제3항).

④ ①의 ㉨과 ㉩의 경우에는 조합원 과반수의 찬성으로 의결한다. 다만, 정비사업비가 100분의 10(생산자물가상승률분, 손실보상금액은 제외한다) 이상 늘어나는 경우에는 조합원 3분의 2 이상의 찬성으로 의결하여야 한다(법 제45조 제4항).

참고 대의원회가 총회의 권한을 대행할 수 없는 사항
1. 정관의 변경에 관한 사항
2. 자금의 차입과 그 방법·이자율 및 상환방법에 관한 사항
3. 예산으로 정한 사항 외에 조합원에게 부담이 되는 계약에 관한 사항
4. 시공자·설계자 또는 감정평가업자(법 제74조 제2항에 따라 시장·군수 등이 선정·계약하는 감정평가업자는 제외한다)의 선정 및 변경에 관한 사항
5. 정비사업전문관리업자의 선정 및 변경에 관한 사항
6. 조합 임원의 선임 및 해임과 대의원의 선임 및 해임에 관한 사항[다만, 정관으로 정하는 바에 따라 임기 중 궐위된 자(조합장은 제외한다)를 보궐선임하는 경우를 제외한다]
7. 사업시행계획서의 작성 및 변경에 관한 사항(정비사업의 중지 또는 폐지에 관한 사항을 포함하며, 경미한 변경은 제외한다)
8. 관리처분계획의 수립 및 변경에 관한 사항(경미한 변경은 제외한다)
9. 총회에 상정하여야 하는 사항
10. 조합의 합병 또는 해산에 관한 사항(다만, 사업 완료로 인한 해산의 경우는 제외한다)
11. 건설되는 건축물의 설계 개요의 변경에 관한 사항
12. 정비사업비의 변경에 관한 사항

⑤ 조합원은 서면으로 의결권을 행사하거나 다음의 어느 하나에 해당하는 경우에는 대리인을 통하여 의결권을 행사할 수 있다. 서면으로 의결권을 행사하는 경우에는 정족수를 산정할 때에 출석한 것으로 본다(법 제45조 제5항).

> ⑤ 조합원이 권한을 행사할 수 없어 배우자, 직계존비속 또는 형제자매 중에서 성년자를 대리인으로 정하여 위임장을 제출하는 경우
> ⓒ 해외에 거주하는 조합원이 대리인을 지정하는 경우
> ⓒ 법인인 토지등소유자가 대리인을 지정하는 경우. 이 경우, 법인의 대리인은 조합임원 또는 대의원으로 선임될 수 있다.

⑥ 조합원은 다음의 요건을 모두 충족한 경우에는 전자적 방법(「전자문서 및 전자거래 기본법」에 따른 정보처리시스템을 사용하거나 그 밖의 정보통신기술을 이용하는 방법을 말한다. 이하 같다)으로 의결권을 행사할 수 있다. 이 경우 정족수를 산정할 때에 출석한 것으로 본다(법 제45조 제6항).

> ⑤ 조합원이 전자적 방법 외에 ⑤에 따른 방법으로도 의결권을 행사할 수 있게 할 것
> ⓒ 의결권의 행사 방법에 따른 결과가 각각 구분되어 확인·관리할 수 있을 것
> ⓒ 그 밖에 전자적 방법을 통한 의결권의 투명한 행사 등을 위하여 대통령령으로 정하는 기준에 부합할 것

⑦ 조합은 조합원의 참여를 확대하기 위하여 조합원이 전자적 방법을 우선적으로 이용하도록 노력하여야 한다(법 제45조 제7항).

⑧ 재난발생 등의 사유로 온라인총회를 단독 개최시 전자적 방법만으로 의결권을 행사할 수 있다(법 제45조 제8항).

⑨ 조합은 위 ⑤·⑥·⑧에 따라 서면 또는 전자적 방법으로 의결권을 행사하는 자가 본인인지를 확인하여야 한다(법 제45조 제9항).

⑩ 총회의 의결은 조합원의 100분의 10 이상이 직접 출석[위 ⑤에 따라 대리인을 통하거나 위 ⑧에 따라 전자적 방법으로 의결권을 행사하는 경우 직접 출석한 것으로 본다. 이하 (2)에서 같다]하여야 한다. 다만, 시공자의 선정을 의결하는 총회의 경우에는 조합원의 과반수가 직접 출석하여야 하고, 창립총회, 시공자 선정 취소를 위한 총회, 사업시행계획서의 작성 및 변경, 관리처분계획의 수립 및 변경을 의결하는 총회

등 대통령령으로 정하는 총회의 경우에는 조합원의 100분의 20 이상이 직접 출석하여야 한다(법 제45조 제10항).

⑪ 총회의 의결방법, 서면의결권 행사 및 본인확인방법 등에 필요한 사항은 정관으로 정한다(법 제45조 제11항).

11. 대의원회 등

(1) 대의원회

① 조합원의 수가 100명 이상인 조합은 대의원회를 두어야 한다(법 제46조 제1항).

② 대의원회는 조합원의 10분의 1 이상으로 구성한다. 다만, 조합원의 10분의 1이 100명을 넘는 경우에는 조합원의 10분의 1의 범위에서 100명 이상으로 구성할 수 있다(법 제46조 제2항).

③ 조합장이 아닌 조합임원은 대의원이 될 수 없다(법 제46조 제3항).

④ 대의원회는 총회의 의결사항 중 대통령령으로 정하는 사항 외에는 총회의 권한을 대행할 수 있다(법 제46조 제4항).

⑤ 대의원의 수, 선임방법, 선임절차 및 대의원회의 의결방법 등은 대통령령으로 정하는 범위에서 정관으로 정한다(법 제46조 제5항).

(2) 주민대표회의 제32회, 제36회

① 토지등소유자가 시장·군수 등 또는 토지주택공사 등의 사업시행을 원하는 경우에는 정비구역 지정·고시 후 주민대표기구(이하 '주민대표회의'라 한다)를 구성하여야 한다. 단, 위원장과 부위원장 각 1명과 1명 이상 3명 이하의 감사를 둔다(법 제47조 제1항, 영 제45조 제1항).

② 주민대표회의는 위원장을 포함하여 5명 이상 25명 이하로 구성한다(법 제47조 제2항).

③ 주민대표회의는 토지등소유자의 과반수의 동의를 받아 구성하며, 국토교통부령으로 정하는 방법 및 절차에 따라 시장·군수 등의 승인을 받아야 한다(법 제47조 제3항).

④ 주민대표회의의 구성에 동의한 자는 사업시행자의 지정에 동의한 것으로 본다. 다만, 사업시행자의 지정요청 전에 시장·군수 등 및 주민대표회의에 사업시행자의 지정에 대한 반대의 의사표시를 한 토지등소유자의 경우에는 그러하지 아니하다(법 제47조 제4항).

참고 대의원은 조합원 중에서 선출한다.

기출 조합의 합병 또는 해산에 관한 사항은 대의원회가 총회의 권한을 대행할 수 없는 사항이다. 다만, 사업완료로 인한 해산의 경우는 제외한다. 제32회

기출
1. 토지등소유자가 시장·군수 등 또는 토지주택공사 등의 사업시행을 원하는 경우에는 정비구역 지정·고시 후 주민대표회의를 구성하여야 한다.
2. 주민대표회의는 토지등소유자의 과반수의 동의를 받아 구성하며, 위원장과 부위원장 각 1명과 1명 이상 3명 이하의 감사를 둔다. 제32회, 제36회
3. 상가세입자는 사업시행자가 건축물의 철거의 사항에 관하여 시행규정을 정하는 때에 의견을 제시할 수 있다.

⑤ 주민대표회의 또는 세입자(상가세입자를 포함한다)는 사업시행자가 다음의 사항에 관하여 법 제53조에 따른 시행규정을 정하는 때에 의견을 제시할 수 있다. 이 경우, 사업시행자는 주민대표회의 또는 세입자의 의견을 반영하기 위하여 노력하여야 한다(법 제47조 제5항).

> ㉠ 건축물의 철거
> ㉡ 주민의 이주(세입자의 퇴거에 관한 사항을 포함한다)
> ㉢ 토지 및 건축물의 보상(세입자에 대한 주거이전비 등 보상에 관한 사항을 포함한다)
> ㉣ 정비사업비의 부담
> ㉤ 세입자에 대한 임대주택의 공급 및 입주자격
> ㉥ 그 밖에 정비사업의 시행을 위하여 필요한 사항으로서 대통령령으로 정하는 사항

⑥ 시장·군수 등 또는 토지주택공사 등은 주민대표회의의 운영에 필요한 경비의 일부를 해당 정비사업비에서 지원할 수 있다(영 제45조 제3항).

⑦ 주민대표회의의 위원의 선출·교체 및 해임, 운영방법, 운영비용의 조달, 그 밖에 주민대표회의의 운영에 필요한 사항은 주민대표회의가 정한다(영 제45조 제4항).

(3) 토지등소유자 전체회의

① 사업시행자로 지정된 신탁업자는 다음의 사항에 관하여 해당 정비사업의 토지등소유자(재건축사업의 경우에는 **신탁업자**를 사업시행자로 지정하는 것에 동의한 토지등소유자를 말한다) 전원으로 구성되는 회의(이하 '토지등소유자 전체회의'라 한다)의 의결을 거쳐야 한다(법 제48조 제1항).

> ㉠ 시행규정의 확정 및 변경
> ㉡ 정비사업비의 사용 및 변경
> ㉢ 정비사업전문관리업자와의 계약 등 토지등소유자의 부담이 될 계약
> ㉣ 시공자의 선정 및 변경
> ㉤ 정비사업비의 토지등소유자별 분담내역
> ㉥ 자금의 차입과 그 방법·이자율 및 상환방법
> ㉦ 사업시행계획서의 작성 및 변경(법 제50조 제1항 본문에 따른 정비사업의 중지 또는 폐지에 관한 사항을 포함하며, 같은 항 단서에 따른 경미한 변경은 제외한다)
> ㉧ 관리처분계획의 수립 및 변경(법 제74조 제1항 각 호 외의 부분 단서에 따른 경미한 변경은 제외한다)
> ㉨ 청산금의 징수·지급(분할징수·분할지급을 포함한다)

㋨ 비용의 금액 및 징수방법
　　　㋩ 그 밖에 토지등소유자에게 부담이 되는 것으로 시행규정으로 정하는 사항

② 토지등소유자 전체회의는 사업시행자가 직권으로 소집하거나 토지등소유자 5분의 1 이상의 요구로 사업시행자가 소집한다(법 제48조 제2항).
③ 토지등소유자 전체회의의 소집절차·시기 및 의결방법 등에 관하여는 법 제44조 제5항, 제45조 제3항·제4항·제7항 및 제9항을 준용한다. 이 경우 '총회'는 '토지등소유자 전체회의'로, '정관'은 '시행규정'으로, '조합원'은 '토지등소유자'로 본다(법 제48조 제3항).

6 사업시행계획 등

1. 사업시행계획서의 내용

사업시행자는 정비계획에 따라 다음의 사항을 포함하는 사업시행계획서를 작성하여야 한다. 사업시행자가 사업시행계획서에 「공공주택 특별법」에 따른 공공주택건설계획을 포함하는 경우에는 공공주택의 구조·기능 및 설비에 관한 기준과 부대시설·복리시설의 범위, 설치기준 등에 필요한 사항은 같은 법 제37조에 따른다(법 제52조 제1항·제2항).

① 토지이용계획(건축물배치계획을 포함한다)
② 정비기반시설 및 공동이용시설의 설치계획
③ 임시거주시설을 포함한 주민이주대책
④ 세입자의 주거 및 이주대책
⑤ 사업시행기간 동안 정비구역 내 가로등 설치, 폐쇄회로텔레비전 설치 등 범죄예방대책
⑥ 임대주택의 건설계획(재건축사업의 경우는 제외한다)
⑦ 국민주택규모 주택의 건설계획(주거환경개선사업의 경우는 제외한다)
⑧ 공공지원민간임대주택 또는 임대관리위탁주택의 건설계획(필요한 경우로 한정한다)
⑨ 건축물의 높이 및 용적률 등에 관한 건축계획
⑩ 정비사업의 시행과정에서 발생하는 폐기물의 처리계획
⑪ 교육시설의 교육환경보호에 관한 계획(정비구역부터 200m 이내에 교육시설이 설치되어 있는 경우로 한정한다)
⑫ 정비사업비
⑬ 그 밖에 사업시행을 위한 사항으로서 대통령령으로 정하는 바에 따라 시·도 조례로 정하는 사항

비교➡ 행정계획
1. 사업시행계획: 작성(시행자) ➡ 인가(시장·군수 등)
2. 관리처분계획: 작성(시행자) ➡ 인가(시장·군수 등), 공람 30일
✔ 행정계획절차: 사업시행계획 ➡ 인가·고시 ➡ 분양신청 ➡ 관리처분계획 ➡ 인가·고시

기출
1. 사업시행계획서에는 사업시행기간 동안의 정비구역 내 가로등 설치, 폐쇄회로텔레비전 설치 등 범죄예방대책이 포함되어야 한다.
2. 임대주택의 건설계획은 재건축사업의 사업시행자가 작성하여야 하는 사업시행계획서에 포함되지 않는다.

2. 사업시행계획 인가

(1) 인가 및 신고

사업시행자(재개발사업이나 재건축사업에서 조합과 공동시행의 경우를 포함하되, 사업시행자가 시장·군수 등인 경우는 제외한다)는 정비사업을 시행하려는 경우에는 사업시행계획서에 정관 등과 그 밖에 국토교통부령으로 정하는 서류를 첨부하여 시장·군수 등에게 제출하고 사업시행계획인가를 받아야 하고, 인가받은 사항을 변경하거나 정비사업을 중지 또는 폐지하려는 경우에도 또한 같다. 다만, 대통령령으로 정하는 경미한 사항을 변경하려는 때에는 시장·군수 등에게 신고하여야 한다(법 제50조 제1항).

> **기출** 사업시행자인 지방공사가 정비사업 공사를 완료한 때에는 시장·군수 등의 준공인가를 받아야 한다.

(2) 관계서류의 공람과 의견청취

① 공람: 시장·군수 등은 사업시행계획 인가를 하거나 사업시행계획서를 작성하려는 경우에는 대통령령으로 정하는 방법 및 절차에 따라 관계서류의 사본을 14일 이상 일반인이 공람할 수 있게 하여야 한다. 다만, 경미한 사항을 변경하려는 경우에는 그러하지 아니하다(법 제56조 제1항).

② 의견제출: 토지등소유자 또는 조합원, 그 밖에 정비사업과 관련하여 이해관계를 가지는 자는 공람기간 이내에 시장·군수 등에게 서면으로 의견을 제출할 수 있다(법 제56조 제2항).

③ 의견채택: 시장·군수 등은 제출된 의견을 심사하여 채택할 필요가 있다고 인정하는 때에는 이를 채택하고, 그러하지 아니한 경우에는 의견을 제출한 자에게 그 사유를 알려주어야 한다(법 제56조 제3항).

(3) 통보 등

① 인가 여부 결정·통보: 시장·군수 등은 특별한 사유가 없으면 사업시행계획서의 제출이 있은 날부터 60일 이내에 인가 여부를 결정하여 사업시행자에게 통보하여야 한다(법 제50조 제4항).

② 사업시행계획 인가 또는 작성고시: 시장·군수 등은 사업시행계획 인가(시장·군수 등이 사업시행계획서를 작성한 경우를 포함한다)를 하거나 정비사업을 변경·중지 또는 폐지하는 경우에는 국토교통부령으로 정하는 방법 및 절차에 따라 그 내용을 해당 지방자치단체의 공보에 고시해야 한다. 다만, 경미한 사항을 변경하려는 경우에는 그러하지 아니하다(법 제50조 제9항).

(4) 사업시행인가를 위한 동의요건

① 조합이 사업을 시행하는 경우의 동의: 사업시행자(시장·군수 등 또는 토지주택공사 등은 제외한다)는 사업시행계획 인가를 신청하기 전에 **미리 총회의 의결을 거쳐야** 하며, 인가받은 사항을 변경하거나 정비사업을 중지 또는 폐지하려는 경우에도 또한 같다. 다만, 신고대상인 경미한 사항의 변경은 총회의 의결을 필요로 하지 아니한다(법 제50조 제5항).

② 토지등소유자가 재개발사업을 시행하는 경우의 동의: 토지등소유자가 재개발사업을 시행하려는 경우에는 사업시행계획 인가를 신청하기 전에 사업시행계획서에 대하여 **토지등소유자의 4분의 3 이상 및 토지면적의 2분의 1 이상의 토지소유자의 동의**를 받아야 한다. 다만, 인가받은 사항을 변경하려는 경우에는 규약으로 정하는 바에 따라 토지등소유자의 과반수의 동의를 받아야 하며, 신고대상인 경미한 사항의 변경인 경우에는 토지등소유자의 동의를 필요로 하지 아니한다(법 제50조 제6항).

③ 지정개발자가 사업을 시행하는 경우의 동의: 지정개발자가 정비사업을 시행하려는 경우에는 사업시행계획 인가를 신청하기 전에 **토지등소유자의 과반수의 동의 및 토지면적의 2분의 1 이상의 토지소유자의 동의**를 받아야 한다. 다만, 신고대상인 경미한 사항의 변경인 경우에는 토지등소유자의 동의를 필요로 하지 아니한다(법 제50조 제7항).

④ 긴급한 정비사업의 시행: 천재지변 등, 사용제한, 그 밖의 불가피한 사유로 긴급하게 정비사업을 시행할 필요가 있다고 인정이 되는 경우에는 토지등소유자의 동의를 필요로 하지 아니한다(법 제50조 제8항).

(5) 인·허가 등의 의제 등 제36회

① 인·허가 등의 의제: 사업시행자가 사업시행계획 인가를 받은 때(시장·군수 등이 직접 정비사업을 시행하는 경우에는 사업시행계획서를 작성한 때를 말한다)에는 다음의 인가·허가·결정·승인·신고·등록·협의·동의·심사·지정 또는 해제(이하 '인·허가 등'이라 한다)가 있은 것으로 보며, 사업시행계획 인가의 고시가 있은 때에는 다음의 관계 법률에 따른 인·허가 등의 고시·공고 등이 있은 것으로 본다(법 제57조 제1항).

> ㉠ 「주택법」에 따른 사업계획의 승인
> ㉡ 「공공주택 특별법」에 따른 주택건설사업계획의 승인
> ㉢ 「건축법」에 따른 건축허가, 가설건축물의 건축허가 또는 축조신고 및 건축협의

기출 「사도법」에 따른 사도개설허가는 인·허가 등이 의제되지 않는 사항이다.
제36회

ⓡ 「도로법」에 따른 도로관리청이 아닌 자에 대한 도로공사 시행의 허가 및 도로의 점용허가
ⓜ 「사방사업법」에 따른 사방지의 지정해제
ⓗ 「농지법」에 따른 농지전용의 허가·협의 및 농지전용신고
ⓢ 「산지관리법」에 따른 산지전용허가 및 산지전용신고, 산지일시사용허가·신고와 「산림자원의 조성 및 관리에 관한 법률」에 따른 입목벌채 등의 허가·신고 및 「산림보호법」에 따른 산림보호구역에서의 행위의 허가. 다만, 「산림자원의 조성 및 관리에 관한 법률」에 따른 채종림·시험림과 「산림보호법」에 따른 산림유전자원보호구역의 경우는 제외한다.

② 관계서류의 제출: 사업시행자는 정비사업에 대하여 인·허가 등의 의제를 받으려는 경우에는 사업시행계획 인가를 신청하는 때에 해당 법률에서 정하는 관계서류를 함께 제출해야 한다. 다만, 사업시행계획 인가를 신청한 때에 시공자가 선정되어 있지 아니하여 관계서류를 제출할 수 없거나 사업시행계획 인가를 하는 경우에는 시장·군수 등이 정하는 기한까지 제출할 수 있다(법 제57조 제3항).

③ 관계 행정기관장과의 협의: 시장·군수 등은 사업시행계획 인가를 하거나 사업시행계획서를 작성하려는 경우 의제되는 인·허가 등에 해당하는 사항이 있는 때에는 미리 관계 행정기관의 장과 협의하여야 하고, 협의를 요청받은 관계 행정기관의 장은 요청받은 날(서류가 관계 행정기관의 장에게 도달된 날을 말한다)부터 30일 이내에 의견을 제출해야 한다. 이 경우, 관계 행정기관의 장이 30일 이내에 의견을 제출하지 아니하면 협의된 것으로 본다(법 제57조 제4항).

(6) 기반시설의 기부채납 기준

① 부당요금 금지: 시장·군수 등은 사업시행계획을 인가하는 경우, 사업시행자가 제출하는 사업시행계획에 해당 정비사업과 직접적으로 관련이 없거나 과도한 정비기반시설의 기부채납을 요구하여서는 아니 된다(법 제51조 제1항).

② 기부채납 기준
㉠ 국토교통부장관은 정비기반시설의 기부채납과 관련하여 다음의 사항이 포함된 운영기준을 작성하여 고시할 수 있다(법 제51조 제2항).

> ⓐ 정비기반시설의 기부채납 부담의 원칙 및 수준
> ⓑ 정비기반시설의 설치기준 등

ⓒ 시장·군수 등은 운영기준의 범위에서 지역여건 또는 사업의 특성 등을 고려하여 따로 기준을 정할 수 있으며, 이 경우, 사전에 국토교통부장관에게 보고하여야 한다(법 제51조 제3항).

❼ 사업시행계획 인가의 특례

1. 교육감 등과의 협의

(1) 교육감·교육장과의 협의

시장·군수 등은 사업시행계획 인가(시장·군수 등이 사업시행계획서를 작성한 경우를 포함한다)를 하려는 경우, 정비구역부터 200m 이내에 교육시설이 설치되어 있는 때에는 해당 지방자치단체의 교육감 또는 교육장과 협의하여야 하며, 인가받은 사항을 변경하는 경우에도 또한 같다(법 제57조 제5항).

(2) 협의 전 인가

시장·군수 등은 천재지변이나 그 밖의 불가피한 사유로 긴급히 정비사업을 시행할 필요가 있다고 인정하는 때에는 관계 행정기관의 장 및 교육감 또는 교육장과 협의를 마치기 전에 사업시행계획 인가를 할 수 있다. 이 경우, 협의를 마칠 때까지는 인·허가 등을 받은 것으로 보지 아니한다(법 제57조 제6항).

2. 지정개발자의 정비사업비의 예치 등

(1) 예치금의 범위

시장·군수 등은 재개발사업의 사업시행계획 인가를 하는 경우, 해당 정비사업의 사업시행자가 지정개발자(지정개발자가 토지등소유자인 경우로 한정한다)인 때에는 정비사업비의 100분의 20의 범위에서 시·도조례로 정하는 금액을 예치하게 할 수 있다(법 제60조 제1항).

(2) 예치금의 반환 등

예치금은 청산금의 지급이 완료된 때에 반환한다. 예치 및 반환 등에 필요한 사항은 시·도조례로 정한다(법 제60조 제2항·제3항).

3. 존치 또는 리모델링

(1) 존치 또는 리모델링의 특례

① 사업시행자는 일부 건축물의 존치 또는 리모델링(「주택법」 또는 「건축법」에 따른 리모델링을 말한다)에 관한 내용이 포함된 사업시행계획서를 작성하여 사업시행계획 인가를 신청할 수 있다(법 제58조 제1항).

② 시장·군수 등은 존치 또는 리모델링하는 건축물 및 건축물이 있는 토지가 「주택법」 및 「건축법」에 따른 건축관련 기준에 적합하지 아니하더라도 다음의 대통령령으로 정하는 기준에 따라 사업시행계획 인가를 할 수 있다(법 제58조 제2항, 영 제50조).

> ㉠ 「건축법」에 따른 대지와 도로의 관계는 존치 또는 리모델링되는 건축물의 출입에 지장이 없다고 인정되는 경우, 적용하지 아니할 수 있다.
> ㉡ 「건축법」에 따른 건축선의 지정은 존치 또는 리모델링되는 건축물에 대해서는 적용하지 아니할 수 있다.
> ㉢ 「건축법」에 따른 일조 등의 확보를 위한 건축물의 높이제한은 리모델링되는 건축물에 대해서는 적용하지 아니할 수 있다.
> ㉣ 「건축법」에도 불구하고 존치 또는 리모델링(「주택법」 또는 「건축법」에 따른 리모델링을 말한다)되는 건축물도 하나의 주택단지에 있는 것으로 본다.
> ㉤ 「주택법」에 따른 부대시설·복리시설의 설치기준은 존치 또는 리모델링되는 건축물을 포함하여 적용할 수 있다.

(2) 동의요건

사업시행자가 사업시행계획서를 작성하려는 경우에는 존치 또는 리모델링하는 건축물소유자의 동의(「집합건물의 소유 및 관리에 관한 법률」에 따른 구분소유자가 있는 경우에는 구분소유자의 3분의 2 이상의 동의와 해당 건축물 연면적의 3분의 2 이상의 구분소유자의 동의로 한다)를 받아야 한다. 다만, 정비계획에서 존치 또는 리모델링하는 것으로 계획된 경우에는 그러하지 아니한다(법 제58조 제3항).

4. 순환정비방식의 정비사업 등

(1) 순환정비사업

사업시행자는 정비구역의 안과 밖에 새로 건설한 주택 또는 이미 건설되어 있는 주택의 경우, 그 정비사업의 시행으로 철거되는 주택의 소유자 또는 세입자(정비구역에서 실제 거주하는 자로 한정한다)를 임시로 거주하게 하는 등 그 정비구역을 순차적으로 정비하여 주택의 소유자 또는 세입자의 이주대책을 수립하여야 한다(법 제59조 제1항).

(2) 순환용 주택의 공급

사업시행자는 순환정비방식으로 정비사업을 시행하는 경우에는 임시로 거주하는 주택(이하 '순환용 주택'이라 한다)을 「주택법」에도 불구하고 임시 거주시설로 사용하거나 임대할 수 있으며, 대통령령으로 정하는 방법과 절차에 따라 토지주택공사 등이 보유한 공공임대주택을 순환용 주택으로 우선공급할 것을 요청할 수 있다(법 제59조 제2항).

(3) 순환용 주택의 분양·임대

사업시행자는 순환용 주택에 거주하는 자가 정비사업이 완료된 후에도 순환용 주택에 계속 거주하기를 희망하는 때에는 대통령령으로 정하는 바에 따라 분양하거나 계속 임대할 수 있다. 이 경우, 사업시행자가 소유하는 순환용 주택은 인가받은 관리처분계획에 따라 토지등소유자에게 처분된 것으로 본다(법 제59조 제3항).

8 재건축사업에서의 특례 등

1. 재건축사업 등의 용적률 완화 및 국민주택규모 주택 건설비율

(1) 용적률 완화대상사업

사업시행자는 다음의 어느 하나에 해당하는 정비사업(「도시재정비 촉진을 위한 특별법」에 따른 재정비촉진지구➕에서 시행되는 재개발사업 및 재건축사업은 제외한다)을 시행하는 경우, 정비계획(이 법에 따라 정비계획으로 의제되는 계획을 포함한다)으로 정하여진 용적률에도 불구하고 지방도시계획위원회의 심의를 거쳐 「국토의 계획 및 이용에 관한 법률」 및 관계 법률에 따른 용적률의 상한(이하 '법적상한용적률'이라 한다)까지 건축할 수 있다(법 제54조 제1항).

➕ 예전의 뉴타운에 해당한다.

① 「수도권정비계획법」에 따른 과밀억제권역에서 시행하는 재개발사업 및 재건축사업(「국토의 계획 및 이용에 관한 법률」에 따른 주거지역 및 대통령령으로 정하는 공업지역으로 한정한다. 이하 같다)
② ① 외의 경우, 시·도조례로 정하는 지역에서 시행하는 재개발사업 및 재건축사업

Tip 👆 특례 중 중요사항
1. 투기과열지구가 아니라, 과밀억제권역이 대상이다.
2. 정비계획에서 정한 용적률의 차이 중 재건축은 30~50% 범위 내, 재개발은 50~75% 범위 내에서 조례 ⇨ 건설해야 한다.
3. 주거전용면적은 85m²가 아니라, 60m²이다.
4. 인수자는 건축비는 지급하나, 토지는 기부채납받는다.

(2) 용적률 초과시 완화규정

사업시행자가 정비계획으로 정하여진 용적률을 초과하여 건축하려는 경우에는 「국토의 계획 및 이용에 관한 법률」에 따라 특별시·광역시·특별자치시·특별자치도·시 또는 군의 조례로 정한 용적률제한 및 정비계획으로 정한 허용세대수의 제한을 받지 아니한다(법 제54조 제2항).

(3) 건축행위제한의 대상

관계 법률에 따른 용적률의 상한은 다음의 어느 하나에 해당하여 건축행위가 제한되는 경우 건축이 가능한 용적률을 말한다(법 제54조 제3항).

> ① 「국토의 계획 및 이용에 관한 법률」에 따른 건축물의 층수제한
> ② 「건축법」에 따른 높이제한
> ③ 「건축법」에 따른 일조 등의 확보를 위한 건축물의 높이제한
> ④ 「공항시설법」에 따른 장애물제한표면구역 내 건축물의 높이제한
> ⑤ 「군사기지 및 군사시설 보호법」에 따른 비행안전구역 내 건축물의 높이제한
> ⑥ 「문화유산의 보존 및 활용에 관한 법률」에 따른 건설공사시 문화유산 보호를 위한 건축제한
> ⑦ 「자연유산의 보존 및 활용에 관한 법률」에 따른 건설공사시 천연기념물 등의 보호를 위한 건축제한
> ⑧ 그 밖에 시장·군수 등이 건축 관계법률의 건축제한으로 용적률의 완화가 불가능하다고 근거를 제시하고, 지방도시계획위원회 또는 「건축법」에 따라 시·도에 두는 건축위원회가 심의를 거쳐 용적률 완화가 불가능하다고 인정한 경우

(4) 국민주택규모 주택 의무건설비율

사업시행자는 법적상한용적률에서 정비계획으로 정하여진 용적률을 뺀 용적률(이하 '초과용적률'이라 한다)의 다음에 따른 비율에 해당하는 면적에 국민주택규모 주택을 건설하여야 한다. 다만, 천재지변 및 사용 등의 제한에 따른 정비사업을 시행하는 경우에는 그러하지 아니하다(법 제54조 제4항).

> ① 과밀억제권역에서 시행하는 재건축사업: 초과용적률의 100분의 30 이상 100분의 50 이하로서 시·도조례로 정하는 비율
> ② 과밀억제권역에서 시행하는 재개발사업: 초과용적률의 100분의 50 이상 100분의 75 이하로서 시·도조례로 정하는 비율
> ③ 과밀억제권역 외의 지역에서 시행하는 재건축사업: 초과용적률의 100분의 50 이하로서 시·도조례로 정하는 비율
> ④ 과밀억제권역 외의 지역에서 시행하는 재개발사업: 초과용적률의 100분의 75 이하로서 시·도조례로 정하는 비율

(5) 국민주택규모 주택의 공급 및 인수 ^{제33회}

① 사업시행자는 건설한 국민주택규모 주택을 국토교통부장관, 시·도지사, 시장, 군수, 구청장 또는 토지주택공사 등(이하 '인수자'라 한다)에 공급하여야 한다(법 제55조 제1항).

② 국민주택규모 주택의 공급가격은 「공공주택 특별법」에 따라 국토교통부장관이 고시하는 공공건설임대주택의 표준건축비로 하며, 부속토지는 인수자에게 기부채납한 것으로 본다(법 제55조 제2항).

③ 사업시행자는 정비계획상 용적률을 초과하여 건축하려는 경우에는 사업시행계획인가를 신청하기 전에 미리 국민주택규모 주택에 관한 사항을 인수자와 협의하여 사업시행계획서에 반영하여야 한다(법 제55조 제3항).

④ 국민주택규모 주택의 인수를 위한 절차와 방법 등에 필요한 사항은 대통령령으로 정할 수 있으며, 인수된 국민주택규모 주택은 대통령령으로 정하는 장기공공임대주택으로 활용하여야 한다. 다만, 토지등소유자의 부담 완화 등 대통령령으로 정하는 요건에 해당하는 경우에는 인수된 국민주택규모 주택을 장기공공임대주택이 아닌 임대주택으로 활용할 수 있다(법 제55조 제4항).

⑤ 임대주택의 인수자는 임대의무기간에 따라 감정평가액의 100분의 50 이하의 범위에서 대통령령으로 정하는 가격으로 부속토지를 인수하여야 한다(법 제55조 제5항).

2. 재건축사업의 범위에 관한 특례

(1) 토지분할청구

사업시행자 또는 추진위원회는 다음의 어느 하나에 해당하는 경우에는 그 주택단지 안의 일부 토지에 대하여 「건축법」 제57조에도 불구하고 분할하려는 토지면적이 같은 조에서 정하고 있는 면적에 미달되더라도 토지분할을 청구할 수 있다(법 제67조 제1항).

> ① 「주택법」에 따라 사업계획승인을 받아 건설한 둘 이상의 건축물이 있는 주택단지에 재건축사업을 하는 경우
> ② 조합설립의 동의요건을 충족시키기 위하여 필요한 경우

참고 「건축법」상 건축물이 있는 경우의 대지분할제한면적은 다음과 같다.
1. 주거지역: 60m²
2. 상업지역: 150m²
3. 공업지역: 150m²
4. 녹지지역: 200m²
✓ 위의 지역에 해당하지 아니하는 지역: 60m²

(2) 토지등소유자와의 협의

사업시행자 또는 추진위원회는 토지분할청구를 하는 때에는 토지분할의 대상이 되는 토지 및 그 위의 건축물과 관련된 토지등소유자와 협의하여야 한다(법 제67조 제2항).

(3) 법원에 분할청구

사업시행자 또는 추진위원회는 토지분할의 협의가 성립되지 아니한 경우에는 법원에 토지분할을 청구할 수 있다(법 제67조 제3항).

(4) 토지분할 전 조합설립인가

시장·군수 등은 토지분할이 청구된 경우에 분할되어 나가는 토지 및 그 위의 건축물이 다음의 요건을 충족하는 때에는 토지분할이 완료되지 아니하여 동의요건에 미달되더라도 「건축법」에 따라 특별자치시·특별자치도·시·군·구(자치구를 말한다)에 설치하는 건축위원회의 심의를 거쳐 조합설립인가와 사업시행계획 인가를 할 수 있다(법 제67조 제4항).

> ① 해당 토지 및 건축물과 관련된 토지등소유자(기준일의 다음 날 이후에 정비구역에 위치한 건축물 및 그 부속토지의 소유권을 취득한 자는 제외한다)의 수가 전체의 10분의 1 이하일 것
> ② 분할되어 나가는 토지 위의 건축물이 분할선상에 위치하지 아니할 것
> ③ 그 밖에 사업시행계획 인가를 위하여 대통령령으로 정하는 요건에 해당할 것

3. 재건축사업에서의 매도청구

(1) 동의 여부의 촉구 등

① 재건축사업의 사업시행자는 사업시행계획 인가의 고시가 있은 날부터 30일 이내에 다음의 자에게 조합설립 또는 사업시행자의 지정에 관한 동의 여부를 회답할 것을 서면으로 촉구하여야 한다(법 제64조 제1항).

> ⊙ 조합설립에 동의하지 아니한 자
> ⓒ 시장·군수 등, 토지주택공사 등 또는 신탁업자의 사업시행자 지정에 동의하지 아니한 자

② 촉구를 받은 토지등소유자는 촉구를 받은 날부터 2개월 이내에 회답하여야 한다(법 제64조 제2항).

③ ②의 기간 내에 회답하지 아니한 경우, 그 토지등소유자는 조합설립 또는 사업시행자의 지정에 동의하지 아니하겠다는 뜻을 회답한 것으로 본다(법 제64조 제3항).

(2) 매도청구

(1)의 ②의 기간이 지나면 사업시행자는 그 기간이 만료된 때부터 2개월 이내에 조합설립 또는 사업시행자 지정에 동의하지 아니하겠다는 뜻을 회답한 토지등소유자와 건축물 또는 토지만 소유한 자에게 건축물 또는 토지의 소유권과 그 밖의 권리를 매도할 것을 청구할 수 있다(법 제64조 제4항).

4. 「건축법」 등 완화적용

사업시행자는 공공재건축사업을 위한 정비구역, 법 제26조 제1항 제1호 및 법 제27조 제1항 제1호에 따른 재건축구역(재건축사업을 시행하는 정비구역을 말한다. 이하 같다) 또는 법 제66조 제2항에 따라 용적률을 완화하여 적용하는 정비구역에서 다음의 어느 하나에 해당하는 사항에 대하여 대통령령으로 정하는 범위에서 「건축법」에 따른 지방건축위원회의 또는 지방도시계획위원회의 심의를 거쳐 그 기준을 완화받을 수 있다(법 제68조 제4항).

> ① 「건축법」에 따른 대지의 조경기준
> ② 「건축법」에 따른 건폐율의 산정기준
> ③ 「건축법」에 따른 대지 안의 공지기준
> ④ 「건축법」에 따른 건축물의 높이제한
> ⑤ 「주택법」에 따른 부대시설 및 복리시설의 설치기준
> ⑥ 「도시공원 및 녹지 등에 관한 법률」에 따른 도시공원 또는 녹지 확보기준
> ⑦ ①부터 ⑥까지에서 규정한 사항 외에 공공재건축사업 또는 법 제26조 제1항 제1호 및 법 제27조 제1항 제1호에 따른 재건축사업의 원활한 시행을 위하여 대통령령으로 정하는 사항

❾ 주거환경개선사업에서의 특례 등

(1) 국민주택채권 매입의 면제

주거환경개선사업에 따른 건축허가를 받은 때와 부동산등기(소유권보존등기 또는 이전등기로 한정한다)를 하는 때에는 「주택도시기금법」의 국민주택채권의 매입에 관한 규정을 적용하지 아니한다(법 제68조 제1항).

(2) 도시·군계획시설의 결정, 구조 및 설치의 별도적용

주거환경개선구역에서 「국토의 계획 및 이용에 관한 법률」에 따른 도시·군계획시설의 결정, 구조 및 설치의 기준 등에 필요한 사항은 국토교통부령으로 정하는 바에 따른다(법 제68조 제2항).

(3) 「건축법」 규정의 별도적용

사업시행자는 주거환경개선구역에서 다음의 어느 하나에 해당하는 사항은 시·도조례로 정하는 바에 따라 기준을 따로 정할 수 있다(법 제68조 제3항).

> ① 「건축법」에 따른 대지와 도로의 관계(소방활동에 지장이 없는 경우로 한정한다)
> ② 「건축법」에 따른 건축물의 높이제한(사업시행자가 공동주택을 건설·공급하는 경우로 한정한다)

(4) 주거환경개선구역의 용도지역 지정 의제

주거환경개선구역은 해당 정비구역의 지정·고시가 있는 날부터 「국토의 계획 및 이용에 관한 법률」에 따라 주거지역을 세분하여 정하는 지역 중 대통령령으로 정하는 지역으로 결정·고시된 것으로 본다. 다만, 다음의 어느 하나에 해당하는 경우에는 그러하지 아니하다(법 제69조 제1항).

> ① 해당 정비구역이 「개발제한구역의 지정 및 관리에 관한 특별조치법」에 따라 결정된 개발제한구역인 경우
> ② 시장·군수 등이 주거환경개선사업을 위하여 필요하다고 인정하여 해당 정비구역의 일부분을 종전 용도지역으로 그대로 유지하거나 동일면적의 범위에서 위치를 변경하는 내용으로 정비계획을 수립한 경우
> ③ 시장·군수 등이 주거지역을 세분 또는 변경하는 계획과 용적률에 관한 사항을 포함하는 정비계획을 수립한 경우

(5) 「공익사업을 위한 토지 등의 취득 및 보상에 관한 법률」 일부 적용배제

주거환경개선사업의 경우에는 「공익사업을 위한 토지 등의 취득 및 보상에 관한 법률」 제78조 제4항을 적용하지 아니하며, 「주택법」을 적용할 때에는 이 법에 따른 사업시행자(토지주택공사 등이 공동사업시행자인 경우에는 토지주택공사 등을 말한다)는 「주택법」에 따른 사업주체로 본다(법 제69조 제3항).

(6) 건설사업관리기술인의 배치기준

공공재개발사업 시행자 또는 공공재건축사업 시행자는 공공재개발사업 또는 공공재건축사업을 시행하는 경우, 「건설기술 진흥법」 등 관계 법령에도 불구하고 대통령령으로 정하는 바에 따라 건설사업관리기술인의 배치기준을 별도로 정할 수 있다(법 제69조 제4항).

10 정비사업 시행을 위한 조치 등 제36회

1. 임시거주시설·임시상가의 설치 등

(1) 임시거주시설 등의 조치

사업시행자는 주거환경개선사업 및 재개발사업의 시행으로 철거되는 주택의 소유자 또는 세입자에게 해당 정비구역 안과 밖에 위치한 임대주택 등의 시설에 임시로 거주하게 하거나 주택자금의 융자를 알선하는 등 임시거주에 상응하는 조치를 하여야 한다(법 제61조 제1항).

Tip 임시거주시설 및 임시상가는 재건축사업과는 관련 없음에 유의한다.

(2) 임시거주를 위한 일시사용 등

① 사업시행자는 임시거주시설의 설치 등을 위하여 필요한 때에는 국가·지방자치단체, 그 밖의 공공단체 또는 개인의 시설이나 토지를 일시사용할 수 있다(법 제61조 제2항).

② 국가 또는 지방자치단체는 사업시행자로부터 임시거주시설에 필요한 건축물이나 토지의 사용신청을 받은 때에는 대통령령으로 정하는 다음의 사유가 없으면 이를 거절하지 못한다. 이 경우, 사용료 또는 대부료는 면제한다(법 제61조 제3항, 영 제53조).

> ⊙ 임시거주시설의 설치를 위하여 필요한 건축물이나 토지에 대하여 제3자와 이미 매매계약을 체결한 경우
> ⓒ 사용신청 이전에 임시거주시설의 설치를 위하여 필요한 건축물이나 토지에 대한 사용계획이 확정된 경우
> ⓒ 제3자에게 이미 임시거주시설의 설치를 위하여 필요한 건축물이나 토지에 대한 사용허가를 한 경우

③ 사업시행자는 정비사업의 공사를 완료한 때에는 완료한 날부터 30일 이내에 임시거주시설을 철거하고, 사용한 건축물이나 토지를 원상회복하여야 한다(법 제61조 제4항).

기출 사업시행자는 정비사업의 공사를 완료한 때에는 완료한 날부터 (30)일 이내에 임시거주시설을 철거하고, 사용한 건축물이나 토지를 원상회복하여야 한다.
제36회

④ 재개발사업의 사업시행자는 사업시행으로 이주하는 상가세입자가 사용할 수 있도록 정비구역 또는 정비구역 인근에 임시상가를 설치할 수 있다(법 제61조 제5항).

(3) 임시거주시설·임시상가의 설치 등에 따른 손실보상

① 사업시행자는 공공단체(지방자치단체는 제외한다) 또는 개인의 시설이나 토지를 일시사용함으로써 손실을 입은 자가 있는 경우에는 손실을 보상하여야 하며, 손실을 보상하는 경우에는 손실을 입은 자와 협의하여야 한다(법 제62조 제1항).

② 사업시행자 또는 손실을 입은 자는 손실보상에 관한 협의가 성립되지 아니하거나 협의할 수 없는 경우에는 「공익사업을 위한 토지 등의 취득 및 보상에 관한 법률」에 따라 설치되는 관할 토지수용위원회에 재결을 신청할 수 있다(법 제62조 제2항).

③ 손실보상은 이 법에 규정된 사항을 제외하고는 「공익사업을 위한 토지 등의 취득 및 보상에 관한 법률」을 준용한다(법 제62조 제3항).

2. 토지 등의 수용 또는 사용

(1) 토지 등의 수용·사용

사업시행자는 정비구역에서 정비사업(재건축사업의 경우에는 천재지변 및 사용제한과 사용금지에 해당하는 사업으로 한정한다)을 시행하기 위하여 「공익사업을 위한 토지 등의 취득 및 보상에 관한 법률」에 따른 토지·물건 또는 그 밖의 권리를 취득하거나 사용할 수 있다(법 제63조).

(2) 「공익사업을 위한 토지 등의 취득 및 보상에 관한 법률」의 준용

① 정비구역에서 정비사업의 시행을 위한 토지 또는 건축물의 소유권과 그 밖의 권리에 대한 수용 또는 사용은 이 법에 규정된 사항을 제외하고는 「공익사업을 위한 토지 등의 취득 및 보상에 관한 법률」을 준용한다. 다만, 정비사업의 시행에 따른 손실보상의 기준 및 절차는 대통령령으로 정할 수 있다(법 제65조 제1항).

② 「공익사업을 위한 토지 등의 취득 및 보상에 관한 법률」을 준용하는 경우, 사업시행계획 인가·고시(시장·군수 등이 직접 정비사업을 시행하는 경우에는 사업시행계획서의 고시를 말한다)가 있은 때에는 사업인정 및 그 고시가 있은 것으로 본다(법 제65조 제2항).

③ 수용 또는 사용에 대한 재결의 신청은 「공익사업을 위한 토지 등의 취득 및 보상에 관한 법률」에도 불구하고 사업시행계획 인가(사업시행계획변경인가를 포함한다)를 할 때 정한 사업시행기간 이내에 하여야 한다(법 제65조 제3항).

④ 대지 또는 건축물을 현물보상하는 경우에는 「공익사업을 위한 토지 등의 취득 및 보상에 관한 법률」에도 불구하고 준공인가 이후에도 할 수 있다(법 제65조 제4항).

(3) 용적률에 관한 특례

사업시행자가 다음의 어느 하나에 해당하는 경우에는 「국토의 계획 및 이용에 관한 법률」에도 불구하고 해당 정비구역에 적용되는 용적률의 100분의 125 이하의 범위에서 대통령령으로 정하는 바에 따라 특별시·광역시·특별자치시·특별자치도·시 또는 군의 조례로 용적률을 완화하여 정할 수 있다(법 제66조 제1항).

> ① 대통령령으로 정하는 손실보상의 기준 이상으로 세입자에게 주거이전비를 지급하거나 영업의 폐지 또는 휴업에 따른 손실을 보상하는 경우
> ② 손실보상에 더하여 임대주택을 추가로 건설하거나 임대상가를 건설하는 등 추가적인 세입자 손실보상대책을 수립하여 시행하는 경우

3. 소유자의 확인이 곤란한 건축물 등에 대한 처분

(1) 소유자의 확인이 곤란한 경우

사업시행자는 다음에서 정하는 날 현재 건축물 또는 토지의 소유자의 소재 확인이 현저히 곤란한 때에는 전국적으로 배포되는 둘 이상의 일간신문에 2회 이상 공고하고, 공고한 날부터 30일 이상이 지난 때에는 그 소유자의 해당 건축물 또는 토지의 감정평가액에 해당하는 금액을 법원에 공탁하고 정비사업을 시행할 수 있다(법 제71조 제1항).

> ① 조합이 사업시행자가 되는 경우: 조합설립인가일
> ② 토지등소유자가 시행하는 재개발사업의 경우: 사업시행계획인가일
> ③ 시장·군수 등, 토지주택공사 등이 정비사업을 시행하는 경우: 토지등소유자에게 알릴 사항의 고시일
> ④ 지정개발자를 사업시행자로 지정하는 경우: 토지등소유자에게 알릴 사항의 고시일

(2) 조합원 공동소유인 토지 또는 건축물의 소유권

① 재건축사업을 시행하는 경우, 조합설립인가일 현재 조합원 전체의 공동소유인 토지 또는 건축물은 조합소유의 토지 또는 건축물로 본다(법 제71조 제2항).

② 조합소유로 보는 토지 또는 건축물의 처분에 관한 사항은 관리처분계획에 명시하여야 한다(법 제71조 제3항).

⑪ 관리처분계획 등

1. 분양공고 및 분양신청 제32회, 제34회

(1) 분양신청의 통지 및 공고

사업시행자는 사업시행계획 인가의 고시가 있은 날(사업시행계획 인가 이후 시공자를 선정한 경우에는 시공자와 계약을 체결한 날)부터 90일(대통령령으로 정하는 경우에는 1회에 한하여 30일의 범위에서 연장할 수 있다) 이내에 다음의 사항을 토지등소유자에게 통지하고, 분양의 대상이 되는 대지 또는 건축물의 내역 등 대통령령으로 정하는 사항을 해당 지역에서 발간되는 일간신문에 공고하여야 한다. 다만, 토지등소유자 1인이 시행하는 재개발사업의 경우에는 그러하지 아니하다(법 제72조 제1항).

> ① 분양대상자별 종전의 토지 또는 건축물의 명세 및 사업시행계획 인가의 고시가 있은 날을 기준으로 한 가격(사업시행계획 인가 전에 철거된 건축물은 시장·군수 등에게 허가를 받은 날을 기준으로 한 가격)
> ② 분양대상자별 분담금의 추산액
> ③ 분양신청기간
> ④ 그 밖에 대통령령으로 정하는 사항 ✚

✚ 대통령령으로 정하는 사항이란 다음을 말한다.
1. 사업시행인가의 내용
2. 정비사업의 종류·명칭 및 정비구역의 위치·면적
3. 분양신청기간 및 장소
4. 분양대상 대지 또는 건축물의 내역
5. 분양신청자격
6. 분양신청방법
7. 토지등소유자 외의 권리자의 권리신고방법
8. 분양을 신청하지 아니한 자에 대한 조치
9. 그 밖에 시·도조례로 정하는 사항

기출 분양신청기간의 연장은 20일의 범위에서 한 차례만 할 수 있다. 제32회

(2) 분양신청기간과 신청방법

① 분양신청기간은 통지한 날부터 30일 이상 60일 이내로 하여야 한다. 다만, 사업시행자는 관리처분계획의 수립에 지장이 없다고 판단하는 경우에는 분양신청기간을 20일의 범위에서 한 차례만 연장할 수 있다(법 제72조 제2항).

② 대지 또는 건축물에 대한 분양을 받으려는 토지등소유자는 분양신청기간에 대통령령으로 정하는 방법 및 절차에 따라 사업시행자에게 대지 또는 건축물에 대한 분양신청을 하여야 한다(법 제72조 제3항).

③ 분양신청을 하려는 자는 분양신청서에 소유권의 내역을 분명하게 적고, 그 소유의 토지 및 건축물에 관한 등기부등본 또는 환지예정지증명원을 첨부하여 사업시행자에게 제출해야 한다. 이 경우, 우편의 방법으로 분양신청을 하는 때에는 분양신청기간 내에 발송된 것임을 증명할 수 있는 우편으로 하여야 한다(영 제59조 제3항).

④ 재개발사업의 경우, 토지등소유자가 정비사업에 제공되는 종전의 토지 또는 건축물에 따라 분양받을 수 있는 것 외에 공사비 등 사업시행에 필요한 비용의 일부를 부담하고 그 대지 및 건축물(주택을 제외한다)을 분양받으려는 때에는 분양신청을 하는 때에 그 의사를 분명히 하고, 가격의 10%에 상당하는 금액을 사업시행자에게 납입하여야 한다. 이 경우, 그 금액은 납입하였으나 비용부담액을 정하여진 시기에 납입하지 아니한 자는 그 납입한 금액의 비율에 해당하는 만큼의 대지 및 건축물(주택을 제외한다)만 분양을 받을 수 있다(영 제59조 제4항).

⑤ 분양신청서를 받은 사업시행자는 「전자정부법」에 따른 행정정보의 공동이용을 통하여 첨부서류를 확인할 수 있는 경우에는 그 확인으로 첨부서류를 갈음하여야 한다(영 제59조 제5항).

(3) 사업시행계획 인가의 변경에 따른 재분양 등

① 사업시행자는 분양신청기간 종료 후 사업시행계획 인가의 변경(경미한 사항의 변경은 제외한다)으로 세대수 또는 주택규모가 달라지는 경우, 분양공고 등의 절차를 다시 거칠 수 있다(법 제72조 제4항).

② 사업시행자는 정관 등으로 정하고 있거나 총회의 의결을 거친 경우 ㉠ 분양신청을 하지 아니한 자, ㉡ 분양신청기간 종료 이전에 분양신청을 철회한 토지등소유자에게 분양신청을 다시 하게 할 수 있다(법 제72조 제5항).

(4) 투기과열지구에서 재분양신청제한

투기과열지구의 정비사업에서 관리처분계획에 따라 조합원 분양분과 일반분양분의 분양대상자 및 그 세대에 속한 자는 분양대상자 선정일(조합원 분양분의 분양대상자는 최초 관리처분계획인가일을 말한다)부터 5년 이내에는 투기과열지구에서 분양신청을 할 수 없다. 다만, 상속, 결혼, 이혼으로 조합원 자격을 취득한 경우에는 분양신청을 할 수 있다(법 제72조 제6항).

(5) 공공재개발사업 시행자의 분양신청제한

공공재개발사업 시행자는 건축물 또는 토지를 양수하려는 경우, 무분별한 분양신청을 방지하기 위하여 분양공고시 양수대상이 되는 건축물 또는 토지의 조건을 함께 공고하여야 한다(법 제72조 제7항).

(6) 분양신청을 하지 아니한 자 등에 대한 조치 제33회, 제35회

① 손실보상에 관한 협의: 사업시행자는 **관리처분계획이 인가·고시된 다음 날부터 90일 이내**에 다음에서 정하는 자와 토지, 건축물 또는 그 밖의 권리의 **손실보상에 관한 협의를 하여야 한다**. 다만, 사업시행자는 분양신청기간 종료일의 다음 날부터 협의를 시작할 수 있다(법 제73조 제1항).

> ㉠ 분양신청을 하지 아니한 자
> ㉡ 분양신청기간 종료 이전에 분양신청을 철회한 자
> ㉢ 투기과열지구에서 5년 이내에 분양신청을 할 수 없는 자
> ㉣ 인가된 관리처분계획에 따라 분양대상에서 제외된 자

기출 분양신청기간 종료 후에 분양신청을 철회한 자는 관리처분계획이 인가·고시된 다음 날부터 90일 이내에 손실보상 협의를 하여야 하는 토지등소유자에 해당하지 않는다. 제35회

② 손실보상에 관한 협의 불성립시 조치
  ㉠ 사업시행자는 협의가 성립되지 아니하면 그 기간의 만료일 다음 날부터 60일 이내에 수용재결을 신청하거나 매도청구소송을 제기하여야 한다(법 제73조 제2항).
  ㉡ 사업시행자는 기간을 넘겨서 수용재결을 신청하거나 매도청구소송을 제기한 경우에는 해당 토지등소유자에게 지연일수(遲延日數)에 따른 이자를 지급하여야 한다. 이 경우, 이자는 100분의 15 이하의 범위에서 대통령령으로 정하는 이율⁺을 적용하여 산정한다(법 제73조 제3항).

③ 현금청산금액: 사업시행자가 토지등소유자의 토지, 건축물 또는 그 밖의 권리에 대하여 현금으로 청산하는 경우, 청산금액은 사업시행자와 토지등소유자가 협의하여 산정한다. 이 경우, 재개발사업의 손실보상액의 산정을 위한 감정평가법인 등의 선정에 관하여는 「공익사업을 위한 토지 등의 취득 및 보상에 관한 법률」 제68조 제1항에 따른다(영 제60조 제1항).

⁺ 대통령령으로 정하는 이율이란 다음을 말한다.
1. 6개월 이내의 지연일수에 따른 이자의 이율: 100분의 5
2. 6개월 초과 12개월 이내의 지연일수에 따른 이자의 이율: 100분의 10
3. 12개월 초과의 지연일수에 따른 이자의 이율: 100분의 15

(7) 분양신청 후 잔여분에 대한 처리

사업시행자는 분양신청을 받은 후 잔여분이 있는 경우에는 정관 등 또는 사업시행계획으로 정하는 목적을 위하여 그 잔여분을 보류지(건축물을 포함한다)로 정하거나 조합원 또는 토지등소유자 이외의 자에게 분양할 수 있다. 이 경우, 분양공고와 분양신청절차 등에 필요한 사항은 대통령령으로 정한다(법 제79조 제4항).

2. 관리처분계획의 수립 및 인가 등 제32회

(1) 의의

정비사업 시행구역 안에 있는 종전의 토지 또는 건축물의 소유권과 지상권·전세권·임차권·저당권 등 소유권 외의 권리를 정비사업으로 조성된 토지와 축조된 건축시설에 관한 권리로 변환시켜 배분하는 일련의 계획을 말한다.

(2) 내용

사업시행자는 분양신청기간이 종료된 때에는 분양신청의 현황을 기초로 다음의 사항이 포함된 관리처분계획을 수립하여 시장·군수 등의 인가를 받아야 하며, 관리처분계획을 변경·중지 또는 폐지하려는 경우에도 또한 같다. 다만, 대통령령으로 정하는 경미한 사항을 변경하려는 경우에는 시장·군수 등에게 신고하여야 한다(법 제74조 제1항).

> ① 분양설계
> ② 분양대상자의 주소 및 성명
> ③ 분양대상자별 분양예정인 대지 또는 건축물의 추산액(임대관리위탁주택에 관한 내용을 포함한다)
> ④ 다음에 해당하는 보류지 등의 명세와 추산액 및 처분방법. 다만, ⓒ의 경우에는 선정된 공공지원민간임대사업자의 성명 및 주소(법인인 경우에는 법인의 명칭 및 소재지와 대표자의 성명 및 주소)를 포함한다.
>   ㉠ 일반 분양분
>   ㉡ 공공지원민간임대주택
>   ㉢ 임대주택
>   ㉣ 그 밖에 부대시설·복리시설 등
> ⑤ 분양대상자별 종전의 토지 또는 건축물 명세 및 사업시행계획 인가·고시가 있은 날을 기준으로 한 가격(사업시행계획 인가 전에 법 제81조 제3항에 따라 철거된 건축물은 시장·군수 등에게 허가를 받은 날을 기준으로 한 가격)

⑥ 정비사업비의 추산액(재건축사업의 경우에는 「재건축초과이익 환수에 관한 법률」에 따른 재건축부담금에 관한 사항을 포함한다) 및 그에 따른 조합원 분담규모 및 분담시기
⑦ 분양대상자의 종전 토지 또는 건축물에 관한 소유권 외의 권리명세
⑧ 세입자별 손실보상을 위한 권리명세 및 그 평가액
⑨ 그 밖에 정비사업과 관련한 권리 등에 관하여 대통령령으로 정하는 사항
  ㉠ 현금으로 청산하여야 하는 토지등소유자별 기존의 토지·건축물 또는 그 밖의 권리의 명세와 이에 대한 청산방법
  ㉡ 보류지 등의 명세와 추산가액 및 처분방법
  ㉢ 비용의 부담비율에 따른 대지 및 건축물의 분양계획과 그 비용부담의 한도·방법 및 시기. 이 경우, 비용부담으로 분양받을 수 있는 한도는 정관 등에서 따로 정하는 경우를 제외하고는 기존의 토지 또는 건축물의 가격의 비율에 따라 부담할 수 있는 비용의 50%를 기준으로 정한다.
  ㉣ 정비사업의 시행으로 인하여 새롭게 설치되는 정비기반시설의 명세와 용도가 폐지되는 정비기반시설의 명세
  ㉤ 기존 건축물의 철거예정시기
  ㉥ 그 밖에 시·도조례로 정하는 사항

(3) 수립기준(법 제76조) 제32회

① 종전의 토지 또는 건축물의 면적·이용상황·환경 그 밖의 사항을 종합적으로 고려하여 대지 또는 건축물이 균형 있게 분양신청자에게 배분되고 합리적으로 이용되도록 한다.
② 지나치게 좁거나 넓은 토지 또는 건축물은 넓히거나 좁혀 대지 또는 건축물이 적정 규모가 되도록 한다.
③ 너무 좁은 토지 또는 건축물을 취득한 자나 정비구역 지정 후 분할된 토지 또는 집합건물의 구분소유권을 취득한 자에게는 현금으로 청산할 수 있다.
④ 재해 또는 위생상의 위해를 방지하기 위하여 토지의 규모를 조정할 특별한 필요가 있는 때에는 너무 좁은 토지를 넓혀 토지를 갈음하여 보상을 하거나 건축물의 일부와 그 건축물이 있는 대지의 공유지분을 교부할 수 있다.
⑤ 분양설계에 관한 계획은 분양신청기간이 만료하는 날을 기준으로 하여 수립한다.
⑥ 1주택 공급의 원칙: 1세대 또는 1명이 하나 이상의 주택 또는 토지를 소유한 경우 1주택을 공급하고, 같은 세대에 속하지 아니하는 2명 이상이 1주택 또는 1토지를 공유한 경우에는 1주택만 공급한다.

기출 같은 세대에 속하지 아니하는 3명이 1토지를 공유한 경우에는 1주택을 공급하여야 한다. 제32회

⑦ 1주택 공급의 예외: ⑥에도 불구하고 다음의 경우에는 각각의 방법에 따라 주택을 공급할 수 있다.

> ㉠ 2명 이상이 1토지를 공유한 경우로서 시·도조례로 주택공급을 따로 정하고 있는 경우에는 시·도조례로 정하는 바에 따라 주택을 공급할 수 있다.
> ㉡ 다음 어느 하나에 해당하는 토지등소유자에게는 소유한 주택 수만큼 공급할 수 있다.
> ⓐ 과밀억제권역에 위치하지 아니한 재건축사업의 토지등소유자. 다만, 투기과열지구 또는 조정대상지역에서 사업시행계획 인가(최초 사업시행계획인가를 말한다)를 신청하는 재건축사업의 토지등소유자는 제외한다.
> ⓑ 근로자(공무원인 근로자를 포함한다)숙소, 기숙사 용도로 주택을 소유하고 있는 토지등소유자
> ⓒ 국가, 지방자치단체 및 토지주택공사 등
> ㉢ 가격의 범위 또는 종전 주택의 주거전용면적의 범위에서 2주택을 공급할 수 있고, 이 중 1주택은 주거전용면적을 $60m^2$ 이하로 한다. 다만, $60m^2$ 이하로 공급받은 1주택은 이전고시일 다음 날부터 3년이 지나기 전에는 주택을 전매(매매·증여나 그 밖에 권리의 변동을 수반하는 모든 행위를 포함하되 상속의 경우는 제외한다)하거나 전매를 알선할 수 없다.
> ㉣ 과밀억제권역에 위치한 재건축사업의 경우에는 토지등소유자가 소유한 주택 수의 범위에서 3주택까지 공급할 수 있다. 다만, 투기과열지구 또는 조정대상지역에서 사업시행계획 인가(최초 사업시행계획 인가를 말한다)를 신청하는 재건축사업의 경우에는 그러하지 아니하다.
> ✔ 관리처분계획의 수립기준 등에 필요한 사항은 대통령령으로 정한다.

심화 과밀억제권역 외의 조정대상지역 또는 투기과열지구에서 조정대상지역 또는 투기과열지구로 지정되기 전에 1명의 토지등소유자로부터 토지 또는 건축물의 소유권을 양수하여 여러 명이 소유하게 된 경우에는 양도인과 양수인에게 각각 1주택을 공급할 수 있다.

(4) 재산평가방법 등

① 정비사업에서 (2)의 ③·⑤·⑧에 따라 재산 또는 권리를 평가할 때에는 다음의 방법에 따른다(법 제74조 제4항).

> ㉠ 「감정평가 및 감정평가사에 관한 법률」에 따른 감정평가법인 등 중 다음의 구분에 따른 감정평가법인 등이 평가한 금액을 산술평균하여 산정한다. 다만, 관리처분계획을 변경·중지 또는 폐지하려는 경우 분양예정대상인 대지 또는 건축물의 추산액과 종전의 토지 또는 건축물의 가격은 사업시행자 및 토지등소유자 전원이 합의하여 산정할 수 있다.

> ⓐ 주거환경개선사업 또는 재개발사업: 시장·군수 등이 선정·계약한 2인 이상의 감정평가법인 등
> ⓑ 재건축사업: 시장·군수 등이 선정·계약한 1인 이상의 감정평가법인 등과 조합총회의 의결로 선정·계약한 1인 이상의 감정평가법인 등
> ⓒ 시장·군수 등은 감정평가법인 등을 선정·계약하는 경우 감정평가법인 등의 업무수행능력, 소속 감정평가사의 수, 감정평가 실적, 법규 준수 여부, 평가계획의 적정성 등을 고려하여 객관적이고 투명한 절차에 따라 선정하여야 한다. 이 경우, 감정평가법인 등의 선정·절차 및 방법 등에 필요한 사항은 시·도조례로 정한다.
> ⓒ 사업시행자는 감정평가를 하려는 경우, 시장·군수 등에게 감정평가법인 등의 선정·계약을 요청하고 감정평가에 필요한 비용을 미리 예치하여야 한다. 시장·군수 등은 감정평가가 끝난 경우 예치된 금액에서 감정평가 비용을 직접 지급한 후 나머지 비용을 사업시행자와 정산하여야 한다.

② 조합은 법 제45조 제1항 제10호의 사항을 의결하기 위한 총회의 개최일부터 1개월 전에 제1항 제3호부터 제6호까지의 규정에 해당하는 사항을 각 조합원에게 문서로 통지하여야 한다(법 제74조 제5항).

③ 관리처분계획의 내용, 관리처분의 방법 등에 필요한 사항은 대통령령으로 정한다(법 제74조 제6항).

④ 관리처분계획의 내용과 ①부터 ③까지의 규정은 시장·군수 등이 직접 수립하는 관리처분계획에 준용한다(법 제74조 제7항).

(5) 주택 등 건축물을 분양받을 권리의 산정기준일

① 기준일의 산정: 정비사업을 통하여 분양받을 건축물이 다음의 어느 하나에 해당하는 경우에는 정비구역의 지정 및 고시가 있는 날 또는 시·도지사가 투기를 억제하기 위하여 기본계획 수립을 위한 주민 공람의 공고일 후 정비구역 지정·고시 전에 따로 정하는 날(이하 '기준일'이라 한다)의 다음 날을 기준으로 건축물을 분양받을 권리를 산정한다(법 제77조 제1항).

> ㉠ 1필지의 토지가 여러 개의 필지로 분할되는 경우
> ㉡ 「집합건물의 소유 및 관리에 관한 법률」에 따른 집합건물이 아닌 건축물이 같은 법에 따른 집합건물로 전환되는 경우
> ㉢ 하나의 대지 범위에 속하는 동일인 소유의 토지와 주택 등 건축물을 토지와 주택 등 건축물로 각각 분리하여 소유하는 경우

ⓔ 나대지에 건축물을 새로 건축하거나 기존 건축물을 철거하고 다세대주택, 그 밖의 공동주택을 건축하여 토지등소유자의 수가 증가하는 경우
　　ⓜ 「집합건물의 소유 및 관리에 관한 법률」 제2조 제3호에 따른 전유부분의 분할로 토지등소유자의 수가 증가하는 경우

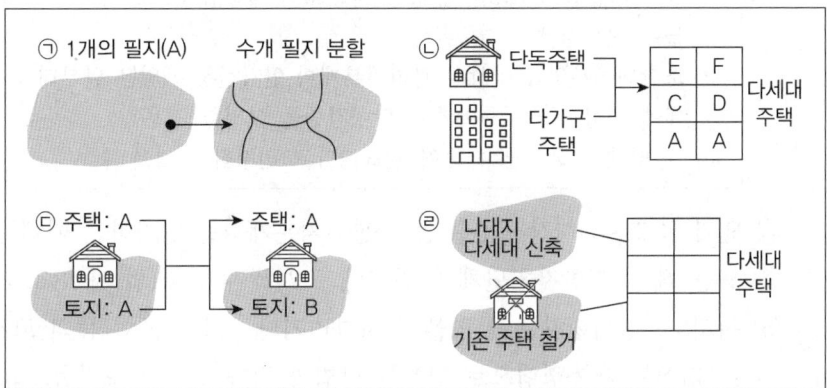

　② 고시의무: 시·도지사는 기준일을 따로 정하는 경우에는 기준일·지정사유·건축물을 분양받을 권리의 산정기준 등을 해당 지방자치단체의 공보에 고시해야 한다(법 제77조 제2항).

(6) 공람 및 인가절차 등

　① 공람 및 의견청취: 사업시행자는 관리처분계획 인가를 신청하기 전에 관계서류의 사본을 30일 이상 토지등소유자에게 공람하게 하고 의견을 들어야 한다. 다만, 신고사항인 경미한 사항을 변경하려는 경우에는 토지등소유자의 공람 및 의견청취절차를 거치지 아니할 수 있다(법 제78조 제1항).

　② 인가 여부의 통보: 시장·군수 등은 사업시행자의 관리처분계획 인가의 신청이 있은 날부터 30일 이내에 인가 여부를 결정하여 사업시행자에게 통보하여야 한다. 다만, 시장·군수 등은 관리처분계획의 타당성검증을 요청하는 경우에는 관리처분계획 인가의 신청을 받은 날부터 60일 이내에 인가 여부를 결정하여 사업시행자에게 통지하여야 한다(법 제78조 제2항).

　③ 타당성검증: 시장·군수 등은 다음의 어느 하나에 해당하는 경우에는 대통령령으로 정하는 공공기관에 관리처분계획의 타당성검증을 요청해야 한다. 이 경우, 시장·군수 등은 타당성검증비용을 사업시행자에게 부담하게 할 수 있다(법 제78조 제3항).

> ㉠ 관리처분계획상의 정비사업비가 사업시행계획서상의 정비사업비 기준으로 100분의 10 이상으로서 대통령령으로 정하는 비율 이상 늘어나는 경우
> ㉡ 관리처분계획상의 정비사업에 따른 조합원 분담규모가 사업시행계획인가·고시 후 토지등소유자에게 통지한 분양대상자별 분담금의 추산액 총액 기준으로 100분의 20 이상으로서 대통령령으로 정하는 비율 이상 늘어나는 경우
> ㉢ 조합원 5분의 1 이상이 관리처분계획 인가신청이 있은 날부터 15일 이내에 시장·군수 등에게 타당성검증을 요청한 경우
> ㉣ 그 밖에 시장·군수 등이 필요하다고 인정하는 경우

④ 인가 및 고시: 시장·군수 등이 관리처분계획을 인가하는 때에는 그 내용을 해당 지방자치단체의 공보에 고시해야 한다(법 제78조 제4항).

⑤ 통지: 사업시행자는 공람을 실시하려거나 시장·군수 등의 고시가 있은 때에는 대통령령으로 정하는 방법과 절차에 따라 토지등소유자에게는 공람계획을 통지하고, 분양신청을 한 자에게는 관리처분계획 인가의 내용 등을 통지하여야 한다(법 제78조 제5항).

⑥ ①·④ 및 ⑤는 시장·군수 등이 직접 관리처분계획을 수립하는 경우에 준용한다(법 제78조 제6항).

⑦ 사업시행자는 관리처분계획의 내용이 ③의 ㉠ 또는 ㉡에 해당하는 경우 관리처분계획인가의 신청 이전(총회 의결이 있는 경우로 한정한다)에 공공기관에 관리처분계획의 타당성 검증을 요청할 수 있다. 이 경우 타당성 검증이 요청된 것으로 본다(법 제78조 제7항).

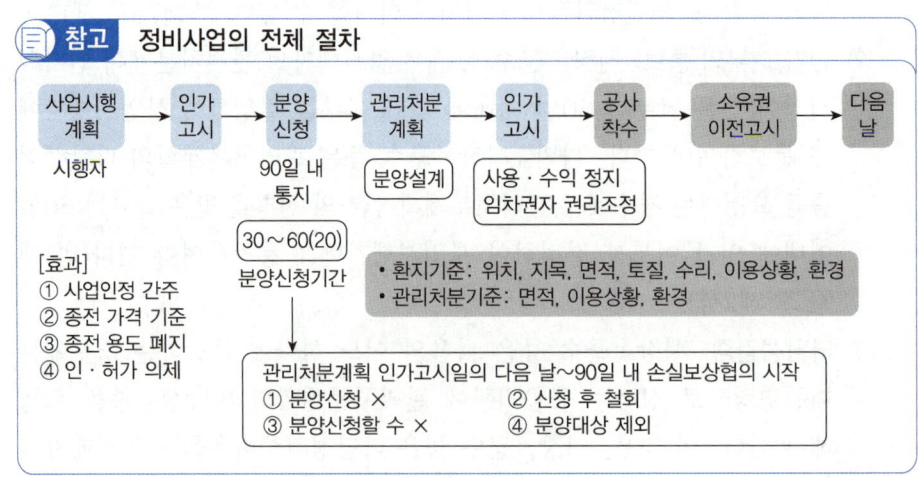

참고 정비사업의 전체 절차

(7) 관리처분계획에 따른 처분 등 제32회

① 조성된 대지와 건축물의 처분기준
  ㉠ 정비사업의 시행으로 조성된 대지 및 건축물은 관리처분계획에 따라 처분 또는 관리하여야 한다(법 제79조 제1항).
  ㉡ 사업시행자는 정비사업의 시행으로 건설된 건축물을 인가받은 관리처분계획에 따라 토지등소유자에게 공급하여야 한다(법 제79조 제2항).

② 주택의 입주자 모집 등의 별도적용: 사업시행자(대지를 공급받아 주택을 건설하는 자를 포함한다)는 정비구역에 주택을 건설하는 경우에는 입주자 모집조건·방법·절차, 입주금(계약금·중도금 및 잔금을 말한다)의 납부방법·시기·절차, 주택공급방법·절차 등에 관하여「주택법」에도 불구하고 대통령령으로 정하는 범위에서 시장·군수 등의 승인을 받아 따로 정할 수 있다(법 제79조 제3항).

③ 임대주택의 인수: 국토교통부장관, 시·도지사, 시장, 군수, 구청장 또는 토지주택공사 등은 조합이 요청하는 경우 재개발사업의 시행으로 건설된 임대주택을 인수하여야 한다. 이 경우, 재개발임대주택의 인수절차 및 방법, 인수가격 등에 필요한 사항은 대통령령으로 정한다(법 제79조 제5항).

④ 임대주택의 공급기준에 대한 특례: 사업시행자는 정비사업의 시행으로 임대주택을 건설하는 경우에는 임차인의 자격·선정방법·임대보증금·임대료 등 임대조건에 관한 기준 및 무주택 세대주에게 우선매각하도록 하는 기준 등에 관하여「민간임대주택에 관한 특별법」제42조 및 제44조,「공공주택 특별법」제48조, 제49조 및 제50조의3에도 불구하고 대통령령으로 정하는 범위에서 시장·군수 등의 승인을 받아 따로 정할 수 있다. 다만, 재개발임대주택으로서 최초의 임차인 선정이 아닌 경우에는 대통령령으로 정하는 범위에서 인수자가 따로 정한다(법 제79조 제6항).

⑤ 공급 후 남은 잔여주택의 공급
  ㉠ 사업시행자는 공급대상자에게 주택을 공급하고 남은 주택을 공급대상자 외의 자에게 공급할 수 있다(법 제79조 제7항).
  ㉡ 주택의 공급방법·절차 등은「주택법」을 준용한다. 다만, 사업시행자가 매도청구소송을 통하여 법원의 승소판결을 받은 후 입주예정자에게 피해가 없도록 손실보상금을 공탁하고 분양예정인 건축물을 담보한 경우에는 법원의 승소판결이 확정되기 전이라도「주택법」에도 불구하고 입주자를 모집할 수 있으나, 준공인가신청 전까지 해당 주택건설대지의 소유권을 확보하여야 한다(법 제79조 제8항).

기출
1. 정비사업의 시행으로 조성된 대지 및 건축물은 관리처분계획에 따라 처분 또는 관리하여야 한다.
2. 사업시행자는 정비사업의 시행으로 건설된 건축물을 관리처분계획에 따라 토지등소유자에게 공급하여야 한다.

기출 사업시행자는 분양신청을 받은 후 잔여분이 있는 경우에는 사업시행계획으로 정하는 목적을 위하여 그 잔여분을 조합원 또는 토지등소유자 이외의 자에게 분양할 수 있다.

기출 지분형 주택의 규모는 주거전용면적 60m² 이하인 주택으로 한정한다.
제32회

참고 국토교통부장관, 시·도지사, 시장·군수·구청장 또는 토지주택공사 등은 정비구역에 세입자와 다음의 어느 하나에 해당하는 자의 요청이 있는 경우에는 인수한 재개발임대주택의 일부를 「주택법」에 따른 토지임대부 분양주택으로 전환하여 공급하여야 한다.
1. 면적이 90m² 미만의 토지를 소유한 자로서 건축물을 소유하지 아니한 자
2. 바닥면적이 40m² 미만의 사실상 주거를 위하여 사용하는 건축물을 소유한 자로서 토지를 소유하지 아니한 자

⑥ 지분형 주택 등의 공급
  ㉠ 사업시행자가 토지주택공사 등인 경우에는 분양대상자와 사업시행자가 공동소유하는 방식으로 주택(이하 '지분형 주택'이라 한다)을 공급할 수 있다. 이 경우 공급되는 지분형 주택의 규모, 공동소유기간 및 분양대상자 등 필요한 사항은 대통령령으로 정한다(법 제80조 제1항).
  ㉡ 국토교통부장관, 시·도지사, 시장·군수·구청장 또는 토지주택공사 등은 정비구역에 세입자와 대통령령으로 정하는 면적 이하의 토지 또는 주택을 소유한 자의 요청이 있는 경우에는 인수한 임대주택의 일부를 「주택법」에 따른 토지임대부 분양주택으로 전환하여 공급하여야 한다(법 제80조 제2항).

3. 관리처분계획 인가·고시의 효과와 임차권자 등의 권리조정

(1) 관리처분계획 인가·고시의 효과

종전의 토지 또는 건축물의 소유자·지상권자·전세권자·임차권자 등 권리자는 관리처분계획 인가의 고시가 있은 때에는 이전고시가 있는 날까지 종전의 토지 또는 건축물을 사용하거나 수익할 수 없다. 다만, 다음의 어느 하나에 해당하는 경우에는 그러하지 아니하다(법 제81조 제1항).

> ① 사업시행자의 동의를 받은 경우
> ② 「공익사업을 위한 토지 등의 취득 및 보상에 관한 법률」에 따른 손실보상이 완료되지 아니한 경우

(2) 지상권 등 계약의 해지

① 계약의 해지: 정비사업의 시행으로 인하여 지상권·전세권 또는 임차권의 설정목적을 달성할 수 없는 때에는 그 권리자는 계약을 해지할 수 있다(법 제70조 제1항).
② 금전반환청구권의 행사: 계약을 해지할 수 있는 자가 가지는 전세금·보증금 그 밖의 계약상의 금전의 반환청구권은 사업시행자에게 이를 행사할 수 있다(법 제70조 제2항).
③ 구상권의 행사: 금전의 반환청구권의 행사로 해당 금전을 지급한 사업시행자는 해당 토지등소유자에게 이를 구상할 수 있다(법 제70조 제3항).
④ 대지 또는 건축물의 압류: 사업시행자는 구상이 되지 아니하는 때에는 해당 토지등소유자에게 귀속될 대지 또는 건축물을 압류할 수 있다. 이 경우, 압류한 권리는 저당권과 동일한 효력을 가진다(법 제70조 제4항).

⑤ **적용제외**: 관리처분계획의 인가를 받은 경우, 지상권·전세권설정계약 또는 임대차계약의 계약기간은 「민법」 제280조, 제281조 및 제312조 제2항, 「주택임대차보호법」 제4조 제1항, 「상가건물 임대차보호법」 제9조 제1항을 적용하지 아니한다(법 제70조 제5항).

4. 기존 건축물의 철거

(1) 철거시기

사업시행자는 관리처분계획 인가를 받은 후 기존의 건축물을 철거하여야 한다(법 제81조 제2항).

(2) 철거시기의 조정

사업시행자는 다음의 어느 하나에 해당하는 경우에는 기존 건축물소유자의 동의 및 시장·군수 등의 허가를 받아 해당 건축물을 철거할 수 있다. 이 경우, 건축물의 철거는 토지등소유자로서의 권리·의무에 영향을 주지 아니한다(법 제81조 제3항).

> ① 「재난 및 안전관리 기본법」, 「주택법」, 「건축법」 등 관계 법령에서 정하는 기존 건축물의 붕괴 등 안전사고의 우려가 있는 경우
> ② 폐공가(廢空家)의 밀집으로 범죄 발생의 우려가 있는 경우

(3) 철거시기의 제한

시장·군수 등은 사업시행자가 기존의 건축물을 철거하거나 철거를 위하여 점유자를 퇴거시키려는 경우, 다음의 어느 하나에 해당하는 시기에는 건축물을 철거하거나 점유자를 퇴거시키는 것을 제한할 수 있다(법 제81조 제4항).

> ① 일출 전과 일몰 후
> ② 호우, 대설, 폭풍해일, 지진해일, 태풍, 강풍, 풍랑, 한파 등으로 해당 지역에 중대한 재해발생이 예상되어 기상청장이 「기상법」에 따라 특보를 발표한 때
> ③ 「재난 및 안전관리 기본법」에 따른 재난이 발생한 때
> ④ ①부터 ③까지의 규정에 준하는 시기로, 시장·군수 등이 인정하는 시기

5. 시공보증

(1) 시공보증서의 제출

조합이 정비사업의 시행을 위하여 시장·군수 등 또는 토지주택공사 등이 아닌 자를 시공자로 선정(공동사업시행자가 시공하는 경우를 포함한다)한 경우, 그 시공자는 공사의 시공보증(시공자가 공사의 계약상 의무를 이행하지 못하거나 의무이행을 하지 아니할 경우, 보증기관에서 시공자를 대신하여 계약이행의무를 부담하거나 총 공사금액의 100분의 50 이하 대통령령으로 정하는 비율 이상의 범위에서 사업시행자가 정하는 금액을 납부할 것을 보증하는 것을 말한다)을 위하여 국토교통부령으로 정하는 기관의 시공보증서를 조합에 제출해야 한다(법 제82조 제1항).

(2) 시장·군수의 확인의무

시장·군수 등은 「건축법」에 따른 착공신고를 받는 경우에는 시공보증서의 제출 여부를 확인하여야 한다(법 제82조 제2항).

> **참고** 사업시행계획인가 및 관리처분계획인가의 시기 조정(법 제75조)
>
> 1. 특별시·광역시·도: 특별시장·광역시장 또는 도지사는 정비사업의 시행으로 정비구역 주변 지역에 주택이 현저하게 부족하거나 주택시장이 불안정하게 되는 등 특별시·광역시 또는 도의 조례로 정하는 사유가 발생하는 경우에는 「주거기본법」에 따른 시·도 주거정책심의위원회의 심의를 거쳐 사업시행계획 인가 또는 관리처분계획 인가의 시기를 조정하도록 해당 시장, 군수 또는 구청장에게 요청할 수 있다. 이 경우 요청을 받은 시장, 군수 또는 구청장은 특별한 사유가 없으면 그 요청에 따라야 하며, 사업시행계획 인가 또는 관리처분계획 인가의 조정시기는 인가를 신청한 날부터 1년을 넘을 수 없다.
>
> 2. 특별자치시·특별자치도: 특별자치시장 및 특별자치도지사는 정비사업의 시행으로 정비구역 주변지역에 주택이 현저하게 부족하거나 주택시장이 불안정하게 되는 등 특별자치시 및 특별자치도의 조례로 정하는 사유가 발생하는 경우에는 「주거기본법」에 따른 시·도 주거정책심의위원회의 심의를 거쳐 사업시행계획 인가 또는 관리처분계획 인가의 시기를 조정할 수 있다. 이 경우, 사업시행계획 인가 또는 관리처분계획 인가의 조정시기는 인가를 신청한 날부터 1년을 넘을 수 없다.

12 공사완료에 따른 조치 등

1. 정비사업의 준공인가

(1) 시장·군수의 준공인가

시장·군수 등이 아닌 사업시행자는 정비사업에 관한 공사를 완료한 때에는 대통령령이 정하는 방법 및 절차에 의하여 시장·군수 등의 준공인가를 받아야 한다(법 제83조 제1항).

(2) 준공검사의 실시 및 의뢰

준공인가신청을 받은 시장·군수 등은 지체 없이 준공검사를 실시하여야 한다. 이 경우, 시장·군수 등은 효율적인 준공검사를 위하여 필요한 때에는 관계 행정기관·공공기관·연구기관 그 밖의 전문기관 또는 단체에 준공검사의 실시를 의뢰할 수 있다(법 제83조 제2항).

(3) 준공인가 및 공사완료고시

① 시장·군수 등은 준공검사를 실시한 결과 정비사업이 인가받은 사업시행계획대로 완료되었다고 인정되는 때에는 준공인가를 하고 공사의 완료를 해당 지방자치단체의 공보에 고시해야 한다(법 제83조 제3항).

② 시장·군수 등은 직접 시행하는 정비사업에 관한 공사가 완료된 때에는 그 완료를 해당 지방자치단체의 공보에 고시해야 한다(법 제83조 제4항).

> 참고 공사완료의 고시절차 및 방법, 그 밖에 필요한 사항은 대통령령으로 정한다.

(4) 준공인가 전 사용허가

시장·군수 등은 준공인가를 하기 전이라도 완공된 건축물이 사용에 지장이 없는 등 대통령령이 정하는 기준에 적합한 경우에는 입주예정자가 완공된 건축물을 사용할 수 있도록 사업시행자에게 허가할 수 있다. 다만, 시장·군수 등이 사업시행자인 경우에는 허가를 받지 아니하고 입주예정자가 완공된 건축물을 사용하게 할 수 있다(법 제83조 제5항).

> 참고 시장·군수 등은 준공인가 전 사용허가를 하는 때에는 동별·세대별 또는 구획별로 사용허가를 할 수 있다.

2. 공사완료에 따른 관련 인·허가 등의 의제

(1) 준공검사 등의 의제

준공인가를 하거나 공사완료를 고시하는 경우, 시장·군수 등이 의제되는 인·허가 등에 따른 준공검사·준공인가·사용검사·사용승인 등(이하 '준공검사·인가 등'이라 한다)에 관하여 관계 행정기관의 장과 협의한 사항에 대하여는 해당 준공검사·인가 등을 받은 것으로 본다(법 제85조 제1항).

(2) 관련서류 제출

시장·군수 등이 아닌 사업시행자는 준공검사·인가 등의 의제를 받으려는 경우에는 준공인가를 신청하는 때에 해당 법률에서 정하는 관계서류를 함께 제출해야 한다(법 제85조 제2항).

(3) 관계 행정기관의 장과 협의

시장·군수 등은 준공인가를 하거나 공사완료의 고시하는 경우, 그 내용에 의제되는 인·허가 등에 따른 준공검사·인가 등에 해당하는 사항이 있은 때에는 미리 관계 행정기관의 장과 협의하여야 한다(법 제85조 제3항).

(4) 준공인가 등에 따른 정비구역의 해제

① 정비구역의 지정은 준공인가의 고시가 있은 날(관리처분계획을 수립하는 경우에는 이전고시가 있은 때를 말한다)의 다음 날에 해제된 것으로 본다. 이 경우, 지방자치단체는 해당 지역을 「국토의 계획 및 이용에 관한 법률」에 따른 지구단위계획으로 관리하여야 한다(법 제84조 제1항).
② 정비구역의 해제는 조합의 존속에 영향을 주지 아니한다(법 제84조 제2항).

3. 소유권의 이전고시 등

(1) 소유권 이전의 절차

사업시행자는 공사완료의 고시가 있은 때에는 지체 없이 대지확정측량을 하고 토지의 분할절차를 거쳐, 관리처분계획에 정한 사항을 분양을 받을 자에게 통지하고 대지 또는 건축물의 소유권을 이전하여야 한다. 다만, 정비사업의 효율적인 추진을 위하여 필요한 경우에는 해당 정비사업에 관한 공사가 전부 완료되기 전이라도 완공된 부분을 준공인가를 받아 대지 또는 건축물별로 분양받을 자에게 소유권을 이전할 수 있다(법 제86조 제1항).

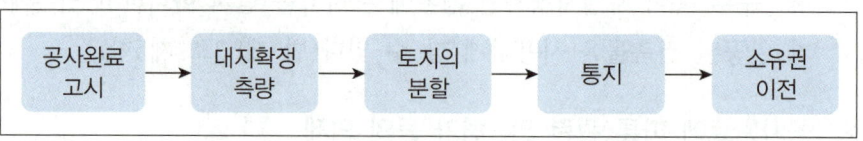

(2) 소유권 이전의 고시·보고

사업시행자는 대지 및 건축물의 소유권을 이전하려는 때에는 그 내용을 해당 지방자치단체의 공보에 고시한 후 이를 시장·군수 등에게 보고하여야 한다. 이 경우, 대지 또는 건축물을 분양받을 자는 고시가 있은 날의 다음 날에 그 대지 또는 건축물에 대한 소유권을 취득한다(법 제86조 제2항).

4. 대지 및 건축물에 대한 권리의 확정

(1) 소유권 외의 권리 확정

대지 또는 건축물을 분양받을 자에게 소유권을 이전한 경우, 종전의 토지 또는 건축물에 설정된 지상권·전세권·저당권·임차권·가등기담보권·가압류 등 등기된 권리 및 「주택임대차보호법」의 대항요건을 갖춘 임차권은 소유권을 이전받은 대지 또는 건축물에 설정된 것으로 본다(법 제87조 제1항).

(2) 「도시개발법」상 환지 등의 간주

취득하는 대지 또는 건축물 중 토지등소유자에게 분양하는 대지 또는 건축물은 「도시개발법」에 의하여 행하여진 환지로 보며, 보류지와 일반에게 분양하는 대지 또는 건축물은 「도시개발법」에 의한 보류지 또는 체비지로 본다(법 제87조 제2항·제3항).

5. 등기절차 및 권리변동의 제한

(1) 등기절차

① 사업시행자는 소유권의 이전고시가 있은 때에는 지체 없이 대지 및 건축물에 관한 등기를 지방법원지원 또는 등기소에 촉탁 또는 신청하여야 한다(법 제88조 제1항).
② 등기에 관하여 필요한 사항은 대법원규칙으로 정한다(법 제88조 제2항).

(2) 다른 등기의 제한

정비사업에 관하여 소유권의 이전고시가 있은 날부터 등기가 있을 때까지는 저당권 등의 다른 등기를 하지 못한다(법 제88조 제3항).

6. 청산금

(1) 의의

① 대지 또는 건축물을 분양받은 자가 종전에 소유하고 있던 토지 또는 건축물의 가격과 분양받은 대지 또는 건축물의 가격 사이에 차이가 있는 경우에는 사업시행자는 소유권의 이전고시가 있은 후에 그 차액에 상당하는 금액(이하 '청산금'이라 한다)을 분양받은 자로부터 징수하거나 분양받은 자에게 지급하여야 한다(법 제89조 제1항).

참고 조합의 해산

1. 조합장은 고시가 있은 날부터 1년 이내에 조합해산을 위한 총회를 소집하여야 한다.
2. 조합장이 1.에 따른 기간 내에 총회를 소집하지 아니한 경우, 조합원 5분의 1 이상의 요구로 소집된 총회에서 조합원 과반수의 출석과 출석조합원 과반수의 동의를 받아 해산을 의결할 수 있다. 이 경우, 요구자대표로 선출된 자가 조합해산을 위한 총회의 소집 및 진행을 할 때에는 조합장의 권한을 대행한다.
3. 시장·군수 등은 조합이 정당한 사유 없이 해산을 의결하지 아니하는 경우에는 조합설립인가를 취소할 수 있다.
4. 해산하는 조합에 청산인이 될 자가 없는 경우에는 「민법」 제83조에도 불구하고 시장·군수 등은 법원에 청산인의 선임을 청구할 수 있다.

기출 정비사업에 관하여 소유권의 이전고시가 있은 날부터 등기가 있을 때까지는 저당권 등의 다른 등기를 하지 못한다.

> **참고 📖 청산금의 징수**
> 1. 원칙: 일괄징수 및 교부
> 2. 예외: 분할징수 및 교부
> ✔ 관리처분계획인가 후부터 소유권이전고시일까지

② 사업시행자는 정관 등에서 분할징수 및 분할지급을 정하고 있거나 총회의 의결을 거쳐 따로 정한 경우에는 **관리처분계획 인가 후부터 소유권이전고시일**까지 일정 기간별로 분할징수하거나 분할지급할 수 있다(법 제89조 제2항).

(2) 산정시 기준

사업시행자는 종전에 소유하고 있던 토지 또는 건축물의 가격과 분양받은 대지 또는 건축물의 가격을 평가하는 경우, 그 토지 또는 건축물의 규모·위치·용도·이용상황·정비사업비 등을 참작하여 평가하여야 한다(법 제89조 제3항).

(3) 징수방법 등 _{제32회}

> **기출 📝**
> 1. 청산금을 납부할 자가 이를 납부하지 아니하는 경우에 시장·군수 등이 아닌 사업시행자는 시장·군수 등에게 청산금의 징수를 위탁할 수 있다.
> 2. 청산금을 지급받을 자가 받기를 거부하더라도 사업시행자는 그 청산금을 공탁할 수 있다. 제32회

① 강제징수: 시장·군수 등인 사업시행자는 청산금을 납부할 자가 이를 납부하지 아니하는 경우에 지방세 체납처분의 예에 따라 징수(분할징수를 포함한다)할 수 있으며, 시장·군수 등이 아닌 사업시행자는 시장·군수 등에게 청산금의 징수를 위탁할 수 있다(법 제90조 제1항).

② 공탁: 청산금을 지급받을 자가 받을 수 없거나 받기를 거부한 때에는 사업시행자는 그 청산금을 공탁할 수 있다(법 제90조 제2항).

③ 소멸시효: 청산금을 지급(분할지급을 포함한다)받을 권리 또는 이를 징수할 권리는 소유권이전고시일의 다음 날부터 5년간 행사하지 아니하면 소멸한다(법 제90조 제3항).

7. 저당권의 물상대위

> **기출 📝** 정비사업의 시행지역 안에 있는 건축물에 저당권을 설정한 권리자는 그 건축물의 소유자가 지급받을 청산금에 대하여 청산금을 지급하기 전에 압류절차를 거쳐 저당권을 행사할 수 있다.

정비구역에 있는 토지 또는 건축물에 저당권을 설정한 권리자(저당권자)는 사업시행자가 저당권이 설정된 토지 또는 건축물의 소유자(저당권 설정자)에게 청산금을 지급하기 전에 압류절차를 거쳐 저당권을 행사할 수 있다(법 제91조).

✔ 「민법」 제342조, 제370조를 참고한다.

제4장 보칙 및 벌칙

회독 Check 1회 2회 3회

> 이 장은 출제 빈도가 낮기 때문에, 참고로만 학습하면 된다.

제1절 | 비용의 부담 등

❶ 비용의 부담

(1) 시행자(원칙)

정비사업비는 이 법 또는 다른 법령에 특별한 규정이 있는 경우를 제외하고는 사업시행자가 부담한다(법 제92조 제1항).

(2) 시장·군수 등(예외) 제33회

시장·군수 등은 시장·군수 등이 아닌 사업시행자가 시행하는 정비사업의 정비계획에 따라 설치되는 다음의 시설에 대하여는 그 건설에 드는 비용의 전부 또는 일부를 부담할 수 있다(법 제92조 제2항, 영 제77조).

> ① 도시·군계획시설 중 대통령령으로 정하는 주요 정비기반시설 및 공동이용시설(도로, 상·하수도, 공원, 공용주차장, 공동구, 녹지, 하천, 공공공지, 광장)
> ② 임시거주시설

기출

1. 국가 또는 지방자치단체는 시장·군수 등이 아닌 사업시행자가 시행하는 정비사업에 드는 비용의 일부를 보조 또는 융자하거나 융자를 알선할 수 있다.
2. 사업시행자는 정비사업을 시행하는 지역에 전기·가스 등의 공급시설을 설치하기 위하여 공동구를 설치하는 경우, 다른 법령에 따라 그 공동구에 수용될 시설을 설치할 의무가 있는 자에게 공동구의 설치에 드는 비용을 부담시킬 수 있다.

❷ 비용의 조달

(1) 부과·징수

① 부과금의 부과·징수: 사업시행자는 토지등소유자로부터 정비사업의 비용과 정비사업의 시행과정에서 발생한 수입의 차액을 부과금으로 부과·징수할 수 있다(법 제93조 제1항).

② 연체료의 부과·징수: 사업시행자는 토지등소유자가 부과금의 납부를 게을리한 때에는 연체료를 부과·징수할 수 있다(법 제93조 제2항).

③ 부과금 및 연체료의 부과·징수에 관하여 필요한 사항은 정관 등으로 정한다(법 제93조 제3항).

(2) 부과·징수의 위탁

① 시장·군수 등이 아닌 사업시행자는 부과금 또는 연체료를 체납하는 자가 있는 때에는 시장·군수 등에게 그 부과·징수를 위탁할 수 있다(법 제93조 제4항).

② 시장·군수 등은 부과·징수를 위탁받은 경우에는 지방세 체납처분의 예에 따라 부과·징수할 수 있다. 이 경우, 사업시행자는 징수한 금액의 100분의 4에 해당하는 금액을 해당 시장·군수 등에게 교부하여야 한다(법 제93조 제5항).

> 참고 「도시개발법」, 「도시 및 주거환경정비법」의 징수위탁수수료는 징수한 금액의 100분의 4에 해당하는 금액이다.

제2절 | 공공재개발사업 및 공공재건축사업

1 공공재개발사업 예정구역의 지정·고시 제32회

(1) 예정구역의 지정

정비구역의 지정권자는 비경제적인 건축행위 및 투기수요의 유입을 방지하고, 합리적인 사업계획을 수립하기 위하여 공공재개발사업을 추진하려는 구역을 공공재개발사업 예정구역으로 지정할 수 있다. 이 경우, 공공재개발사업 예정구역의 지정·고시에 관한 절차는 법 제16조(정비구역의 지정절차)를 준용한다(법 제101조의2 제1항).

(2) 예정구역의 지정신청

정비계획의 입안권자 또는 토지주택공사 등은 정비구역의 지정권자에게 공공재개발사업 예정구역의 지정을 신청할 수 있다. 이 경우, 토지주택공사 등은 정비계획의 입안권자를 통하여 신청하여야 한다(법 제101조의2 제2항).

> 기출 지방도시계획위원회는 공공재개발사업 예정구역 지정의 신청이 있는 경우, 신청일부터 30일 이내에 심의를 완료해야 한다. 다만, 30일 이내에 심의를 완료할 수 없는 정당한 사유가 있다고 판단되는 경우에는 심의기간을 30일의 범위에서 한 차례 연장할 수 있다. 제32회

(3) 예정구역 안의 행위규제

공공재개발사업 예정구역에서 다음의 어느 하나에 해당하는 행위 또는 지역주택조합원을 모집하는 행위를 하려는 자는 시장·군수 등의 허가를 받아야 한다. 허가받은 사항을 변경하려는 때에도 같다(법 제101조의2 제3항).

> ① 건축물의 건축
> ② 토지의 분할

(4) 지분쪼개기 금지사항

공공재개발사업 예정구역 내에 분양받을 건축물이 법 제77조 제1항 각 호의 어느 하나(지분쪼개기 행위)에 해당하는 경우에는 공공재개발사업 예정구역 지정·고시가 있은 날 또는 시·도지사가 투기를 억제하기 위하여 공공재개발사업 예정구역 지정·고시 전에 따로 정하는 날의 다음 날을 기준으로 건축물을 분양받을 권리를 산정한다. 이 경우, 시·도지사가 건축물을 분양받을 권리일을 따로 정하는 경우에는 법 제77조 제2항(권리산정기준일)을 준용한다(법 제101조의2 제4항).

(5) 예정구역의 필수적 해제

정비구역의 지정권자는 공공재개발사업 예정구역이 지정·고시된 날부터 2년이 되는 날까지 공공재개발사업 예정구역이 공공재개발사업을 위한 정비구역으로 지정되지 아니하거나, 공공재개발사업 시행자가 지정되지 아니하면 그 2년이 되는 날의 다음 날에 공공재개발사업 예정구역 지정을 해제하여야 한다. 다만, 정비구역의 지정권자는 1회에 한하여 1년의 범위에서 공공재개발사업 예정구역의 지정을 연장할 수 있다(법 제101조의2 제5항).

❷ 공공재개발사업을 위한 정비구역 지정 등

(1) 정비구역의 지정

정비구역의 지정권자는 기본계획을 수립하거나 변경하지 아니하고 공공재개발사업을 위한 정비계획을 결정하여 정비구역을 지정할 수 있다(법 제101조의3 제1항).

(2) 정비구역의 지정신청 및 제안

정비계획의 입안권자는 공공재개발사업의 추진을 전제로 정비계획을 작성하여 정비구역의 지정권자에게 공공재개발사업을 위한 정비구역의 지정을 신청할 수 있다. 이 경우, 공공재개발사업을 시행하려는 공공재개발사업시행자는 정비계획의 입안권자에게 공공재개발사업을 위한 정비계획의 수립을 제안할 수 있다(법 제101조의3 제2항).

(3) 정비구역의 필수적 해제

정비계획의 지정권자는 공공재개발사업을 위한 정비구역을 지정·고시한 날부터 1년이 되는 날까지 공공재개발사업 시행자가 지정되지 아니하면 그 1년이 되는 날의 다음 날에 공공재개발사업을 위한 정비구역의 지정을 해제하여야 한다. 다만, 정비구역의 지정권자는 1회에 한하여 1년의 범위에서 공공재개발사업을 위한 정비구역의 지정을 연장할 수 있다(법 제101조의3 제3항).

❸ 공공재개발사업에서의 용적률 완화 및 주택건설비율 등

(1) 공공재개발사업 시행자는 공공재개발사업(재정비촉진지구에서 시행되는 공공재개발사업을 포함한다)을 시행하는 경우, 「국토의 계획 및 이용에 관한 법률」 제78조 및 조례에도 불구하고 지방도시계획위원회 및 도시재정비위원회의 심의를 거쳐 법적상한용적률의 100분의 120(이하 '법적상한초과용적률'이라 한다)까지 건축할 수 있다(법 제101조의5 제1항).

(2) 공공재개발사업 시행자는 법적상한초과용적률에서 정비계획으로 정하여진 용적률을 뺀 용적률의 100분의 20 이상 100분의 70 이하로서 시·도조례로 정하는 비율에 해당하는 면적에 국민주택규모 주택을 건설하여 인수자에게 공급하여야 한다. 다만, ① 주거환경개선사업을 천재지변 등의 사유로 시행하는 경우, ② 재개발 및 재건축사업의 공공시행시 천재지변 등의 사유로 시행하는 경우, ③ 재개발 및 재건축사업의 지정개발자가 천재지변 등의 사유로 정비사업을 시행하는 경우에는 그러하지 아니한다(법 제101조의5 제2항).

(3) 국민주택규모 주택의 공급 및 인수방법에 관하여는 법 제55조를 준용한다(법 제101조의5 제3항).

(4) 인수자는 공공재개발사업 시행자로부터 공급받은 주택 중 대통령령으로 정하는 비율(100분의 50 이상의 범위에서 시·도조례로 정하는 비율)에 해당하는 주택에 대해서는 「공공주택 특별법」 제48조에 따라 분양할 수 있다. 이 경우, 해당 주택의 공급가격과 부속토지의 가격은 법 제66조 제4항을 준용하여 정한다(법 제101조의5 제4항).

❹ 공공재건축사업에서의 용적률 완화 및 주택건설비율 등

(1) 공공재건축사업을 위한 정비구역에 대해서는 해당 정비구역의 지정·고시가 있은 날부터 「국토의 계획 및 이용에 관한 법률」 제36조 제1항 제1호 가목 및 같은 조 제2항에 따라 주거지역을 세분하여 정하는 지역 중 대통령령으로 정하는 지역으로 결정·고시된 것으로 보아 해당 지역에 적용되는 용적률 상한까지 용적률을 정할 수 있다. 다만, 다음의 어느 하나에 해당하는 경우에는 그러하지 아니하다(법 제101조의6 제1항).

> ① 해당 정비구역이 「개발제한구역의 지정 및 관리에 관한 특별조치법」 제3조 제1항에 따라 결정된 개발제한구역인 경우
> ② 시장·군수 등이 공공재건축사업을 위하여 필요하다고 인정하여 해당 정비구역의 일부분을 종전 용도지역으로 그대로 유지하거나 동일면적의 범위에서 위치를 변경하는 내용으로 정비계획을 수립한 경우
> ③ 시장·군수 등이 법 제9조 제1항 제10호 다목의 사항을 포함하는 정비계획을 수립한 경우

심화 공공재건축사업에서의 용적률 완화 및 국민주택규모 주택 공급

1. 법 제101조의6 제1항에서 '대통령령으로 정하는 지역'이란 다음의 구분에 따른 용도지역을 말한다.

   > ① 현행 용도지역이 「국토의 계획 및 이용에 관한 법률 시행령」 제30조 제1항 제1호 가목 (1)의 제1종 전용주거지역인 경우: 같은 목 (2)의 제2종 전용주거지역
   > ② 현행 용도지역이 「국토의 계획 및 이용에 관한 법률 시행령」 제30조 제1항 제1호 가목 (2)의 제2종 전용주거지역인 경우: 같은 호 나목 (1)의 제1종 일반주거지역
   > ③ 현행 용도지역이 「국토의 계획 및 이용에 관한 법률 시행령」 제30조 제1항 제1호 나목(1)의 제1종 일반주거지역인 경우: 같은 목 (2)의 제2종 일반주거지역
   > ④ 현행 용도지역이 「국토의 계획 및 이용에 관한 법률 시행령」 제30조 제1항 제1호 나목 (2)의 제2종 일반주거지역인 경우: 같은 목 (3)의 제3종 일반주거지역
   > ⑤ 현행 용도지역이 「국토의 계획 및 이용에 관한 법률 시행령」 제30조 제1항 제1호 나목 (3)의 제3종 일반주거지역인 경우: 같은 호 다목의 준주거지역

> 2. 정비구역 지정권자는 주택공급의 규모, 인근 토지의 이용현황 등을 고려할 때 용도지역을 달리 정할 필요가 있다고 인정하는 경우에는 지방도시계획위원회의 심의를 거쳐 「국토의 계획 및 이용에 관한 법률 시행령」 제30조 제1항 제1호에 따라 주거지역을 세분하여 정하는 지역 중 어느 하나의 지역으로 용도지역을 달리 정할 수 있다.

(2) 공공재건축사업 시행자는 공공재건축사업(「도시재정비 촉진을 위한 특별법」에 따른 재정비촉진지구에서 시행되는 공공재건축사업을 포함한다)을 시행하는 경우, 완화된 용적률에서 정비계획으로 정하여진 용적률을 뺀 용적률의 100분의 40 이상 100분의 70 이하로서 주택증가 규모, 공공재건축사업을 위한 정비구역의 재정적 여건 등을 고려하여 시·도조례로 정하는 비율에 해당하는 면적에 국민주택규모 주택을 건설하여 인수자에게 공급하여야 한다(법 제101조의6 제2항).

(3) 주택의 공급가격은 「공공주택 특별법」에 따라 국토교통부장관이 고시하는 공공건설임대주택의 표준건축비로 하고, 분양을 목적으로 인수한 주택의 공급가격은 「주택법」에 따라 국토교통부장관이 고시하는 기본형 건축비로 한다. 이 경우, 부속토지는 인수자에게 기부채납한 것으로 본다(법 제101조의6 제3항).

(4) 국민주택규모 주택의 공급 및 인수방법에 관하여는 법 제55조를 준용한다. 다만, 인수자는 공공재건축사업 시행자로부터 공급받은 주택 중 대통령령으로 정하는 비율(100분의 50 이상의 범위에서 시·도조례로 정하는 비율을 말한다)에 해당하는 주택에 대해서는 「공공주택 특별법」에 따라 분양할 수 있다(법 제101조의6 제4항).

(5) (3)의 후단에도 불구하고 (4)의 단서에 따른 분양주택의 인수자는 감정평가액의 100분의 50 이상의 범위에서 대통령령으로 정하는 가격(부속토지 감정평가액의 100분의 50을 말한다)으로 부속토지를 인수하여야 한다(법 제101조의6 제5항).

제3절 | 정비사업전문관리업과 감독 등

❶ 정비사업전문관리업

(1) 정비사업전문관리업의 등록

다음의 사항을 추진위원회 또는 사업시행자로부터 위탁받거나 이와 관련한 자문을 하려는 자는 대통령령으로 정하는 자본·기술인력 등의 기준을 갖춰 시·도지사에게 등록 또는 변경(대통령령으로 정하는 경미한 사항의 변경은 제외한다)등록하여야 한다. 다만, 주택의 건설 등 정비사업 관련 업무를 하는 공공기관 등으로 대통령령으로 정하는 기관의 경우에는 그러하지 아니하다(법 제102조 제1항).

> ① 조합설립의 동의 및 정비사업의 동의에 관한 업무의 대행
> ② 조합설립인가의 신청에 관한 업무의 대행
> ③ 사업성 검토 및 정비사업의 시행계획서의 작성
> ④ 설계자 및 시공자 선정에 관한 업무의 지원
> ⑤ 사업시행인가의 신청에 관한 업무의 대행
> ⑥ 관리처분계획의 수립에 관한 업무의 대행
> ⑦ 시장·군수 등이 정비사업전문관리업자를 선정한 경우에는 추진위원회 설립에 필요한 다음의 업무
>   ㉠ 동의서 제출의 접수
>   ㉡ 운영규정 작성 지원
>   ㉢ 그 밖에 시·도조례로 정하는 사항

(2) 정비사업전문관리업자의 업무제한

정비사업전문관리업자는 동일한 정비사업에 대하여 다음의 업무를 병행하여 수행할 수 없다(법 제103조).

> ① 건축물의 철거
> ② 정비사업의 설계
> ③ 정비사업의 시공
> ④ 정비사업의 회계감사
> ⑤ 그 밖에 정비사업의 공정한 질서유지에 필요하다고 인정하여 대통령령이 정하는 업무

(3) 정비사업전문관리업자와 위탁자와의 관계

정비사업전문관리업자에게 업무를 위탁하거나 자문을 요청한 자와 정비사업전문관리업자의 관계에 관하여 이 법에 규정된 사항을 제외하고는「민법」중 위임에 관한 규정을 준용한다(법 제104조).

(4) 정비사업전문관리업자의 결격사유 등

① 결격사유: 다음의 어느 하나에 해당하는 자는 정비사업전문관리업의 등록을 신청할 수 없으며, 정비사업전문관리업자의 업무를 대표 또는 보조하는 임직원이 될 수 없다(법 제105조 제1항).

> ⊙ 미성년자(대표 또는 임원이 되는 경우로 한정한다)·피성년후견인 또는 피한정후견인
> ⓒ 파산선고를 받은 자로서 복권되지 아니한 자
> ⓒ 정비사업의 시행과 관련한 범죄행위로 인하여 금고 이상의 실형의 선고를 받고 그 집행이 종료(종료된 것으로 보는 경우를 포함한다)되거나 집행이 면제된 날부터 2년이 지나지 아니한 자
> ② 정비사업의 시행과 관련한 범죄행위로 인하여 금고 이상의 형의 집행유예를 받고 그 유예기간 중에 있는 자
> ⑩ 이 법을 위반하여 벌금형 이상의 선고를 받고 2년이 지나지 아니한 자
> ⑭ 등록이 취소된 후 2년이 지나지 아니한 자(법인인 경우 그 대표자를 말한다)
> ④ 법인의 업무를 대표 또는 보조하는 임직원 중 ⊙부터 ⑭까지 중 어느 하나에 해당하는 자가 있는 법인

② 결격사유로 인한 퇴직: 정비사업전문관리업자의 업무를 대표 또는 보조하는 임직원이 결격사유에 해당하게 되거나 선임 당시 그에 해당하였던 자로 밝혀진 때에는 당연 퇴직한다. 퇴직된 임직원이 퇴직 전에 관여한 행위는 효력을 잃지 아니한다(법 제105조 제2항·제3항).

(5) 정비사업전문관리업의 등록취소 등

① 등록취소 등의 사유: 시·도지사는 정비사업전문관리업자가 다음의 어느 하나에 해당하는 때에는 그 등록을 취소하거나 1년 이내의 기간을 정하여 업무의 전부 또는 일부의 정지를 명할 수 있다. 다만, ⊙·②·⑩ 및 ㉔에 해당하는 때에는 그 등록을 취소하여야 한다(법 제106조 제1항).

> ⊙ 거짓, 그 밖의 부정한 방법으로 등록을 한 때
> ⓒ 등록기준에 미달하게 된 때

핵심 ⓒ 절대적 등록취소사유
1. 거짓, 그 밖의 부정등록
2. 업무수행을 직접 하지 않은 경우
3. 3년간 2회 이상의 업무정지처분의 합산기간이 12개월을 초과한 경우
4. 등록증 대여

ⓒ 추진위원회, 사업시행자 또는 시장·군수 등의 위탁이나 자문에 관한 계약 없이 법 제102조 제1항에 따른 업무를 수행한 때
ⓓ 업무를 직접 수행하지 아니한 때
ⓔ 고의 또는 과실로 조합에게 계약금액(정비사업전문관리업자가 조합과 체결한 총계약금액을 말한다)의 3분의 1 이상의 재산상 손실을 끼친 때
ⓕ 보고·자료제출을 하지 아니하거나 거짓으로 한 때 또는 조사·검사를 거부·방해 또는 기피한 때
ⓖ 보고·자료제출을 하지 아니하거나 거짓으로 한 때 또는 조사를 거부·방해 또는 기피한 때
ⓗ 최근 3년간 2회 이상의 업무정지처분을 받은 자로서 그 정지처분을 받은 기간이 합산하여 12개월을 초과한 때
ⓘ 다른 사람에게 자기의 성명 또는 상호를 사용하여 이 법에서 정한 업무를 수행하게 하거나 등록증을 대여한 때
ⓙ 이 법을 위반하여 벌금형 이상의 선고를 받은 경우(법인의 경우에는 그 소속 임직원을 포함한다)
ⓚ 그 밖에 이 법 또는 이 법에 따른 명령이나 처분을 위반한 때

② 등록취소 등의 기준: 등록의 취소 및 업무의 정지처분에 관한 기준은 대통령령으로 정한다(법 제106조 제2항).

③ 등록취소처분 등의 통지: 등록취소처분 등을 받은 정비사업전문관리업자와 등록취소처분 등을 명한 시·도지사는 추진위원회 또는 사업시행자에게 해당 내용을 지체 없이 통지하여야 한다(법 제106조 제3항).

④ 사업의 계속수행: 정비사업전문관리업자는 등록취소처분 등을 받기 전에 계약을 체결한 업무는 이를 계속하여 수행할 수 있다. 이 경우, 정비사업전문관리업자는 해당 업무를 완료할 때까지는 정비사업전문관리업자로 본다(법 제106조 제4항).

⑤ 업무수행의 금지: 정비사업전문관리업자는 다음의 어느 하나에 해당하는 경우에는 업무를 계속하여 수행할 수 없다(법 제106조 제5항).

ⓐ 사업시행자가 통지를 받거나 처분사실을 안 날부터 3개월 이내에 총회 또는 대의원회의 의결을 거쳐 해당 업무계약을 해지한 경우
ⓑ 정비사업전문관리업자가 등록취소처분 등을 받은 날부터 3개월 이내에 사업시행자로부터 업무의 계속수행에 대하여 동의를 받지 못한 경우. 이 경우, 사업시행자가 동의를 하고자 하는 때에는 총회 또는 대의원회의 의결을 거쳐야 한다.
ⓒ 등록이 취소된 경우

❷ 감독 등

(1) 자료의 제출 등

① 정비사업의 추진실적보고: 시·도지사는 국토교통부령으로 정하는 방법 및 절차에 따라 정비사업의 추진실적을 분기별로 국토교통부장관에게, 시장·군수 또는 구청장은 시·도조례로 정하는 바에 따라 정비사업의 추진실적을 특별시장·광역시장 또는 도지사에게 보고하여야 한다(법 제111조 제1항).

② 보고·자료제출의 명령: 국토교통부장관, 시·도지사, 시장·군수 또는 구청장은 정비사업의 원활한 시행을 감독하기 위하여 필요한 경우로서 다음의 어느 하나에 해당하는 때에는 추진위원회·사업시행자·정비사업전문관리업자·설계자 및 시공자 등 이 법에 따른 업무를 하는 자에게 그 업무에 관한 사항을 보고하게 하거나 자료의 제출, 그 밖의 필요한 명령을 할 수 있으며, 소속공무원에게 영업소 등에 출입하여 장부·서류 등을 조사 또는 검사하게 할 수 있다(법 제111조 제2항).

> ㉠ 이 법의 위반 여부를 확인할 필요가 있는 경우
> ㉡ 토지등소유자, 조합원, 그 밖에 정비사업과 관련한 이해관계인 사이에 분쟁이 발생된 경우
> ㉢ 그 밖에 시·도조례로 정하는 경우

③ 규정의 준용: 업무에 관한 사항의 보고, 자료의 제출, 조사 또는 검사에 관하여는 법 제107조 제2항부터 제5항까지의 규정을 준용한다(법 제111조 제3항).

(2) 도시분쟁조정위원회의 구성 등

① 필수기관: 정비사업의 시행으로 발생한 분쟁을 조정하기 위하여 정비구역이 지정된 특별자치시·특별자치도 또는 시·군·구(자치구를 말한다)에 도시분쟁조정위원회(이하 '조정위원회'라 한다)를 둔다(법 제116조 제1항).

② 조정위원회의 구성
   ㉠ 조정위원회는 부시장·부지사·부구청장 또는 부군수를 위원장으로 한 10명 이내의 위원으로 구성한다(법 제116조 제2항).

ⓛ 조정위원회 위원은 정비사업에 대한 학식과 경험이 풍부한 사람으로서 다음의 어느 하나에 해당하는 사람 중에서 시장·군수 등이 임명 또는 위촉한다. 이 경우, ⓐ·ⓒ 및 ⓓ에 해당하는 사람이 각 2명 이상 포함되어야 한다(법 제116조 제3항).

> ⓐ 해당 특별자치시, 특별자치도 또는 시·군·구에서 정비사업 관련 업무에 종사하는 5급 이상 공무원
> ⓑ 대학이나 연구기관에서 부교수 이상 또는 이에 상당하는 직에 재직하고 있는 사람
> ⓒ 판사, 검사 또는 변호사의 직에 5년 이상 재직한 사람
> ⓓ 건축사, 감정평가사, 공인회계사로서 5년 이상 종사한 사람
> ⓔ 그 밖에 정비사업에 전문적 지식을 갖춘 사람으로서 시·도조례로 정하는 자

③ 심사대상: 조정위원회는 정비사업의 시행과 관련한 분쟁사항을 심사·조정한다. 다만, 「주택법」, 「공익사업을 위한 토지 등의 취득 및 보상에 관한 법률」, 그 밖의 관계 법률에 따라 설치된 위원회의 심사대상에 포함되는 사항은 제외할 수 있다(법 제117조 제1항).
④ 분과위원회: 조정위원회에는 위원 3명으로 구성된 분과위원회(이하 '분과위원회'라 한다)를 두며, 분과위원회에는 ②의 ⓛ의 ⓐ 및 ⓒ에 해당하는 사람이 각 1명 이상 포함되어야 한다(법 제116조 제4항).

(3) 청문

국토교통부장관, 시·도지사, 시장·군수 또는 구청장은 다음의 어느 하나에 해당하는 처분을 하려는 경우에는 청문을 하여야 한다(법 제121조).

> ① 조합설립인가의 취소
> ② 정비사업전문관리업의 등록취소
> ③ 추진위원회 승인의 취소, 조합설립인가의 취소, 사업시행인가의 취소 또는 관리처분계획 인가의 취소
> ④ 시공자 선정취소 또는 과징금 부과
> ⑤ 입찰참가 제한

제4절 | 보칙 및 벌칙

❶ 보칙

(1) 토지등소유자의 설명의무

① 부동산거래시 의무사항: 토지등소유자는 자신이 소유하는 정비구역 내 토지 또는 건축물에 대하여 매매·전세·임대차 또는 지상권설정 등 부동산거래를 위한 계약을 체결하는 경우, 다음의 사항을 거래 상대방에게 설명·고지하고, 거래계약서에 기재 후 서명·날인하여야 한다(법 제122조 제1항).

> ㉠ 해당 정비사업의 추진단계
> ㉡ 퇴거예정시기(건축물의 경우, 철거예정시기를 포함한다)
> ㉢ 행위제한
> ㉣ 조합원의 자격
> ㉤ 계약기간
> ㉥ 주택 등 건축물을 분양받을 권리의 산정기준일
> ㉦ 그 밖에 거래 상대방의 권리·의무에 중대한 영향을 미치는 사항으로서 대통령령으로 정하는 사항

② 「공인중개사법」과의 관계: ①의 ㉠~㉦은 「공인중개사법」 제25조 제1항 제2호의 '법령의 규정에 의한 거래 또는 이용제한사항'으로 본다(법 제122조 제2항).

(2) 재개발사업 등의 시행방식의 전환

① 재개발사업의 시행방식 전환: 시장·군수 등은 사업대행자를 지정하거나 토지등소유자의 5분의 4 이상의 요구가 있어 재개발사업의 시행방식의 전환이 필요하다고 인정하는 경우에는 정비사업이 완료되기 전이라도 대통령령으로 정하는 범위에서 정비구역의 전부 또는 일부에 대하여 시행방식의 전환을 승인할 수 있다(법 제123조 제1항).

② 시행방식 전환의 절차
  ㉠ 전환시 동의: 사업시행자는 시행방식을 전환하기 위하여 관리처분계획을 변경하려는 경우, 토지면적의 3분의 2 이상의 토지소유자의 동의와 토지등소유자의 5분의 4 이상의 동의를 받아야 하며, 변경절차에 관하여는 관리처분계획 변경에 관한 규정을 준용한다(법 제123조 제2항).
  ㉡ 공사완료의 고시: 사업시행자는 정비구역 일부에 대하여 시행방식을 전환하려는 경우에 재개발사업이 완료된 부분은 준공인가를 거쳐 해당 지방자치단체의 공보에 공사완료의 고시를 하여야 하며, 전환하려는 부분은 이 법에서 정하고 있는 절차에 따라 시행방식을 전환하여야 한다(법 제123조 제3항).
  ㉢ 공사완료 고시의 효과: 공사완료의 고시를 한 때에는 「공간정보의 구축 및 관리 등에 관한 법률」에도 불구하고 관리처분계획의 내용에 따라 이전이 된 것으로 본다(법 제123조 제4항).
③ 주거환경개선사업의 시행방식 전환: 사업시행자는 정비계획이 수립된 주거환경개선사업을 관리처분방식의 시행방법으로 변경하려는 경우에는 토지등소유자의 3분의 2 이상의 동의를 받아야 한다(법 제123조 제5항).

(3) 도시·주거환경정비기금의 설치 등

① 정비기금의 설치: 기본계획을 수립하거나 승인하는 특별시장·광역시장·특별자치시장·도지사·특별자치도지사 또는 시장은 정비사업의 원활한 수행을 위하여 도시·주거환경정비기금(이하 '정비기금'이라 한다)을 설치해야 한다. 다만, 기본계획을 수립하지 아니하는 시장 및 군수도 필요한 경우에는 정비기금을 설치할 수 있다(법 제126조 제1항).
② 정비기금의 재원: 정비기금은 다음의 어느 하나에 해당하는 금액을 재원으로 조성한다(법 제126조 제2항).

> ㉠ 사업시행자가 현금으로 납부한 금액
> ㉡ 시·도지사, 시장·군수 또는 구청장에게 공급된 주택의 임대보증금 및 임대료
> ㉢ 부담금 및 정비사업으로 발생한 「개발이익 환수에 관한 법률」에 따른 개발부담금 중 지방자치단체 귀속분의 일부
> ㉣ 정비구역(재건축구역은 제외한다) 안의 국·공유지 매각대금 중 대통령령으로 정하는 일정비율 이상의 금액

     ⓜ 과징금
     ⓑ 「재건축초과이익 환수에 관한 법률」에 따른 재건축부담금 중 지방자치단체 귀속분
     ⓢ 「지방세법」에 따라 부과·징수되는 지방소비세 또는 부과·징수되는 재산세 중 대통령령으로 정하는 일정비율 이상의 금액
     ⓞ 그 밖에 시·도조례로 정하는 재원

③ 정비기금의 사용제한: 정비기금은 다음의 어느 하나의 용도 이외의 목적으로 사용하여서는 아니 된다(법 제126조 제3항).

> ㉠ 이 법에 따른 정비사업으로서 다음의 어느 하나에 해당하는 사항
>   ⓐ 기본계획의 수립
>   ⓑ 재건축진단 및 정비계획의 수립
>   ⓒ 추진위원회의 운영자금 대여
>   ⓓ 그 밖에 이 법과 시·도조례로 정하는 사항
> ㉡ 임대주택의 건설·관리
> ㉢ 임차인의 주거안정 지원
> ㉣ 「재건축초과이익 환수에 관한 법률」에 따른 재건축부담금의 부과·징수
> ㉤ 주택개량의 지원
> ㉥ 정비구역 등이 해제된 지역에서의 정비기반시설의 설치 지원
> ㉦ 「빈집 및 소규모주택 정비에 관한 특례법」에 따른 빈집정비사업 및 소규모주택정비사업에 대한 지원
> ㉧ 「주택법」에 따른 증축형 리모델링의 안전진단 지원
> ㉨ 신고포상금의 지급

❷ 벌칙 등

(1) 벌칙

① 다음의 어느 하나에 해당하는 자는 5년 이하의 징역 또는 5천만원 이하의 벌금에 처한다(법 제135조).

> ㉠ 법 제36조에 따른 토지등소유자의 서면동의서 또는 전자서명동의서를 위조한 자
> ㉡ 법 제132조 제1항 각 호의 어느 하나를 위반하여 금품, 향응 또는 그 밖의 재산상 이익을 제공하거나 제공의사를 표시하거나 제공을 약속하는 행위를 하거나 제공을 받거나 제공의사 표시를 승낙한 자

② 다음의 어느 하나에 해당하는 자는 3년 이하의 징역 또는 3천만원 이하의 벌금에 처한다(법 제136조).

> ㉠ 법 제29조 제1항에 따른 계약의 방법을 위반하여 계약을 체결한 추진위원장, 전문조합관리인 또는 조합임원(조합의 청산인 및 토지등소유자가 시행하는 재개발사업의 경우에는 그 대표자, 지정개발자가 사업시행자인 경우 그 대표자를 말한다)
> ㉡ 법 제29조 제4항부터 제8항까지의 규정을 위반하여 시공자를 선정한 자 및 시공자로 선정된 자
> ㉢ 법 제29조 제9항을 위반하여 시공자와 공사에 관한 계약을 체결한 자
> ㉣ 법 제31조 제1항에 따른 시장·군수 등의 추진위원회 승인을 받지 아니하고 정비사업전문관리업자를 선정한 자
> ㉤ 법 제32조 제2항에 따른 계약의 방법을 위반하여 정비사업전문관리업자를 선정한 추진위원장(전문조합관리인을 포함한다)
> ㉥ 법 제36조에 따른 토지등소유자의 서면동의서 또는 전자서명동의서를 매도하거나 매수한 자
> ㉦ 거짓 또는 부정한 방법으로 법 제39조 제2항을 위반하여 조합원 자격을 취득한 자와 조합원 자격을 취득하게 하여준 토지등소유자 및 조합의 임직원(전문조합관리인을 포함한다)
> ㉧ 법 제39조 제2항을 회피하여 법 제72조에 따른 분양주택을 이전 또는 공급받을 목적으로 건축물 또는 토지의 양도·양수 사실을 은폐한 자
> ㉨ 법 제76조 제1항 제7호 라목 단서를 위반하여 주택을 전매하거나 전매를 알선한 자

③ 다음의 어느 하나에 해당하는 자는 2년 이하의 징역 또는 2천만원 이하의 벌금에 처한다(법 제137조).

> ㉠ 법 제12조 제5항에 따른 재건축진단 결과보고서를 거짓으로 작성한 자
> ㉡ 법 제19조 제1항을 위반하여 허가 또는 변경허가를 받지 아니하거나 거짓, 그 밖의 부정한 방법으로 허가 또는 변경허가를 받아 행위를 한 자
> ㉢ 법 제31조 제1항 또는 법 제47조 제3항을 위반하여 추진위원회 또는 주민대표회의의 승인을 받지 아니하고 법 제32조 제1항 각 호의 업무를 수행하거나 주민대표회의를 구성·운영한 자
> ㉣ 법 제31조 제1항 또는 법 제47조 제3항에 따라 승인받은 추진위원회 또는 주민대표회의가 구성되어 있음에도 불구하고 임의로 추진위원회 또는 주민대표회의를 구성하여 이 법에 따른 정비사업을 추진한 자
> ㉤ 법 제35조에 따라 조합이 설립되었는데도 불구하고 추진위원회를 계속 운영한 자

> ㅂ 법 제45조에 따른 총회의 의결을 거치지 아니하고 같은 조 제1항 각 호의 사업(같은 항 제13호 중 정관으로 정하는 사항은 제외한다)을 임의로 추진한 조합임원(전문조합관리인을 포함한다)
> ㅅ 법 제50조에 따른 사업시행계획 인가를 받지 아니하고 정비사업을 시행한 자와 같은 사업시행계획서를 위반하여 건축물을 건축한 자
> ㅇ 법 제74조에 따른 관리처분계획 인가를 받지 아니하고 법 제86조에 따른 이전을 한 자
> ㅈ 법 제102조 제1항을 위반하여 등록을 하지 아니하고 이 법에 따른 정비사업을 위탁받은 자 또는 거짓, 그 밖의 부정한 방법으로 등록을 한 정비사업전문관리업자
> ㅊ 법 제106조 제1항 각 호 외의 부분 단서에 따라 등록이 취소되었음에도 불구하고 영업을 하는 자
> ㅋ 법 제113조 제1항부터 제3항까지의 규정에 따른 처분의 취소·변경 또는 정지, 그 공사의 중지 및 변경에 관한 명령을 받고도 이를 따르지 아니한 추진위원회, 사업시행자, 주민대표회의 및 정비사업 전문관리업자
> ㅌ 법 제124조 제1항에 따른 서류 및 관련 자료를 거짓으로 공개한 추진위원장 또는 조합임원(토지등소유자가 시행하는 재개발사업의 경우, 그 대표자)
> ㅍ 법 제124조 제4항에 따른 열람·복사 요청에 허위의 사실이 포함된 자료를 열람·복사해 준 추진위원장 또는 조합임원(토지등소유자가 시행하는 재개발사업의 경우, 그 대표자)

④ 다음의 어느 하나에 해당하는 자는 1년 이하의 징역 또는 1천만원 이하의 벌금에 처한다(법 제138조).

> ㉠ 법 제19조 제8항을 위반하여 「주택법」 제2조 제11호 가목에 따른 지역주택조합의 조합원을 모집한 자
> ㉡ 법 제34조 제4항을 위반하여 추진위원회의 회계장부 및 관계서류를 조합에 인계하지 아니한 추진위원장(전문조합관리인을 포함한다)
> ㉢ 법 제83조 제1항에 따른 준공인가를 받지 아니하고 건축물 등을 사용한 자와 같은 조 제5항 본문에 따라 시장·군수 등의 사용허가를 받지 아니하고 건축물을 사용한 자
> ㉣ 다른 사람에게 자기의 성명 또는 상호를 사용하여 이 법에서 정한 업무를 수행하게 하거나 등록증을 대여한 정비사업전문관리업자
> ㉤ 법 제102조 제1항 각 호에 따른 업무를 다른 용역업체 및 그 직원에게 수행하도록 한 정비사업전문관리업자

      ⓑ 법 제112조 제1항에 따른 회계감사를 요청하지 아니한 추진위원장, 전문조합관리인 또는 조합임원(토지등소유자가 시행하는 재개발사업 또는 법 제27조에 따라 지정개발자가 시행하는 정비사업의 경우에는 그 대표자를 말한다)

      ⓐ 법 제124조 제1항을 위반하여 정비사업 시행과 관련한 서류 및 자료를 인터넷과 그 밖의 방법을 병행하여 공개하지 아니하거나 같은 조 제4항을 위반하여 조합원 또는 토지등소유자의 열람·복사 요청을 따르지 아니하는 추진위원장, 전문조합관리인 또는 조합임원(조합의 청산인 및 토지등소유자가 시행하는 재개발사업의 경우에는 그 대표자, 법 제27조에 따른 지정개발자가 사업시행자인 경우 그 대표자를 말한다)

      ⓞ 법 제125조 제1항을 위반하여 속기록 등을 만들지 아니하거나 관련 자료를 청산시까지 보관하지 아니한 추진위원장, 전문조합관리인 또는 조합임원(조합의 청산인 및 토지등소유자가 시행하는 재개발사업의 경우에는 그 대표자, 법 제27조에 따른 지정개발자가 사업시행자인 경우 그 대표자를 말한다)

  ⑤ 건설업자 또는 등록사업자가 법 제132조의2에 따른 조치를 소홀히 하여 용역업체의 임직원이 법 제132조 제1항 각 호의 어느 하나를 위반한 경우, 그 건설업자 또는 등록사업자는 5천만원 이하의 벌금에 처한다.

(2) 양벌규정

  법인의 대표자나 법인 또는 개인의 대리인, 사용인, 그 밖의 종업원이 그 법인 또는 개인의 업무에 관하여 법 제135조부터 제138조까지의 어느 하나에 해당하는 위반행위를 하면 그 행위자를 벌하는 외에 그 법인 또는 개인에게도 해당 조문의 벌금에 처한다. 다만, 법인 또는 개인이 그 위반행위를 방지하기 위하여 해당 업무에 관하여 상당한 주의와 감독을 게을리하지 아니한 경우에는 그러하지 아니하다(법 제139조).

(3) 과태료

  ① 다음의 어느 하나에 해당하는 자에게는 1천만원 이하의 과태료를 부과한다(법 제140조 제1항).

      ㉠ 법 제113조 제2항에 따른 점검반의 현장조사를 거부·기피 또는 방해한 자
      ㉡ 법 제132조 제2항을 위반하여 법 제29조에 따른 계약의 체결과 관련하여 시공과 관련 없는 사항을 제안한 자
      ㉢ 법 제132조의3 제1항을 위반하여 사실과 다른 정보 또는 부풀려진 정보를 제공하거나, 사실을 숨기거나 축소하여 정보를 제공한 자

② 다음의 어느 하나에 해당하는 자에게는 500만원 이하의 과태료를 부과한다(법 제140조 제2항).

> ㉠ 법 제29조 제2항을 위반하여 전자조달시스템을 이용하지 아니하고 계약을 체결한 자
> ㉡ 법 제78조 제5항 또는 법 제86조 제1항에 따른 통지를 게을리한 자
> ㉢ 법 제107조 제1항 및 법 제111조 제2항에 따른 보고 또는 자료의 제출을 게을리한 자
> ㉣ 법 제111조의2를 위반하여 자금차입에 관한 사항을 신고하지 아니하거나 거짓으로 신고한 자
> ㉤ 법 제125조 제2항에 따른 관계서류의 인계를 게을리한 자

③ ① 및 ②에 따른 과태료는 대통령령으로 정하는 방법 및 절차에 따라 국토교통부장관, 시·도지사, 시장·군수 또는 구청장이 부과·징수한다(법 제140조 제3항).

(4) 자수자에 대한 특례

법 제32조 제1항 각 호의 어느 하나를 위반하여 금품, 향응 또는 그 밖의 재산상 이익을 제공하거나 제공의사를 표시하거나 제공을 약속하는 행위를 하거나 제공을 받거나 제공의사 표시를 승낙한 자가 자수하였을 때에는 그 형벌을 감경 또는 면제한다(법 제141조).

(5) 금품·향응 수수행위 등에 대한 신고포상금

시·도지사 또는 대도시의 시장은 법 제132조 제1항 각 호의 행위사실을 신고한 자에게 시·도조례로 정하는 바에 따라 포상금을 지급할 수 있다(법 제142조).

메타인지 학습체크

01 주거환경개선사업이 스스로 주택 보전·정비·개량하는 방법 또는 환지방법으로 시행되는 경우에 해당 지역은 [① 제2종 일반주거지역 / ② 제3종 일반주거지역]으로 지정된 것으로 본다.

02 도시저소득주민이 집단거주하는 지역으로서 정비기반시설이 극히 열악하고 노후·불량건축물이 과도하게 밀집한 지역의 주거환경을 개선하거나, 단독주택 및 다세대주택이 밀집한 지역에서 정비기반시설과 공동이용시설 확충을 통하여 주거환경을 보전·정비·개량하기 위한 사업은 [① 주거환경개선사업 / ② 재개발사업]이다.

03 정비예정구역 또는 정비구역(이하 '정비구역 등'이라 한다)에서는 「주택법」에 따른 [① 지역주택조합 / ② 직장주택조합]의 조합원을 모집해서는 아니 된다.

04 정비구역 등(재개발사업 및 재건축사업을 시행하려는 경우로 한정한다)이 해제된 경우, 정비구역의 지정권자는 해제된 정비구역 등을 [① 스스로개량방식으로 / ② 환지방식으로] 시행하는 주거환경개선구역으로 지정할 수 있다. 이 경우, 주거환경개선구역으로 지정된 구역은 기본계획에 반영된 것으로 본다.

05 재개발사업의 경우, 정비구역에서 인가받은 관리처분계획에 따라 [① 건축물 등 / ② 주택, 부대·복리시설 및 오피스텔]을 건설하여 공급하는 방법으로 한다.

06 재건축사업은 조합이 시행하거나 조합이 조합원의 [① 과반수 / ② 2분의 1]의 동의를 받아 시장·군수 등, 토지주택공사 등, 건설업자 또는 등록사업자와 공동으로 시행할 수 있다.

07 국토교통부장관, 특별시장·광역시장·도지사는 주거환경개선사업의 경우 시행자가 될 수 [① 있다. / ② 없다.]

08 재건축사업조합은 [① 관리처분계획의 인가를 받은 후 / ② 조합설립인가 후] 경쟁입찰의 방법으로 건설업자 또는 등록사업자를 시공자로 선정하여야 한다.

09 재건축사업을 위한 재건축진단은 [① 공동주택만 / ② 건축물]을 대상으로 한다.

정답

01 ①　02 ①　03 ①　04 ①　05 ①　06 ①　07 ②　08 ②　09 ②

메타인지 학습체크

10 재건축사업의 조합원은 [① 토지등소유자 / ② 조합설립에 동의한 토지등소유자]에 한한다.

11 조합원의 총수가 [① 50인 이상 / ② 100인 이상]인 경우, 대위원회를 두어야 한다.

12 조합에 관하여 이 법에 규정된 경우를 제외하고, 「민법」 중 [① 사단법인 / ② 재단법인]에 관한 규정을 준용한다.

13 시장·군수 등은 재개발사업의 시행자가 지정개발자인 경우, 정비사업비의 [① 20% / ② 30%]의 범위 내에서 조례가 정하는 금액을 예치하게 할 수 있다.

14 [① 과밀억제권역 / ② 투기과열지구]에서 재건축사업을 시행하는 경우, 그 사업시행자는 정비계획으로 행하여진 용적률에도 불구하고 지방도시계획위원회의 심의를 거쳐 「국토의 계획 및 이용에 관한 법률」 및 관계 법률에 따른 용적률의 상한까지 건축할 수 있으며, 사업시행자가 정비계획으로 행하여진 용적률을 초과하여 건축을 할 수도 있다.

15 [① 사업시행계획의 인가를 / ② 관리처분계획의 인가를] 받은 경우, 지상권·전세권설정계약 또는 임대차계약의 계약기간에 대하여는 「민법」 제280조, 제281조 및 제312조 제2항, 「주택임대차보호법」 제4조 제1항, 「상가건물 임대차보호법」 제9조 제1항의 규정은 이를 적용하지 않는다.

16 총회의 의결은 이 법 또는 정관에 다른 규정이 없으면, 조합원 과반수의 출석과 [① 출석조합원의 과반수 / ② 출석조합원의 2분의 1 이상] 찬성으로 한다.

17 대의원회는 조합원의 10분의 1 이상으로 구성한다. 다만, 조합원의 10분의 1이 [① 100명을 넘는 / ② 50명을 넘는] 경우에는 조합원의 10분의 1의 범위에서 100명 이상으로 구성할 수 있다.

정답

10 ② 11 ② 12 ① 13 ① 14 ① 15 ② 16 ① 17 ①

MEMO

제 4 편
건축법

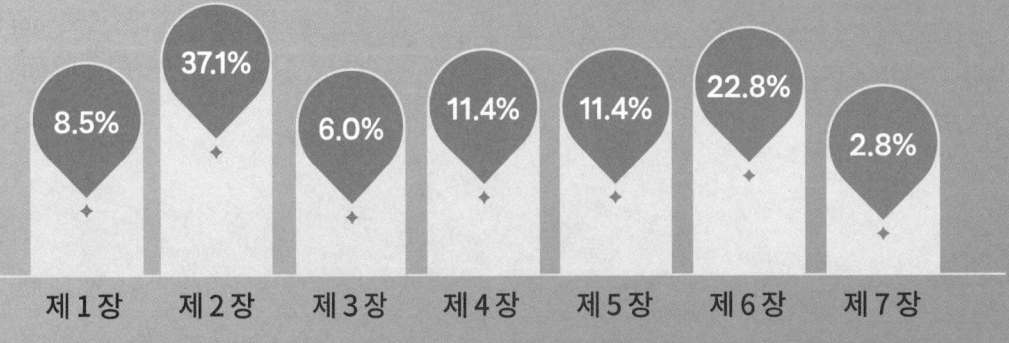

✦ **최근 5개년 출제경향 분석**

- 제 1 장 | 총칙
- 제 2 장 | 건축물의 건축
- 제 3 장 | 건축물의 대지 및 도로
- 제 4 장 | 건축물의 구조 및 재료
- 제 5 장 | 지역 및 지구 안의 건축물
- 제 6 장 | 건축설비 등
- 제 7 장 | 보칙 등

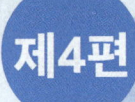

제4편 건축법

❖ 용어의 정의

대지, 건축물, 공작물, 지하층, 주요구조부, 초고층건축물, 준초고층건축물, 고층건축물, 리모델링, 다중이용건축물, 준다중이용건축물, 건축, 대수선, 도로, 건축물의 용도

❖ 건축법의 적용범위

적용대상물	건축물, 공작물(일부), 건축설비, 대지
적용제외 건축물	고속도로통행료 징수시설, 철도관련시설, 문화유산(지정 + 임시지정), 컨테이너(공장 안 이동용이), 수문조작실(하천구역 내)
적용제외 지역	① 전면: 도시, 지구, 동·읍(섬 500인 이상) ② 부분: ①의 반대 지역은 6개 조문(대지, 도로, 건축선, 방화지구, 대지분할 관련규정)을 미적용
적용행위	건축, 대수선, 용도변경
기타 적용행위	면적, 높이제한, 공개공지, 이행강제금, 특별건축구역, 조경, 건축선

❖ 사전결정신청제도

사전결정신청	건축허가대상 건축물을 건축하려는 자는 허가권자에게 다음의 사항에 대한 사전결정을 신청할 수 있다. ① 해당 대지에 건축하는 것이 이 법이나 관계 법령에서 허용되는지 여부 ② 이 법 또는 관계 법령에 따른 건축기준 및 건축제한, 그 완화에 관한 사항 등을 고려하여 해당 대지에 건축 가능한 건축물의 규모 ③ 건축허가를 받기 위하여 신청자가 고려하여야 할 사항
심의·평가 동시신청	건축위원회 심의 + 교통영향평가서의 검토 ⇨ 동시신청 가능
사전환경성검토 협의	기후에너지환경부장관이나 지방환경관서의 장과 사전환경성검토에 관한 협의
사전결정 후 통지	허가권자 ⇨ 사전결정신청자에게 통지
결정의 효과	의제: 산지전용, 농지전용, 개발행위, 하천점용허가 ✔ 단, 협의(관계 행정기관의 장) 및 의견제출(15일 이내)
건축허가신청 의무	통지받은 날부터 2년 이내에 건축허가를 신청하여야 하며, 이 기간에 건축허가를 신청하지 아니하면 사전결정의 효력이 상실한다.

❖ 건축절차

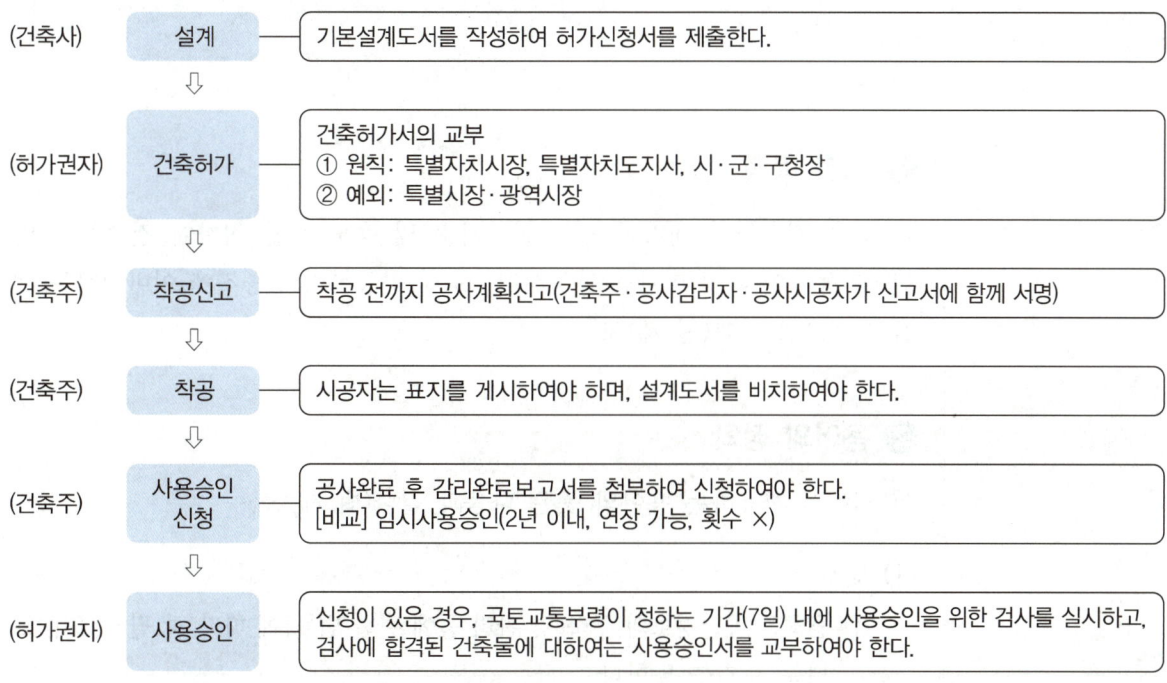

❖ 건축법상 기타규정

건축물의 구조 및 재료	건축물의 구조안전확인대상, 건축물의 피난(직통계단, 옥상광장, 헬리포트), 건축설비(승용 승강기, 비상용 승강기, 피난용 승강기)
구역 등	특별건축구역, 특별가로구역, 건축협정구역, 결합건축구역
권한자 등	허가권자, 사전승인권자, 허가제한권자
보칙	이행강제금

제1장 총칙

회독 Check　1회　2회　3회

> 건축의 개념, 대수선, 지하층, 초고층건축물, 「건축법」의 적용대상 등 「건축법」에서 사용되는 용어 정의는 매우 중요하다. 매년 출제되고 있기 때문에 꼼꼼하게 학습하여야 한다.

❶ 제정 목적

이 법은 건축물의 대지·구조·설비기준 및 용도 등을 정하여 건축물의 안전·기능·환경 및 미관을 향상시킴으로써 공공복리의 증진에 이바지하는 것을 목적으로 한다(법 제1조).

❷ 용어의 정의

이 법에서 사용하는 용어의 뜻은 다음과 같다(법 제2조).

(1) 대지

① 원칙: 「공간정보의 구축 및 관리 등에 관한 법률」에 따라 각 필지(筆地)로 나눈 토지를 말한다.
② 예외: 일부 토지는 둘 이상의 필지를 하나의 대지로 하거나 하나 이상의 필지의 일부를 하나의 대지로 할 수 있다.

(2) 건축물

토지에 정착(定着)하는 공작물 중 지붕과 기둥 또는 벽이 있는 것과 이에 딸린 시설물, 지하나 고가(高架)의 공작물에 설치하는 사무소·공연장·점포·차고·창고, 그 밖에 대통령령으로 정하는 것을 말한다.

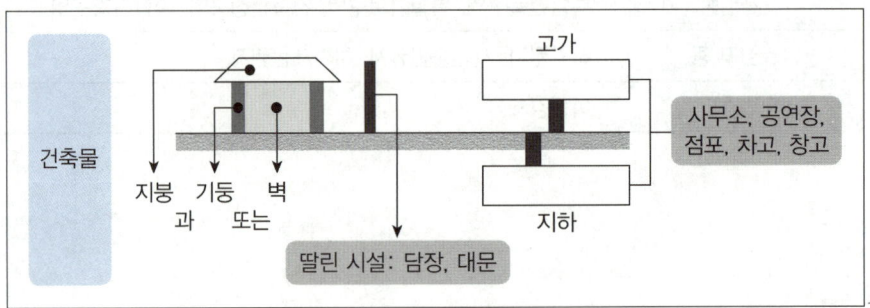

핵심 축조신고대상 공작물

공작물을 축조(건축물과 분리하여 축조하는 것을 말한다)할 때 특별자치도지사·특별자치시장 또는 시장·군수·구청장에게 신고를 해야 하는 공작물은 다음과 같다.

① 높이 2m를 넘는 옹벽 또는 담장
② 높이 4m를 넘는 광고탑, 광고판, 장식탑, 기념탑, 첨탑, 그 밖에 이와 비슷한 것
③ 높이 5m를 넘는 「신에너지 및 재생에너지 개발·이용·보급 촉진법」에 따른 태양에너지를 이용하는 발전설비와 그 밖에 이와 비슷한 것
④ 높이 6m를 넘는 굴뚝
⑤ 높이 6m를 넘는 골프연습장 등의 운동시설을 위한 철탑, 주거지역·상업지역에 설치하는 통신용 철탑, 그 밖에 이와 비슷한 것
⑥ 높이 8m를 넘는 고가수조나 그 밖에 이와 비슷한 것
⑦ 바닥면적 30m²를 넘는 지하대피호
⑧ 높이 8m(위험을 방지하기 위한 난간의 높이는 제외한다) 이하의 기계식 주차장 및 철골조립식 주차장(바닥면이 조립식이 아닌 것을 포함한다)으로서 외벽이 없는 것
⑨ 건축조례로 정하는 제조시설, 저장시설(시멘트사일로를 포함한다), 유희시설, 그 밖에 이와 비슷한 것
⑩ 건축물의 구조에 심대한 영향을 줄 수 있는 중량물로서 건축조례로 정하는 것

| 옹벽과 담장 | 광고탑 | 골프장 철탑, 통신철탑 | 태양에너지발전설비 |

철골조립식 주차장

핵심 「건축법」 적용대상으로 축조신고하여야 하는 공작물은 다음과 같다.

1. 2m를 넘는 옹벽 또는 담장
2. 4m를 넘는 광고탑, 광고판, 장식탑, 기념탑, 첨탑
3. 5m를 넘는 태양에너지발전설비
4. 6m를 넘는 굴뚝, 골프연습장의 철탑, 통신철탑
5. 8m를 넘는 고가수조
6. 8m 이하의 기계식 주차장 및 철골조립식 주차장(외벽이 없는 것)
7. 바닥면적 30m²를 넘는 지하대피호

기출 높이 4m의 장식탑을 축조하려는 경우에는 특별자치시장·특별자치도지사 또는 시장·군수·구청장에게 신고하지 않는다.

(3) 건축물의 용도

건축물의 종류를 유사한 구조, 이용 목적 및 형태별로 묶어 분류한 것을 말한다.

(4) 건축설비

건축물에 설치하는 전기·전화설비, 초고속 정보통신설비, 지능형 홈네트 워크설비, 가스·급수·배수(配水)·배수(排水)·환기·난방·냉방·소화(消火)·배연(排煙) 및 오물처리의 설비, 굴뚝, 승강기, 피뢰침, 국기게 양대, 공동시청 안테나, 유선방송 수신시설, 우편함, 저수조(貯水槽), 방범 시설, 그 밖에 국토교통부령으로 정하는 설비를 말한다.

(5) 지하층

건축물의 바닥이 지표면 아래에 있는 층으로서 바닥에서 지표면까지 평균 높이가 해당 층 높이의 2분의 1 이상인 것을 말한다.

(6) 거실

건축물 안에서 거주, 집무, 작업, 집회, 오락, 그 밖에 이와 유사한 목적을 위하여 사용되는 방을 말한다.

> Tip 거실은 일반적으로 오래 머무는 곳이다 보니 행위 제한이 강하게 적용된다.

(7) 주요구조부

내력벽(耐力壁), 기둥, 바닥, 보, 지붕틀 및 주계단(主階段)을 말한다. 다만 사이기둥, 최하층 바닥, 작은 보, 차양, 옥외계단, 그 밖에 이와 유사한 것으로 건축물의 구조상 중요하지 아니한 부분은 제외한다.

> 핵심 건축물의 주요구조부
> 내력벽, 기둥, 바닥, 보, 지붕틀, 주계단
>
> 기출 최하층 바닥은 건축물의 주요구조부에 해당하지 않는다.

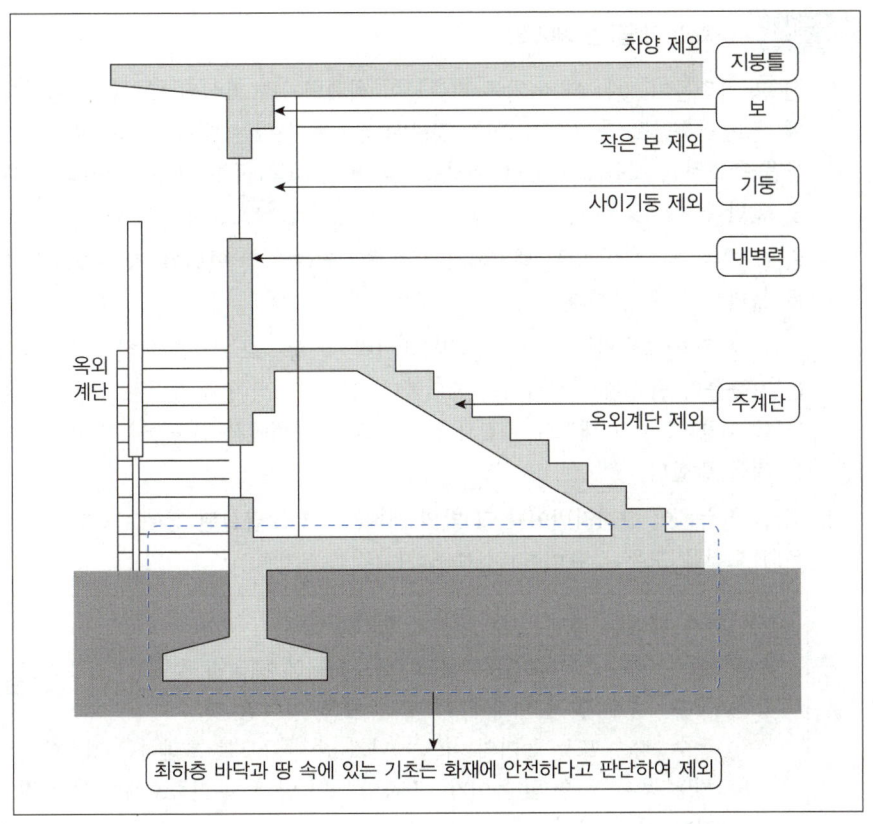

(8) 건축

건축물을 신축·증축·개축·재축(再築)하거나 건축물을 이전하는 것을 말한다.

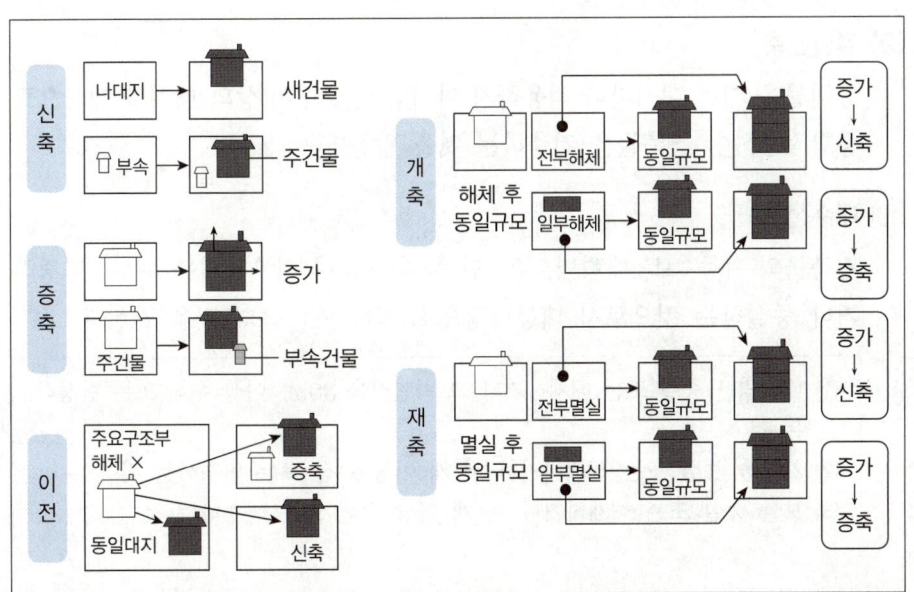

참고 이축은 건축에 포함되지 않는다.

비교 개축과 재축
1. 개축: 전부 또는 일부 해체 후, 같은 규모 내로 다시 축조하는 것
2. 재축: 전부 또는 일부가 천재지변 등으로 멸실 후, 같은 연면적 합계 이내이면서 동수, 층수, 높이 모두 종전 규모 이하로 다시 축조하는 것

기출
1. 기존 건축물이 있는 대지에서 건축물의 내력벽을 증설하여 건축면적을 늘리는 것은 '증축'에 해당한다.
2. '증축'이란 기존 건축물이 있는 대지에서 건축물의 건축면적, 연면적, 층수 또는 높이를 늘리는 것을 말한다. 제36회

> **핵심** 건축의 개념(영 제2조)
>
> 1. 신축: 건축물이 없는 대지(기존 건축물이 해체되거나 멸실된 대지를 포함한다)에 새로 건축물을 축조(築造)하는 것[부속건축물만 있는 대지에 새로 주된 건축물을 축조하는 것을 포함하되, 개축(改築) 또는 재축(再築)하는 것은 제외한다]을 말한다.
> 2. 증축: 기존 건축물이 있는 대지에서 건축물의 건축면적, 연면적, 층수 또는 높이를 늘리는 것을 말한다.
> 3. 개축: 기존 건축물의 전부 또는 일부[내력벽·기둥·보·지붕틀(한옥의 경우에는 지붕틀의 범위에서 서까래는 제외한다) 중 셋 이상이 포함되는 경우를 말한다]를 해체하고, 그 대지에 종전과 같은 규모의 범위에서 건축물을 다시 축조하는 것을 말한다.
> 4. 재축: 건축물이 천재지변이나 그 밖의 재해(災害)로 멸실된 경우, 그 대지에 다음의 요건을 모두 갖추어 다시 축조하는 것을 말한다.
>
>> ① 연면적 합계는 종전 규모 이하로 할 것
>> ② 동(棟)수, 층수 및 높이는 다음의 어느 하나에 해당할 것
>>> ㉠ 동수, 층수 및 높이가 모두 종전 규모 이하일 것
>>> ㉡ 동수, 층수 또는 높이의 어느 하나가 종전 규모를 초과하는 경우에는 해당 동수, 층수 및 높이가 「건축법」, 이 영 또는 건축조례에 모두 적합할 것
>
> 5. 이전: 건축물의 주요구조부를 해체하지 아니하고 같은 대지의 다른 위치로 옮기는 것을 말한다.

기출 건축물을 이전하는 것은 '건축'에 해당한다.

(9) 결합건축

용적률을 개별 대지마다 적용하지 아니하고, 2개 이상의 대지를 대상으로 통합적용하여 건축물을 건축하는 것을 말한다.

(10) 대수선 제35회

건축물의 기둥, 보, 내력벽, 주계단 등의 구조나 외부형태를 수선·변경하거나 증설하는 것으로서 대통령령으로 정하는 다음의 것을 말한다.

기출 내력벽을 수선하더라도 수선되는 벽면적의 합계가 $30m^2$ 미만인 경우는 대수선에 포함되지 않는다.

> ① 내력벽을 증설 또는 해체하거나 그 벽면적을 $30m^2$ 이상 수선 또는 변경하는 것
> ② 기둥을 증설 또는 해체하거나 세 개 이상 수선 또는 변경하는 것
> ③ 보를 증설 또는 해체하거나 세 개 이상 수선 또는 변경하는 것

④ 지붕틀(한옥의 경우에는 지붕틀의 범위에서 서까래는 제외한다)을 증설 또는 해체하거나 세 개 이상 수선 또는 변경하는 것
⑤ 방화벽 또는 방화구획을 위한 바닥 또는 벽을 증설 또는 해체하거나 수선 또는 변경하는 것
⑥ 주계단·피난계단 또는 특별피난계단을 증설 또는 해체하거나 수선 또는 변경하는 것
⑦ 다가구주택의 가구 간 경계벽 또는 다세대주택의 세대 간 경계벽을 증설 또는 해체하거나 수선 또는 변경하는 것
⑧ 건축물의 외벽에 사용하는 마감재료를 증설 또는 해체하거나 벽면적 30m² 이상 수선 또는 변경하는 것

(11) 리모델링

① 의의: 건축물의 노후화를 억제하거나 기능 향상 등을 위하여 대수선하거나 건축물의 일부를 증축 또는 개축하는 행위를 말한다.

② 리모델링에 대비한 특례: 리모델링이 쉬운 구조의 공동주택의 건축을 촉진하기 위하여 공동주택을 다음의 '대통령령으로 정하는 구조'로 하여 건축허가를 신청하면 법 제56조(건축물의 용적률), 법 제60조(건축물의 높이제한) 및 법 제61조(일조 등의 확보를 위한 높이제한)에 따른 기준을 100분의 120의 범위에서 대통령령으로 정하는 비율로 완화하여 적용할 수 있다(법 제8조, 영 제6조의5).

> ㉠ 각 세대는 인접한 세대와 수직 또는 수평 방향으로 통합하거나 분할할 수 있을 것
> ㉡ 구조체에서 건축설비, 내부 마감재료 및 외부 마감재료를 분리할 수 있을 것
> ㉢ 개별 세대 안에서 구획된 실(室)의 크기, 개수 또는 위치 등을 변경할 수 있을 것

③ 특수구조건축물 구조안전의 확인에 관한 특례
㉠ 특수구조건축물을 건축하거나 대수선하려는 건축주(제32조 제3항에 따라 구조 안전의 확인 방법이 달리 적용되는 건축주는 제외한다)는 착공신고를 하기 전에 국토교통부령으로 정하는 바에 따라 허가권자에게 해당 건축물의 구조안전에 관하여 지방건축위원회의 심의를 신청하여야 한다. 이 경우, 건축주는 설계자로부터 미리 구조안전 확인을 받아야 한다(영 제6조의3 제2항).

비교➡ 리모델링의 범위
1. 「건축법」: 대수선, 증축, 개축
2. 「주택법」: 대수선, 증축

ⓒ 신청을 받은 허가권자는 심의신청 접수일부터 15일 이내에 건축구조 분야 전문위원회에 심의 안건을 상정하고, 심의 결과를 심의를 신청한 자에게 통보하여야 한다(영 제6조의3 제3항).

ⓒ 심의 결과에 이의가 있는 자는 심의 결과를 통보받은 날부터 1개월 이내에 허가권자에게 재심의를 신청할 수 있다(영 제6조의3 제4항).

ⓔ 심의 결과 또는 재심의 결과를 통보받은 건축주는 착공신고를 할 때 그 결과를 반영하여야 한다(영 제6조의3 제5항).

ⓜ 심의결과의 통보, 재심의의 방법 및 결과 통보에 관하여는 법 제4조의2 제2항 및 제4항을 준용한다(영 제6조의3 제6항).

(12) 도로

① **원칙**: 보행과 자동차 통행이 가능한 너비 4m 이상의 도로(지형적으로 자동차 통행이 불가능한 경우와 막다른 도로의 경우에는 대통령령으로 정하는 구조와 너비의 도로)로서, 다음의 어느 하나에 해당하는 도로나 그 예정도로를 말한다.

> ㉠ 「국토의 계획 및 이용에 관한 법률」, 「도로법」, 「사도법」, 그 밖의 관계 법령에 따라 신설 또는 변경에 관한 고시가 된 도로
> ㉡ 건축허가 또는 신고시에 특별시장·광역시장·특별자치시장·도지사·특별자치도지사 또는 시장·군수·구청장(자치구의 구청장을 말한다)이 위치를 지정하여 공고한 도로

> **기출** 막다른 도로의 구조와 너비는 막다른 도로가 '도로'에 해당하는지 여부를 판단하는 기준이 된다.

② **예외**: 대통령령으로 정하는 구조와 너비의 도로란 다음의 어느 하나에 해당하는 도로를 말한다(영 제3조의3).

> ㉠ 특별자치시장·특별자치도지사 또는 시장·군수·구청장이 지형적 조건으로 인하여 차량 통행을 위한 도로의 설치가 곤란하다고 인정하여 그 위치를 지정·공고하는 구간의 너비 3m 이상(길이가 10m 미만인 막다른 도로인 경우에는 너비 2m 이상)인 도로
> ㉡ 막다른 도로로서, 해당 도로의 너비가 그 길이에 따라 각각 다음 표에 정하는 기준 이상인 도로
>
> | 막다른 도로의 길이 | 도로의 너비 |
> | --- | --- |
> | 10m 미만 | 2m |
> | 10m 이상 35m 미만 | 3m |
> | 35m 이상 | 6m(도시지역이 아닌 읍·면 지역은 4m) |

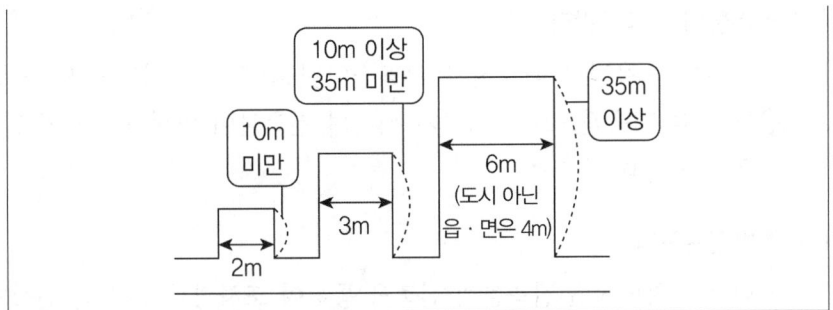

(13) 건축관계자

① **건축주**: 건축물의 건축·대수선·용도변경, 건축설비의 설치 또는 공작물의 축조(이하 '건축물의 건축 등'이라 한다)에 관한 공사를 발주하거나 현장관리인을 두어 스스로 그 공사를 하는 자를 말한다.

② **제조업자**: 건축물의 건축·대수선·용도변경, 건축설비의 설치 또는 공작물의 축조 등에 필요한 건축자재를 제조하는 사람을 말한다.

③ **유통업자**: 건축물의 건축·대수선·용도변경, 건축설비의 설치 또는 공작물의 축조에 필요한 건축자재를 판매하거나 공사현장에 납품하는 사람을 말한다.

④ **설계자**: 자기의 책임(보조자의 도움을 받는 경우를 포함한다)으로 설계도서를 작성하고, 그 설계도서에서 의도하는 바를 해설하며, 지도하고 자문에 응하는 자를 말한다.

⑤ **공사감리자**: 자기의 책임(보조자의 도움을 받는 경우를 포함한다)으로 이 법으로 정하는 바에 따라 건축물, 건축설비 또는 공작물이 설계도서의 내용대로 시공되는지를 확인하고, 품질관리·공사관리·안전관리 등에 대하여 지도·감독하는 자를 말한다.

⑥ **공사시공자**: 「건설산업기본법」에 따른 건설공사를 하는 자를 말한다.

⑦ **관계전문기술자**: 건축물의 구조·설비 등 건축물과 관련된 전문기술자격을 보유하고, 설계와 공사감리에 참여하여 설계자 및 공사감리자와 협력하는 자를 말한다.

(14) 설계도서

건축물의 건축 등에 관한 공사용 도면, 구조계산서, 시방서(示方書), 그 밖에 국토교통부령으로 정하는 공사에 필요한 서류를 말한다.

기출 구조계산서와 시방서는 설계도서에 해당한다.

(15) 건축물의 유지·관리

건축물의 소유자나 관리자가 사용승인된 건축물의 대지·구조·설비 및 용도 등을 지속적으로 유지하기 위하여 건축물이 멸실될 때까지 관리하는 행위를 말한다.

(16) 특별건축구역

조화롭고 창의적인 건축물의 건축을 통하여 도시경관의 창출, 건설기술 수준향상 및 건축관련 제도개선을 도모하기 위하여 이 법 또는 관계 법령에 의한 일부 규정을 적용하지 아니하거나 완화 또는 통합하여 적용할 수 있도록 특별히 지정하는 구역을 말한다.

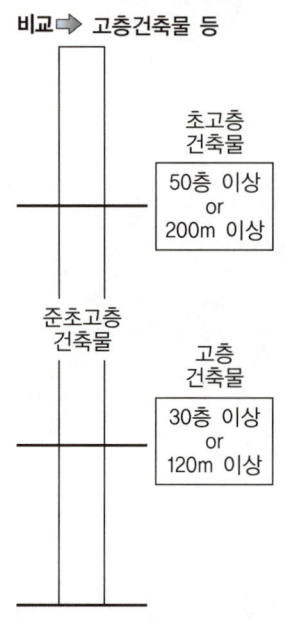

(17) 고층건축물 등

① 고층건축물: 층수가 30층 이상이거나, 높이가 120m 이상인 건축물을 말한다.
② 초고층건축물: 층수가 50층 이상이거나, 높이가 200m 이상인 건축물을 말한다(영 제2조 제15호).
③ 준초고층건축물: 고층건축물 중 초고층건축물이 아닌 것을 말한다(영 제2조 제15호의2).

> **참고** 고층건축물의 건축기준
>
> 고층건축물에서 화재가 발생하면 인명·재산상의 피해가 막대하므로 이를 예방하기 위하여 층수가 30층 이상이거나 높이가 120m 이상인 건축물을 고층건축물로 정의하고, 지방자치단체의 장이 구조안전확인대상 건축물에 대하여 허가 등을 하는 경우 내진성능 확보 여부를 확인하도록 함으로써 지진으로 인한 건축물의 붕괴 등을 예방할 수 있도록 한다. 고층건축물의 화재예방 및 피해경감을 위하여 피난안전구역을 설치하거나 대피공간을 확보한 계단을 설치하도록 하여 일반 건축물보다 강화된 건축기준을 적용할 수 있도록 하려는 것이다.

(18) 실내건축

건축물의 실내를 안전하고 쾌적하며 효율적으로 사용하기 위하여 내부 공간을 칸막이로 구획하거나 벽지, 천장재, 바닥재, 유리 등 대통령령으로 정하는 재료 또는 장식물을 설치하는 것을 말한다.

(19) 부속구조물

건축물의 안전·기능·환경 등을 향상시키기 위하여 건축물에 추가적으로 설치하는 환기시설물 등 대통령령으로 정하는 구조물을 말한다.

(20) 건축재료 및 건축구조 제36회

① 내수재료: 인조석·콘크리트 등 내수성을 가진 재료로서 국토교통부령이 정하는 재료를 말한다.
② 내화구조: 화재에 견딜 수 있는 성능을 가진 구조로서 국토교통부령이 정하는 기준에 적합한 구조를 말한다.
③ 방화구조: 화염의 확산을 막을 수 있는 성능을 가진 구조로서 국토교통부령이 정하는 기준에 적합한 구조를 말한다.
④ 난연재료: 불에 잘 타지 아니하는 성능을 가진 재료로서 국토교통부령이 정하는 기준에 적합한 재료를 말한다.
⑤ 불연재료: 불에 타지 아니하는 성질을 가진 재료로서 국토교통부령이 정하는 기준에 적합한 재료를 말한다.
⑥ 준불연재료: 불연재료에 준하는 성질을 가진 재료로서 국토교통부령이 정하는 기준에 적합한 재료를 말한다.

(21) 부속건축물

같은 대지에서 주된 건축물과 분리된 부속용도의 건축물로서, 주된 건축물을 이용 또는 관리하는 데에 필요한 건축물을 말한다(영 제2조 제12호).

(22) 부속용도

건축물의 주된 용도의 기능에 필수적인 용도로서, 다음의 어느 하나에 해당하는 용도를 말한다(영 제2조 제13호).

> ① 건축물의 설비, 대피, 위생, 그 밖에 이와 비슷한 시설의 용도
> ② 사무, 작업, 집회, 물품저장, 주차, 그 밖에 이와 비슷한 시설의 용도
> ③ 구내식당·직장어린이집·구내운동시설 등 종업원 후생복리시설, 구내소각시설, 그 밖에 이와 비슷한 시설의 용도
> ④ 관계 법령에서 주된 용도의 부수시설로 설치할 수 있게 규정하고 있는 시설, 그 밖에 국토교통부장관이 이와 유사하다고 인정하여 고시하는 시설의 용도

기출
1. '난연재료(難燃材料)'란 불에 잘 타지 아니하는 성능을 가진 재료로서 국토교통부령으로 정하는 기준에 적합한 재료를 말한다. 제36회
2. '불연재료(不燃材料)'란 불에 타지 아니하는 성질을 가진 재료로서 국토교통부령으로 정하는 기준에 적합한 재료를 말한다. 제36회

(23) **발코니**

건축물의 내부와 외부를 연결하는 완충공간으로서 전망이나 휴식 등의 목적으로 건축물 외벽에 접하여 부가적으로 설치되는 공간을 말한다. 이 경우, 주택에 설치되는 발코니로서 국토교통부장관이 정하는 기준에 적합한 발코니는 필요에 따라 거실·침실·창고 등의 용도로 사용할 수 있다(영 제2조 제14호).

(24) **한옥**

「한옥 등 건축자산의 진흥에 관한 법률」 제2조 제2호에 따른 한옥을 말한다(영 제2조 제16호).

> **핵심** 다중이용건축물
> 1. 문/종/판/운/숙/종(바합 5천m² 이상)
> 2. 16층 이상의 건축물
> ✓ 둘 중 어느 하나에 해당하면 다중이용건축물이다. 단, 문화 및 집회시설에서 동·식물원은 제외됨에 유의한다.

(25) **다중이용건축물**

다음의 어느 하나에 해당하는 건축물을 말한다(영 제2조 제17호).

> ① 다음의 어느 하나에 해당하는 용도로 쓰는 바닥면적의 합계가 5천m² 이상인 건축물
>   ㉠ 문화 및 집회시설(동물원 및 식물원은 제외한다)
>   ㉡ 종교시설
>   ㉢ 판매시설
>   ㉣ 운수시설 중 여객용 시설
>   ㉤ 의료시설 중 종합병원
>   ㉥ 숙박시설 중 관광숙박시설
> ② 16층 이상인 건축물

(26) **준다중이용건축물**

다중이용건축물 외의 건축물로서, 다음의 어느 하나에 해당하는 용도로 쓰는 바닥면적의 합계가 1천m² 이상인 건축물을 말한다(영 제2조 제17호의2).

> ① 문화 및 집회시설(동물원 및 식물원은 제외한다)
> ② 종교시설
> ③ 판매시설
> ④ 운수시설 중 여객용 시설
> ⑤ 의료시설 중 종합병원
> ⑥ 교육연구시설
> ⑦ 노유자시설
> ⑧ 운동시설

⑨ 숙박시설 중 관광숙박시설
⑩ 위락시설
⑪ 관광휴게시설
⑫ 장례시설

(27) 특수구조건축물 제32회

다음의 어느 하나에 해당하는 건축물을 말한다(영 제2조 제18호).

① 한쪽 끝은 고정되고 다른 끝은 지지(支持)되지 아니한 구조로 된 보·차양 등이 외벽(외벽이 없는 경우에는 외곽 기둥을 말한다)의 중심선으로부터 3m 이상 돌출된 건축물
② 기둥과 기둥 사이의 거리(기둥의 중심선 사이의 거리를 말하며, 기둥이 없는 경우에는 내력벽과 내력벽의 중심선 사이의 거리를 말한다)가 20m 이상인 건축물
③ 무량판 구조(보가 없이 바닥판·기둥으로 구성된 구조를 말한다. 이하 같다)를 가진 건축물로서 무량판 구조인 어느 하나의 층에 수직으로 배치된 주요구조부의 전체 단면적에서 보가 없이 배치된 기둥의 전체 단면적이 차지하는 비율이 4분의 1 이상인 건축물
④ 특수한 설계·시공·공법 등이 필요한 건축물로서, 국토교통부장관이 정하여 고시하는 구조로 된 건축물

예제

건축법령상 건축물의 '대수선'에 해당하지 않는 것은? (단, 건축물의 증축·개축 또는 재축에 해당하지 않음) 제35회

① 보를 두 개 변경하는 것
② 기둥을 세 개 수선하는 것
③ 내력벽의 벽면적을 $30m^2$ 수선하는 것
④ 특별피난계단을 변경하는 것
⑤ 다세대주택의 세대 간 경계벽을 증설하는 것

해설 보를 두 개 변경하는 것은 대수선에 해당하지 않는다.
✔ 보를 세 개 변경하는 것이 대수선에 해당한다.   **정답 ①**

핵심 🎯 「건축법」 적용 제외
1. 문화유산(지정 + 임시지정)

2. 철도관련시설(철도 역사는 제외)

3. 고속도로통행료 징수시설

4. 컨테이너(공장 안에서 수송이 쉬운 것)

5. 수문조작실(하천구역 안에 있는 것)

기출 철도의 선로부지에 있는 운전보안시설은 「건축법」을 적용하지 않는 건축물에 해당한다.

❸ 건축법의 적용범위 및 지역 제36회

(1) 「건축법」의 적용대상에서 제외되는 건축물

다음의 어느 하나에 해당하는 건축물에는 이 법을 적용하지 아니한다(법 제3조 제1항).

> ① 「문화유산의 보존 및 활용에 관한 법률」에 따른 지정문화유산이나 임시지정문화유산 또는 「자연유산의 보존 및 활용에 관한 법률」에 따라 지정된 천연기념물 등이나 임시지정천연기념물, 임시지정명승, 임시지정시·도자연유산, 임시자연유산자료
> ② 철도나 궤도의 선로부지(敷地)에 있는 다음의 시설
>   ㉠ 운전보안시설
>   ㉡ 철도 선로의 위나 아래를 가로지르는 보행시설
>   ㉢ 플랫폼
>   ㉣ 해당 철도 또는 궤도사업용 급수(給水)·급탄(給炭) 및 급유(給油)시설
> ③ 고속도로통행료 징수시설
> ④ 컨테이너를 이용한 간이창고(「산업집적활성화 및 공장설립에 관한 법률」에 따른 공장의 용도로만 사용되는 건축물의 대지에 설치하는 것으로서 이동이 쉬운 것만 해당된다)
> ⑤ 「하천법」에 따른 하천구역 내의 수문조작실

(2) 「건축법」 적용대상지역(법 제3조 제2항·제3항)

① 「건축법」 전면 적용대상지역

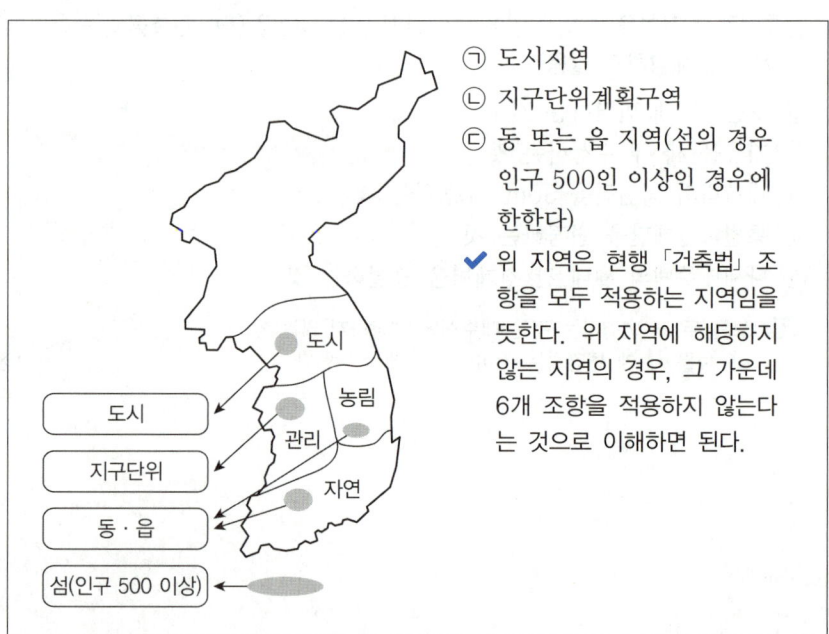

㉠ 도시지역
㉡ 지구단위계획구역
㉢ 동 또는 읍 지역(섬의 경우 인구 500인 이상인 경우에 한한다)

✔ 위 지역은 현행 「건축법」 조항을 모두 적용하는 지역임을 뜻한다. 위 지역에 해당하지 않는 지역의 경우, 그 가운데 6개 조항을 적용하지 않는다는 것으로 이해하면 된다.

② 「건축법」의 일부 규정이 적용되지 않는 지역

대상지역	적용에서 제외되는 규정
㉠ 도시지역 외의 지역(관리지역, 농림지역, 자연환경보전지역) ㉡ 지구단위계획구역 외의 지역 ㉢ 동 또는 읍의 지역 외의 지역 ㉣ 동 또는 읍에 속하는 섬(인구 500인 미만)	대지와 도로의 관계(법 제44조)
	도로의 지정·폐지 또는 변경(법 제45조)
	건축선의 지정(법 제46조)
	건축선에 따른 건축제한(법 제47조)
	방화지구 안의 건축물(법 제51조)
	대지의 분할제한(법 제57조)

기출 이동이 쉬운 컨테이너를 이용한 임시숙소는 「건축법」 적용 제외대상 건축물에 해당하지 않는다. 제36회

③ 장기 미집행 도시·군계획시설부지에서 매수청구를 한 토지의 소유자는 매수하지 않기로 결정된 경우나 2년이 지날 때까지 해당 토지를 매수하지 않는 경우에는 허가를 받아 대통령령이 정하는 건축물 또는 공작물을 설치할 수 있다. 이 건축물이나 공작물을 도시·군계획시설로 결정된 도로의 예정지에 건축하는 경우에는 법 제45조(도로의 지정·폐지 또는 변경), 법 제46조(건축선의 지정), 법 제47조(건축선에 따른 건축제한)의 규정을 적용하지 아니한다.

4 건축법 적용의 특례규정

(1) 「건축법」 적용의 완화
① 완화요청: 건축주, 설계자, 공사시공자 또는 공사감리자(이하 '건축관계자'라 한다)는 업무를 수행할 때 이 법을 적용하는 것이 매우 불합리하다고 인정되는 대지나 건축물로서 대통령령으로 정하는 것에 대하여는 이 법의 기준을 완화하여 적용할 것을 특별시장·광역시장·특별자치시장·특별자치도지사 또는 시장·군수·구청장(이하 '허가권자'라 한다)에게 요청할 수 있다(법 제5조 제1항).
② 허가권자의 결정·통지: 요청을 받은 허가권자는 건축위원회의 심의를 거쳐 완화 여부와 적용범위를 결정하고, 그 결과를 신청인에게 알려야 한다(법 제5조 제2항).

(2) 기존의 건축물 등에 관한 특례

허가권자는 법령의 제정·개정이나 그 밖에 대통령령으로 정하는 사유(도시·군관리계획의 결정·변경 또는 행정구역의 변경이 있는 경우, 도시·군계획시설의 설치, 도시개발사업의 시행 또는 「도로법」에 따른 도로의 설치가 있는 경우, 그 밖에 국토교통부령으로 정하는 경우)로 대지나 건축물이 이 법에 맞지 아니하게 된 경우에는 다음의 대통령령으로 정하는 범위에서 해당 지방자치단체의 조례로 정하는 바에 따라 건축을 허가할 수 있다(법 제6조).

> ① 기존 건축물을 재축하는 경우
> ② 증축, 개축 또는 대수선하려는 부분이 법령 등에 적합한 경우
> ③ 기존 건축물의 대지가 도시·군계획시설의 설치 또는 「도로법」에 따른 도로의 설치로 법 제57조에 따라 해당 지방자치단체가 정하는 면적에 미달되는 경우로서, 그 기존 건축물을 연면적 합계의 범위에서 증축하거나 개축하는 경우
> ④ 기존 건축물이 도시·군계획시설 또는 「도로법」에 따른 도로의 설치로 법 제55조 또는 법 제56조에 부적합하게 된 경우로서, 화장실·계단·승강기의 설치 등 그 건축물의 기능을 유지하기 위하여 그 기존 건축물의 연면적 합계의 범위에서 증축하는 경우
> ⑤ 법률 제7696호 「건축법」 일부개정법률 제50조의 개정규정에 따라 최초로 개정한 해당 지방자치단체의 조례 시행일 이전에 건축된 기존 건축물의 건축선 및 인접 대지경계선으로부터의 거리가 그 조례로 정하는 거리에 미달되는 경우로서, 그 기존 건축물을 건축 당시의 법령에 위반되지 않는 범위에서 수직으로 증축하는 경우
> ⑥ 기존 한옥을 개축하는 경우
> ⑦ 건축물 대지의 전부 또는 일부가 「자연재해대책법」에 따른 자연재해위험개선지구에 포함되고 법 제22조에 따른 사용승인 후 20년이 지난 기존 건축물을 재해로 인한 피해예방을 위하여 연면적의 합계 범위에서 개축하는 경우

(3) 다른 법령의 배제

① 「민법」 규정 배제: 건축물의 건축 등을 위하여 지하를 굴착하는 경우에는 「민법」 제244조 제1항을 적용하지 아니한다. 다만, 필요한 안전조치를 하여 위해(危害)를 방지하여야 한다(법 제9조 제1항).

② 「하수도법」 규정 배제: 건축물에 딸린 개인 하수처리시설에 관한 설계의 경우에는 「하수도법」 제38조를 적용하지 아니한다(법 제9조 제2항).

심화 ▶ 지하시설 등의 제한

1. 우물을 파거나 용수, 하수 또는 오물 등을 저치할 지하시설을 하는 때에는 경계로부터 2m 이상의 거리를 두어야 하며 저수지, 구거 또는 지하실공사에는 경계로부터 그 깊이의 반 이상의 거리를 두어야 한다.
2. 1.의 공사를 함에는 토사가 붕괴하거나 하수 또는 오액이 이웃에 흐르지 아니하도록 적당한 조처를 하여야 한다.

5 건축위원회

(1) 의의

① 국토교통부장관, 시·도지사 및 시장·군수·구청장은 다음의 사항을 조사·심의·조정 또는 재정(이하 '심의 등'이라 한다)하기 위하여 각각 건축위원회를 두어야 한다(법 제4조 제1항).

> ⊙ 이 법과 조례의 제정·개정 및 시행에 관한 중요사항
> ⓒ 건축물의 건축 등과 관련된 분쟁의 조정 또는 재정에 관한 사항. 다만, 시·도지사 및 시장·군수·구청장이 두는 건축위원회는 제외한다.
> ⓒ 건축물의 건축 등과 관련된 민원에 관한 사항. 다만, 국토교통부장관이 두는 건축위원회는 제외한다.
> ⓔ 건축물의 건축 또는 대수선에 관한 사항
> ⓜ 다른 법령에서 건축위원회의 심의를 받도록 규정한 사항

② 국토교통부장관, 시·도지사 및 시장·군수·구청장은 건축위원회의 심의 등을 효율적으로 수행하기 위하여 필요하면 자신이 설치하는 건축위원회에 다음의 전문위원회를 두어 운영할 수 있다(법 제4조 제2항).

> ⊙ 건축분쟁전문위원회(국토교통부에 설치하는 건축위원회에 한정한다)
> ⓒ 건축민원전문위원회(시·도 및 시·군·구에 설치하는 건축위원회에 한정한다)
> ⓒ 건축계획·건축구조·건축설비 등 분야별 전문위원회

③ 전문위원회는 건축위원회가 정하는 사항에 대하여 심의 등을 한다(법 제4조 제3항).
④ 전문위원회의 심의 등을 거친 사항은 건축위원회의 심의 등을 거친 것으로 본다(법 제4조 제4항).
⑤ 건축위원회의 조직·운영, 그 밖에 필요한 사항은 대통령령으로 정하는 바에 따라 국토교통부령이나 해당 지방자치단체의 조례(자치구의 경우에는 특별시나 광역시의 조례를 말한다)로 정한다(법 제4조 제5항).

(2) 중앙건축위원회

① 법 제4조 제1항에 따라 국토교통부에 두는 건축위원회(이하 '중앙건축위원회'라 한다)는 다음의 사항을 심의 등을 한다(영 제5조 제1항).

기출 건축민원전문위원회는 필요하다고 인정하면 신청인, 허가권자의 업무담당자, 이해관계자 또는 참고인을 위원회에 출석하게 하여 의견을 들을 수 있다.

> ㉠ 표준설계도서의 인정에 관한 사항
> ㉡ 건축물의 건축·대수선·용도변경, 건축설비의 설치 또는 공작물의 축조와 관련된 분쟁의 조정 또는 재정에 관한 사항
> ㉢ 법과 이 영의 제정·개정 및 시행에 관한 중요사항
> ㉣ 다른 법령에서 중앙건축위원회의 심의를 받도록 한 경우, 해당 법령에서 규정한 심의사항
> ㉤ 그 밖에 국토교통부장관이 중앙건축위원회의 심의가 필요하다고 인정하여 회의에 부치는 사항

② ①에 따라 심의 등을 받은 건축물이 다음의 어느 하나에 해당하는 경우에는 해당 건축물의 건축 등에 관한 중앙건축위원회의 심의 등을 생략할 수 있다(영 제5조 제2항).

> ㉠ 건축물의 규모를 변경하는 것으로서 다음의 요건을 모두 갖춘 경우
>   ⓐ 건축위원회의 심의 등의 결과에 위반되지 아니할 것
>   ⓑ 심의 등을 받은 건축물의 건축면적, 연면적, 층수 또는 높이 중 어느 하나도 10분의 1을 넘지 아니하는 범위에서 변경할 것
> ㉡ 중앙건축위원회의 심의 등의 결과를 반영하기 위하여 건축물의 건축 등에 관한 사항을 변경하는 경우

(3) 지방건축위원회

특별시·광역시·특별자치시·도·특별자치도(이하 '시·도'라 한다) 및 시·군·구(자치구를 말한다)에 두는 건축위원회(이하 '지방건축위원회'라 한다)는 다음의 사항에 대한 심의 등을 한다(영 제5조의5 제1항).

> ① 건축선(建築線)의 지정에 관한 사항
> ② 법 또는 이 영에 따른 조례(해당 지방자치단체의 장이 발의하는 조례만 해당한다)의 제정·개정 및 시행에 관한 중요사항
> ③ 다중이용건축물 및 특수구조건축물의 구조안전에 관한 사항
> ④ 다른 법령에서 지방건축위원회의 심의를 받도록 한 경우, 해당 법령에서 규정한 심의사항
> ⑤ 특별시장·광역시장·특별자치시장·도지사 또는 특별자치도지사(이하 '시·도지사'라 한다) 및 시장·군수·구청장이 도시 및 건축 환경의 체계적인 관리를 위하여 필요하다고 인정하여 지정·공고한 지역에서 건축조례로 정하는 건축물의 건축 등에 관한 것으로서, 시·도지사 및 시장·군수·구청장이 지방건축위원회의 심의가 필요하다고 인정한 사항. 이 경우, 심의사항은 시·도지사 및 시장·군수·구청장이 건축계획, 구조 및 설비 등에 대해 심의기준을 정하여 공고한 사항으로 한정한다.

제2장 건축물의 건축

건축절차의 체계도를 그려서 흐름을 파악한 뒤 구체적인 내용을 정리하면 효율적인 학습이 가능하다. 허가권자와 사전승인권자의 구분, 용도변경은 자주 출제되는 부분이며, 취소사유도 최근에 자주 언급되는 부분이다.

1 건축에 관한 입지 및 규모의 사전결정 제36회

(1) 허가대상 건축물의 사전결정신청

건축허가대상 건축물(신고대상은 제외한다)을 건축하려는 자는 건축허가를 신청하기 전에 허가권자에게 그 건축물의 건축에 관한 다음의 사항에 대한 사전결정을 신청할 수 있다(법 제10조 제1항).

① 해당 대지에 건축하는 것이 이 법이나 관계 법령에서 허용되는지 여부
② 이 법 또는 관계 법령에 따른 건축기준 및 건축제한, 그 완화에 관한 사항 등을 고려하여 해당 대지에 건축 가능한 건축물의 규모
③ 건축허가를 받기 위하여 신청자가 고려해야 할 사항

기출
1. 건축허가대상 건축물을 건축하려는 자는 건축허가를 신청하기 전에 허가권자에게 건축허가를 받기 위하여 신청자가 고려하여야 할 사항에 대한 사전결정을 신청할 수 있다. 제36회
2. 사전결정신청사항에 건축허가를 받기 위하여 신청자가 고려해야 할 사항이 포함될 수 있다. 제36회

(2) 심의·교통영향분석 등의 동시신청

사전결정을 신청하는 자(이하 '사전결정신청자'라 한다)는 건축위원회 심의와 「도시교통정비 촉진법」에 따른 교통영향평가서의 검토를 동시에 신청할 수 있다(법 제10조 제2항).

(3) 소규모 환경영향평가에 관한 협의

허가권자는 사전결정이 신청된 건축물의 대지면적이 「환경영향평가법」에 따른 소규모 환경영향평가 대상사업인 경우, 기후에너지환경부장관이나 지방환경관서의 장과 소규모 환경영향평가에 관한 협의를 하여야 한다(법 제10조 제3항).

(4) 사전결정 및 통지

① 허가권자는 신청을 받으면 입지, 건축물의 규모, 용도 등을 사전결정한 후 사전결정신청자에게 알려야 한다(법 제10조 제4항).

기출
1. 사전결정신청자는 건축위원회 심의와 「도시교통정비 촉진법」에 따른 교통영향평가서의 검토를 동시에 신청할 수 있다. 제36회
2. 허가권자는 사전결정이 신청된 건축물의 대지면적이 「환경영향평가법」에 따른 소규모 환경영향평가 대상사업인 경우 환경부장관(기후에너지환경부장관)이나 지방환경관서의 장과 소규모 환경영향평가에 관한 협의를 하여야 한다. 제36회

② 신청절차, 신청서류, 통지 등에 필요한 사항은 국토교통부령으로 정한다(법 제10조 제5항).

(5) 사전결정 통지에 따른 효과 제33회

사전결정 통지를 받은 경우에는 허가를 받거나 신고 또는 협의를 한 것으로 본다(법 제10조 제6항).

(6) 협의 및 의견제출

허가권자는 의제사항 중 어느 하나에 해당되는 내용이 포함된 사전결정을 하려면 미리 관계 행정기관의 장과 협의하여야 하며, 협의를 요청받은 관계 행정기관의 장은 요청받은 날부터 15일 이내에 의견을 제출해야 한다(법 제10조 제7항).

(7) 사전결정 통지 후 건축허가신청 의무

사전결정신청자는 사전결정을 통지받은 날부터 **2년 이내에 건축허가를 신청**하여야 하며, 이 기간에 건축허가를 신청하지 아니하면 사전결정의 효력이 상실된다(법 제10조 제8항).

심화 사전결정 통지에 따른 의제사항
1. 「국토의 계획 및 이용에 관한 법률」에 따른 개발행위허가
2. 「산지관리법」에 따른 산지전용허가·신고(보전산지인 경우에는 도시지역만 해당된다)
3. 「농지법」에 따른 농지전용허가·신고 및 협의
4. 「하천법」에 따른 하천점용허가
✔ 도로점용허가는 없다.

기출
1. 허가권자는 사전결정을 하려면 미리 관계 행정기관의 장과 협의하여야 하며, 협의를 요청받은 관계 행정기관의 장은 요청받은 날부터 15일 이내에 의견을 제출하여야 한다. 제36회
2. 사전결정신청자가 사전결정을 통지받은 날부터 2년 이내에 건축허가를 신청하지 아니하면 그 사전결정의 효력이 상실된다. 제36회

예제

건축법령상 건축허가대상 건축물을 건축하려는 자가 건축관련 입지와 규모의 사전결정 통지를 받은 경우에 허가를 받은 것으로 볼 수 있는 것을 모두 고른 것은? (단, 미리 관계 행정기관의 장과 사전결정에 관하여 협의한 것을 전제로 함) 제33회

ㄱ. 「농지법」 제34조에 따른 농지전용허가
ㄴ. 「하천법」 제33조에 따른 하천점용허가
ㄷ. 「국토의 계획 및 이용에 관한 법률」 제56조에 따른 개발행위허가
ㄹ. 도시지역 외의 지역에서 「산지관리법」 제14조에 따른 보전산지에 대한 산지전용허가

① ㄱ, ㄴ
② ㄷ, ㄹ
③ ㄱ, ㄴ, ㄷ
④ ㄴ, ㄷ, ㄹ
⑤ ㄱ, ㄴ, ㄷ, ㄹ

해설 사전결정 통지를 받은 경우에는 다음의 허가를 받거나 신고 또는 협의를 한 것으로 본다.
1. 「국토의 계획 및 이용에 관한 법률」 제56조에 따른 개발행위허가
2. 「산지관리법」 제14조, 15조에 따른 산지전용허가와 산지전용신고, 같은 법 제15조의2에 따른 산지일시사용허가·신고. 다만, 보전산지인 경우에는 도시지역만 해당된다.
3. 「농지법」 제34조, 제35조, 제43조에 따른 농지전용허가·신고 및 협의
4. 「하천법」 제33조에 따른 하천점용허가

정답 ③

❷ 건축허가 등

1. 건축허가의 의의

건축허가란 일반적으로 금지된 건축행위를 일정한 요건 아래 해제하여 본래의 자연적 자유를 회복하여 주는 행정처분을 말한다.

2. 허가권자 등

(1) 원칙

건축물을 건축하거나 대수선하려는 자는 특별자치시장·특별자치도지사 또는 시장·군수·구청장의 허가를 받아야 한다(법 제11조 제1항).

(2) 예외

① 21층 이상의 건축물 등 대통령령으로 정하는 용도 및 규모의 건축물을 특별시나 광역시에 건축하려면 특별시장이나 광역시장의 허가를 받아야 한다(법 제11조 제1항 단서).

② 특별시장 또는 광역시장의 허가를 받아야 하는 건축물의 건축은 층수가 21층 이상이거나 연면적의 합계가 10만㎡ 이상인 건축물의 건축(연면적의 10분의 3 이상을 증축하여 층수가 21층 이상으로 되거나 연면적의 합계가 10만㎡ 이상으로 되는 경우를 포함한다)을 말한다. 다만, 다음의 어느 하나에 해당하는 건축물의 건축은 제외한다(영 제8조 제1항).

> ㉠ 공장
> ㉡ 창고
> ㉢ 지방건축위원회의 심의를 거친 건축물(특별시 또는 광역시의 건축조례로 정하는 바에 따라 해당 지방건축위원회의 심의사항으로 할 수 있는 건축물에 한정하며, 초고층건축물은 제외한다)

3. 사전승인(도지사) 제36회

시장·군수는 다음의 어느 하나에 해당하는 건축물의 건축을 허가하려면 미리 건축계획서와 국토교통부령으로 정하는 건축물의 용도, 규모 및 형태가 표시된 기본설계도서를 첨부하여 도지사의 승인을 받아야 한다(법 제11조 제2항, 영 제8조 제3항).

참고 건축허가의 성질
1. 법률행위적 행정행위
2. 명령적 행정행위
3. 쌍방적 행정행위
4. 상대적 금지의 해제
5. 대물적 허가
6. 적법요건
7. 기속(기속재량)행위
8. 요식행위
9. 수익적 행정행위

핵심 허가권자
1. 원칙: 특별자치시장·특별자치도지사, 시장·군수·구청장
2. 예외: 특별시장·광역시장 [21층 이상, 연합 10만㎡ 이상(공장, 창고, 심의 ×)]

기출 공장은 건축법령상 자연환경이나 수질을 보호하기 위하여 도지사가 지정·공고한 구역에 건축하는 3층 이상의 건축물로 시장·군수가 건축허가를 하려면 미리 도지사의 승인을 받아야 하는 용도의 건축물이 아니다.
제36회

> ① 2.의 (2)에 해당하는 건축물. 다만, 도시환경, 광역교통 등을 고려하여 해당 도의 조례로 정하는 건축물은 제외한다.
> ② 자연환경이나 수질을 보호하기 위하여 도지사가 지정·공고한 구역에 건축하는 3층 이상 또는 연면적의 합계가 1천m² 이상인 건축물로서 위락시설과 숙박시설 등 대통령령으로 정하는 용도에 해당하는 건축물
>   ㉠ 공동주택
>   ㉡ 제2종 근린생활시설(일반음식점만 해당한다)
>   ㉢ 업무시설(일반업무시설만 해당한다)
>   ㉣ 숙박시설
>   ㉤ 위락시설
> ③ 주거환경이나 교육환경 등 주변환경을 보호하기 위하여 필요하다고 인정하여 도지사가 지정·공고한 구역에 건축하는 위락시설 및 숙박시설에 해당하는 건축물

4. 건축허가의 신청

(1) 허가신청서의 제출

건축물의 건축 또는 대수선의 허가를 받으려는 자는 국토교통부령으로 정하는 바에 따라 허가신청서에 관계서류를 첨부하여 허가권자에게 제출해야 한다. 다만, 「방위사업법」에 따른 방위산업시설의 건축 또는 대수선의 허가를 받으려는 경우에는 건축 관계 법령에 적합한지 여부에 관한 설계자의 확인으로 관계서류를 갈음할 수 있다(영 제9조 제1항).

(2) 허가신청서의 발급

허가권자는 허가를 하였으면 국토교통부령으로 정하는 바에 따라 허가서를 신청인에게 발급하여야 한다(영 제9조 제2항).

5. 건축허가의 필수적 취소

허가권자는 허가를 받은 자가 다음의 어느 하나에 해당하면 허가를 취소하여야 한다. 다만, ①에 해당하는 경우로서 정당한 사유가 있다고 인정되면 1년의 범위에서 공사의 착수기간을 연장할 수 있다(법 제11조 제7항).

> ① 허가를 받은 날부터 2년(「산업집적활성화 및 공장설립에 관한 법률」에 따라 공장의 신설·증설 또는 업종변경의 승인을 받은 공장은 3년) 이내에 공사에 착수하지 아니한 경우
> ② ①의 기간 이내에 공사에 착수하였으나, 공사의 **완료가 불가능**하다고 인정되는 경우

③ 착공신고 전에 경매 또는 공매 등으로 건축주가 대지의 소유권을 상실한 때부터 6개월이 지난 이후 공사의 착수가 불가능하다고 판단되는 경우

6. 대지의 소유권 확보 및 매도청구

(1) 대지의 소유권 확보

건축허가를 받으려는 자는 해당 대지의 소유권을 확보하여야 한다. 다만, 다음의 어느 하나에 해당하는 경우에는 그러하지 아니하다(법 제11조 제11항).

① 건축주가 대지의 소유권을 확보하지 못하였으나 그 대지를 사용할 수 있는 권원을 확보한 경우. 다만, **분양을 목적으로 하는 공동주택은 제외**한다.
② 건축주가 건축물의 노후화 또는 구조안전문제 등 대통령령으로 정하는 사유로 건축물을 신축·개축·재축 및 리모델링을 하기 위하여 건축물 및 해당 대지의 공유자 수의 **100분의 80 이상의 동의**를 얻고, 동의한 공유자의 지분 합계가 전체 지분의 **100분의 80 이상**인 경우
③ 건축주가 건축허가를 받아 주택과 주택 외의 시설을 동일 건축물로 건축하기 위하여 「주택법」 제21조를 준용한 대지소유 등의 권리관계를 증명한 경우. 다만, 「주택법」 제15조 제1항 각 호 외의 부분 본문에 따른 대통령령으로 정하는 호수 이상으로 건설·공급하는 경우에 한정한다.
④ 건축하려는 대지에 포함된 국유지 또는 공유지에 대하여 허가권자가 해당 토지의 관리청이 해당 토지를 건축주에게 매각하거나 양여할 것을 확인한 경우
⑤ 건축주가 집합건물의 공용부분을 변경하기 위하여 「집합건물의 소유 및 관리에 관한 법률」에 따른 결의가 있었음을 증명한 경우
⑥ 건축주가 집합건물을 재건축하기 위하여 「집합건물의 소유 및 관리에 관한 법률」 제47조에 따른 결의가 있었음을 증명한 경우

(2) 매도청구

① 공유지분에 대한 매도청구
  ㉠ 건축허가를 받은 건축주는 해당 건축물 또는 대지의 공유자 중 **동의하지 아니한 공유자**에게 그 공유지분을 시가(市價)로 매도할 것을 청구할 수 있다. 이 경우, 매도청구를 하기 전에 매도청구 대상이 되는 **공유자와 3개월 이상 협의**를 하여야 한다(법 제17조의2 제1항).
  ㉡ 매도청구에 관하여는 「집합건물의 소유 및 관리에 관한 법률」 제48조를 준용한다. 이 경우, 구분소유권 및 대지사용권은 매도청구의 대상이 되는 대지 또는 건축물의 공유지분으로 본다(법 제17조의2 제2항).

참고 신설 규정(법 제11조 제12항)
허가권자는 국토교통부령으로 정하는 숙박시설에 대하여 건축허가를 하는 경우에는 허가를 받는 자에게 국토교통부령으로 정하는 바에 따라 사용승인 요건을 알려야 한다. 〈2026.2.27. 시행〉

기출 건축하려는 대지에 포함된 국유지에 대하여 허가권자가 해당 토지의 관리청이 해당 토지를 건축주에게 매각할 것을 확인한 경우, 건축허가를 받으려는 자가 해당 대지의 소유권을 확보하지 않아도 된다.

② 소유자 확인곤란시 공유지분에 대한 매도청구

㉠ 건축허가를 받은 건축주는 해당 건축물 또는 대지의 공유자가 거주하는 곳을 확인하기가 현저히 곤란한 경우에는 전국적으로 배포되는 **둘 이상의 일간신문**에 두 차례 이상 공고하고, 공고한 날부터 **30일 이상이 지났을 때**에는 매도청구 대상이 되는 건축물 또는 대지로 본다(법 제17조의3 제1항).

㉡ 건축주는 매도청구 대상 공유지분의 감정평가액(허가권자가 추천하는「감정평가 및 감정평가사에 관한 법률」에 따른 감정평가법인 등 2인 이상이 평가한 금액을 산술평균하여 산정한다)에 해당하는 금액을 법원에 공탁(供託)하고 착공할 수 있다(법 제17조의3 제2항·제3항).

7. 허가 거부(기속행위의 예외)

허가권자는 건축허가를 하고자 하는 때에 한국건축규정의 준수 여부를 확인하여야 한다. 다만, 다음의 어느 하나에 해당하는 경우에는 이 법이나 다른 법률에도 불구하고 건축위원회의 심의를 거쳐 건축허가를 하지 아니할 수 있다(법 제11조 제4항).

> ① 위락시설이나 숙박시설에 해당하는 건축물의 건축을 허가하는 경우, 해당 대지에 건축하려는 건축물의 용도·규모 또는 형태가 **주거환경**이나 **교육환경** 등 주변환경을 고려할 때 부적합하다고 인정되는 경우
> ② 「국토의 계획 및 이용에 관한 법률」에 따른 방재지구 및「자연재해대책법」에 따른 자연재해위험개선지구 등 상습적으로 침수되거나 침수가 우려되는 대통령령으로 정하는 지역에 건축하려는 건축물에 대하여 일부 공간에 거실을 설치하는 것이 부적합하다고 인정되는 경우

8. 건축허가에 따른 인·허가 의제사항

(1) 의제대상

건축허가를 받으면 다음의 허가 등을 받거나 신고를 한 것으로 보며, 공장 건축물의 경우에는「산업집적활성화 및 공장설립에 관한 법률」에 따라 관련 법률의 인·허가 등이나 허가 등을 받은 것으로 본다(법 제11조 제5항).

참고 건축허가를 받은 경우라 하더라도 소방시설, 주차장, 위험물, 폐기물처리시설 등의 설치허가는 의제되지 않는다.

비교 ▶ 의제 규정
1. 건축허가를 받으면 개발행위허가를 받은 것으로 본다.
2. 개발행위허가를 받았다고 건축허가를 받은 것으로는 보지 않는다.

> ① 공사용 가설건축물의 축조신고
> ② 공작물의 축조신고
> ③ 「국토의 계획 및 이용에 관한 법률」에 따른 개발행위허가
> ④ 「국토의 계획 및 이용에 관한 법률」에 따른 시행자의 지정과 실시계획인가
> ⑤ 「산지관리법」에 따른 산지전용허가·신고. 다만, 보전산지인 경우에는 도시지역만 해당된다.
> ⑥ 「사도법」에 따른 사도(私道)개설허가
> ⑦ 「농지법」에 따른 농지전용허가·신고 및 협의
> ⑧ 「도로법」에 따른 도로의 점용허가
> ⑨ 「도로법」에 따른 비관리청 공사시행허가와 도로의 연결허가
> ⑩ 「하천법」에 따른 하천점용 등의 허가
> ⑪ 「하수도법」에 따른 배수설비(配水設備)의 설치신고
> ⑫ 「하수도법」에 따른 개인하수처리시설의 설치신고
> ⑬ 「수도법」에 따라 수도사업자가 지방자치단체인 경우, 그 지방자치단체가 정한 조례에 따른 상수도 공급신청
> ⑭ 「전기안전관리법」에 따른 자가용전기설비 공사계획의 인가 또는 신고
> ⑮ 「물환경보전법」에 따른 수질오염물질배출시설 설치허가나 신고
> ⑯ 「대기환경보전법」에 따른 대기오염물질배출시설 설치허가나 신고
> ⑰ 「소음·진동관리법」에 따른 소음·진동배출시설 설치허가나 신고
> ⑱ 「가축분뇨의 관리 및 이용에 관한 법률」에 따른 배출시설 설치허가나 신고
> ⑲ 「자연공원법」에 따른 행위허가
> ⑳ 「도시공원 및 녹지 등에 관한 법률」에 따른 도시공원의 점용허가
> ㉑ 「토양환경보전법」에 따른 특정토양오염관리대상시설의 신고
> ㉒ 「수산자원관리법」에 따른 행위의 허가
> ㉓ 「초지법」에 따른 초지전용의 허가 및 신고

(2) 협의 및 의견제출

허가권자는 (1)의 인·허가 의제사항 중 어느 하나에 해당하는 사항이 다른 행정기관의 권한에 속하면 그 행정기관의 장과 미리 협의하여야 하며, 협의 요청을 받은 관계 행정기관의 장은 요청을 받은 날부터 15일 이내에 의견을 제출해야 한다. 이 경우, 관계 행정기관의 장은 처리기준이 아닌 사유를 이유로 협의를 거부할 수 없다(법 제11조 제6항).

핵심 허가제한 권한자(착공제한도 포함)

1. 국토교통부장관: 국토관리상, 주무부장관 요청 ⇨ 허가권자를 제한
2. 특별시장·광역시장·도지사: 지역계획, 도시·군계획상 ⇨ 시·군·구를 제한

✓ 기간: 2년(연장 1년). 단, 특별시장·광역시장·도지사가 국토교통부장관에게 보고한다(해당 제한이 과도하다고 인정되는 경우, 국토교통부장관은 해제를 명할 수 있다).

기출

1. 특별시장·광역시장·도지사는 시장·군수·구청장의 건축허가나 건축물의 착공을 제한한 경우 즉시 국토교통부장관에게 보고하여야 하며, 보고를 받은 국토교통부장관은 제한내용이 지나치다고 인정하면 해제를 명할 수 있다. 국토교통부장관이 직권으로 해제를 하는 것은 아니다. 제35회
2. 도지사가 관할 군수의 건축허가를 제한한 경우, 국토교통부장관은 제한내용이 지나치다고 인정하면 해제를 명할 수 있다.

9. 건축허가의 제한 등 제32회

(1) 국토교통부장관의 허가제한

국토교통부장관은 국토관리를 위하여 특히 필요하다고 인정하거나 주무부장관이 국방, 국가유산의 보존, 환경보전 또는 국민경제를 위하여 특히 필요하다고 인정하여 요청하면 허가권자의 건축허가나 허가를 받은 건축물의 착공을 제한할 수 있다(법 제18조 제1항).

(2) 특별시장·광역시장·도지사의 허가제한

특별시장·광역시장·도지사는 지역계획이나 도시·군계획에 특히 필요하다고 인정하면 시장·군수·구청장의 건축허가나 허가를 받은 건축물의 착공을 제한할 수 있다(법 제18조 제2항).

(3) 허가제한의 절차

국토교통부장관이나 특별시장·광역시장·도지사는 건축허가나 건축허가를 받은 건축물의 착공을 제한하려는 경우에는 「토지이용규제 기본법」에 따라 주민의견을 청취한 후 건축위원회의 심의를 거쳐야 한다(법 제18조 제3항).

(4) 허가제한의 내용 등 제35회

① 건축허가 및 착공의 제한기간: 건축허가나 건축물의 착공을 제한하는 경우, 제한기간은 2년 이내로 한다. 다만, 1회에 한하여 1년 이내의 범위에서 제한기간을 연장할 수 있다(법 제18조 제4항).

② 허가제한 내용의 통보: 국토교통부장관이나 특별시장·광역시장·도지사는 건축허가나 건축물의 착공을 제한하는 경우 제한목적 및 기간, 대상건축물의 용도와 대상구역의 위치·면적·경계 등을 상세하게 정하여 허가권자에게 통보하여야 하며, 통보를 받은 허가권자는 지체 없이 이를 공고하여야 한다(법 제18조 제5항).

③ 허가제한 후 보고: 특별시장·광역시장·도지사는 시장·군수·구청장의 건축허가나 건축물의 착공을 제한한 경우 즉시 국토교통부장관에게 보고하여야 하며, 보고를 받은 국토교통부장관은 제한내용이 지나치다고 인정하면 해제를 명할 수 있다(법 제18조 제6항).

핵심 건축허가권자 등

허가권자 →

반드시 취소하여야 한다.
① 허가 후 2년 내 착수 ×
② 완료 불가능시
③ 착공 전, 공·경매로 소유권 상실 후 6개월 경과시

① 원칙: 특별자치시장, 특별자치도지사, 시·군·구청장
② 예외: 특·광시장(21층 이상 또는 연합 10만㎡ 이상. 단, 공장, 창고, 심의 거친 것은 제외)

사전승인권자 (도지사)
① 21층 이상 또는 연합 10만㎡ 이상. 단, 공장, 창고, 심의 거친 것은 제외
② 자연환경·수질보호 ➡ (3층 이상 또는 연합 1천㎡ 이상) 위락, 숙박, 공동주택, 일반음식점, 일반업무시설
③ 주거환경·교육환경보호 ➡ 위락, 숙박

④는 동시에 기속재량행위
(심의를 거쳐 허가를 거부할 수도 있다)

허가제한·착공제한 허가는 기속행위를 갖기 때문에 적정 규제

① 국토교통부장관: 국토관리상, 주무부장관의 요청 ➡ 허가권자를 제한
  ✔ 특별시장·광역시장·도지사의 제한이 과도한 경우, 해제를 명할 수 있다.
② 특별시장·광역시장·도지사: 지역계획, 도시·군계획상 ➡ 시·군·구를 제한
  ✔ 원칙은 2년, 연장은 1회에 한하여 1년 가능하다.

비교 ➡ 개발행위허가와 건축허가

구분	개발행위허가	건축허가
허가권자	특별시장·광역시장·특별자치시장·특별자치도지사·시장·군수	① 원칙: 특별자치시장·특별자치도지사, 시·군·구 ② 예외: 특별시장·광역시장

허가제한	① 제한권자: 국토교통부장관, 시·도지사, 시장·군수
	② 제한사유: 녹지, 계획관리, 수목집단 생육, 조수류 서식지, 우량농지 등, 문화유산 훼손우려, 도시·군기본계획, 도시·군관리계획 ~ing, 지구단위계획구역이 지정된 지역, 기반시설부담구역이 지정된 지역
	✔ 제한기간: 3년 이내(계획을 수립하고 있는 지역은 1회에 한하여 2년 연장 가능, 심의 없이 연장)
		① 제한권자: 국토교통부장관, 특별시장·광역시장·도지사
		② 제한사유
		  ㉠ 국토교통부장관: 국토관리상, 국방, 문화유산, 환경보전 등
		  ㉡ 특별시장·광역시장·도지사: 지역계획, 도시·군계획상(국토교통부장관에게 보고 후 과도하다고 인정되면 해제를 명할 수 있다)
		✔ 제한기간: 2년 이내(1회에 한하여 1년 연장 가능)

10. 건축복합민원 일괄협의회

허가권자는 허가를 하려면 해당용도·규모 또는 형태의 건축물을 건축하려는 대지에 건축하는 것이 「국토의 계획 및 이용에 관한 법률」 제54조, 제56조~제62조 및 제76조~제82조의 규정과 그 밖에 대통령령으로 정하는 관계 법령의 규정에 맞는지를 확인하고, 법 제10조 제6항 각 호와 같은 조 제7항 또는 법 제11조 제5항 각 호와 같은 조 제6항의 사항을 처리하기 위하여 대통령령으로 정하는 바에 따라 건축복합민원 일괄협의회를 개최하여야 한다(법 제12조 제1항).

11. 건축공사현장 안전관리예치금 등

(1) 안전관리 등의 조치의무

건축허가를 받은 자는 건축물의 건축공사를 중단하고 장기간 공사현장을 방치할 경우, 공사현장의 미관개선과 안전관리 등 필요한 조치를 하여야 한다(법 제13조 제1항).

민자역사 공사 장기간 방치	공사 중 유치권 행사 중인 건축물

(2) 예치대상

허가권자는 연면적이 1,000m² 이상인 건축물(「주택도시기금법」에 따른 주택도시보증공사가 분양보증을 한 건축물, 「건축물의 분양에 관한 법률」에 따른 분양보증이나 신탁계약을 체결한 건축물은 제외한다)로서 해당 지방자치단체의 조례로 정하는 건축물에 대하여는 착공신고를 하는 건축주(「한국토지주택공사법」에 따른 한국토지주택공사 또는 「지방공기업법」에 따라 건축사업을 수행하기 위하여 설립된 지방공사는 제외한다)에게 장기간 건축물의 공사현장이 방치되는 것에 대비하여 미리 미관개선과 안전관리에 필요한 비용(대통령령으로 정하는 보증서를 포함하며, 이하 '예치금'이라 한다)을 건축공사비의 1%의 범위에서 예치하게 할 수 있다(법 제13조 제2항).

(3) 예치금의 반환

허가권자가 예치금을 반환할 때에는 대통령령으로 정하는 이율로 산정한 이자를 포함하여 반환하여야 한다. 다만, 보증서를 예치한 경우에는 그러하지 아니하다(법 제13조 제3항).

(4) 예치금의 산정 등

예치금의 산정·예치방법, 반환 등에 관하여 필요한 사항은 해당 지방자치단체의 조례로 정한다(법 제13조 제4항).

(5) 개선명령

허가권자는 공사현장이 방치되어 도시미관을 저해하고 안전을 위해한다고 판단되면 건축허가를 받은 자에게 건축물 공사현장의 미관과 안전관리를 위해 다음의 개선을 명할 수 있다(법 제13조 제5항).

> ① 안전울타리 설치 등 안전조치
> ② 공사재개 또는 해체 등 정비

(6) 대집행

허가권자는 개선명령을 받은 자가 개선을 하지 아니하면 「행정대집행법」으로 정하는 바에 따라 대집행을 할 수 있다. 이 경우 건축주가 예치한 예치금을 행정대집행에 필요한 비용에 사용할 수 있으며, 행정대집행에 필요한 비용이 이미 납부한 예치금보다 많을 때에는 「행정대집행법」 제6조에 따라 그 차액을 추가로 징수할 수 있다(법 제13조 제6항).

(7) 긴급필요시 사용

허가권자는 방치되는 공사현장의 안전관리를 위하여 긴급한 필요가 있다고 인정하는 경우에는 대통령령으로 정하는 바에 따라 건축주에게 고지한 후 건축주가 예치한 예치금을 사용하여 대통령령으로 정하는 조치를 할 수 있다(법 제13조 제7항).

참고 안전영향평가 대상
1. 초고층건축물
2. 다음의 요건을 모두 충족하는 건축물
   - 연면적(하나의 대지에 둘 이상의 건축물을 건축하는 경우에는 각각의 건축물의 연면적을 말한다)이 10만m^2 이상일 것
   - 16층 이상일 것

심화 허가권자로부터 안전영향평가를 의뢰받은 안전영향평가기관은 다음의 항목을 검토하여야 한다.
1. 해당 건축물에 적용된 설계기준 및 하중의 적정성
2. 해당 건축물의 하중저항시스템의 해석 및 설계의 적정성
3. 지반조사 방법 및 지내력 산정결과의 적정성
4. 굴착공사에 따른 지하수위 변화 및 지반 안전성에 관한 사항
5. 그 밖에 건축물의 안전영향평가를 위하여 국토교통부장관이 필요하다고 인정하는 사항

기출
1. 건축물의 안전영향평가를 위하여 지방건축위원회가 결정하는 사항은 안전영향평가기관이 안전영향평가를 실시할 때 검토하여야 하는 사항에 해당하지 않는다. 제33회
2. 안전영향평가기관은 안전영향평가를 의뢰받은 날부터 30일 이내에 안전영향평가 결과를 허가권자에게 제출하여야 한다. 다만, 부득이한 경우에는 20일의 범위에서 그 기간을 한 차례만 연장할 수 있다. 제35회

12. 건축물 안전영향평가 제33회, 제35회

(1) 안전영향평가 대상

허가권자는 초고층건축물 등 대통령령으로 정하는 주요건축물에 대하여 건축허가를 하기 전에 건축물의 구조, 지반 및 풍환경(風環境) 등이 건축물의 구조안전과 인접 대지의 안전에 미치는 영향 등을 평가하는 건축물 안전영향평가(이하 '안전영향평가'라 한다)를 안전영향평가기관에 의뢰하여 실시하여야 한다(법 제13조의2 제1항).

(2) 안전영향평가기관의 지정

안전영향평가기관은 국토교통부장관이 「공공기관의 운영에 관한 법률」에 따른 공공기관으로서 건축관련업무를 수행하는 기관 중에서 지정하여 고시한다(법 제13조의2 제2항).

(3) 건축위원회의 심의

안전영향평가 결과는 건축위원회의 심의를 거쳐 확정한다. 이 경우, 건축위원회의 심의를 받아야 하는 건축물은 건축위원회 심의에 안전영향평가 결과를 포함하여 심의할 수 있다(법 제13조의2 제3항).

(4) 재심의

안전영향평가 대상건축물의 건축주는 건축허가신청시 제출해야 하는 도서에 안전영향평가 결과를 반영하여야 하며, 건축물의 계획상 반영이 곤란하다고 판단되는 경우에는 그 근거 자료를 첨부하여 허가권자에게 건축위원회의 재심의를 요청할 수 있다(법 제13조의2 제4항).

(5) 세부사항

안전영향평가의 검토항목과 건축주의 안전영향평가 의뢰, 평가비용 납부 및 처리절차 등 그 밖에 필요한 사항은 대통령령으로 정한다(법 제13조의2 제5항).

(6) 결과의 공개

허가권자는 심의결과 및 안전영향평가 내용을 국토교통부령으로 정하는 방법에 따라 즉시 공개하여야 한다(법 제13조의2 제6항).

(7) 다른 법률의 의제 제35회

안전영향평가를 실시하여야 하는 건축물이 다른 법률에 따라 구조안전과 인접 대지의 안전에 미치는 영향 등을 평가 받은 경우에는 안전영향평가의 해당 항목을 평가받은 것으로 본다(법 제13조의2 제7항).

3 건축신고 제32회

(1) 건축신고대상

허가대상 건축물이라 하더라도 다음의 어느 하나에 해당하는 경우에는 미리 특별자치시장·특별자치도지사 또는 시장·군수·구청장에게 국토교통부령으로 정하는 바에 따라 신고를 하면 건축허가를 받은 것으로 본다(법 제14조 제1항, 영 제11조).

> ① 바닥면적의 합계가 85m² 이내의 증축·개축 또는 재축. 다만, 3층 이상 건축물인 경우에는 증축·개축 또는 재축하려는 부분의 바닥면적의 합계가 건축물 연면적의 10분의 1 이내인 경우로 한정한다.
> ② 「국토의 계획 및 이용에 관한 법률」에 따른 관리지역, 농림지역 또는 자연환경보전지역에서 연면적이 200m² 미만이고 3층 미만인 건축물의 건축. 다만, 다음의 어느 하나에 해당하는 구역에서의 건축은 제외한다.
>   ㉠ 지구단위계획구역
>   ㉡ 방재지구, 붕괴위험지역
> ③ 연면적이 200m² 미만이고 3층 미만인 건축물의 대수선
> ④ 주요구조부의 해체가 없는 등 다음의 어느 하나에 해당하는 대수선
>   ㉠ 내력벽의 면적을 30m² 이상 수선하는 것
>   ㉡ 기둥을 세 개 이상 수선하는 것
>   ㉢ 보를 세 개 이상 수선하는 것
>   ㉣ 지붕틀을 세 개 이상 수선하는 것
>   ㉤ 방화벽 또는 방화구획을 위한 바닥 또는 벽을 수선하는 것
>   ㉥ 주계단·피난계단 또는 특별피난계단을 수선하는 것
> ⑤ 그 밖에 소규모건축물로서 다음의 어느 하나에 해당하는 건축물의 건축
>   ㉠ 연면적의 합계가 100m² 이하인 건축물
>   ㉡ 건축물의 높이를 3m 이하의 범위에서 증축하는 건축물
>   ㉢ 표준설계도서에 따라 건축하는 건축물로서, 그 용도 및 규모가 주위환경이나 미관에 지장이 없다고 인정하여 건축조례로 정하는 건축물
>   ㉣ 「국토의 계획 및 이용에 관한 법률」상의 공업지역, 지구단위계획구역(산업·유통형만 해당한다) 및 「산업입지 및 개발에 관한 법률」에 따른 산업단지에서 건축하는 2층 이하인 건축물로서, 연면적 합계 500m² 이하인 공장(제조업소 등 물품의 제조·가공을 위한 시설을 포함한다)
>   ㉤ 농업이나 수산업을 경영하기 위하여 읍·면 지역(특별자치도지사·시장·군수가 지역계획 또는 도시·군계획에 지장이 있다고 지정·공고한 구역은 제외한다)에서 건축하는 연면적 200m² 이하의 창고 및 연면적 400m² 이하의 축사·작물재배사(作物栽培舍), 종묘배양시설, 화초 및 분재 등의 온실

기출 허가권자는 안전영향평가에 대한 심의결과 및 안전영향평가 내용을 해당 지방자치단체의 공보에 게시하는 방법으로 즉시 공개하여야 한다. 제35회

기출
1. 연면적 270m²인 3층 건축물의 방화벽 수선은 신고하면 허가를 받은 것으로 간주한다.
2. 건축주 甲은 A도 B시에서 연면적이 100m²이고 2층인 건축물을 대수선하고자 「건축법」 제14조에 따른 신고를 하려고 한다. 이 경우, 甲이 대수선을 하기 전에 B시장에게 건축신고를 하면 건축허가를 받은 것으로 본다. 제32회

(2) 신고의 효력상실

신고를 한 자가 신고일부터 1년 이내에 공사에 착수하지 아니하면 그 신고의 효력은 없어진다. 다만, 건축주의 요청에 따라 허가권자가 정당한 사유가 있다고 인정하면 1년의 범위에서 착수기한을 연장할 수 있다(법 제14조 제5항).

> **기출** 건축신고를 한 자가 신고일부터 1년 이내에 공사 착수하지 아니하면 그 신고의 효력은 없어진다.

❹ 허가·신고사항의 변경

(1) 변경에 따른 재허가·재신고

건축주가 허가를 받았거나 신고한 사항을 변경하려면 변경하기 전에 다음의 대통령령으로 정하는 바에 따라 허가권자의 허가를 받거나 특별자치시장·특별자치도지사 또는 시장·군수·구청장에게 신고하여야 한다. 다만, 신축·증축·개축·재축·이전 또는 대수선에 해당하지 아니하는 변경은 그러하지 아니하다(법 제16조 제1항, 영 제12조 제1항·제2항).

① 바닥면적의 합계가 85m²를 초과하는 부분에 대한 신축·증축·개축에 해당하는 변경인 경우에는 허가를 받고, 그 밖의 경우에는 신고할 것
② 신고로써 허가를 갈음하는 건축물에 대하여는 변경 후 건축물의 연면적을 각각 신고로써 허가를 갈음할 수 있는 규모에서 변경하는 경우에는 ①에도 불구하고 신고할 것
③ 건축주·공사시공자 또는 공사감리자를 변경하는 경우에는 신고할 것

(2) 경미한 변경에 따른 일괄신고

허가나 신고사항 중 대통령령으로 정하는 다음 사항의 변경은 사용승인을 신청할 때 허가권자에게 일괄하여 신고할 수 있다(법 제16조 제2항, 영 제12조 제3항).

① 건축물의 동수나 층수를 변경하지 아니하면서 변경되는 부분의 바닥면적의 합계가 50m² 이하인 경우로서 다음의 요건을 모두 갖춘 경우
  ㉠ 변경되는 부분의 높이가 1m 이하이거나 전체 높이의 10분의 1 이하일 것
  ㉡ 허가를 받거나 신고를 하고 건축 중인 부분의 위치 변경범위가 1m 이내일 것
  ㉢ 신고를 하면 건축허가를 받은 것으로 보는 규모에서 건축허가를 받아야 하는 규모로의 변경이 아닐 것
② 건축물의 동수나 층수를 변경하지 아니하면서 변경되는 부분이 연면적 합계의 10분의 1 이하인 경우(연면적이 5천m² 이상인 건축물은 각 층의 바닥면적이 50m² 이하의 범위에서 변경되는 경우만 해당한다). 다만, ④ 및 ⑤에 따른 범위의 변경인 경우만 해당한다.

③ 대수선에 해당하는 경우
④ 건축물의 층수를 변경하지 아니하면서 변경되는 부분의 높이가 1m 이하이거나 전체 높이의 10분의 1 이하인 경우. 다만, 변경되는 부분이 ①·② 및 ⑤에 따른 범위의 변경인 경우만 해당한다.
⑤ 허가를 받거나 신고를 하고 건축 중인 부분의 위치가 1m 이내에서 변경되는 경우. 다만, 변경되는 부분이 ①·② 및 ④에 따른 범위의 변경인 경우만 해당한다.

5 용도변경

(1) 건축기준의 적합성

건축물의 용도변경은 변경하려는 용도의 건축기준에 맞게 하여야 한다(법 제19조 제1항).

(2) 건축물의 용도

건축물의 용도란 건축물의 종류를 유사한 구조, 이용목적 및 형태별로 묶어 분류한 것을 말한다. 각 용도에 속하는 건축물의 세부용도는 대통령령으로 정한다(법 제2조 제1항 제3호 및 제2항).

> **참고** 용도별 건축물의 종류(영 제3조의5 별표 1) 제33회
>
> 1. 단독주택[단독주택의 형태를 갖춘 가정어린이집·공동생활가정·지역아동센터 및 노인복지시설(노인복지주택은 제외한다)을 포함한다]
>   ① 단독주택
>   ② 다중주택: 다음의 요건을 모두 갖춘 주택을 말한다.
>   > ㉠ 학생 또는 직장인 등 여러 사람이 장기간 거주할 수 있는 구조로 되어 있는 것
>   > ㉡ 독립된 주거의 형태를 갖추지 아니한 것(각 실별로 욕실은 설치할 수 있으나, 취사시설은 설치하지 아니한 것을 말한다)
>   > ㉢ 1개 동의 주택으로 쓰이는 바닥면적의 합계가 $660m^2$ 이하이고 주택으로 쓰는 층수(지하층은 제외한다)가 3개층 이하일 것
>
>   ③ 다가구주택: 다음의 요건을 모두 갖춘 주택으로서 공동주택에 해당하지 아니하는 것을 말한다.
>   > ㉠ 주택으로 쓰는 층수(지하층은 제외한다)가 3개층 이하일 것. 다만, 1층의 전부 또는 일부를 필로티 구조로 하여 주차장으로 사용하고 나머지 부분을 주택 외의 용도로 쓰는 경우에는 해당 층을 주택의 층수에서 제외한다.

ⓒ 1개 동의 주택으로 쓰이는 바닥면적(부설 주차장면적은 제외한다)의 합계가 660m² 이하일 것
　　　ⓒ 19세대(대지 내 동별 세대수를 합한 세대를 말한다) 이하가 거주할 수 있을 것
　④ 공관(公館)
2. 공동주택[공동주택의 형태를 갖춘 가정어린이집·공동생활가정·지역아동센터·노인복지시설(노인복지주택은 제외한다) 및 「주택법 시행령」에 따른 아파트형 주택을 포함한다]
　① 아파트: 주택으로 쓰는 층수가 5개층 이상인 주택
　② 연립주택: 주택으로 쓰는 1개 동의 바닥면적(2개 이상의 동을 지하주차장으로 연결하는 경우에는 각각의 동으로 본다) 합계가 660m²를 초과하고, 층수가 4개층 이하인 주택
　③ 다세대주택: 주택으로 쓰는 1개 동의 바닥면적 합계가 660m² 이하이고, 층수가 4개층 이하인 주택(2개 이상의 동을 지하주차장으로 연결하는 경우에는 각각의 동으로 본다)
　④ 기숙사: 다음의 어느 하나에 해당하는 건축물로서 공간의 구성과 규모 등에 관하여 국토교통부장관이 정하여 고시하는 기준에 적합한 것. 다만, 구분소유된 개별 실(室)은 제외한다.
　　　㉠ 일반기숙사: 학교 또는 공장 등의 학생 또는 종업원 등을 위하여 사용하는 것으로서 해당 기숙사의 공동취사시설 이용 세대수가 전체 세대수(건축물의 일부를 기숙사로 사용하는 경우에는 기숙사로 사용하는 세대수로 한다. 이하 같다)의 50% 이상인 것(「교육기본법」 제27조 제2항에 따른 학생복지주택을 포함한다)
　　　㉡ 임대형기숙사: 「공공주택 특별법」 제4조에 따른 공공주택사업자 또는 「민간임대주택에 관한 특별법」 제2조 제7호에 따른 임대사업자가 임대사업에 사용하는 것으로서 임대 목적으로 제공하는 실이 20실 이상이고 해당 기숙사의 공동취사시설 이용 세대수가 전체 세대수의 50% 이상인 것
　✔ 다만, ①이나 ②에서 층수를 산정할 때 1층 전부를 필로티 구조로 하여 주차장으로 사용하는 경우에는 필로티 부분을 층수에서 제외하고, ③에서 층수를 산정할 때 1층의 전부 또는 일부를 필로티 구조로 하여 주차장으로 사용하고 나머지 부분을 주택 외의 용도로 쓰는 경우에는 해당 층을 주택의 층수에서 제외하며, ①부터 ④까지의 규정에서 층수를 산정할 때 지하층을 주택의 층수에서 제외한다.
3. 제1종 근린생활시설
　① 식품·잡화·의류·완구·서적·건축자재·의약품·의료기기 등 일용품을 판매하는 소매점으로서 같은 건축물(하나의 대지에 두 동 이상의 건축물이 있는 경우에는 이를 같은 건축물로 본다)에 해당 용도로 쓰는 바닥면적의 합계가 1천m² 미만인 것
　② 휴게음식점, 제과점 등 음료·차(茶)·음식·빵·떡·과자 등을 조리하거나 제조하여 판매하는 시설(4.의 ⑯ 또는 17.에 해당하는 것은 제외한다)로서 같은 건축물에 해당 용도로 쓰는 바닥면적의 합계가 300m² 미만인 것
　③ 이용원, 미용원, 목욕장, 세탁소 등 사람의 위생관리나 의류 등을 세탁·수선하는 시설(세탁소의 경우 공장에 부설되는 것과 「대기환경보전법」, 「물환경보전법」 또는 「소음·진동관리법」에 따른 배출시설의 설치허가 또는 신고의 대상인 것은 제외한다)
　④ 의원, 치과의원, 한의원, 침술원, 접골원(接骨院), 조산원, 안마원, 산후조리원 등 주민의 진료·치료 등을 위한 시설
　⑤ 탁구장, 체육도장으로서 같은 건축물에 해당 용도로 쓰는 바닥면적의 합계가 500m² 미만인 것
　⑥ 지역자치센터, 파출소, 지구대, 소방서, 우체국, 방송국, 보건소, 공공도서관, 건강보험공단 사무소 등 공공업무시설로서 같은 건축물에 해당 용도로 쓰는 바닥면적의 합계가 1천m² 미만인 것

⑦ 마을회관, 마을공동작업소, 마을공동구판장, 공중화장실, 대피소, 지역아동센터(단독주택과 공동주택에 해당하는 것은 제외한다) 등 주민이 공동으로 이용하는 시설
⑧ 변전소, 도시가스배관시설, 통신용 시설(해당 용도로 쓰는 바닥면적의 합계가 1천m^2 미만인 것에 한정한다), 정수장, 양수장 등 주민의 생활에 필요한 에너지공급·통신서비스제공이나 급수·배수와 관련된 시설
⑨ 금융업소, 사무소, **부동산중개사무소**, 결혼상담소 등 소개업소, 출판사 등 일반업무시설로서 같은 건축물에 해당 용도로 쓰는 바닥면적의 합계가 30m^2 미만인 것
⑩ 전기자동차 충전소(해당 용도로 쓰는 바닥면적의 합계가 1천m^2 미만인 것으로 한정한다)
⑪ **동물병원, 동물미용실** 및 「**동물보호법**」제73조 제1항 제2호에 따른 **동물위탁관리업을 위한** 시설로서 같은 건축물에 해당 용도로 쓰는 **바닥면적의 합계가 300m^2 미만인 것**

4. 제2종 근린생활시설
    ① 공연장(극장, 영화관, 연예장, 음악당, 서커스장, 비디오물감상실, 비디오물소극장, 그 밖에 이와 비슷한 것을 말한다)으로서 같은 건축물에 해당 용도로 쓰는 바닥면적의 합계가 500m^2 미만인 것
    ② **종교집회장**[교회, 성당, 사찰, 기도원, 수도원, 수녀원, 제실(祭室), 사당, 그 밖에 이와 비슷한 것을 말한다]으로서 같은 건축물에 해당 용도로 쓰는 바닥면적의 합계가 500m^2 **미만인 것**
    ③ 자동차영업소로서 같은 건축물에 해당 용도로 쓰는 바닥면적의 합계가 1천m^2 미만인 것
    ④ 서점(제1종 근린생활시설에 해당하지 않는 것)
    ⑤ 총포판매소
    ⑥ 사진관, 표구점
    ⑦ 청소년게임제공업소, 복합유통게임제공업소, 인터넷컴퓨터게임시설제공업소, 그 밖에 이와 비슷한 게임관련시설로서 같은 건축물에 해당 용도로 쓰는 바닥면적의 합계가 500m^2 미만인 것
    ⑧ **휴게음식점**, 제과점 등 음료·차(茶)·음식·빵·떡·과자 등을 조리하거나 제조하여 판매하는 시설(4.의 ⑯ 또는 17.에 해당하는 것은 제외한다)로서 같은 건축물에 해당 용도로 쓰는 바닥면적의 합계가 300m^2 이상인 것
    ⑨ 일반음식점
    ⑩ **장의사, 동물병원, 동물미용실**, 「동물보호법」제73조 제1항 제2호에 따른 동물위탁관리업을 위한 시설, 그 밖에 이와 유사한 것(제1종 근린생활시설에 해당하는 것은 제외한다)
    ⑪ 학원(자동차학원·무도학원 및 정보통신기술을 활용하여 원격으로 교습하는 것은 제외한다), 교습소(자동차교습·무도교습 및 정보통신기술을 활용하여 원격으로 교습하는 것은 제외한다), 직업훈련소(운전·정비 관련 직업훈련소는 제외한다)로서 같은 건축물에 해당 용도로 쓰는 바닥면적의 합계가 500m^2 미만인 것
    ⑫ 독서실, 기원
    ⑬ 테니스장, 체력단련장, 에어로빅장, 볼링장, 당구장, 실내낚시터, 골프연습장, 놀이형 시설(「관광진흥법 시행령」에 따른 기타테마파크업의 시설을 말한다) 등 주민의 체육활동을 위한 시설(3.의 ⑤의 시설은 제외한다)로서 같은 건축물에 해당 용도로 쓰는 **바닥면적의 합계가 500m^2 미만인 것**
    ⑭ 금융업소, 사무소, **부동산중개사무소**, 결혼상담소 등 소개업소, 출판사 등 일반업무시설로서 같은 건축물에 해당 용도로 쓰는 바닥면적의 합계가 500m^2 **미만인 것(제1종 근린생활시설에 해당하는 것은 제외한다)**
    ⑮ **다중생활시설**(「다중이용업소의 안전관리에 관한 특별법」에 따른 다중이용업 중 고시원업의 시설로서 국토교통부장관이 고시하는 기준에 적합한 것을 말한다)로서 같은 건축물에 해당 용도로 쓰는 바닥면적의 합계가 500m^2 미만인 것

⑯ 제조업소, 수리점 등 물품의 제조·가공·수리 등을 위한 시설로서 같은 건축물에 해당 용도로 쓰는 바닥면적의 합계가 500m² 미만이고, 다음 요건 중 어느 하나에 해당하는 것

> ㉠ 「대기환경보전법」, 「물환경보전법」 또는 「소음·진동관리법」에 따른 배출시설의 설치허가 또는 신고의 대상이 아닌 것
> ㉡ 「대기환경보전법」, 「물환경보전법」 또는 「소음·진동관리법」에 따른 배출시설의 설치허가 또는 신고의 대상시설이나 귀금속·장신구 및 관련제품 제조시설로서 발생되는 폐수를 전량 위탁처리 하는 것

⑰ **단란주점**으로서 같은 건축물에 해당 용도로 쓰는 **바닥면적의 합계가 150m² 미만인 것**
⑱ **안마시술소, 노래연습장**
⑲ 「물류시설의 개발 및 운영에 관한 법률」에 따른 주문배송시설로서 같은 건축물에 해당 용도로 쓰는 바닥면적의 합계가 500m² 미만인 것(물류창고업 등록을 해야 하는 시설을 말한다)
⑳ 공유보관시설로서 같은 건축물에 해당 용도로 쓰는 바닥면적의 합계가 1,000m² 미만인 것

5. 문화 및 집회시설
   ① 공연장으로서 제2종 근린생활시설에 해당하지 아니하는 것
   ② 집회장[예식장, 공회당, 회의장, 마권(馬券) 장외발매소, 마권 전화투표소, 그 밖에 이와 비슷한 것을 말한다]으로서 제2종 근린생활시설에 해당하지 아니하는 것
   ③ 관람장(경마장, 경륜장, 경정장, 자동차 경기장, 그 밖에 이와 비슷한 것과 체육관 및 운동장으로서 관람실의 바닥면적의 합계가 1천m² 이상인 것을 말한다)
   ④ 전시장(박물관, 미술관, 과학관, 문화관, 체험관, 기념관, 산업전시장, 박람회장, 그 밖에 이와 비슷한 것을 말한다)
   ⑤ 동·식물원(동물원, 식물원, 수족관, 그 밖에 이와 비슷한 것을 말한다)

6. 종교시설
   ① 종교집회장으로서 제2종 근린생활시설에 해당하지 아니하는 것
   ② 종교집회장(제2종 근린생활시설에 해당하지 아니하는 것을 말한다)에 설치하는 봉안당(奉安堂)

7. 판매시설
   ① 도매시장(「농수산물유통 및 가격안정에 관한 법률」에 따른 농수산물도매시장, 농수산물공판장, 그 밖에 이와 비슷한 것을 말하며, 그 안에 있는 근린생활시설을 포함한다)
   ② 소매시장(「유통산업발전법」에 따른 대규모 점포, 그 밖에 이와 비슷한 것을 말하며, 그 안에 있는 근린생활시설을 포함한다)
   ③ 상점(그 안에 있는 근린생활시설을 포함한다)으로서 다음의 요건 중 어느 하나에 해당하는 것

   > ㉠ 3.의 ①에 해당하는 용도(서점은 제외한다)로서 제1종 근린생활시설에 해당하지 아니하는 것
   > ㉡ 「게임산업진흥에 관한 법률」에 따른 청소년게임제공업의 시설, 일반게임제공업의 시설, 인터넷컴퓨터게임시설제공업의 시설 및 복합유통게임제공업의 시설로서 제2종 근린생활시설에 해당하지 아니하는 것

8. 운수시설
   ① 여객자동차터미널
   ② 철도시설
   ③ 공항시설
   ④ 항만시설
   ⑤ 「도심항공교통 활용 촉진 및 지원에 관한 법률」에 따른 버티포트(Vertiport)
   ⑥ 그 밖에 ①부터 ⑤까지의 규정에 따른 시설과 비슷한 시설

9. 의료시설
   ① 병원(종합병원, 병원, 치과병원, 한방병원, 정신병원 및 요양병원을 말한다)
   ② 격리병원(전염병원, 마약진료소, 그 밖에 이와 비슷한 것을 말한다)

10. 교육연구시설(제2종 근린생활시설에 해당하는 것은 제외한다)
    ① 학교(유치원, 초등학교, 중학교, 고등학교, 전문대학, 대학, 대학교, 그 밖에 이에 준하는 각종 학교를 말한다)
    ② 교육원(연수원, 그 밖에 이와 비슷한 것을 포함한다)
    ③ 직업훈련소(운전 및 정비관련 직업훈련소는 제외한다)
    ④ **학원**(자동차학원·무도학원 및 정보통신기술을 활용하여 원격으로 교습하는 것은 **제외**한다)
    ⑤ 연구소(연구소에 준하는 시험소와 계측계량소를 포함한다)
    ⑥ 도서관

11. 노유자시설
    ① 아동관련시설(어린이집, 아동복지시설, 그 밖에 이와 비슷한 것으로서 단독주택, 공동주택 및 제1종 근린생활시설에 해당하지 아니하는 것을 말한다)
    ② 노인복지시설(단독주택과 공동주택에 해당하지 아니하는 것을 말한다)
    ③ 그 밖에 다른 용도로 분류되지 아니한 사회복지시설 및 근로복지시설

12. 수련시설
    ① 생활권 수련시설(「청소년활동 진흥법」에 따른 청소년수련관, 청소년문화의집, 청소년특화시설, 그 밖에 이와 비슷한 것을 말한다)
    ② 자연권 수련시설(「청소년활동 진흥법」에 따른 청소년수련원, 청소년야영장, 그 밖에 이와 비슷한 것을 말한다)
    ③ 「청소년활동 진흥법」에 따른 유스호스텔
    ④ 「관광진흥법」에 따른 **야영장** 시설로서 30.에 해당하지 아니하는 시설

13. 운동시설
    ① 탁구장, 체육도장, 테니스장, 체력단련장, 에어로빅장, 볼링장, 당구장, 실내낚시터, 골프연습장, 놀이형시설, 그 밖에 이와 비슷한 것으로서 제1종 근린생활시설 및 제2종 근린생활시설에 해당하지 아니하는 것
    ② 체육관으로서 관람실이 없거나 관람실의 바닥면적이 1천m^2 미만인 것
    ③ 운동장(육상장, 구기장, 볼링장, 수영장, 스케이트장, 롤러스케이트장, 승마장, 사격장, 궁도장, 골프장 등과 이에 딸린 건축물을 말한다)으로서 관람실이 없거나 관람실의 바닥면적이 1천m^2 미만인 것

14. 업무시설
    ① 공공업무시설: 국가 또는 지방자치단체의 청사와 외국공관의 건축물로서 제1종 근린생활시설에 해당하지 아니하는 것을 말한다.
    ② 일반업무시설: 다음 요건을 갖춘 업무시설을 말한다.
    > ㉠ 금융업소, 사무소, 결혼상담소 등 소개업소, 출판사, 신문사, 그 밖에 이와 비슷한 것으로서 **제1종 근린생활시설 및 제2종 근린생활시설에 해당하지 않는 것**
    > ㉡ **오피스텔**(업무를 주로 하며, 분양하거나 임대하는 구획 중 일부 구획에서 숙식을 할 수 있도록 한 건축물로서 국토교통부장관이 고시하는 기준에 적합한 것을 말한다)

15. 숙박시설
    ① 일반숙박시설 및 생활숙박시설
    ② 관광숙박시설(관광호텔, 수상관광호텔, 한국전통호텔, 가족호텔, 호스텔, 소형호텔, 의료관광호텔 및 휴양 콘도미니엄)
    ③ **다중생활시설**(제2종 근린생활시설에 해당하지 아니하는 것을 말한다)
    ④ 그 밖에 ①부터 ③까지의 시설과 비슷한 것

16. 위락시설
    ① **단란주점으로서 제2종 근린생활시설에 해당하지 아니하는 것**
    ② 유흥주점이나 그 밖에 이와 비슷한 것
    ③ 「관광진흥법」에 따른 테마파크업의 시설, 그 밖에 이와 비슷한 시설(제2종 근린생활시설과 운동시설에 해당하는 것은 제외한다)
    ④ 무도장, 무도학원
    ⑤ 카지노영업소

17. 공장: 물품의 제조·가공[염색·도장(塗裝)·표백·재봉·건조·인쇄 등을 포함한다] 또는 수리에 계속적으로 이용되는 건축물로서 제1종 근린생활시설, 제2종 근린생활시설, 위험물저장 및 처리시설, 자동차관련시설, 자원순환관련시설 등으로 따로 분류되지 아니한 것

18. 창고시설(제2종 근린생활시설에 해당하는 것과 위험물저장 및 처리시설 또는 그 부속용도에 해당하는 것은 제외한다)
    ① 창고(물품저장시설로서 「물류정책기본법」에 따른 일반창고와 냉장 및 냉동 창고를 포함한다)
    ② 하역장
    ③ 「물류시설의 개발 및 운영에 관한 법률」에 따른 물류터미널
    ④ 집배송시설

19. 위험물저장 및 처리시설[「위험물안전관리법」, 「석유 및 석유대체연료 사업법」, 「도시가스사업법」, 「고압가스 안전관리법」, 「액화석유가스의 안전관리 및 사업법」, 「총포·도검·화약류 등 단속법」, 「유해화학물질 관리법」 등에 따라 설치 또는 영업의 허가를 받아야 하는 건축물로서 다음의 어느 하나에 해당하는 것. 다만, 자가난방, 자가발전, 그 밖에 이와 비슷한 목적으로 쓰는 저장시설은 제외한다]
    ① **주유소**(기계식 세차설비를 포함한다) 및 석유판매소
    ② 액화석유가스 충전소·판매소·저장소(기계식 세차설비를 포함한다)
    ③ 위험물 제조소·저장소·취급소

④ 액화가스 취급소·판매소
⑤ 유독물 보관·저장·판매시설
⑥ 고압가스 충전소·판매소·저장소
⑦ 도료류판매소
⑧ 도시가스제조시설
⑨ 화약류저장소
⑩ 그 밖에 ①부터 ⑨까지의 시설과 비슷한 것

20. 자동차관련시설(건설기계관련시설을 포함한다)
    ① 주차장
    ② 세차장
    ③ 폐차장
    ④ 검사장
    ⑤ 매매장
    ⑥ 정비공장
    ⑦ 운전학원 및 정비학원(운전 및 정비관련직업훈련시설을 포함한다)
    ⑧ 「여객자동차 운수사업법」, 「화물자동차 운수사업법」 및 「건설기계관리법」에 따른 차고 및 주기장(駐機場)

21. 동물 및 식물관련시설
    ① 축사(양잠·양봉·양어시설 및 부화장 등을 포함한다)
    ② 가축시설[가축용 운동시설, 인공수정센터, 관리사(管理舍), 가축용 창고, 가축시장, 동물검역소, 실험동물 사육시설, 그 밖에 이와 비슷한 것을 말한다]
    ③ 도축장
    ④ 도계장
    ⑤ 작물재배사
    ⑥ 종묘배양시설
    ⑦ 화초 및 분재 등의 온실
    ⑧ 식물과 관련된 ⑤부터 ⑦까지의 시설과 비슷한 것(동·식물원은 제외한다)

22. 자원순환관련시설
    ① 하수 등 처리시설   ② 고물상
    ③ 폐기물 재활용시설   ④ 폐기물 처분시설
    ⑤ 폐기물 감량화시설

23. 교정시설(제1종 근린생활시설에 해당하는 것은 제외한다)
    ① **교정시설**(보호감호소, 구치소 및 교도소를 말한다)
    ② 갱생보호시설, 그 밖에 범죄자의 갱생·보육·교육·보건 등의 용도로 쓰는 시설
    ③ 소년원 및 소년분류심사원

24. 국방·군사시설(제1종 근린생활시설에 해당하는 것은 제외한다): 「국방·군사시설 사업에 관한 법률」에 따른 국방·군사시설

25. 방송통신시설(제1종 근린생활시설에 해당하는 것은 제외한다)
    ① 방송국(방송프로그램 제작시설 및 송신·수신·중계시설을 포함한다)
    ② 전신전화국
    ③ 촬영소
    ④ 통신용 시설
    ⑤ 데이터센터
    ⑥ 그 밖에 ①부터 ⑤까지의 시설과 비슷한 것
26. 발전시설: 발전소(집단에너지공급시설을 포함한다)로 사용되는 건축물로서 제1종 근린생활시설에 해당하지 아니하는 것
27. 묘지관련시설
    ① 화장시설   ② 봉안당(종교시설에 해당하는 것은 제외한다)
    ③ 묘지와 자연장지에 부수되는 건축물
28. 관광휴게시설
    ① 야외음악당   ② 야외극장
    ③ **어린이회관**   ④ 관망탑
    ⑤ 휴게소   ⑥ 공원·유원지 또는 관광지에 부수되는 시설
29. 장례시설
    ① **장례식장**[의료시설의 부수시설(「의료법」에 따른 의료기관의 종류에 따른 시설을 말한다)에 해당하는 것은 제외한다]
    ② **동물 전용의 장례식장**
30. 야영장시설: 「관광진흥법」에 따른 야영장 시설로서 관리동, 화장실, 샤워실, 대피소, 취사시설 등의 용도로 쓰는 바닥면적의 합계가 300m² 미만인 것

✔ 비고
1. 위 3. 및 4.에서 '해당 용도로 쓰는 바닥면적'이란 부설 주차장 면적을 제외한 실(實)사용면적에 공용부분 면적(복도, 계단, 화장실 등의 면적을 말한다)을 비례 배분한 면적을 합한 면적을 말한다.
2. '해당 용도로 쓰는 바닥면적'을 산정할 때, 건축물 내부를 여러 개의 부분으로 구분하여 독립한 건축물로 사용하는 경우에는 그 구분된 면적 단위로 바닥면적을 산정한다. 단, 다음에 해당하는 경우에는 각각에서 정한 기준에 따른다.

   - 4.의 ⑰에 해당하는 건축물의 경우에는 내부가 여러 개의 부분으로 구분되어 있더라도 해당 용도로 쓰는 바닥면적을 모두 합산하여 산정한다.
   - 동일인이 둘 이상의 구분된 건축물을 같은 세부 용도로 사용하는 경우에는 연접되어 있지 않더라도 이를 모두 합산하여 산정한다.
   - 구분소유자(임차인을 포함한다)가 다른 경우에도 구분된 건축물을 같은 세부용도로 연계하여 함께 사용하는 경우(통로, 창고 등을 공동으로 활용하는 경우 또는 명칭의 일부를 동일하게 사용하여 홍보하거나 관리하는 경우 등을 말한다)에는 연접되어 있지 않더라도 연계하여 함께 사용하는 바닥면적을 모두 합산하여 산정한다.

3. 「청소년 보호법」에 따라 성평등가족부장관이 고시하는 청소년출입·고용금지업의 영업을 위한 시설은 제1종 근린생활시설 및 제2종 근린생활시설에서 제외한다.
4. 국토교통부장관은 별표 1의 용도별 건축물의 종류에 관한 구체적인 범위를 정하여 고시할 수 있다.

(3) 용도변경의 방법 제34회

① **허가 또는 신고**: 사용승인을 받은 건축물의 용도를 변경하려는 자는 다음의 구분에 따라 국토교통부령으로 정하는 바에 따라 특별자치시장·특별자치도지사 또는 시장·군수·구청장의 허가를 받거나 신고를 하여야 한다(법 제19조 제2항).

> ㉠ 허가대상: 시설군(施設群)에 속하는 건축물의 용도를 상위군(번호가 용도변경하려는 건축물이 속하는 시설군보다 작은 시설군을 말한다)에 해당하는 용도로 변경하는 경우
> ㉡ 신고대상: 시설군에 속하는 건축물의 용도를 하위군(번호가 용도변경하려는 건축물이 속하는 시설군보다 큰 시설군을 말한다)에 해당하는 용도로 변경하는 경우

② **건축물대장 기재내용의 변경신청**: 시설군 중 같은 시설군 안에서 용도를 변경하려는 자는 국토교통부령으로 정하는 바에 따라 특별자치시장·특별자치도지사 또는 시장·군수·구청장에게 건축물대장 기재내용의 변경을 신청하여야 한다. 다만, 다음의 어느 하나에 해당하는 건축물 상호간의 용도변경의 경우에는 그러하지 아니하다(법 제19조 제3항, 영 제14조 제4항).

> ㉠ 별표 1의 같은 호에 속하는 건축물 상호간의 용도변경
> ㉡ 「국토의 계획 및 이용에 관한 법률」이나 그 밖의 관계 법령에서 정하는 용도제한에 적합한 범위에서 제1종 근린생활시설과 제2종 근린생활시설 상호간의 용도변경. 다만, 별표 1 제3호 다목(목욕장만 해당한다)·라목, 같은 표 제4호 가목·사목·카목·파목(골프연습장, 놀이형 시설만 해당한다)·더목·러목·머목, 같은 표 제7호 다목 2), 같은 표 제15호 가목(생활숙박시설만 해당한다) 및 같은 표 제16호 가목·나목에 해당하는 용도로 변경하는 경우는 제외한다.
> ✓ 기재변경을 신청하지 않는 용도: 근린생활시설 간에는 기재변경신청대상이 아니지만, 목욕장, 의원, 공연장, 게임제공업소, 학원, 골프연습장, 놀이형시설, 단란주점, 안마시술소, 노래연습장, 주문배송시설로 변경하는 경우에는 기재변경을 신청해야 한다.
> ✓ 판매시설 중 게임제공업의 시설, 생활숙박시설, 단란주점, 유흥주점으로 변경하는 경우에도 같은 군 안에서 변경이지만 기재내용의 변경을 신청해야 한다.

핵심 용도의 분류

1. 자동차학원: 자동차관련시설
2. 무도학원, 무도장: 위락시설
3. 성인고시학원: 교육연구시설
4. 유스호스텔: 수련시설
5. 오피스텔: 업무시설
6. 모텔, 호텔, 관광호텔, 휴양콘도미니엄: 숙박시설
7. 철도역사, 공항시설: 운수시설
8. 어린이회관, 야외극장, 음악당: 관광휴게시설
9. 일반음식점: 제2종 근린생활시설
10. 공인중개사무소
    - 바합 30m² 미만: 제1종 근린생활시설
    - 바합 30m² 이상~500m² 미만: 제2종 근린생활시설
    - 바합 500m² 이상: 업무시설

기출 바닥면적의 합계가 1천m²인 산후조리원은 제1종 근린생활시설에 해당한다.
제33회

핵심 시설군의 분류

시설군은 다음과 같다. 각 시설군에 속하는 건축물의 세부용도는 영 제3조의5 별표 1을 참고한다.

시설군	용도	허가	신고	건축사 설계	사용승인
1. 자동차관련 시설군	자동차관련시설	아래에서 위로 용도변경시	위에서 아래로 용도변경시	허가대상의 경우로 바닥면적의 합계 500m² 이상인 용도변경	허가나 신고대상의 경우로 바닥면적의 합계 100m² 이상인 용도변경
2. 산업 등의 시설군	① 운수시설 ② 창고시설 ③ 공장 ④ 위험물저장 및 처리시설 ⑤ 자원순환관련시설 ⑥ 묘지관련시설 ⑦ 장례시설				
3. 전기통신 시설군	① 방송통신시설 ② 발전시설				
4. 문화 및 집회 시설군	① 문화 및 집회시설 ② 종교시설 ③ 관광휴게시설 ④ 위락시설				
5. 영업시설군	① 판매시설 ② 운동시설 ③ 숙박시설 ④ 제2종 근린생활시설 중 다중생활시설				
6. 교육 및 복지시설군	① 의료시설 ② 교육연구시설 ③ 노유자시설 ④ 수련시설 ⑤ 야영장시설				
7. 근린생활 시설군	① 제1종 근린생활시설 ② 제2종 근린생활시설 (다중생활시설은 제외)				
8. 주거업무 시설군	① 단독주택 ② 공동주택 ③ 업무시설 ④ 교정시설 ⑤ 국방·군사시설	동일 시설군 간 변경 ⇔ 건축물대장 기재내용의 변경신청			
9. 그 밖의 시설군	동물 및 식물관련시설				

(4) 사용승인규정 준용

허가나 신고대상인 경우로서 용도변경하려는 부분의 바닥면적의 합계가 $100m^2$ 이상인 경우의 사용승인에 관한 규정을 준용한다. 다만, 용도변경하려는 부분의 바닥면적의 합계가 $500m^2$ 미만으로서 대수선에 해당되는 공사를 수반하지 아니하는 경우에는 그러하지 아니하다(법 제19조 제5항).

(5) 건축사 설계

허가대상인 경우로서 용도변경하려는 부분의 바닥면적의 합계가 $500m^2$ 이상인 용도변경(대통령령으로 정하는 경우는 제외한다)의 설계에 관하여는 건축사가 설계를 하여야 한다(법 제19조 제6항).

(6) 복수 용도의 인정

① 건축주는 건축물의 용도를 복수로 하여 건축허가, 건축신고 및 용도변경 허가·신고 또는 건축물대장 기재내용의 변경신청을 할 수 있다(법 제19조의2 제1항).

② 허가권자는 신청한 복수의 용도가 이 법 및 관계 법령에서 정한 건축기준과 입지기준 등에 모두 적합한 경우에 한정하여 국토교통부령으로 정하는 바에 따라 복수 용도를 허용할 수 있다(법 제19조의2 제2항).

예제

건축법령상 제1종 근린생활시설에 해당하는 것은? (단, 동일한 건축물 안에서 해당 용도에 쓰이는 바닥면적의 합계는 $1,000m^2$임) 제33회

① 극장
② 서점
③ 탁구장
④ 파출소
⑤ 산후조리원

해설 ⑤ 의원, 치과의원, 한의원, 침술원, 접골원, 조산원, 안마원, 산후조리원 등 주민의 진료·치료 등을 위한 시설은 제1종 근린생활시설이다.
① 극장은 $500m^2$ 미만인 경우에는 제2종 근린생활시설, $500m^2$ 이상인 경우에는 문화 및 집회시설에 해당한다.
② 서점은 제2종 근린생활시설에 해당한다.
③ 탁구장은 $500m^2$ 미만인 경우에는 제1종 근린생활시설, $500m^2$ 이상인 경우에는 운동시설에 해당한다.
④ 파출소는 $1,000m^2$ 미만인 경우에는 제1종 근린생활시설, $1,000m^2$ 이상인 경우에는 공공업무시설에 해당한다. **정답** ⑤

❻ 가설건축물

참고 가설건축물의 허가를 받기 위한 요건
1. 「국토의 계획 및 이용에 관한 법률」에 맞을 것
2. 3층 이하일 것
3. 철근콘크리트조 또는 철골철근콘크리트조가 아닐 것
4. 존치기간은 3년 이내일 것
5. 전기·수도·가스 등 새로운 간선 공급설비의 설치를 요하지 않을 것
6. 공동주택·판매시설·운수시설 등 분양을 목적으로 하지 않을 것

기출 도시·군계획시설에서 건축하는 가설건축물의 경우에는 대지에 대한 조경의무가 없다.

(1) 가설건축물의 건축허가 등

① 도시·군계획시설 또는 도시·군계획시설예정지에서 가설건축물을 건축하려는 자는 특별자치시장·특별자치도지사 또는 시장·군수·구청장의 허가를 받아야 한다(법 제20조 제1항).

② 특별자치시장·특별자치도지사 또는 시장·군수·구청장은 해당 가설건축물의 건축이 다음의 어느 하나에 해당하는 경우가 아니면 ①에 따른 허가를 하여야 한다(법 제20조 제2항).

> ㉠ 「국토의 계획 및 이용에 관한 법률」 제64조에 위배되는 경우
> ㉡ 4층 이상인 경우
> ㉢ 구조, 존치기간, 설치목적 및 다른 시설 설치필요성 등에 관하여 다음으로 정하는 기준의 범위에서 조례로 정하는 바에 따르지 아니한 경우
>   ⓐ 철근콘크리트조 또는 철골철근콘크리트조가 아닐 것
>   ⓑ 존치기간은 3년 이내일 것. 다만, 도시·군계획사업이 시행될 때까지 그 기간을 연장할 수 있다.
>   ⓒ 전기·수도·가스 등 새로운 간선 공급설비의 설치를 필요로 하지 아니할 것
>   ⓓ 공동주택·판매시설·운수시설 등으로서 분양을 목적으로 건축하는 건축물이 아닐 것
> ㉣ 그 밖에 이 법 또는 다른 법령에 따른 제한규정을 위반하는 경우

③ 가설건축물에 대하여는 법 제38조(건축물대장)에 관한 규정을 적용하지 아니한다(영 제15조 제2항).

④ 가설건축물 중 시장의 공지 또는 도로에 설치하는 차양시설에 대하여는 법 제46조(건축선의 지정) 및 법 제55조(건축물의 건폐율)를 적용하지 아니한다(영 제15조 제3항).

⑤ 가설건축물을 도시·군계획예정도로에 건축하는 경우에는 법 제45조(도로의 지정·폐지 또는 변경), 법 제46조(건축선의 지정), 법 제47조(건축선에 따른 건축제한)를 적용하지 아니한다(영 제15조 제4항).

(2) 가설건축물의 축조신고 등

① 재해복구, 흥행, 전람회, 공사용 가설건축물 등 대통령령으로 정하는 용도의 가설건축물을 축조하려는 자는 대통령령으로 정하는 존치기간, 설치기준 및 절차에 따라 특별자치시장·특별자치도지사 또는 시장·군수·구청장에게 신고한 후 착공하여야 한다(법 제20조 제3항).

② 신고해야 하는 가설건축물의 존치기간은 3년 이내로 하며, 존치기간의 연장이 필요한 경우에는 횟수별 3년의 범위에서 영 제15조 제5항 각 호의 가설건축물별로 건축조례로 정하는 횟수만큼 존치기간을 연장할 수 있다. 다만, 공사용 가설건축물 및 공작물의 경우에는 해당 공사의 완료일까지의 기간으로 한다(영 제15조 제7항).

③ 가설건축물의 건축허가를 받거나 축조신고를 하려는 자는 국토교통부령으로 정하는 가설건축물 건축허가신청서 또는 가설건축물 축조신고서에 관계서류를 첨부하여 특별자치시장·특별자치도지사 또는 시장·군수·구청장에게 제출해야 한다. 다만, 건축물의 건축허가를 신청할 때 건축물의 건축에 관한 사항과 함께 공사용 가설건축물의 건축에 관한 사항을 제출한 경우에는 가설건축물 축조신고서의 제출을 생략한다(영 제15조 제8항).

④ 가설건축물 건축허가신청서 또는 가설건축물 축조신고서를 제출받은 특별자치시장·특별자치도지사 또는 시장·군수·구청장은 그 내용을 확인한 후 신청인 또는 신고인에게 국토교통부령으로 정하는 바에 따라 가설건축물 건축허가서 또는 가설건축물 축조신고필증을 주어야 한다(영 제15조 제9항).

> **심화** 건축신고로 가능한 가설건축물(영 제15조 제5항)
>
> 1. 재해가 발생한 구역 또는 그 인접구역으로서 특별자치시장·특별자치도지사 또는 시장·군수·구청장이 지정하는 구역에서 일시사용을 위하여 건축하는 것
> 2. 특별자치시장·특별자치도지사 또는 시장·군수·구청장이 도시미관이나 교통소통에 지장이 없다고 인정하는 가설흥행장, 가설전람회장, 농·수·축산물 직거래용 가설점포, 그 밖에 이와 비슷한 것
> 3. 공사에 필요한 규모의 공사용 가설건축물 및 공작물
> 4. 전시를 위한 견본주택이나 그 밖에 이와 비슷한 것

기출 견본주택의 존치기간은 해당 주택의 분양완료일까지가 아니다.

5. 특별자치시장·특별자치도지사 또는 시장·군수·구청장이 도로변 등의 미관정비를 위하여 지정·공고하는 구역에서 축조하는 가설점포(물건 등의 판매를 목적으로 하는 것을 말한다)로서 안전·방화 및 위생에 지장이 없는 것
6. 조립식 구조로 된 경비용으로 쓰는 가설건축물로서 연면적이 $10m^2$ 이하인 것
7. 조립식 경량구조로 된 외벽이 없는 임시자동차차고
8. 컨테이너 또는 이와 비슷한 것으로 된 가설건축물로서 임시사무실·임시창고 또는 임시숙소로 사용되는 것(건축물의 옥상에 축조하는 것은 제외한다. 다만, 2009년 7월 1일부터 2015년 6월 30일까지 및 2016년 7월 1일부터 2019년 6월 30일까지 공장의 옥상에 축조하는 것은 포함한다)
9. 도시지역 중 주거지역·상업지역 또는 공업지역에 설치하는 농업·어업용 비닐하우스로서 연면적이 $100m^2$ 이상인 것
10. 연면적이 $100m^2$ 이상인 간이축사용, 가축분뇨처리용, 가축운동용, 가축의 비가림용 비닐하우스 또는 천막(벽 또는 지붕이 합성수지 재질로 된 것과 지붕 면적의 2분의 1 이하가 합성강판으로 된 것을 포함한다)구조 건축물
11. 농업·어업용 고정식 온실 및 간이작업장, 가축양육실
12. 물품저장용, 간이포장용, 간이수선작업용 등으로 쓰기 위하여 공장 또는 창고시설에 설치하거나 인접 대지에 설치하는 천막(벽 또는 지붕이 합성수지 재질로 된 것을 포함한다), 그 밖에 이와 비슷한 것
13. 유원지, 종합휴양업 사업지역 등에서 한시적인 관광·문화행사 등을 목적으로 천막 또는 경량구조로 설치하는 것
14. 야외전시시설 및 촬영시설
15. 야외흡연실 용도로 쓰는 가설건축물로서 연면적이 $50m^2$ 이하인 것
16. 그 밖에 1.부터 14.까지의 규정에 해당하는 것과 비슷한 것으로서 건축조례로 정하는 건축물

(3) 가설건축물의 존치기간 연장

① 특별자치시장·특별자치도지사 또는 시장·군수·구청장은 가설건축물의 존치기간 만료일 30일 전까지 해당 가설건축물의 건축주에게 다음의 사항을 알려야 한다(영 제15조의2 제1항).

⊙ 존치기간 만료일
⊙ 존치기간 연장 가능 여부
⊙ 존치기간이 연장될 수 있다는 사실(공장에 설치한 가설건축물에 한정한다)

② 존치기간을 연장하려는 가설건축물의 건축주는 다음의 구분에 따라 특별자치시장·특별자치도지사 또는 시장·군수·구청장에게 허가를 신청하거나 신고하여야 한다(영 제15조의2 제2항).

> ㉠ 허가대상 가설건축물: 존치기간 만료일 14일 전까지 허가신청
> ㉡ 신고대상 가설건축물: 존치기간 만료일 7일 전까지 신고

(4) 가설건축물의 관리

특별자치도지사·특별자치시장 또는 시장·군수·구청장은 가설건축물의 건축을 허가하거나 축조신고를 받은 경우, 국토교통부령으로 정하는 바에 따라 가설건축물대장에 이를 기재하여 관리하여야 한다(법 제20조 제6항).

❼ 건축절차

1. 건축주와의 계약 등

(1) 건축관계자의 의무

건축관계자는 건축물이 설계도서에 따라 이 법과 이 법에 따른 명령이나 처분, 그 밖의 관계 법령에 맞게 건축되도록 업무를 성실히 수행하여야 하며, 서로 위법하거나 부당한 일을 하도록 강요하거나 이와 관련하여 어떠한 불이익도 주어서는 아니 된다(법 제15조 제1항).

(2) 건축주와의 계약

건축관계자 간의 책임에 관한 내용과 그 범위는 이 법에서 규정한 것 외에는 건축주와 설계자, 건축주와 공사시공자, 건축주와 공사감리자 간의 계약으로 정한다(법 제15조 제2항).

(3) 표준계약서 작성

국토교통부장관은 (2)에 따른 계약의 체결에 필요한 표준계약서를 작성하여 보급하고 활용하게 하거나 「건축사법」에 따른 건축사협회, 「건설산업기본법」에 따른 건설사업자단체로 하여금 표준계약서를 작성하여 보급하고 활용하게 할 수 있다(법 제15조 제3항).

2. 건축물의 설계

(1) 건축사의 설계

건축허가를 받아야 하거나 건축신고를 하여야 하는 건축물 또는 사용승인을 받은 후 20년 이상이 지난 건축물로서, 「주택법」에 따른 리모델링을 하는 건축물의 건축 등을 위한 설계는 건축사가 아니면 할 수 없다. 다만, 다음의 어느 하나에 해당하는 경우에는 그러하지 아니하다(법 제23조 제1항).

> ① 바닥면적의 합계가 85m^2 미만인 증축·개축 또는 재축
> ② 연면적이 200m^2 미만이고 층수가 3층 미만인 건축물의 대수선
> ③ 그 밖에 건축물의 특수성과 용도 등을 고려하여 다음의 대통령령으로 정하는 건축물의 건축 등
>   ㉠ 읍·면 지역(시장 또는 군수가 지역계획 또는 도시·군계획에 지장이 있다고 인정하여 지정·공고한 구역은 제외한다)에서 건축하는 건축물 중 연면적 200m^2 이하인 창고 및 농막(「농지법」에 따른 농막을 말한다)과 연면적 400m^2 이하인 축사 및 작물재배사 등
>   ㉡ 건축조례로 정하는 가설건축물

(2) 설계도서의 작성기준

설계자는 건축물이 이 법과 이 법에 따른 명령이나 처분, 그 밖의 관계 법령에 맞고 안전·기능 및 미관에 지장이 없도록 설계하여야 하며, 국토교통부장관이 정하여 고시하는 설계도서 작성기준에 따라 설계도서를 작성하여야 한다. 다만, 해당 건축물의 공법(工法) 등이 특수한 경우로서 국토교통부령으로 정하는 바에 따라 건축위원회의 심의를 거친 때에는 그러하지 아니하다(법 제23조 제2항).

(3) 설계도서의 확인과 서명날인

설계도서를 작성한 설계자는 설계가 이 법과 이 법에 따른 명령이나 처분, 그 밖의 관계 법령에 맞게 작성되었는지를 확인한 후 설계도서에 서명날인하여야 한다(법 제23조 제3항).

(4) 건축사 설계의 예외

국토교통부장관이 국토교통부령으로 정하는 바에 따라 작성하거나 인정하는 표준설계도서나 특수한 공법을 적용한 설계도서에 따라 건축물을 건축하는 경우에는 (1)을 적용하지 아니한다(법 제23조 제4항).

3. 착공신고 등

(1) 착공신고대상
허가를 받거나 신고를 한 건축물의 공사를 착수하려는 건축주는 국토교통부령으로 정하는 바에 따라 허가권자에게 공사계획을 신고하여야 한다(법 제21조 제1항).

(2) 공동서명
공사계획을 신고하거나 변경신고를 하는 경우, 해당 공사감리자(공사감리자를 지정한 경우만 해당된다)와 공사시공자가 신고서에 함께 서명하여야 한다(법 제21조 제2항).

(3) 계약서 사본 첨부 등
① 건축주는 「건설산업기본법」을 위반하여 건축물의 공사를 하거나 하게 할 수 없다(법 제21조 제5항).
② 허가를 받은 건축물의 건축주는 신고를 할 때에는 각 계약서의 사본을 첨부하여야 한다(법 제21조 제6항).

4. 건축시공

(1) 공사시공자의 의무
공사시공자는 계약대로 성실하게 공사를 수행하여야 하며, 이 법과 이 법에 따른 명령이나 처분, 그 밖의 관계 법령에 맞게 건축물을 건축하여 건축주에게 인도하여야 한다(법 제24조 제1항).

(2) 설계도서의 비치
공사시공자는 건축물(건축허가나 용도변경허가 대상인 것만 해당된다)의 공사현장에 설계도서를 갖추어 두어야 한다(법 제24조 제2항).

(3) 설계변경의 요청
공사시공자는 설계도서가 이 법과 이 법에 따른 명령이나 처분, 그 밖의 관계 법령에 맞지 아니하거나 공사의 여건상 불합리하다고 인정되면 건축주와 공사감리자의 동의를 받아 서면으로 설계자에게 설계를 변경하도록 요청할 수 있다. 이 경우, 설계자는 정당한 사유가 없으면 요청에 따라야 한다(법 제24조 제3항).

(4) 상세시공도면의 작성

공사시공자는 공사를 하는 데에 필요하다고 인정하거나 공사감리자로부터 상세시공도면을 작성하도록 요청을 받으면 상세시공도면을 작성하여 공사감리자의 확인을 받아야 하며, 이에 따라 공사를 하여야 한다(법 제24조 제4항).

> **기출** 공사감리자는 필요하다고 인정하면 공사시공자에게 상세시공도면을 작성하도록 요청할 수 있다.

(5) 건축허가 표지판의 설치

공사시공자는 건축허가나 용도변경허가가 필요한 건축물의 건축공사를 착수한 경우에는 해당 건축공사의 현장에 국토교통부령으로 정하는 바에 따라 건축허가 표지판을 설치해야 한다(법 제24조 제5항).

5. 건축물의 공사감리

(1) 감리자의 지정

건축주는 대통령령으로 정하는 용도·규모 및 구조의 건축물을 건축하는 경우, 건축사나 대통령령으로 정하는 자를 공사감리자(공사시공자 본인 및 「독점규제 및 공정거래에 관한 법률」에 따른 계열회사는 제외한다)로 지정하여 공사감리를 하게 하여야 한다(법 제25조 제1항).

(2) 소규모건축물의 공사감리

「건설산업기본법」제41조 제1항 각 호에 해당하지 아니하는 소규모건축물로서 건축주가 직접 시공하는 건축물 및 주택으로 사용하는 건축물 중 대통령령으로 정하는 건축물의 경우에는 대통령령으로 정하는 바에 따라 허가권자가 해당 건축물의 설계에 참여하지 아니한 자 중에서 공사감리자를 지정하여야 한다. 다만, 다음의 어느 하나에 해당하는 건축물의 건축주가 국토교통부령으로 정하는 바에 따라 허가권자에게 신청하는 경우에는 해당 건축물을 설계한 자를 공사감리자로 지정할 수 있다(법 제25조 제2항).

> ① 「건설기술 진흥법」에 따른 신기술 중 대통령령으로 정하는 신기술을 보유한 자가 그 신기술을 적용하여 설계한 건축물
> ② 「건축서비스산업 진흥법」에 따른 역량 있는 건축사로서, 대통령령으로 정하는 건축사가 설계한 건축물
> ③ 설계공모를 통하여 설계한 건축물

6. 건축관계자 등에 대한 업무제한

(1) 사망사고에 대한 업무정지명령

허가권자는 설계자, 공사시공자, 공사감리자 및 관계전문기술자(이하 '건축관계자 등'이라 한다)가 대통령령으로 정하는 주요건축물에 대하여 착공신고 시부터 「건설산업기본법」 제28조에 따른 하자담보책임기간에 법 제40조, 제41조, 제48조, 제50조 및 제51조를 위반하거나 중대한 과실로 건축물의 기초 및 주요구조부에 중대한 손괴를 일으켜 사람을 사망하게 한 경우에는 1년 이내의 기간을 정하여 이 법에 의한 업무를 수행할 수 없도록 업무정지를 명할 수 있다(법 제25조의2 제1항).

(2) 재산상의 피해발생에 대한 업무정지명령

허가권자는 건축관계자 등이 법 제40조, 제41조, 제48조, 제49조, 제50조, 제50조의2, 제51조, 제52조 및 제52조의4를 위반하여 건축물의 기초 및 주요구조부에 중대한 손괴를 일으켜 대통령령으로 정하는 규모 이상의 재산상의 피해가 발생한 경우[(1)에 해당하는 위반행위는 제외한다]에는 다음에서 정하는 기간 이내의 범위에서 다중이용건축물 등 대통령령으로 정하는 주요건축물에 대하여 이 법에 의한 업무를 수행할 수 없도록 업무정지를 명할 수 있다(법 제25조의2 제2항).

① 최초로 위반행위가 발생한 경우: 업무정지일부터 6개월
② 2년 이내에 동일한 현장에서 위반행위가 다시 발생한 경우: 다시 업무정지를 받는 날부터 1년

(3) 시정명령 및 지시

허가권자는 건축관계자 등이 법 제40조, 제41조, 제48조, 제49조, 제50조, 제50조의2, 제51조, 제52조 및 제52조의4를 위반한 경우[(1) 및 (2)에 해당하는 위반행위는 제외한다]와 제28조를 위반하여 가설시설물이 붕괴된 경우에는 기간을 정하여 시정을 명하거나 필요한 지시를 할 수 있다(법 제25조의2 제3항).

(4) 시정명령 미이행시 업무정지명령

허가권자는 시정명령 등에도 불구하고 특별한 이유 없이 이를 이행하지 아니한 경우에는 다음에서 정하는 기간 이내의 범위에서 이 법에 의한 업무를 수행할 수 없도록 업무정지를 명할 수 있다(법 제25조의2 제4항).

> ① 최초의 위반행위가 발생하여 허가권자가 지정한 시정기간 동안 특별한 사유 없이 시정하지 아니하는 경우: 업무정지일부터 3개월
> ② 2년 이내에 (3)에 따른 위반행위가 동일한 현장에서 2차례 발생한 경우: 업무정지일부터 3개월
> ③ 2년 이내에 (3)에 따른 위반행위가 동일한 현장에서 3차례 발생한 경우: 업무정지일부터 1년

(5) 과징금의 부과

허가권자는 업무정지처분을 갈음하여 다음의 구분에 따라 건축관계자 등에게 과징금을 부과할 수 있다(법 제25조의2 제5항).

> ① (4)의 ① 또는 ②에 해당하는 경우: 3억원 이하
> ② (4)의 ③에 해당하는 경우: 10억원 이하

(6) 경과 규정

건축관계자 등은 업무정지처분에도 불구하고 그 처분을 받기 전에 계약을 체결하였거나 관계 법령에 따라 허가·인가 등을 받아 착수한 업무는 사용승인을 받은 때까지 계속 수행할 수 있다(법 제25조의2 제6항).

(7) 법인 또는 단체에 대한 적용

(1)부터 (5)까지에 해당하는 조치는 그 소속 법인 또는 단체에게도 동일하게 적용한다. 다만, 소속법인 또는 단체가 위반행위를 방지하기 위하여 해당 업무에 관하여 상당한 주의와 감독을 게을리하지 아니한 경우에는 그러하지 아니하다(법 제25조의2 제7항).

(8) 동일 적용

(1)부터 (5)까지의 조치는 관계 법률에 따라 건축허가를 의제하는 경우의 건축관계자 등에게 동일하게 적용한다(법 제25조의2 제8항).

(9) 통보

허가권자는 (1)부터 (5)까지의 조치를 한 경우, 그 내용을 국토교통부장관에게 통보하여야 한다(법 제25조의2 제9항).

(10) 공개

국토교통부장관은 (9)에 따라 통보된 사항을 종합관리하고, 허가권자가 해당 건축관계자 등과 그 소속법인 또는 단체를 알 수 있도록 국토교통부령으로 정하는 바에 따라 공개하여야 한다(법 제25조의2 제10항).

(11) 청문

건축관계자 등, 소속법인 또는 단체에 대한 업무정지처분을 하려는 경우에는 청문을 하여야 한다(법 제25조의2 제11항).

7. 건축물의 사용승인

(1) 사용승인신청

건축주가 허가를 받았거나 신고를 한 건축물의 건축공사를 완료[하나의 대지에 둘 이상의 건축물을 건축하는 경우, 동(棟)별 공사를 완료한 경우를 포함한다]한 후 그 건축물을 사용하려면 공사감리자가 작성한 감리완료보고서(공사감리자를 지정한 경우만 해당된다)와 공사완료도서 등 국토교통부령으로 정하는 서류를 첨부하여 허가권자에게 사용승인을 신청하여야 한다(법 제22조 제1항).

(2) 사용승인서의 교부

허가권자는 사용승인신청을 받은 경우 국토교통부령으로 정하는 기간에 다음의 사항에 대한 검사를 실시하고, 검사에 합격된 건축물에 대하여는 사용승인서를 내주어야 한다. 다만, 해당 지방자치단체의 조례로 정하는 건축물(국토교통부령으로 정하는 숙박시설은 제외한다)은 사용승인을 위한 검사를 실시하지 아니하고 사용승인서를 내줄 수 있다(법 제22조 제2항).

> ① 사용승인을 신청한 건축물이 이 법에 따라 허가 또는 신고한 설계도서대로 시공되었는지의 여부
> ② 감리완료보고서, 공사완료도서 등의 서류 및 도서가 적합하게 작성되었는지의 여부
> ③ 「건축물의 분양에 관한 법률」 제6조 제4항에 따른 분양계약이 「공중위생관리법」 제3조 제1항에 따른 숙박업 신고의 시설 및 설비기준에 적합한 내용으로 체결되었는지의 여부(국토교통부령으로 정하는 숙박시설에 한정)

(3) 건축물의 사용시기

① 원칙: 건축주는 사용승인을 받은 후가 아니면 그 건축물을 사용하거나 사용하게 할 수 없다(법 제22조 제3항).

② 예외: 다만, 다음의 어느 하나에 해당하는 경우에는 그러하지 아니하다(법 제22조 제3항 단서).

> ⊙ 허가권자가 7일 내에 사용승인서를 교부하지 아니한 경우
> ⓒ 사용승인서를 교부받기 전에 공사가 완료된 부분이 건폐율, 용적률, 설비, 피난·방화 등 국토교통부령으로 정하는 기준에 적합한 경우로서, 기간을 정하여 대통령령으로 정하는 바에 따라 임시로 사용의 승인을 한 경우

(4) 임시사용승인

① 임시사용승인의 신청: 건축주는 사용승인서를 받기 전에 공사가 완료된 부분에 대한 임시사용의 승인을 받으려는 경우에는 국토교통부령으로 정하는 바에 따라 임시사용승인신청서를 허가권자에게 제출(전자문서에 의한 제출을 포함한다)하여야 한다(영 제17조 제2항).

② 조건부 임시사용승인: 허가권자는 신청서를 접수한 경우에는 공사가 완료된 부분이 임시사용승인 기준에 적합한 경우에만 임시사용을 승인할 수 있으며, 식수 등 조경에 필요한 조치를 하기에 부적합한 시기에 건축공사가 완료된 건축물은 허가권자가 지정하는 시기까지 식수(植樹) 등 조경에 필요한 조치를 할 것을 조건으로 임시사용을 승인할 수 있다(영 제17조 제3항).

③ 임시사용승인의 기간: 임시사용승인의 기간은 2년 이내로 한다. 다만, 허가권자는 대형건축물 또는 암반공사 등으로 인하여 공사기간이 긴 건축물에 대하여는 그 기간을 연장할 수 있다(영 제17조 제4항).

(5) 준공검사 등의 의제

① 건축주가 사용승인을 받은 경우에는 다음에 따른 사용승인·준공검사 또는 등록신청 등을 받거나 한 것으로 보며, 공장건축물의 경우에는 「산업집적활성화 및 공장설립에 관한 법률」에 따라 관련 법률의 검사 등을 받은 것으로 본다(법 제22조 제4항).

참고 📖 임시사용 등

1. 임시사용승인기간은 2년 이내로 한다(공법상 임시는 대부분 2년).
2. 공사기간이 장기간 소요되는 경우에는 임시사용기간을 연장할 수 있다(원칙 2년 + 연장 α).
3. 건축물이나 대지가 관계 법령에 적합한 경우에만 사용승인 또는 임시사용 승인을 한다.
4. 조경의 조치가 불가능한 경우(겨울)에는 조건부 임시사용승인을 한다.

Tip 👆 연장은 계속 가능하다는 의미임에 유의한다.

㉠ 「하수도법」에 따른 배수설비(排水設備)의 준공검사 및 개인하수처리시설의 준공검사
　　㉡ 「공간정보의 구축 및 관리 등에 관한 법률」에 따른 지적공부(地籍公簿)의 변동사항등록신청
　　㉢ 「승강기 안전관리법」에 따른 승강기설치검사
　　㉣ 「에너지이용 합리화법」에 따른 보일러설치검사
　　㉤ 「전기안전관리법」에 따른 전기설비의 사용 전 검사
　　㉥ 「정보통신공사업법」에 따른 정보통신공사의 사용 전 검사
　　㉦ 「기계설비법」에 따른 기계설비의 사용 전 검사
　　㉧ 「도로법」에 따른 도로점용공사 완료확인
　　㉨ 「국토의 계획 및 이용에 관한 법률」에 따른 개발행위의 준공검사
　　㉩ 「국토의 계획 및 이용에 관한 법률」에 따른 도시·군계획시설사업의 준공검사
　　㉪ 「물환경보전법」에 따른 수질오염물질배출시설의 가동개시의 신고
　　㉫ 「대기환경보전법」에 따른 대기오염물질배출시설의 가동개시의 신고

　② 허가권자는 사용승인을 하는 경우, 의제되는 내용이 포함되어 있는 경우에는 관계행정기관의 장과 미리 협의하여야 한다(법 제22조 제5항).

(6) 특별시장·광역시장의 사용승인

특별시장 또는 광역시장은 사용승인을 한 경우, 지체 없이 그 사실을 군수 또는 구청장에게 알려서 건축물대장에 적게 하여야 한다. 이 경우 건축물대장에는 설계자, 대통령령으로 정하는 주요 공사의 시공자, 공사감리자를 적어야 한다(법 제22조 제6항).

8. 건축물의 유지·관리

(1) 건축지도원

① 특별자치도지사·특별자치시장 또는 시장·군수·구청장은 이 법 또는 이 법에 따른 명령이나 처분에 위반되는 건축물의 발생을 예방하고 건축물을 적법하게 유지·관리하도록 지도하기 위하여 특별자치도 또는 시·군·구에 근무하는 건축직렬의 공무원과 건축에 관한 학식이 풍부한 자로서 건축조례가 정하는 자격을 갖춘 자 중에서 건축지도원을 지정할 수 있다(법 제37조 제1항, 영 제24조 제1항).

② 건축지도원의 업무는 다음과 같다(영 제24조 제2항).

> ㉠ 건축신고를 하고 건축 중에 있는 건축물의 시공지도와 위법시공 여부의 확인·지도 및 단속
> ㉡ 건축물의 대지, 높이 및 형태, 구조안전 및 화재안전, 건축설비 등이 법령 등에 적합하게 유지·관리되고 있는지의 확인·지도 및 단속
> ㉢ 허가를 받지 아니하거나 신고를 하지 아니하고 건축하거나 용도변경한 건축물의 단속

③ 건축지도원은 업무를 수행할 때에는 권한을 나타내는 증표를 지니고 관계인에게 내보여야 한다(영 제24조 제3항).

④ 건축지도원의 지정절차, 보수기준 등에 관하여 필요한 사항은 건축조례로 정한다(영 제24조 제4항).

(2) 건축물대장 제32회

특별자치도지사·특별자치시장 또는 시장·군수·구청장은 건축물의 소유·이용 및 유지·관리상태를 확인하거나 건축정책의 기초자료로 활용하기 위하여 다음의 어느 하나에 해당하면 건축물대장에 건축물과 그 대지의 현황 및 국토교통부령으로 정하는 건축물의 구조내력(構造耐力)에 관한 정보를 적어서 보관하고, 이를 지속적으로 정비하여야 한다(법 제38조 제1항).

> ① 사용승인서를 내준 경우
> ② 건축허가대상 건축물(신고대상 건축물을 포함한다) 외의 건축물의 공사를 끝낸 후 기재를 요청한 경우
> ③ 그 밖에 대통령령으로 정하는 경우✚

✚ 다음의 어느 하나에 해당하는 경우를 말한다.
1. 「집합건물의 소유 및 관리에 관한 법률」 제56조 및 제57조에 따른 건축물대장의 신규등록 및 변경등록의 신청이 있는 경우
2. 법 시행일 전에 법령 등에 적합하게 건축되고 유지·관리된 건축물의 소유자가 그 건축물의 건축물관리대장이나 그 밖에 이와 비슷한 공부(公簿)를 법 제38조에 따른 건축물대장에 옮겨 적을 것을 신청한 경우
3. 그 밖에 기재내용의 변경 등이 필요한 경우로서 국토교통부령으로 정하는 경우

(3) 등기촉탁

특별자치도지사·특별자치시장 또는 시장·군수·구청장은 다음의 어느 하나에 해당하는 사유로 건축물대장의 기재내용이 변경되는 경우(신규등록은 제외한다) 관할 등기소에 그 등기를 촉탁할 수 있다. 이 경우, 등기촉탁은 지방자치단체가 자기를 위하여 하는 등기로 본다(법 제39조 제1항).

> ① 지번이나 행정구역의 명칭이 변경된 경우
> ② 사용승인을 받은 건축물로서 사용승인 내용 중 건축물의 면적·구조·용도 및 층수가 변경된 경우
> ③ 건축물을 해체한 경우
> ④ 건축물의 멸실 후 멸실신고를 한 경우

📑 **참고** 건축절차도

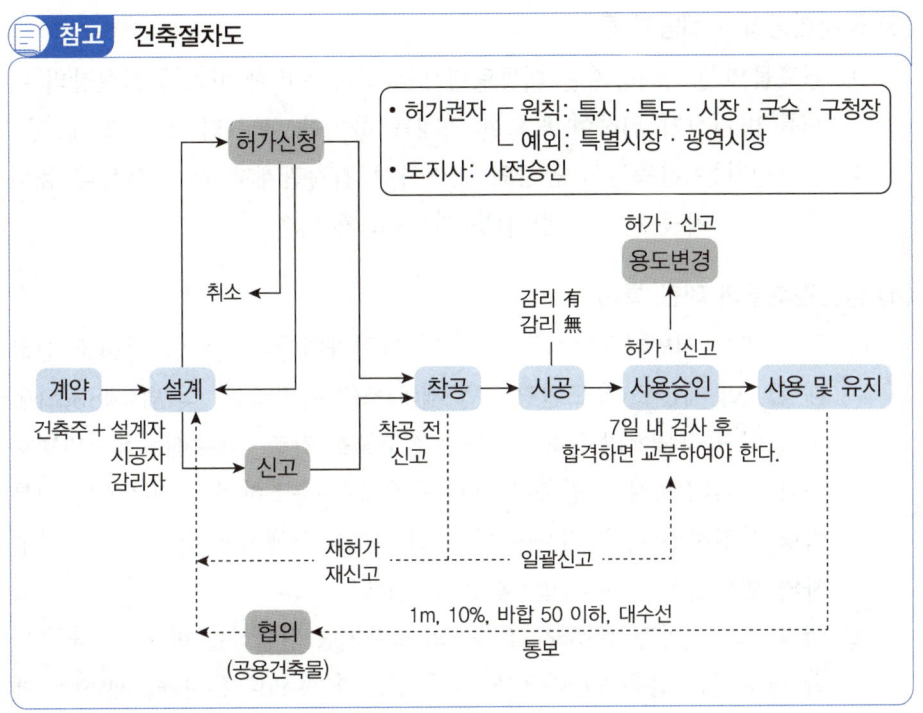

9. 건축관련 그 밖의 내용

(1) 허용오차

대지의 측량(「공간정보의 구축 및 관리 등에 관한 법률」에 따른 지적측량은 제외한다)이나 건축물의 건축 과정에서 부득이하게 발생하는 오차는 이 법을 적용할 때 국토교통부령으로 정하는 범위에서 허용한다(법 제26조).

(2) 현장조사·검사 및 확인업무의 대행

① 허가권자는 이 법에 따른 현장조사·검사 및 확인업무를 대통령령으로 정하는 바에 따라 「건축사법」에 따라 건축사사무소개설신고를 한 자에게 대행하게 할 수 있다(법 제27조 제1항).

② 업무를 대행하는 자는 현장조사·검사 또는 확인결과를 국토교통부령으로 정하는 바에 따라 허가권자에게 서면으로 보고하여야 한다(법 제27조 제2항).

③ 허가권자는 업무를 대행하게 한 경우, 국토교통부령으로 정하는 범위에서 해당 지방자치단체의 조례로 정하는 수수료를 지급하여야 한다(법 제27조 제3항).

(3) 공사현장의 위해방지 등

① 건축물의 공사시공자는 대통령령으로 정하는 바에 따라 공사현장의 위해를 방지하기 위하여 필요한 조치를 하여야 한다(법 제28조 제1항).

② 허가권자는 건축물의 공사와 관련하여 건축관계자 간 분쟁상담 등의 필요한 조치를 하여야 한다(법 제28조 제2항).

(4) 공용건축물에 대한 특례

① 국가 또는 지방자치단체는 법 제11조(허가대상) 또는 법 제14조(신고대상), 법 제19조(용도변경), 법 제20조(가설건축물) 및 법 제83조(옹벽 등의 공작물에의 준용)에 따른 건축물을 건축·대수선·용도변경하거나, 가설건축물을 건축하거나, 공작물을 축조하려는 경우에는 대통령령이 정하는 바에 의하여 미리 건축물의 소재지를 관할하는 허가권자와 협의하여야 한다(법 제29조 제1항).

② 국가 또는 지방자치단체가 건축물의 소재지를 관할하는 허가권자와 협의한 경우에는 건축허가를 받았거나 신고한 것으로 본다(법 제29조 제2항).

③ 협의한 건축물에는 법 제22조 제1항부터 제3항까지의 규정을 적용하지 아니한다. 다만, 건축물의 공사가 끝난 경우에는 지체 없이 허가권자에게 통보하여야 한다(법 제29조 제3항).

④ 국가나 지방자치단체가 소유한 대지의 지상 또는 지하 여유공간에 구분지상권을 설정하여 주민편의시설 등 대통령령으로 정하는 시설을 설치하고자 하는 경우, 허가권자는 구분지상권자를 건축주로 보고 구분지상권이 설정된 부분을 대지로 보아 건축허가를 할 수 있다. 이 경우, 구분지상권 설정의 대상 및 범위, 기간 등은 「국유재산법」 및 「공유재산 및 물품 관리법」에 적합해야 한다(법 제29조 제4항).

> **심화** 구분지상권자를 건축주로 보고 구분지상권이 설정된 부분을 대지로 보아 건축허가를 할 수 있는 시설은 다음과 같다.
> 1. 제1종 근린생활시설
> 2. 제2종 근린생활시설(총포판매소, 장의사, 다중생활시설, 제조업소, 단란주점, 안마시술소 및 노래연습장은 제외)
> 3. 문화 및 집회시설(공연장 및 전시장으로 한정)
> 4. 의료시설
> 5. 교육연구시설
> 6. 노유자시설
> 7. 운동시설
> 8. 업무시설(오피스텔 제외)

제3장 건축물의 대지 및 도로

> 건축행위에 있어서 가장 중요한 것은 안전이다. 대지의 안전을 위한 규정, 그에 따른 도로의 개념, 건축선 위주로 파트별로 학습하면 된다.

❶ 대지

1. 대지의 안전 등

(1) 대지의 높이

대지는 인접한 도로면보다 낮아서는 아니 된다. 다만, 대지의 배수에 지장이 없거나 건축물의 용도상 방습(防濕)의 필요가 없는 경우에는 인접한 도로면보다 낮아도 된다(법 제40조 제1항).

(2) 습지·매립지 등의 안전조치

습한 토지, 물이 나올 우려가 많은 토지, 쓰레기, 그 밖에 이와 유사한 것으로 매립된 토지에 건축물을 건축하는 경우에는 성토(盛土), 지반개량 등 필요한 조치를 하여야 한다(법 제40조 제2항).

(3) 배수시설의 설치

대지에는 빗물과 오수를 배출하거나 처리하기 위하여 필요한 하수관, 하수구, 저수탱크, 그 밖에 이와 유사한 시설을 하여야 한다(법 제40조 제3항).

(4) 옹벽의 설치

손궤(損潰; 무너져 내림)의 우려가 있는 토지에 대지를 조성하려면 다음의 국토교통부령으로 정하는 바에 따라 옹벽을 설치하거나 그 밖에 필요한 조치를 하여야 한다. 다만, 건축사 또는 「기술사법」에 의한 건축구조기술사에 의하여 해당 토지의 구조안전이 확인된 경우는 그러하지 아니하다(법 제40조 제4항, 규칙 제25조).

> ① 성토 또는 절토하는 부분의 경사도가 1 : 1.5 이상으로서 높이가 1m 이상인 부분에는 옹벽을 설치할 것
> ② 옹벽의 높이가 2m 이상인 경우에는 이를 콘크리트구조로 할 것. 다만, 옹벽에 관한 기술적 기준에 적합한 경우에는 그러하지 아니하다.

③ 옹벽의 외벽면에는 이의 지지 또는 배수를 위한 시설 외의 구조물이 밖으로 튀어나오지 아니하게 할 것

2. 토지 굴착부분에 대한 조치 등

(1) 위험발생 방지 등의 조치

공사시공자는 대지를 조성하거나 건축공사를 하기 위하여 토지를 굴착·절토(切土)·매립(埋立) 또는 성토 등을 하는 경우, 그 변경부분에는 국토교통부령으로 정하는 바에 따라 공사 중 비탈면 붕괴, 토사 유출 등 위험발생의 방지, 환경보존, 그 밖에 필요한 조치를 한 후 해당 공사현장에 그 사실을 게시하여야 한다(법 제41조 제1항).

(2) 의무이행명령

허가권자는 (1)을 위반한 자에게 의무이행에 필요한 조치를 명할 수 있다(법 제41조 제2항).

3. 대지 안의 조경 제35회

(1) 원칙

① 면적이 200m² 이상인 대지에 건축을 하는 건축주는 용도지역 및 건축물의 규모에 따라 해당 지방자치단체의 조례로 정하는 기준에 따라 대지에 조경이나 그 밖에 필요한 조치를 하여야 한다. 다만, 조경이 필요하지 아니한 건축물로서 대통령령으로 정하는 건축물에 대하여는 조경 등의 조치를 하지 아니할 수 있으며, 옥상 조경 등 대통령령으로 따로 기준을 정하는 경우에는 그 기준에 따른다(법 제42조 제1항).

② 국토교통부장관은 식재(植栽)기준, 조경 시설물의 종류 및 설치방법, 옥상 조경의 방법 등 조경에 필요한 사항을 정하여 고시할 수 있다(법 제42조 제2항).

(2) 예외

다음의 어느 하나에 해당하는 건축물에 대하여는 조경 등의 조치를 하지 아니할 수 있다(영 제27조 제1항).

① 녹지지역+에 건축하는 건축물
② 면적 5천m² 미만인 대지에 건축하는 공장
③ 연면적의 합계가 1,500m² 미만인 공장
④ 「산업집적활성화 및 공장설립에 관한 법률」에 따른 산업단지의 공장

+ 개정 전에는 자연녹지지역에 한정하였지만, 지금은 전체 녹지지역으로 확대되었다.

기출 면적 5천m² 미만인 대지에 건축하는 공장에 대하여는 조경 등의 조치를 하지 아니할 수 있다.

⑤ 대지에 **염분**이 함유되어 있는 경우 또는 건축물 용도의 특성상 조경 등의 조치를 하기가 곤란하거나 조경 등의 조치를 하는 것이 불합리한 경우로서 건축조례로 정하는 건축물
⑥ **축사**
⑦ **가설건축물**
⑧ 연면적의 합계가 1,500m² 미만인 물류시설(주거지역 또는 상업지역에 건축하는 것은 제외한다)로서 국토교통부령으로 정하는 것
⑨ 「국토의 계획 및 이용에 관한 법률」에 따라 지정된 **자연환경보전지역·농림지역 또는 관리지역**(지구단위계획구역으로 지정된 지역은 제외한다)의 건축물
⑩ 다음의 어느 하나에 해당하는 건축물 중 건축조례로 정하는 건축물
　㉠ 「관광진흥법」에 따른 관광지 또는 관광단지에 설치하는 관광시설
　㉡ 「관광진흥법 시행령」에 따른 전문휴양업의 시설 또는 종합휴양업의 시설
　㉢ 「국토의 계획 및 이용에 관한 법률 시행령」에 따른 관광·휴양형 지구단위계획구역에 설치하는 관광시설
　㉣ 「체육시설의 설치·이용에 관한 법률 시행령」 별표 1에 따른 골프장

> **기출**
> 1. 대지면적이 2천m²인 상업지역에 건축하는 물류시설은 조경 등의 조치를 하여야 한다.
> 2. 주거지역과 상업지역을 제외한 지역에 연면적의 합계가 1,500m² 미만인 물류시설은 조경 등의 조치를 하지 아니할 수 있다.
> 제35회

(3) 옥상 조경

건축물의 옥상에 국토교통부장관이 고시하는 기준에 따라 조경이나 그 밖에 필요한 조치를 하는 경우에는 옥상부분 조경면적의 3분의 2에 해당하는 면적을 법 제42조 제1항에 따른 대지의 조경면적으로 산정할 수 있다. 이 경우, 조경면적으로 산정하는 면적은 법 제42조 제1항에 따른 조경면적의 100분의 50을 초과할 수 없다(영 제27조 제3항).

> **참고** 옥상 조경 등의 조치에 관한 기준(영 제27조 제2항)
>
> 1. 공장[(2)의 ②부터 ④까지에 해당하는 공장은 제외한다] 및 물류시설[(2)의 ⑧에 해당하는 물류시설과 주거지역 또는 상업지역에 건축하는 물류시설은 제외한다]
>   ① 연면적의 합계가 2천m² 이상인 경우: 대지면적의 10% 이상
>   ② 연면적의 합계가 1,500m² 이상 2천m² 미만인 경우: 대지면적의 5% 이상
>
> 2. 「공항시설법」에 따른 공항시설: 대지면적(활주로·유도로·계류장·착륙대 등 항공기의 이륙 및 착륙시설로 쓰는 면적은 제외한다)의 10% 이상
>
> 3. 「철도의 건설 및 철도시설 유지관리에 관한 법률」에 따른 철도 중 역시설: 대지면적(선로·승강장 등 철도운행에 이용되는 시설의 면적은 제외한다)의 10% 이상
>
> 4. 그 밖에 면적 200m² 이상 300m² 미만인 대지에 건축하는 건축물: 대지면적의 10% 이상

❷ 도로

1. 도로의 지정 등

(1) 도로의 지정

허가권자는 도로의 위치를 지정·공고하려면 국토교통부령으로 정하는 바에 따라 그 도로에 대한 이해관계인의 동의를 받아야 한다. 다만, 다음의 어느 하나에 해당하면 이해관계인의 동의를 받지 아니하고 건축위원회의 심의를 거쳐 도로를 지정할 수 있다(법 제45조 제1항).

> ① 허가권자가 이해관계인이 해외에 거주하는 등의 사유로 이해관계인의 동의를 받기가 곤란하다고 인정하는 경우
> ② 주민이 오랫동안 통행로로 이용하고 있는 사실상의 통로로서, 해당 지방자치단체의 조례로 정하는 것인 경우

(2) 도로의 폐지·변경

허가권자는 도로를 폐지하거나 변경하려면 그 도로에 대한 이해관계인의 동의를 받아야 한다. 그 도로에 편입된 토지의 소유자, 건축주 등이 허가권자에게 지정된 도로의 폐지나 변경을 신청하는 경우에도 또한 같다(법 제45조 제2항).

(3) 도로의 관리

허가권자는 도로를 지정하거나 변경하면 국토교통부령으로 정하는 바에 따라 도로관리대장에 이를 적어서 관리하여야 한다(법 제45조 제3항).

2. 대지와 도로의 관계

(1) 원칙

건축물의 대지는 2m 이상이 도로(자동차만의 통행에 사용되는 도로는 제외한다)에 접하여야 한다(법 제44조 제1항).

(2) 예외

다음의 어느 하나에 해당하면 그러하지 아니하다(법 제44조 제1항 단서).

> ① 해당 건축물의 출입에 지장이 없다고 인정되는 경우
> ② 건축물의 주변에 대통령령으로 정하는 공지(광장, 공원, 유원지, 그 밖에 관계 법령에 따라 건축이 금지되고 공중의 통행에 지장이 없는 공지로서 허가권자가 인정한 것을 말한다)가 있는 경우
> ③ 「농지법」에 따른 농막을 건축하는 경우

비교 ▶ 도로의 지정 등
1. 도로 지정시: 이해관계인 동의 ○, 예외 있다.
2. 도로 폐지·변경시: 이해관계인 동의 ○, 예외 없다.

핵심 ▶ 대지와 도로의 관계
1. 건축물의 대지는 2m 이상 도로에 접하여야 한다.
2. 공지가 있어 허가권자가 지정한 지역 등은 2m 이상 접하지 않아도 된다.
3. 연합 2천m² (공장은 3천m²) 이상 건축물(축사, 작물재배사 제외)의 대지는 너비 6m 이상 도로에 4m 이상 접하여야 한다.

기출 ▶ 공장의 주변에 허가권자가 인정한 공지인 광장이 있는 경우, 연면적의 합계가 1천m²인 공장의 대지는 도로에 2m 이상 접하지 않아도 된다.

(3) 연면적에 따른 대지와 도로의 관계

연면적의 합계가 2천m^2(공장인 경우에는 3천m^2) 이상인 건축물(축사, 작물재배사, 그 밖에 이와 비슷한 건축물로서 건축조례로 정하는 규모의 건축물은 제외한다)의 대지는 너비 6m 이상의 도로에 4m 이상 접하여야 한다(영 제28조 제2항).

3 건축선 제34회

(1) 건축선의 의의

① 원칙: 도로와 접한 부분에 건축물을 건축할 수 있는 선[이하 '건축선(建築線)'이라 한다]은 대지와 도로의 경계선으로 한다(법 제46조 제1항).

> 참고 건축선은 건축물의 침식을 방지하고 도로교통 소통에 원활을 기하기 위하여 지정한다.

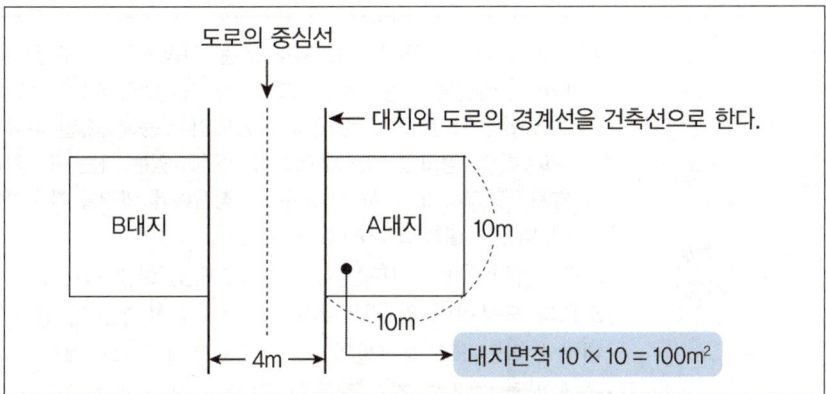

② 예외: 도로와 대지의 경계선이 건축선이 아닌 경우는 다음을 참고한다.

㉠ 소요 너비에 못 미치는 너비의 도로인 경우에는 그 중심선으로부터 그 소요 너비의 2분의 1의 수평거리만큼 물러난 선을 건축선으로 한다.

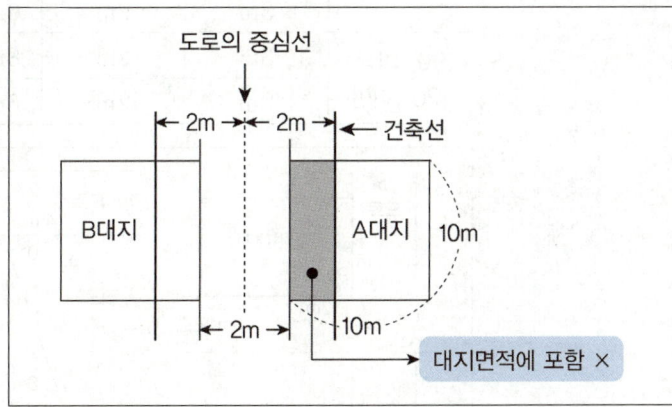

ⓛ 그 도로의 반대쪽에 경사지, 하천, 철도, 선로부지, 그 밖에 이와 유사한 것이 있는 경우에는 그 경사지 등이 있는 쪽의 도로경계선에서 소요 너비에 해당하는 수평거리의 선을 건축선으로 한다.

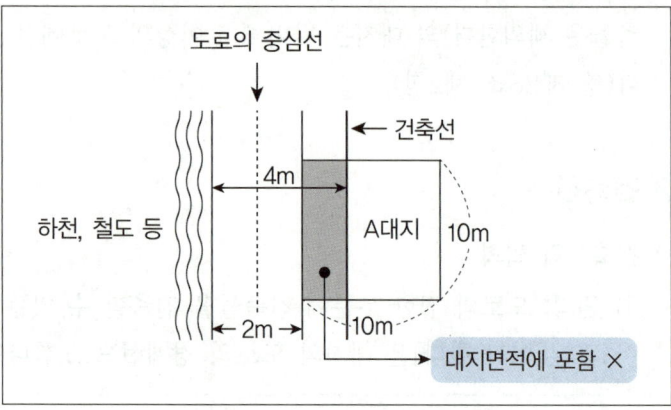

✓ 특별자치시장, 특별자치도지사 또는 시장·군수·구청장은 ⓛ에 따라 건축선을 지정하려면 미리 그 내용을 해당 지방자치단체의 공보(公報), 일간신문 또는 인터넷 홈페이지 등에 30일 이상 공고하여야 하며, 공고한 내용에 대하여 의견이 있는 자는 공고기간에 특별자치도지사 또는 시장·군수·구청장에게 의견을 제출(전자문서에 의한 제출을 포함한다)할 수 있다.

후퇴 건축선

ⓒ 도로모퉁이에서의 건축선[가각전제(街角剪除)]: 너비 8m 미만인 도로의 모퉁이에 위치한 대지의 도로모퉁이 부분의 건축선은 그 대지에 접한 도로경계선의 교차점으로부터 도로경계선에 따라 다음에 따른 거리를 각각 후퇴한 두 점을 연결한 선으로 한다.

도로의 교차각	해당 도로의 너비		교차되는 도로의 너비
	6m 이상 8m 미만	4m 이상 6m 미만	
90° 미만	4m	3m	8m 미만 6m 이상
	3m	2m	6m 미만 4m 이상
90° 이상 120° 미만	3m	2m	8m 미만 6m 이상
	2m	2m	6m 미만 4m 이상

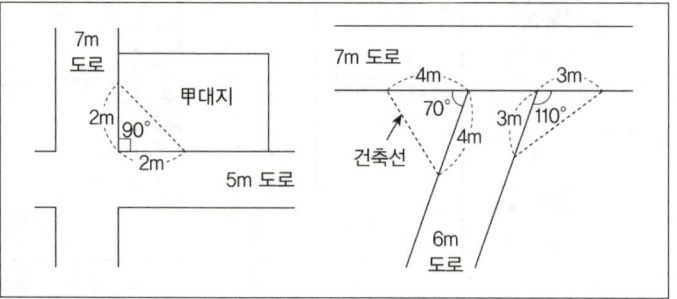

심화 가각전제는 도로모퉁이에서 회전반경을 확보하기 위한 것이다.
1. 요건
   - 교차하는 2개의 도로는 모두 8m 미만이어야 한다.
   - 8m인 경우에는 가각전제 하지 않는다.
   - 교차하는 각도는 120° 미만이어야 한다.
2. 효과
   - 교차점에서 후퇴되는 길이는 2m 이상 4m 이하이다.
   - 두 점을 이은 선으로 나오는 사이부분면적은 대지면적에 산입하지 않는다.

㉣ 특별자치시장, 특별자치도지사 또는 시장·군수·구청장은 시가지 안에서 건축물의 위치나 환경을 정비하기 위하여 필요하다고 인정하면 「국토의 계획 및 이용에 관한 법률」에 따른 도시지역에는 4m 이하의 범위에서 건축선을 따로 지정할 수 있다.

> **기출** 군수는 건축물의 위치나 환경을 정비하기 위하여 필요하다고 인정하면 4m 이하의 범위에서 건축선을 따로 지정할 수 있다.

지정 건축선

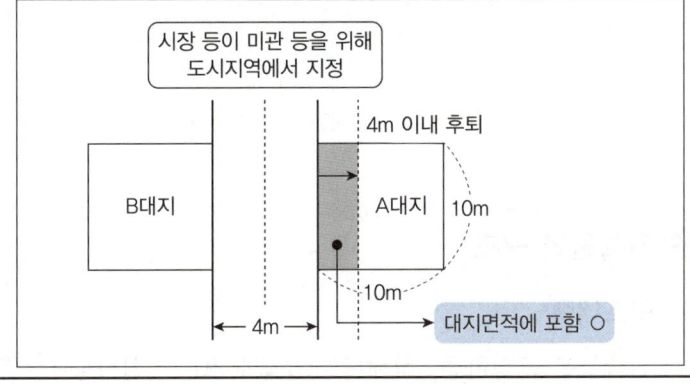

(2) 건축선에 의한 건축제한

① **건축물·담장**: 건축물과 담장은 건축선의 수직면(垂直面)을 넘어서는 아니 된다. 다만, 지표(地表) 아래부분은 그러하지 아니하다(법 제47조 제1항).

② **출입구·창문 등의 구조물**: 도로면으로부터 높이 4.5m 이하에 있는 출입구, 창문, 그 밖에 이와 유사한 구조물은 열고 닫을 때 건축선의 수직면을 넘지 아니하는 구조로 하여야 한다(법 제47조 제2항).

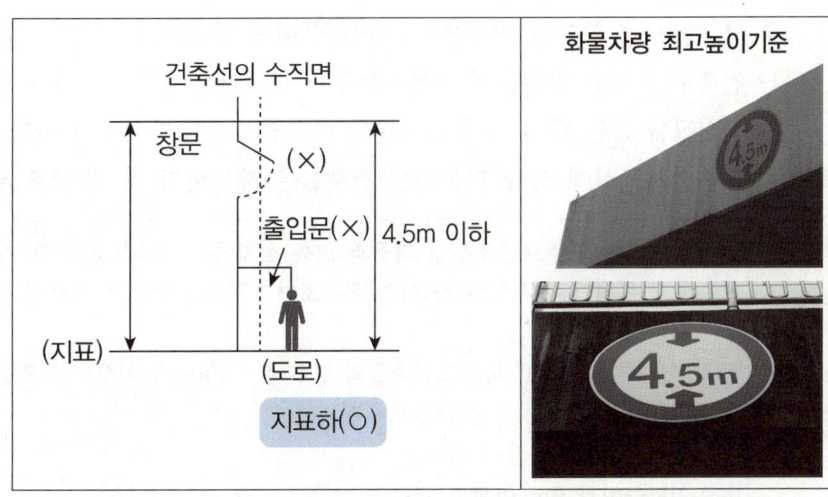

제4장 건축물의 구조 및 재료

회독 Check 1회 2회 3회

💬 공인중개사 업무와 크게 관련은 없으나 출제되고 있는 장이다. 단순한 암기 규정이기 때문에 간단하게 정리해 두면 된다.

① 건축물의 구조

1. 구조내력

건축물은 고정하중, 적재하중(積載荷重), 적설하중(積雪荷重), 풍압(風壓), 지진, 그 밖의 진동 및 충격 등에 대하여 안전한 구조를 가져야 한다(법 제48조 제1항).

2. 구조안전 제34회

(1) 구조안전의 확인

① 건축물을 건축하거나 대수선하는 경우, 해당 건축물의 설계자는 대통령령으로 정하는 바에 따라 구조의 안전을 확인하여야 한다(법 제48조 제2항).
② 구조안전을 확인한 건축물 중 다음의 어느 하나에 해당하는 건축물의 건축주는 해당 건축물의 설계자로부터 구조안전의 확인서류를 받아 착공신고를 하는 때에 그 확인서류를 허가권자에게 제출해야 한다. 다만, 표준설계도서에 따라 건축하는 건축물은 제외한다(영 제32조 제2항).

> ⊙ 층수가 2층[주요구조부인 기둥과 보를 설치하는 건축물로서 그 기둥과 보가 목재인 목구조건축물(이하 '목구조건축물'이라 한다)의 경우에는 3층] 이상인 건축물
> ⓒ 연면적이 200m^2(목구조건축물의 경우에는 500m^2) 이상인 건축물. 다만, 창고, 축사, 작물재배사는 제외한다.
> ⓒ 높이가 13m 이상인 건축물
> ⓔ 처마높이가 9m 이상인 건축물
> ⓜ 기둥과 기둥 사이의 거리가 10m 이상인 건축물
> ⓗ 건축물의 용도 및 규모를 고려한 중요도가 높은 건축물로서 국토교통부령으로 정하는 건축물

기출📄 단독주택 및 공동주택을 건축하는 건축주는 해당 건축물의 설계자로부터 구조안전의 확인서류를 받아 착공신고를 하는 때에 그 확인서류를 허가권자에게 제출해야 한다.

       Ⓢ 국가적 문화유산으로 보존할 가치가 있는 건축물로서 국토교통부령으로 정하는 것
       ◎ 한쪽 끝은 고정되고 다른 끝은 지지(支持)되지 아니한 구조로 된 보·차양 등이 외벽의 중심선으로부터 3m 이상 돌출된 건축물, 무량판 구조(보가 없이 바닥판·기둥으로 구성된 구조를 말한다. 이하 같다)를 가진 건물로서 무량판 구조인 어느 하나의 층에 수직으로 배치된 주요구조부의 전체 단면적에서 보가 없이 배치된 기둥의 전체 단면적이 차지하는 비율이 4분의 1 이상인 건축물 및 특수한 설계·시공·공법 등이 필요한 건축물로서 국토교통부장관이 정하여 고시하는 구조로 된 건축물
       ㉛ 단독주택 및 공동주택

(2) 관계전문기술자와의 협력

① 다음의 어느 하나에 해당하는 건축물의 설계자는 해당 건축물에 대한 구조의 안전을 확인하는 경우에는 건축구조기술사의 협력을 받아야 한다(영 제91조의3 제1항).

       ㉠ 6층 이상인 건축물
       ㉡ 특수구조건축물
       ㉢ 다중이용건축물
       ㉣ 준다중이용건축물
       ㉤ 3층 이상의 필로티형식 건축물
       ㉥ 영 제32조 제2항 제6호에 해당하는 건축물 중 국토교통부령으로 정하는 건축물

② 연면적 1만m² 이상인 건축물(창고시설은 제외한다) 또는 에너지를 대량으로 소비하는 건축물로서 국토교통부령으로 정하는 건축물에 건축설비를 설치하는 경우에는 국토교통부령으로 정하는 바에 따라 다음의 구분에 따른 관계전문기술자의 협력을 받아야 한다(영 제91조의3 제2항).

       ㉠ 전기, 승강기(전기분야만 해당한다) 및 피뢰침:「기술사법」에 따라 등록한 건축전기설비기술사 또는 발송배전기술사
       ㉡ 급수·배수(配水)·배수(排水)·환기·난방·소화·배연·오물처리설비 및 승강기(기계분야만 해당한다):「기술사법」에 따라 등록한 건축기계설비기술사 또는 공조냉동기계기술사
       ㉢ 가스설비:「기술사법」에 따라 등록한 건축기계설비기술사, 공조냉동기계기술사 또는 가스기술사

③ 깊이 10m 이상의 토지 굴착공사 또는 높이 5m 이상의 옹벽 등의 공사를 수반하는 건축물의 설계자 및 공사감리자는 토지 굴착 등에 관하여 국토교통부령으로 정하는 바에 따라 「기술사법」에 따라 등록한 토목분야기술사 또는 국토개발분야의 지질 및 기반기술사의 협력을 받아야 한다(영 제91조의3 제3항).

④ 설계자 및 공사감리자는 안전상 필요하다고 인정하는 경우, 관계 법령에서 정하는 경우 및 설계계약 또는 감리계약에 따라 건축주가 요청하는 경우에는 관계전문기술자의 협력을 받아야 한다(영 제91조의3 제4항).

⑤ 특수구조건축물 및 고층건축물의 공사감리자는 영 제19조 제3항 제1호 각 목 및 제2호 각 목에 해당하는 공정에 다다를 때 건축구조기술사의 협력을 받아야 한다(영 제91조의3 제5항).

⑥ 3층 이상인 필로티형식 건축물의 공사감리자는 건축물의 구조상 안전을 위한 공사감리를 할 때 공사가 영 제18조의2 제2항 제3호 나목에 따른 단계에 다다른 경우마다 법 제67조 제1항 제1호부터 제3호까지의 규정에 따른 관계 전문기술자의 협력을 받아야 한다. 이 경우, 관계전문기술자는 「건설기술진흥법 시행령」에 따른 건축구조분야의 특급 또는 고급기술자의 자격요건을 갖춘 소속기술자로 하여금 업무를 수행하게 할 수 있다(영 제91조의3 제6항).

⑦ ①부터 ⑥까지의 규정에 따라 설계자 또는 공사감리자에게 협력한 관계전문기술자는 공사 현장을 확인하고, 그가 작성한 설계도서 또는 감리중간보고서 및 감리완료보고서에 설계자 또는 공사감리자와 함께 서명날인하여야 한다(영 제91조의3 제7항).

⑧ 구조안전의 확인에 관하여 설계자에게 협력한 건축구조기술사는 국토교통부장관이 정하여 고시하는 기준에 따라 구조의 안전을 확인한 건축물의 구조도 등 구조관련서류에 설계자와 함께 서명날인하여야 한다(영 제91조의3 제8항).

3. 지진에 대한 안전 여부의 확인

(1) 건축물 내진등급의 설정

① 국토교통부장관은 지진으로부터 건축물의 구조안전을 확보하기 위하여 건축물의 용도, 규모 및 설계구조의 중요도에 따라 내진등급(耐震等級)을 설정하여야 한다(법 제48조의2 제1항).

② 내진등급을 설정하기 위한 내진등급기준 등 필요한 사항은 국토교통부령으로 정한다(법 제48조의2 제2항).

(2) 건축물의 내진능력 공개

① 다음의 어느 하나에 해당하는 건축물을 건축하고자 하는 자는 사용승인을 받는 즉시 건축물이 지진 발생시에 견딜 수 있는 능력(이하 '내진능력'이라 한다)을 공개하여야 한다(법 제48조의3 제1항).

> ㉠ 층수가 2층(목구조건축물의 경우에는 3층) 이상인 건축물
> ㉡ 연면적이 200m² (목구조건축물의 경우에는 500m²) 이상인 건축물
> ㉢ 그 밖에 건축물의 규모와 중요도를 고려하여 대통령령으로 정하는 건축물

② 다만, 구조안전확인대상 건축물이 아니거나, 내진능력 산정이 곤란한 건축물로서 대통령령으로 정하는 건축물은 공개하지 아니한다(법 제48조의3 제1항 단서).
③ 내진능력의 산정기준과 공개방법 등 세부사항은 국토교통부령으로 정한다(법 제48조의3 제2항).

② 거실 등

(1) 거실반자의 설치

① 거실이란 건축물 안에서 주거·집무·작업·집회·오락 그 밖에 이와 유사한 목적을 위하여 사용되는 방을 말한다(법 제2조 제6호).
② 공장, 창고시설, 위험물저장 및 처리시설, 동물 및 식물관련시설, 자원순환 관련시설 또는 묘지관련시설 외의 용도로 쓰는 건축물 거실의 반자(반자가 없는 경우에는 보 또는 바로 위층의 바닥판의 밑면, 그 밖에 이와 비슷한 것을 말한다)는 국토교통부령으로 정하는 기준에 적합해야 한다(영 제50조).

(2) 거실의 채광 등

① 채광·환기: 단독주택 및 공동주택의 거실, 교육연구시설 중 학교의 교실, 의료시설의 병실 및 숙박시설의 객실에는 국토교통부령으로 정하는 기준에 따라 채광 및 환기를 위한 창문 등이나 설비를 설치해야 한다(영 제51조 제1항).

참고 건축관계자, 소유자 및 관리자는 건축물의 부속구조물을 설계·시공 및 유지·관리 등을 고려하여 국토교통부령으로 정하는 기준에 따라 설치·관리하여야 한다.

② 배연설비: 다음에 해당하는 건축물의 거실(피난층의 거실은 제외한다)에는 배연설비를 해야 한다(영 제51조 제2항).

> ㉠ 6층 이상인 건축물로서 다음에 해당하는 용도로 쓰는 건축물
>   ⓐ 제2종 근린생활시설 중 공연장, 종교집회장, 인터넷컴퓨터게임시설제공업소 및 다중생활시설(공연장, 종교집회장 및 인터넷컴퓨터게임시설제공업소는 해당 용도로 쓰는 바닥면적의 합계가 각각 300m² 이상인 경우만 해당한다)
>   ⓑ 문화 및 집회시설
>   ⓒ 종교시설
>   ⓓ 판매시설
>   ⓔ 운수시설
>   ⓕ 의료시설(요양병원 및 정신병원은 제외한다)
>   ⓖ 교육연구시설 중 연구소
>   ⓗ 노유자시설 중 아동관련시설, 노인복지시설(노인요양시설은 제외한다)
>   ⓘ 수련시설 중 유스호스텔
>   ⓙ 운동시설
>   ⓚ 업무시설
>   ⓛ 숙박시설
>   ⓜ 위락시설
>   ⓝ 관광휴게시설
>   ⓞ 장례시설
> ㉡ 다음에 해당하는 용도로 쓰는 건축물
>   ⓐ 의료시설 중 요양병원 및 정신병원
>   ⓑ 노유자시설 중 노인요양시설·장애인거주시설 및 장애인의료재활시설
>   ⓒ 제1종 근린생활시설 중 산후조리원

③ 안전시설: **오피스텔에 거실 바닥**으로부터 **높이 1.2m 이하** 부분에 여닫을 수 있는 창문을 설치하는 경우에는 국토교통부령으로 정하는 기준에 따라 추락방지를 위한 안전시설을 설치해야 한다(영 제51조 제3항).

④ 주야간 식별표시: 건축물의 11층 이하의 층에는 소방관이 진입할 수 있는 창을 설치하고, 외부에서 주야간에 식별할 수 있는 표시를 해야 한다. 다만, 다음의 어느 하나에 해당하는 아파트는 제외한다(영 제51조 제4항).

> ㉠ 대피공간 등을 설치한 아파트
> ㉡ 주택건설기준 등에 관한 규정에 따라 비상용 승강기를 설치한 아파트

(3) 경계벽

다음의 어느 하나에 해당하는 건축물의 경계벽은 국토교통부령으로 정하는 기준에 따라 설치해야 한다(영 제53조 제1항).

> ① 단독주택 중 **다가구주택**의 각 가구 간 또는 **공동주택**(기숙사는 제외한다)의 각 세대 간 경계벽(거실·침실 등의 용도로 쓰지 아니하는 발코니 부분은 제외한다)
> ② 공동주택 중 **기숙사의 침실**, 의료시설의 병실, 교육연구시설 중 학교의 교실 또는 숙박시설의 객실 간 경계벽
> ③ 제1종 근린생활시설 중 산후조리원의 다음의 어느 하나에 해당하는 경계벽
>   ⊙ 임산부실 간 경계벽
>   ⓒ 신생아실 간 경계벽
>   ⓒ 임산부실과 신생아실 간 경계벽
> ④ 제2종 근린생활시설 중 **다중생활시설**의 호실 간 경계벽
> ⑤ 노유자시설 중 「노인복지법」에 따른 **노인복지주택**(이하 '노인복지주택'이라 한다)의 각 세대 간 경계벽
> ⑥ 노유자시설 중 **노인요양시설**의 호실 간 경계벽

> **기출** 판매시설 중 상점 간에는 건축물의 가구·세대 등 간 소음방지를 위한 경계벽을 설치하지 않는다.

(4) 굴뚝

건축물에 설치하는 굴뚝은 국토교통부령으로 정하는 기준에 따라 설치해야 한다(영 제54조).

(5) 차면시설

인접 대지경계선으로부터 직선거리 **2m 이내**에 이웃 주택의 내부가 보이는 창문 등을 설치하는 경우에는 **차면시설**(遮面施設)을 설치해야 한다(영 제55조).

❸ 피난시설 등

1. 직통계단 등의 설치

(1) 피난층으로의 보행거리(영 제34조 제1항)

① 원칙: 건축물의 피난층(직접 지상으로 통하는 출입구가 있는 층 및 피난안전구역을 말한다) 외의 층에서는 피난층 또는 지상으로 통하는 직통계단(경사로를 포함한다)을 거실의 각 부분으로부터 계단(거실로부터 가장 가까운 거리에 있는 1개소의 계단을 말한다)에 이르는 **보행거리가 30m 이하**가 되도록 설치해야 한다.

② 예외: 건축물(지하층에 설치하는 것으로서 바닥면적의 합계가 300m² 이상인 공연장·집회장·관람장 및 전시장은 제외한다)의 **주요구조부가 내화구조 또는 불연재료**로 된 건축물은 그 **보행거리가 50m**(층수가 16층 이상인 공동주택의 경우, 16층 이상인 층에 대해서는 40m) **이하**가 되도록 설치할 수 있으며, 자동화 생산시설에 스프링클러 등 자동식 소화설비를 설치한 공장으로서 국토교통부령으로 정하는 공장인 경우에는 그 보행거리가 75m(무인화 공장인 경우에는 100m) 이하가 되도록 설치할 수 있다.

(2) 직통계단의 설치 제36회

피난층 외의 층이 다음의 어느 하나에 해당하는 용도 및 규모의 건축물에는 국토교통부령으로 정하는 기준에 따라 피난층 또는 지상으로 통하는 **직통계단을 2개소 이상 설치**해야 한다(영 제34조 제2항).

> ① 제2종 근린생활시설 중 공연장·종교집회장, 문화 및 집회시설(전시장 및 동·식물원은 제외한다), 종교시설, 위락시설 중 주점영업 또는 장례식장의 용도로 쓰는 층으로서, 그 층에서 해당 용도로 쓰는 바닥면적의 합계가 200m²(제2종 근린생활시설 중 공연장·종교집회장은 각각 300m²) 이상인 것
> ② 단독주택 중 다중주택·다가구주택, 제1종 근린생활시설 중 정신과의원(입원실이 있는 경우로 한정한다), 제2종 근린생활시설 중 인터넷컴퓨터게임시설제공업소(해당 용도로 쓰는 바닥면적의 합계가 300m² 이상인 경우만 해당한다)·학원·독서실, 판매시설, 운수시설(여객용 시설만 해당한다), 의료시설(입원실이 없는 치과병원은 제외한다), 교육연구시설 중 학원, 노유자시설 중 아동관련시설·노인복지시설·장애인거주시설(「장애인복지법」에 따른 장애인거주시설 중 국토교통부령으로 정하는 시설을 말한다) 및 「장애인복지법」에 따른 장애인의료재활시설, 수련시설 중 유스호스텔 또는 숙박시설의 용도로 쓰는 3층 이상의 층으로서 그 층의 해당 용도로 쓰는 거실의 바닥면적의 합계가 200m² 이상인 것
> ③ 공동주택(층당 4세대 이하인 것은 제외한다) 또는 업무시설 중 오피스텔의 용도로 쓰는 층으로서, 그 층의 해당 용도로 쓰는 거실의 바닥면적의 합계가 300m² 이상인 것
> ④ ①부터 ③까지의 용도로 쓰지 아니하는 3층 이상의 층으로서 그 층 거실의 바닥면적의 합계가 400m² 이상인 것
> ⑤ 지하층으로서 그 층 거실의 바닥면적의 합계가 200m² 이상인 것

기출 숙박시설의 용도로 쓰는 3층 이상의 층으로서 그 층의 해당 용도로 쓰는 거실의 바닥면적의 합계가 200m² 이상인 것이 직통계단의 설치 대상 건축물이다. 제36회

(3) 피난안전구역의 설치

① 초고층건축물: 피난층 또는 지상으로 통하는 직통계단과 직접 연결되는 피난안전구역(건축물의 피난·안전을 위하여 건축물 중간층에 설치하는 대피공간을 말한다)을 지상층으로부터 최대 **30개층마다 1개소 이상**을 설치해야 한다(영 제34조 제3항).

② 준초고층건축물: 피난층 또는 지상으로 통하는 직통계단과 직접 연결되는 피난안전구역을 해당 건축물 전체 층수의 2분의 1에 해당하는 층으로부터 상하 5개층 이내에 1개소 이상 설치해야 한다. 다만, 국토교통부령으로 정하는 기준에 따라 피난층 또는 지상으로 통하는 직통계단을 설치하는 경우에는 그러하지 아니하다(영 제34조 제4항).

2. 피난계단 등의 설치

(1) 피난계단 또는 특별피난계단의 설치

5층 이상 또는 지하 2층 이하인 층에 설치하는 직통계단은 국토교통부령으로 정하는 기준에 따라 피난계단 또는 특별피난계단으로 설치해야 한다. 다만, 건축물의 주요구조부가 내화구조 또는 불연재료로 되어 있는 경우로서 다음의 어느 하나에 해당하는 경우에는 그러하지 아니하다(영 제35조 제1항).

> ① 5층 이상인 층의 바닥면적의 합계가 200m² 이하인 경우
> ② 5층 이상인 층의 바닥면적 200m² 이내마다 방화구획이 되어 있는 경우

(2) 특별피난계단의 설치

① 건축물(갓복도식 공동주택은 제외한다)의 11층(공동주택의 경우에는 16층) 이상인 층(바닥면적이 400m² 미만인 층은 제외한다) 또는 지하 3층 이하인 층(바닥면적이 400m² 미만인 층은 제외한다)으로부터 피난층 또는 지상으로 통하는 직통계단은 특별피난계단으로 설치해야 한다(영 제35조 제2항).

② 판매시설의 용도로 쓰는 층으로부터의 직통계단은 그 중 1개소 이상을 특별피난계단으로 설치해야 한다(영 제35조 제3항).

(3) 직통계단 외 피난계단의 설치

건축물의 5층 이상인 층으로서 문화 및 집회시설 중 전시장 또는 동·식물원, 판매시설, 운수시설(여객용 시설만 해당한다), 운동시설, 위락시설, 관광휴게시설(다중이 이용하는 시설만 해당한다) 또는 수련시설 중 생활권 수련시설의 용도로 쓰는 층에는 영 제34조에 따른 직통계단 외에 그 층의 해당 용도로 쓰는 바닥면적의 합계가 2천m^2를 넘는 경우에는 그 넘는 2천m^2 이내마다 1개소의 피난계단 또는 특별피난계단(4층 이하의 층에는 쓰지 아니하는 피난계단 또는 특별피난계단만 해당한다)을 설치해야 한다(영 제35조 제5항).

3. 지하층과 피난층 사이 개방공간의 설치

바닥면적의 합계가 3천m^2 이상인 공연장·집회장·관람장 또는 전시장을 지하층에 설치하는 경우에는 각 실에 있는 자가 지하층 각 층에서 건축물 밖으로 피난하여 옥외 계단 또는 경사로 등을 이용하여 피난층으로 대피할 수 있도록 천장이 개방된 외부공간을 설치해야 한다(영 제37조).

4. 옥상난간 등의 설치

(1) 옥상난간의 설치

옥상광장 또는 2층 이상인 층에 있는 노대 등[노대(露臺)나 그 밖에 이와 비슷한 것을 말한다]의 주위에는 높이 1.2m 이상의 난간을 설치해야 한다. 다만, 그 노대 등에 출입할 수 없는 구조인 경우에는 그러하지 아니하다(영 제40조 제1항).

기출 건축물의 3층에 있는 출입 가능한 노대의 주위에는 높이 1.2m 이상의 난간을 설치해야 한다.

Tip 옥상난간 등
1. 옥상난간(1.2m 이상), 옥상광장(5층 이상)

2. 헬리포트(11층 이상 층의 바합 1만m^2 이상)

(2) 옥상광장의 설치

5층 이상인 층이 제2종 근린생활시설 중 공연장·종교집회장·인터넷컴퓨터게임시설제공업소(해당 용도로 쓰는 바닥면적의 합계가 각각 300m^2 이상인 경우만 해당한다), 문화 및 집회시설(전시장 및 동·식물원은 제외한다), 종교시설, 판매시설, 위락시설 중 주점영업 또는 장례시설의 용도로 쓰는 경우에는 피난용도로 쓸 수 있는 광장을 옥상에 설치해야 한다(영 제40조 제2항).

(3) 헬리포트의 설치

① 층수가 **11층 이상인 건축물로서, 11층 이상인 층의 바닥면적의 합계가 1만m² 이상**인 건축물의 옥상에는 다음의 구분에 따른 공간을 확보하여야 한다(영 제40조 제4항).

> ㉠ 건축물의 지붕을 평지붕으로 하는 경우: 헬리포트를 설치하거나 헬리콥터를 통하여 인명 등을 구조할 수 있는 공간
> ㉡ 건축물의 지붕을 경사지붕으로 하는 경우: 경사지붕 아래에 설치하는 대피공간

② 헬리포트를 설치하거나 헬리콥터를 통하여 인명 등을 구조할 수 있는 공간 및 경사지붕 아래에 설치하는 대피공간의 설치기준은 국토교통부령으로 정한다(영 제40조 제5항).

4 방화에 관한 규정 등

1. 방화구획 등의 설치

(1) 방화구획의 설치

① 주요구조부가 내화구조 또는 불연재료로 된 건축물로서 연면적이 1천m²를 넘는 것은 국토교통부령으로 정하는 기준에 따라 다음의 구조물로 구획(이하 '방화구획'이라 한다)해야 한다. 다만, 「원자력안전법」에 따른 원자로 및 관계시설은 같은 법에서 정하는 바에 따른다(영 제46조 제1항).

> ㉠ 내화구조로 된 바닥 및 벽
> ㉡ 영 제64조 제1호·제2호에 따른 방화문 또는 자동방화셔터(국토교통부령으로 정하는 기준에 적합한 것을 말한다)

② 다음에 해당하는 건축물의 부분에는 ①을 적용하지 않거나 그 사용에 지장이 없는 범위에서 ①을 완화하여 적용할 수 있다(영 제46조 제2항).

> ㉠ 문화 및 집회시설(동·식물원은 제외한다), 종교시설, 운동시설 또는 장례시설의 용도로 쓰는 거실로서 시선 및 활동공간의 확보를 위하여 불가피한 부분
> ㉡ 물품의 제조·가공 및 운반 등(보관은 제외한다)에 필요한 고정식 대형기기 또는 설비의 설치를 위하여 불가피한 부분. 다만, 지하층인 경우에는 지하층의 외벽 한쪽 면(지하층의 바닥면에서 지상층 바닥 아랫면까지의 외벽 면적 중 4분의 1 이상이 되는 면을 말한다) 전체가 건물 밖으로 개방되어 보행과 자동차의 진입·출입이 가능한 경우로 한정한다.

ⓒ 계단실·복도 또는 승강기의 승강장 및 승강로로서 그 건축물의 다른 부분과 방화구획으로 구획된 부분. 다만, 해당부분에 위치하는 설비배관 등이 바닥을 관통하는 부분은 제외한다.
　　　ⓔ 건축물의 최상층 또는 피난층으로서 대규모 회의장·강당·스카이라운지·로비 또는 피난안전구역 등의 용도로 쓰는 부분으로서, 그 용도로 사용하기 위하여 불가피한 부분
　　　ⓜ 복층형 공동주택의 세대별 층간 바닥부분
　　　ⓗ 주요구조부가 내화구조 또는 불연재료로 된 주차장
　　　ⓢ 단독주택, 동물 및 식물관련시설 또는 국방·군사시설(집회, 체육, 창고 등의 용도로 사용되는 시설만 해당한다)로 쓰는 건축물
　　　ⓞ 건축물의 1층과 2층의 일부를 동일한 용도로 사용하며 그 건축물의 다른 부분과 방화구획으로 구획된 부분(바닥면적의 합계가 500m² 이하인 경우로 한정한다)

　③ 건축물 일부의 주요구조부를 내화구조로 하거나 건축물의 일부에 완화하여 적용한 경우에는 내화구조로 한 부분 또는 완화하여 적용한 부분과 그 밖의 부분을 방화구획으로 구획하여야 한다(영 제46조 제3항).

(2) 대피공간의 설치

　① 공동주택 중 아파트로서 4층 이상인 층의 각 세대가 2개 이상의 직통계단을 사용할 수 없는 경우에는 발코니(발코니의 외부에 접하는 경우를 포함한다)에 인접 세대와 공동으로 또는 각 세대별로 다음의 요건을 모두 갖춘 대피공간을 하나 이상 설치해야 한다. 이 경우, 인접 세대와 공동으로 설치하는 대피공간은 인접 세대를 통하여 2개 이상의 직통계단을 쓸 수 있는 위치에 우선설치되어야 한다(영 제46조 제4항).

　　　㉠ 대피공간은 바깥의 공기와 접할 것
　　　㉡ 대피공간은 실내의 다른 부분과 방화구획으로 구획될 것
　　　㉢ 대피공간의 바닥면적은 인접 세대와 공동으로 설치하는 경우에는 3m² 이상, 각 세대별로 설치하는 경우에는 2m² 이상일 것
　　　㉣ 대피공간으로 통하는 출입문에는 영 제64조 제1항 제1호에 따른 60분 + 방화문을 설치할 것
　　　㉤ 국토교통부장관이 정하는 기준에 적합할 것

② 아파트의 4층 이상인 층에서 발코니(@의 경우에는 발코니의 외부에 접하는 경우를 포함한다)에 다음의 어느 하나에 해당하는 구조 또는 시설을 갖춘 경우에는 대피공간을 설치하지 않을 수 있다(영 제46조 제5항).

> ㉠ 발코니와 인접 세대와의 경계벽이 파괴하기 쉬운 경량구조 등인 경우
> ㉡ 발코니의 경계벽에 피난구를 설치한 경우
> ㉢ 발코니의 바닥에 국토교통부령으로 정하는 하향식 피난구를 설치한 경우
> ㉣ 국토교통부장관이 대피공간과 동일하거나 그 이상의 성능이 있다고 인정하여 고시하는 구조 또는 시설(이하 '대체시설'이라 한다)을 갖춘 경우. 이 경우, 국토교통부장관은 대체시설의 성능에 대해 미리「과학기술분야 정부출연연구기관 등의 설립·운영 및 육성에 관한 법률」에 따라 설립된 한국건설기술연구원의 기술검토를 받은 후 고시해야 한다.

2. 방화에 장애가 되는 용도의 제한

(1) 원칙

의료시설, 노유자시설(아동관련시설 및 노인복지시설만 해당한다), 공동주택, 장례시설 또는 제1종 근린생활시설(산후조리원만 해당한다)과 위락시설, 위험물저장 및 처리시설, 공장 또는 자동차관련시설(정비공장만 해당한다)은 같은 건축물에 함께 설치할 수 없다(영 제47조 제1항).

(2) 예외

다음에 해당하는 경우로서, 국토교통부령으로 정하는 경우에는 같은 건축물에 함께 설치할 수 있다(영 제47조 제1항 단서).

> ① 공동주택(기숙사만 해당한다)과 공장이 같은 건축물에 있는 경우
> ② 중심상업지역·일반상업지역 또는 근린상업지역에서「도시 및 주거환경정비법」에 따른 재개발사업을 시행하는 경우
> ③ 공동주택과 위락시설이 같은 초고층건축물에 있는 경우. 다만, 사생활을 보호하고 방범·방화 등 주거 안전을 보장하며 소음·악취 등으로부터 주거환경을 보호할 수 있도록 주택의 출입구·계단 및 승강기 등을 주택 외의 시설과 분리된 구조로 하여야 한다.
> ④ 「산업집적활성화 및 공장설립에 관한 법률」에 따른 지식산업센터와「영유아보육법」에 따른 직장어린이집이 같은 건축물에 있는 경우

(3) 강화 규정

다음에 해당하는 용도의 시설은 같은 건축물에 함께 설치할 수 없다(영 제47조 제2항).

> ① 노유자시설 중 아동관련시설 또는 노인복지시설과 판매시설 중 도매시장 또는 소매시장
> ② 단독주택(다중주택, 다가구주택에 한정한다), 공동주택, 제1종 근린생활시설 중 조산원 또는 산후조리원과 제2종 근린생활시설 중 다중생활시설

용도 구분	예외
① 의료시설, 노유자시설(아동관련시설 및 노인복지시설에 한한다), 공동주택, 장례시설 ② 위락시설, 위험물저장 및 처리시설, 공장, 자동차관련시설(정비공장에 한한다) ✔ ①과 ②의 시설은 함께 설치할 수 없다.	• 공동주택(기숙사만 해당한다)과 공장이 같은 건축물에 있는 경우 • 중심상업지역·일반상업지역 또는 근린상업지역에서「도시 및 주거환경정비법」에 따른 재개발사업을 시행하는 경우 • 공동주택과 위락시설이 같은 초고층건축물에 있는 경우. 다만, 사생활을 보호하고 방범·방화 등 주거안전을 보장하며 소음·악취 등으로부터 주거환경을 보호할 수 있도록 주택의 출입구·계단 및 승강기 등을 주택 외의 시설과 분리된 구조로 하여야 한다. •「산업집적활성화 및 공장설립에 관한 법률」에 따른 지식산업센터와「영유아보육법」에 따른 직장어린이집이 같은 건축물에 있는 경우
강화	• 노유자시설 중 아동관련시설·노인복지시설과 판매시설 중 도매시장·소매시장은 같은 건축물 안에 설치할 수 없다. • 단독주택(다중주택, 다가구주택에 한정한다), 공동주택, 제1종 근린생활시설 중 조산원 또는 산후조리원과 제2종 근린생활시설 중 다중생활시설은 같은 건축물 안에 설치할 수 없다.

3. 대규모건축물의 방화벽 등

(1) 방화벽의 구획

연면적 1천m^2 이상인 건축물은 방화벽으로 구획하되, 각 구획된 바닥면적의 합계는 1천m^2 미만이어야 한다. 다만, 주요구조부가 내화구조이거나 불연재료인 건축물과 건축물 또는 내부설비의 구조상 방화벽으로 구획할 수 없는 창고시설의 경우에는 그러하지 아니하다(영 제57조 제1항).

(2) 목조건축물의 구조

연면적 1천m² 이상인 목조건축물의 구조는 국토교통부령으로 정하는 바에 따라 방화구조로 하거나 불연재료로 하여야 한다(영 제57조 제3항).

4. 방화지구 안의 건축물

(1) 건축물

「국토의 계획 및 이용에 관한 법률」에 따른 방화지구(이하 '방화지구'라 한다) 안에서는 건축물의 주요구조부와 지붕·외벽을 내화구조로 하여야 한다. 다만, 대통령령으로 정하는 다음의 경우에는 그러하지 아니하다(법 제51조 제1항, 영 제58조).

> ① 연면적 30m² 미만인 단층 부속건축물로서 외벽 및 처마면이 내화구조 또는 불연재료로 된 것
> ② 도매시장의 용도로 쓰는 건축물로서 그 주요구조부가 불연재료로 된 것

(2) 공작물

방화지구 안의 공작물로서 간판, 광고탑, 그 밖에 대통령령으로 정하는 공작물 중 건축물의 지붕 위에 설치하는 공작물이나 높이 3m 이상의 공작물은 주요부를 불연재료로 하여야 한다(법 제51조 제2항).

5. 지하층

(1) 건축물의 바닥이 지표면 아래에 있는 층으로서 바닥에서 지표면까지의 평균 높이가 해당 층 높이의 2분의 1 이상인 층을 말한다(법 제2조 제1항 제5호).

(2) 건축물에 설치하는 지하층의 구조 및 설비는 국토교통부령으로 정하는 기준에 맞게 하여야 한다(법 제53조 제1항).

(3) 지하층은 층수에 포함되지 않는다.

(4) 단독주택, 공동주택 등 대통령령으로 정하는 건축물의 지하층에는 거실을 설치할 수 없다. 다만, 다음의 사항을 고려하여 해당 지방자치단체의 조례로 정하는 경우에는 그러하지 아니하다(법 제53조 제2항).
① 침수위험 정도를 비롯한 지역적 특성
② 피난 및 대피 가능성
③ 그 밖에 주거의 안전과 관련된 사항

핵심 지하층
1. 층수에 산입하지 않는다.
2. 연면적에 포함된다.
3. 용적률 산정시에는 연면적에 포함되지 않는다.

> **심화** 맞벽 건축과 연결복도
>
> 1. 다음의 어느 하나에 해당하는 경우에는 법 제58조(대지 안의 공지), 법 제61조(일조 등의 확보를 위한 건축물의 높이제한) 및 「민법」 제242조(경계선부근의 건축)를 적용하지 아니한다(법 제59조 제1항).
>
>> ① 다음으로 정하는 지역에서 도시미관 등을 위하여 둘 이상의 건축물 벽을 맞벽(대지 경계선으로부터 50cm 이내인 경우를 말한다)으로 하여 건축하는 경우
>>   ㉠ 상업지역(다중이용건축물 및 공동주택은 스프링클러나 그 밖에 이와 비슷한 자동식 소화설비를 설치한 경우로 한정한다)
>>   ㉡ 주거지역(건축물 및 토지의 소유자 간 맞벽 건축을 합의한 경우에 한정한다)
>>   ㉢ 허가권자가 도시미관 또는 한옥 보전·진흥을 위하여 건축조례로 정하는 구역
>>   ㉣ 건축협정구역
>> ② 다음의 기준에 따라 인근 건축물과 연결복도 또는 연결통로를 설치하는 경우
>>   ㉠ 주요구조부가 내화구조일 것
>>   ㉡ 마감재료가 불연재료일 것
>>   ㉢ 밀폐된 구조인 경우, 벽면적의 10분의 1 이상에 해당하는 면적의 창문을 설치할 것. 다만, 지하층으로서 환기설비를 설치하는 경우에는 그러하지 아니하다.
>>   ㉣ 너비 및 높이가 각각 5m 이하일 것. 다만, 허가권자가 건축물의 용도나 규모 등을 고려할 때 원활한 통행을 위하여 필요하다고 인정하면 지방건축위원회의 심의를 거쳐 그 기준을 완화하여 적용할 수 있다.
>>   ㉤ 건축물과 복도 또는 통로의 연결부분에 자동방화셔터 또는 방화문을 설치할 것
>>   ㉥ 연결복도가 설치된 대지면적의 합계가 「국토의 계획 및 이용에 관한 법률 시행령」에 따른 개발행위의 최대규모 이하일 것. 다만, 지구단위계획구역에서는 그러하지 아니하다.
>
> **참고** 맞벽은 방화벽이어야 한다.
>
> 2. 맞벽 건축을 할 때 맞벽대상 건축물의 용도, 맞벽 건축물의 수 및 층수 등 맞벽에 필요한 사항은 건축조례로 정한다(영 제81조 제4항).
> 3. 연결복도나 연결통로는 건축사 또는 건축구조기술사로부터 안전에 관한 확인을 받아야 한다(영 제81조 제6항).

제5장 지역 및 지구 안의 건축물

> 건축법령상 면적은 크게 대지면적, 건축면적, 바닥면적, 연면적에 대한 규정이 있다. 이 가운데 건축면적과 바닥면적의 특례 규정이 자주 출제되고 있다. 높이제한의 경우, 정북방향으로의 일조제한 및 공동주택의 일조제한 위주로 정리하면 된다.

1 건축물의 대지가 지역·지구 또는 구역에 걸치는 경우

(1) 원칙

대지가 이 법이나 다른 법률에 따른 지역·지구(녹지지역과 방화지구는 제외한다) 또는 구역에 걸치는 경우에는 그 건축물과 대지의 전부에 대하여 대지의 과반(過半)이 속하는 지역·지구 또는 구역 안의 건축물 및 대지 등에 관한 이 법의 규정을 적용한다(법 제54조 제1항).

(2) 예외

① 건축물이 방화지구와 그 밖의 구역에 걸치는 경우: 하나의 건축물이 방화지구와 그 밖의 구역에 걸치는 경우에는 그 전부에 대하여 방화지구 안의 건축물에 관한 이 법의 규정을 적용한다. 다만, 건축물의 방화지구에 속한 부분과 그 밖의 구역에 속한 부분의 경계가 방화벽으로 구획되는 경우, 그 밖의 구역에 있는 부분에 대하여는 그러하지 아니하다(법 제54조 제2항).

② 대지가 녹지지역과 그 밖의 지역 등에 걸치는 경우: 대지가 녹지지역과 그 밖의 지역·지구 또는 구역에 걸치는 경우에는 각 지역·지구 또는 구역 안의 건축물과 대지에 관한 이 법의 규정을 적용한다. 다만, 녹지지역 안의 건축물이 방화지구에 걸치는 경우에는 ①의 규정에 따른다(법 제54조 제3항).

③ 조례의 적용: 해당 대지의 규모와 그 대지가 속한 용도지역·지구 또는 구역의 성격 등 그 대지에 관한 주변 여건상 필요하다고 인정하여 해당 지방자치단체의 조례로 적용방법을 따로 정하는 경우에는 그에 따른다(법 제54조 제4항).

비교 ➡ 둘 이상 걸치는 경우
1. 「국토의 계획 및 이용에 관한 법률」: 330m² 를 기준으로 행위제한 적용
2. 「건축법」: 과반에 속하는 지역의 행위제한을 적용
✔ 특례는 유사하나, 「건축법」에는 고도지구가 포함되지 않는다.

기출 ▦ 하나의 건축물이 방화지구와 그 밖의 구역에 걸치는 경우에는 그 전부에 대하여 방화지구 안의 건축물에 관한 「건축법」의 규정을 적용한다.

❷ 건축물의 건폐율·용적률

(1) 건폐율

대지면적에 대한 건축면적(대지에 건축물이 둘 이상 있는 경우에는 이들 건축면적의 합계로 한다)의 비율(이하 '건폐율'이라 한다)의 최대한도는 「국토의 계획 및 이용에 관한 법률」에 따른 건폐율의 기준에 따른다. 다만, 이 법에서 기준을 완화하거나 강화하여 적용하도록 규정한 경우에는 그에 따른다(법 제55조).

$$건폐율 = \frac{건축면적}{대지면적} \times 100$$

(2) 용적률

대지면적에 대한 연면적(대지에 건축물이 둘 이상 있는 경우에는 이들 연면적의 합계로 한다)의 비율(이하 '용적률'이라 한다)의 최대한도는 「국토의 계획 및 이용에 관한 법률」에 따른 용적률의 기준에 따른다. 다만, 이 법에서 기준을 완화하거나 강화하여 적용하도록 규정한 경우에는 그에 따른다(법 제56조).

$$용적률 = \frac{연면적}{대지면적} \times 100$$

> **참고** 건폐율·용적률의 의의
>
> 1. 건폐율: 건축물을 건축하는 경우, 대지 단위로 최소한도의 공지를 확보하게 함으로써 시가지 건축물의 무질서한 과밀을 방지하여 일조·채광·통풍 등이 잘 되게 할 수 있다. 또한, 화재시 연소의 차단, 소화작업, 피난 및 식목을 위한 공간을 확보하기 위한 평면적 제한을 하는 것으로 각 지역과 지구의 성격에 따라 건폐율을 달리하고 있다.
> 2. 용적률: 도심지의 건축물의 총 용적규모를 미리 예측할 수 있으므로 도로의 소요 폭을 적정하게 산정할 수 있고, 이렇게 되면 도심지에 대규모 건축물들이 신축됨에 따라 도시주변 간선도로의 폭을 확장해야 했던 과거의 재산상 손해를 줄일 수 있다.

❸ 대지의 분할제한

(1) 건축물이 있는 대지는 대통령령으로 정하는 다음의 범위에서 해당 지방자치단체의 조례로 정하는 면적에 못 미치게 분할할 수 없다(법 제57조 제1항, 영 제80조).

> ① 주거지역: 60m^2
> ② 상업지역: 150m^2
> ③ 공업지역: 150m^2
> ④ 녹지지역: 200m^2
> ⑤ ①부터 ④까지의 규정에 해당하지 아니하는 지역: 60m^2

참고 건축물이 없는 대지는 「국토의 계획 및 이용에 관한 법률」상 토지분할의 허가를 받아야 하는 대상이다.

(2) 건축물이 있는 대지는 다음의 기준에 못 미치게 분할할 수 없다(법 제57조 제2항).

> ① 대지가 도로에 접하는 길이가 2m 미만이 되게 하는 분할
> ② 건폐율에 초과되게 하는 분할
> ③ 용적률에 초과되게 하는 분할
> ④ 대지 안의 공지에 위반되게 하는 분할
> ⑤ 건축물의 높이제한에 초과되는 분할
> ⑥ 일조 등의 확보를 위한 건축물의 높이제한규정에 초과되는 분할

(3) (1)과 (2)에도 불구하고 건축협정이 인가된 경우, 그 건축협정의 대상이 되는 대지는 분할할 수 있다(법 제57조 제3항).

❹ 면적 · 높이 등의 산정방법 제33회

건축물의 대지면적, 연면적, 바닥면적, 높이, 처마, 천장, 바닥 및 층수의 산정 방법은 대통령령으로 정한다(법 제84조, 영 제119조).

(1) 대지면적

대지의 수평투영면적으로 한다. 다만, 다음의 어느 하나에 해당하는 면적은 제외한다.

> ① 대지에 건축선이 정하여진 경우: 그 건축선과 도로 사이의 대지면적
> ② 대지에 도시 · 군계획시설인 도로 · 공원 등이 있는 경우: 그 도시 · 군계획시설에 포함되는 대지(「국토의 계획 및 이용에 관한 법률」에 따라 건축물 또는 공작물을 설치하는 도시 · 군계획시설의 부지는 제외한다)면적

참고 시장 등이 지정 · 공고한 건축선부분은 대지면적에 포함된다.

심화 대지면적에 산입하지 않는 부분
1. 양쪽대지: 중심선에서 1/2 후퇴부분
2. 한쪽 경사지: 경사지 쪽에서 소요너비 후퇴부분
3. 도로모퉁이의 가각전제(일정거리 후퇴선 연결)
4. 도로, 공원 등 도시 · 군계획시설부지의 면적

(2) 건축면적 제33회

건축물의 외벽(외벽이 없는 경우에는 외곽부분의 기둥으로 한다)의 중심선으로 둘러싸인 부분의 수평투영면적으로 한다. 다만, 다음의 어느 하나에 해당하는 경우에는 다음에서 정하는 바에 따른다.

① 처마, 차양, 부연(附椽), 그 밖에 이와 비슷한 것으로서 그 외벽의 중심선으로부터 수평거리 1m 이상 돌출된 부분이 있는 건축물의 건축면적은 그 돌출된 끝부분으로부터 다음의 구분에 따른 수평거리를 후퇴한 선으로 둘러싸인 부분의 수평투영면적으로 한다.
  ㉠ 「전통사찰의 보존 및 지원에 관한 법률」에 따른 전통사찰: 4m 이하의 범위에서 외벽의 중심선까지의 거리
  ㉡ 사료투여, 가축이동 및 가축분뇨 유출방지 등을 위하여 처마, 차양, 부연, 그 밖에 이와 비슷한 것이 설치된 축사: 3m 이하의 범위에서 외벽의 중심선까지의 거리(두 동의 축사가 하나의 차양으로 연결된 경우에는 6m 이하의 범위에서 축사 양 외벽의 중심선까지의 거리를 말한다)
  ㉢ 한옥: 2m 이하의 범위에서 외벽의 중심선까지의 거리
  ㉣ 「환경친화적 자동차의 개발 및 보급 촉진에 관한 법률 시행령」에 따른 충전시설(그에 딸린 충전 전용 주차구획을 포함한다)의 설치를 목적으로 처마, 차양, 부연, 그 밖에 이와 비슷한 것이 설치된 공동주택(「주택법」에 따른 사업계획승인 대상으로 한정한다): 2m 이하의 범위에서 외벽의 중심선까지의 거리
  ㉤ 「신에너지 및 재생에너지 개발·이용·보급 촉진법」 제2조 제3호에 따른 신·재생에너지 설비(신·재생에너지를 생산하거나 이용하기 위한 것만 해당한다)를 설치하기 위하여 처마, 차양, 부연, 그 밖에 이와 비슷한 것이 설치된 건축물로서 「녹색건축물 조성 지원법」 제17조에 따른 제로에너지건축물 인증을 받은 건축물: 2m 이하의 범위에서 외벽의 중심선까지의 거리
  ㉥ 그 밖의 건축물: 1m
② 다음의 건축물의 건축면적은 국토교통부령으로 정하는 바에 따라 산정한다.
  ㉠ 태양열을 주된 에너지원으로 이용하는 주택
  ㉡ 창고 또는 공장 중 물품을 입출고하는 부위의 상부에 한쪽 끝은 고정되고 다른 쪽 끝은 지지되지 않는 구조로 설치된 돌출차양
  ㉢ 단열재를 구조체의 외기측에 설치하는 단열공법으로 건축된 건축물
③ 다음의 경우에는 건축면적에 산입하지 않는다.
  ㉠ 지표면으로부터 1m 이하에 있는 부분(창고 중 물품을 입출고하기 위하여 차량을 접안시키는 부분의 경우에는 지표면으로부터 1.5m 이하에 있는 부분)

기출 태양열을 주된 에너지원으로 이용하는 주택의 건축면적은 건축물의 외벽 중 내측 내력벽의 중심선을 기준으로 한다. 제33회

ⓒ 「다중이용업소의 안전관리에 관한 특별법 시행령」에 따라 기존의 다중이용업소(2004년 5월 29일 이전의 것만 해당한다)의 비상구에 연결하여 설치하는 폭 2m 이하의 옥외피난계단(기존 건축물에 옥외피난계단을 설치함으로써 건폐율의 기준에 적합하지 아니하게 된 경우만 해당한다)
ⓒ 건축물 지상층에 일반인이나 차량이 통행할 수 있도록 설치한 보행통로나 차량통로
ⓔ 지하주차장의 경사로
ⓜ 건축물 지하층의 출입구 상부(출입구 너비에 상당하는 규모의 부분을 말한다)
ⓗ 생활폐기물보관시설(음식물쓰레기, 의류 등의 수거시설을 말한다)
ⓢ 「영유아보육법」에 따른 어린이집(2005년 1월 29일 이전에 설치된 것만 해당한다)의 비상구에 연결하여 설치하는 폭 2m 이하의 영유아용 대피용 미끄럼대 또는 비상계단(기존 건축물에 영유아용 대피용 미끄럼대 또는 비상계단을 설치함으로써 건폐율기준에 적합하지 아니하게 된 경우만 해당한다)
ⓞ 「장애인·노인·임산부 등의 편의증진 보장에 관한 법률 시행령」 별표 2의 기준에 따라 설치하는 장애인용 승강기(이하 '장애인용 승강기'라 한다), 장애인용 에스컬레이터, 휠체어리프트 또는 경사로
ⓩ 「가축전염병 예방법」에 따른 소독설비를 갖추기 위하여 가축사육시설(2015년 4월 27일 전에 건축되거나 설치된 가축사육시설로 한정한다)에서 설치하는 시설
ⓒ 「매장유산 보호 및 조사에 관한 법률 시행령」에 따른 현지보존 및 이전보존을 위하여 매장유산 보호 및 전시에 전용되는 부분
ⓚ 「가축분뇨의 관리 및 이용에 관한 법률」에 따른 처리시설(법률 제12516호 「가축분뇨의 관리 및 이용에 관한 법률」 일부 개정법률 부칙 제9조에 해당하는 배출시설의 처리시설로 한정한다)
ⓣ 「영유아보육법」에 따른 설치기준에 따라 직통계단 1개소를 갈음하여 건축물의 외부에 설치하는 비상계단(어린이집이 2011년 4월 6일 이전에 설치된 경우로서 기존 건축물에 비상계단을 설치함으로써 건폐율 기준에 적합하지 않게 된 경우만 해당한다)

(3) 바닥면적

건축물의 각 층 또는 그 일부로서 벽, 기둥, 그 밖에 이와 비슷한 구획의 중심선으로 둘러싸인 부분의 수평투영면적으로 한다. 다만, 다음의 어느 하나에 해당하는 경우에는 다음에서 정하는 바에 따른다.

① 벽·기둥의 구획이 없는 건축물은 그 지붕 끝부분으로부터 수평거리 1m를 후퇴한 선으로 둘러싸인 수평투영면적으로 한다.
② 건축물의 노대 등의 바닥은 난간 등의 설치 여부에 관계없이 노대 등의 면적(외벽의 중심선으로부터 노대 등의 끝부분까지의 면적을 말한다)에서 노대 등이 접한 가장 긴 외벽에 접한 길이에 1.5m를 곱한 값을 뺀 면적을 바닥면적에 산입한다.

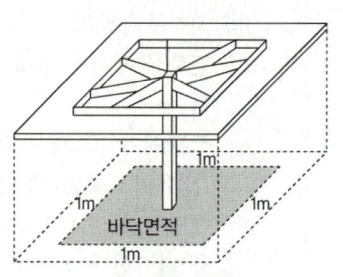

③ 필로티나 그 밖에 이와 비슷한 구조(벽면적의 2분의 1 이상이 그 층의 바닥면에서 위층 바닥 아래면까지 공간으로 된 것만 해당한다)의 부분은 그 부분이 공중의 통행이나 차량의 통행 또는 주차에 전용되는 경우와 공동주택의 경우에는 바닥면적에 산입하지 않는다.

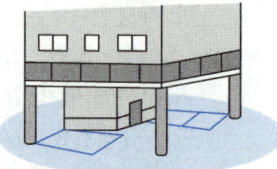

필로티 구조

④ 승강기탑(옥상 출입용 승강장을 포함한다. 이하 같다), 계단탑, 장식탑, **다락[층고(層高)가 1.5m(경사진 형태의 지붕인 경우에는 1.8m) 이하인 것만 해당한다]**, 건축물의 내부에 설치하는 냉방설비 배기장치 전용 설치공간(각 세대나 실별로 외부 공기에 직접 닿는 곳에 설치하는 경우로서 1㎡ 이하로 한정한다), 건축물의 외부 또는 내부에 설치하는 굴뚝, 더스트슈트, 설비덕트, 그 밖에 이와 비슷한 것과 옥상·옥외 또는 지하에 설치하는 물탱크, 기름탱크, 냉각탑, 정화조, 도시가스 정압기 그 밖에 이와 비슷한 것을 설치하기 위한 구조물과 건축물 간에 화물의 이동에 이용되는 컨베이어벨트만을 설치하기 위한 구조물은 바닥면적에 산입하지 않는다.
⑤ 공동주택으로서 지상층에 설치한 기계실, 전기실, 어린이놀이터, 조경시설 및 생활폐기물보관시설의 면적은 바닥면적에 산입하지 않는다.
⑥ 「다중이용업소의 안전관리에 관한 특별법 시행령」에 따라 기존의 다중이용업소(2004년 5월 29일 이전의 것만 해당한다)의 비상구에 연결하여 설치하는 폭 1.5m 이하의 옥외피난계단(기존 건축물에 옥외피난계단을 설치함으로써 용적률에 적합하지 아니하게 된 경우만 해당한다)은 바닥면적에 산입하지 않는다.

기출
1. 승강기탑은 바닥면적에 산입하지 않는다.
2. 공동주택으로서 지상층에 설치한 생활폐기물보관시설 면적은 바닥면적에 산입하지 않는다.
3. 공동주택으로서 지상층에 설치한 조경시설의 면적은 바닥면적에 산입하지 않는다.

⑦ 건축물을 리모델링하는 경우로서 미관 향상, 열의 손실 방지 등을 위하여 외벽에 부가하여 마감재 등을 설치하는 부분은 바닥면적에 산입하지 않는다.
⑧ 단열재를 구조체의 외기측에 설치하는 단열공법으로 건축된 건축물의 경우에는 단열재가 설치된 외벽 중 내측 내력벽의 중심선을 기준으로 산정한 면적을 바닥면적으로 한다.
⑨ 「영유아보육법」에 따른 어린이집(2005년 1월 29일 이전에 설치된 것만 해당한다)의 비상구에 연결하여 설치하는 폭 2m 이하의 영유아용 대피용 미끄럼대 또는 비상계단의 면적은 바닥면적(기존 건축물에 영유아용 대피용 미끄럼대 또는 비상계단을 설치함으로써 용적률기준에 적합하지 아니하게 된 경우만 해당한다)에 산입하지 않는다.
⑩ 「장애인·노인·임산부 등의 편의증진 보장에 관한 법률 시행령」별표 2에 따른 장애인용 승강기, 장애인용 에스컬레이터, 휠체어리프트, 경사로 또는 승강장은 바닥면적에 산입하지 않는다.
⑪ 「가축전염병 예방법」에 따른 소독설비를 갖추기 위하여 가축사육시설(2015년 4월 27일 전에 건축되거나 설치된 가축사육시설로 한정한다)에서 설치하는 시설은 바닥면적에 산입하지 않는다.
⑫ 「매장유산 보호 및 조사에 관한 법률 시행령」에 따른 현지보존 및 이전보존을 위하여 매장유산 보호 및 전시에 전용되는 부분은 바닥면적에 산입하지 않는다.
⑬ 「영유아보육법」에 따른 설치기준에 따라 직통계단 1개소를 갈음하여 건축물의 외부에 설치하는 비상계단의 면적은 바닥면적(어린이집이 2011년 4월 6일 이전에 설치된 경우로서, 기존 건축물에 비상계단을 설치함으로써 용적률기준에 적합하지 않게 된 경우만 해당한다)에 산입하지 않는다.
⑭ 지하주차장의 경사로(지상층에서 지하 1층으로 내려가는 부분으로 한정한다)는 바닥면적에 산입하지 않는다.
⑮ 법 제46조 제4항 제3호에 따른 대피공간의 바닥면적은 건축물의 각 층 또는 그 일부로서 벽의 내부선으로 둘러싸인 부분의 수평투영면적으로 한다.
⑯ 법 제46조 제5항 제3호·제4호에 따른 구조 또는 시설(해당 세대 밖으로 대피할 수 있는 구조 또는 시설만 해당한다)을 같은 조 제4항에 따른 대피공간에 설치하는 경우 또는 같은 조 제5항 제4호에 따른 대체시설을 발코니(발코니의 외부에 접하는 경우를 포함한다. 이하 같다)에 설치하는 경우에는 해당 구조 또는 시설이 설치되는 대피공간 또는 발코니의 면적 중 다음의 구분에 따른 면적까지를 바닥면적에 산입하지 않는다.
㉠ 인접세대와 공동으로 설치하는 경우: $4m^2$
㉡ 각 세대별로 설치하는 경우: $3m^2$

기출

1. 연면적은 하나의 건축물 각 층의 바닥면적의 합계를 말하는 것으로서, 용적률을 산정할 때 층수가 50층 이상인 건축물에 설치하는 피난안전구역의 면적은 연면적에 산입하지 않는다.
2. 지하층에 설치한 기계실, 전기실의 면적은 용적률을 산정할 때 연면적에 산입하지 않는다.
3. 용적률을 산정할 때에는 지하층의 면적은 연면적에 산입하지 않는다.

제33회

(4) 연면적 제33회

하나의 건축물 각 층의 바닥면적의 합계로 하되, **용적률을 산정할 때에는 다음에 해당하는 면적은 제외**한다.

① 지하층의 면적
② 지상층의 주차용(해당 건축물의 부속용도인 경우만 해당한다)으로 쓰는 면적
③ 초고층건축물과 준초고층건축물의 피난안전구역의 면적
④ 건축물의 경사지붕 아래에 설치하는 대피공간의 면적

(5) 건축물의 높이

지표면으로부터 그 건축물의 상단까지의 높이[건축물의 1층 전체에 필로티(건축물을 사용하기 위한 경비실, 계단실, 승강기실, 그 밖에 이와 비슷한 것을 포함한다)가 설치되어 있는 경우에는 법 제60조 및 제61조 제2항을 적용할 때 필로티의 층고를 제외한 높이]로 한다. 다만, 다음의 어느 하나에 해당하는 경우에는 다음에서 정하는 바에 따른다.

① 건축물의 높이는 전면도로의 중심선으로부터의 높이로 산정한다. 다만, 전면도로가 다음의 어느 하나에 해당하는 경우에는 그에 따라 산정한다.
  ㉠ 건축물의 대지에 접하는 전면도로의 노면에 고저차가 있는 경우에는 그 건축물이 접하는 범위의 전면도로부분의 수평거리에 따라 가중평균한 높이의 수평면을 전면도로면으로 본다.
  ㉡ 건축물의 대지의 지표면이 전면도로보다 높은 경우에는 그 고저차의 2분의 1의 높이만큼 올라온 위치에 그 전면도로의 면이 있는 것으로 본다.
② 건축물 높이를 산정할 때 건축물 대지의 지표면과 인접 대지의 지표면 간에 고저차가 있는 경우에는 그 지표면의 평균 수평면을 지표면(법 제61조 제2항에 따른 높이를 산정할 때 해당 대지가 인접 대지의 높이보다 낮은 경우에는 그 대지의 지표면을 말한다)으로 본다. 다만, 전용주거지역 및 일반주거지역을 제외한 지역에서 공동주택을 다른 용도와 복합하여 건축하는 경우에는 공동주택의 가장 낮은 부분을 그 건축물의 지표면으로 본다.
③ 건축물의 옥상에 설치되는 승강기탑(④의 ㉢에 따른 장애인용 승강기의 승강기탑으로서 그 높이가 12m 이하인 것은 제외한다)·계단탑·망루·장식탑·옥탑 등으로서 그 수평투영면적의 합계가 해당 건축물 건축면적의 8분의 1(「주택법」에 따른 사업계획승인 대상인 공동주택 중 세대별 전용면적이 $85m^2$ 이하인 경우에는 6분의 1) 이하인 경우로서 그 부분의 높이가 12m를 넘는 경우에는 그 넘는 부분만 해당 건축물의 높이에 산입한다.

④ 다음에 해당하는 것은 그 건축물의 높이에 산입하지 않는다.
  ㉠ 지붕마루장식·굴뚝·방화벽의 옥상돌출부나 그 밖에 이와 비슷한 옥상 돌출물
  ㉡ 난간벽(그 벽면적의 2분의 1 이상이 공간으로 되어 있는 것만 해당한다)
  ㉢ 장애인용 승강기의 승강기탑으로서 그 높이가 12m 이하인 것

(6) 처마 높이

지표면으로부터 건축물의 지붕틀 또는 이와 비슷한 수평재를 지지하는 벽·깔도리 또는 기둥의 상단까지의 높이로 한다.

(7) 반자 높이

방의 바닥면으로부터 반자까지의 높이로 한다. 다만, 한 방에서 반자높이가 다른 부분이 있는 경우에는 그 각 부분의 반자면적에 따라 가중평균한 높이로 한다.

(8) 층고

방의 바닥구조체 윗면으로부터 위층 바닥구조체의 윗면까지의 높이로 한다. 다만, 한 방에서 층의 높이가 다른 부분이 있는 경우에는 그 각 부분 높이에 따른 면적에 따라 가중평균한 높이로 한다.

기출 건축물의 층고는 방의 바닥구조체 윗면으로부터 위층 바닥구조체의 윗면까지의 높이로 한다.

(9) 층수 제33회

다음에 해당하는 것은 건축물의 층수에 산입하지 않고, 층의 구분이 명확하지 않은 건축물은 그 건축물의 높이 4m마다 하나의 층으로 보고 그 층수를 산정하며, 건축물이 부분에 따라 그 층수가 다른 경우에는 그중 가장 많은 층수를 그 건축물의 층수로 본다.

① 승강기탑(③에 따른 장애인용 승강기의 승강기탑은 제외한다), 계단탑, 망루, 장식탑, 옥탑, 그 밖에 이와 비슷한 건축물의 옥상 부분으로서 그 수평투영면적의 합계가 해당 건축물 건축면적의 8분의 1(「주택법」 제15조 제1항에 따른 사업계획승인 대상인 공동주택 중 세대별 전용면적이 85m² 이하인 경우에는 6분의 1) 이하인 것
② 지하층
③ 장애인용 승강기의 승강기탑

기출
1. 층의 구분이 명확하지 아니한 건축물의 높이는 4m마다 하나의 층으로 보고 그 층수를 산정한다. 제33회
2. 건축물이 부분에 따라 그 층수가 다른 경우에는 그 중 가장 많은 층수를 그 건축물의 층수로 본다.

(10) 지하층의 지표면

① 지하층의 지표면은 각 층의 주위가 접하는 각 지표면 부분의 높이를 그 지표면 부분의 수평거리에 따라 가중평균한 높이의 수평면을 지표면으로 산정한다.

② 지표면에 고저차가 있는 경우에는 건축물의 주위가 접하는 각 지표면 부분의 높이를 그 지표면 부분의 수평거리에 따라 가중평균한 높이의 수평면을 지표면으로 본다. 이 경우, 그 고저차가 3m를 넘는 경우에는 그 고저차 3m 이내의 부분마다 그 지표면을 정한다.

❺ 건축물의 높이제한

1. 높이제한의 종류

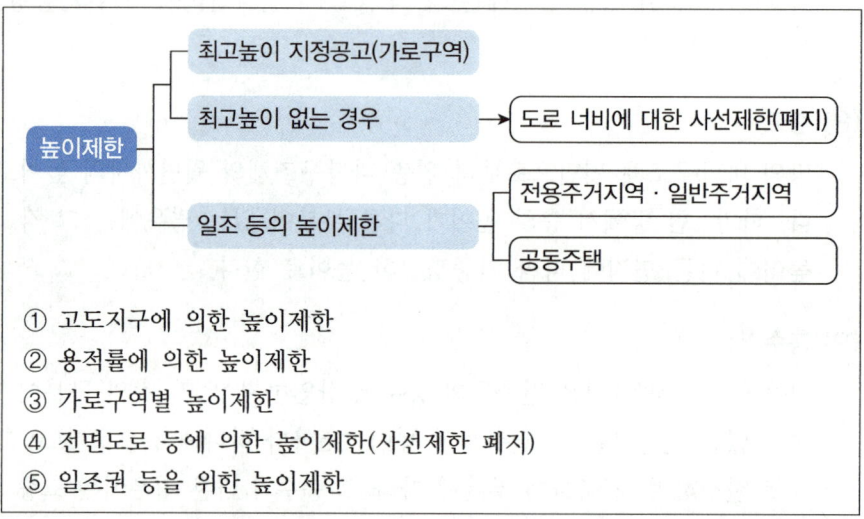

① 고도지구에 의한 높이제한
② 용적률에 의한 높이제한
③ 가로구역별 높이제한
④ 전면도로 등에 의한 높이제한(사선제한 폐지)
⑤ 일조권 등을 위한 높이제한

2. 가로구역 안에서의 높이제한

(1) 지정권자

허가권자는 가로구역[(街路區域): 도로로 둘러싸인 일단(一團)의 지역을 말한다]을 단위로 하여 대통령령으로 정하는 기준과 절차에 따라 건축물의 높이를 지정·공고할 수 있다. 다만, 특별자치시장·특별자치도지사 또는 시장·군수·구청장은 가로구역의 높이를 완화하여 적용할 필요가 있다고 판단되는 대지에 대하여는 대통령령으로 정하는 바에 따라 건축위원회의 심의를 거쳐 높이를 완화하여 적용할 수 있다(법 제60조 제1항).

> **심화** 가로구역별 높이제한(영 제82조) 제36회
>
> 1. 허가권자는 가로구역별로 건축물의 높이를 지정·공고할 때에는 다음의 사항을 고려해야 한다.
>   > ① 도시·군관리계획 등의 토지이용계획
>   > ② 해당 가로구역이 접하는 **도로의 너비**
>   > ③ 해당 가로구역의 상·하수도 등 간선시설의 수용능력
>   > ④ 도시미관 및 경관계획
>   > ⑤ 해당 도시의 장래 발전계획
> 2. 허가권자는 가로구역별 건축물의 높이를 지정하려면 지방건축위원회의 심의를 거쳐야 한다. 이 경우, 주민의 의견청취절차 등은 「토지이용규제 기본법」에 따른다.
> 3. 허가권자는 같은 가로구역에서 건축물의 용도 및 형태에 따라 건축물의 높이를 다르게 정할 수 있다.
> 4. 가로구역의 높이를 완화하여 적용하는 경우에 대한 구체적인 완화기준은 건축조례로 정한다.

기출 해당 가로구역이 접하는 도로의 교통량은 허가권자가 가로구역별 건축물의 높이를 지정·공고할 때 고려할 사항이 아니다. 제36회

기출 허가권자는 같은 가로구역에서 건축물의 용도 및 형태에 따라 건축물의 높이를 다르게 정할 수 있다.

(2) 특례 규정

① **특별시장이나 광역시장**은 도시의 관리를 위하여 필요하면 가로구역별 건축물의 높이를 특별시나 광역시의 조례로 정할 수 있다(법 제60조 제2항).

② 허가권자는 법 제60조 제1항 및 제2항에도 불구하고 일조(日照)·통풍 등 주변환경 및 도시미관에 미치는 영향이 크지 않다고 인정하는 경우에는 건축위원회의 심의를 거쳐 이 법 및 다른 법률에 따른 가로구역의 높이 완화에 관한 규정을 중첩하여 적용할 수 있다.

3. 일조 등의 확보를 위한 높이제한

(1) 전용주거지역·일반주거지역의 경우

① 정북방향으로의 제한: 전용주거지역과 일반주거지역 안에서 건축하는 건축물의 높이는 일조 등의 확보를 위하여 정북방향(正北方向)의 인접 대지경계선으로부터의 거리에 따라 대통령령으로 정하는 높이 이하로 하여야 한다. 전용주거지역이나 일반주거지역에서 건축물을 건축하는 경우에는 건축물의 각 부분을 정북방향으로의 인접 대지경계선으로부터 다음의 범위에서 건축조례로 정하는 거리 이상을 띄어 건축하여야 한다(법 제61조 제1항, 영 제86조 제1항).

참고 무분별한 도시화는 건축물의 과밀화를 발생시켰으며, 이로 인해 건물과 건물 사이에 1년 내내 햇빛이 들지 않는 영구 음영지대가 만들어지기도 하고, 또 옆 건물의 신축 등으로 햇볕이 차단되는 등의 피해를 발생시켰다. 이러한 피해를 최소화하고 일조권을 보장하기 위해 「건축법」에서는 건축물의 이격거리 및 높이를 제한하고 있다.

핵심 높이제한
1. 전용주거지역과 일반주거지역 안에 있는 모든 건축물의 경우, 일조제한 적용 (정북방향: 10m 이하 ⇨ 1.5m 이상, 10m 초과 ⇨ 높이의 1/2 이상 후퇴)
2. 기타지역에 있는 공동주택(중심·일반상업지역 제외)의 경우, 채광 방향의 일조제한과 인동거리제한을 동시에 받는다.

⊙ 높이 10m 이하인 부분: 인접 대지경계선으로부터 1.5m 이상
ⓒ 높이 10m를 초과하는 부분: 인접 대지경계선으로부터 해당 건축물의 각 부분의 높이의 2분의 1 이상

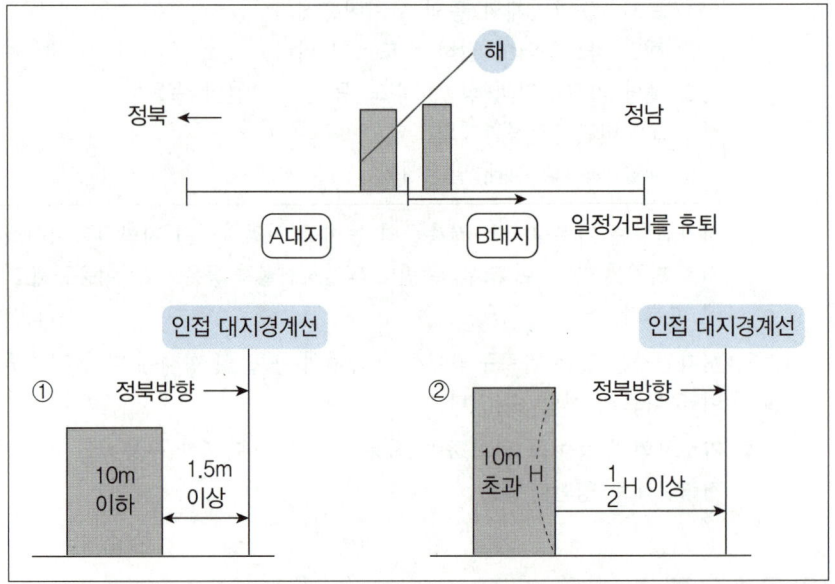

② 정북방향의 일조제한을 적용하지 아니하는 경우: 다음의 어느 하나에 해당하는 경우에는 ①을 적용하지 아니한다(영 제86조 제2항).

⊙ 다음의 어느 하나에 해당하는 구역 안의 대지 상호간에 건축하는 건축물로서, 해당 대지가 너비 20m 이상의 도로(자동차·보행자·자전거전용도로를 포함하며, 도로에 공공공지, 녹지, 광장, 그 밖에 건축미관에 지장이 없는 도시·군계획시설이 접한 경우, 해당 시설을 포함한다)에 접한 경우
  ⓐ 「국토의 계획 및 이용에 관한 법률」에 따른 지구단위계획구역, 경관지구
  ⓑ 「경관법」에 따른 중점경관관리구역
  ⓒ 특별가로구역
  ⓓ 도시미관 향상을 위하여 허가권자가 지정·공고하는 구역
ⓒ 건축협정구역 안에서 대지 상호간에 건축하는 건축물(건축협정에 일정 거리 이상을 띄어 건축하는 내용이 포함된 경우만 해당한다)의 경우
ⓒ 건축물의 정북방향의 인접 대지가 전용주거지역이나 일반주거지역이 아닌 용도지역에 해당하는 경우

③ 정남방향으로의 제한

㉠ 다음의 어느 하나에 해당하면 ①에도 불구하고 건축물의 높이를 정남(正南)방향의 인접 대지경계선으로부터의 거리에 따라 대통령령으로 정하는 높이 이하로 할 수 있다(법 제61조 제3항).

> ⓐ 「택지개발촉진법」에 따른 택지개발지구인 경우
> ⓑ 「주택법」에 따른 대지조성사업지구인 경우
> ⓒ 「지역 개발 및 지원에 관한 법률」에 따른 지역개발사업구역인 경우
> ⓓ 「산업입지 및 개발에 관한 법률」에 따른 국가산업단지, 일반산업단지, 도시첨단산업단지 및 농공단지인 경우
> ⓔ 「도시개발법」에 따른 도시개발구역인 경우
> ⓕ 「도시 및 주거환경정비법」에 따른 정비구역인 경우
> ⓖ 정북방향으로 도로·공원·하천 등 건축이 금지된 공지에 접하는 대지인 경우
> ⓗ 정북방향으로 접하고 있는 대지의 소유자와 합의한 경우나 그 밖에 대통령령으로 정하는 경우

㉡ 주민공람: 시장·군수·구청장은 건축물의 높이를 고시하려면 국토교통부령이 정하는 바에 따라 미리 해당 지역주민의 의견을 들어야 한다. 다만, ㉠의 ⓐ부터 ⓕ까지의 어느 하나에 해당하는 지역인 경우로서 건축위원회의 심의를 거친 경우에는 그러하지 아니하다(영 제86조 제5항).

(2) 공동주택의 경우

① 다음의 어느 하나에 해당하는 공동주택(일반상업지역과 중심상업지역에 건축하는 것은 제외한다)은 채광(採光) 등의 확보를 위하여 대통령령으로 정하는 높이 이하로 하여야 한다(법 제61조 제2항).

> ㉠ 인접 대지경계선 등의 방향으로 채광을 위한 창문 등을 두는 경우
> ㉡ 하나의 대지에 두 동(棟) 이상을 건축하는 경우

기출 일반상업지역에 건축하는 공동주택으로서 하나의 대지에 두 동 이상을 건축하는 경우에는 채광의 확보를 위한 높이제한이 적용되지 않는다.

② 공동주택은 다음의 기준을 충족해야 한다. 다만, 채광을 위한 창문 등이 있는 벽면에서 직각 방향으로 인접 대지경계선까지의 수평거리가 1m 이상으로서 건축조례로 정하는 거리 이상인 다세대주택은 다음의 ㉠을 적용하지 않는다(영 제86조 제3항).

> ㉠ 건축물(기숙사는 제외한다)의 각 부분의 높이는 그 부분으로부터 채광을 위한 창문 등이 있는 벽면에서 직각 방향으로 인접 대지경계선까지의 수평거리의 2배(근린상업지역 또는 준주거지역의 건축물은 4배) 이하로 할 것
>
> ㉡ 같은 대지에서 두 동(棟) 이상의 건축물이 서로 마주보고 있는 경우(한 동의 건축물 각 부분이 서로 마주보고 있는 경우를 포함한다)에 건축물 각 부분 사이의 거리는 다음의 거리 이상을 띄어 건축할 것. 다만, 그 대지의 모든 세대가 동지(冬至)를 기준으로 9시에서 15시 사이에 2시간 이상을 계속하여 일조(日照)를 확보할 수 있는 거리 이상으로 할 수 있다.
> ⓐ 채광을 위한 창문 등이 있는 벽면으로부터 직각방향으로 건축물 각 부분 높이의 0.5배(도시형 생활주택의 경우에는 0.25배) 이상의 범위에서 건축조례로 정하는 거리 이상
> ⓑ ⓐ에도 불구하고 서로 마주보는 건축물 중 높은 건축물(높은 건축물을 중심으로 마주보는 두 동의 축이 시계방향으로 정동에서 정서 방향인 경우만 해당한다)의 주된 개구부(거실과 주된 침실이 있는 부분의 개구부를 말한다)의 방향이 낮은 건축물을 향하는 경우에는 10m 이상으로서 낮은 건축물 각 부분의 높이의 0.5배(도시형 생활주택의 경우에는 0.25배) 이상의 범위에서 건축조례로 정하는 거리 이상
> ⓒ ⓐ에도 불구하고 건축물과 부대시설 또는 복리시설이 서로 마주보고 있는 경우에는 부대시설 또는 복리시설 각 부분 높이의 1배 이상
> ⓓ 채광창(창넓이가 $0.5m^2$ 이상인 창을 말한다)이 없는 벽면과 측벽이 마주보는 경우에는 8m 이상
> ⓔ 측벽과 측벽이 마주보는 경우[마주보는 측벽 중 하나의 측벽에 채광을 위한 창문 등이 설치되어 있지 아니한 바닥면적 $3m^2$ 이하의 발코니(출입을 위한 개구부를 포함한다)를 설치하는 경우를 포함한다]에는 4m 이상
>
> ㉢ 주택단지에 두 동 이상의 건축물이 법 제2조 제1항 제11호에 따른 도로를 사이에 두고 서로 마주보고 있는 경우에는 ㉡의 ⓐ부터 ⓒ까지의 규정을 적용하지 아니하되, 해당 도로의 중심선을 인접 대지경계선으로 보아 ㉠을 적용한다.

(3) 대지 사이에 공지 등이 있는 경우의 인접 대지경계선의 위치

공동주택의 일조제한을 적용할 때 건축물을 건축하려는 대지와 다른 대지 사이에 다음의 시설 또는 부지가 있는 경우에는 그 반대편의 대지경계선(공동주택은 인접 대지경계선과 그 반대편 대지경계선의 중심선)을 인접 대지경계선으로 한다(영 제86조 제6항).

> ① 공원(「도시공원 및 녹지 등에 관한 법률」에 따른 도시공원 중 지방건축위원회의 심의를 거쳐 허가권자가 공원의 일조 등을 확보할 필요가 있다고 인정하는 공원은 제외한다), 도로, 철도, 하천, 광장, 공공공지, 녹지, 유수지, 자동차전용도로, 유원지
> ② 다음에 해당하는 대지(건축물이 없는 경우로 한정한다)
>   ㉠ 너비(대지경계선에서 가장 가까운 거리를 말한다)가 2m 이하인 대지
>   ㉡ 면적이 영 제80조 각 호에 따른 분할제한기준 이하인 대지
> ③ ① 및 ② 외에 건축이 허용되지 아니하는 공지

(4) 높이제한의 예외

2층 이하로서 높이가 8m 이하인 건축물에는 해당 지방자치단체의 조례로 정하는 바에 따라 일조 등의 확보를 위한 건축물의 높이제한 규정을 적용하지 아니할 수 있다(법 제61조 제4항).

제6장 건축설비 등

회독 Check 1회 2회 3회

💬 이 장은 공인중개사 업무와 크게 관련이 없기 때문에, 출제 비중이 낮은 편이다.

제1절 | 건축설비

1 건축설비 설치의 원칙

(1) 건축설비의 설치

건축설비는 건축물의 안전·방화, 위생, 에너지 및 정보통신의 합리적 이용에 지장이 없도록 설치해야 하고, 배관피트 및 닥트의 단면적과 수선구의 크기를 해당 설비의 수선에 지장이 없도록 하는 등 설비의 유지·관리가 쉽게 설치해야 한다(영 제87조 제1항).

(2) 건축설비의 기술적 기준

건축물에 설치하는 급수·배수·냉방·난방·환기·피뢰 등 건축설비의 설치에 관한 기술적 기준은 국토교통부령으로 정하되, 에너지 이용 합리화와 관련한 건축설비의 기술적 기준에 관하여는 기후에너지환경부장관과 협의하여 정한다(영 제87조 제2항).

(3) 장애인관련시설 및 설비

건축물에 설치해야 하는 장애인관련시설 및 설비는 「장애인·노인·임산부 등의 편의증진보장에 관한 법률」에 따라 작성하여 보급하는 편의시설 상세표준도에 따른다(영 제87조 제3항).

(4) 방송수신설비

① 건축물에는 방송수신에 지장이 없도록 공동시청 안테나, 유선방송수신시설, 위성방송수신설비, 에프엠(FM)라디오방송수신설비 또는 방송공동수신설비를 설치할 수 있다. 다만, 다음의 건축물에는 방송공동수신설비를 설치해야 한다(영 제87조 제4항).

> ㉠ 공동주택
> ㉡ 바닥면적의 합계가 5천m² 이상으로서 업무시설이나 숙박시설의 용도로 쓰는 건축물

② 방송수신설비의 설치기준은 방송미디어통신위원회가 정하여 고시하는 바에 따른다(영 제87조 제5항).

(5) 전기설비

연면적이 500m² 이상인 건축물의 대지에는 국토교통부령으로 정하는 바에 따라 「전기안전관리법」에 따른 전기사업자가 전기를 배전(配電)하는 데 필요한 전기설비를 설치할 수 있는 공간을 확보하여야 한다(영 제87조 제6항).

(6) 조례로 정하는 사항

해풍이나 염분 등으로 인하여 건축물의 재료 및 기계설비 등에 조기 부식과 같은 피해 발생이 우려되는 지역에서는 해당 지방자치단체는 이를 방지하기 위하여 다음의 사항을 조례로 정할 수 있다(영 제87조 제7항).

> ① 해풍이나 염분 등에 대한 내구성 설계기준
> ② 해풍이나 염분 등에 대한 내구성 허용기준
> ③ 그 밖에 해풍이나 염분 등에 따른 피해를 막기 위하여 필요한 사항

2 지능형 건축물의 인증

(1) 지능형 건축물 인증제도

국토교통부장관은 지능형 건축물(Intelligent Building)의 건축을 활성화하기 위하여 지능형 건축물 인증제도를 실시한다(법 제65조의2 제1항).

(2) 인증기관의 지정

국토교통부장관은 지능형 건축물의 인증을 위하여 인증기관을 지정할 수 있다(법 제65조의2 제2항).

(3) 인증의 신청

지능형 건축물의 인증을 받으려는 자는 인증기관에 인증을 신청하여야 한다(법 제65조의2 제3항).

(4) 인증기준의 고시

국토교통부장관은 건축물을 구성하는 설비 및 각종 기술을 최적으로 통합하여 건축물의 생산성과 설비 운영의 효율성을 극대화할 수 있도록 다음의 사항을 포함하여 지능형 건축물 인증기준을 고시한다(법 제65조의2 제4항).

> ① 인증기준 및 절차
> ② 인증표시 홍보기준
> ③ 유효기간
> ④ 수수료
> ⑤ 인증등급 및 심사기준 등

(5) 필요사항

인증기관의 지정기준, 지정절차 및 인증신청절차 등에 필요한 사항은 국토교통부령으로 정한다(법 제65조의2 제5항).

(6) 허가권자의 적용

허가권자는 지능형 건축물로 인증을 받은 건축물에 대하여 조경설치면적을 100분의 85까지 완화하여 적용할 수 있으며, 용적률 및 건축물의 높이를 100분의 115의 범위에서 완화하여 적용할 수 있다(법 제65조의2 제6항).

참고 완화 규정
1. 조경: 85/100까지
2. 용적률과 높이: 115/100까지
3. 단, 건폐율은 없다.

❸ 승강기의 설치 제36회

(1) 승용 승강기

① 원칙: 건축주는 6층 이상으로서 연면적이 2천m^2 이상인 건축물(대통령령으로 정하는 건축물은 제외한다)을 건축하려면 승강기를 설치해야 한다. 이 경우, 승강기의 규모 및 구조는 국토교통부령으로 정한다(법 제64조 제1항).

② 예외: 층수가 6층인 건축물로서 각 층 거실의 바닥면적 300m^2 이내마다 1개소 이상의 직통계단을 설치한 건축물은 승용 승강기를 설치하지 아니할 수 있다(영 제89조).

기출
1. 연면적이 3천m^2인 7층 건축물을 건축하려면 승강기를 설치하여야 한다. 제36회
2. 고층건축물에는 승용 승강기 중 1대 이상을 피난용 승강기로 설치하여야 한다. 제36회
3. 피난용 승강기의 승강장의 바닥면적은 승강기 1대당 6m^2 이상으로 하여야 한다. 제36회
4. 높이 31m를 초과하는 건축물에는 승용 승강기뿐만 아니라 비상용 승강기를 추가로 설치하여야 한다. 제36회

(2) 비상용 승강기

① 높이 31m를 초과하는 건축물에는 대통령령으로 정하는 바에 따라 (1)에 따른 승강기뿐만 아니라 비상용 승강기를 추가로 설치해야 한다. 다만, 국토교통부령으로 정하는 건축물의 경우에는 그러하지 아니하다(법 제64조 제2항).

② 높이 31m를 넘는 건축물에는 다음의 기준에 따른 대수 이상의 비상용 승강기(비상용 승강기의 승강장 및 승강로를 포함한다)를 설치해야 한다. 다만, 승강기를 비상용 승강기의 구조로 하는 경우에는 그러하지 아니하다(영 제90조 제1항).

> ㉠ 높이 31m를 넘는 각 층의 바닥면적 중 최대 바닥면적이 1,500m² 이하인 건축물: 1대 이상
> ㉡ 높이 31m를 넘는 각 층의 바닥면적 중 최대 바닥면적이 1,500m²를 넘는 건축물: 1대에 1,500m²를 넘는 3천m² 이내마다 1대씩 더한 대수 이상

③ 2대 이상의 비상용 승강기를 설치하는 경우에는 화재가 났을 때 소화에 지장이 없도록 일정한 간격을 두고 설치해야 한다(영 제90조 제2항).

(3) 피난용 승강기

① 고층건축물에는 건축물에 설치하는 승용 승강기 중 1대 이상을 대통령령으로 정하는 바에 따라 피난용 승강기로 설치해야 한다(법 제64조 제3항).

② ①에 따른 피난용 승강기(피난용 승강기의 승강장 및 승강로를 포함한다)는 다음의 기준에 맞게 설치해야 한다(영 제91조).

> ㉠ 승강장의 바닥면적은 승강기 1대당 6m² 이상으로 할 것
> ㉡ 각 층으로부터 피난층까지 이르는 승강로를 단일구조로 연결하여 설치할 것
> ㉢ 예비전원으로 작동하는 조명설비를 설치할 것
> ㉣ 승강장의 출입구 부근의 잘 보이는 곳에 해당 승강기가 피난용 승강기임을 알리는 표지를 설치할 것
> ㉤ 그 밖에 화재예방 및 피해경감을 위하여 국토교통부령으로 정하는 구조 및 설비 등의 기준에 맞을 것

참고 비상용 승강기
1. 설치대상: 31m를 초과하는 건축물
2. 설치기준
   - 31m를 넘는 각 층의 최대 바닥면적이 1,500m² 이하: 1대
   - 31m를 넘는 각 층의 최대 바닥면적이 1,500m² 초과: 1대에 1,500m²를 넘는 3천m² 이내마다 1대씩 가산
   - ✔ 2대 이상의 비상용 승강기를 설치하는 경우, 화재시 소화에 지장이 없도록 일정한 간격을 두고 설치해야 한다.

참고 피난용 승강기
1. 설치대상: 고층건축물(승강기 중 1대 이상을 피난용으로 해야 한다)
2. 설치기준
   - 승강장의 바닥면적은 승강기 1대당 6m² 이상
   - 각 층으로부터 피난층까지 이르는 승강로를 단일구조로 연결
   - 예비전원으로 작동하는 조명설비를 설치
   - 피난용 승강기임을 알리는 표지를 설치

제2절 | 공개공지 등

(1) 공개공지 확보대상지역 제34회

다음의 어느 하나에 해당하는 지역의 환경을 쾌적하게 조성하기 위하여 대통령령으로 정하는 용도와 규모의 건축물은 일반이 사용할 수 있도록 대통령령으로 정하는 기준에 따라 소규모휴식시설 등의 공개공지(空地; 공터) 또는 공개공간(이하 '공개공지 등'이라 한다)을 설치해야 한다(법 제43조 제1항).

대상지역	대상건축물
① 일반주거지역, 준주거지역 ② 상업지역 ③ 준공업지역 ④ 특별자치시장, 특별자치도지사 또는 시장·군수·구청장이 도시화의 가능성이 크거나 노후 산업단지의 정비가 필요하고 인정하여 지정·공고하는 지역	① 문화 및 집회시설, 종교시설, 판매시설(「농수산물 유통 및 가격안정에 관한 법률」에 따른 농수산물유통시설은 제외한다), 운수시설(여객용 시설만 해당한다), 업무시설 및 숙박시설로서 해당 용도로 쓰는 바닥면적의 합계가 5천m² 이상인 건축물 ② 그 밖에 다중이 이용하는 시설로서 건축조례로 정하는 건축물

(2) 공개공지 확보면적

공개공지 등의 면적은 대지면적의 100분의 10 이하의 범위에서 건축조례로 정한다. 이 경우, 법 제42조에 따른 조경면적과 「매장유산 보호 및 조사에 관한 법률」에 따른 매장유산의 현지보존 조치면적을 공개공지 등의 면적으로 할 수 있다(영 제27조의2 제2항).

(3) 공개공지 설치시설

공개공지 등을 설치할 때에는 모든 사람들이 환경친화적으로 편리하게 이용할 수 있도록 긴 의자 또는 조경시설 등 건축조례를 정하는 시설을 설치해야 한다(영 제27조의2 제3항).

기출
1. 일반주거지역에 있는 교회는 공개공지 설치대상에 해당한다.
2. 준공업지역에 있는 여객용 운수시설은 공개공지 설치대상이다. 제34회
3. 노후 산업단지의 정비가 필요하다고 인정되어 지정·공고된 지역은 공개공지 등을 설치해야 한다. 제35회

기출
1. 공개공지는 필로티의 구조로 설치할 수 있다. 제35회
2. 공개공지 등을 설치할 때에는 모든 사람들이 환경친화적으로 편리하게 이용할 수 있도록 긴 의자 또는 조경시설 등 건축조례로 정하는 시설을 설치해야 한다. 제35회

(4) 법률 적용의 완화

건축물에 공개공지 등을 설치하는 경우에는 다음의 범위에서 대지면적에 대한 공개공지 등 면적 비율에 따라 법 제56조 및 법 제60조를 완화하여 적용한다. 다만, 다음의 범위에서 건축조례로 정한 기준이 완화 비율보다 큰 경우에는 해당 건축조례로 정하는 바에 따른다(영 제27조의2 제4항).

> ① 용적률: 해당 지역에 적용하는 용적률의 1.2배 이하
> ② 높이제한: 해당 건축물에 적용하는 높이기준의 1.2배 이하

기출 공개공지 등을 제공하면 용적률과 높이를 최대 1.2배 범위 내에서 완화적용할 수 있다.

Tip 건폐율은 법에는 있으나, 시행령에서는 삭제되었음에 유의한다.

(5) 이 법의 확장적용

공개공지 등의 설치대상이 아닌 건축물(「주택법」에 따른 사업계획승인 대상인 공동주택 중 주택 외의 시설과 주택을 동일 건축물로 건축하는 것 외의 공동주택은 제외한다)의 대지에 설치기준에 적합한 공개공지를 설치하는 경우에는 (4)를 준용한다(영 제27조의2 제5항).

(6) 행위제한

① 공개공지 등에는 연간 60일 이내의 기간 동안 건축조례로 정하는 바에 따라 주민들을 위한 문화행사를 열거나 판촉활동을 할 수 있다. 다만, 울타리를 설치하는 등 공중이 해당 공개공지 등을 이용하는 데 지장을 주는 행위를 해서는 아니 된다(영 제27조의2 제6항).

② 시·도지사 또는 시장·군수·구청장은 관할구역 내 공개공지 등에 대한 점검 등 유지·관리에 관한 사항을 해당 지방자치단체의 조례로 정할 수 있다(법 제43조 제3항).

③ 누구든지 공개공지 등에 물건을 쌓아놓거나 출입을 차단하는 시설을 설치하는 등 공개공지 등의 활용을 저해하는 행위를 하여서는 아니 된다(법 제43조 제4항).

기출 울타리를 설치하는 등 공중이 해당 공개공지 등을 이용하는 데 지장을 주는 행위를 해서는 아니 된다.

제3절 | 특별건축구역 등
제32회

❶ 특별건축구역의 지정

(1) 지정대상

국토교통부장관 또는 시·도지사는 다음의 구분에 따라 도시나 지역의 일부가 특별건축구역으로 특례 적용이 필요하다고 인정하는 경우에는 특별건축구역을 지정할 수 있다(법 제69조 제1항).

> ① 국토교통부장관이 지정하는 경우
>   ㉠ 국가가 국제행사 등을 개최하는 도시 또는 지역의 사업구역
>   ㉡ 관계법령에 따른 국가정책사업으로서 대통령령으로 정하는 다음의 사업구역
>   ⓐ 「신행정수도 후속대책을 위한 연기·공주지역 행정중심복합도시 건설을 위한 특별법」에 따른 행정중심복합도시의 사업구역
>   ⓑ 「혁신도시 조성 및 발전에 관한 특별법」에 따른 혁신도시의 사업구역
>   ⓒ 「경제자유구역의 지정 및 운영에 관한 특별법」에 따라 지정된 경제자유구역
>   ⓓ 「택지개발촉진법」에 따른 택지개발사업구역
>   ⓔ 「공공주택 특별법」에 따른 공공주택지구
>   ⓕ 「도시개발법」에 따른 도시개발구역
>   ⓖ 「아시아문화중심도시 조성에 관한 특별법」에 따른 국립아시아문화전당 건설사업구역
>   ⓗ 「국토의 계획 및 이용에 관한 법률」에 따른 지구단위계획구역 중 현상설계 등에 따른 창의적 개발을 위한 특별계획구역
> ② 시·도지사가 지정하는 경우
>   ㉠ 지방자치단체가 국제행사 등을 개최하는 도시 또는 지역의 사업구역
>   ㉡ 관계법령에 따른 도시개발·도시재정비 및 건축문화 진흥사업으로서 건축물 또는 공간환경을 조성하기 위하여 대통령령으로 정하는 사업구역
>   ㉢ 그 밖에 대통령령으로 정하는 다음의 도시 또는 지역의 사업구역
>   ⓐ 건축문화 진흥을 위하여 국토교통부령으로 정하는 건축물 또는 공간환경을 조성하는 지역
>   ⓑ 주거, 상업, 업무 등 다양한 기능을 결합하는 복합적인 토지이용을 증진시킬 필요가 있는 지역으로서 다음의 요건을 모두 갖춘 지역
>   • 도시지역일 것
>   • 「국토의 계획 및 이용에 관한 법률 시행령」에 따른 용도지역 안에서의 건축제한 적용을 배제할 필요가 있을 것
>   • 그 밖에 도시경관의 창출, 건설기술 수준향상 및 건축관련 제도개선을 도모하기 위하여 특별건축구역으로 지정할 필요가 있다고 시·도지사가 인정하는 도시 또는 지역

Tip 특별건축구역, 투기과열지구, 토지거래허가구역은 국토교통부장관과 시·도지사가 지정권자이다. ⇨ 대부분의 전국 대상은 국토교통부장관의 단독지정으로 되어 있는데, 이 부분은 유의하여야 한다.

기출 국토교통부장관은 국가가 국제행사 등을 개최하는 지역의 사업구역을 특별건축구역으로 지정할 수 있다. 제32회

(2) 지정금지대상

다음의 어느 하나에 해당하는 지역·구역 등에 대하여는 특별건축구역으로 지정할 수 없다(법 제69조 제2항).

> ① 「개발제한구역의 지정 및 관리에 관한 특별조치법」에 따른 개발제한구역
> ② 「자연공원법」에 따른 자연공원
> ③ 「도로법」에 따른 접도구역
> ④ 「산지관리법」에 따른 보전산지

(3) 협의

국토교통부장관 또는 시·도지사는 특별건축구역으로 지정하고자 하는 지역이 「군사기지 및 군사시설 보호법」에 따른 군사기지 및 군사시설보호구역에 해당하는 경우에는 국방부장관과 사전에 협의하여야 한다(법 제69조 제3항).

❷ 특별건축구역의 건축물

특별건축구역에서 건축기준 등의 특례사항을 적용하여 건축할 수 있는 건축물은 다음의 어느 하나에 해당되어야 한다(법 제70조, 영 제106조 제1항).

> ① 국가 또는 지방자치단체가 건축하는 건축물
> ② 「공공기관의 운영에 관한 법률」에 따른 공공기관 중 대통령령으로 정하는 다음의 공공기관이 건축하는 건축물
>   ㉠ 「한국토지주택공사법」에 따른 한국토지주택공사
>   ㉡ 「한국수자원공사법」에 따른 한국수자원공사
>   ㉢ 「한국도로공사법」에 따른 한국도로공사
>   ㉣ 「한국철도공사법」에 따른 한국철도공사
>   ㉤ 「국가철도공단법」에 따른 국가철도공단
>   ㉥ 「한국관광공사법」에 따른 한국관광공사
>   ㉦ 「한국농어촌공사 및 농지관리기금법」에 따른 한국농어촌공사
> ③ 그 밖에 대통령령으로 정하는 용도·규모의 건축물로서 도시경관의 창출, 건설기술 수준향상 및 건축 관련 제도개선을 위하여 특례 적용이 필요하다고 허가권자가 인정하는 건축물

참고 특별건축구역 지정금지
1. 개발제한구역
2. 자연공원
3. 접도구역
4. 보전산지

심화 단, 도시개발구역, 정비구역과 같은 개발예정지는 지정이 가능하다.

기출 「도로법」에 따른 접도구역은 특별건축구역으로 지정될 수 없다. 제32회

> **참고** 지정·변경·해제시에 고시하는 내용은 다음과 같다.
> 1. 지정·변경 또는 해제의 목적
> 2. 특별건축구역의 위치, 범위 및 면적
> 3. 특별건축구역 내 건축물의 규모 및 용도 등에 관한 주요사항
> 4. 건축물의 설계, 공사감리 및 건축시공 등 발주방법에 관한 사항
> 5. 도시·군계획시설의 신설·변경 및 지구단위계획의 수립·변경 등에 관한 사항
> 6. 그 밖에 국토교통부장관이 필요하다고 인정하는 사항

❸ 특별건축구역의 지정절차 등

(1) 지정신청

중앙행정기관의 장, 사업구역을 관할하는 시·도지사 또는 시장·군수·구청장(이하 '지정신청기관'이라 한다)은 특별건축구역의 지정이 필요한 경우에는 다음의 자료를 갖추어 중앙행정기관의 장 또는 시·도지사는 국토교통부장관에게, 시장·군수·구청장은 특별시장·광역시장·도지사에게 각각 특별건축구역의 지정을 신청할 수 있다(법 제71조 제1항).

---

① 특별건축구역의 위치·범위 및 면적 등에 관한 사항
② 특별건축구역의 지정목적 및 필요성
③ 특별건축구역 내 건축물의 규모 및 용도 등에 관한 사항
④ 특별건축구역의 도시·군관리계획에 관한 사항. 이 경우, 도시·군관리계획의 세부 내용은 다음의 대통령령으로 정한다.
  ㉠ 「국토의 계획 및 이용에 관한 법률」에 따른 용도지역, 용도지구 및 용도구역에 관한 사항
  ㉡ 「국토의 계획 및 이용에 관한 법률」에 따라 도시·군관리계획으로 결정되었거나 설치된 도시·군계획시설의 현황 및 도시·군계획시설의 신설·변경 등에 관한 사항
  ㉢ 「국토의 계획 및 이용에 관한 법률」에 따른 지구단위계획구역의 지정, 지구단위계획의 내용 및 지구단위계획의 수립·변경 등에 관한 사항
⑤ 건축물의 설계, 공사감리 및 건축시공 등의 발주방법 등에 관한 사항
⑥ 특별건축구역 전부 또는 일부를 대상으로 통합하여 적용하는 미술장식, 부설주차장, 공원 등의 시설에 대한 운영관리계획서. 이 경우, 운영관리계획서의 작성방법, 서식, 내용 등에 관한 사항은 국토교통부령으로 정한다.
⑦ 그 밖에 특별건축구역의 지정에 필요한 대통령령으로 정하는 사항
  ㉠ 특별건축구역의 주변지역에 「국토의 계획 및 이용에 관한 법률」에 따라 도시·군관리계획으로 결정되었거나 설치된 도시·군계획시설에 관한 사항
  ㉡ 특별건축구역의 주변지역에 대한 지구단위계획구역의 지정 및 지구단위계획의 내용 등에 관한 사항
  ㉢ 「건축기본법」에 따른 건축디자인 기준의 반영에 관한 사항
  ㉣ 「건축기본법」에 따라 민간전문가를 위촉한 경우, 그에 관한 사항
  ㉤ 복합적인 토지이용에 관한 사항(법 제105조 제3항 제2호의2에 해당하는 지역을 지정하기 위한 신청의 경우로 한정한다)

---

(2) 지정제안

지정신청기관 외의 자는 자료를 갖추어 사업구역을 관할하는 시·도지사에게 특별건축구역의 지정을 제안할 수 있다(법 제71조 제2항).

(3) 건축위원회의 심의

국토교통부장관 또는 특별시장·광역시장·도지사는 지정신청이 접수된 경우에는 특별건축구역 지정의 필요성, 타당성 및 공공성 등과 피난·방재 등의 사항을 검토하고, 지정 여부를 결정하기 위하여 지정신청을 받은 날부터 30일 이내에 국토교통부장관이 지정신청을 받은 경우에는 국토교통부장관이 두는 건축위원회(이하 '중앙건축위원회'라 한다), 특별시장·광역시장·도지사가 지정신청을 받은 경우에는 각각 특별시장·광역시장·도지사가 두는 건축위원회의 심의를 거쳐야 한다(법 제71조 제4항).

(4) 특별건축구역의 범위 등의 조정

국토교통부장관 또는 특별시장·광역시장·도지사는 각각 중앙건축위원회 또는 특별시장·광역시장·도지사가 두는 건축위원회의 심의 결과를 고려하여 필요한 경우 특별건축구역의 범위, 도시·군관리계획 등에 관한 사항을 조정할 수 있다(법 제71조 제5항).

(5) 직권지정 및 심의

국토교통부장관 또는 시·도지사는 필요한 경우 직권으로 특별건축구역을 지정할 수 있다. 이 경우, 특별건축구역 지정의 필요성, 타당성 및 공공성 등과 피난·방재 등의 사항을 검토하고 각각 중앙건축위원회 또는 시·도지사가 두는 건축위원회의 심의를 거쳐야 한다(법 제71조 제6항).

(6) 고시 및 송부

국토교통부장관 또는 시·도지사는 특별건축구역을 지정하거나 변경·해제하는 경우에는 대통령령으로 정하는 바에 따라 주요 내용을 관보(시·도지사는 공보)에 고시하고, 국토교통부장관 또는 특별시장·광역시장·도지사는 지정신청기관에 관계서류의 사본을 송부하여야 한다(법 제71조 제7항).

(7) 지형도면의 승인신청 등의 조치

관계서류의 사본을 받은 지정신청기관은 관계서류에 도시·군관리계획의 결정사항이 포함되어 있는 경우에는 「국토의 계획 및 이용에 관한 법률」에 따라 지형도면의 승인신청 등 필요한 조치를 취하여야 한다(법 제71조 제8항).

(8) 변경지정

지정신청기관은 특별건축구역 지정 이후 변경이 있는 경우, 변경지정을 받아야 한다. 이 경우, 변경지정을 받아야 하는 변경의 범위, 변경지정의 절차 등 필요한 사항은 대통령령으로 정한다(법 제71조 제9항).

(9) 지정해제

국토교통부장관 또는 시·도지사는 다음의 어느 하나에 해당하는 경우에는 특별건축구역의 전부 또는 일부에 대하여 지정을 해제할 수 있다. 이 경우, 국토교통부장관 또는 특별시장·광역시장·도지사는 지정신청기관의 의견을 청취하여야 한다(법 제71조 제10항).

> ① 지정신청기관의 요청이 있는 경우
> ② 거짓이나 그 밖의 부정한 방법으로 지정을 받은 경우
> ③ 특별건축구역 지정일부터 5년 이내에 특별건축구역 지정목적에 부합하는 건축물의 착공이 이루어지지 아니하는 경우
> ④ 특별건축구역 지정요건 등을 위반하였으나 시정이 불가능한 경우

(10) 지정효과

특별건축구역을 지정하거나 변경한 경우에는 도시·군관리계획의 결정(용도지역·용도지구·용도구역의 지정 및 변경은 제외한다)이 있는 것으로 본다(법 제71조 제11항).

❹ 특별건축구역 내 건축물의 심의 등

(1) 특례사항을 적용한 건축허가

특별건축구역에서 건축기준 등의 특례사항을 적용하여 건축허가를 신청하고자 하는 자(이하 '허가신청자'라 한다)는 다음의 사항이 포함된 특례적용계획서를 첨부하여 해당 허가권자에게 건축허가를 신청하여야 한다. 이 경우, 특례적용계획서의 작성방법 및 제출서류 등은 국토교통부령으로 정한다(법 제72조 제1항).

> ① 기준을 완화하여 적용할 것을 요청하는 사항
> ② 특별건축구역의 지정요건에 관한 사항
> ③ 적용배제 특례를 적용한 사유 및 예상효과 등
> ④ 완화적용 특례의 동등 이상의 성능에 대한 증빙내용
> ⑤ 건축물의 공사 및 유지·관리 등에 관한 계획

(2) 건축위원회의 심의

건축허가는 해당 건축물이 특별건축구역의 지정 목적에 적합한지의 여부와 특례적용계획서 등 해당 사항에 대하여 시·도지사 및 시장·군수·구청장이 설치하는 건축위원회(이하 '지방건축위원회'라 한다)의 심의를 거쳐야 한다(법 제72조 제2항).

(3) 심의신청

허가신청자는 건축허가시 「도시교통정비 촉진법」에 따른 교통영향평가서의 검토를 동시에 진행하고자 하는 경우에는 같은 법에 따른 교통영향평가서에 관한 서류를 첨부하여 허가권자에게 심의를 신청할 수 있다(법 제72조 제3항).

(4) 통합심의

교통영향평가서에 대하여 지방건축위원회에서 통합심의한 경우에는 「도시교통정비 촉진법」에 따른 교통영향평가서의 심의를 한 것으로 본다(법 제72조 제4항).

(5) 변경심의

심의된 내용에 대하여 대통령령으로 정하는 변경사항이 발생한 경우에는 지방건축위원회의 변경심의를 받아야 한다. 이 경우, 변경심의는 (1)에서 (3)까지의 규정을 준용한다(법 제72조 제5항).

(6) 모니터링의 실시

국토교통부장관 또는 특별시장·광역시장·도지사는 건축제도의 개선 및 건설기술의 향상을 위하여 허가권자의 의견을 들어 특별건축구역 내에서 건축허가를 받은 건축물에 대하여 모니터링(특례를 적용한 건축물에 대하여 해당 건축물의 건축시공, 공사감리, 유지·관리 등의 과정을 검토하고 실제로 건축물에 구현된 기능·미관·환경 등을 분석하여 평가하는 것을 말한다. 이하 같다)을 실시할 수 있다(법 제72조 제6항).

(7) 특례적용계획서의 심의

허가권자는 건축허가를 받은 건축물의 특례적용계획서를 심의하는 데에 필요한 국토교통부령으로 정하는 자료를 특별시장·광역시장·특별자치시장·도지사·특별자치도지사는 국토교통부장관에게, 시장·군수·구청장은 특별시장·광역시장·도지사에게 각각 제출해야 한다(법 제72조 제7항).

(8) 건축허가 이후의 참여

건축허가를 받은 「건설기술 진흥법」에 따른 발주청은 설계의도의 구현, 건축시공 및 공사감리의 모니터링, 그 밖에 발주청이 위탁하는 업무의 수행 등을 위하여 필요한 경우, 설계자를 건축허가 이후에도 해당 건축물의 건축에 참여하게 할 수 있다. 이 경우, 설계자의 업무내용 및 보수 등에 관하여는 대통령령으로 정한다(법 제72조 제8항).

참고 | 설계자의 업무
1. 모니터링
2. 설계변경에 대한 자문
3. 건축디자인 및 도시경관 등에 관한 설계의도의 구현을 위한 자문
4. 그 밖에 발주청이 위탁하는 업무

✔ 특별건축구역 내 건축물의 심의 및 건축허가 이후 해당 건축물의 건축에 대한 설계자의 참여에 관한 세부사항은 국토교통부장관이 정하여 고시한다.

❺ 관계법령의 적용 특례

(1) 적용 배제 ^{제33회}

특별건축구역에 건축하는 건축물에 대하여는 다음의 규정을 적용하지 아니할 수 있다(법 제73조 제1항).

> ① 대지의 조경(법 제42조)
> ② 건축물의 건폐율(법 제55조)
> ③ 건축물의 용적률(법 제56조)
> ④ 대지 안의 공지(법 제58조)
> ⑤ 건축물의 높이제한(법 제60조)
> ⑥ 일조 등의 확보를 위한 건축물의 높이제한(법 제61조)
> ⑦ 「주택법」제35조(주택건설기준 등) 중 대통령령으로 정하는 규정

(2) 적용 완화

특별건축구역에 건축하는 건축물이 다음에 해당할 때에는 해당 규정에서 요구하는 기준 또는 성능 등을 다른 방법으로 대신할 수 있는 것으로 지방건축위원회가 인정하는 경우에만 해당 규정의 전부 또는 일부를 완화하여 적용할 수 있다(법 제73조 제2항).

> ① 건축물의 피난시설 및 용도제한 등(법 제49조)
> ② 건축물의 내화구조와 방화벽(법 제50조)
> ③ 고층건축물의 피난 및 안전관리(법 제50조의2)
> ④ 방화지구 안의 건축물(법 제51조)
> ⑤ 건축물의 마감재료 등(법 제52조)
> ⑥ 실내건축(법 제52조의2)
> ⑦ 지하층(법 제53조)
> ⑧ 건축설비기준 등(법 제62조)
> ⑨ 승강기(법 제64조)
> ⑩ 건축물에 대한 효율적인 에너지 관리와 녹색건축물 조성의 활성화(「녹색건축물 조성 지원법」제15조)

(3) 소방시설 기준에 대한 완화

「소방시설 설치·유지 및 안전관리에 관한 법률」에서 요구하는 기준 또는 성능 등을 대통령령으로 정하는 절차·심의방법 등에 따라 다른 방법으로 대신할 수 있는 경우, 전부 또는 일부를 완화하여 적용할 수 있다(법 제73조 제3항).

6 통합적용계획

(1) 통합적용대상

특별건축구역에서는 다음의 관계법령의 규정에 대하여는 개별 건축물마다 적용하지 아니하고 특별건축구역 전부 또는 일부를 대상으로 통합하여 적용할 수 있다(법 제74조 제1항).

> ①「문화예술진흥법」에 따른 건축물에 대한 미술작품의 설치
> ②「주차장법」에 따른 부설주차장의 설치
> ③「도시공원 및 녹지 등에 관한 법률」에 따른 공원의 설치

기출 특별건축구역에서「주차장법」에 따른 부설주차장의 설치에 관한 규정은 개별 건축물마다 적용하지 않고 통합하여 적용할 수 있다.
제32회

(2) 통합적용계획의 수립

지정신청기관은 관계 법령의 규정을 통합적용하고자 하는 경우에는 특별건축구역 전부 또는 일부에 대하여 미술장식, 부설주차장, 공원 등에 대한 수요를 개별법에서 정한 기준 이상으로 산정하여 파악하고 이용자의 편의성, 쾌적성 및 안전 등을 고려한 통합적용계획을 수립하여야 한다(법 제74조 제2항).

(3) 협의

지정신청기관이 통합적용계획을 수립하는 때에는 해당 구역을 관할하는 허가권자와 협의하여야 하며, 협의요청을 받은 허가권자는 요청받은 날부터 20일 이내에 지정신청기관에게 의견을 제출해야 한다(법 제74조 제3항).

(4) 관련서류 송부

지정신청기관은 도시·군관리계획의 변경을 수반하는 통합적용계획이 수립된 때에는 관련서류를「국토의 계획 및 이용에 관한 법률」에 따른 도시·군관리계획 결정권자에게 송부하여야 하며, 이 경우, 해당 도시·군관리계획 결정권자는 특별한 사유가 없으면 도시·군관리계획의 변경에 필요한 조치를 취하여야 한다(법 제74조 제4항).

7 건축협정 제34회

(1) 건축협정의 체결

기출🔖 해당 지역의 토지 또는 건축물의 소유자, 지상권자 전원이 합의를 해야 건축협정의 체결이 가능하다.

① 토지 또는 건축물의 소유자, 지상권자 등 대통령령으로 정하는 자(이하 '소유자 등'이라 한다)는 **전원의 합의**로 다음의 어느 하나에 해당하는 지역 또는 구역에서 건축물의 건축·대수선 또는 리모델링에 관한 협정(이하 '건축협정'이라 한다)을 체결할 수 있다(법 제77조의4 제1항, 영 제110조의3 제1항).

> ㉠ 「국토의 계획 및 이용에 관한 법률」에 따라 지정된 **지구단위계획구역**
> ㉡ 「도시 및 주거환경정비법」에 따른 **주거환경개선사업**을 시행하기 위하여 같은 법에 따라 지정·고시된 정비구역
> ㉢ 「도시재정비 촉진을 위한 특별법」에 따른 **존치지역**
> ㉣ 「도시재생 활성화 및 지원에 관한 특별법」에 따른 **도시재생활성화지역**
> ㉤ 그 밖에 시·도지사 및 시장·군수·구청장(이하 '건축협정인가권자'라 한다)이 도시 및 주거환경개선이 필요하다고 인정하여 해당 지방자치단체의 조례로 정하는 구역

Tip👆 건축협정 대상지역에 재개발사업구역과 재건축사업구역은 없다는 점을 기억한다.

② ①의 각 지역 또는 구역에서 둘 이상의 **토지를 소유한 자가 1인인 경우**에도 그 토지소유자는 해당 토지의 구역을 건축협정 대상지역으로 하는 건축협정을 정할 수 있다. 이 경우, 그 토지소유자 **1인을 건축협정 체결자**로 본다(법 제77조의4 제2항).

③ 소유자 등은 건축협정을 체결(토지소유자 1인이 건축협정을 정하는 경우를 포함한다)하는 경우에는 다음의 사항을 준수하여야 한다(법 제77조의4 제3항).

심화📖 **건축협정 포함사항**
1. 건축물의 건축·대수선 또는 리모델링에 관한 사항
2. 건축물의 위치·용도·형태 및 부대시설에 관하여 대통령령으로 정하는 다음의 사항
  • 건축선
  • 건축물 및 건축설비의 위치
  • 건축물의 용도, 높이 및 층수
  • 건축물의 지붕 및 외벽의 형태
  • 건폐율 및 용적률
  • 담장, 대문, 조경, 주차장 등 부대시설의 위치 및 형태
  • 차양시설, 차면시설 등 건축물에 부착하는 시설물의 형태
  • 맞벽건축의 구조 및 형태
  • 그 밖에 건축물의 위치, 용도, 형태 또는 부대시설에 관하여 건축조례로 정하는 사항

> ㉠ 이 법 및 관계법령을 위반하지 아니할 것
> ㉡ 「국토의 계획 및 이용에 관한 법률」에 따른 도시·군관리계획 및 이 법 제77조의11 제1항에 따른 건축물의 건축·대수선 또는 리모델링에 관한 계획을 위반하지 아니할 것

④ 소유자 등이 건축협정을 체결하는 경우에는 건축협정서를 작성하여야 하며, 건축협정서에는 다음의 사항이 명시되어야 한다(법 제77조의4 제5항).

> ㉠ 건축협정의 명칭
> ㉡ 건축협정 대상지역의 위치 및 범위
> ㉢ 건축협정의 목적
> ㉣ 건축협정의 내용

> ⑩ 건축협정을 체결하는 자(이하 '협정체결자'라 한다)의 성명, 주소 및 생년월일(법인, 법인 아닌 사단이나 재단 및 외국인의 경우에는 「부동산등기법」에 따라 부여된 등록번호를 말한다)
> ⑪ 건축협정운영회가 구성되어 있는 경우에는 그 명칭, 대표자 성명, 주소 및 생년월일
> ⑫ 건축협정의 유효기간
> ⑬ 건축협정 위반시 제재에 관한 사항
> ⑭ 그 밖에 건축협정에 필요한 사항으로서, 해당 지방자치단체의 조례로 정하는 사항

⑤ 시·도지사가 필요하다고 인정하여 조례로 구역을 정하려는 때에는 해당 시장·군수·구청장의 의견을 들어야 한다(법 제77조의4 제6항).

(2) 건축협정운영회의 설립

① 협정체결자는 건축협정서 작성 및 건축협정 관리 등을 위하여 필요한 경우, 협정체결자 간의 자율적 기구로서 운영회(이하 '건축협정운영회'라 한다)를 설립할 수 있다(법 제77조의5 제1항).

② 건축협정운영회를 설립하려면 협정체결자 과반수의 동의를 받아 건축협정운영회의 대표자를 선임하고, 국토교통부령으로 정하는 바에 따라 건축협정인가권자에게 신고하여야 한다. 다만, 건축협정인가신청시 건축협정운영회에 관한 사항을 포함한 경우에는 그러하지 아니하다(법 제77조의5 제2항).

(3) 건축협정의 인가

① 협정체결자 또는 건축협정운영회의 대표자는 건축협정서를 작성하여 국토교통부령으로 정하는 바에 따라 해당 건축협정인가권자의 인가를 받아야 한다. 이 경우, 인가신청을 받은 건축협정인가권자는 인가를 하기 전에 건축협정인가권자가 두는 건축위원회의 심의를 거쳐야 한다(법 제77조의6 제1항).

② 건축협정 체결대상토지가 둘 이상의 특별자치시 또는 시·군·구에 걸치는 경우, 건축협정 체결대상 토지면적의 과반(過半)이 속하는 건축협정인가권자에게 인가를 신청할 수 있다. 이 경우, 인가신청을 받은 건축협정인가권자는 건축협정을 인가하기 전에 다른 특별자치시장 또는 시장·군수·구청장과 협의하여야 한다(법 제77조의6 제2항).

③ 건축협정인가권자는 건축협정을 인가하였을 때에는 국토교통부령으로 정하는 바에 따라 그 내용을 공고하여야 한다(법 제77조의6 제3항).

기출 협정체결자 또는 건축협정운영회의 대표자는 인가받은 사항을 변경하려면 국토교통부령으로 정하는 바에 따라 변경인가를 받아야 한다.

기출 협정체결자 또는 건축협정운영회의 대표자는 건축협정을 폐지하려는 경우에 협정체결자 과반수의 동의를 받아 건축협정인가권자의 인가를 받아야 한다.

(4) 건축협정의 변경

① 협정체결자 또는 건축협정운영회의 대표자는 인가받은 사항을 변경하려면 국토교통부령으로 정하는 바에 따라 변경인가를 받아야 한다. 다만, 대통령령으로 정하는 경미한 사항을 변경하는 경우에는 그러하지 아니하다(법 제77조의7 제1항).

② ①에 따른 변경인가에 관하여는 (3)을 준용한다(법 제77조의7 제2항).

(5) 건축협정의 관리

건축협정인가권자는 건축협정을 인가하거나 변경인가하였을 때에는 국토교통부령으로 정하는 바에 따라 건축협정관리대장을 작성하여 관리하여야 한다(법 제77조의8).

(6) 건축협정의 폐지

① 협정체결자 또는 건축협정운영회의 대표자는 건축협정을 폐지하려는 경우에는 협정체결자 과반수의 동의를 받아 국토교통부령으로 정하는 바에 따라 건축협정인가권자의 인가를 받아야 한다. 다만, (10)에 따른 특례를 적용하여 법 제21조에 따른 착공신고를 한 경우에는 대통령령으로 정하는 기간이 지난 후에 건축협정의 폐지인가를 신청할 수 있다(법 제77조의9 제1항).

② ①에 따른 건축협정의 폐지에 관하여는 (3)의 ③을 준용한다(법 제77조의9 제2항).

(7) 건축협정의 효력 및 승계

① 건축협정이 체결된 지역 또는 구역(이하 '건축협정구역'이라 한다)에서 건축물의 건축·대수선 또는 리모델링을 하거나 그 밖에 대통령령으로 정하는 행위를 하려는 소유자 등은 인가·변경인가된 건축협정에 따라야 한다(법 제77조의10 제1항).

② 건축협정이 공고된 후 건축협정구역에 있는 토지나 건축물 등에 관한 권리를 협정체결자인 소유자 등으로부터 이전받거나 설정받은 자는 협정체결자로서의 지위를 승계한다. 다만, 건축협정에서 달리 정한 경우에는 그에 따른다(법 제77조의10 제2항).

(8) 건축협정에 관한 계획수립 및 지원

① 건축협정인가권자는 소유자 등이 건축협정을 효율적으로 체결할 수 있도록 건축협정구역에서 건축물의 건축·대수선 또는 리모델링에 관한 계획을 수립할 수 있다(법 제77조의11 제1항).

② 건축협정인가권자는 대통령령으로 정하는 바에 따라 도로개설 및 정비 등 건축협정구역 안의 주거환경개선을 위한 사업비용의 일부를 지원할 수 있다(법 제77조의11 제2항).

(9) 경관협정과의 관계

① 소유자 등은 건축협정을 체결할 때 「경관법」에 따른 경관협정을 함께 체결하려는 경우에는 같은 법 제19조 제3항·제4항 및 제20조에 관한 사항을 반영하여 건축협정인가권자에게 인가를 신청할 수 있다(법 제77조의12 제1항).

② 인가신청을 받은 건축협정인가권자는 건축협정에 대한 인가를 하기 전에 건축위원회의 심의를 하는 때에 「경관법」에 따라 경관위원회와 공동으로 하는 심의를 거쳐야 한다(법 제77조의12 제2항).

③ 건축협정을 인가받은 경우에는 「경관법」에 따른 경관협정의 인가를 받은 것으로 본다(법 제77조의12 제3항).

(10) 건축협정에 따른 특례

① 건축협정을 체결하여 둘 이상의 건축물 벽을 맞벽으로 하여 건축하려는 경우, 맞벽으로 건축하려는 자는 공동으로 건축허가를 신청할 수 있다(법 제77조의13 제1항).

② ①의 경우에 법 제17조, 법 제21조, 법 제22조 및 법 제25조에 관하여는 개별 건축물마다 적용하지 아니하고, 허가를 신청한 건축물 전부 또는 일부를 대상으로 통합하여 적용할 수 있다(법 제77조의13 제2항).

③ 건축협정의 인가를 받은 건축협정구역에서 연접한 대지에 대하여는 다음의 관계 법령의 규정을 개별 건축물마다 적용하지 아니하고, 건축협정구역의 전부 또는 일부를 대상으로 통합하여 적용할 수 있다(법 제77조의13 제3항).

> ㉠ 대지의 조경(법 제42조)
> ㉡ 대지와 도로와의 관계(법 제44조)
> ㉢ 지하층의 설치(법 제53조)
> ㉣ 건폐율(법 제55조)
> ㉤ 부설주차장의 설치(「주차장법」 제19조)
> ㉥ 개인하수처리시설의 설치(「하수도법」 제34조)

④ 관계법령의 규정을 적용하려는 경우에는 건축협정구역 전부 또는 일부에 대하여 조경 및 부설주차장에 대한 기준을 이 법 및 「주차장법」에서 정한 기준 이상으로 산정하여 적용하여야 한다(법 제77조의13 제4항).

⑤ 건축협정을 체결하여 둘 이상 건축물의 경계벽을 전체 또는 일부를 공유하여 건축하는 경우에는 ①부터 ④까지의 특례를 적용하며, 해당 대지를 하나의 대지로 보아 이 법의 기준을 개별 건축물마다 적용하지 아니하고 허가를 신청한 건축물의 전부 또는 일부를 대상으로 통합하여 적용할 수 있다(법 제77조의13 제5항).

⑥ 건축협정구역에 건축하는 건축물에 대하여는 법 제42조, 법 제55조, 법 제56조, 법 제58조, 법 제60조 및 법 제61조와 「주택법」 제35조를 대통령령으로 정하는 바에 따라 완화하여 적용할 수 있다. 다만, 법 제56조를 완화하여 적용하는 경우에는 법 제4조에 따른 건축위원회의 심의와 「국토의 계획 및 이용에 관한 법률」 제113조에 따른 지방도시계획위원회의 심의를 통합하여 거쳐야 한다(법 제77조의13 제6항).

⑦ 통합심의를 하는 경우, 통합심의의 방법 및 절차 등에 관한 구체적인 사항은 대통령령으로 정한다(법 제77조의13 제7항).

⑧ 건축협정구역 내의 건축물에 대한 건축기준의 적용에 관하여는 법 제72조 제1항(제2호 및 제4호는 제외한다)부터 제5항까지를 준용한다. 이 경우, '특별건축구역'은 '건축협정구역'으로 본다(법 제77조의13 제8항).

(11) 건축협정 집중구역 지정 등

① 건축협정인가권자는 건축협정의 효율적인 체결을 통한 도시의 기능 및 미관의 증진을 위하여 (1)의 ①의 어느 하나에 해당하는 지역 및 구역의 전체 또는 일부를 건축협정 집중구역으로 지정할 수 있다(제77조의14 제1항).

② 건축협정인가권자는 건축협정 집중구역을 지정하는 경우에는 미리 다음의 사항에 대하여 건축협정인가권자가 두는 건축위원회의 심의를 거쳐야 한다(제77조의14 제2항).

> ㉠ 건축협정 집중구역의 위치, 범위 및 면적 등에 관한 사항
> ㉡ 건축협정 집중구역의 지정목적 및 필요성
> ㉢ 건축협정 집중구역에서 법 제77조의4 제4항 각호의 사항 중 건축협정인가권자가 도시의 기능 및 미관 증진을 위하여 세부적으로 규정하는 사항
> ㉣ 건축협정 집중구역에서 법 제77조의13에 따른 건축협정의 특례 적용에 관하여 세부적으로 규정하는 사항

③ ①에 따른 건축협정 집중구역의 지정 또는 변경·해제에 관하여는 (3)의 ③을 준용한다(제77조의14 제3항).
④ 건축협정 집중구역 내의 건축협정이 ②에 관한 심의내용에 부합하는 경우에는 (3)의 ①에 따른 건축위원회의 심의를 생략할 수 있다(제77조의14 제4항).

8 결합건축 제33회

(1) 결합건축대상지

① 다음의 어느 하나에 해당하는 지역에서 대지 간의 **최단거리가 100m 이내**의 범위에서 대통령령으로 정하는 범위에 있는 2개의 대지의 건축주가 서로 합의한 경우, 2개의 대지를 대상으로 결합건축을 할 수 있다(법 제77조의15 제1항).

> ㉠ 「국토의 계획 및 이용에 관한 법률」에 따라 지정된 **상업지역**
> ㉡ 「역세권의 개발 및 이용에 관한 법률」에 따라 지정된 **역세권개발구역**
> ㉢ 「도시 및 주거환경정비법」에 따른 정비구역 중 **주거환경개선사업**의 시행을 위한 구역
> ㉣ 그 밖에 도시 및 주거환경 개선과 효율적인 토지이용이 필요하다고 대통령령으로 정하는 지역✚

② 다음의 어느 하나에 해당하는 경우에는 ①의 ㉠~㉣의 어느 하나에 해당하는 지역에서 대통령령으로 정하는 범위에 있는 3개 이상 대지의 건축주 등이 서로 합의한 경우, 3개 이상의 대지를 대상으로 결합건축을 할 수 있다(법 제77조의15 제2항).

> ㉠ 국가·지방자치단체 또는 「공공기관의 운영에 관한 법률」에 따른 공공기관이 소유 또는 관리하는 건축물과 결합건축하는 경우
> ㉡ 「빈집 및 소규모주택 정비에 관한 특례법」에 따른 빈집 또는 「건축물관리법」에 따른 빈 건축물을 철거하여 그 대지에 공원, 광장 등 대통령령으로 정하는 시설을 설치하는 경우
> ㉢ 그 밖에 대통령령으로 정하는 건축물과 결합건축하는 경우

③ ① 및 ②에도 불구하고 도시경관의 형성, 기반시설 부족 등의 사유로 해당 지방자치단체의 조례로 정하는 지역 안에서는 결합건축을 할 수 없다(법 제77조의15 제3항).

✚ 대통령령으로 정하는 지역이란 다음의 지역을 말한다.
1. 건축협정구역
2. 특별건축구역
3. 리모델링활성화구역
4. 도시재생활성화지역
5. 건축자산진흥구역
✔ 특별가로구역은 해당하지 않는다.

④ ① 또는 ②에 따라 결합건축을 하려는 2개 이상의 대지를 소유한 자가 1명인 경우는 법 제77조의4 제2항을 준용한다(법 제77조의15 제4항).

심화 결합건축을 하고자 하는 건축주는 건축허가를 신청하는 때에는 다음의 사항을 명시한 결합건축협정서를 첨부하여야 하며, 국토교통부령으로 정하는 도서를 제출해야 한다.
1. 결합건축대상대지의 위치 및 용도지역
2. 결합건축협정서를 체결하는 자의 성명, 주소 및 생년월일(법인, 법인 아닌 사단이나 재단 및 외국인의 경우에는 「부동산등기법」에 따라서 부여된 등록번호를 말한다)
3. 「국토의 계획 및 이용에 관한 법률」에 따라 조례로 정한 용적률과 결합건축으로 조정되어 적용되는 대지별 용적률
4. 결합건축대상대지별 건축계획서

(2) 결합건축의 관리

① 허가권자는 결합건축을 포함하여 건축허가를 한 경우, 국토교통부령으로 정하는 바에 따라 그 내용을 공고하고, 결합건축관리대장을 작성하여 관리하여야 한다(법 제77조의17 제1항).

② 허가권자는 법 제77조의15 제1항에 따른 결합건축과 관련된 건축물의 사용승인신청이 있는 경우, 해당 결합건축협정서상의 다른 대지에서 착공신고 또는 대통령령으로 정하는 조치가 이행되었는지를 확인한 후 사용승인을 하여야 한다(법 제77조의17 제2항).

③ 허가권자는 결합건축을 허용한 경우, 건축물대장에 국토교통부령으로 정하는 바에 따라 결합건축에 관한 내용을 명시하여야 한다(법 제77조의17 제3항).

④ 결합건축협정서에 따른 협정체결 유지기간은 최소 30년으로 한다. 다만, 결합건축협정서의 용적률 기준을 종전대로 환원하여 신축·개축·재축하는 경우에는 그러하지 아니한다(법 제77조의17 제4항).

⑤ 결합건축협정서를 폐지하려는 경우에는 결합건축협정 체결자 전원이 동의하여 허가권자에게 신고하여야 하며, 허가권자는 용적률을 이전받은 건축물이 멸실된 것을 확인한 후 결합건축의 폐지를 수리하여야 한다. 이 경우, 결합건축 폐지에 관하여는 ① 및 ③을 준용한다(법 제77조의17 제5항).

⑥ 결합건축협정의 준수 여부, 효력 및 승계에 대하여는 법 제77조의4 제3항 및 법 제77조의10을 준용한다. 이 경우, '건축협정'은 각각 '결합건축협정'으로 본다(법 제77조의17 제6항).

❾ 특별가로구역

(1) 특별가로구역의 지정

① 국토교통부장관 및 허가권자는 도로에 인접한 건축물의 건축을 통한 조화로운 도시경관의 창출을 위하여 이 법 및 관계법령에 따라 일부 규정을 적용하지 아니하거나 완화하여 적용할 수 있도록 다음의 어느 하나에 해당하는 지구 또는 구역에서 대통령령으로 정하는 도로➕에 접한 대지의 일정 구역을 특별가로구역으로 지정할 수 있다(법 제77조의2 제1항).

> ㉠ 경관지구
> ㉡ 지구단위계획구역 중 미관유지를 위하여 필요하다고 인정하는 구역

② 국토교통부장관 및 허가권자는 특별가로구역을 지정하려는 경우에는 다음의 자료를 갖추어 국토교통부장관 또는 허가권자가 두는 건축위원회의 심의를 거쳐야 한다(법 제77조의2 제2항, 영 제110조의2 제2항).

> ㉠ 특별가로구역의 위치·범위 및 면적 등에 관한 사항
> ㉡ 특별가로구역의 지정목적 및 필요성
> ㉢ 특별가로구역 내 건축물의 규모 및 용도 등에 관한 사항
> ㉣ 그 밖에 특별가로구역의 지정에 필요한 사항으로서 대통령령으로 정하는 다음의 사항
>   ⓐ 특별가로구역에서 이 법 또는 관계법령의 규정을 적용하지 아니하거나 완화하여 적용하는 경우에 해당 규정과 완화 등의 범위에 관한 사항
>   ⓑ 건축물의 지붕 및 외벽의 형태나 색채 등에 관한 사항
>   ⓒ 건축물의 배치, 대지의 출입구 및 조경의 위치에 관한 사항
>   ⓓ 건축선 후퇴공간 및 공개공지 등의 관리에 관한 사항
>   ⓔ 그 밖에 특별가로구역의 지정에 필요하다고 인정하여 국토교통부장관이 고시하거나 허가권자가 건축조례로 정하는 사항

③ 국토교통부장관 및 허가권자는 특별가로구역을 지정하거나 변경·해제하는 경우에는 국토교통부령으로 정하는 바에 따라 이를 지역주민에게 알려야 한다(법 제77조의2 제3항).

(2) 특별가로구역의 관리

국토교통부장관 및 허가권자는 특별가로구역을 효율적으로 관리하기 위하여 국토교통부령으로 정하는 바에 따라 (1)의 ②의 지정내용을 작성하여 관리하여야 한다(법 제77조의3 제1항).

기출📖 특별가로구역은 결합건축 대상지역에 해당하지 않는다. 제33회

➕ 다음의 어느 하나에 해당하는 도로를 말한다.
1. 건축선을 후퇴한 대지에 접한 도로로서 허가권자(허가권자가 구청장인 경우에는 특별시장이나 광역시장을 말한다)가 건축조례로 정하는 도로
2. 허가권자가 리모델링 활성화가 필요하다고 인정하여 지정·공고한 지역 안의 도로
3. 보행자전용도로로서 도시미관 개선을 위하여 허가권자가 건축조례로 정하는 도로
4. 「지역문화진흥법」에 따른 문화지구 안의 도로
5. 그 밖에 조화로운 도시경관 창출을 위하여 필요하다고 인정하여 국토교통부장관이 고시하거나 허가권자가 건축조례로 정하는 도로

제7장 보칙 등

이 장은 출제 비중이 낮지만, 이행강제금의 부과대상 및 절차 부분은 꼼꼼하게 학습하여야 한다. 반면, 벌칙 등은 별도로 암기하지 않아도 된다.

참고 허가권자는 허가나 승인을 취소하려면 청문을 실시하여야 한다.

1 위반건축물 등에 대한 조치

(1) 허가권자의 조치명령

허가권자는 이 법 또는 이 법에 따른 명령이나 처분에 위반되는 대지나 건축물에 대하여 이 법에 따른 허가 또는 승인을 취소하거나, 그 건축물의 건축주·공사시공자·현장관리인·소유자·관리자 또는 점유자(이하 '건축주 등'이라 한다)에게 공사의 중지를 명하거나, 상당한 기간을 정하여 그 건축물의 해체·개축·증축·수선·용도변경·사용금지·사용제한, 그 밖에 필요한 조치를 명할 수 있다(법 제79조 제1항).

(2) 영업허가의 중지요청 등

① 중지요청: 허가권자는 허가나 승인이 취소된 건축물 또는 시정명령을 받고 이행하지 아니한 건축물에 대하여는 다른 법령에 의한 영업이나 그 밖의 행위를 허가·면허·인가·등록·지정 등을 하지 아니하도록 요청할 수 있다. 다만, 허가권자가 기간을 정하여 그 사용 또는 영업이나 그 밖의 행위를 허용한 주택과 대통령령으로 정하는 경우(바닥면적의 합계가 400m² 미만인 축사와 바닥면적의 합계가 400m² 미만인 농업·임업·축산업 또는 수산업용 창고)에는 그러하지 아니하다(법 제79조 제2항).

② 허가권자의 의무: ①에 따른 요청을 받은 자는 특별한 이유가 없으면 요청에 따라야 한다(법 제79조 제3항).

③ 위반내용의 기재: 허가권자는 시정명령을 하는 경우, 국토교통부령으로 정하는 바에 따라 건축물대장에 위반내용을 적어야 한다(법 제79조 제4항).

④ 조사: 허가권자는 이 법 또는 이 법에 따른 명령이나 처분에 위반되는 대지나 건축물에 대한 실태를 파악하기 위하여 조사를 할 수 있다(법 제79조 제5항).

⑤ 세부사항: 실태조사의 방법 및 절차에 관한 사항은 대통령령으로 정한다(법 제79조 제6항).

2 이행강제금

1. 이행강제금의 의의

이행강제금이란 종전의 과태료나 벌금이 가지는 일회성 처분보다 더 강한 처분으로서, 위반한 부분에 대하여 실효성을 거두기 위해 이행을 할 때까지 계속해서 처분을 한다. 1회 부과 이후에는 행위에 대한 처벌이 없어지는 과태료와 달리, 위반한 자가 이행을 하도록 심리적으로 강제하기 위해 반복적으로 부과하는 제도이다. 최근에는 토지거래허가구역에서도 도입하였는데, 이는 사회적 모순을 해결하기 위한 것이라고 볼 수 있다.

2. 이행강제금의 부과

(1) 부과권자(허가권자)

① 허가권자는 시정명령을 받은 후 시정기간 내에 시정명령을 이행하지 아니한 건축주 등에 대하여는 그 시정명령의 이행에 필요한 상당한 이행기한을 정하여 그 기한까지 시정명령을 이행하지 아니하면 다음의 이행강제금을 부과한다(법 제80조 제1항, 영 제115조의3 제1항).

> ㉠ 건축물이 건폐율이나 용적률을 초과하여 건축된 경우 또는 허가를 받지 아니하거나 신고를 하지 아니하고 건축된 경우에는 「지방세법」에 따라 해당 건축물에 적용되는 $1m^2$의 시가표준액의 100분의 50에 해당하는 금액에 위반면적을 곱한 금액 이하의 범위에서 위반내용에 따라 대통령령으로 정하는 다음의 비율을 곱한 금액
> ⓐ 건폐율을 초과하여 건축한 경우: 100분의 80
> ⓑ 용적률을 초과하여 건축한 경우: 100분의 90
> ⓒ 허가를 받지 아니하고 건축한 경우: 100분의 100
> ⓓ 신고를 하지 아니하고 건축한 경우: 100분의 70

참고 이행강제금(「건축법」)
1. 위법한 건축물에 대해서만 부과한다.
   - 건폐율·용적률 초과, 무허가·무신고: 시가표준액의 50%[일정비율(무허가 100%, 용적률 초과 90%, 건폐율 초과 80%, 무신고 70%)을 곱한 값]
   - 기타 위반 건축물: 시가표준액의 10%
2. 1년에 2회 이내에서 조례가 정하는 횟수만큼 부과한다(단, 연면적 $60m^2$ 이하의 주거용은 해당 금액을 1/2로 감액 가능).
✓ 「농지법」: 농지의 처분의무가 있음에도 불구하고 처분하지 않은 경우에는 토지의 감정가격과 개별공시지가 중 높은 금액의 25%에 상응하는 금액을 부과한다(1년에 1회씩 반복 부과).

ⓒ 건축물이 ㉠ 외의 위반 건축물에 해당하는 경우에는 「지방세법」에 따라 그 건축물에 적용되는 시가표준액에 해당하는 금액의 100분의 10의 범위에서 위반내용에 따라 대통령령으로 정하는 금액

② 다만, 연면적(공동주택의 경우에는 세대면적을 기준으로 한다)이 60m² 이하인 주거용 건축물과 ①의 ⓒ 중 주거용 건축물로서 대통령령으로 정하는 경우에는 ①의 어느 하나에 해당하는 금액의 2분의 1의 범위에서 해당 지방자치단체의 조례로 정하는 금액을 부과한다(법 제80조 제1항 단서, 영 제115조의2 제1항).

㉠ 사용승인을 받지 아니하고 건축물을 사용한 경우
㉡ 대지의 조경에 관한 사항을 위반한 경우
㉢ 건축물의 높이제한을 위반한 경우
㉣ 일조 등의 확보를 위한 건축물의 높이제한을 위반한 경우
㉤ 그 밖에 법 또는 법에 따른 명령이나 처분을 위반한 경우(별표 15 위반 건축물 란의 제1호의2, 제4호부터 제9호까지의 규정에 해당하는 경우는 제외한다)로서 건축조례로 정하는 경우

(2) 이행강제금의 가중

허가권자는 영리 목적을 위한 위반이나 상습적 위반 등 대통령령으로 정하는 다음의 경우에 (1)에 따른 금액을 100분의 100의 범위에서 해당 지방자치단체의 조례로 정하는 바에 따라 가중하여야 한다(법 제80조 제2항, 영 제115조의3 제2항).

① 임대 등 영리를 목적으로 법 제19조를 위반하여 용도변경을 한 경우(위반면적이 50m²를 초과하는 경우로 한정한다)
② 임대 등 영리를 목적으로 허가나 신고 없이 신축 또는 증축한 경우(위반면적이 50m²를 초과하는 경우로 한정한다)
③ 임대 등 영리를 목적으로 허가나 신고 없이 다세대주택의 세대수 또는 다가구주택의 가구 수를 증가시킨 경우(5세대 또는 5가구 이상 증가시킨 경우로 한정한다)
④ 동일인이 최근 3년 내에 2회 이상 법 또는 법에 따른 명령이나 처분을 위반한 경우
⑤ ①부터 ④까지의 규정과 비슷한 경우로서, 건축조례로 정하는 경우

(3) 부과 전 문서계고

허가권자는 이행강제금을 부과하기 전에 이행강제금을 부과·징수한다는 뜻을 미리 문서로써 계고(戒告)하여야 한다(법 제80조 제3항).

(4) 문서에 의한 요식행위

허가권자는 이행강제금을 부과하는 경우 금액, 부과사유, 납부기한, 수납기관, 이의제기방법 및 이의제기기관 등을 구체적으로 밝힌 문서로 하여야 한다(법 제80조 제4항).

(5) 부과 횟수

허가권자는 최초의 시정명령이 있었던 날을 기준으로 하여 1년에 2회 이내의 범위에서 해당 지방자치단체의 조례로 정하는 횟수만큼 그 시정명령이 이행될 때까지 반복하여 이행강제금을 부과·징수할 수 있다(법 제80조 제5항).

(6) 부과의 중지

허가권자는 시정명령을 받은 자가 이를 이행하면 새로운 이행강제금의 부과를 즉시 중지하되, 이미 부과된 이행강제금은 징수하여야 한다(법 제80조 제6항).

(7) 강제징수

허가권자는 이행강제금 부과처분을 받은 자가 이행강제금을 납부기한까지 내지 아니하면 「지방행정제재·부과금의 징수 등에 관한 법률」에 따라 징수한다(법 제80조 제7항).

3. 이행강제금 부과에 관한 특례

(1) 이행강제금의 감경

허가권자는 이행강제금을 다음에서 정하는 바에 따라 감경할 수 있다. 다만, 지방자치단체의 조례로 정하는 기간까지 위반내용을 시정하지 아니한 경우는 제외한다(법 제80조의2 제1항).

> ① 축사 등 농업용·어업용 시설로서 $500m^2$(「수도권정비계획법」에 따른 수도권 외의 지역에서는 $1천m^2$) 이하인 경우는 5분의 1을 감경
> ② 그 밖에 위반동기, 위반범위 및 위반시기 등을 고려하여 대통령령으로 정하는 경우(법 제80조 제2항에 해당하는 경우는 제외한다)에는 100분의 75의 범위에서 대통령령으로 정하는 비율을 감경

(2) 경과 규정

허가권자는 법률 제4381호 「건축법」 개정법률의 시행일(1992년 6월 1일을 말한다) 이전에 이 법 또는 이 법에 따른 명령이나 처분을 위반한 주거용 건축물에 관하여는 대통령령으로 정하는 바에 따라 이행강제금을 감경할 수 있다(법 제80조의2 제2항).

❸ 행정대집행법 적용의 특례 제32회

(1) 행정대집행 대상

허가권자는 법 제11조, 법 제14조, 법 제41조와 법 제79조 제1항에 따라 필요한 조치를 할 때 다음의 어느 하나에 해당하는 경우로서 「행정대집행법」 제3조 제1항과 제2항에 따른 절차에 의하면 그 목적을 달성하기 곤란한 때에는 해당 절차를 거치지 아니하고 대집행할 수 있다(법 제85조 제1항).

> ① 재해가 발생할 위험이 절박한 경우
> ② 건축물의 구조안전상 심각한 문제가 있어 붕괴 등 손괴의 위험이 예상되는 경우
> ③ 허가권자의 공사중지명령을 받고도 따르지 아니하고 공사를 강행하는 경우
> ④ 도로통행에 현저하게 지장을 주는 불법건축물인 경우
> ⑤ 그 밖에 공공의 안전 및 공익에 매우 저해되어 신속하게 실시할 필요가 있다고 인정되는 경우로서, 대통령령으로 정하는 경우

(2) 남용제한

행정대집행은 건축물의 관리를 위하여 필요한 최소한도에 그쳐야 한다(법 제85조 제2항).

❹ 건축분쟁전문위원회 제32회

(1) 설치 및 조정내용

건축 등과 관련된 다음의 분쟁(「건설산업기본법」에 따른 조정의 대상이 되는 분쟁은 제외한다)의 조정(調停) 및 재정(裁定)을 하기 위하여 국토교통부에 건축분쟁전문위원회(이하 '분쟁위원회'라 한다)를 둔다(법 제88조 제1항).

> ① 건축관계자와 해당 건축물의 건축 등으로 피해를 입은 인근주민(이하 '인근주민'이라 한다) 간의 분쟁
> ② 관계전문기술자와 인근주민 간의 분쟁
> ③ 건축관계자와 관계전문기술자 간의 분쟁
> ④ 건축관계자 간의 분쟁
> ⑤ 인근주민 간의 분쟁
> ⑥ 관계전문기술자 간의 분쟁
> ⑦ 그 밖에 대통령령으로 정하는 사항

기출
1. 건축주와 건축신고수리자 간의 분쟁은 조정 및 재정의 대상에 해당하지 않는다. 제32회
2. 건축허가권자와 공사감리자 간의 분쟁은 조정 및 재정의 대상에 해당하지 않는다. 제32회

(2) 분쟁위원회의 구성

① 구성원의 수: 분쟁위원회는 위원장과 부위원장 각 1명을 포함한 15명 이내의 위원으로 구성한다(법 제89조 제1항).

② 위원: 분쟁위원회의 위원은 건축이나 법률에 관한 학식과 경험이 풍부한 자로서 다음의 어느 하나에 해당하는 자 중에서 국토교통부장관이 임명하거나 위촉한다. 이 경우, ⓒ에 해당하는 자가 2명 이상 포함되어야 한다(법 제89조 제2항).

> ㉠ 3급 상당 이상의 공무원으로 1년 이상 재직한 자
> ㉡ 「고등교육법」에 따른 대학에서 건축공학이나 법률학을 가르치는 조교수 이상의 직(職)에 3년 이상 재직한 자
> ㉢ 판사, 검사 또는 변호사의 직에 6년 이상 재직한 자
> ㉣ 「국가기술자격법」에 따른 건축분야 기술사 또는 「건축사법」에 따라 건축사사무소개설신고를 하고 건축사로 6년 이상 종사한 자
> ㉤ 건설공사나 건설업에 대한 학식과 경험이 풍부한 자로서, 그 분야에 15년 이상 종사한 자

(3) 조정 등의 신청

① 건축물의 건축 등과 관련된 분쟁의 조정 또는 재정(이하 '조정 등'이라 한다)을 신청하려는 자는 관할 분쟁위원회에 조정 등의 신청서를 제출해야 한다(법 제92조 제1항).

② 조정신청은 해당 사건의 당사자 중 1명 이상이 하며, 재정신청은 해당 사건 당사자 간의 합의로 한다. 다만, 분쟁위원회는 조정신청을 받으면 해당 사건의 모든 당사자에게 조정신청이 접수된 사실을 알려야 한다(법 제92조 제2항).

③ 분쟁위원회는 당사자의 조정신청을 받으면 60일 이내에, 재정신청을 받으면 120일 이내에 절차를 마쳐야 한다. 다만, 부득이한 사정이 있으면 분쟁위원회의 의결로 기간을 연장할 수 있다(법 제92조 제3항).

(4) 조정위원회 및 재정위원회

① 조정은 3명의 위원으로 구성되는 조정위원회에서 하고, 재정은 5명의 위원으로 구성되는 재정위원회에서 한다(법 제94조 제1항).

② 조정위원회의 위원(이하 '조정위원'이라 한다)과 재정위원회의 위원(이하 '재정위원'이라 한다)은 사건마다 분쟁위원회의 위원 중에서 위원장이 지명한다. 이 경우, 재정위원회에는 (2)의 ②의 ㉢에 해당하는 위원이 1명 이상 포함되어야 한다(법 제94조 제2항).

③ 조정위원회와 재정위원회의 회의는 구성원 전원의 출석으로 열고, 과반수의 찬성으로 의결한다(법 제94조 제3항).

(5) 조정을 위한 조사 및 의견청취

① 조정위원회는 조정에 필요하다고 인정하면 조정위원 또는 사무국의 소속공무원에게 관계서류를 열람하게 하거나 관계 사업장에 출입하여 조사하게 할 수 있다(법 제95조 제1항).

② 조정위원회는 필요하다고 인정하면 당사자나 참고인을 조정위원회에 출석하게 하여 의견을 들을 수 있다(법 제95조 제2항).

③ 분쟁의 조정신청을 받은 관할 조정위원회는 조정기간 내에 심사하여 조정안을 작성하여야 한다(법 제95조 제3항).

(6) 조정의 효력

① 조정위원회는 조정안을 작성하면 지체 없이 각 당사자에게 조정안을 제시하여야 한다(법 제96조 제1항).

② 조정안을 제시받은 당사자는 제시를 받은 날부터 15일 이내에 수락 여부를 조정위원회에 알려야 한다(법 제96조 제2항).

③ 조정위원회는 당사자가 조정안을 수락하면 즉시 조정서를 작성하여야 하며, 조정위원과 각 당사자는 이에 기명날인하여야 한다(법 제96조 제3항).

④ 당사자가 조정안을 수락하고 조정서에 기명날인하면 조정서의 내용은 재판상 화해와 동일한 효력을 갖는다. 다만, 당사자가 임의로 처분할 수 없는 사항에 관한 것은 그러하지 아니하다(법 제96조 제4항).

(7) 분쟁의 재정

① 재정은 문서로써 하여야 하며, 재정문서에는 다음의 사항을 적고 재정위원이 이에 기명날인하여야 한다(법 제97조 제1항).

> ㉠ 사건번호와 사건명
> ㉡ 당사자, 선정대표자, 대표당사자 및 대리인의 주소·성명
> ㉢ 주문(主文)
> ㉣ 신청 취지
> ㉤ 이유
> ㉥ 재정 날짜

② 이유를 적을 때에는 주문의 내용이 정당하다는 것을 인정할 수 있는 한도에서 당사자의 주장 등을 표시하여야 한다(법 제97조 제2항).
③ 재정위원회는 재정을 하면 지체 없이 재정문서의 정본(正本)을 당사자나 대리인에게 송달하여야 한다(법 제97조 제3항).

5 행정형벌

(1) 10년 이하의 징역

다음의 규정에 위반하여 설계·시공·공사감리 및 유지·관리와 건축자재의 제조 및 유통을 함으로써 건축물이 부실하게 되어 착공 후 「건설산업기본법」에 따른 하자담보책임기간에 건축물의 기초와 주요구조부에 중대한 손괴를 일으켜 일반인을 위험에 처하게 한 설계자·감리자·시공자·제조업자·유통업자·관계전문기술자 및 건축주는 10년 이하의 징역에 처한다(법 제106조 제1항).

> ① 건축물의 설계
> ② 건축시공
> ③ 건축자재의 제조 및 유통·관리
> ④ 건축물의 공사감리
> ⑤ 건축물의 유지·관리

(2) 무기 또는 3년 이상의 징역

(1)의 죄를 범하여 사람을 죽거나 다치게 한 자는 무기징역이나 3년 이상의 징역에 처한다(법 제106조 제2항).

(3) 5년 이하의 징역이나 금고 또는 5억원 이하의 벌금

업무상 과실로 (1)의 죄를 범한 자는 5년 이하의 징역이나 금고 또는 5억원 이하의 벌금에 처한다(법 제107조 제1항).

(4) 10년 이하의 징역이나 금고 또는 10억원 이하의 벌금

업무상 과실로 (2)의 죄를 범한 자는 10년 이하의 징역이나 금고 또는 10억원 이하의 벌금에 처한다(법 제107조 제2항).

(5) 3년 이하의 징역이나 5억원 이하의 벌금

다음의 어느 하나에 해당하는 자는 3년 이하의 징역이나 5억원 이하의 벌금에 처한다(법 제108조 제1항).

① 도시지역에서 건축허가(법 제11조 제1항), 용도변경(법 제19조 제1항·제2항), 건축선에 의한 건축제한(법 제47조), 건축물의 건폐율(법 제55조), 건축물의 용적률(법 제56조), 대지 안의 공지(법 제58조), 맞벽건축 및 연결복도(법 제60조), 일조 등의 확보를 위한 건축물의 높이제한(법 제61조) 또는 건축협정의 효력 및 승계(법 제77조의10)를 위반하여 건축물을 건축하거나 대수선 또는 용도변경을 한 건축주 및 공사시공자
② 방화에 지장이 없는 재료를 사용하지 아니한 공사시공자 또는 그 재료 사용에 책임이 있는 설계자나 공사감리자
③ 법 제52조의3 제1항을 위반한 건축자재의 제조업자 및 유통업자
④ 법 제52조의4 제1항을 위반하여 품질관리서를 제출하지 아니하거나 거짓으로 제출한 제조업자, 유통업자, 공사시공자 및 공사감리자
⑤ 법 제52조의2 제1항을 위반하여 품질인정기준에 적합하지 아니함에도 품질인정을 한 자

(6) 2년 이하의 징역이나 2억원 이하의 벌금

다음의 어느 하나에 해당하는 자는 2년 이하의 징역이나 2억원 이하의 벌금에 처한다(법 제109조).

① 보고를 거짓으로 한 자
② 보고·확인·검토·심사 및 점검을 거짓으로 한 자

(7) 2년 이하의 징역 또는 1억원 이하의 벌금

다음의 어느 하나에 해당하는 자는 2년 이하의 징역 또는 1억원 이하의 벌금에 처한다(법 제110조).

> ① 도시지역 밖에서 법 제11조 제1항, 법 제19조 제1항·제2항, 법 제47조, 법 제55조, 법 제56조, 법 제58조, 법 제60조, 법 제61조, 법 제77조의10을 위반하여 건축물을 건축하거나 대수선 또는 용도변경을 한 건축주 및 공사시공자
> ② 법 제13조 제5항을 위반한 건축주 및 공사시공자
> ③ 법 제16조(변경허가사항만 해당한다), 법 제21조 제5항, 법 제22조 제3항 또는 법 제25조 제7항을 위반한 건축주 및 공사시공자 등

(8) 5천만원 이하의 벌금

다음의 어느 하나에 해당하는 자는 5천만원 이하의 벌금에 처한다(법 제111조).

> ① 법 제14조, 법 제16조(변경신고사항만 해당한다), 법 제20조 제3항, 법 제21조 제1항, 법 제22조 제1항 또는 법 제83조 제1항에 따른 신고 또는 신청을 하지 아니하거나 거짓으로 신고하거나 신청한 자
> ② 법 제24조 제3항을 위반하여 설계변경을 요청받고도 정당한 사유 없이 따르지 아니한 설계자 등

제4편 메타인지 학습체크

01 휴게음식점은 바닥면적 합계가 300m² 미만인 경우, [① 제1종 근린생활시설 / ② 제2종 근린생활시설]에 해당한다.

02 허가대상에 해당하는 경우로 용도변경하고자 하는 부분의 바닥면적의 합계가 [① 100m² 이상 / ② 500m² 이상]인 용도변경 설계는 「건축법」의 설계에 관한 규정을 준용한다.

03 바닥면적의 합계가 500m²인 일반음식점은 [① 제1종 근린생활시설 / ② 제2종 근린생활시설]이다.

04 종교집회장의 경우에는 바닥면적 합계가 500m² 미만인 경우 [① 제2종 근린생활시설 / ② 종교시설]에 해당한다.

05 어린이회관은 [① 교육연구시설 / ② 관광휴게시설]이다.

06 내력벽의 벽면적을 30m² 이상 해체하여 수선 또는 변경하는 행위는 [① 대수선 / ② 일반수선]이다.

07 사용승인을 얻은 건축물의 용도를 변경하고자 하는 자는 [① 특별자치시장, 특별자치도지사, 시장·군수·구청장 / ② 시·도지사]에게 허가를 받거나 신고를 하여야 한다. 단, 같은 시설군 안에서는 건축물대장 기재내용의 변경을 신청한다.

08 건축물의 바닥이 지표면 아래에 있는 층으로서, 해당 층의 바닥으로부터 지표면까지의 [① 평균높이 / ② 최고높이]가 층높이의 2분의 1 이상인 것을 지하층이라 한다.

09 지하층은 층수에 포함되지 않으며, [① 연면적 / ② 용적률 산정시 연면적]에도 포함되지 않는다.

10 특별자치시장, 특별자치도지사, 시장·군수·구청장은 존치기간 만료일 [① 15일 전 / ② 30일 전]까지 해당 가설건축물의 건축주에게 존치기간 만료일을 알려야 하고, 신고대상 건축물의 존치기간을 연장하려는 건축주는 존치기간 만료일 7일 전까지 특별자치시장, 특별자치도지사, 시장·군수·구청장에게 신고하여야 한다.

정답

01 ① 　02 ② 　03 ② 　04 ② 　05 ② 　06 ① 　07 ① 　08 ① 　09 ② 　10 ②

11 건축허가권자는 원칙적으로 특별자치시장, 특별자치도지사, 시장·군수·구청장이고, 예외적으로 [① 특별시장·광역시장 / ② 시·도지사]이다.

12 건축허가를 받은 날로부터 [① 1년 이내 / ② 2년 이내](공장의 경우는 3년) 공사에 착수하지 아니하는 경우, 건축허가를 취소하여야 한다.

13 사용승인서는 그 신청서를 접수한 날부터 [① 7일 이내 / ② 15일 이내] 교부하여야 한다.

14 건축물의 옥상에 국토교통부장관이 고시하는 기준에 따라 조경 기타 필요한 조치를 하는 경우에는 옥상부분의 조경면적의 [① 3분의 1 / ② 3분의 2]에 해당하는 면적을 대지 안의 조경면적으로 산정할 수 있다. 이 경우, 조경면적으로 산정하는 면적은 조경면적의 100분의 50을 초과할 수 없다.

15 소요너비에 미달하는 도로로서 도로의 반대 쪽에 경사지·하천·철도 등의 유사한 시설이 있는 경우에는 해당 경사지 등이 있는 쪽 도로경계선에서 소요너비에 상당하는 수평거리를 물러난 선을 건축선으로 한다. 경계선과 물러난 부분 사이의 면적은 전체 대지면적에 [① 포함된다. / ② 포함되지 않는다.]

16 층고란 방의 바닥구조체 [① 윗면 / ② 아랫면]으로부터 위층 바닥구조체 윗면까지의 높이를 말한다.

17 층의 구분이 불명확한 경우에 높이는 [① 4m마다 / ② 6m마다] 1층으로 보며, 층이 여러 개인 경우에는 가장 많은 층을 층수로 본다.

18 공개공지의 설치면적은 대지면적의 [① 10% / ② 15%] 이하의 범위 안에서 조례로 결정한다.

19 시정명령을 이행하면 새로운 이행강제금의 부과는 즉시 중지하되, 이미 부과된 이행강제금은 [① 징수하여야 한다. / ② 취소하여야 한다.]

20 허가권자는 영리목적을 위한 위반이나 상습적 위반 등 특정한 경우에 대해서 이행강제금의 [① 100분의 50 / ② 100분의 100]의 범위에서 해당 지방자치단체의 조례로 정하는 바에 따라 가중하여야 한다.

정답

| 11 ① | 12 ② | 13 ① | 14 ② | 15 ② | 16 ① | 17 ① | 18 ① | 19 ① | 20 ② |

제 5 편
주택법

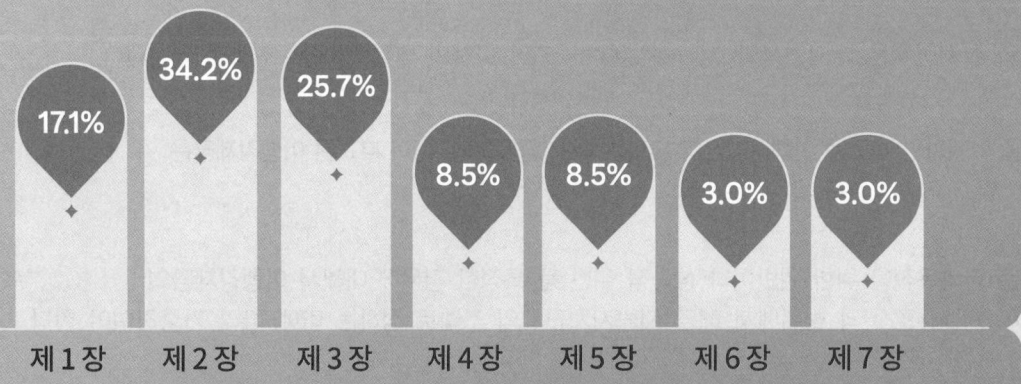

◆ 최근 5개년 출제경향 분석

- 제1장 | 총칙
- 제2장 | 주택의 건설 등
- 제3장 | 주택의 공급 등
- 제4장 | 리모델링
- 제5장 | 주택상환사채
- 제6장 | 보칙
- 제7장 | 벌칙

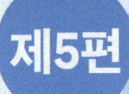

제5편 주택법

❖ 총칙

용어의 정의	건설	공급	주택자금
① 주택(구조 · 자금) ② 도시형 생활주택 ③ 준주택, 세대구분형 주택 ④ 공공택지, 공구 ⑤ 부대 · 복리 · 간선시설 ⑥ 주택단지 ⑦ 리모델링 ⑧ 장수명주택 ⑨ 에너지절약형 친환경주택, 　건강친화형 주택	① 사업주체 ② 등록기준 ③ 주택조합 ④ 사업계획승인 ⑤ 사용검사 ⑥ 매도청구 ⑦ 국·공유지 우선매각·임대 ⑧ 체비지 매각	① 분양가상한제 ② 공급질서교란행위 금지 ③ 저당권설정 등의 제한 ④ 전매금지(3가지) ⑤ 투기과열지구 ⑥ 토지임대부 분양주택	① 주택상환사채 ② 특별회계

❖ 주택의 분류

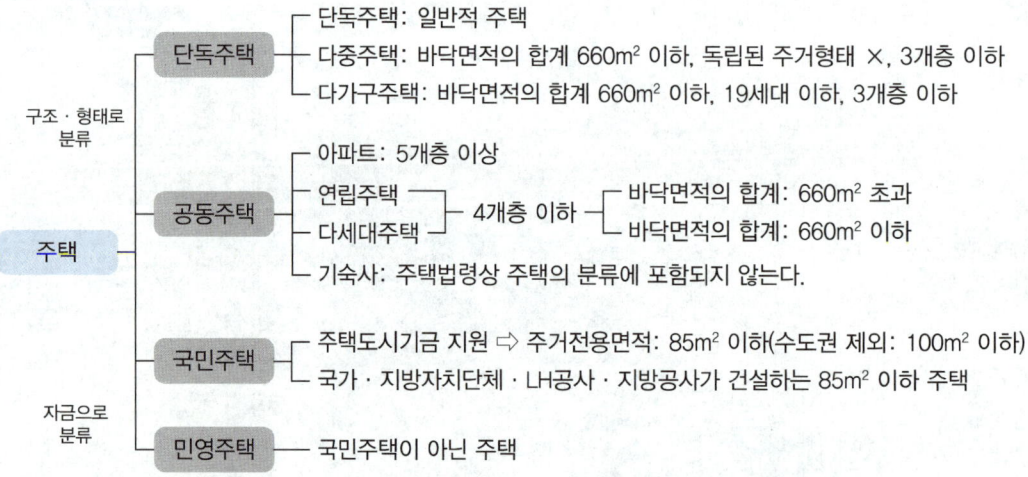

❖ 주택의 건설

사업계획승인신청
① 사업주체
② 내용: 부대시설 및 복리시설에 관한 계획이 포함

⇨

사업계획승인
① 원칙: 시·도지사, 시장·군수
　예외: 국토교통부장관
② 승인대상 규모
　㉠ 주택건설
　　ⓐ 단독주택: 30(50)호 이상 건설
　　ⓑ 공동주택: 30(50)세대 이상 건설
　　ⓒ 리모델링: 30세대 이상 증가시
　㉡ 대지조성: 1만㎡ 이상 대지조성

⇨

사업시행
① 국·공유지 우선매각·임대
② 체비지의 우선활용 (국민주택에 적용)
③ 수용·사용의 특례
④ 타인토지 출입 등

사용검사신청
① 사업주체 ⇨ 입주예정자, 보증자 / 사업주체가 신청할 수 없는 경우 ⇨ 입주예정자, 보증자, 시공자
② 임시사용승인신청
　㉠ 주택건설사업의 경우: 건축물의 동별 (공동주택은 세대별로 승인 가능)
　㉡ 대지조성사업의 경우: 대지 ⇨ 구획별 공사완료시

⇨

사용검사
① 원칙: 시·군·구청장(15일 이내)
② 예외: 사업주체가 국가 또는 한국토지주택공사인 경우에는 국토교통부장관에게 사용검사신청
[비교]
건축법령에 의한 사용승인 의제, 다른 법률에 의한 준공검사 의제

⇨

사용
원칙적으로 사용검사를 받은 후가 아니면 주택 또는 대지를 사용할 수 없다.

❖ 주택의 공급

공급	주택공급의 원칙
	분양가상한제
	공급질서교란행위 금지
	저당권 등 설정 금지
	투기과열지구
	조정대상지역 및 분양가상한제 적용지역

❖ 리모델링의 절차

리모델링조합 설립 ⇨ 리모델링허가 ⇨ 착수 ⇨ 시공 ⇨ 사용검사

제1장 총칙

회독 Check 1회 2회 3회

> 용어의 정의에서는 매년 출제되며, 특히 구조·자금에 따른 주택의 분류를 반드시 학습하여야 한다. 또한 2025년 부동산정책규제 강화로 인하여 분양가상한제, 조정대상지역, 투기과열지구 등의 제정배경 등을 이해해 두면 도움이 될 것이다.

기출 '주택'이란 세대의 구성원이 장기간 독립된 주거생활을 할 수 있는 구조로 된 건축물의 전부 또는 일부를 말하며, 그 부속토지까지 포함하는 개념이다.

핵심 주택의 종류
1. 단독주택
   - 단독주택
   - 다중주택
   - 다가구주택
2. 공동주택
   - 아파트
   - 연립주택
   - 다세대주택

기출 「건축법 시행령」에 따른 오피스텔은 준주택에 해당한다. 제34회

심화 준주택은 주택 외의 건축물과 그 부속토지로서 주거시설로 이용가능한 시설 등을 말하며, 그 종류는 다음과 같다.
1. 기숙사
2. 다중생활시설
3. 노인복지주택
4. 오피스텔

1 제정 목적

이 법은 쾌적하고 살기 좋은 주거환경 조성에 필요한 주택의 건설·공급 및 주택시장의 관리 등에 관한 사항을 정함으로써 국민의 주거안정과 주거수준의 향상에 이바지함을 목적으로 한다(법 제1조).

2 용어의 정의 제32회, 제34회

이 법에서 사용하는 용어의 뜻은 다음과 같다(법 제2조).

(1) 주택

세대(世帶)의 구성원이 장기간 독립된 주거생활을 할 수 있는 구조로 된 건축물의 전부 또는 일부 및 그 부속토지를 말하며, 단독주택과 공동주택으로 구분한다.

> **핵심 주택의 분류**
>
> 1. 구조에 따른 분류
>   ① 단독주택: 1세대가 하나의 건축물 안에서 독립된 주거생활을 할 수 있는 구조로 된 주택을 말하며, 그 종류와 범위는 대통령령으로 정한다.
>   ② 공동주택: 건축물의 벽·복도·계단이나 그 밖의 설비 등의 전부 또는 일부를 공동으로 사용하는 각 세대가 하나의 건축물 안에서 각각 독립된 주거생활을 할 수 있는 구조로 된 주택을 말하며, 그 종류와 범위는 대통령령으로 정한다.
>   ③ 세대구분형 공동주택: 공동주택의 주택 내부공간의 일부를 세대별로 구분하여 생활이 가능한 구조로 하되, 그 구분된 공간의 일부를 **구분소유할 수 없는** 주택으로서 대통령령으로 정하는 다음의 건설기준, 설치기준, 면적기준 등에 적합한 주택을 말한다(법 제2조 제19호, 영 제9조 제1항).

> ㉠ 사업계획의 승인을 받아 건설하는 공동주택의 경우
>   ⓐ 세대별로 구분된 각각의 공간마다 별도의 **욕실, 부엌과 현관**을 설치할 것
>   ⓑ 하나의 세대가 통합하여 사용할 수 있도록 세대 간에 **연결문 또는 경량구조의 경계벽** 등을 설치할 것
>   ⓒ 세대구분형 공동주택의 세대수가 해당 주택단지 안의 **공동주택 전체 세대수의 3분의 1**을 넘지 않을 것
>   ⓓ 세대별로 구분된 각각의 공간의 주거전용면적(주거의 용도로만 쓰이는 면적으로서 산정된 것을 말한다) 합계가 해당 주택단지 전체 주거전용면적 합계의 **3분의 1을 넘지 않는** 등 국토교통부장관이 정하여 고시하는 주거전용면적의 비율에 관한 기준을 충족할 것
> ㉡ 「공동주택관리법」에 따른 행위의 허가를 받거나 신고를 하고 설치하는 공동주택의 경우
>   ⓐ 구분된 공간의 세대수는 기존 세대를 포함하여 **2세대 이하**일 것
>   ⓑ 세대별로 구분된 각각의 공간마다 별도의 **욕실, 부엌과 구분 출입문**을 설치할 것
>   ⓒ 세대구분형 공동주택의 세대수가 해당 주택단지 안의 **공동주택 전체 세대수의 10분의 1과 해당 동의 전체 세대수의 3분의 1**을 각각 넘지 않을 것. 다만, 특별자치시장, 특별자치도지사, 시장, 군수 또는 구청장(구청장은 자치구의 구청장을 말하며 이하 '시장·군수·구청장'이라 한다)이 부대시설의 규모 등 해당 주택단지의 여건을 고려하여 인정하는 범위에서 세대수의 기준을 넘을 수 있다.
>   ⓓ 구조, 화재, 소방 및 피난안전 등 관계 법령에서 정하는 안전기준을 충족할 것

✔ ③에 따라 건설 또는 설치되는 주택과 관련하여 주택건설기준 등을 적용하는 경우, 세대구분형 공동주택의 세대수는 그 구분된 공간의 세대수에 관계없이 하나의 세대로 산정한다.

2. 건설자금에 따른 분류
   ① 국민주택: 다음의 어느 하나에 해당하는 주택으로서 국민주택규모 이하인 주택을 말한다.

   > ㉠ **국가·지방자치단체**, 「한국토지주택공사법」에 따른 **한국토지주택공사**(이하 '한국토지주택공사'라 한다) 또는 「지방공기업법」에 따라 주택사업을 목적으로 설립된 **지방공사**(이하 '지방공사'라 한다)가 건설하는 주택
   > ㉡ 국가·지방자치단체의 **재정** 또는 「주택도시기금법」에 따른 **주택도시기금으로부터 자금을 지원받아 건설되거나 개량되는 주택**

기출
1. 단독주택에는 「건축법 시행령」에 따른 다가구주택이 포함된다.
2. 공동주택에는 「건축법 시행령」에 따른 아파트, 연립주택, 다세대주택은 포함되나, 기숙사는 포함되지 않는다.
3. 「건축법 시행령」에 따른 다중생활시설은 '준주택'에 해당한다.

기출 '하나의 세대가 통합하여 사용할 수 있도록 세대 간에 연결문 또는 경량구조의 경계벽 등을 설치할 것'은 「공동주택관리법」에 따른 행위의 허가를 받거나 신고를 하고 설치하는 세대구분형 공동주택이 충족하여야 하는 요건에 해당하지 않는다.
제34회

기출 한국토지주택공사가 수도권에 건설한 주거전용면적이 1세대당 $80m^2$인 아파트는 국민주택에 해당한다.

비교➡ 주택의 분류
1. 「건축법」상 분류
- 단독주택 ┬ 단독주택
          ├ 다중주택
          ├ 다가구주택
          └ 공관
- 공동주택 ┬ 아파트
          ├ 연립주택
          ├ 다세대주택
          └ 기숙사
2. 「주택법」상 분류
- 단독주택 ┬ 단독주택
          ├ 다중주택
          └ 다가구주택
- 공동주택 ┬ 아파트
          ├ 연립주택
          └ 다세대주택

기출
1. 민영주택은 국민주택을 제외한 주택을 말한다. 제32회
2. 500세대인 국민주택규모의 아파트는 도시형 생활주택이 될 수 없다. 제28회
3. 300세대인 국민주택규모의 단지형 다세대주택은 도시형 생활주택에 해당하지 않는다. 제32회

② 국민주택규모: 주거의 용도로만 쓰이는 면적(이하 '주거전용면적'이라 한다)이 1호(戶) 또는 1세대당 85m² 이하인 주택(「수도권정비계획법」에 따른 수도권을 제외한 도시지역이 아닌 읍 또는 면 지역은 1호 또는 1세대당 주거전용면적이 100m² 이하인 주택을 말한다)을 말한다. 이 경우, 주거전용면적의 산정방법은 국토교통부령으로 정한다.
③ 민영주택: 국민주택을 제외한 주택을 말한다.
④ 임대주택: 임대를 목적으로 하는 주택으로서, 「공공주택 특별법」에 따른 공공임대주택과 「민간임대주택에 관한 특별법」에 따른 민간임대주택으로 구분한다.

(2) 토지임대부 분양주택

토지의 소유권은 사업계획의 승인을 받아 토지임대부 분양주택 건설사업을 시행하는 자가 가지고, 건축물 및 복리시설(福利施設) 등에 대한 소유권[건축물의 전유부분(專有部分)에 대한 구분소유권은 이를 분양받은 자가 가지고, 건축물의 공용부분·부속건물 및 복리시설은 분양받은 자들이 공유한다]은 주택을 분양받은 자가 가지는 주택을 말한다.

(3) 도시형 생활주택 제32회, 제33회

300세대 미만의 국민주택규모에 해당하는 주택으로서, 대통령령으로 정하는 다음의 주택을 말한다(법 제2조 제20호, 영 제10조 제1항).

① 아파트형 주택: 다음의 요건을 모두 갖춘 공동주택
  ㉠ 세대별로 독립된 주거가 가능하도록 욕실 및 부엌을 설치할 것
  ㉡ 지하층에는 세대를 설치하지 아니할 것
② 단지형 연립주택: 연립주택. 다만, 건축위원회의 심의를 받은 경우에는 주택으로 쓰는 층수를 5개층까지 건축할 수 있다.
③ 단지형 다세대주택: 다세대주택. 다만, 건축위원회의 심의를 받은 경우에는 주택으로 쓰는 층수를 5개층까지 건축할 수 있다.

> **심화** 복합건축제한(영 제10조 제2항·제3항) 제35회
>
> 1. 하나의 건축물에는 도시형 생활주택과 그 밖의 주택을 함께 건축할 수 없다. 다만, 다음의 어느 하나에 해당하는 경우는 예외로 한다.
>
>> ① 도시형 생활주택과 주거전용면적이 $85m^2$를 초과하는 주택 1세대를 함께 건축하는 경우
>> ② 준주거지역 또는 상업지역에서 아파트형 주택과 도시형 생활주택 외의 주택을 함께 건축하는 경우
>
> 2. 하나의 건축물에는 단지형 연립주택 또는 단지형 다세대주택과 아파트형 주택을 함께 건축할 수 없다.

Tip 아파트형 주택의 모습

1. 아파트형 주택(소유자)

2. 아파트형 주택

3. 아파트형 주택 내부

기출
하나의 건축물에는 단지형 연립주택 또는 단지형 다세대주택과 아파트형 주택을 함께 건축할 수 없다. 제35회

(4) 에너지절약형 친환경주택

저에너지건물 조성기술 등 대통령령으로 정하는 기술을 이용하여 에너지 사용량을 절감하거나 이산화탄소 배출량을 저감할 수 있도록 건설된 주택을 말하며, 그 종류와 범위는 대통령령으로 정한다.

(5) 건강친화형 주택

건강하고 쾌적한 실내환경의 조성을 위하여 실내공기의 오염물질 등을 최소화할 수 있도록 대통령령으로 정하는 기준에 따라 건설된 주택을 말한다.

(6) 장수명주택

구조적으로 오랫동안 유지·관리될 수 있는 내구성을 갖추고, 입주자의 필요에 따라 내부구조를 쉽게 변경할 수 있는 가변성과 수리 용이성 등이 우수한 주택을 말한다.

(7) 사업주체

주택건설사업계획 또는 대지조성사업계획의 승인을 받아 그 사업을 시행하는 다음의 자를 말한다.

① 국가·지방자치단체
② 한국토지주택공사 또는 지방공사
③ 등록한 주택건설사업자 또는 대지조성사업자
④ 그 밖에 이 법에 의하여 주택건설사업 또는 대지조성사업을 시행하는 자

(8) 주택조합

많은 수의 구성원이 사업계획의 승인을 받아 주택을 마련하거나 리모델링하기 위하여 결성하는 다음의 조합을 말한다.

> ① 지역주택조합: 다음 구분에 따른 지역에 거주하는 주민이 주택을 마련하기 위하여 설립한 조합
> ㉠ 서울특별시·인천광역시 및 경기도
> ㉡ 대전광역시·충청남도 및 세종특별자치시
> ㉢ 충청북도
> ㉣ 광주광역시 및 전라남도
> ㉤ 전북특별자치도
> ㉥ 대구광역시 및 경상북도
> ㉦ 부산광역시·울산광역시 및 경상남도
> ㉧ 강원특별자치도
> ㉨ 제주특별자치도
> ② 직장주택조합: 같은 직장의 근로자가 주택을 마련하기 위하여 설립한 조합
> ③ 리모델링주택조합: 공동주택의 소유자가 그 주택을 리모델링하기 위하여 설립한 조합

(9) 주택단지 제32회

① 주택건설사업계획 또는 대지조성사업계획의 승인을 받아 주택과 그 부대시설 및 복리시설(福利施設)을 건설하거나 대지를 조성하는 데 사용되는 일단(一團)의 토지를 말한다. 다만, 다음의 시설로 분리된 토지는 각각 별개의 주택단지로 본다(법 제2조 제12호, 영 제5조 제1항).

> ㉠ 철도·고속도로·자동차전용도로
> ㉡ 폭 20m 이상인 일반도로
> ㉢ 폭 8m 이상인 도시계획예정도로
> ㉣ ㉠ 내지 ㉢의 시설에 준하는 것으로서, 보행자 및 자동차의 통행이 가능한 도로로서 다음의 어느 하나에 해당하는 도로
> ⓐ 「국토의 계획 및 이용에 관한 법률」에 따른 도시·군계획시설인 도로로서 국토교통부령이 정하는 도로
> ⓑ 「도로법」에 따른 일반국도·특별시·광역시도 또는 지방도
> ⓒ 그 밖에 관계 법령에 따라 설치된 도로로서 ⓐ 및 ⓑ에 준하는 도로

기출
1. 주택단지에 해당하는 토지가 폭 8m 이상인 도시계획예정도로로 분리된 경우, 분리된 토지를 각각 별개의 주택단지로 본다.
2. 폭 10m의 일반도로로 구분이 되는 경우에는 별개의 단지로 보지 않는다.
제32회

② 단, 사업계획승인권자가 다음의 요건을 모두 충족한다고 인정하여 사업계획을 승인한 도로는 주택단지의 구분기준이 되는 도로에서 제외한다(영 제5조 제2항).

> ③ 인근 주민의 통행권 확보 및 교통편의 제고 등을 위해 기존의 도로를 국토교통부령으로 정하는 기준에 적합하게 유지·변경할 것
> ⓒ 보행자 통행의 편리성 및 안전성을 확보하기 위한 시설을 국토교통부령으로 정하는 바에 따라 설치할 것

(10) 부대시설 제32회

주택에 딸린 다음의 시설 또는 설비를 말한다.

> ① 주차장·관리사무소·담장 및 주택단지 안의 도로
> ②「건축법」에 따른 건축설비
> ③ ① 및 ②의 시설·설비에 준하는 것으로서 대통령령이 정하는 시설 또는 설비

기출
1. 방범설비는 부대시설에 해당한다.
2. 주택에 딸린 「건축법」에 따른 건축설비는 복리시설에 해당하지 않는다. 제32회

(11) 복리시설 제32회, 제35회

주택단지의 입주자 등의 생활복리를 위한 다음의 공동시설을 말한다(법 제2조 제14호, 영 제7조).

> ① 어린이놀이터·근린생활시설·유치원·주민운동시설 및 경로당
> ② 그 밖에 입주자 등의 생활복리를 위하여 대통령령이 정하는 공동시설

기출
1. 주민공동시설은 복리시설에 해당한다.
2. 어린이 놀이터는 주택법령상 기간시설이 아니라 복리시설에 해당한다. 제35회

(12) 기반시설

「국토의 계획 및 이용에 관한 법률」에 따른 기반시설을 말한다.

(13) 기간시설(基幹施設) 제34회

도로·상하수도·전기시설·가스시설·통신시설·지역난방시설 등을 말한다.

(14) 간선시설(幹線施設)

도로·상하수도·전기시설·가스시설·통신시설 및 지역난방시설 등 주택단지(둘 이상의 주택단지를 동시에 개발하는 경우에는 각각의 주택단지를 말한다) 안의 기간시설(基幹施設)을 그 주택단지 밖에 있는 같은 종류의 기간시설에 연결시키는 시설을 말한다. 다만, 가스시설·통신시설 및 지역난방시설의 경우에는 주택단지 안의 기간시설을 포함한다.

기출 도로·상하수도·전기시설·가스시설·통신시설·지역난방시설은 기간시설에 해당한다. 제34회

> **참고 공공택지**
> 1. 공익사업으로 조성된다.
> 2. 공동주택이 대상이지, 단독주택은 아니다.
> 3. 수용·사용방식(공동주택)은 공공택지이다.
> 4. 환지방식(단독주택)은 공공택지가 아니다.
>
> **기출** 「산업입지 및 개발에 관한 법률」에 따른 산업단지개발사업에 의하여 개발·조성되는 공동주택이 건설되는 용지는 공공택지에 해당한다.

(15) 공공택지

다음의 어느 하나에 해당하는 공공사업에 의하여 개발·조성되는 공동주택이 건설되는 용지를 말한다.

> ① 국민주택건설사업 또는 대지조성사업
> ② 「택지개발촉진법」에 따른 택지개발사업. 다만, 같은 법에 따른 주택건설 등 사업자가 같은 법에 따라 활용하는 택지는 제외한다.
> ③ 「산업입지 및 개발에 관한 법률」에 따른 산업단지개발사업
> ④ 「공공주택 특별법」에 따른 공공주택지구조성사업
> ⑤ 「민간임대주택에 관한 특별법」에 따른 공공지원민간임대주택 공급촉진지구 조성사업(시행자가 **수용 또는 사용의 방식**으로 시행하는 사업만 해당한다)
> ⑥ 「도시개발법」에 따른 도시개발사업(시행자가 **수용 또는 사용의 방식**으로 시행하는 사업과 혼용방식 중 **수용 또는 사용의 방식**이 적용되는 구역에서 시행하는 사업만 해당한다)
> ⑦ 「경제자유구역의 지정 및 운영에 관한 특별법」에 따른 경제자유구역개발사업(수용 또는 사용의 방식으로 시행하는 사업과 혼용방식 중 **수용 또는 사용의 방식**이 적용되는 구역에서 시행하는 사업만 해당한다)
> ⑧ 「혁신도시 조성 및 발전에 관한 특별법」에 따른 혁신도시개발사업
> ⑨ 「신행정수도 후속대책을 위한 연기·공주지역 행정중심복합도시 건설을 위한 특별법」에 따른 행정중심복합도시건설사업
> ⑩ 「공익사업을 위한 토지 등의 취득 및 보상에 관한 법률」에 따른 공익사업으로서 대통령령으로 정하는 사업

(16) 공구 제32회

하나의 주택단지에서 대통령령으로 정하는 기준에 따라 둘 이상으로 구분되는 일단의 구역으로, 착공신고 및 사용검사를 별도로 수행할 수 있는 구역으로서 다음의 요건을 모두 충족하는 것을 말한다(법 제2조 제18호, 영 제8조).

> ① 다음의 어느 하나에 해당하는 시설을 설치하거나 공간을 조성하여 6m 이상의 폭으로 공구 간 경계를 설정할 것
>   ㉠ 주택건설기준 등에 관한 규정에 따른 주택단지 안의 도로
>   ㉡ 주택단지 안의 지상에 설치되는 부설주차장
>   ㉢ 주택단지 안의 옹벽 또는 축대
>   ㉣ 식재, 조경이 된 녹지
>   ㉤ 그 밖에 어린이놀이터 등 부대시설이나 복리시설로서 사업계획승인권자가 적합하다고 인정하는 시설
> ② 공구별 세대수는 **300세대 이상**으로 할 것

(17) 리모델링

건축물의 노후화 억제 또는 기능향상 등을 위한 다음의 어느 하나에 해당하는 행위를 말한다(법 제2조 제25호, 영 제13조 제1항·제2항).

> ① 대수선(大修繕)
> ② 사용검사일(주택단지 안의 공동주택 전부에 대하여 임시사용승인을 받은 경우에는 그 임시사용승인일을 말한다) 또는 「건축법」에 따른 사용승인일부터 15년[15년 이상 20년 미만의 연수 중 특별시·광역시·도 또는 특별자치도(이하 '시·도'라 한다)의 조례로 정하는 경우에는 그 연수로 한다]이 지난 공동주택을 각 세대의 주거전용면적[「건축법」에 따른 건축물대장 중 집합건축물대장의 전유부분(專有部分)의 면적을 말한다]의 30% 이내(세대의 주거전용면적이 85m² 미만인 경우에는 40% 이내)에서 증축하는 행위. 이 경우, 공동주택의 기능향상 등을 위하여 공용부분에 대하여도 별도로 증축할 수 있다.
> ③ ②에 따른 각 세대의 증축가능면적을 합산한 면적의 범위에서 기존 세대수의 15% 이내에서 세대수를 증가하는 증축행위(이하 '세대수증가형 리모델링'이라 한다). 다만, 수직으로 증축하는 행위(이하 '수직증축형 리모델링'이라 한다)는 다음 요건을 모두 충족하는 경우로 한정한다.
>   ㉠ 최대 3개층 이하로서 대통령령으로 정하는 범위에서 증축할 것. 다만, '수직증축형 리모델링'의 대상이 되는 건축물의 기존 층수가 15층 이상인 경우에는 3개층, 14층 이하인 경우에는 2개층을 말한다.
>   ㉡ 리모델링대상 건축물의 구조도 보유 등 대통령령으로 정하는 요건을 갖출 것(수직증축형 리모델링의 대상이 되는 기존 건축물의 신축 당시의 구조도를 보유하고 있는 경우를 말한다)

(18) 리모델링기본계획

세대수증가형 리모델링으로 인한 도시과밀, 이주수요 집중 등을 체계적으로 관리하기 위하여 수립하는 계획을 말한다.

(19) 입주자

주택을 공급받는 자, 주택의 소유자 또는 그 소유자를 대리하는 배우자 및 직계존비속(直系尊卑屬)을 말한다.

(20) 사용자

「공동주택관리법」 제2조 제6호에 따른 사용자를 말한다.

(21) 관리주체

「공동주택관리법」 제2조 제10호에 따른 관리주체를 말한다.

참고 │ 리모델링
1. 대수선
2. 증축(15년 이상)
   - 전용면적 30% 이내 증축 (85m² 미만: 40% 이내)
   - 기존 세대수의 15% 이내 증축
   - ✔ 수직증축시 15층 이상인 경우 3개층, 14층 이하인 경우 2개층의 증축

기출 │ 수직증축형 리모델링의 대상이 되는 기존 건축물의 층수가 12층인 경우에는 2개층까지 증축할 수 있다.

제2장 주택의 건설 등

이 장은 출제 빈도가 가장 높다. 특히 사업주체의 분류와 건설절차, 조합에서 자주 출제되기 때문에 꼼꼼하게 학습하여야 한다. 리모델링에 동의하지 않은 자에 대한 매도청구와 알박기 방지를 위한 매도청구도 중요하므로 전체적인 사업의 흐름을 익힌 뒤 세부적인 내용까지 학습하도록 한다.

핵심 사업주체
1. 국가·지방자치단체
2. 한국토지주택공사 또는 지방공사
3. 주택건설사업자 또는 대지조성사업자
4. 그 밖에 이 법에 따라 주택건설사업 또는 대지조성사업을 시행하는 자

참고 공동사업주체
1. 토지소유자 + 등록업자가 공동 '시행할 수' 있다.
2. 조합 + 등록업자가 공동 '시행할 수' 있다.
3. 고용자 + 등록업자가 공동 '시행하여야' 한다.

기출 주택조합(세대수를 증가하지 아니하는 리모델링주택조합은 제외한다)이 그 구성원의 주택을 건설하는 경우에는 대통령령으로 정하는 바에 따라 등록사업자(지방자치단체·한국토지주택공사 및 지방공사를 포함한다)와 공동으로 사업을 시행할 수 있다. 이 경우 주택조합과 등록사업자를 공동사업주체로 본다. 제36회 변형

1 주택건설사업자 등 제34회

1. 사업주체

주택건설사업계획 또는 대지조성사업계획의 승인을 받아 그 사업을 시행하는 자를 말한다(법 제2조 제10호).

2. 공동사업주체

(1) 토지소유자와 등록사업자(임의 규정)

토지소유자가 주택을 건설하는 경우에는 등록을 한 자(이하 '등록사업자'라 한다)와 공동으로 사업을 시행할 수 있다. 이 경우, 토지소유자와 등록사업자를 공동사업주체로 본다(법 제5조 제1항).

(2) 주택조합과 등록사업자(임의 규정)

주택조합(세대수를 증가하지 아니하는 리모델링주택조합은 제외한다)이 그 구성원의 주택을 건설하는 경우에는 등록사업자(지방자치단체·한국토지주택공사 및 지방공사를 포함한다)와 공동으로 사업을 시행할 수 있다. 이 경우, 주택조합과 등록사업자를 공동사업주체로 본다(법 제5조 제2항).

(3) 고용자와 등록사업자(의무 규정)

고용자가 그 근로자의 주택을 건설하는 경우에는 등록사업자와 공동으로 사업을 시행하여야 한다. 이 경우, 고용자와 등록사업자를 공동사업주체로 본다(법 제5조 제3항).

(4) 업무분담 등

공동사업주체 간의 구체적인 업무·비용 및 책임의 분담 등에 관하여는 대통령령으로 정하는 범위에서 당사자 간의 협약에 따른다(법 제5조 제4항).

3. 주택건설사업의 등록 등 제36회

(1) 등록

연간(건축허가를 받은 날 이전 또는 이후 1년을 말한다) 단독주택의 경우 20호, 공동주택의 경우 20세대(도시형 생활주택과 그 밖의 주택 1세대를 함께 건축하는 경우에는 30세대) 이상의 주택건설사업을 시행하려는 자 또는 연간 1만m^2 이상의 대지조성사업을 시행하려는 자는 국토교통부장관에게 등록하여야 한다. 다만, 다음의 사업주체의 경우에는 그러하지 아니하다(법 제4조 제1항).

> ① 국가·지방자치단체
> ② 한국토지주택공사
> ③ 지방공사
> ④ 「공익법인의 설립·운영에 관한 법률」에 따라 주택건설사업을 목적으로 설립된 공익법인
> ⑤ 주택조합(등록사업자와 공동으로 주택건설사업을 하는 주택조합만 해당한다)
> ⑥ 근로자를 고용하는 자(등록사업자와 공동으로 주택건설사업을 시행하는 경우에 한하며, 이하 '고용자'라 한다)

(2) 등록기준

① 주택건설사업 또는 대지조성사업의 등록을 하려는 자는 다음의 요건을 모두 갖추어야 한다. 이 경우, 하나의 사업자가 주택건설사업과 대지조성사업을 함께 할 때에는 자본금 및 사무실면적의 기준은 중복하여 적용하지 아니한다(영 제14조 제3항).

구분	자본금		기술인력	사무실 면적
	법인	개인		
주택건설 사업자	3억원 이상	자산평가액 6억원 이상	건축분야기술인 1명 이상	사업의 수행에 필요한 사무장비를 갖출 수 있는 면적
대지조성 사업자			토목분야기술인 1명 이상	

② 다음의 어느 하나에 해당하는 경우에는 해당 자본금, 기술인력 또는 사무실면적을 ①의 기준에 포함하여 산정한다(영 제14조 제4항).

> ⊙ 「건설산업기본법」에 따라 건설업(건축공사업 또는 토목건축공사업만 해당한다)의 등록을 한 자가 주택건설사업 또는 대지조성사업의 등록을 하려는 경우: 이미 보유하고 있는 자본금, 기술인력 및 사무실 면적

기출

1. 고용자가 그 근로자의 주택을 건설하는 경우에는 대통령령으로 정하는 바에 따라 등록사업자와 공동으로 사업을 시행하여야 한다. 제34회
2. 등록사업자와 공동으로 주택건설사업을 하는 주택조합은 등록하지 않고 20세대 이상의 공동주택의 건설사업을 시행할 수 있다.
3. 한국토지주택공사가 연간 10만m^2 이상의 대지조성사업을 시행하려는 경우에는 대지조성사업의 등록을 하지 않는다.
4. 지방자치단체는 등록하지 않는다. 제36회 변형
5. 지방공사는 등록하지 않는다. 제36회 변형

핵심 등록기준

1. 자본금 3억원(개인은 자산평가액 6억원) 이상
2. 주택건설사업의 경우, 건축분야기술인 1명 이상
3. 대지조성사업의 경우, 토목분야기술인 1명 이상
4. 사무장비를 확보할 수 있는 면적

ⓒ 위탁관리 부동산투자회사(「부동산투자회사법」에 따른 위탁관리 부동산투자회사를 말한다)가 주택건설사업의 등록을 하려는 경우: 해당 부동산투자회사가 자산의 투자·운용업무를 위탁한 자산관리회사가 보유하고 있는 기술인력 및 사무실 면적

(3) 등록사업자의 결격사유

다음의 어느 하나에 해당하는 자는 주택건설사업 등의 등록을 할 수 없다(법 제6조).

① 미성년자·피성년후견인 또는 피한정후견인
② 파산선고를 받은 자로서 복권되지 아니한 자
③ 「부정수표 단속법」 또는 이 법을 위반하여 금고 이상의 실형을 선고받고 그 집행이 끝나거나(집행이 끝난 것으로 보는 경우를 포함한다) 집행이 면제된 날부터 2년이 지나지 아니한 자
④ 「부정수표 단속법」 또는 이 법을 위반하여 금고 이상의 형의 집행유예를 선고받고 그 유예기간 중에 있는 자
⑤ 등록이 말소(① 및 ②에 해당하여 말소된 경우는 제외한다)된 후 2년이 지나지 아니한 자
⑥ 임원 중에 ①부터 ⑤까지의 규정 중 어느 하나에 해당하는 자가 있는 법인

(4) 등록말소

국토교통부장관은 등록사업자가 다음의 어느 하나에 해당하는 경우에는 그 등록을 말소하거나 1년 이내의 기간을 정하여 영업의 정지를 명할 수 있다. 다만, ① 또는 ⑤에 해당하는 경우에는 그 등록을 말소하여야 한다(법 제8조 제1항).

① 거짓이나 그 밖의 부정한 방법으로 등록한 경우(반드시 말소)
② 등록기준에 미달하게 된 경우. 다만, 「채무자 회생 및 파산에 관한 법률」에 따라 법원이 회생절차개시의 결정을 하고 그 절차가 진행 중이거나, 일시적으로 등록기준에 미달하는 등 대통령령으로 정하는 경우는 예외로 한다.
③ 고의 또는 과실로 공사를 잘못 시공하여 공중(公衆)에게 위해(危害)를 끼치거나 입주자에게 재산상 손해를 입힌 경우
④ (3)의 ①부터 ④까지 또는 ⑥ 중 어느 하나에 해당하게 된 경우. 다만, 법인의 임원 중 (3)의 ⑥에 해당하는 사람이 있는 경우, 6개월 이내에 그 임원을 다른 사람으로 임명한 경우에는 그러하지 아니하다.
⑤ 등록증의 대여 등을 한 경우(반드시 말소)
⑥ 등록증을 빌리거나 허락 없이 등록사업자의 성명 또는 상호로 이 법에서 정한 사업이나 업무를 수행 또는 시공한 경우

기출
1. 거짓으로 주택건설사업을 등록하여 그 등록이 말소된 후 2년이 지나지 아니한 자는 주택건설사업의 등록을 할 수 없다. 제36회
2. 등록사업자는 등록사항에 변경이 있으면 변경 사유가 발생한 날부터 30일 이내에 국토교통부장관에게 신고하여야 한다. 제36회

⑦ 이 법에서 정한 사업이나 업무를 수행 또는 시공하기 위하여 법 제90조 제2항의 행위를 교사하거나 방조한 경우
⑧ 다음의 어느 하나에 해당하는 경우
  ㉠「건설기술 진흥법」에 따른 시공상세도면의 작성 의무를 위반하거나 건설사업관리를 수행하는 건설기술인 또는 공사감독자의 검토·확인을 받지 아니하고 시공한 경우
  ㉡「건설기술 진흥법」에 따른 시정명령을 이행하지 아니한 경우
  ㉢「건설기술 진흥법」에 따른 품질시험 및 검사를 하지 아니한 경우
  ㉣「건설기술 진흥법」에 따른 안전점검을 하지 아니한 경우
⑨「택지개발촉진법」을 위반하여 택지를 전매(轉賣)한 경우
⑩「표시·광고의 공정화에 관한 법률」에 따른 처벌을 받은 경우
⑪「약관의 규제에 관한 법률」에 따른 처분을 받은 경우
⑫ 그 밖에 이 법 또는 이 법에 따른 명령이나 처분을 위반한 경우

(5) 등록사업자의 시공

① 등록사업자가 사업계획승인(「건축법」에 따른 공동주택건축허가를 포함한다)을 받아 분양 또는 임대를 목적으로 주택을 건설하는 경우로서 그 기술능력, 주택건설 실적 및 주택규모 등이 대통령령으로 정하는 기준에 해당하는 경우에는 그 등록사업자를 「건설산업기본법」 제9조에 따른 건설사업자로 보며, 주택건설공사를 시공할 수 있다(법 제7조 제1항).

② 등록사업자가 건설할 수 있는 주택은 주택으로 쓰는 층수가 5개층 이하인 주택으로 한다. 다만, 각층 거실의 바닥면적 300m^2 이내마다 1개소 이상의 직통계단을 설치한 경우에는 주택으로 쓰는 층수가 6개층인 주택을 건설할 수 있다(영 제17조 제2항).

③ ②에도 불구하고 다음의 어느 하나에 해당하는 등록사업자는 주택으로 쓰는 층수가 6개층 이상인 주택을 건설할 수 있다(영 제17조 제3항).

> ㉠ 주택으로 쓰는 층수가 6개층 이상인 아파트를 건설한 실적이 있는 자
> ㉡ 최근 3년간 300세대 이상의 공동주택을 건설한 실적이 있는 자

④ 건설공사비의 제한: 주택건설공사를 시공하는 등록사업자는 건설공사비(총 공사비에서 대지구입비를 제외한 금액을 말한다)가 자본금과 자본준비금·이익준비금을 합한 금액의 10배(개인인 경우에는 자산평가액의 5배)를 초과하는 건설공사는 시공할 수 없다(영 제17조 제4항).

심화 사업계획승인(공동주택건축허가 포함)을 받아 분양 또는 임대를 목적으로 주택을 건설하는 경우로서 능력·실적이 다음과 같으면 「건설산업기본법」에 따른 건설사업자로 보며, 주택건설공사를 시공할 수 있다.
1. 자본금 5억원(개인: 자산평가액 10억원) 이상
2. 건축분야 및 토목분야기술인 3명 이상
3. 최근 5년간 주택건설실적 100호 또는 100세대 이상

⑤ 등록말소처분 등을 받은 자의 사업수행: 등록말소 또는 영업정지처분을 받은 등록사업자는 그 처분 전에 사업계획승인을 받은 사업은 계속 수행할 수 있다. 다만, 등록말소처분을 받은 등록사업자가 그 사업을 계속 수행할 수 없는 중대하고 명백한 사유가 있을 경우에는 그러하지 아니하다(법 제9조).

⑥ 영업실적 등의 제출
  ㉠ 등록사업자는 국토교통부령으로 정하는 바에 따라 매년 영업실적(개인인 사업자가 해당 사업에 1년 이상 사용한 사업용 자산을 현물출자하여 법인을 설립한 경우에는 그 개인인 사업자의 영업실적을 포함한 실적을 말하며, 등록말소 후 다시 등록한 경우에는 다시 등록한 이후의 실적을 말한다)과 영업계획 및 기술인력 보유현황을 국토교통부장관에게 제출해야 한다(법 제10조 제1항).
  ㉡ 등록사업자는 국토교통부령으로 정하는 바에 따라 월별 주택분양계획 및 분양실적을 국토교통부장관에게 제출해야 한다(법 제10조 제2항).

2 주택조합

1. 주택조합 조합원

(1) 조합원의 자격

주택조합의 조합원이 될 수 있는 사람은 다음의 구분에 따른 사람으로 한다. 다만, 조합원의 사망으로 그 지위를 상속받는 자는 다음의 요건에도 불구하고 조합원이 될 수 있다(영 제21조 제1항).

지역주택조합 조합원	① 조합설립인가신청일(해당 주택건설대지가 투기과열지구 안에 있는 경우에는 조합설립인가신청일 1년 전의 날을 말한다)부터 해당 조합주택의 입주가능일까지 주택을 소유(주택의 유형, 입주자 선정방법 등을 고려하여 국토교통부령으로 정하는 지위에 있는 경우를 포함한다)하는지에 대하여 다음의 어느 하나에 해당할 것 　㉠ 세대주를 포함한 세대원(세대주와 동일한 세대별 주민등록표에 등재되어 있지 아니한 세대주의 배우자 및 그 배우자와 동일한 세대를 이루고 있는 사람을 포함한다) 전원이 주택을 소유하고 있지 아니한 세대의 세대주일 것 　㉡ 세대주를 포함한 세대원 중 1명에 한정하여 주거전용면적 85m² 이하의 주택 1채를 소유한 세대의 세대주일 것 ② 조합설립인가신청일 현재 구분된 지역에 **6개월 이상 계속하여** 거주하여 온 사람일 것

	③ 본인 또는 본인과 같은 세대별 주민등록표에 등재되어 있지 않은 배우자가 같은 또는 다른 지역주택조합의 조합원이거나 직장주택조합의 조합원이 아닐 것
직장주택조합 조합원	① 위 ①에 해당하는 사람일 것. 다만, 국민주택을 공급받기 위한 직장주택조합의 경우에는 위 ①의 ㉠에 해당하는 세대주로 한정한다. ② 조합설립인가신청일 현재 동일한 특별시·광역시·특별자치시·특별자치도·시 또는 군(광역시의 관할구역에 있는 군은 제외한다) 안에 소재하는 동일한 국가기관·지방자치단체·법인에 근무하는 사람일 것 ③ 본인 또는 본인과 같은 세대별 주민등록표에 등재되어 있지 않은 배우자가 같은 또는 다른 직장주택조합의 조합원이거나 지역주택조합의 조합원이 아닐 것
리모델링 주택조합 조합원	① 사업계획승인을 받아 건설한 공동주택의 소유자 ② 복리시설을 함께 리모델링하는 경우에는 해당 복리시설의 소유자 ③ 「건축법」에 따른 건축허가를 받아 분양을 목적으로 건설한 공동주택의 소유자(해당 건축물에 공동주택 외의 시설이 있는 경우에는 해당 시설의 소유자를 포함한다) ✔ 해당 공동주택, 복리시설 또는 ③에 따른 공동주택 외의 시설의 소유권이 여러 명의 공유에 속할 때에는 그 여러 명을 대표하는 1명을 조합원으로 본다.

(2) 자격보유의 간주

주택조합의 조합원이 근무·질병치료·유학·결혼 등 부득이한 사유로 세대주 자격을 일시적으로 상실한 경우로서 시장·군수·구청장이 인정하는 경우에는 조합원 자격이 있는 것으로 본다(영 제21조 제2항).

(3) 조합원의 수

주택조합(리모델링주택조합은 제외한다)은 주택건설 예정세대수(설립인가 당시의 사업계획서상 주택건설 예정세대수를 말하되, 임대주택으로 건설·공급하는 세대수는 제외한다)의 50% 이상의 조합원으로 구성하되, 조합원은 20명 이상이어야 한다. 다만, 사업계획승인 등의 과정에서 세대수가 변경된 경우에는 변경된 세대수를 기준으로 한다(영 제20조 제5항).

(4) 지역·직장주택조합 조합원의 교체 및 신규가입 등

① 교체 및 신규가입 등의 금지(원칙): 지역주택조합 또는 직장주택조합은 설립인가를 받은 후에는 해당 조합원을 교체하거나 신규로 가입하게 할 수 없다(영 제22조 제1항).

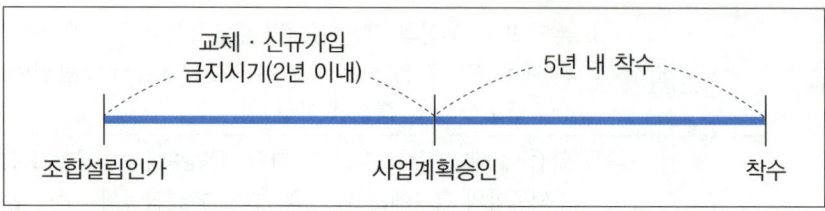

② 교체 및 신규가입 등의 가능(예외): 다만, 다음의 어느 하나에 해당하는 경우에는 예외로 한다(영 제22조 제1항 단서).

> ㉠ 조합원 수가 주택건설 예정세대수를 초과하지 아니하는 범위에서 시장·군수·구청장으로부터 국토교통부령으로 정하는 바에 따라 조합원 추가모집의 승인을 받은 경우
> ㉡ 다음의 어느 하나에 해당하는 사유로 결원이 발생한 범위에서 충원하는 경우
>   ⓐ 조합원의 사망
>   ⓑ 사업계획승인 이후[지역주택조합 또는 직장주택조합이 해당 주택건설대지 전부의 소유권을 확보하지 아니하고 사업계획승인을 받은 경우에는 해당 주택건설대지 전부의 소유권(해당 주택건설대지가 저당권 등의 목적으로 되어 있는 경우에는 그 저당권 등의 말소를 포함한다)을 확보한 이후를 말한다]에 입주자로 선정된 지위(해당 주택에 입주할 수 있는 권리·자격 또는 지위 등을 말한다)가 양도·증여 또는 판결 등으로 변경된 경우. 다만, 전매가 금지되는 경우는 제외한다.
>   ⓒ 조합원의 탈퇴 등으로 조합원 수가 주택건설 예정세대수의 50% 미만이 되는 경우
>   ⓓ 조합원이 무자격자로 밝혀져 자격을 상실하는 경우
>   ⓔ 사업계획승인 등의 과정에서 주택건설 예정세대수가 변경되어 조합원 수가 변경된 세대수의 50% 미만이 되는 경우

③ 자격요건 판단기준일: 조합원으로 추가모집되거나 충원되는 자가 조합원 자격요건을 갖추었는지를 판단할 때에는 해당 조합설립인가신청일을 기준으로 한다(영 제22조 제2항).

④ 변경인가신청: 조합원 추가모집의 승인과 조합원 추가모집에 따른 주택조합의 변경인가신청은 사업계획승인신청일까지 하여야 한다(영 제22조 제3항).

기출

1. 조합원의 탈퇴 등으로 조합원 수가 주택건설 예정세대수의 60%가 된 경우에는 조합원을 신규로 충원할 수 없다.
2. 조합의 설립인가를 받은 후 승인을 받아 조합원을 추가모집하는 경우, 추가모집되는 자의 조합원 자격요건의 충족 여부는 해당 조합의 설립인가신청일을 기준으로 판단한다.
3. 지역주택조합이 설립인가를 받은 후에 조합원을 추가모집한 경우에는 주택조합의 변경인가를 받아야 한다.
4. 조합원 추가모집에 따른 주택조합의 변경인가신청은 사업계획승인신청일까지 하여야 한다.

2. 주택조합의 설립 등

(1) 설립의 인가

많은 수의 구성원이 주택을 마련하거나 리모델링하기 위하여 주택조합을 설립하려는 경우(직장주택조합의 경우는 제외한다)에는 관할 특별자치시장, 특별자치도지사, 시장, 군수 또는 구청장(구청장은 자치구의 구청장을 말하며, 이하 '시장·군수·구청장'이라 한다)의 인가를 받아야 한다. 인가받은 내용을 변경하거나 주택조합을 해산하려는 경우에도 또한 같다(법 제11조 제1항).

(2) 대지소유권의 확보

주택을 마련하기 위하여 주택조합설립인가를 받으려는 자는 다음의 요건을 모두 갖추어야 한다. 다만, (1)의 후단의 경우에는 그러하지 아니하다(법 제11조 제2항).

① 해당 주택건설대지의 80% 이상에 해당하는 토지의 사용권원을 확보할 것
② 해당 주택건설대지의 15% 이상에 해당하는 토지의 소유권을 확보할 것

(3) 리모델링주택조합의 의결요건

주택을 리모델링하기 위하여 주택조합을 설립하려는 경우에는 다음의 구분에 따른 구분소유자(「집합건물의 소유 및 관리에 관한 법률」에 따른 구분소유자를 말한다)와 의결권(「집합건물의 소유 및 관리에 관한 법률」에 따른 의결권을 말한다)의 결의를 증명하는 서류를 첨부하여 관할 시장·군수·구청장의 인가를 받아야 한다(법 제11조 제3항).

① 주택단지 전체를 리모델링하고자 하는 경우: 주택단지 전체의 구분소유자와 의결권의 각 3분의 2 이상의 결의 및 각 동의 구분소유자와 의결권의 각 과반수의 결의
② 동을 리모델링하고자 하는 경우: 그 동의 구분소유자 및 의결권의 각 3분의 2 이상의 결의

(4) 등록사업자의 책임

주택조합과 등록사업자가 공동으로 사업을 시행하면서 시공할 경우, 등록사업자는 시공자로서의 책임뿐만 아니라 자신의 귀책사유로 사업추진이 불가능하게 되거나 지연됨으로 인하여 조합원에게 입힌 손해를 배상할 책임이 있다(법 제11조 제4항).

비교 ➡ 직장주택조합
1. 건설 위한 조합 ➡ 인가
2. (국민주택을) 공급받기 위한 조합 ➡ 신고

(5) 직장주택조합의 신고

국민주택을 공급받기 위하여 직장주택조합을 설립하고자 하는 자는 관할 시장·군수·구청장에게 신고하여야 한다. 신고한 내용을 변경하거나 직장주택조합을 해산하고자 하는 때에도 또한 같다(법 제11조 제5항).

(6) 국민주택의 우선공급

주택조합(리모델링주택조합은 제외한다)은 그 구성원을 위하여 건설하는 주택을 그 조합원에게 우선공급할 수 있으며, 직장주택조합에 대하여는 사업주체가 국민주택을 그 직장주택조합원에게 우선공급할 수 있다(법 제11조 제6항).

(7) 직장주택조합의 설립요건 등

인가를 받는 주택조합의 설립방법·설립절차, 주택조합 구성원의 자격기준·제명·탈퇴 및 주택조합의 운영·관리 등에 필요한 사항과 직장주택조합의 설립요건 및 신고절차 등에 필요한 사항은 대통령령으로 정한다(법 제11조 제7항).

(8) 조합원의 탈퇴

조합원은 조합규약으로 정하는 바에 따라 조합에 탈퇴의사를 알리고 탈퇴할 수 있다(법 제11조 제8항).

기출 총회의 의결로 제명된 조합원은 조합에 자신이 부담한 비용의 환급을 청구할 수 있다.

(9) 탈퇴한 조합원의 환급청구

탈퇴한 조합원(제명된 조합원을 포함한다)은 조합규약으로 정하는 바에 따라 부담한 비용의 환급을 청구할 수 있다(법 제11조 제9항).

참고 제출서류
1. 창립총회 회의록
2. 조합장선출동의서
3. 조합원 전원이 자필로 연명한 조합규약
4. 조합원 명부
5. 사업계획서
6. 해당 주택건설대지의 80% 이상에 해당하는 토지의 사용권원을 확보하였음을 증명하는 서류
7. 해당 주택건설대지의 15% 이상에 해당하는 토지의 소유권을 확보하였음을 증명하는 서류
8. 그 밖에 국토교통부령으로 정하는 서류
   • 고용자가 확인한 근무확인서(직장주택조합의 경우만 해당한다)
   • 조합원 자격이 있는 자임을 확인하는 서류

> **심화 주택조합의 설립인가 등(영 제20조)**
>
> 1. 주택조합의 설립·변경 또는 해산의 인가를 받으려는 자는 인가신청서에 다음의 구분에 따른 서류와 해당 주택건설대지의 80% 이상의 토지에 대한 토지사용승낙서(지역·직장주택조합의 경우만 해당한다)를 첨부하여 주택조합의 주택건설대지(리모델링주택조합의 경우에는 해당 주택의 소재지를 말한다)를 관할하는 시장·군수·구청장에게 제출해야 한다.
>
>   ① 설립인가신청
>   ㉠ 지역주택조합 또는 직장주택조합의 경우
>   ⓐ 창립총회의 회의록
>   ⓑ 조합장선출동의서
>   ⓒ 조합원 전원이 자필로 연명한 조합규약
>   ⓓ 조합원 명부
>   ⓔ 사업계획서

- ⓕ 해당 주택건설대지의 80% 이상에 해당하는 토지의 사용권원을 확보하였음을 증명하는 서류
- ⓖ 해당 주택건설대지의 15% 이상에 해당하는 토지의 소유권을 확보하였음을 증명하는 서류
- ⓗ 그 밖에 국토교통부령이 정하는 서류
  - ⓒ 리모델링주택조합의 경우
    - ⓐ ㉠의 ⓐ부터 ⓔ까지의 서류
    - ⓑ 결의를 증명하는 서류. 이 경우, 결의서에는 별표 4 제1호 나목 1)부터 3)까지의 사항이 기재되어야 한다.
    - ⓒ 「건축법」에 따라 건축기준의 완화 적용이 결정된 경우에는 그 증명서류
    - ⓓ 해당 주택이 사용검사일(주택단지 안의 공동주택 전부에 대하여 임시사용승인을 받은 경우에는 그 임시사용승인일을 말한다) 또는 「건축법」에 따른 사용승인일부터 다음의 구분에 따른 기간이 지났음을 증명하는 서류
      - 대수선인 리모델링은 10년
      - 증축인 리모델링은 법 제2조 제25호 나목에 따른 기간
- ② 변경인가신청: 변경의 내용을 증명하는 서류
- ③ 해산인가신청: 조합원의 동의를 받은 정산서

2. 1.의 ①의 ㉠의 ⓒ의 조합규약에는 다음의 사항이 포함되어야 한다.

① 조합의 명칭 및 사무소의 소재지
② 조합원의 자격에 관한 사항
③ 주택건설대지의 위치 및 면적
④ 조합원의 제명·탈퇴 및 교체에 관한 사항
⑤ 조합임원의 수, 업무범위(권리·의무를 포함한다), 보수, 선임방법, 변경 및 해임에 관한 사항
⑥ 조합원의 비용부담 시기·절차 및 조합의 회계
⑦ 조합원의 제명·탈퇴에 따른 환급금의 산정방식, 지급시기 및 절차에 관한 사항
⑧ 사업의 시행시기 및 시행방법
⑨ 총회의 소집절차·소집시기 및 조합원의 총회소집요구에 관한 사항
⑩ 총회의 의결을 필요로 하는 사항과 그 의결정족수 및 의결절차
⑪ 사업이 종결되었을 때의 청산절차, 청산금의 징수·지급방법 및 지급절차
⑫ 조합비의 사용 명세와 총회 의결사항의 공개 및 조합원에 대한 통지방법

⑬ 조합규약의 변경절차
⑭ 그 밖에 조합의 사업추진 및 조합 운영을 위하여 필요한 사항

3. 국토교통부령으로 정하는 사항은 반드시 총회의 의결을 거쳐야 한다.
4. 총회의 의결을 하는 경우에는 조합원의 100분의 10 이상이 직접 출석하여야 한다. 다만, **창립총회** 또는 3.에 따라 국토교통부령으로 정하는 사항을 의결하는 총회의 경우에는 조합원의 100분의 20 이상이 직접 출석하여야 한다.

기출 조합임원의 선임을 의결하는 총회의 경우에는 조합원의 100분의 20 이상이 직접 출석하여야 한다.

5. 주택조합(리모델링주택조합은 제외한다)은 주택조합설립인가를 받는 날부터 사용검사를 받는 날까지 계속하여 다음의 요건을 모두 충족해야 한다.

① 주택건설 예정세대수(설립인가 당시의 사업계획서상 주택건설 예정 세대수를 말하되, 임대주택으로 건설·공급하는 세대수는 제외한다)의 50% 이상의 조합원으로 구성할 것. 다만, 사업계획승인 등의 과정에서 세대수가 변경된 경우에는 변경된 세대수를 기준으로 한다.
② 조합원은 20명 이상일 것

6. 리모델링주택조합 설립에 동의한 자로부터 건축물을 취득한 자는 리모델링주택조합 설립에 동의한 것으로 본다.
7. 시장·군수 또는 구청장은 해당 주택건설대지에 대한 다음의 사항을 종합적으로 검토하여 주택조합의 설립인가 여부를 결정하여야 한다. 이 경우, 그 주택건설대지가 이미 인가를 받은 다른 주택조합의 주택건설대지와 중복되지 아니하도록 하여야 한다.

① 법 또는 관계 법령에 따른 건축기준 및 건축제한 등을 고려하여 해당 주택건설대지에 주택건설이 가능한지 여부
② 「국토의 계획 및 이용에 관한 법률」에 따라 수립되었거나 해당 주택건설사업기간에 수립될 예정인 도시·군계획(같은 법 제2조 제2호에 따른 도시·군계획을 말한다)에 부합하는지 여부
③ 이미 수립되어 있는 토지이용계획
④ 주택건설대지 중 토지 사용에 관한 권원을 확보하지 못한 토지가 있는 경우, 해당 토지의 위치가 사업계획서상의 사업시행에 지장을 줄 우려가 있는지 여부

8. 주택조합의 설립·변경 또는 해산인가에 필요한 세부적인 사항은 국토교통부령으로 정한다.

3. 주택조합 업무의 대행 등

(1) 업무의 대행

주택조합(리모델링주택조합은 제외한다) 및 주택조합의 발기인은 조합원 모집 등에 따른 주택조합의 업무를 공동사업주체인 등록사업자 또는 다음의 어느 하나에 해당하는 자로서 대통령령으로 정하는 자본금을 보유한 자 외의 자에게 대행하게 할 수 없다(법 제11조의2 제1항).

① 등록사업자
② 「공인중개사법」에 따른 중개업자
③ 「도시 및 주거환경정비법」에 따른 정비사업전문관리업자
④ 「부동산개발업의 관리 및 육성에 관한 법률」에 따른 등록사업자
⑤ 「자본시장과 금융투자업에 관한 법률」에 따른 신탁업자
⑥ 그 밖에 다른 법률에 따라 등록한 자로서 대통령령으로 정하는 자

(2) 업무대행자의 업무범위

① 업무대행자에게 대행시킬 수 있는 주택조합의 업무는 다음과 같다(법 제11조의2 제2항).

㉠ 조합원 모집, 토지 확보, 조합설립인가신청 등 조합설립을 위한 업무의 대행
㉡ 사업성검토 및 사업계획서 작성업무의 대행
㉢ 설계자 및 시공자 선정에 관한 업무의 지원
㉣ 사업계획승인신청 등 사업계획승인을 위한 업무의 대행
㉤ 계약금 등 자금의 보관 및 그와 관련된 업무의 대행
㉥ 그 밖에 총회의 운영업무 지원 등 국토교통부령으로 정하는 사항

② 주택조합 및 주택조합의 발기인은 업무 중 계약금 등 자금의 보관업무는 신탁업자에게 대행하도록 하여야 한다(법 제11조의2 제3항).

③ 업무대행자는 국토교통부령으로 정하는 바에 따라 사업연도별로 분기마다 해당 업무의 실적보고서를 작성하여 주택조합 또는 주택조합의 발기인에게 제출해야 한다(법 제11조의2 제4항).

(3) 신의성실의무

주택조합의 업무를 대행하는 자는 신의에 따라 성실하게 업무를 수행하여야 하고, 자신의 귀책사유로 주택조합(발기인을 포함한다) 또는 조합원(주택조합 가입신청자를 포함한다)에게 손해를 입힌 경우에는 그 손해를 배상할 책임이 있다(법 제11조의2 제5항).

(4) 표준업무대행계약서의 작성·보급

국토교통부장관은 주택조합의 원활한 사업추진 및 조합원의 권리보호를 위하여 공정거래위원회 위원장과 협의를 거쳐 표준업무대행계약서를 작성·보급할 수 있다(법 제11조의2 제6항).

4. 조합원모집신고 및 공개모집

(1) 원칙

지역주택조합 또는 직장주택조합의 설립인가를 받기 위하여 조합원을 모집하려는 자는 해당 주택건설대지의 50% 이상에 해당하는 토지의 사용권원을 확보하여 관할 시장·군수·구청장에게 신고하고, 공개모집의 방법으로 조합원을 모집하여야 한다. 조합설립인가를 받기 전에 신고한 내용을 변경하는 경우에도 또한 같다(법 제11조의3 제1항).

(2) 예외

공개모집 이후 조합원의 사망·자격상실·탈퇴 등으로 인한 결원을 충원하거나 미달된 조합원을 재모집하는 경우에는 신고하지 아니하고 선착순의 방법으로 조합원을 모집할 수 있다(법 제11조의3 제2항).

(3) 모집시기 등

모집시기, 모집방법 및 모집절차 등 조합원 모집의 신고, 공개모집 및 조합가입신청자에 대한 정보공개 등에 필요한 사항은 국토교통부령으로 정한다(법 제11조의3 제3항).

(4) 신고수리 및 통보

(1)에 따라 신고를 받은 시장·군수·구청장은 신고 내용이 이 법에 적합한 경우에는 신고를 수리하고 그 사실을 신고인에게 통보하여야 한다(법 제11조의3 제4항).

(5) 신고수리의 금지

시장·군수·구청장은 다음의 어느 하나에 해당하는 경우에는 조합원모집신고를 수리할 수 없다(법 제11조의3 제5항).

① 이미 신고된 사업대지와 전부 또는 일부가 중복되는 경우
② 이미 수립되었거나 수립 예정인 도시·군계획, 이미 수립된 토지이용계획 또는 이 법이나 관계 법령에 따른 건축기준 및 건축제한 등에 따라 해당 주택건설대지에 조합주택을 건설할 수 없는 경우

참고 조합원의 모집
1. 공개모집
2. 모집 후 결원을 충원하거나 재모집시 선착순으로 모집

기출 조합원의 공개모집 이후 조합원의 사망·자격상실·탈퇴 등으로 인한 결원을 충원하거나 미달된 조합원을 재모집하는 경우에는 신고하지 아니하고 선착순의 방법으로 조합원을 모집할 수 있다.

③ 조합업무를 대행할 수 있는 자가 아닌 자와 업무대행계약을 체결한 경우 등 신고내용이 법령에 위반되는 경우
④ 신고한 내용이 사실과 다른 경우

(6) 주택조합의 발기인

① 조합원을 모집하려는 주택조합의 발기인은 대통령령으로 정하는 자격기준을 갖추어야 한다(법 제11조의3 제6항).
② 주택조합의 발기인은 조합원모집신고를 하는 날 주택조합에 가입한 것으로 본다. 이 경우, 주택조합의 발기인은 그 주택조합의 가입신청자와 동일한 권리와 의무가 있다(법 제11조의3 제7항).

(7) 모집주체 및 주택조합 가입신청자의 계약서 작성

(1)에 따라 조합원을 모집하는 자(조합원모집 업무를 대행하는 자를 포함한다. 이하 '모집주체'라 한다)와 주택조합 가입신청자는 다음의 사항이 포함된 주택조합 가입에 관한 계약서를 작성하여야 한다(법 제11조의3 제8항).

① 주택조합의 사업개요
② 조합원의 자격기준
③ 분담금 등 각종 비용의 납부예정금액, 납부시기 및 납부방법
④ 주택건설대지의 사용권원 및 소유권을 확보한 면적 및 비율
⑤ 조합원 탈퇴 및 환급의 방법, 시기 및 절차
⑥ 그 밖에 주택조합의 설립 및 운영에 관한 중요 사항으로서 대통령령으로 정하는 사항

심화 설명의무
1. 모집주체는 주택조합 가입신청자가 이해할 수 있도록 설명하여야 한다.
2. 모집주체는 설명한 내용을 주택조합 가입신청자가 이해하였음을 국토교통부령으로 정하는 바에 따라 서면으로 확인을 받아 주택조합 가입신청자에게 교부하여야 하며, 그 사본을 5년간 보관하여야 한다.

5. 조합원모집광고 등에 관한 준수사항 제34회, 제36회

(1) 모집주체가 주택조합의 조합원을 모집하기 위하여 광고를 하는 경우에는 다음의 내용이 포함되어야 한다(법 제11조의5 제1항).

① '지역주택조합 또는 직장주택조합의 조합원 모집을 위한 광고'라는 문구
② 조합원의 자격기준에 관한 내용
③ 주택건설대지의 사용권원 및 소유권을 확보한 비율
④ 그 밖에 조합원 보호를 위하여 대통령령으로 정하는 내용➕

(2) 모집주체가 조합원 가입을 권유하거나 모집광고를 하는 경우에는 다음의 행위를 하여서는 아니 된다(법 제11조의5 제2항).

기출
1. 주택조합의 설립 인가일은 광고에 포함되는 내용이 아니다. 제36회
2. 조합임원의 대표권을 제한하는 경우에는 그 내용은 조합원을 모집하기 위하여 광고를 하는 내용에 포함되지 않는다. 제36회

➕ 대통령령으로 정하는 내용이란 다음의 사항을 말한다.
1. 조합의 명칭 및 사무소의 소재지
2. 조합원 모집신고수리일

기출 조합의 명칭 및 사무소의 소재지에 관한 사항은 조합원을 모집하기 위하여 모집주체가 광고를 할 때 포함되어야 한다. 제34회

> ① 조합주택의 공급방식, 조합원의 자격기준 등을 충분히 설명하지 않거나 누락하여 제한 없이 조합에 가입하거나 주택을 공급받을 수 있는 것으로 오해하게 하는 행위
> ② 협약이나 사업계획승인을 통하여 확정될 수 있는 사항을 사전에 확정된 것처럼 오해하게 하는 행위
> ③ 사업추진 과정에서 조합원이 부담해야 할 비용이 추가로 발생할 수 있음에도 주택공급가격이 확정된 것으로 오해하게 하는 행위
> ④ 주택건설대지의 사용권원 및 소유권을 확보한 비율을 사실과 다르거나 불명확하게 제공하는 행위
> ⑤ 조합사업의 내용을 사실과 다르게 설명하거나 그 내용의 중요한 사실을 은폐 또는 축소하는 행위
> ⑥ 시공자가 선정되지 않았음에도 선정된 것으로 오해하게 하는 행위

(3) 모집주체가 조합원 모집광고를 하는 방법 및 절차, 그 밖에 필요한 사항은 대통령령으로 정한다(법 제11조의5 제3항).

6. 조합가입 철회 및 가입비 등의 반환(법 제11조의6)

(1) 모집주체는 주택조합의 가입을 신청한 자가 주택조합 가입을 신청하는 때에 납부하여야 하는 일체의 금전(이하 '가입비 등'이라 한다)을 대통령령으로 정하는 기관(이하 '예치기관'이라 한다)에 예치하도록 하여야 한다.

(2) 주택조합의 가입을 신청한 자는 가입비 등을 예치한 날부터 30일 이내에 주택조합 가입에 관한 청약을 철회할 수 있다.

(3) 청약 철회를 서면으로 하는 경우에는 청약 철회의 의사를 표시한 서면을 발송한 날에 그 효력이 발생한다.

(4) 모집주체는 주택조합의 가입을 신청한 자가 청약 철회를 한 경우, 청약 철회 의사가 도달한 날부터 7일 이내에 예치기관의 장에게 가입비 등의 반환을 요청해야 한다.

(5) 예치기관의 장은 가입비 등의 반환요청을 받은 경우, 요청일부터 10일 이내에 그 가입비 등을 예치한 자에게 반환하여야 한다.

(6) 모집주체는 주택조합의 가입을 신청한 자에게 청약 철회를 이유로 위약금 또는 손해배상을 청구할 수 없다.

(7) (2)에 따른 기간 이내에는 법 제11조 제8항·제9항을 적용하지 않는다.

(8) 예치된 가입비 등의 관리, 지급 및 반환과 청약 철회의 절차 및 방법 등에 관한 사항은 대통령령으로 정한다.

7. 실적보고 및 관련자료의 공개

(1) 실적보고서 작성

주택조합의 발기인 또는 임원은 다음의 사항이 포함된 해당 주택조합의 실적보고서를 국토교통부령으로 정하는 바에 따라 사업연도별로 분기마다 작성하여야 한다(법 제12조 제1항).

> ① 조합원(주택조합 가입신청자를 포함한다. 이하 같다) 모집현황
> ② 해당 주택건설대지의 사용권원 및 소유권 확보현황
> ③ 그 밖에 조합원이 주택조합의 사업추진현황을 파악하기 위하여 필요한 사항으로서 국토교통부령으로 정하는 사항

(2) 자료의 공개

주택조합의 발기인 또는 임원은 주택조합사업의 시행에 관한 다음의 서류 및 관련자료가 작성되거나 변경된 후 15일 이내에 이를 조합원이 알 수 있도록 인터넷과 그 밖의 방법을 병행하여 공개하여야 한다(법 제12조 제2항).

> ① 조합규약
> ② 공동사업주체의 선정 및 주택조합이 공동사업주체인 등록사업자와 체결한 협약서
> ③ 설계자 등 용역업체선정계약서
> ④ 조합총회 및 이사회, 대의원회 등의 의사록
> ⑤ 사업시행계획서
> ⑥ 해당 주택조합사업의 시행에 관한 공문서
> ⑦ 회계감사보고서
> ⑧ 분기별 사업실적보고서
> ⑨ 업무대행자가 제출한 실적보고서
> ⑩ 그 밖에 주택조합사업 시행에 관하여 대통령령으로 정하는 서류 및 관련 자료

(3) 열람·복사요청

(2)에 따른 서류 및 다음을 포함하여 주택조합사업의 시행에 관한 서류와 관련자료를 조합의 구성원이 열람·복사요청을 한 경우, 주택조합의 발기인 또는 임원은 15일 이내에 그 요청에 따라야 한다. 이 경우, 복사에 필요한 비용은 실비의 범위에서 청구인이 부담한다(법 제12조 제3항).

> ① 조합원 명부
> ② 주택건설대지의 사용권원 및 소유권 확보비율 등 토지확보 관련자료
> ③ 그 밖에 대통령령으로 정하는 서류 및 관련자료

(4) 연간 자금운용계획 등의 제출

주택조합의 발기인 또는 임원은 원활한 사업추진과 조합원의 권리 보호를 위하여 연간 자금운용계획 및 자금집행실적 등 국토교통부령으로 정하는 서류 및 자료를 국토교통부령으로 정하는 바에 따라 매년 정기적으로 시장·군수·구청장에게 제출해야 한다(법 제12조 제4항).

8. 조합임원의 결격사유 등

(1) 결격사유

다음의 어느 하나에 해당하는 사람은 주택조합의 발기인 또는 임원이 될 수 없다(법 제13조 제1항).

> ① 미성년자·피성년후견인 또는 피한정후견인
> ② 파산선고를 받은 사람으로서 복권되지 아니한 사람
> ③ 금고 이상의 실형을 선고받고 그 집행이 종료(종료된 것으로 보는 경우를 포함한다)되거나 집행이 면제된 날부터 2년이 지나지 아니한 사람
> ④ 금고 이상의 형의 집행유예를 선고받고 그 유예기간 중에 있는 사람
> ⑤ 금고 이상의 형의 선고유예를 받고 그 선고유예기간 중에 있는 사람
> ⑥ 법원의 판결 또는 다른 법률에 따라 자격이 상실 또는 정지된 사람
> ⑦ 해당 주택조합의 공동사업주체인 등록사업자 또는 업무대행사의 임직원

(2) 임원의 퇴직

주택조합의 발기인이나 임원이 다음의 어느 하나에 해당하는 경우, 해당 발기인은 그 지위를 상실하고 해당 임원은 당연히 퇴직한다(법 제13조 제2항).

> ① 주택조합의 발기인이 자격기준을 갖추지 아니하게 되거나, 주택조합의 임원이 조합원 자격을 갖추지 아니하게 되는 경우
> ② 주택조합의 발기인 또는 임원이 결격사유에 해당하게 되는 경우

(3) 퇴직 전 관여행위

지위가 상실된 발기인 또는 퇴직된 임원이 지위 상실이나 퇴직 전에 관여한 행위는 그 효력을 상실하지 아니한다(법 제13조 제3항).

9. 주택조합에 대한 감독 등

(1) 국토교통부장관 또는 시장·군수·구청장은 주택공급에 관한 질서를 유지하기 위하여 특히 필요하다고 인정되는 경우에는 국가가 관리하고 있는 행정전산망 등을 이용하여 주택조합 구성원의 자격 등에 관하여 필요한 사항을 확인할 수 있다(법 제14조 제1항).

(2) 시장·군수·구청장은 주택조합 또는 주택조합의 구성원이 다음의 어느 하나에 해당하는 경우에는 주택조합의 설립인가를 취소할 수 있다(법 제14조 제2항).

> ① 거짓이나 그 밖의 부정한 방법으로 설립인가를 받은 경우
> ② 법 제94조에 따른 명령이나 처분을 위반한 경우

(3) 시장·군수·구청장은 모집주체가 이 법을 위반한 경우, 시정요구 등 필요한 조치를 명할 수 있다(법 제14조 제4항).

10. 주택조합의 해산 등(법 제14조의2)

(1) 주택조합은 주택조합의 설립인가를 받은 날부터 3년이 되는 날까지 사업계획승인을 받지 못하는 경우, 대통령령으로 정하는 바에 따라 총회의 의결을 거쳐 해산 여부를 결정하여야 한다.

(2) 주택조합의 발기인은 조합원모집신고가 수리된 날부터 2년이 되는 날까지 주택조합설립인가를 받지 못하는 경우, 대통령령으로 정하는 바에 따라 주택조합 가입신청자 전원으로 구성되는 총회 의결을 거쳐 주택조합사업의 종결 여부를 결정하도록 하여야 한다.

(3) 총회를 소집하려는 주택조합의 임원 또는 발기인은 총회가 개최되기 7일 전까지 회의 목적, 안건, 일시 및 장소를 정하여 조합원 또는 주택조합 가입신청자에게 통지하여야 한다.

(4) 해산을 결의하거나 사업의 종결을 결의하는 경우, 대통령령으로 정하는 바에 따라 청산인을 선임하여야 한다.

(5) 주택조합의 발기인은 총회의 결과(사업의 종결을 결의한 경우에는 청산계획을 포함한다)를 관할 시장·군수·구청장에게 국토교통부령으로 정하는 바에 따라 통지하여야 한다.

11. 주택조합의 사업계획승인신청 등

(1) 사업계획승인신청

주택조합은 설립인가를 받은 날부터 2년 이내에 사업계획승인[사업계획승인 대상이 아닌 리모델링인 경우(30세대 미만의 증축)에는 허가를 말한다]을 신청하여야 한다(영 제23조 제1항).

기출 지역주택조합은 설립인가를 받은 날부터 2년 이내에 사업계획승인을 신청하여야 한다.

(2) 공공택지의 사용금지

주택조합은 등록사업자가 소유하는 공공택지를 주택건설대지로 사용해서는 아니 된다. 다만, 경매 또는 공매를 통하여 취득한 공공택지는 예외로 한다(영 제23조 제2항).

12. 직장주택조합의 설립신고

국민주택을 공급받기 위한 직장주택조합을 설립하려는 자는 신고서에 다음의 서류를 첨부하여 관할 시장·군수·구청장에게 제출해야 한다. 이 경우, 시장·군수·구청장은 「전자정부법」에 따른 행정정보의 공동이용을 통하여 주민등록표 등본을 확인하여야 하며, 신고인이 확인에 동의하지 아니하면 직접 제출하도록 하여야 한다(영 제24조 제1항).

① 조합원 명부
② 조합원이 될 사람이 해당 직장에 근무하는 사람임을 증명할 수 있는 서류 (그 직장의 장이 확인한 서류여야 한다)
③ 무주택자임을 증명하는 서류

13. 회계감사

(1) 주택조합은 대통령령으로 정하는 바에 따라 회계감사를 받아야 하며, 그 감사결과를 관할 시장·군수·구청장에게 보고하여야 한다(법 제14조의3 제1항).

(2) 주택조합의 임원 또는 발기인은 계약금 등(해당 주택조합사업에 관한 모든 수입에 따른 금전을 말한다)의 징수·보관·예치·집행 등 모든 거래행위에 관하여 장부를 월별로 작성하여 그 증빙서류와 함께 주택조합해산인가를 받는 날까지 보관하여야 한다. 이 경우, 주택조합의 임원 또는 발기인은 「전자문서 및 전자거래 기본법」에 따른 정보처리시스템을 통하여 장부 및 증빙서류를 작성하거나 보관할 수 있다(법 제14조의3 제2항).

14. 주택조합사업의 시공보증

(1) 시공보증서의 제출

주택조합이 공동사업주체인 시공자를 선정한 경우, 그 시공자는 공사의 시공보증(시공자가 공사의 계약상 의무를 이행하지 못하거나 의무이행을 하지 아니할 경우, 보증기관에서 시공자를 대신하여 계약이행의무를 부담하거나 총 공사금액의 50% 이하에서 대통령령으로 정하는 비율 이상의 범위에서 주택조합이 정하는 금액을 납부할 것을 보증하는 것을 말한다)을 위하여 국토교통부령으로 정하는 기관의 시공보증서를 조합에 제출해야 한다(법 제14조의4 제1항).

(2) 제출 여부의 확인

사업계획승인권자는 착공신고를 받는 경우에는 시공보증서 제출 여부를 확인하여야 한다(법 제14조의4 제2항).

③ 주택건설사업의 시행

1. 사업계획의 승인

(1) 사업계획승인 대상

다음에서 정하는 호수 이상의 주택건설사업을 시행하려는 자 또는 1만m^2 면적 이상의 대지조성사업을 시행하려는 자는 사업계획승인권자(국가 및 한국토지주택공사가 시행하는 경우와 대통령령으로 정하는 경우에는 국토교통부장관을 말한다)에게 사업계획승인을 받아야 한다(법 제15조 제1항, 영 제27조 제1항).

> ① 단독주택: 30호. 다만, 다음의 어느 하나에 해당하는 단독주택인 경우에는 50호로 한다.
>   ㉠ 공공사업에 따라 조성된 용지를 개별 필지로 구분하지 아니하고 일단(一團)의 토지로 공급받아 해당 토지에 건설하는 단독주택
>   ㉡ 「건축법」에 따른 한옥
> ② 공동주택: 30세대(리모델링의 경우에는 증가하는 세대수를 기준으로 한다). 다만, 다음의 어느 하나에 해당하는 공동주택을 건설(리모델링의 경우는 제외한다)하는 경우에는 50세대로 한다.
>   ㉠ 다음의 요건을 모두 갖춘 단지형 연립주택 또는 단지형 다세대주택
>   ⓐ 세대별 주거전용 면적이 30m^2 이상일 것
>   ⓑ 해당 주택단지 진입도로의 폭이 6m 이상일 것. 다만, 해당 주택단지의 진입도로가 두 개 이상인 경우에는 일정한 요건을 모두 갖추면 진입도로의 폭을 4m 이상 6m 미만으로 할 수 있다.
>   ㉡ 「도시 및 주거환경정비법」에 따른 정비구역에서 주거환경개선사업(스스로개량방식으로 시행하는 경우만 해당한다)을 시행하기 위하여 건설하는 공동주택. 다만, 정비기반시설의 설치계획대로 정비기반시설 설치가 이루어지지 아니한 지역으로서 시장·군수·구청장이 지정·고시하는 지역에서 건설하는 공동주택은 제외한다.

기출
1. 주거전용 단독주택인 건축법령상의 한옥 50호 이상의 건설사업을 시행하려는 자는 사업계획승인을 받아야 한다.
2. 「한국토지주택공사법」에 따른 한국토지주택공사는 동일한 규모의 주택을 대량으로 건설하려는 경우에는 국토교통부장관에게 주택의 형별(型別)로 표본설계도서를 작성·제출하여 승인을 받을 수 있다.

> **핵심** 사업계획승인권자
>
> 1. 원칙: 시·도지사, 대도시 시장, 시장·군수
>   - 대지면적 10만m² 이상: 시·도지사, 대도시 시장
>   - 대지면적 10만m² 미만: 특별시장·광역시장·특별자치시장·특별자치도지사 또는 시장·군수
> 2. 예외: 국토교통부장관
>   - 국가, 한국토지주택공사가 시행하는 경우
>   - 330만m² 이상의 택지개발사업, 도시개발사업 시행지역에서 시행하는 경우
>   - 수도권, 광역시의 긴급한 주택난 해소, 지역균형개발 필요지역에서 시행하는 경우

(2) 승인권자

① **시·도지사, 대도시 시장, 시장·군수**(원칙)

> ㉠ 주택건설사업 또는 대지조성사업으로서 해당 대지면적이 10만m² 이상인 경우: 특별시장·광역시장·특별자치시장·도지사 또는 특별자치도지사(이하 '시·도지사'라 한다) 또는 「지방자치법」에 따라 서울특별시·광역시 및 특별자치시를 제외한 인구 50만 이상의 대도시(이하 '대도시'라 한다)의 시장
> ㉡ 주택건설사업 또는 대지조성사업으로서 해당 대지면적이 10만m² 미만인 경우: 특별시장·광역시장·특별자치시장·특별자치도지사·시장·군수

② **국토교통부장관**(예외)

> ㉠ 국가 및 한국토지주택공사가 시행하는 경우
> ㉡ 330만m² 이상의 규모로 「택지개발촉진법」에 따른 택지개발사업 또는 「도시개발법」에 따른 도시개발사업을 추진하는 지역 중 국토교통부장관이 지정·고시하는 지역에서 주택건설사업을 시행하는 경우
> ㉢ 수도권(「수도권정비계획법」에 따른 수도권을 말한다) 또는 광역시 지역의 긴급한 주택난 해소가 필요하거나 지역균형개발 또는 광역적 차원의 조정이 필요하여 국토교통부장관이 지정·고시하는 지역에서 주택건설사업을 시행하는 경우
> ㉣ 다음의 자가 단독 또는 공동으로 총 지분의 50%를 초과하여 출자한 위탁관리 부동산투자회사(해당 부동산투자회사의 자산관리회사가 한국토지주택공사인 경우만 해당한다)가 공공주택건설사업을 시행하는 경우
>   ⓐ 국가
>   ⓑ 지방자치단체
>   ⓒ 한국토지주택공사
>   ⓓ 지방공사

(3) 승인신청서의 제출 ^{제32회}

사업계획승인을 받으려는 자는 사업계획승인신청서에 주택과 그 부대시설 및 복리시설의 배치도, 대지조성공사 설계도서 등 대통령령으로 정하는 서류를 첨부하여 사업계획승인권자에게 제출해야 한다(법 제15조 제2항).

2. 사업계획승인의 제외대상

주택 외의 시설과 주택을 동일 건축물로 건축하는 경우 등 대통령령으로 정하는 다음의 어느 하나에 해당하는 경우에는 이를 사업계획승인 대상에서 제외한다(법 제15조 제1항 단서, 영 제27조 제4항).

> **기출**
>
> 1. 대지조성사업계획의 승인을 받으려는 자는 사업계획승인신청서에 조성한 대지의 공급계획서를 첨부하여 사업계획승인권자에게 제출해야 한다.
> 2. 사업계획에는 부대시설 및 복리시설의 설치에 관한 계획 등이 포함되어야 한다.
>
> 제32회

① 다음의 요건을 모두 갖춘 사업의 경우
  ㉠ 「국토의 계획 및 이용에 관한 법률 시행령」에 따른 준주거지역 또는 상업지역(유통상업지역은 제외한다)에서 300세대 미만의 주택과 주택 외의 시설을 동일 건축물로 건축하는 경우일 것
  ㉡ 해당 건축물의 연면적에서 주택의 연면적이 차지하는 비율이 90% 미만일 것
② 「농어촌정비법」에 따른 생활환경정비사업 중 「농업협동조합법」에 따른 농업협동조합중앙회가 조달하는 자금으로 시행하는 사업인 경우

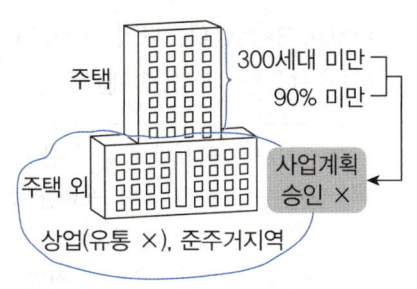

3. 공구별 분할건설 · 공급 제32회

주택건설사업을 시행하려는 자는 대통령령으로 정하는 호수 이상의 주택단지(전체 세대수가 600세대 이상)를 공구별로 분할하여 주택을 건설 · 공급할 수 있다. 이 경우 1.의 (3)에 따른 서류와 함께 다음의 서류를 첨부하여 사업계획 승인권자에게 제출하고 사업계획승인을 받아야 한다(법 제15조 제3항).

① 공구별 공사계획서
② 입주자모집계획서
③ 사용검사계획서

기출 주택건설사업을 시행하려는 자는 전체 세대수가 600세대 이상의 주택단지를 공구별로 분할하여 주택을 건설 · 공급할 수 있다. 제32회

4. 주택건설 규모의 산정방법

주택건설 규모를 산정할 때 다음의 구분에 따른 동일 사업주체(「건축법」에 따른 건축주를 포함한다)가 일단의 주택단지를 여러 개의 구역으로 분할하여 주택을 건설하려는 경우에는 전체 구역의 주택건설 호수 또는 세대수의 규모를 주택건설 규모로 산정한다. 이 경우 주택의 건설기준, 부대시설 및 복리시설의 설치기준과 대지의 조성기준을 적용할 때에는 전체 구역을 하나의 대지로 본다(영 제27조 제5항).

① 사업주체가 개인인 경우: 개인인 사업주체와 그의 배우자 또는 직계존비속
② 사업주체가 법인인 경우: 법인인 사업주체와 그 법인의 임원

5. 대지의 소유권 확보 제35회

주택건설사업계획의 승인을 받으려는 자는 해당 주택건설대지의 소유권을 확보하여야 한다. 다만, 다음의 어느 하나에 해당하는 경우에는 그러하지 아니하다(법 제21조 제1항).

> ① 「국토의 계획 및 이용에 관한 법률」에 따른 지구단위계획의 결정(의제되는 경우를 포함한다)이 필요한 주택건설사업의 해당 대지면적의 80% 이상을 사용할 수 있는 권원(權原)[등록사업자와 공동으로 사업을 시행하는 주택조합(리모델링주택조합은 제외한다)의 경우에는 95% 이상의 소유권을 말한다]을 확보하고(국·공유지가 포함된 경우에는 해당 토지의 관리청이 해당 토지를 사업주체에게 매각하거나 양여할 것을 확인한 서류를 사업계획승인권자에게 제출하는 경우에는 확보한 것으로 본다), 확보하지 못한 대지가 매도청구 대상이 되는 대지에 해당하는 경우
> ② 사업주체가 주택건설대지의 소유권을 확보하지 못하였으나, 그 대지를 사용할 수 있는 권원을 확보한 경우
> ③ 국가·지방자치단체·한국토지주택공사 또는 지방공사가 주택건설사업을 하는 경우
> ④ 리모델링 결의를 한 리모델링주택조합이 법 제22조 제2항에 따라 매도청구를 하는 경우

기출
1. 사업주체가 주택건설대지를 사용할 수 있는 권원을 확보한 경우에는 그 대지의 소유권을 확보하지 못한 경우에도 사업계획의 승인을 받을 수 있다.
2. 주택건설사업계획의 승인을 받으려는 한국토지주택공사는 해당 주택건설대지의 소유권을 확보하지 않아도 된다. 제35회

6. 사업계획승인의 변경 제35회

승인받은 사업계획을 변경하려면 사업계획승인권자로부터 변경승인을 받아야 한다. 다만, 국토교통부령으로 정하는 경미한 사항을 변경하는 경우에는 그러하지 아니하다(법 제15조 제4항).

기출 승인받은 사업계획 중 공공시설 설치계획의 변경이 필요한 경우에는 사업계획승인권자로부터 변경승인을 받아야 한다. 제35회

7. 사업계획의 포함내용

사업계획은 쾌적하고 문화적인 주거생활을 하는 데에 적합하도록 수립되어야 하며, 그 사업계획에는 부대시설 및 복리시설의 설치에 관한 계획 등이 포함되어야 한다(법 제15조 제5항).

기출 사업계획에는 부대시설 및 복리시설의 설치에 관한 계획 등이 포함되어야 한다.

8. 기반시설의 기부채납

(1) 과도한 기부채납 요구의 제한

사업계획 승인권자는 사업계획을 승인할 때 사업주체가 제출하는 사업계획에 해당 주택건설사업 또는 대지조성사업과 직접적으로 관련이 없거나 과도한 기반시설의 기부채납(寄附採納)을 요구하여서는 아니 된다(법 제17조 제1항).

(2) 운영기준의 고시

① 국토교통부장관은 기부채납 등과 관련하여 다음의 사항이 포함된 운영기준을 작성하여 고시할 수 있다(법 제17조 제2항).

> ㉠ 주택건설사업의 기반시설 기부채납 부담의 원칙 및 수준에 관한 사항
> ㉡ 주택건설사업의 기반시설의 설치기준 등에 관한 사항

② 사업계획승인권자는 운영기준의 범위에서 지역여건 및 사업의 특성 등을 고려하여 자체 실정에 맞는 별도의 기준을 마련하여 운영할 수 있으며, 이 경우 미리 국토교통부장관에게 보고하여야 한다(법 제17조 제3항).

9. 사업계획승인의 고시

사업계획승인권자는 사업계획을 승인하였을 때에는 이에 관한 사항을 고시해야 한다. 이 경우, 국토교통부장관은 관할 시장·군수·구청장에게, 특별시장, 광역시장 또는 도지사는 관할 시장, 군수 또는 구청장에게 각각 사업계획승인서 및 관계서류의 사본을 지체 없이 송부하여야 한다(법 제15조 제6항).

10. 사업계획의 이행

사업주체는 승인받은 사업계획대로 사업을 시행하여야 하고, 다음의 구분에 따라 공사를 시작하여야 한다. 다만, 사업계획승인권자는 대통령령으로 정하는 정당한 사유가 있다고 인정하는 경우에는 사업주체의 신청을 받아 그 사유가 없어진 날부터 1년의 범위에서 ① 또는 ②의 ㉠에 따른 공사의 착수기간을 연장할 수 있다(법 제16조 제1항).

> ① 일반사업 시행시 사업계획승인을 받은 경우: 승인받은 날부터 5년 이내
> ② 분할 시행시 사업계획승인을 받은 경우
>   ㉠ 최초로 공사를 진행하는 공구: 승인받은 날부터 5년 이내
>   ㉡ 최초로 공사를 진행하는 공구 외의 공구: 해당 주택단지에 대한 최초 착공신고일부터 2년 이내

> **참고** 1년의 범위에서 연장할 수 있는 정당한 사유(영 제31조)
>
> 1. 「매장유산 보호 및 조사에 관한 법률」에 따라 국가유산청장의 매장유산 발굴허가를 받은 경우
> 2. 해당 사업시행지에 대한 소유권분쟁(소송절차가 진행 중인 경우만 해당한다)으로 인하여 공사 착수가 지연되는 경우

기출
1. 「매장유산 보호 및 조사에 관한 법률」에 따라 국가유산청장의 매장유산 발굴허가를 받은 경우, 사업계획승인권자가 사업주체의 신청을 받아 공사의 착수기간을 연장할 수 있다.
2. 해당 사업시행지에 대한 소유권분쟁(소송절차가 진행 중인 경우만 해당한다)으로 인하여 공사 착수가 지연되는 경우, 사업계획승인권자가 사업주체의 신청을 받아 공사의 착수기간을 연장할 수 있다.

3. 사업계획승인의 조건으로 부과된 사항을 이행함에 따라 공사 착수가 지연되는 경우
  4. 천재지변 또는 사업주체에게 책임이 없는 불가항력적인 사유로 인하여 공사 착수가 지연되는 경우
  5. 공공택지의 개발·조성을 위한 계획에 포함된 기반시설의 설치 지연으로 공사 착수가 지연되는 경우
  6. 해당 지역의 미분양주택 증가 등으로 사업성이 악화될 우려가 있거나 주택건설경기가 침체되는 등 공사에 착수하지 못할 부득이한 사유가 있다고 사업계획승인권자가 인정하는 경우

비교 ▶ 착공의무기간 등
1. 착공의무기간
   - 「건축법」: 허가 후 2년(공장은 3년) 내에 착공, 연장 1년 가능
   - 「주택법」: 사업계획승인 후 5년 내에 착공, 연장 1년 가능
2. 미착공시
   - 「건축법」: 허가를 취소하여야 한다.
   - 「주택법」: 승인을 취소할 수 있다.

기출
1. 사업계획승인권자는 착공신고를 받은 날부터 20일 이내에 신고수리 여부를 신고인에게 통지하여야 한다. 제32회
2. 사업계획승인권자는 사업주체가 경매로 인하여 대지소유권을 상실한 경우에는 그 사업계획의 승인을 취소할 수 있다.

11. 착공신고 제32회

사업주체가 신고한 후 공사를 시작하려는 경우, 사업계획승인을 받은 해당 주택건설대지에 매도청구 대상이 되는 대지가 포함되어 있으면 해당 매도청구 대상대지에 대하여는 그 대지의 소유자가 매도에 대하여 합의를 하거나 매도청구에 관한 법원의 승소판결(확정되지 아니한 판결을 포함한다)을 받은 경우에만 공사를 시작할 수 있다(법 제21조 제2항).

12. 사업계획승인의 취소

사업계획승인권자는 다음의 어느 하나에 해당하는 경우, 그 사업계획의 승인을 취소(② 또는 ③에 해당하는 경우 「주택도시기금법」에 따라 주택분양보증이 된 사업은 제외한다)할 수 있다(법 제16조 제4항).

① 사업주체가 10.(②의 ㉡은 제외한다)을 위반하여 공사를 시작하지 아니한 경우
② 사업주체가 경매·공매 등으로 인하여 대지소유권을 상실한 경우
③ 사업주체의 부도·파산 등으로 공사의 완료가 불가능한 경우

13. 사업계획승인의 취소시 타당성심사

사업계획승인권자는 12.의 ② 또는 ③의 사유로 사업계획승인을 취소하고자 하는 경우에는 사업주체에게 사업계획 이행, 사업비 조달계획 등 대통령령으로 정하는 내용이 포함된 사업정상화계획을 제출받아 계획의 타당성을 심사한 후 취소 여부를 결정하여야 한다(법 제16조 제5항).

14. 사업계획의 변경승인요청

사업계획승인권자는 해당 사업의 시공자 등이 해당 주택건설대지의 소유권 등을 확보하고 사업주체 변경을 위하여 사업계획의 변경승인을 요청하는 경우에 이를 승인할 수 있다(법 제16조 제6항).

15. 사업계획의 승인절차 등

(1) 승인 여부의 통보

사업계획승인권자는 사업계획승인의 신청을 받았을 때에는 정당한 사유가 없으면 신청받은 날부터 60일 이내에 사업주체에게 승인 여부를 통보하여야 한다(영 제30조 제1항).

> **기출** 사업계획승인권자는 사업계획승인의 신청을 받았을 때에는 정당한 사유가 없으면 신청받은 날부터 60일 이내에 사업주체에게 승인 여부를 통보하여야 한다.

(2) 승인 내용의 통보

국토교통부장관은 주택건설사업계획의 승인을 하였을 때에는 지체 없이 관할 시·도지사에게 그 내용을 통보하여야 한다(영 제30조 제2항).

(3) 기금수탁자에 대한 통지

사업계획승인권자는 「주택도시기금법」에 따른 주택도시기금을 지원받은 사업주체에게 사업계획의 변경승인을 하였을 때에는 그 내용을 해당 사업에 대한 융자를 취급한 기금수탁자에게 통지하여야 한다(영 제30조 제3항).

(4) 기금수탁자의 사업주체 변경 동의

주택도시기금을 지원받은 사업주체가 사업주체를 변경하기 위하여 사업계획의 변경승인을 신청하는 경우에는 기금수탁자로부터 사업주체 변경에 관한 동의서를 받아 첨부하여야 한다(영 제30조 제4항).

(5) 사업계획승인의 고시

사업계획승인권자는 사업계획승인의 고시를 할 때에는 다음의 사항을 포함하여야 한다(영 제30조 제5항).

① 사업의 명칭
② 사업주체의 성명·주소(법인인 경우에는 법인의 명칭·소재지와 대표자의 성명·주소를 말한다)
③ 사업시행지의 위치·면적 및 건설주택의 규모
④ 사업시행기간
⑤ 고시가 의제되는 사항

16. 사업계획의 통합심의 등

(1) 통합심의 대상

사업계획승인권자는 필요하다고 인정하는 경우에 도시계획·건축·교통 등 사업계획승인과 관련된 다음의 사항을 통합하여 검토 및 심의(이하 '통합심의'라 한다)할 수 있다(법 제18조 제1항).

> ① 「건축법」에 따른 건축심의
> ② 「국토의 계획 및 이용에 관한 법률」에 따른 도시·군관리계획 및 개발행위 관련사항
> ③ 「대도시권 광역교통 관리에 관한 특별법」에 따른 광역교통개선대책
> ④ 「도시교통정비 촉진법」에 따른 교통영향평가
> ⑤ 「경관법」에 따른 경관심의
> ⑥ 그 밖에 사업계획승인권자가 필요하다고 인정하여 통합심의에 부치는 사항

(2) 관련서류의 첨부

사업계획승인권자는 사업계획승인을 받으려는 자가 통합심의를 신청하는 경우 통합심의를 하여야 한다. 다만, 사업계획의 특성 및 규모 등으로 인하여 (1)의 ①~⑥ 중 어느 하나에 대하여 통합심의가 적절하지 아니하다고 인정하는 경우에는 그 사항을 제외하고 통합심의를 할 수 있다(법 제18조 제2항).

(3) 사업계획승인권자가 시장·군수·구청장인 경우로서 시·도지사가 (1)의 ①~⑥의 어느 하나에 해당하는 권한을 가진 경우에는 사업계획승인권자가 시·도지사에게 통합심의를 요청할 수 있다(법 제18조 제4항).

(4) 공동위원회

통합심의를 하는 지방자치단체의 장은 다음의 어느 하나에 해당하는 위원회에 속하고 해당 위원회의 위원장의 추천을 받은 위원들과 사업계획승인권자가 속한 지방자치단체 및 (3)에 따라 통합심의를 하는 지방자치단체 소속 공무원으로 소집된 공동위원회를 구성하여 통합심의를 하여야 한다. 이 경우, 공동위원회의 구성, 통합심의의 방법 및 절차에 관한 사항은 대통령령으로 정한다(법 제18조 제5항).

> ① 「건축법」에 따른 중앙건축위원회 및 지방건축위원회
> ② 「국토의 계획 및 이용에 관한 법률」에 따라 해당 주택단지가 속한 시·도에 설치된 지방도시계획위원회

③ 「대도시권 광역교통 관리에 관한 특별법」에 따라 광역교통 개선대책에 대하여 심의권한을 가진 국가교통위원회
④ 「도시교통정비 촉진법」에 따른 교통영향평가심의위원회
⑤ 「경관법」에 따른 경관위원회
⑥ (1)의 ⑥에 대하여 심의권한을 가진 관련위원회

(5) 심의 결과의 반영

사업계획승인권자는 통합심의를 한 경우, 특별한 사유가 없으면 심의결과를 반영하여 사업계획을 승인하여야 한다(법 제18조 제6항).

(6) 통합심의 간주

통합심의를 거친 경우에는 검토·심의·조사·협의·조정 또는 재정을 거친 것으로 본다(법 제18조 제7항).

17. 사업계획승인의 효과

(1) 인·허가 등의 의제

사업계획승인권자가 사업계획을 승인 또는 변경 승인할 때 다음의 허가·인가·결정·승인 또는 신고 등(이하 '인·허가 등'이라 한다)에 관하여 다른 관계 행정기관의 장과 협의한 사항에 대하여는 해당 인·허가 등을 받은 것으로 보며, 사업계획의 승인고시가 있을 때에는 다음의 관계 법률에 따른 고시가 있는 것으로 본다(법 제19조 제1항).

① 「건축법」에 따른 건축허가, 건축신고, 허가·신고사항의 변경 및 가설건축물의 건축허가 또는 신고
② 「공간정보의 구축 및 관리 등에 관한 법률」에 따른 지도 등의 간행심사
③ 「공유수면 관리 및 매립에 관한 법률」에 따른 공유수면의 점용·사용허가, 협의 또는 승인, 점용·사용 실시계획의 승인 또는 신고, 공유수면의 매립면허, 국가 등이 시행하는 매립의 협의 또는 승인 및 공유수면매립실시계획의 승인
④ 「광업법」에 따른 채굴계획의 인가
⑤ 「국토의 계획 및 이용에 관한 법률」에 따른 도시·군관리계획(지구단위계획구역 및 지구단위계획만 해당한다)의 결정, 개발행위의 허가, 도시·군계획시설사업 시행자의 지정, 실시계획의 인가 및 타인의 토지에의 출입허가

비교 ➡ 인·허가 의제
1. 「건축법」상 허가를 받은 경우라 하더라도 「주택법」상 사업계획승인을 받은 것으로 보지는 않는다.
2. 「주택법」상 사업계획승인을 받으면 「건축법」상 허가를 받은 것으로 본다.

(2) 관련서류의 제출

인·허가 등의 의제를 받으려는 자는 사업계획승인을 신청할 때에 해당 법률에서 정하는 관계서류를 함께 제출해야 한다(법 제19조 제2항).

(3) 사전협의

① 사업계획승인권자는 사업계획을 승인하려는 경우, 그 사업계획에 인·허가 관련 어느 하나에 해당하는 사항이 포함되어 있는 경우에는 해당 법률에서 정하는 관계서류를 미리 관계 행정기관의 장에게 제출한 후 협의하여야 한다. 이 경우, 협의요청을 받은 관계 행정기관의 장은 사업계획승인권자의 협의요청을 받은 날부터 20일 이내에 의견을 제출해야 하며, 그 기간 내에 의견을 제출하지 아니한 경우에는 협의가 완료된 것으로 본다(법 제19조 제3항).

② 사업계획승인권자의 협의요청을 받은 관계 행정기관의 장은 해당 법률에서 규정한 인·허가 등의 기준을 위반하여 협의에 응하여서는 아니 된다(법 제19조 제4항).

(4) 수수료 등의 면제

50% 이상의 국민주택을 건설하는 사업주체가 다른 법률에 의한 인·허가 등을 받은 것으로 보는 경우에는 관계 법률에 따라 부과되는 수수료 등을 면제한다(법 제19조 제5항, 영 제36조).

(5) 「공익사업을 위한 토지 등의 취득 및 보상에 관한 법률」의 준용

> **참고 수용 특례**
> 1. 공취법 준용
> 2. 사업인정 간주시기: 사업계획승인
> 3. 재결신청기간: 사업시행기간 이내

① 수용 또는 사용의 특례: 토지 등을 수용하거나 사용하는 경우, 이 법에 규정한 것을 제외하고는 「공익사업을 위한 토지 등의 취득 및 보상에 관한 법률」을 준용한다(법 제27조 제1항).

② 사업인정의 간주(수용권한의 취득)
  ㉠ 「공익사업을 위한 토지 등의 취득 및 보상에 관한 법률」을 준용하는 경우에는 '사업계획승인'을 「공익사업을 위한 토지 등의 취득 및 보상에 관한 법률」에 의한 '사업인정'으로 본다(법 제27조 제2항).
  ㉡ 다만, 재결신청은 「공익사업을 위한 토지 등의 취득 및 보상에 관한 법률」 규정(재결신청은 '1년 이내'에 하여야 한다)에도 불구하고 사업계획승인을 얻은 '주택건설사업기간 이내'에 할 수 있다(법 제27조 제2항 단서).

18. 매도청구 등

(1) 매도청구자

사업계획승인을 받은 사업주체는 다음에 따라 해당 주택건설대지 중 사용할 수 있는 권원을 확보하지 못한 대지(건축물을 포함한다)의 소유자에게 그 대지를 시가(市價)로 매도할 것을 청구할 수 있다. 이 경우, 매도청구 대상이 되는 대지의 소유자와 매도청구를 하기 전에 3개월 이상 협의를 하여야 한다(법 제22조 제1항).

> ① 주택건설대지면적의 95% 이상의 사용권원을 확보한 경우: 사용권원을 확보하지 못한 대지의 모든 소유자에게 매도청구 가능
> ② ① 외의 경우: 사용권원을 확보하지 못한 대지의 소유자 중 지구단위계획구역 결정고시일 10년 이전에 해당 대지의 소유권을 취득하여 계속 보유하고 있는 자(대지의 소유기간을 산정할 때 대지소유자가 직계존속·직계비속 및 배우자로부터 상속받아 소유권을 취득한 경우에는 피상속인의 소유기간을 합산한다)를 제외한 소유자에게 매도청구 가능

(2) 리모델링주택조합의 매도청구

리모델링의 허가를 신청하기 위한 동의율을 확보한 경우, 리모델링 결의를 한 리모델링주택조합은 그 리모델링 결의에 찬성하지 아니하는 자의 주택 및 토지에 대하여 매도청구를 할 수 있다(법 제22조 제2항).

(3) 법률의 준용

매도청구에 관하여는 「집합건물의 소유 및 관리에 관한 법률」을 준용한다. 이 경우, 구분소유권 및 대지사용권은 주택건설사업 또는 리모델링사업의 매도청구의 대상이 되는 건축물 또는 토지의 소유권과 그 밖의 권리로 본다(법 제22조 제3항).

핵심 매도청구 조건
1. 대지면적 95% 이상 사용권원 확보시: 모든 소유자에게 매도청구 가능
2. 대지면적 80% 이상 95% 미만 사용권원 확보시: 지구단위계획구역 지정일로부터 10년 이내에 소유권을 취득한 자에게 매도청구 가능

기출
1. 사업주체가 주택건설대지면적 중 100분의 80에 대하여 사용권원을 확보한 경우, 사용권원을 확보하지 못한 대지의 소유자 중 지구단위계획구역 결정고시일 10년 이전에 해당 대지의 소유권을 취득하여 계속 보유하고 있는 자에 대하여는 매도청구를 할 수 없다.
2. 리모델링주택조합은 리모델링 결의에 찬성하지 아니하는 자의 주택 및 토지에 대하여 매도청구를 할 수 있다.

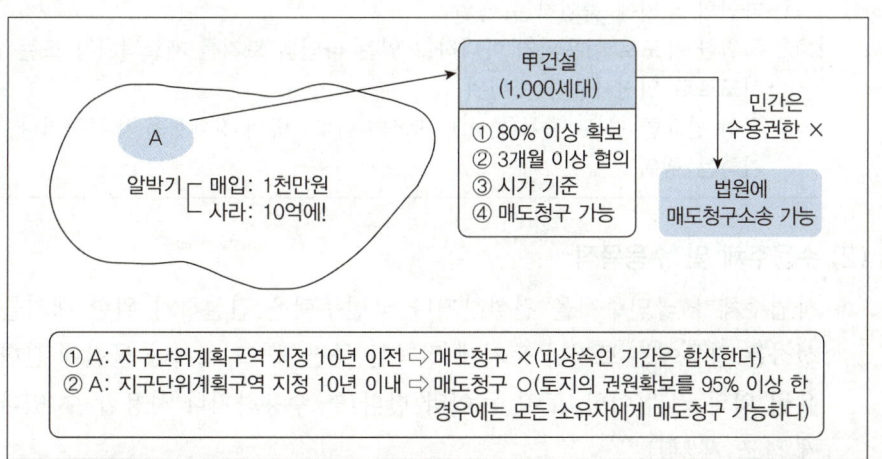

19. 소유자의 확인이 곤란한 대지 등에 대한 처분

(1) 공고

사업계획승인을 받은 사업주체는 해당 주택건설대지 중 사용할 수 있는 권원을 확보하지 못한 대지의 소유자가 있는 곳을 확인하기가 현저히 곤란한 경우에는 전국적으로 배포되는 둘 이상의 일간신문에 두 차례 이상 공고하고, 공고한 날부터 30일 이상이 지났을 때에는 매도청구 대상의 대지로 본다(법 제23조 제1항).

(2) 공탁 후 시행

사업주체는 매도청구 대상대지의 감정평가액에 해당하는 금액을 법원에 공탁(供託)하고 주택건설사업을 시행할 수 있다(법 제23조 제2항).

(3) 가격평가

(2)에 따른 대지의 감정평가액은 사업계획승인권자가 추천하는 「감정평가 및 감정평가사에 관한 법률」에 따른 감정평가법인 등 2인 이상이 평가한 금액을 산술평균하여 산정한다(법 제23조 제3항).

❹ 사업시행에 관한 조치 등

1. 토지에의 출입 등

(1) 출입 등의 주체 및 허용행위

국가·지방자치단체·한국토지주택공사 및 지방공사인 사업주체가 사업계획의 수립을 위한 조사 또는 측량을 하려는 경우와 국민주택사업을 시행하기 위하여 필요한 경우에는 다음의 행위를 할 수 있다(법 제24조 제1항).

> ① 타인의 토지에 출입하는 행위
> ② 특별한 용도로 이용되지 아니하고 있는 타인의 토지를 재료적치장 또는 임시도로로 일시사용하는 행위
> ③ 특히 필요한 경우, 죽목(竹木)·토석이나 그 밖의 장애물을 변경하거나 제거하는 행위

(2) 수용주체 및 수용목적

사업주체가 국민주택을 건설하거나 국민주택을 건설하기 위한 대지를 조성하는 경우에는 토지나 토지에 정착한 물건 및 그 토지나 물건에 관한 소유권 외의 권리(이하 '토지 등'이라 한다)를 수용하거나 사용할 수 있다(법 제24조 제2항).

(3) 토지에의 출입 등에 따른 손실보상

① 손실보상의 주체: 타인 토지에의 출입 등의 행위로 인하여 손실을 받은 자가 있는 때에는 그 행위를 한 사업주체가 그 손실을 보상하여야 한다(법 제25조 제1항).

② 협의: 손실보상에 관하여는 그 손실을 보상할 자와 손실을 받은 자가 협의하여야 한다(법 제25조 제2항).

③ 재결신청: 손실을 보상할 자 또는 손실을 입은 자는 협의가 성립되지 아니하거나 협의를 할 수 없는 경우에는 「공익사업을 위한 토지 등의 취득 및 보상에 관한 법률」에 따른 관할 토지수용위원회에 재결을 신청할 수 있다(법 제25조 제3항).

④ 법률의 준용: 관할 토지수용위원회의 재결에 관하여는 「공익사업을 위한 토지 등의 취득 및 보상에 관한 법률」의 규정을 준용한다(법 제25조 제4항).

2. 서류의 열람

국민주택을 건설·공급하는 사업주체는 주택건설사업 또는 대지조성사업을 시행할 때 필요한 경우에는 등기소나 그 밖의 관계 행정기관의 장에게 필요한 서류의 열람·등사나 그 등본 또는 초본의 발급을 무료로 청구할 수 있다(법 제32조).

3. 공공시설의 귀속 등

(1) 「국토의 계획 및 이용에 관한 법률」의 준용

사업주체가 사업계획승인을 받은 사업지구의 토지에 새로 공공시설을 설치하거나 기존의 공공시설에 대체되는 공공시설을 설치하는 경우, 그 공공시설의 귀속에 관하여는 「국토의 계획 및 이용에 관한 법률」 제65조 및 제99조를 준용한다. 이 경우, '개발행위허가를 받은 자'는 '사업주체'로, '개발행위허가'는 '사업계획승인'으로, '행정청인 시행자'는 '한국토지주택공사 및 지방공사'로 본다(법 제29조 제1항).

(2) 사용 및 처분제한

행정청인 시행자로 보는 한국토지주택공사 및 지방공사는 해당 공사에 귀속되는 공공시설을 해당 국민주택사업을 시행하는 목적 외로는 사용하거나 처분할 수 없다(법 제29조 제2항).

4. 국·공유지 등의 우선매각 및 임대

(1) 우선매각토지의 대상

국가 또는 지방자치단체는 그가 소유하는 토지를 매각하거나 임대하는 경우에는 다음의 어느 하나의 목적으로 그 토지의 매수 또는 임차를 원하는 자가 있으면 그에게 우선적으로 그 토지를 매각하거나 임대할 수 있다(법 제30조 제1항, 영 제41조).

> ① 국민주택규모의 주택을 50% 이상으로 건설하는 주택의 건설
> ② 주택조합이 건설하는 주택(이하 '조합주택'이라 한다)의 건설
> ③ ① 또는 ②의 주택을 건설하기 위한 대지의 조성

핵심 ◎ 국·공유지 우선매각
1. 국민주택규모의 주택을 50% 이상 건설하는 경우
2. 주택조합이 건설하는 주택의 경우
3. 1.과 2.를 위한 대지를 조성하고자 하는 경우

(2) 환매 및 임대계약의 취소

국가 또는 지방자치단체는 국가 또는 지방자치단체로부터 토지를 매수하거나 임차한 자가 그 매수일 또는 임차일부터 **2년 이내**에 국민주택규모의 주택 또는 조합주택을 건설하지 아니하거나 그 주택을 건설하기 위한 대지조성사업을 시행하지 아니한 경우에는 **환매(還買)하거나 임대계약을 취소**할 수 있다(법 제30조 제2항).

5. 환지방식에 의한 도시개발사업으로 조성된 대지의 활용

(1) 사업주체의 체비지 우선매각

① 사업주체가 국민주택용지로 사용하기 위하여 도시개발사업 시행자[「도시개발법」에 따른 환지(換地)방식에 의하여 사업을 시행하는 도시개발사업의 시행자를 말한다]에게 체비지(替費地)의 매각을 요구한 경우, 그 도시개발사업 시행자는 대통령령으로 정하는 바에 따라 **체비지의 총면적의 50%의 범위에서** 이를 우선적으로 사업주체에게 매각할 수 있다(법 제31조 제1항).

② 도시개발사업 시행자는 **체비지를 사업주체에게 국민주택용지로 매각하는 경우에는 경쟁입찰**로 하여야 한다. 다만, 매각을 요구하는 사업주체가 **하나일 때에는 수의계약으로 매각**할 수 있다(영 제42조).

(2) 환지계획수립 전 매각요구

사업주체가 「도시개발법」에 따른 환지계획의 수립 전에 체비지의 매각을 요구하면 도시개발사업 시행자는 사업주체에게 매각할 체비지를 그 환지계획에서 하나의 단지로 정하여야 한다(법 제31조 제2항).

(3) 체비지의 양도가격

체비지의 양도가격은 국토교통부령으로 정하는 바에 따라 「감정평가 및 감정평가사에 관한 법률」에 따른 감정평가법인 등이 감정평가한 감정가격을 기준으로 한다. 다만, 임대주택을 건설하는 경우 등 국토교통부령으로 정하는 경우에는 국토교통부령으로 정하는 조성원가를 기준으로 할 수 있다(법 제31조 제3항).

> 참고 체비지의 양도가격
> 1. 원칙: 감정가격
> 2. 예외: 조성원가(임대주택 건설시)

6. 토지매수업무 등의 위탁

(1) 위탁의 주체

국가 또는 한국토지주택공사인 사업주체는 주택건설사업 또는 대지조성사업을 위한 토지매수업무와 손실보상업무를 대통령령으로 정하는 바에 따라 관할 지방자치단체의 장에게 위탁할 수 있다(법 제26조 제1항).

(2) 위탁수수료

사업주체가 토지매수업무와 손실보상업무를 위탁할 때에는 그 토지매수금액과 손실보상금액의 2%의 범위에서 대통령령으로 정하는 요율의 위탁수수료를 해당 지방자치단체에 지급하여야 한다(법 제26조 제2항).

7. 주택건설사업 등에 의한 임대주택의 건설 등

(1) 용적률 완화대상

사업주체(리모델링을 시행하는 자는 제외한다)가 다음의 사항을 포함한 사업계획승인신청서(「건축법」의 허가신청서를 포함한다)를 제출하는 경우, 사업계획승인권자(건축허가권자를 포함한다)는 용도지역별 용적률 범위에서 특별시·광역시·특별자치시·특별자치도·시 또는 군의 조례로 정하는 기준에 따라 용적률을 완화하여 적용할 수 있다(법 제20조 제1항).

> ① 법 제15조 제1항에 따른 호수(원칙 30세대, 예외 50세대) 이상의 주택과 주택 외의 시설을 동일 건축물로 건축하는 계획
> ② 임대주택의 건설·공급에 관한 사항

(2) 완화 용적률에 따른 임대주택의 공급

용적률을 완화하여 적용하는 경우, 사업주체는 완화된 용적률의 60% 이하의 범위에서 대통령령으로 정하는 비율(30% 이상 60% 이하의 범위에서 특별시·광역시·특별자치시·도 또는 특별자치도의 조례로 정하는 비율)

이상에 해당하는 면적을 임대주택으로 공급하여야 한다. 이 경우, 사업주체는 임대주택을 국토교통부장관, 시·도지사, 한국토지주택공사 또는 지방공사(이하 '인수자'라 한다)에 공급하여야 하며 시·도지사가 우선인수할 수 있다. 다만, 시·도지사가 임대주택을 인수하지 아니하는 경우, 다음의 구분에 따라 국토교통부장관에게 인수자 지정을 요청하여야 한다(법 제20조 제2항, 영 제37조 제1항).

> ① 특별시장, 광역시장 또는 도지사가 인수하지 아니하는 경우: 관할 시장, 군수 또는 구청장이 사업계획승인(건축허가를 포함)신청 사실을 특별시장, 광역시장 또는 도지사에게 통보한 후 국토교통부장관에게 인수자지정요청
> ② 특별자치시장 또는 특별자치도지사가 인수하지 아니하는 경우: 특별자치시장 또는 특별자치도지사가 직접 국토교통부장관에게 인수자지정요청

(3) 임대주택의 공급가격

공급되는 임대주택의 공급가격은 「공공주택 특별법」에 따른 공공건설임대주택의 분양전환가격 산정기준에서 정하는 건축비로 하고, 그 부속토지는 인수자에게 기부채납한 것으로 본다(법 제20조 제3항).

(4) 사업계획승인신청 전 미리 용적률의 완화로 건설되는 임대주택의 규모

사업주체는 사업계획승인을 신청하기 전에 미리 용적률의 완화로 건설되는 임대주택의 규모 등에 관하여 인수자와 협의하여 사업계획승인신청서에 반영하여야 한다(법 제20조 제4항).

(5) 임대주택의 선정

사업주체는 공급되는 주택의 전부(주택조합이 설립된 경우에는 조합원에게 공급하고 남은 주택을 말한다)를 대상으로 공개추첨의 방법에 의하여 인수자에게 공급하는 임대주택을 선정하여야 하며, 그 선정 결과를 지체 없이 인수자에게 통보하여야 한다(법 제20조 제5항).

(6) 등기의 촉탁·신청

사업주체는 임대주택의 준공인가(「건축법」의 사용승인을 포함한다)를 받은 후 지체 없이 인수자에게 등기를 촉탁 또는 신청하여야 한다. 이 경우, 사업주체가 거부 또는 지체하는 경우에는 인수자가 등기를 촉탁 또는 신청할 수 있다(법 제20조 제6항).

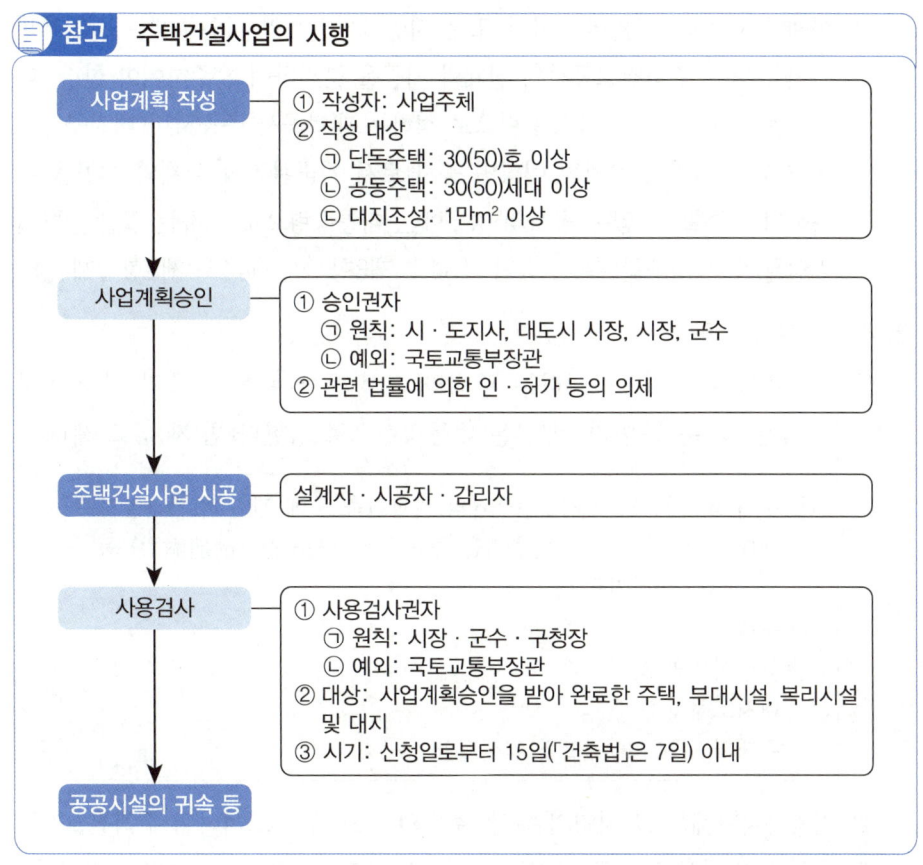

5 주택건설의 절차 등

1. 주택의 시공 등

(1) 주택건설공사의 시공제한 등

① 시공자의 자격

㉠ 사업계획승인을 받은 주택의 건설공사는 「건설산업기본법」에 따른 건설사업자로서 대통령령으로 정하는 자 또는 건설사업자로 간주하는 등록사업자가 아니면 이를 시공할 수 없다(법 제34조 제1항).

㉡ 공동주택의 방수·위생 및 냉난방설비공사는 「건설산업기본법」에 따른 건설사업자로서 대통령령으로 정하는 자➕(특정열사용기자재를 설치·시공하는 경우에는 「에너지이용 합리화법」에 따른 시공업자를 말한다)가 아니면 이를 시공할 수 없다(법 제34조 제2항).

➕ 다음의 어느 하나에 해당하는 건설업의 등록을 한 자를 말한다.
1. 방수설비공사업: 도장·습식·방수·석공사업
2. 위생설비공사업: 기계설비·가스공사업
3. 냉난방설비공사업: 기계설비·가스공사업, 가스·난방공사업

② 설계와 시공의 분리발주: 국가 또는 지방자치단체인 사업주체는 사업계획 승인을 받은 주택건설공사의 설계와 시공을 분리하여 발주하여야 한다. 다만, 주택건설공사 중 대통령령으로 정하는 대형공사[총공사비(대지구입비를 제외한다)가 500억원 이상인 공사]로서 기술관리상 설계와 시공을 분리하여 발주할 수 없는 공사의 경우에는 대통령령으로 정하는 입찰방법(일괄입찰)으로 시행할 수 있다(법 제34조 제3항, 영 제44조 제3항·제4항).

(2) 주택건설기준 등

① 사업주체가 건설·공급하는 주택의 건설 등에 관한 다음의 기준(이하 '주택건설기준 등'이라 한다)은 대통령령으로 정한다(법 제35조 제1항).

> ㉠ 주택 및 시설의 배치, 주택과의 복합건축 등에 관한 주택건설기준
> ㉡ 세대 간의 경계벽, 바닥충격음 차단구조, 구조내력(構造耐力) 등 주택의 구조·설비기준
> ㉢ 부대시설의 설치기준
> ㉣ 복리시설의 설치기준
> ㉤ 대지조성기준
> ㉥ 주택의 규모 및 규모별 건설비율

② 지방자치단체는 그 지역의 특성, 주택의 규모 등을 고려하여 주택건설기준 등의 범위에서 조례로 구체적인 기준을 정할 수 있다(법 제35조 제2항).

③ 사업주체는 ①의 주택건설기준 등 및 ②의 기준에 따라 주택건설사업 또는 대지조성사업을 시행하여야 한다(법 제35조 제3항).

2. 간선시설의 설치 및 비용의 상환

(1) 설치대상

사업주체가 단독주택 100호, 공동주택 100세대(리모델링의 경우에는 늘어나는 세대수를 기준으로 한다) 이상의 주택건설사업을 시행하는 경우 또는 16,500㎡ 이상의 대지조성사업을 시행하는 경우에, 다음에 해당하는 자는 각각 그 해당 간선시설을 설치해야 한다. 다만, ①에 해당하는 시설로서 사업주체가 주택건설사업계획 또는 대지조성사업계획에 포함하여 설치하고자 하는 경우에는 그러하지 아니하다(법 제28조 제1항, 영 제39조 제1항·제2항).

> ① 지방자치단체: 도로 및 상하수도시설(50% 범위 내에서 국고보조 가능)
> ② 해당 지역에 전기·통신·가스 또는 난방을 공급하는 자: 전기시설·통신시설·가스시설 또는 지역난방시설
> ③ 국가: 우체통

참고 간선시설의 설치
1. 설치의무기준: 100호(세대) 이상 또는 16,500㎡ 이상
2. 사용검사일까지 설치
3. 설치비용은 설치의무자가 부담
✔ 지방자치단체의 설치비용은 1/2 범위 내 국고보조 가능하다.

(2) 설치시기

간선시설의 설치는 특별한 사유가 없는 한 사용검사일까지 설치를 완료하여야 한다(법 제28조 제2항).

(3) 설치비용의 부담

간선시설의 설치비용은 그 설치의무자가 이를 부담한다. 이 경우, (1)의 ①에 따른 간선시설의 설치비용은 그 50%의 범위에서 국가가 보조할 수 있다(법 제28조 제3항).

(4) 전기간선시설을 지중선로로 설치하는 경우

전기간선시설을 지중선로로 설치하는 경우에는 전기를 공급하는 자와 지중에 설치할 것을 요청하는 자가 각각 50%의 비율로 그 설치비용을 부담한다. 다만, 사업지구 밖의 기간시설로부터 그 사업지구 안의 가장 가까운 주택단지(사업지구 안에 1개의 주택단지가 있는 경우에는 그 주택단지를 말한다)의 경계선까지의 전기간선시설을 설치하는 경우에는 전기를 공급하는 자가 부담한다(법 제28조 제4항).

(5) 설치의 요청

지방자치단체는 사업주체가 자신의 부담으로 (1)의 ①에 해당하지 아니하는 도로 또는 상하수도시설(해당 주택건설사업 또는 대지조성사업과 직접적으로 관련이 있는 경우로 한정한다)의 설치를 요청할 경우에는 이에 따를 수 있다(법 제28조 제5항).

(6) 사업주체의 간선시설 설치

① 간선시설 설치의무자가 설치의무기간 이내에 간선시설의 설치를 완료하지 못할 특별한 사유가 있는 때에는 사업주체가 그 간선시설을 자기부담으로 설치하고 간선시설 설치의무자에게 그 비용의 상환을 요구할 수 있다(법 제28조 제7항).

② 간선시설 설치의무자는 사업계획에서 정한 사용검사예정일까지 해당 간선시설을 설치하지 못할 특별한 사유가 있는 때에는 통지를 받은 날부터 1개월 이내에 그 사유와 설치 가능시기를 명시하여 해당 사업주체에게 통보하여야 한다(영 제39조 제4항).

(7) 설치비의 상환

① 사업주체가 간선시설을 자기부담으로 설치하려는 경우, 간선시설 설치의무자는 사업주체와 간선시설의 설치비상환계약을 체결하여야 한다(영 제40조 제1항).

② 상환계약에서 정하는 설치비의 상환기한은 해당 사업의 **사용검사일부터 3년 이내**로 하여야 한다(영 제40조 제2항).

③ 간선시설 설치의무자가 상환계약에 따라 상환하여야 하는 금액은 다음의 금액을 합산한 금액으로 한다(영 제40조 제3항).

> ㉠ 설치비용
> ㉡ 상환 완료시까지의 설치비용에 대한 이자. 이 경우, 이자율은 설치비상환계약 체결일 당시의 정기예금 금리(「은행법」에 따라 설립된 은행 중 수신고를 기준으로 한 전국 상위 6개 시중은행의 1년 만기 정기예금 금리의 산술평균)로 하되, 상환계약에서 달리 정한 경우에는 그에 따른다.

3. 주택의 감리자 지정

사업계획승인권자가 **주택건설사업계획을 승인하였을 때와 시장·군수·구청장이 리모델링의 허가를 하였을 때**에는 「건축사법」 또는 「건설기술 진흥법」에 따른 감리자격이 있는 자를 다음의 대통령령으로 정하는 바에 따라 해당 주택건설공사의 감리자로 지정하여야 한다. 다만, 사업주체가 국가·지방자치단체·한국토지주택공사·지방공사 또는 대통령령으로 정하는 자인 경우와 「건축법」에 따라 공사감리를 하는 도시형 생활주택의 경우에는 그러하지 아니하다(법 제43조 제1항, 영 제47조 제1항).

> ① 300세대 미만의 주택건설공사: 다음의 어느 하나에 해당하는 자[해당 주택건설공사를 시공하는 자의 계열회사(「독점규제 및 공정거래에 관한 법률」에 따른 계열회사를 말한다)는 제외한다]
> ㉠ 「건축사법」에 따라 건축사사무소 개설신고를 한 자
> ㉡ 「건설기술 진흥법」에 따라 등록한 건설엔지니어링사업자
> ② 300세대 이상의 주택건설공사: 「건설기술 진흥법」에 따라 등록한 건설엔지니어링사업자

4. 사전방문 등(법 제48조의2)

(1) 사업주체는 사용검사를 받기 전에 입주예정자가 해당 주택을 방문하여 공사 상태를 미리 점검(이하 '사전방문'이라 한다)할 수 있게 하여야 한다.

(2) 입주예정자는 사전방문 결과 하자(공사상 잘못으로 인하여 균열·침하·파손·들뜸·누수 등이 발생하여 안전상·기능상 또는 미관상의 지장을 초래할 정도의 결함을 말한다. 이하 같다)가 있다고 판단하는 경우, 사업주체에게 보수공사 등 적절한 조치를 해줄 것을 요청할 수 있다.

(3) 하자[(4)에 따라 사용검사권자가 하자가 아니라고 확인한 사항은 제외한다]에 대한 조치 요청을 받은 사업주체는 대통령령으로 정하는 바에 따라 보수공사 등 적절한 조치를 하여야 한다. 이 경우, 입주예정자가 조치를 요청한 하자 중 대통령령으로 정하는 중대한 하자는 대통령령으로 정하는 특별한 사유가 없으면 사용검사를 받기 전까지 조치를 완료하여야 한다.

(4) 입주예정자가 요청한 사항이 하자가 아니라고 판단하는 사업주체는 대통령령으로 정하는 바에 따라 사용검사를 하는 시장·군수·구청장(이하 '사용검사권자'라 한다)에게 하자 여부를 확인해줄 것을 요청할 수 있다. 이 경우, 사용검사권자는 공동주택 품질점검단의 자문을 받는 등 대통령령으로 정하는 바에 따라 하자 여부를 확인할 수 있다.

(5) 사업주체는 조치한 내용 및 하자가 아니라고 확인받은 사실 등을 대통령령으로 정하는 바에 따라 입주예정자 및 사용검사권자에게 알려야 한다.

(6) 국토교통부장관은 사전방문에 필요한 표준양식을 정하여 보급하고 활용하게 할 수 있다.

(7) 보수공사 등 적절한 조치가 필요한 하자의 구체적인 기준 등에 관한 사항은 대통령령으로 정하고, (1)부터 (6)까지에서 규정한 사항 외에 사전방문의 절차 및 방법 등에 관한 사항은 국토교통부령으로 정한다.

5. 품질점검단의 설치 및 운영 등(법 제48조의3) 제36회

(1) 시·도지사는 사전방문을 실시하고 사용검사를 신청하기 전에 공동주택의 품질을 점검하여 사업계획의 내용에 적합한 공동주택이 건설되도록 할 목적으로 주택관련분야 등의 전문가로 구성된 공동주택 품질점검단(이하 '품질점검단'이라 한다)을 설치·운영할 수 있다. 이 경우, 시·도지사는 품질점검단의 설치·운영에 관한 사항을 조례로 정하는 바에 따라 대도시 시장에게 위임할 수 있다.

(2) 품질점검단은 대통령령으로 정하는 규모 및 범위 등에 해당하는 공동주택의 건축·구조·안전·품질관리 등에 대한 시공품질을 대통령령으로 정하는 바에 따라 점검하여 그 결과를 시·도지사[(1)의 후단의 경우에는 대도시 시장을 말한다]와 사용검사권자에게 제출하여야 한다.

(3) 사업주체는 품질점검단의 점검에 협조하여야 하며, 이에 따르지 아니하거나 기피 또는 방해해서는 아니 된다.

(4) 사용검사권자는 품질점검단의 시공품질 점검을 위하여 필요한 경우에는 사업주체, 감리자 등 관계자에게 공동주택의 공사현황 등 국토교통부령으로

기출
1. 품질점검단은 시·도지사가 설치·운영한다. 제36회
2. 사업주체가 품질점검단의 점검에 따르지 아니하거나 기피 또는 방해한 경우 과태료 부과의 대상에 해당한다. 제36회
3. 품질점검단은 품질점검을 실시한 후 점검 종료일부터 5일 이내에 점검결과를 사용검사권자에게 제출하여야 한다. 제36회
4. 사용검사권자는 품질점검단으로부터 제출받은 점검결과를 사용검사가 있은 날부터 2년 이상 보관하여야 한다. 제36회
5. 공무원으로서 공동주택 관련 지도·감독 및 인·허가업무 등에 종사한 경력이 5년 이상인 사람은 품질점검단의 위원이 될 수 있다. 제36회

정하는 서류 및 관련자료의 제출을 요청할 수 있다. 이 경우, 자료제출을 요청받은 자는 정당한 사유가 없으면 이에 따라야 한다.

(5) 사용검사권자는 제출받은 점검결과를 사용검사가 있은 날부터 2년 이상 보관하여야 하며, 입주자(입주예정자를 포함한다)가 관련자료의 공개를 요구하는 경우에는 이를 공개하여야 한다.

(6) 사용검사권자는 대통령령으로 정하는 바에 따라 품질점검단의 점검결과에 대한 사업주체의 의견을 청취한 후 하자가 있다고 판단하는 경우, 보수·보강 등 필요한 조치를 명하여야 한다. 이 경우, 대통령령으로 정하는 중대한 하자는 대통령령으로 정하는 특별한 사유가 없으면 사용검사를 받기 전까지 조치하도록 명하여야 한다.

(7) 보수·보강 등의 조치명령을 받은 사업주체는 대통령령으로 정하는 바에 따라 조치를 하고, 그 결과를 사용검사권자에게 보고하여야 한다. 다만, 조치명령에 이의가 있는 사업주체는 사용검사권자에게 이의신청을 할 수 있다.

(8) 사용검사권자는 공동주택의 시공품질 관리를 위하여 사업주체에게 통보받은 사전방문 후 조치결과, (6) 및 (7)에 따른 조치명령, 조치결과, 이의신청 등에 관한 사항을 대통령령으로 정하는 정보시스템에 등록하여야 한다.

(9) 품질점검단의 구성 및 운영, 이의신청 절차 및 이의신청에 따른 조치 등에 필요한 사항은 대통령령으로 정한다.

6. 사용검사 등 제34회, 제36회

(1) 사용검사권자(법 제49조 제1항)

시장·군수·구청장 (원칙)	사업주체는 사업계획승인을 받아 시행하는 주택건설사업 또는 대지조성사업을 완료한 경우에는 주택 또는 대지에 대하여 국토교통부령으로 정하는 바에 따라 시장·군수·구청장의 사용검사를 받아야 한다.
국토교통부장관 (예외)	국가·한국토지주택공사가 사업주체인 경우와 국토교통부장관으로부터 사업계획의 승인을 받은 경우에는 국토교통부장관이 사용검사권자이다.

(2) 분할 사용검사 및 동별 사용검사 제34회

분할시행한 경우의 사업계획을 승인받은 경우에는 완공된 주택에 대하여 공구별로 사용검사(이하 '분할 사용검사'라 한다)를 받을 수 있고, 사업계획승인조건의 미이행 등 대통령령으로 정하는 다음의 사유가 있는 경우에는 공사가 완료된 주택에 대하여 동별로 사용검사(이하 '동별 사용검사'라 한다)를 받을 수 있다(법 제49조 제1항 단서, 영 제54조 제2항).

심화 사용검사시 확인사항
1. 주택 또는 대지가 사업계획의 내용에 적합한지 여부
2. 법 제48조의2 제3항, 법 제48조의3 제6항 후단, 이 영 제53조의2 제2항 및 법 제53조의6 제6항에 따라 사용검사를 받기 전까지 조치해야 하는 하자를 조치 완료했는지 여부

기출 하나의 주택단지의 입주자를 분할 모집하여 전체 단지의 사용검사를 마치기 전에 입주가 필요한 경우에는 공사가 완료된 주택에 대하여 동별로 사용검사를 받을 수 있다. 제34회

① 사업계획승인의 조건으로 부과된 사항의 미이행
② 하나의 주택단지의 입주자를 분할 모집하여 전체 단지의 사용검사를 마치기 전에 입주가 필요한 경우
③ 그 밖에 사업계획승인권자가 동별로 사용검사를 받을 필요가 있다고 인정하는 경우

(3) 사용검사의 통보

사용검사권자는 사용검사의 대상인 주택 또는 대지가 사업계획의 내용에 적합한지 여부 등을 확인한 후, 그 신청일부터 15일 이내에 사용검사를 하여야 한다(영 제54조 제3항·제4항).

기출 사용검사는 그 신청일부터 15일 이내에 하여야 한다. 제36회

(4) 사용검사의 효과

① 사업주체가 사용검사를 받은 때에는 의제되는 인·허가 등에 따른 해당 사업의 사용승인·준공검사 또는 준공인가 등을 받은 것으로 본다. 이 경우, 사용검사권자는 미리 관계 행정기관의 장과 협의하여야 한다(법 제49조 제2항).
② 협의요청을 받은 관계 행정기관의 장은 정당한 사유가 없는 한 그 요청을 받은 날부터 10일 이내에 그 의견을 제시하여야 한다(영 제54조 제5항).

(5) 시공보증자 등의 사용검사

다음의 구분에 따라 해당 주택의 시공을 보증한 자, 해당 주택의 시공자 또는 입주예정자는 대통령령으로 정하는 바에 따라 사용검사를 받을 수 있다(법 제49조 제3항).

① 사업주체가 파산 등으로 사용검사를 받을 수 없는 경우: 해당 주택의 시공을 보증한 자 또는 입주예정자
② 사업주체가 정당한 이유 없이 사용검사를 위한 절차를 이행하지 아니하는 경우: 해당 주택의 시공을 보증한 자, 해당 주택의 시공자 또는 입주예정자. 이 경우, 사용검사권자는 사업주체가 사용검사를 받지 아니하는 정당한 이유를 밝히지 못하면 사용검사를 거부하거나 지연할 수 없다.

참고 사용검사의 신청
1. 원칙: 사업주체
2. 사업주체가 파산한 경우: 시공보증자
3. 시공보증자가 없거나 파산한 경우: 입주예정자대표회의(시공자를 선정하고 마무리공사 후)
✔ 사용검사의 효과:「건축법」상 사용승인 의제

심화 시공보증자 등의 사용검사(영 제55조)

1. 사업주체가 파산 등으로 주택건설사업을 계속할 수 없는 경우에는 해당 주택의 시공을 보증한 자(이하 '시공보증자'라 한다)가 잔여공사를 시공하고 사용검사를 받아야 한다. 다만, 시공보증자가 없거나 파산 등으로 시공을 할 수 없는 경우에는 입주예정자의 대표회의(이하 '입주예정자대표회의'라 한다)가 시공자를 정하여 잔여공사를 시공하고 사용검사를 받아야 한다.

기출 사업주체가 파산 등으로 사용검사를 받을 수 없는 경우에는 해당 주택의 시공을 보증한 자 또는 입주예정자는 대통령령으로 정하는 바에 따라 사용검사를 받을 수 있다. 제36회

> 2. 사용검사를 받은 경우에는 사용검사를 받은 자의 구분에 따라 시공보증자 또는 세대별 입주자의 명의로 건축물관리대장 등재 및 소유권보존등기를 할 수 있다.
> 3. 입주예정자대표회의의 구성·운영 등에 필요한 사항은 국토교통부령으로 정한다.
> 4. 시공보증자, 해당 주택의 시공자 또는 입주예정자가 사용검사를 신청하는 경우, 사용검사권자는 사업주체에게 사용검사를 받지 아니하는 정당한 이유를 제출할 것을 요청해야 한다. 이 경우, 사업주체는 요청받은 날부터 7일 이내에 의견을 통지하여야 한다.

(6) 사용시기

① **원칙**: 사업주체 또는 입주예정자는 사용검사를 받은 후가 아니면 주택 또는 대지를 사용하게 하거나 이를 사용할 수 없다(법 제49조 제4항).

② **예외**: 대통령령으로 정하는 경우로서, 사용검사권자의 임시사용승인을 받은 경우에는 그러하지 아니하다(법 제49조 제4항 단서).

(7) 임시사용승인

① 임시사용승인의 신청시기(영 제56조 제1항)

> ㉠ 주택건설사업의 경우: 건축물의 **동별**로 공사가 완료된 경우
> ㉡ 대지조성사업의 경우: **구획별**로 공사가 완료된 경우

② 임시사용승인을 받으려는 자는 국토교통부령으로 정하는 바에 따라 사용검사권자에게 임시사용승인을 신청하여야 한다(영 제56조 제2항).

③ 사용검사권자는 신청을 받은 때에는 임시사용승인 대상인 주택 또는 대지가 사업계획의 내용에 적합하고 사용에 지장이 없는 경우에만 임시사용을 승인할 수 있다. 이 경우, 임시사용승인의 대상이 **공동주택인 경우에는 세대별로 임시사용승인**을 할 수 있다(영 제56조 제3항).

6 공업화주택의 인정 등

(1) 공업화주택의 인정

① **국토교통부장관**은 다음의 어느 하나에 해당하는 부분을 국토교통부령으로 정하는 성능기준 및 생산기준에 따라 맞춤식 등 공업화공법으로 건설하는 주택을 공업화주택으로 인정할 수 있다(법 제51조 제1항).

기출
1. 사업주체는 건축물의 동별로 공사가 완료된 경우로서 사용검사권자의 임시사용승인을 받은 경우에는 사용검사를 받기 전에 주택을 사용하게 할 수 있다. 제34회
2. 사업주체는 구획별로 공사가 완료된 대지조성사업의 경우로서 사용검사권자의 임시사용승인을 받은 경우에는 사용검사를 받기 전에 대지를 사용하게 할 수 있다. 제36회
3. 사용검사권자가 임시사용을 승인하는 경우 임시사용승인의 대상이 공동주택인 경우에는 세대별로 임시사용승인을 할 수 있다. 제36회

> ㉠ 주요구조부의 전부 또는 일부
> ㉡ 세대별 주거공간의 전부 또는 일부[거실(「건축법」 제2조 제6호에 따른다)·화장실·욕조 등 일부로서의 기능이 가능한 단위공간을 말한다]

② 국토교통부장관, 시·도지사 또는 시장·군수는 다음의 구분에 따라 주택을 건설하려는 자에 대하여 「건설산업기본법」에도 불구하고 대통령령으로 정하는 바에 따라 해당 주택을 건설하게 할 수 있다(법 제51조 제2항).

> ㉠ 국토교통부장관: 「건설기술 진흥법」에 따라 국토교통부장관이 고시한 새로운 건설기술을 적용하여 건설하는 공업화주택
> ㉡ 시·도지사 또는 시장·군수: 공업화주택

③ 공업화주택의 인정에 필요한 사항은 대통령령으로 정한다(법 제51조 제3항).
④ 공업화주택의 인정 등에 관한 사항은 「주택건설기준 등에 관한 규정」으로 정한다(영 제57조).

(2) 공업화주택의 인정취소

국토교통부장관은 공업화주택을 인정받은 자가 다음의 어느 하나에 해당하는 경우에는 공업화주택의 인정을 취소할 수 있다. 다만, ①에 해당하는 경우에는 그 인정을 취소하여야 한다(법 제52조).

> ① 거짓이나 그 밖의 부정한 방법으로 인정을 받은 경우
> ② 인정을 받은 기준보다 낮은 성능으로 공업화주택을 건설한 경우

기출 공업화주택의 인정을 취소할 때에는 청문을 개최하지 않는다.

(3) 공업화주택의 건설촉진

① 국토교통부장관, 시·도지사 또는 시장·군수는 사업주체가 건설할 주택을 공업화주택으로 건설하도록 사업주체에게 권고할 수 있다(법 제53조 제1항).
② 공업화주택의 건설 및 품질 향상과 관련하여 국토교통부령으로 정하는 기술능력을 갖추고 있는 자가 공업화주택을 건설하는 경우에는 법 제33조(주택의 설계 및 시공), 법 제43조(주택의 감리자 지정 등), 법 제44조(감리자의 업무 등) 및 「건축사법」 제4조(설계 또는 공사감리 등)를 적용하지 아니한다(법 제53조 제2항).

제3장 주택의 공급 등

「주택법」에서는 분양에 관한 내용을 주로 규제하고 있으므로 분양가상한제 및 전매 금지에 대해 반드시 학습하여야 한다. 분양가상한제 적용지역, 투기과열지구, 조정대상지역은 출제 가능성이 높고, 공급질서교란행위 금지와 저당권 등의 설정제한 규정도 중요하다.

1 주택의 공급 등

1. 주택의 공급

(1) 건설·공급

사업주체(「건축법」에 따른 건축허가를 받아 주택 외의 시설과 주택을 동일 건축물로 하여 30호수 이상으로 건설·공급하는 건축주와 사용검사를 받은 주택을 사업주체로부터 일괄하여 양수받은 자를 포함한다)는 법 제54조 제1항에서 정하는 바➕에 따라 주택을 건설·공급하여야 한다. 이 경우 국가유공자, 보훈보상대상자, 장애인, 철거주택의 소유자, 그 밖에 국토교통부령으로 정하는 대상자에게는 국토교통부령으로 정하는 바에 따라 입주자 모집조건 등을 달리 정하여 별도로 공급할 수 있다(법 제54조 제1항).

(2) 공급받는 자의 자격 등

주택을 공급받으려는 자는 국토교통부령으로 정하는 입주자자격, 재당첨 제한 및 공급순위 등에 맞게 주택을 공급받아야 한다(법 제54조 제2항).

(3) 견본주택 서류제출

사업주체가 시장·군수·구청장의 승인을 받으려는 경우(사업주체가 국가·지방자치단체·한국토지주택공사 및 지방공사인 경우에는 견본주택을 건설하는 경우)에는 건설하는 견본주택에 사용되는 마감자재의 규격·성능 및 재질을 적은 목록표(이하 '마감자재목록표'라 한다)와 견본주택의 각 실의 내부를 촬영한 영상물 등을 제작하여 승인권자에게 제출해야 한다(법 제54조 제3항).

➕ 다음에서 정하는 바에 따라 주택을 건설·공급하여야 한다.
1. 사업주체(공공주택사업자는 제외한다)가 입주자를 모집하려는 경우: 국토교통부령으로 정하는 바에 따라 시장·군수·구청장의 승인(복리시설의 경우에는 신고를 말한다)을 받을 것
2. 사업주체가 건설하는 주택을 공급하려는 경우
   • 국토교통부령으로 정하는 입주자모집의 조건·방법·절차, 입주금의 납부방법·시기·절차, 주택공급계약의 방법·절차 등에 적합할 것
   • 국토교통부령으로 정하는 바에 따라 벽지·바닥재·주방용구·조명기구 등을 제외한 부분의 가격을 따로 제시하고, 이를 입주자가 선택할 수 있도록 할 것

(4) 정보 제공

사업주체는 주택공급계약을 체결할 때 입주예정자에게 다음의 자료 또는 정보를 제공하여야 한다. 다만, 입주자모집공고에 이를 표시(인터넷에 게재하는 경우를 포함한다)한 경우에는 그러하지 아니하다(법 제54조 제4항).

> ① 견본주택에 사용된 마감자재목록표
> ② 공동주택 발코니의 세대 간 경계벽에 피난구를 설치하거나 경계벽을 경량구조로 건설한 경우, 그에 관한 정보

(5) 공급받기 위한 조건 등

① 마감자재목록표 등의 보관: 시장·군수·구청장은 마감자재목록표와 영상물 등을 사용검사가 있는 날부터 2년 이상 보관하여야 하며, 입주자가 열람을 요구하는 경우에는 이를 공개하여야 한다(법 제54조 제5항).

② 마감자재의 품질유지의무: 사업주체가 마감자재 생산업체의 부도 등으로 인한 제품의 품귀 등 부득이한 사유로 인하여 사업계획승인 또는 마감자재목록표의 마감자재와 다르게 마감자재를 시공·설치하려는 경우에는 당초의 마감자재와 같은 질 이상으로 설치해야 한다(법 제54조 제6항).

③ 마감자재 변경의 사전통지: 사업주체가 마감자재목록표의 자재와 다른 마감자재를 시공·설치하려는 경우에는 그 사실을 입주예정자에게 알려야 한다(법 제54조 제7항).

2. 주택공급업무의 대행 등

(1) 주택공급업무의 대행

사업주체는 주택을 효율적으로 공급하기 위하여 필요하다고 인정하는 경우, 주택의 공급업무의 일부를 제3자로 하여금 대행하게 할 수 있다(법 제54조의2 제1항).

(2) 분양대행자

사업주체가 입주자자격, 공급순위 등을 증명하는 서류의 확인 등 국토교통부령으로 정하는 업무를 대행하게 하는 경우, 국토교통부령으로 정하는 바에 따라 다음의 어느 하나에 해당하는 자(이하 '분양대행자'라 한다)에게 대행하게 하여야 한다(법 제54조의2 제2항).

> **기출** 사업주체가 마감자재목록표의 자재와 다른 마감자재를 시공·설치하려는 경우에는 그 사실을 입주예정자에게 알려야 한다.

> ① 등록사업자
> ② 「건설산업기본법」에 따른 건설업자로서 대통령령으로 정하는 자
> ③ 「도시 및 주거환경정비법」에 따른 정비사업전문관리업자
> ④ 「부동산개발업의 관리 및 육성에 관한 법률」에 따른 등록사업자
> ⑤ 다른 법률에 따라 등록하거나 인가 또는 허가를 받은 자로서 국토교통부령으로 정하는 자

(3) 관리·감독조치

사업주체가 (2)에 따라 업무를 대행하게 하는 경우, 분양대행자에 대한 교육을 실시하는 등 국토교통부령으로 정하는 관리·감독 조치를 시행하여야 한다(법 제54조의2 제3항).

3. 입주자저축 제35회

(1) 국토교통부장관은 주택을 공급받으려는 자에게 미리 입주금의 전부 또는 일부를 저축(이하 '입주자저축'이라 한다)하게 할 수 있다(법 제56조 제1항).

(2) '입주자저축'이란 국민주택과 민영주택을 공급받기 위하여 가입하는 주택청약종합저축을 말한다(법 제56조 제2항).

(3) 입주자저축계좌를 취급하는 기관(이하 '입주자저축취급기관'이라 한다)은 「은행법」에 따른 은행 중 국토교통부장관이 지정한다(법 제56조 제3항).

(4) 입주자저축은 한 사람이 한 계좌만 가입할 수 있다(법 제56조 제4항).

(5) 국토교통부장관은 다음의 업무를 수행하기 위하여 필요한 경우, 「금융실명거래 및 비밀보장에 관한 법률」에도 불구하고 입주자저축취급기관의 장에게 입주자저축에 관한 자료 및 정보(이하 '입주자저축정보'라 한다)를 제공하도록 요청할 수 있다(법 제56조 제5항).

> ① 주택을 공급받으려는 자의 입주자자격, 재당첨제한 여부 및 공급순위 등 확인 및 정보제공업무
> ② 입주자저축 가입을 희망하는 자의 기존 입주자저축 가입 여부 확인업무
> ③ 「조세특례제한법」에 따라 세금우대저축취급기관과 세금우대저축자료집중기관 상호간 입주자저축과 관련된 세금우대저축자료를 제공하도록 중계하는 업무
> ④ 이미 보유하고 있는 정보의 정확성, 최신성을 유지하기 위한 정보요청업무

기출
1. '입주자저축'이란 국민주택과 민영주택을 공급받기 위하여 가입하는 주택청약종합저축을 말한다. 제35회
2. 입주자저축은 한 사람이 한 계좌만 가입할 수 있다. 제35회
3. 국토교통부장관은 입주자저축의 납입방식·금액 및 조건 등에 필요한 사항에 관한 국토교통부령을 제정하거나 개정할 때에는 기획재정부장관과 미리 협의해야 한다. 제35회
4. 국토교통부장관으로부터 「주택법」에 따라 입주자저축정보의 제공 요청을 받은 입주자저축취급기관의 장은 「금융실명거래 및 비밀보장에 관한 법률」에도 불구하고 입주자저축정보를 제공하여야 한다. 제35회

(6) 입주자저축정보의 제공요청을 받은 입주자저축취급기관의 장은 「금융실명거래 및 비밀보장에 관한 법률」에도 불구하고 입주자저축정보를 제공하여야 한다(법 제56조 제6항).

(7) 입주자저축정보를 제공한 입주자저축취급기관의 장은 「금융실명거래 및 비밀보장에 관한 법률」에도 불구하고 입주자저축정보의 제공사실을 명의인에게 통보하지 아니할 수 있다. 다만, 입주자저축정보를 제공하는 입주자저축취급기관의 장은 입주자저축정보의 명의인이 요구할 때에는 입주자저축정보의 제공사실을 통보하여야 한다(법 제56조 제7항).

(8) 입주자저축정보의 제공요청 및 제공은 「정보통신망 이용촉진 및 정보보호 등에 관한 법률」의 정보통신망을 이용하여야 한다. 다만, 정보통신망의 손상 등 불가피한 사유가 있는 경우에는 그러하지 아니하다(법 제56조 제8항).

(9) 그 밖에 입주자저축의 납입방식·금액 및 조건 등에 필요한 사항은 국토교통부령으로 정한다(법 제56조 제9항).

(10) 3.에 따른 업무에 종사하거나 종사하였던 자는 업무를 수행하면서 취득한 입주자저축정보를 다른 법률에 특별한 규정이 없으면 (5)의 ①~④의 업무를 수행하기 위한 목적 외의 다른 용도로 사용하거나 다른 사람 또는 기관에 제공하거나 누설해서는 아니 된다(법 제56조 제10항).

(11) 국토교통부장관(입주자저축정보의 제공요청업무를 위탁받은 주택청약업무 수행기관을 포함한다)은 입주자저축정보를 다른 법률에 따라 (5)의 ①~④의 업무를 수행하기 위한 목적 외의 용도로 사용하거나 다른 사람 또는 기관에 제공하는 경우에는 「개인정보 보호법」에 따라 그 사용 또는 제공의 법적 근거, 목적 및 범위 등을 관보 또는 인터넷 홈페이지 등에 게재하여야 한다(법 제56조 제11항).

4. 주택의 분양가격제한 등

(1) 분양가상한제 적용주택 제33회

① 사업주체가 일반인에게 공급하는 공동주택 중 다음의 어느 하나에 해당하는 지역에서 공급하는 주택의 경우에는 법 제57조에서 정하는 기준에 따라 산정되는 분양가격 이하로 공급(이에 따라 공급되는 주택을 '분양가상한제 적용주택'이라 한다)하여야 한다(법 제57조 제1항).

> **기출** 입주자저축정보를 제공한 입주자저축취급기관의 장은 입주자저축정보의 제공사실을 명의인에게 통보하지 아니할 수 있다. 다만, 입주자저축정보를 제공하는 입주자저축취급기관의 장은 입주자저축정보의 명의인이 요구할 때에는 입주자저축정보의 제공사실을 통보하여야 한다. 제35회

> **핵심 분양가상한제 제외대상**
> 1. 도시형 생활주택
> 2. 경제자유구역에서 건설·공급하는 공동주택으로서 분양가제한을 적용하지 않기로 심의·의결한 경우
> 3. 관광특구에서 건설·공급하는 공동주택으로서 해당 건축물의 층수가 50층 이상이거나 높이가 150m 이상인 경우
> 4. 한국토지주택공사 또는 지방공사가 다음의 정비사업의 시행자로 참여하는 등 대통령령으로 정하는 공공성 요건을 충족하는 경우로서, 해당 사업에서 건설·공급하는 주택
>   • 정비사업으로서 면적, 세대수 등이 대통령령으로 정하는 요건에 해당되는 사업
>   • 소규모주택정비사업
> 5. 주거환경개선사업 및 공공재개발사업에서 건설·공급하는 주택
> 6. 주거재생혁신지구에서 시행하는 혁신지구재생사업에서 건설·공급하는 주택
> 7. 도심 공공주택 복합사업에서 건설·공급하는 주택

```
㉠ 공공택지
㉡ 공공택지 외의 택지에서 주택가격 상승 우려가 있어 국토교통부장관이
   주거정책심의위원회의 심의를 거쳐 지정하는 지역
```

기출 도시형 생활주택은 분양가상한제 적용주택에 해당하지 않는다. 제33회

② 분양가격은 **택지비와 건축비**로 구성(토지임대부 분양주택의 경우에는 건축비만 해당한다)되며, 구체적인 명세, 산정방식, 감정평가기관 선정방법 등은 국토교통부령으로 정한다. 이 경우, 택지비는 다음에 따라 산정한 금액으로 한다(법 제57조 제3항).

```
㉠ 공공택지에서 주택을 공급하는 경우: 해당 택지의 공급가격에 국토교통
   부령으로 정하는 택지와 관련된 비용을 가산한 금액
㉡ 공공택지 외의 택지에서 분양가상한제 적용주택을 공급하는 경우: 「감정
   평가 및 감정평가사에 관한 법률」에 따라 감정평가한 가액에 국토교통
   부령으로 정하는 택지와 관련된 비용을 가산한 금액. 다만, 택지 매입가
   격이 다음의 어느 하나에 해당하는 경우에는 해당 매입가격(대통령령으
   로 정하는 범위로 한정한다)에 국토교통부령으로 정하는 택지와 관련된
   비용을 가산한 금액을 택지비로 볼 수 있다. 이 경우, 택지비는 주택단
   지 전체에 동일하게 적용하여야 한다.
   ⓐ 「민사집행법」, 「국세징수법」 또는 「지방세기본법」에 따른 경매·공매
      낙찰가격
   ⓑ 국가·지방자치단체 등 공공기관으로부터 매입한 가격
   ⓒ 그 밖에 실제 매매가격을 확인할 수 있는 경우로서, 대통령령으로 정
      하는 경우
```

③ 분양가격 구성항목 중 건축비는 국토교통부장관이 정하여 고시하는 건축비(이하 '기본형 건축비'라 한다)에 국토교통부령으로 정하는 금액을 더한 금액으로 한다. 이 경우, 기본형 건축비는 시장·군수·구청장이 해당 지역의 특성을 고려하여 국토교통부령으로 정하는 범위에서 따로 정하여 고시할 수 있다(법 제57조 제4항).

기출 사업주체는 분양가상한제 적용주택으로서 공공택지에서 공급하는 주택에 대하여 입주자모집공고에 분양가격을 공시해야 하는데, 택지비, 공사비, 간접비는 공시해야 하는 분양가격에 포함된다. 제33회

④ 사업주체는 분양가상한제 적용주택으로서 공공택지에서 공급하는 주택에 대하여 입주자모집승인을 받았을 때에는 입주자모집공고에 다음 [국토교통부령으로 정하는 세분류(細分類)를 포함한다]에 대하여 분양가격을 공시하여야 한다(법 제57조 제5항).

```
㉠ 택지비
㉡ 공사비
㉢ 간접비
㉣ 그 밖에 국토교통부령으로 정하는 비용
```

⑤ 시장·군수·구청장이 공공택지 외의 택지에서 공급되는 분양가상한제 적용주택 중 분양가 상승 우려가 큰 지역으로서 대통령령으로 정하는 기준에 해당되는 지역에서 공급되는 주택의 입주자모집승인을 하는 경우에는 다음의 구분에 따라 분양가격을 공시하여야 한다. 이 경우 ⓒ부터 ⑭까지의 금액은 기본형 건축비[특별자치시·특별자치도·시·군·구(구는 자치구의 구를 말하며, 이하 '시·군·구'라 한다)별 기본형 건축비가 따로 있는 경우에는 시·군·구별 기본형 건축비]의 항목별 가액으로 한다(법 제57조 제6항).

  ㉠ 택지비
  ㉡ 직접공사비
  ㉢ 간접공사비
  ㉣ 설계비
  ㉤ 감리비
  ㉥ 부대비
  ㉦ 그 밖에 국토교통부령으로 정하는 비용

⑥ 공시를 할 때 국토교통부령으로 정하는 택지비 및 건축비에 가산되는 비용의 공시에는 법 제59조에 따른 분양가심사위원회의 심사를 받은 내용과 산출근거를 포함하여야 한다(법 제57조 제7항).

(2) 분양가상한제 적용주택 등의 입주자 거주의무 등

① 거주의무 대상주택에 해당하는 주택의 입주자(상속받은 자는 제외한다. 이하 '거주의무자'라 한다)는 해당 주택의 최초 입주가능일부터 3년 이내(토지임대부 분양주택의 경우에는 최초 입주가능일을 말한다)에 입주하여야 하고, 해당 주택의 분양가격과 국토교통부장관이 고시한 방법으로 결정된 인근지역 주택매매가격의 비율에 따라 5년 이내의 범위에서 대통령령으로 정하는 기간(이하 '거주의무기간'이라 한다)동안 계속하여 해당 주택에 거주하여야 한다. 다만, 해외 체류 등 대통령령으로 정하는 부득이한 사유가 있는 경우, 그 기간은 해당 주택에 거주한 것으로 본다(법 제57조의2 제1항).

참고 거주의무 대상주택
1. 사업주체가 「수도권정비계획법」 제2조 제1호에 따른 수도권(이하 '수도권'이라 한다)에서 건설·공급하는 분양가상한제 적용주택
2. 「신행정수도 후속대책을 위한 연기·공주지역 행정중심복합도시 건설을 위한 특별법」 제2조 제1호에 따른 행정중심복합도시(이하 '행정중심복합도시'라 한다) 중 투기과열지구(법 제63조 제1항에 따른 투기과열지구를 말한다)에서 건설·공급하는 주택으로서, 국토교통부령으로 정하는 기준에 따라 행정중심복합도시로 이전하거나 신설되는 기관 등에 종사하는 사람에게 입주자 모집조건을 달리 정하여 별도로 공급되는 주택
3. 「도시 및 주거환경정비법」 제2조 제2호 나목 후단에 따른 공공재개발사업(법 제57조 제1항 제2호의 지역에 한정한다)에서 건설·공급하는 주택

> **참고** 거주의무기간

1. 사업주체가 수도권에서 건설·공급하는 분양가상한제 적용주택

공공택지에서 건설·공급되는 주택의 경우	① 분양가격이 인근지역 주택매매가격의 80% 미만인 주택: 5년 ② 분양가격이 인근지역 주택매매가격의 80% 이상 100% 미만인 주택: 3년
공공택지 외의 택지에서 건설·공급되는 주택의 경우	① 분양가격이 인근지역 주택매매가격의 80% 미만인 주택: 3년 ② 분양가격이 인근지역 주택매매가격의 80% 이상 100% 미만인 주택: 2년

2. 토지임대부 분양주택: 5년

> **핵심** 부득이한 사유

'해외 체류 등 대통령령으로 정하는 부득이한 사유'란 다음의 어느 하나에 해당하는 사유를 말한다. 이 경우, ②부터 ⑧까지의 규정에 해당하는지는 한국토지주택공사(사업주체가 「공공주택 특별법」 제4조의 공공주택사업자인 경우에는 공공주택사업자를 말한다. 이하 같다)의 확인을 받아야 한다(영 제60조의2 제2항).

> ① 다음의 어느 하나에 해당하는 경우
> ㉠ 법 제57조의2 제1항 제1호에 따른 주택에 입주하기 위해 준비기간이 필요한 경우. 이 경우 해당 주택에 거주한 것으로 보는 기간은 최초 입주가능일 이후 3년이 되는 날부터 90일까지(최초 입주가능일부터 3년이 되는 날 전에 입주하는 경우에는 입주일 전 날부터 역산하여 최초 입주가능일까지의 기간으로 하되, 90일을 한도로 한다)로 한다.
> ㉡ 법률 제20393호 「주택법」 일부개정법률 부칙 제3조에 따라 법 제57조의2 제1항 제1호에 따른 주택에서의 거주를 중단했다가 거주를 재개하기 위해 입주하는 경우로서 준비기간이 필요한 경우. 이 경우 해당 주택에 거주한 것으로 보는 기간은 거주를 중단한 날의 다음 날 이후 3년이 되는 날부터 90일까지(거주를 중단한 날의 다음 날부터 3년이 되는 날 전에 입주하는 경우에는 입주일 전날부터 역산하여 거주를 중단한 날의 다음 날까지의 기간으로 하되, 90일을 한도로 한다)로 한다.
> ㉢ 토지임대부 분양주택에 입주하기 위해 준비기간이 필요한 경우. 이 경우 해당 주택에 거주한 것으로 보는 기간은 최초 입주가능일부터 90일까지로 한다.

② 법 제57조의2 제1항 각호 외의 부분 본문에 따른 거주의무자(이하 '거주의무자'라 한다)가 거주의무기간 중 세대원(거주의무자가 포함된 세대의 구성원을 말한다. 이하 같다)의 근무·생업·취학 또는 질병치료를 위하여 해외에 체류하는 경우
③ 거주의무자가 주택의 특별공급(「군인복지기본법」 제10조에 따른 공급을 말한다)을 받은 군인으로서 인사발령에 따라 거주의무기간 중 해당 주택건설지역(주택을 건설하는 특별시·광역시·특별자치시·특별자치도 또는 시·군의 행정구역을 말한다. 이하 같다)이 아닌 지역에 거주하는 경우
④ 거주의무자가 거주의무기간 중 세대원의 근무·생업·취학 또는 질병치료를 위하여 세대원 전원이 다른 주택건설지역에 거주하는 경우. 다만, 수도권 안에서 거주를 이전하는 경우는 제외한다.
⑤ 거주의무자가 거주의무기간 중 혼인 또는 이혼으로 입주한 주택에서 퇴거하고, 해당 주택에 계속 거주하려는 거주의무자의 직계존속·비속, 배우자(종전 배우자를 포함한다) 또는 형제자매가 자신으로 세대주를 변경한 후 거주의무기간 중 남은 기간을 승계하여 거주하는 경우
⑥ 「영유아보육법」 제10조 제5호에 따른 가정어린이집을 설치·운영하려는 자가 같은 법 제13조에 따라 해당 주택에 가정어린이집의 설치를 목적으로 인가를 받은 경우. 이 경우, 해당 주택에 거주한 것으로 보는 기간은 가정어린이집을 설치·운영하는 기간으로 한정한다.
⑦ 법 제64조 제2항 본문에 따라 전매제한이 적용되지 않는 경우. 다만, 법 제73조 제4항 제7호·제8호에 해당하는 경우는 제외한다.
⑧ 거주의무자의 직계비속이 「초·중등교육법」 제2조에 따른 학교에 재학 중인 학생으로서 주택의 최초 입주가능일 현재 해당 학기가 끝나지 않은 경우. 이 경우, 해당 주택에 거주한 것으로 보는 기간은 학기가 끝난 후 90일까지로 한정한다.

② 거주의무자는 거주의무를 이행하지 아니한 경우 해당 주택을 양도(매매·증여나 그 밖에 권리 변동을 수반하는 모든 행위를 포함하되, 상속의 경우는 제외한다)할 수 없다. 다만, 거주의무자가 거주의무기간 이내에 거주를 이전하려는 경우 거주의무자는 대통령령으로 정하는 바에 따라 한국토지주택공사(사업주체가 「공공주택 특별법」 제4조에 따른 공공주택사업자인 경우에는 공공주택사업자를 말한다)에 해당 주택의 매입을 신청하여야 한다(법 제57조의2 제2항).
③ 한국토지주택공사는 매입신청을 받거나 거주의무자 및 주택을 공급받은 사람(이하 '거주의무자 등'이라 한다)이 ① 또는 ⑦을 위반하였다는

사실을 알게 된 경우 위반사실에 대한 의견청취를 하는 등 대통령령으로 정하는 절차를 거쳐 대통령령으로 정하는 특별한 사유가 없으면 해당 주택을 매입하여야 한다(법 제57조의2 제3항).

④ 한국토지주택공사가 주택을 매입하는 경우 거주의무자 등에게 그가 납부한 입주금과 그 입주금에 「은행법」에 따른 은행의 1년 만기 정기예금의 평균이자율을 적용한 이자를 합산한 금액(이하 '매입비용'이라 한다)을 지급한 때에는 그 지급한 날에 한국토지주택공사가 해당 주택을 취득한 것으로 본다(법 제57조의2 제4항).

⑤ 사업주체는 주택을 공급하는 경우에는 거주의무자가 거주의무기간을 거주하여야 해당 주택을 양도할 수 있음을 소유권에 관한 등기에 부기등기하여야 한다. 이 경우 부기등기는 주택의 소유권보존등기와 동시에 하여야 하며, 부기등기에 포함되어야 할 표기내용 등은 대통령령으로 정한다(법 제57조의2 제5항).

⑥ 거주의무자 등은 거주의무기간을 거주한 후 지방자치단체의 장으로부터 그 거주사실을 확인받은 경우 부기등기 사항을 말소할 수 있다. 이 경우 거주사실의 확인 등의 절차·방법 등에 필요한 사항은 대통령령으로 정한다(법 제57조의2 제6항).

⑦ 한국토지주택공사는 취득한 주택을 국토교통부령으로 정하는 바에 따라 재공급하여야 하며, 주택을 재공급받은 사람은 거주의무기간 중 잔여기간을 계속하여 거주하지 아니하고 그 주택을 양도할 수 없다. 다만, ①의 '참고' 외의 부분 단서의 사유에 해당하는 경우 그 기간은 해당 주택에 거주한 것으로 본다(법 제57조의2 제7항).

⑧ 주택을 재공급받은 사람이 ⑦의 단서 이외의 사유로 거주 의무기간 이내에 거주를 이전하려는 경우에는 대통령령으로 정하는 바에 따라 한국토지주택공사에 해당 주택의 매입을 신청하여야 한다(법 제57조의2 제8항).

⑨ 한국토지주택공사가 주택을 취득하거나 주택을 공급하는 경우에는 전매금지에 대한 규정을 적용하지 아니한다(법 제57조의2 제9항).

(3) 분양가상한제 적용주택 등의 거주실태조사 등

① 국토교통부장관 또는 지방자치단체의 장은 거주의무자 등의 실제 거주 여부를 확인하기 위하여 거주의무자 등에게 필요한 서류 등의 제출을 요구할 수 있으며, 소속공무원으로 하여금 해당 주택에 출입하여 조사

하게 하거나 관계인에게 필요한 질문을 하게 할 수 있다. 이 경우, 서류 등의 제출을 요구받거나 해당 주택의 출입·조사 또는 필요한 질문을 받은 거주의무자 등은 모든 세대원의 해외출장 등 특별한 사유가 없으면 이에 따라야 한다(법 제57조의3 제1항).

② 국토교통부장관 또는 지방자치단체의 장은 ①에 따른 조사를 위하여 필요한 경우 주민등록전산정보(주민등록번호·외국인등록번호 등 고유식별번호를 포함한다), 가족관계등록사항 등 실제 거주 여부를 확인하기 위하여 필요한 자료 또는 정보의 제공을 관계 기관의 장에게 요청할 수 있다. 이 경우, 자료의 제공을 요청받은 관계 기관의 장은 특별한 사유가 없으면 이에 따라야 한다(법 제57조의3 제2항).

③ ①에 따라 출입·조사·질문을 하는 사람은 국토교통부령으로 정하는 증표를 지니고 이를 관계인에게 내보여야 하며, 조사자의 이름·출입시간 및 출입목적 등이 표시된 문서를 관계인에게 교부하여야 한다(법 제57조의3 제3항).

④ 국토교통부 또는 지방자치단체의 소속공무원 또는 소속공무원이었던 사람은 ①과 ②에 따라 얻은 정보와 자료를 이 법에서 정한 목적 외의 다른 용도로 사용하거나 다른 사람 또는 기관에 제공하거나 누설하여서는 아니 된다(법 제57조의3 제4항).

(4) 분양가상한제 적용지역의 지정 및 해제

① 국토교통부장관은 주택가격상승률이 물가상승률보다 현저히 높은 지역으로서 그 지역의 주택가격·주택거래 등과 지역 주택시장 여건 등을 고려하였을 때 주택가격이 급등하거나 급등할 우려가 있는 지역 중 대통령령으로 정하는 기준을 충족하는 다음의 지역은 주거정책심의위원회 심의를 거쳐 분양가상한제 적용지역으로 지정할 수 있다(법 제58조 제1항, 영 제61조 제1항).

> ㉠ 분양가상한제 적용지역으로 지정하는 날이 속하는 달의 바로 전 달(이하 '분양가상한제 적용직전월'이라 한다)부터 소급하여 12개월간의 아파트 분양가격상승률이 물가상승률(해당 지역이 포함된 시·도 소비자물가상승률을 말한다)의 2배를 초과한 지역. 이 경우, 해당 지역의 아파트 분양가격상승률을 산정할 수 없는 경우에는 해당 지역이 포함된 특별시·광역시·특별자치시·특별자치도 또는 시·군의 아파트 분양가격상승률을 적용한다.

> ⓒ 분양가상한제 적용직전월부터 소급하여 3개월간의 주택매매거래량이 전년 동기 대비 20% 이상 증가한 지역
> ⓒ 분양가상한제 적용직전월부터 소급하여 주택공급이 있었던 2개월 동안 해당 지역에서 공급되는 주택의 월평균 청약경쟁률이 모두 5대 1을 초과하였거나, 해당 지역에서 공급되는 국민주택규모 주택의 월평균 청약경쟁률이 모두 10대 1을 초과한 지역

② 국토교통부장관이 분양가상한제 적용지역을 지정하는 경우에는 미리 시·도지사의 의견을 들어야 한다(법 제58조 제2항).

③ 국토교통부장관은 분양가상한제 적용지역을 지정하였을 때에는 지체 없이 이를 공고하고, 그 지정지역을 관할하는 시장·군수·구청장에게 공고내용을 통보하여야 한다. 이 경우, 시장·군수·구청장은 사업주체로 하여금 입주자모집공고시 해당 지역에서 공급하는 주택이 분양가상한제 적용주택이라는 사실을 공고하게 하여야 한다(법 제58조 제3항).

④ 국토교통부장관은 분양가상한제 적용지역으로 계속 지정할 필요가 없다고 인정하는 경우에는 주거정책심의위원회 심의를 거쳐 분양가상한제 적용지역의 지정을 해제하여야 한다(법 제58조 제4항).

⑤ 분양가상한제 적용지역의 지정을 해제하는 경우에는 ② 및 ③을 준용한다. 이 경우, '지정'은 '지정 해제'로 본다(법 제58조 제5항).

⑥ 분양가상한제 적용지역으로 지정된 지역의 시·도지사, 시장, 군수 또는 구청장은 분양가상한제 적용지역의 지정 후 해당 지역의 주택가격이 안정되는 등 분양가상한제 적용지역으로 계속 지정할 필요가 없다고 인정하는 경우에는 국토교통부장관에게 그 지정의 해제를 요청할 수 있다(법 제58조 제6항).

⑦ 분양가상한제 적용지역 지정의 해제를 요청하는 경우의 절차 등 필요한 사항은 대통령령으로 정한다(법 제58조 제7항).

(5) 분양가심사위원회의 운영 등

① 시장·군수·구청장은 심의를 위하여 분양가심사위원회를 설치·운영하여야 한다(법 제59조 제1항).

② 시장·군수·구청장은 입주자모집승인을 할 때에는 분양가심사위원회의 심사결과에 따라 승인 여부를 결정하여야 한다(법 제59조 제2항).

③ 분양가심사위원회는 주택관련분야 교수, 주택건설 또는 주택관리분야 전문직 종사자, 관계 공무원 또는 변호사·회계사·감정평가사 등 관

련 전문가 10명 이내로 구성하되, 구성 절차 및 운영에 관한 사항은 대통령령으로 정한다(법 제59조 제3항).

④ 분양가심사위원회의 위원은 업무를 수행할 때에는 신의와 성실로써 공정하게 심사를 하여야 한다(법 제59조 제4항).

❷ 주택공급질서 유지

1. 공급질서교란행위 금지 제32회

(1) 제한행위

누구든지 이 법에 따라 건설·공급되는 주택을 공급받거나 공급받게 하기 위하여 다음의 어느 하나에 해당하는 증서 또는 지위를 양도·양수(매매·증여나 그 밖에 권리변동을 수반하는 모든 행위를 포함하되, 상속·저당의 경우는 제외한다) 또는 이를 알선하거나 양도·양수 또는 이를 알선할 목적으로 하는 광고(각종 간행물·인쇄물·전화·인터넷, 그 밖의 매체를 통한 행위를 포함한다)를 하여서는 아니 되며, 누구든지 거짓이나 그 밖의 부정한 방법으로 이 법에 따라 건설·공급되는 증서나 지위 또는 주택을 공급받거나 공급받게 하여서는 아니 된다(법 제65조 제1항, 영 제74조 제1항).

① 주택을 공급받을 수 있는 지위
② 입주자저축증서
③ 주택상환사채
④ 그 밖에 주택을 공급받을 수 있는 증서 또는 지위로서 다음의 대통령령으로 정하는 것
  ㉠ 시장·군수 또는 구청장이 발행한 무허가건물확인서, 건물철거예정증명서 또는 건물철거확인서
  ㉡ 공공사업의 시행으로 인한 이주대책에 따라 주택을 공급받을 수 있는 지위 또는 이주대책대상자확인서

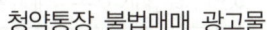
청약통장 불법매매 광고물

핵심 다음의 증서나 지위를 양도·양수(상속과 저당은 제외) 및 알선하거나 알선을 위한 광고를 금지한다.
1. 주택조합 설립규정에 따라 주택을 공급받을 수 있는 지위
2. 입주자저축증서
3. 주택상환사채
4. 시·군·구청장이 발행한 무허가건물확인서, 건물철거예정증명서 또는 건물철거확인서
5. 공공사업의 시행으로 인한 이주대책에 따라 주택을 공급받을 수 있는 지위 또는 이주대책대상자확인서

참고 입주자저축증서의 저당을 설정하는 행위는 주택공급질서의 교란을 방지하기 위하여 금지되는 행위가 아니다.

(2) 위반시 효과

국토교통부장관 또는 사업주체는 다음의 어느 하나에 해당하는 자에 대하여는 그 주택공급을 신청할 수 있는 지위를 무효로 하거나 이미 체결된 주택의 공급계약을 취소하여야 한다(법 제65조 제2항).

참고 위반행위의 효과
1. 주택공급신청 지위의 무효, 공급계약의 취소
2. 주택의 환매
3. 퇴거명령
4. 입주자 자격제한(10년 이내 범위)
✔ 처벌규정: 3년 이하의 징역 또는 3천만원 이하의 벌금

① (1)을 위반하여 증서 또는 지위를 양도하거나 양수한 자
② (1)을 위반하여 거짓이나 그 밖의 부정한 방법으로 증서나 지위 또는 주택을 공급받은 자

(3) 주택의 환매

사업주체가 (1)을 위반한 자에게 다음의 대통령령으로 정하는 바에 따라 산정한 주택가격에 해당하는 금액을 지급한 경우에는 그 지급한 날에 그 주택을 취득한 것으로 본다(법 제65조 제3항, 영 제74조 제2항).

① 입주금
② 융자금의 상환원금
③ ① 및 ②의 금액을 합산한 금액에 생산자물가상승률을 곱한 금액

(4) 퇴거명령

사업주체가 매수인에게 주택가격을 지급하거나, 매수인을 알 수 없어 주택가격의 수령통지를 할 수 없는 경우 등 다음의 대통령령으로 정하는 사유에 해당하는 경우로서 주택가격을 그 주택이 있는 지역을 관할하는 법원에 공탁한 경우에는 그 주택에 입주한 자에게 기간을 정하여 퇴거를 명할 수 있다(법 제65조 제4항, 영 제74조 제3항).

① 매수인을 알 수 없어 주택가격의 수령통지를 할 수 없는 경우
② 매수인에게 주택가격의 수령을 3회 이상 통지하였으나, 매수인이 수령을 거부한 경우. 이 경우, 각 통지일 간에는 1개월 이상의 간격이 있어야 한다.
③ 매수인이 주소지에 3개월 이상 살지 아니하여 주택가격의 수령이 불가능한 경우
④ 주택의 압류 또는 가압류로 인하여 매수인에게 주택가격을 지급할 수 없는 경우

(5) 입주자 자격제한

국토교통부장관은 (1)을 위반한 자에 대하여 10년 이내의 범위에서 국토교통부령으로 정하는 바에 따라 주택의 입주자 자격을 제한할 수 있다(법 제65조 제5항).

(6) 형사처벌

(1)을 위반한 자에 대하여는 3년 이하의 징역 또는 3천만원 이하의 벌금에 처한다(법 제101조).

참고 유의사항

1. 국토교통부장관 또는 사업주체는 위반한 공급질서교란행위가 있었다는 사실을 알지 못하고 주택 또는 주택의 입주자로 선정된 지위를 취득한 매수인이 해당 공급질서교란행위와 관련이 없음을 대통령령으로 정하는 바에 따라 소명하는 경우에는 이미 체결된 주택의 공급계약을 취소하여서는 아니 된다.
2. 사업주체는 이미 체결된 주택의 공급계약을 취소하려는 경우, 국토교통부장관 및 주택 또는 주택의 입주자로 선정된 지위를 보유하고 있는 자에게 대통령령으로 정하는 절차 및 방법에 따라 그 사실을 미리 알려야 한다.

2. 저당권설정 등의 제한

(1) 저당권 등의 설정금지(원칙)

사업주체는 주택건설사업에 의하여 건설된 주택 및 대지에 대하여는 입주자모집공고 승인신청일(주택조합의 경우에는 사업계획승인신청일을 말한다) 이후부터 입주예정자가 그 주택 및 대지의 소유권이전등기를 신청할 수 있는 날(사업주체가 입주예정자에게 통보한 입주가능일) 이후 60일까지의 기간 동안 입주예정자의 동의 없이 다음의 어느 하나에 해당하는 행위를 하여서는 아니 된다(법 제61조 제1항).

> ① 해당 주택 및 대지에 저당권 또는 가등기담보권 등 담보물권을 설정하는 행위
> ② 해당 주택 및 대지에 전세권·지상권(地上權) 또는 등기되는 부동산임차권을 설정하는 행위(미등기 임차권, 지역권은 가능)
> ③ 해당 주택 및 대지를 매매 또는 증여 등의 방법으로 처분하는 행위

(2) 입주자의 동의 없이 저당권설정 등을 할 수 있는 경우(예외)

다만, 그 주택의 건설을 촉진하기 위하여 다음의 대통령령으로 정하는 경우에는 그러하지 아니하다(법 제61조 제1항 단서, 영 제71조).

> ① 해당 주택의 입주자에게 주택구입자금의 일부를 융자해 줄 목적으로 주택도시기금이나 다음의 금융기관으로부터 주택건설자금의 융자를 받는 경우
>   ㉠ 「은행법」에 따른 은행
>   ㉡ 「중소기업은행법」에 따른 중소기업은행
>   ㉢ 「상호저축은행법」에 따른 상호저축은행
>   ㉣ 「보험업법」에 따른 보험회사
>   ㉤ 그 밖의 법률에 따라 금융업무를 수행하는 기관으로서, 국토교통부령으로 정하는 기관
> ② 해당 주택의 입주자에게 주택구입자금의 일부를 융자해 줄 목적으로 ①의 금융기관으로부터 주택구입자금의 융자를 받는 경우
> ③ 사업주체가 파산(「채무자 회생 및 파산에 관한 법률」 등에 따른 법원의 결정·인가를 포함한다), 합병, 분할, 등록말소 또는 영업정지 등의 사유로 사업을 시행할 수 없게 되어 사업주체가 변경되는 경우

참고 부기등기
1. 부기등기의 시기
   - 대지: 입주자모집공고 승인신청과 동시에 한다.
   - 주택: 소유권보존등기와 동시에 한다.
2. 내용: '양도, 제한물권설정, 압류, 가압류, 가처분 등을 할 수 없다.'
3. 위반효과: 무효

참고 사업주체가 전매행위가 제한되는 분양가상한제 적용주택을 공급하는 경우, 그 주택의 소유권을 제3자에게 이전할 수 없음을 소유권에 관한 등기에 부기등기하여야 한다.

(3) 부기등기의무 등

① 부기등기의무: 저당권설정 등의 제한을 할 때 사업주체는 해당 주택 또는 대지가 입주예정자의 동의 없이는 양도하거나 제한물권을 설정하거나 압류·가압류·가처분 등의 목적물이 될 수 없는 재산임을 소유권등기에 부기등기(附記登記)하여야 한다. 다만, 사업주체가 국가·지방자치단체 및 한국토지주택공사 등 공공기관이거나 해당 대지가 사업주체의 소유가 아닌 경우 등 대통령령으로 정하는 경우에는 그러하지 아니하다(법 제61조 제3항).

② 부기등기의 내용: 부기등기에는 다음의 구분에 따른 내용을 명시하여야 한다(영 제72조 제1항).

대지	'이 토지는 「주택법」에 따라 입주자를 모집한 토지(주택조합의 경우에는 주택건설사업계획승인이 신청된 토지를 말한다)로서 입주예정자의 동의 없이는 양도하거나 제한물권을 설정하거나 압류·가압류·가처분 등 소유권에 제한을 가하는 일체의 행위를 할 수 없음'이라는 내용
주택	'이 주택은 「부동산등기법」에 따라 소유권보존등기를 마친 주택으로서 입주예정자의 동의 없이는 양도하거나 제한물권을 설정하거나 압류·가압류·가처분 등 소유권에 제한을 가하는 일체의 행위를 할 수 없음'이라는 내용

③ 부기등기의 시기: 부기등기는 주택건설대지에 대하여는 입주자모집공고 승인신청(주택건설대지 중 주택조합이 사업계획승인신청일까지 소유권을 확보하지 못한 부분이 있는 경우에는 그 부분에 대한 소유권이전등기를 말한다)과 동시에 하여야 하고, 건설된 주택에 대하여는 소유권보존등기와 동시에 하여야 한다. 이 경우, 부기등기의 내용 및 말소에 관한 사항은 대통령령으로 정한다(법 제61조 제4항).

④ 부기등기의 효력: 부기등기일 이후에 해당 대지 또는 주택을 양수하거나 제한물권을 설정받은 경우 또는 압류·가압류·가처분 등의 목적물로 한 경우에는 그 효력을 무효로 한다. 다만, 사업주체의 경영부실로 입주예정자가 그 대지를 양수받는 경우 등 대통령령으로 정하는 다음의 경우에는 그러하지 아니하다(법 제61조 제5항, 영 제72조 제4항).

> ㉠ 영 제71조 제1호 또는 제2호에 해당하여 해당 대지에 저당권, 가등기담보권, 전세권, 지상권 및 등기되는 부동산임차권을 설정하는 경우
> ㉡ 영 제71조 제3호에 해당하여 다른 사업주체가 해당 대지를 양수하거나 시공보증자 또는 입주예정자가 해당 대지의 소유권을 확보하거나 압류·가압류·가처분 등을 하는 경우

⑤ 부기등기의 말소: 사업주체는 사업계획승인이 취소되거나 입주예정자가 소유권이전등기를 신청한 경우를 제외하고는 부기등기를 말소할 수 없다. 다만, 소유권이전등기를 신청할 수 있는 날부터 60일이 지나면 부기등기를 말소할 수 있다(영 제72조 제3항).

⑥ 사업주체의 재무상황 및 금융거래상황이 극히 불량한 경우 등 대통령령으로 정하는 사유에 해당되어 「주택도시기금법」에 따른 주택도시보증공사(이하 '주택도시보증공사'라 한다)가 분양보증을 하면서 주택건설대지를 주택도시보증공사에 신탁하게 할 경우에는 사업주체는 그 주택건설대지를 신탁할 수 있다(법 제61조 제6항).

⑦ 사업주체가 주택건설대지를 신탁하는 경우, 신탁등기일 이후부터 입주예정자가 해당 주택건설대지의 소유권이전등기를 신청할 수 있는 날 이후 60일까지의 기간 동안 해당 신탁의 종료를 원인으로 하는 사업주체의 소유권이전등기청구권에 대한 압류·가압류·가처분 등은 효력이 없음을 신탁계약 조항에 포함하여야 한다(법 제61조 제7항).

⑧ 신탁등기일 이후부터 입주예정자가 해당 주택건설대지의 소유권이전등기를 신청할 수 있는 날 이후 60일까지의 기간 동안 해당 신탁의 종료를 원인으로 하는 사업주체의 소유권이전등기청구권을 압류·가압류·가처분 등의 목적물로 한 경우에는 그 효력을 무효로 한다(법 제61조 제8항).

> **심화** 부기등기를 하지 않는 경우(영 제72조 제2항)
>
> 1. 대지: 다음의 어느 하나에 해당하는 경우. 이 경우, ④ 또는 ⑤에 해당하는 경우로서 법원의 판결이 확정되어 소유권을 확보하거나 권리가 말소되었을 때에는 지체 없이 부기등기를 하여야 한다.
>
>> ① 사업주체가 국가·지방자치단체·한국토지주택공사 또는 지방공사인 경우
>> ② 사업주체가 「택지개발촉진법」 등 관계 법령에 따라 조성된 택지를 공급받아 주택을 건설하는 경우로서 해당 대지의 지적정리가 되지 아니하여 소유권을 확보할 수 없는 경우. 이 경우, 대지의 지적정리가 완료된 때에는 지체 없이 부기등기를 하여야 한다.
>> ③ 조합원이 주택조합에 대지를 신탁한 경우
>> ④ 해당 대지가 다음의 어느 하나에 해당하는 경우. 다만, ⓒ 및 ⓒ의 경우에는 법 제23조 제2항·제3항에 따른 감정평가액을 공탁하여야 한다.
>>> ㉠ 법 제22조 또는 제23조에 따른 매도청구소송(이하 '매도청구소송'이라 한다)을 제기하여 법원의 승소판결(확정되지 아니한 판결을 포함한다)을 받은 경우
>>> ㉡ 해당 대지의 소유권 확인이 곤란하여 매도청구소송을 제기한 경우
>>> ㉢ 사업주체가 소유권을 확보하지 못한 대지로서 최초로 주택건설사업계획승인을 받은 날 이후 소유권이 제3자에게 이전된 대지에 대하여 매도청구소송을 제기한 경우
>> ⑤ 사업주체가 소유권을 확보한 대지에 저당권, 가등기담보권, 전세권, 지상권 및 등기되는 부동산임차권이 설정된 경우로서 이들 권리의 말소소송을 제기하여 승소판결(판결이 확정될 것을 요구하지 아니한다)을 받은 경우
>
> 2. 주택: 해당 주택의 입주자로 선정된 지위를 취득한 자가 없는 경우. 다만, 소유권보존등기 이후 입주자모집공고의 승인을 신청하는 경우는 제외한다.

3. 사용검사 후 매도청구 등

(1) 실소유자에게 매도청구

주택(복리시설을 포함한다)의 소유자들은 주택단지 전체 대지에 속하는 일부의 토지에 대한 소유권이전등기말소소송 등에 따라 사용검사(동별 사용검사를 포함한다)를 받은 이후에 해당 토지의 소유권을 회복한 자(이하 '실소유자'라 한다)에게 해당 토지를 시가(市價)로 매도할 것을 청구할 수 있다(법 제62조 제1항).

(2) 대표자 선정

주택의 소유자들은 대표자를 선정하여 매도청구에 관한 소송을 제기할 수 있다. 이 경우, 대표자는 주택의 소유자 전체의 **4분의 3 이상**의 동의를 얻어 선정한다(법 제62조 제2항).

(3) 매도청구 판결의 효력

매도청구에 관한 소송에 대한 판결은 주택의 **소유자 전체에 대하여 효력**이 있다(법 제62조 제3항).

(4) 매도청구의 허용면적

매도청구를 하려는 경우에는 해당 토지의 면적이 주택단지 전체 대지면적의 **5% 미만**이어야 한다(법 제62조 제4항).

> **기출** 사용검사 후 매도청구를 하려는 경우에는 해당 토지의 면적이 주택단지 전체 대지면적의 5% 미만이어야 한다.

(5) 매도청구의 의사표시 송달

매도청구의 의사표시는 실소유자가 해당 토지소유권을 회복한 날부터 **2년 이내에 해당 실소유자에게 송달**되어야 한다(법 제62조 제5항).

(6) 매도청구비용의 구상

주택의 소유자들은 매도청구로 인하여 발생한 비용의 **전부를 사업주체**에게 **구상(求償)**할 수 있다(법 제62조 제6항).

4. 투기과열지구와 조정대상지역 제32회

(1) 투기과열지구의 지정 및 해제

① **국토교통부장관 또는 시·도지사**는 주택가격의 안정을 위하여 필요한 경우에는 주거정책심의위원회(시·도지사의 경우에는 「주거기본법」에 따른 시·도 주거정책심의위원회를 말한다)의 심의를 거쳐 일정한 지역을 투기과열지구로 지정하거나 이를 해제할 수 있다.

이 경우, 투기과열지구는 그 지정목적을 달성할 수 있는 최소한의 범위에서 시·군·구 또는 읍·면·동의 지역단위로 지정하되, 택지개발지구(「택지개발촉진법」 제2조 제3호에 따른 택지개발지구를 말한다) 등 해당 지역 여건을 고려하여 지정단위를 조정할 수 있다(법 제63조 제1항).

> **기출** 국토교통부장관이 투기과열지구와 분양가상한제 적용지역을 지정하는 경우, 주거정책심의위원회의 심의를 거쳐야 한다.

② 투기과열지구는 해당 지역의 주택가격상승률이 물가상승률보다 현저히 높은 지역으로서 그 지역의 청약경쟁률·주택가격·주택보급률 및 주택공급계획 등과 지역 주택시장 여건 등을 고려하였을 때 주택에 대한 투기가 성행하고 있거나 성행할 우려가 있는 지역 중 다음의 대통령령으로 정하는 기준을 충족하는 곳이어야 한다(법 제63조 제2항).

> ㉠ 투기과열지구로 지정하는 날이 속하는 달의 바로 전 달(이하 '투기과열지구 지정직전월'이라 한다)부터 소급하여 주택공급이 있었던 2개월 동안 해당 지역에서 공급되는 주택의 월평균 청약경쟁률이 모두 5대 1을 초과하였거나 국민주택규모 주택의 월평균 청약경쟁률이 모두 10대 1을 초과한 곳
> ㉡ 다음에 해당하는 곳으로서 주택공급이 위축될 우려가 있는 곳
>   ⓐ 투기과열지구 지정직전월의 주택분양실적이 전 달보다 30% 이상 감소한 곳
>   ⓑ 사업계획승인 건수나 건축허가 건수가 직전 연도보다 급격하게 감소한 곳
> ㉢ 신도시 개발이나 주택의 전매행위 성행 등으로 투기 및 주거불안의 우려가 있는 곳으로서 다음에 해당하는 곳
>   ⓐ 해당 지역이 속하는 시·도의 주택보급률이 전국평균 이하인 경우
>   ⓑ 해당 지역이 속하는 시·도의 자가주택비율이 전국평균 이하인 경우
>   ⓒ 해당 지역의 분양주택의 수가 입주자저축에 가입한 사람으로서 국토교통부령으로 정하는 사람의 수보다 현저히 적은 곳

기출 주택의 분양실적이 전 달보다 30% 이상 감소한 곳으로, 주택공급이 위축될 우려가 있는 곳은 투기과열지구로 지정이 가능한 지역이다.
제32회

③ 국토교통부장관 또는 시·도지사는 투기과열지구를 지정하였을 때에는 지체 없이 이를 공고하고, 국토교통부장관은 그 투기과열지구를 관할하는 시장·군수·구청장에게, 특별시장, 광역시장 또는 도지사는 그 투기과열지구를 관할하는 시장·군수 또는 구청장에게 각각 공고내용을 통보하여야 한다. 이 경우, 시장·군수·구청장은 사업주체로 하여금 입주자모집공고시 해당 주택건설지역이 투기과열지구에 포함된 사실을 공고하게 하여야 한다. 투기과열지구 지정을 해제하는 경우에도 또한 같다(법 제63조 제3항).

④ 국토교통부장관 또는 시·도지사는 투기과열지구에서 지정사유가 없어졌다고 인정하는 경우에는 지체 없이 투기과열지구 지정을 해제하여야 한다(법 제63조 제4항).

⑤ 국토교통부장관이 투기과열지구를 지정하거나 해제할 경우에는 미리 시·도지사의 의견을 듣고 그 의견에 대한 검토의견을 회신하여야 하며, 시·도지사가 투기과열지구를 지정하거나 해제할 경우에는 국토교통부장관과 협의하여야 한다(법 제63조 제5항).

⑥ 국토교통부장관은 반기마다 주거정책심의위원회의 회의를 소집하여 투기과열지구로 지정된 지역별로 해당 지역의 주택가격 안정 여건의 변화 등을 고려하여 투기과열지구 지정의 유지 여부를 재검토하여야 한다. 이 경우, 재검토 결과 투기과열지구 지정의 해제가 필요하다고 인정되는 경우에는 지체 없이 투기과열지구 지정을 해제하고 이를 공고하여야 한다(법 제63조 제6항).

⑦ 투기과열지구로 지정된 지역의 시·도지사, 시장, 군수 또는 구청장은 투기과열지구 지정 후 해당 지역의 주택가격이 안정되는 등 지정사유가 없어졌다고 인정되는 경우에는 국토교통부장관 또는 시·도지사에게 투기과열지구 지정의 해제를 요청할 수 있다(법 제63조 제7항).

⑧ 투기과열지구 지정의 해제를 요청받은 국토교통부장관 또는 시·도지사는 요청받은 날부터 40일 이내에 주거정책심의위원회의 심의를 거쳐 투기과열지구 지정의 해제 여부를 결정하여 그 투기과열지구를 관할하는 지방자치단체의 장에게 심의 결과를 통보하여야 한다(법 제63조 제8항).

⑨ 국토교통부장관 또는 시·도지사는 심의 결과 투기과열지구에서 그 지정사유가 없어졌다고 인정될 때에는 지체 없이 투기과열지구 지정을 해제하고 이를 공고하여야 한다(법 제63조 제9항).

(2) 조정대상지역의 지정 및 해제 제34회

① 국토교통부장관은 다음의 어느 하나에 해당하는 지역으로서 대통령령으로 정하는 기준을 충족하는 지역을 주거정책심의위원회의 심의를 거쳐 조정대상지역으로 지정할 수 있다. 이 경우, 조정대상지역은 그 지정목적을 달성할 수 있는 최소한의 범위에서 시·군·구 또는 읍·면·동의 지역단위로 지정하되 택지개발지구 등 해당 지역 여건을 고려하여 지정단위를 조정할 수 있다(법 제63조의2 제1항).

+ **대통령령으로 정하는 기준을 충족하는 지역**
1. 조정대상지역 지정직전월부터 소급하여 3개월간의 해당 지역 주택가격상승률이 그 지역이 속하는 시·도 소비자물가상승률의 1.3배를 초과한 지역으로서 다음에 해당하는 지역(①의 ㉠)
  • 조정대상지역 지정직전월부터 소급하여 주택공급이 있었던 2개월 동안 해당 지역에서 공급되는 주택의 월별 평균 청약경쟁률이 모두 5대 1을 초과했거나 국민주택규모 주택의 월별 평균 청약경쟁률이 모두 10대 1을 초과한 지역
  • 조정대상지역 지정직전월부터 소급하여 3개월간의 분양권(주택의 입주자로 선정된 지위를 말한다) 전매거래량이 직전 연도의 같은 기간보다 30% 이상 증가한 지역
  • 해당 지역이 속하는 시·도의 주택보급률 또는 자가주택비율이 전국 평균 이하인 지역
2. 조정대상지역 지정직전월부터 소급하여 6개월간의 평균 주택가격상승률이 마이너스 1% 이하인 지역으로서 다음에 해당하는 지역(①의 ㉡)
  • 조정대상지역 지정직전월부터 소급하여 3개월 연속 주택매매거래량이 직전 연도의 같은 기간보다 20% 이상 감소한 지역
  • 조정대상지역 지정직전월부터 소급하여 3개월간의 평균 미분양주택(법 제15조 제1항에 따른 사업계획승인을 받아 입주자를 모집했으나 입주자가 선정되지 않은 주택을 말한다)의 수가 직전 연도의 같은 기간보다 2배 이상인 지역
  • 해당 지역이 속하는 시·도의 주택보급률 또는 자가주택비율이 전국 평균을 초과하는 지역

> ⊙ 주택가격, 청약경쟁률, 분양권 전매량 및 주택보급률 등을 고려하였을 때 주택 분양 등이 과열되어 있거나 과열될 우려가 있는 지역
> ⓒ 주택가격, 주택거래량, 미분양주택의 수 및 주택보급률 등을 고려하여 주택의 분양·매매 등 거래가 위축되어 있거나 위축될 우려가 있는 지역

② 국토교통부장관은 조정대상지역을 지정하는 경우, 다음의 사항을 미리 관계 기관과 협의할 수 있다(법 제63조의2 제2항).

> ⊙ 「주택도시기금법」에 따른 주택도시보증공사의 보증업무 및 주택도시기금의 지원 등에 관한 사항
> ⓒ 주택 분양 및 거래 등과 관련된 금융·세제조치 등에 관한 사항
> ⓒ 그 밖에 주택시장의 안정 또는 실수요자의 주택거래 활성화를 위하여 대통령령으로 정하는 사항

③ 국토교통부장관은 조정대상지역을 지정하는 경우에는 미리 시·도지사의 의견을 들어야 한다(법 제63조의2 제3항).

④ 국토교통부장관은 조정대상지역을 지정하였을 때에는 지체 없이 이를 공고하고, 그 조정대상지역을 관할하는 시장·군수·구청장에게 공고 내용을 통보하여야 한다. 이 경우, 시장·군수·구청장은 사업주체로 하여금 입주자모집공고시 해당 주택건설 지역이 조정대상지역에 포함된 사실을 공고하게 하여야 한다(법 제63조의2 제4항).

⑤ 국토교통부장관은 조정대상지역으로 유지할 필요가 없다고 판단되는 경우에는 주거정책심의위원회의 심의를 거쳐 조정대상지역의 지정을 해제하여야 한다(법 제63조의2 제5항).

⑥ 국토교통부장관은 반기마다 주거정책심의위원회의 회의를 소집하여 조정대상지역으로 지정된 지역별로 해당 지역의 주택가격 안정여건의 변화 등을 고려하여 조정대상지역 지정의 유지 여부를 재검토하여야 한다. 이 경우, 재검토 결과 조정대상지역 지정의 해제가 필요하다고 인정되는 경우에는 지체 없이 조정대상지역 지정을 해제하고 이를 공고하여야 한다(법 제63조의2 제7항).

⑦ 조정대상지역으로 지정된 지역의 시·도지사 또는 시장·군수·구청장은 조정대상지역 지정 후 해당 지역의 주택가격이 안정되는 등 조정대상지역으로 유지할 필요가 없다고 판단되는 경우에는 국토교통부장관에게 그 지정의 해제를 요청할 수 있다(법 제63조의2 제8항).

기출 조정대상지역으로 지정된 지역의 시장·군수·구청장은 조정대상지역으로 유지할 필요가 없다고 판단되는 경우, 국토교통부장관에게 그 지정의 해제를 요청할 수 있다.

(3) 주택의 전매행위제한 등

① **전매행위제한의 대상**: 사업주체가 건설·공급하는 주택[해당 주택의 입주자로 선정된 지위(입주자로 선정되어 그 주택에 입주할 수 있는 권리·자격·지위 등을 말한다)를 포함한다]으로서 다음의 어느 하나에 해당하는 경우에는 10년 이내의 범위에서 대통령령으로 정하는 기간(이하 '전매제한기간'이라 한다)이 지나기 전에는 그 주택을 전매(매매·증여나 그 밖에 권리의 변동을 수반하는 모든 행위를 포함하되, 상속의 경우는 제외한다. 이하 같다)하거나 이의 전매를 알선할 수 없다. 이 경우, 전매제한기간은 주택의 수급상황 및 투기우려 등을 고려하여 대통령령으로 지역별로 달리 정할 수 있다(법 제64조 제1항).

> ⊙ **투기과열지구**에서 건설·공급되는 주택
> ⓒ **조정대상지역**에서 건설·공급되는 주택. 다만, 조정대상지역 중 주택의 수급상황 등을 고려하여 대통령령으로 정하는 지역에서 건설·공급되는 주택은 제외한다.
> ⓒ **분양가상한제 적용주택**. 다만, 수도권 외의 지역 중 주택의 수급상황 및 투기우려 등을 고려하여 대통령령으로 정하는 지역✚으로서, 투기과열지구가 지정되지 아니하거나 지정해제된 지역 중 공공택지 외의 택지에서 건설·공급되는 분양가상한제 적용주택은 제외한다.
> ⓔ **공공택지 외의 택지에서 건설·공급되는 주택**. 다만, 법 제57조 제2항 각 호의 주택 및 수도권 외의 지역 중 주택의 수급상황 및 투기우려 등을 고려하여 대통령령으로 정하는 지역으로서 공공택지 외의 택지에서 건설·공급되는 주택은 제외한다.
> ⓜ 「도시 및 주거환경정비법」에 따른 **공공재개발사업**(법 제57조 제1항 제2호의 지역에 한정한다)에서 건설·공급하는 주택
> ⓑ **토지임대부 분양주택**

✚ 대통령령으로 정하는 지역이란 다음과 같다.
1. 광역시가 아닌 지역
2. 광역시 중 도시지역이 아닌 지역

② **전매제한의 특례와 해당 주택의 우선매입**: ①의 ⊙부터 ⓜ까지의 주택을 공급받은 자의 생업상의 사정 등으로 전매가 불가피하다고 인정되는 경우로서, 다음의 대통령령으로 정하는 경우에는 전매금지 규정을 적용하지 아니한다. 다만, ①의 ⓒ의 주택을 공급받은 자가 전매하는 경우에는 한국토지주택공사가 그 주택을 우선매입할 수 있다(법 제64조 제2항, 영 제73조 제4항).

기출 투기과열지구에서 건설·공급되는 주택의 입주자로 선정된 지위를 세대원 전원이 해외로 이주하게 되어 한국토지주택공사 등의 동의를 받아 전매하는 경우에는 전매제한이 적용되지 않는다.

㉠ 세대원(주택을 공급받은 사람이 포함된 세대의 구성원을 말한다. 이하 같다)이 근무 또는 생업상의 사정이나 질병치료·취학·결혼으로 인하여 세대원 전원이 다른 광역시, 특별자치시, 특별자치도, 시 또는 군(광역시의 관할구역에 있는 군은 제외한다)으로 이전하는 경우. 다만, 수도권 안에서 이전하는 경우는 제외한다.
㉡ 상속에 따라 취득한 주택으로 세대원 전원이 이전하는 경우
㉢ 세대원 전원이 해외로 이주하거나 2년 이상의 기간 동안 해외에 체류하려는 경우
㉣ 이혼으로 인하여 입주자로 선정된 지위 또는 주택을 배우자에게 이전하는 경우
㉤ 「공익사업을 위한 토지 등의 취득 및 보상에 관한 법률」에 따라 공익사업의 시행으로 주거용 건축물을 제공한 자가 사업시행자로부터 이주대책용 주택을 공급받은 경우(사업시행자의 알선으로 공급받은 경우를 포함한다)로서 시장·군수·구청장이 확인하는 경우
㉥ 주택의 소유자가 다음의 어느 하나에 해당하는 자에 대한 채무를 이행하지 못하여 경매 또는 공매가 시행되는 경우
  ⓐ 국가
  ⓑ 지방자치단체
  ⓒ 제71조 제1호 각 목의 금융기관
  ⓓ 주택도시보증공사
㉦ 입주자로 선정된 지위 또는 주택의 일부를 배우자에게 증여하는 경우
㉧ 실직·파산 또는 신용불량으로 경제적 어려움이 발생한 경우

③ 주택의 환매 등: ①(㉥은 제외한다)을 위반하여 주택의 입주자로 선정된 지위의 전매가 이루어진 경우, 사업주체가 매입비용을 그 매수인에게 지급한 경우에는 그 지급한 날에 사업주체가 해당 입주자로 선정된 지위를 취득한 것으로 보며, ②의 단서에 따라 한국토지주택공사가 분양가상한제 적용주택을 우선매입하는 경우에도 매입비용을 준용하되, 해당 주택의 분양가격과 인근지역 주택매매가격의 비율 및 해당 주택의 보유기간 등을 고려하여 대통령령으로 정하는 바에 따라 매입금액을 달리 정할 수 있다(법 제64조 제3항).

④ 부기등기의무: 사업주체가 ①의 ㉢·㉣·㉥에 해당하는 주택을 공급하는 경우(한국주택토지공사가 ①의 ㉥에 따라 주택을 제공하는 경우도 포함한다)에는 그 주택의 소유권을 제3자에게 이전할 수 없음을 소유권에 관한 등기에 부기등기하여야 한다(법 제64조 제4항).

⑤ 부기등기시기: 부기등기는 주택의 소유권보존등기와 동시에 하여야 하며, 부기등기에는 '이 주택은 최초로 소유권이전등기가 된 후에는 「주택법」에서 정한 기간이 지나기 전에 한국토지주택공사(한국토지주택공사가 우선매입한 주택을 공급받는 자를 포함한다) 외의 자에게 소유권을 이전하는 어떠한 행위도 할 수 없음'을 명시하여야 한다(법 제64조 제5항).

⑥ 한국토지주택공사는 ②의 단서 및 제78조의2 제3항(토지임대부 분양주택을 매입한 경우)에 따라 매입한 주택을 국토교통부령으로 정하는 바에 따라 재공급하여야 하며, 해당 주택을 공급받은 자는 전매제한기간 중 잔여기간 동안 그 주택을 전매할 수 없다. 이 경우 제78조의2 제3항(토지임대부 분양주택을 매입한 경우)에 따라 매입한 주택은 토지임대부 분양주택으로 재공급하여야 한다(법 제64조 제6항).

⑦ 국토교통부장관은 ① 및 ⑥을 위반한 자에 대하여 10년의 범위에서 국토교통부령으로 정하는 바에 따라 주택의 입주자 자격을 제한할 수 있다(법 제64조 제7항).

⑧ 한국토지주택공사가 ⑥에 따라 주택을 재공급하는 경우에는 ①을 적용하지 아니한다(법 제64조 제8항).

⑨ 분양권전매 등에 대한 신고포상금

　㉠ 분양권 등을 전매하거나 알선하는 행위(이하 '부정행위'라 한다)를 하는 자를 신고하려는 자는 신고서에 부정행위를 입증할 수 있는 자료를 첨부하여 시·도지사에게 신고하여야 한다(영 제92조 제1항).

　㉡ 시·도지사는 신고를 받은 경우에는 관할 수사기관에 수사를 의뢰하여야 하며, 수사기관은 해당 수사 결과(벌칙 부과 등 확정판결의 결과를 포함한다)를 시·도지사에게 통보하여야 한다(영 제92조 제2항).

　㉢ 시·도지사는 수사 결과를 신고자에게 통지하여야 한다(영 제92조 제3항).

　㉣ 통지를 받은 신고자는 신청서에 다음의 서류를 첨부하여 시·도지사에게 포상금 지급을 신청할 수 있다. 이 경우, 시·도지사는 신청일부터 30일 이내에 국토교통부령으로 정하는 지급기준에 따라 포상금을 지급하여야 한다(영 제92조 제4항).

　　ⓐ ㉢에 따른 수사결과통지서 사본 1부
　　ⓑ 통장 사본 1부

> **심화** 전매행위제한기간(영 제73조 제1항 별표 3)

1. 공통사항
   ① 전매행위제한기간은 해당 주택의 입주자로 선정된 날부터 기산한다.
   ② 주택에 대한 2.부터 6.까지의 규정에 따른 전매행위제한기간이 둘 이상일 경우에는 그 중 가장 긴 전매행위제한기간을 적용한다. 다만, 조정대상지역의 위축지역에 따른 지역에서 건설·공급되는 주택의 경우에는 가장 짧은 전매행위제한기간을 적용한다.
   ③ 주택에 대한 2.부터 6.까지의 규정에 따른 전매행위제한기간 이내에 해당 주택에 대한 소유권이전등기를 완료한 경우 소유권이전등기를 완료한 때에 전매행위제한기간이 지난 것으로 본다. 이 경우, 주택에 대한 소유권이전등기에는 대지를 제외한 건축물에 대해서만 소유권이전등기를 하는 경우를 포함한다.

2. 투기과열지구에서 건설·공급되는 주택
   ① 수도권: 3년
   ② 수도권 외의 지역: 1년

3. 조정대상지역에서 건설·공급되는 주택
   ① 과열지역
      ㉠ 수도권: 3년
      ㉡ 수도권 외의 지역: 1년
   ② 위축지역

공공택지에서 건설·공급되는 주택	공공택지 외의 택지에서 건설·공급되는 주택
6개월	–

4. 분양가상한제 적용주택
   ① 공공택지에서 건설·공급되는 주택
      ㉠ 수도권: 3년
      ㉡ 수도권 외의 지역: 1년
   ② 공공택지 외의 택지에서 건설·공급되는 주택
      ㉠ 투기과열지구: 2.의 구분에 따른 기간
      ㉡ 투기과열지구가 아닌 지역: 5.의 구분에 따른 기간

5. 공공택지 외의 택지에서 건설·공급되는 주택

구분		전매행위제한기간
수도권	「수도권정비계획법」 제6조 제1항 제1호에 따른 과밀억제권역	1년
	「수도권정비계획법」 제6조 제1항 제2호·제3호에 따른 성장관리권역 및 자연보전권역	6개월
수도권 외의 지역	광역시 중 「국토의 계획 및 이용에 관한 법률」 제36조 제1항 제1호에 따른 도시지역	6개월
	그 밖의 지역	–

6. 공공재개발사업에서 건설·공급하는 주택: 4.의 ②에 따른 기간

제4장 리모델링

회독 Check 1회 2회 3회

💬 리모델링기본계획 및 리모델링조합과 관련된 내용이 주로 출제되고 있다. 리모델링의 절차와 동의요건도 정리해 두어야 한다.

1 리모델링의 허가 등 제33회, 제34회, 제36회

(1) 리모델링의 허가

① 공동주택(부대시설과 복리시설을 포함한다)의 입주자·사용자 또는 관리주체가 공동주택을 리모델링하려고 하는 경우에는 허가와 관련된 면적, 세대수 또는 입주자 등의 동의비율에 관하여 대통령령으로 정하는 기준 및 절차 등에 따라 시장·군수·구청장의 허가를 받아야 한다(법 제66조 제1항).

② 대통령령으로 정하는 기준 및 절차 등에 따라 리모델링 결의를 한 리모델링주택조합이나 소유자 전원의 동의를 받은 입주자대표회의(「공동주택관리법」에 따른 입주자대표회의를 말하며, 이하 '입주자대표회의'라 한다)가 시장·군수·구청장의 허가를 받아 리모델링을 할 수 있다(법 제66조 제2항).

> **참고** 공동주택 리모델링의 허가기준(영 제75조 제1항 별표 4)
>
> 1. 동의비율
>   ① 입주자·사용자 또는 관리주체의 경우: 공사기간, 공사방법 등이 적혀 있는 동의서에 입주자 전체의 동의를 받아야 한다.
>   ② 리모델링주택조합의 경우: 다음의 사항이 적혀 있는 결의서에 주택단지 전체를 리모델링하는 경우에는 주택단지 전체 구분소유자 및 의결권의 각 75% 이상의 동의와 각 동별 구분소유자 및 의결권의 각 50% 이상의 동의를 받아야 하며(리모델링을 하지 않는 별동의 건축물로 입주자 공유가 아닌 복리시설 등의 소유자는 권리변동이 없는 경우에 한정하여 동의비율 산정에서 제외한다), 동을 리모델링하는 경우에는 그 동의 구분소유자 및 의결권의 각 75% 이상의 동의를 받아야 한다.
>
>   > ㉠ 리모델링 설계의 개요
>   > ㉡ 공사비
>   > ㉢ 조합원의 비용분담 명세

기출
1. 공동주택의 입주자가 공동주택을 리모델링하려고 하는 경우에는 시장·군수·구청장의 허가를 받아야 한다.
2. 입주자대표회의가 리모델링하려는 경우에는 리모델링 설계개요, 공사비, 소유자의 비용분담 명세가 적혀 있는 결의서에 주택단지 소유자 전원의 동의를 받아야 한다.

참고 리모델링에 동의한 소유자는 리모델링주택조합 또는 입주자대표회의가 시장·군수·구청장에게 허가신청서를 제출하기 전까지 서면으로 동의를 철회할 수 있다.

기출 주택단지 전체를 리모델링하는 경우에는 주택단지 전체 구분소유자 및 의결권의 각 (75)% 이상의 동의와 각 동별 구분소유자 및 의결권의 각 (50)% 이상의 동의를 받아야 하며, 동을 리모델링하는 경우에는 그 동의 구분소유자 및 의결권의 각 (75)% 이상의 동의를 받아야 한다. 제36회

③ 입주자대표회의 경우: 다음의 사항이 적혀 있는 결의서에 주택단지의 소유자 전원의 동의를 받아야 한다.

> ㉠ 리모델링 설계의 개요
> ㉡ 공사비
> ㉢ 소유자의 비용분담 명세

2. 허용행위
   ① 공동주택
      ㉠ 리모델링은 주택단지별 또는 동별로 한다.
      ㉡ 복리시설을 분양하기 위한 것이 아니어야 한다. 다만, 1층을 필로티 구조로 전용하여 세대의 일부 또는 전부를 부대시설 및 복리시설 등으로 이용하는 경우에는 그렇지 않다.
      ㉢ 1층을 필로티 구조로 전용하는 경우, 수직증축 허용범위를 초과하여 증축하는 것이 아니어야 한다.
      ㉣ 내력벽의 철거에 의하여 세대를 합치는 행위가 아니어야 한다.
   ② 입주자 공유가 아닌 복리시설 등
      ㉠ 사용검사를 받은 후 10년 이상 지난 복리시설로서 공동주택과 동시에 리모델링하는 경우로서 시장·군수·구청장이 구조안전에 지장이 없다고 인정하는 경우로 한정한다.
      ㉡ 증축은 기존건축물 연면적 합계의 10분의 1 이내여야 하고, 증축 범위는 「건축법 시행령」 제6조 제2항 제2호 나목에 따른다. 다만, 주택과 주택 외의 시설이 동일 건축물로 건축된 경우는 주택의 증축면적 비율의 범위 안에서 증축할 수 있다.

기출 공동주택의 리모델링은 동별로 할 수 있다.

(2) 시공자의 선정

① 리모델링을 하는 경우, 설립인가를 받은 리모델링주택조합의 총회 또는 소유자 전원의 동의를 받은 입주자대표회의에서 「건설산업기본법」에 따른 건설사업자 또는 건설사업자로 보는 등록사업자를 시공자로 선정하여야 한다(법 제66조 제3항).

② 시공자를 선정하는 경우에는 국토교통부장관이 정하는 경쟁입찰의 방법으로 하여야 한다. 다만, 경쟁입찰의 방법으로 시공자를 선정하는 것이 곤란하다고 인정되는 경우 등 대통령령으로 정하는 경우(시공자 선정을 위하여 2회 이상 경쟁입찰을 실시하였으나, 입찰자가 하나이거나 입찰자가 없어 경쟁입찰의 방법으로 시공자를 선정할 수 없게 된 경우)에는 그러하지 아니하다(법 제66조 제4항).

(3) 협의

리모델링에 관하여 시장·군수·구청장이 관계 행정기관의 장과 협의하여 허가받은 사항에 관하여는 법 제19조를 준용한다(법 제66조 제5항).

(4) 도시계획위원회의 심의

시장·군수·구청장이 세대수증가형 리모델링(50세대수 이상으로 세대수가 증가하는 경우로 한정한다)을 허가하려는 경우에는 기반시설에의 영향이나 도시·군관리계획과의 부합 여부 등에 대하여「국토의 계획 및 이용에 관한 법률」에 따라 설치된 시·군·구 도시계획위원회의 심의를 거쳐야 한다(법 제66조 제6항).

(5) 사용검사

공동주택의 입주자·사용자·관리주체·입주자대표회의 또는 리모델링주택조합이 리모델링에 관하여 시장·군수·구청장의 허가를 받은 후 그 공사를 완료하였을 때에는 시장·군수·구청장의 사용검사를 받아야 하며, 사용검사에 관하여는 법 제49조를 준용한다(법 제66조 제7항).

(6) 허가의 취소

시장·군수·구청장은 거짓이나 그 밖의 부정한 방법으로 허가를 받은 경우에는 행위허가를 취소할 수 있다(법 제66조 제8항).

(7) 허가의 기준

리모델링기본계획 수립대상지역에서 세대수증가형 리모델링을 허가하려는 시장·군수·구청장은 해당 리모델링기본계획에 부합하는 범위에서 허가하여야 한다(법 제66조 제9항).

② 증축형 리모델링의 안전진단 등 제34회

(1) 안전진단의 실시

① 증축하는 리모델링(이하 '증축형 리모델링'이라 한다)을 하려는 자는 시장·군수·구청장에게 안전진단을 요청해야 하며, 안전진단을 요청받은 시장·군수·구청장은 해당 건축물의 증축 가능 여부의 확인 등을 위하여 안전진단을 실시하여야 한다(법 제68조 제1항).

기출 증축형 리모델링을 하려는 자는 시장·군수·구청장에게 안전진단을 요청해야 한다. 제34회

② 시장·군수·구청장은 안전진단을 실시하는 경우에는 대통령령으로 정하는 기관에 안전진단을 의뢰하여야 하며, 안전진단을 의뢰받은 기관은 리모델링을 하려는 자가 추천한 건축구조기술사(구조설계를 담당할 자를 말한다)와 함께 안전진단을 실시하여야 한다(법 제68조 제2항).

(2) 증축형 리모델링의 금지

시장·군수·구청장이 안전진단으로 건축물 구조의 안전에 위험이 있다고 평가하여 「도시 및 주거환경정비법」에 따른 재건축사업 및 「빈집 및 소규모주택 정비에 관한 특례법」에 따른 소규모재건축사업의 시행이 필요하다고 결정한 건축물은 증축형 리모델링을 하여서는 아니 된다(법 제68조 제3항).

(3) 구조안전성 등의 확인

시장·군수·구청장은 수직증축형 리모델링을 허가한 후에 해당 건축물의 구조안전성 등에 대한 상세 확인을 위하여 안전진단을 실시하여야 한다. 이 경우 안전진단을 의뢰받은 기관은 건축구조기술사와 함께 안전진단을 실시하여야 하며, 리모델링을 하려는 자는 안전진단 후 구조설계의 변경 등이 필요한 경우에는 건축구조기술사로 하여금 이를 보완하도록 하여야 한다(법 제68조 제4항).

(4) 결과보고서의 제출

안전진단을 의뢰받은 기관은 국토교통부장관이 정하여 고시하는 기준에 따라 안전진단을 실시하고, 국토교통부령으로 정하는 방법 및 절차에 따라 안전진단결과보고서를 작성하여 안전진단을 요청한 자와 시장·군수·구청장에게 제출하여야 한다(법 제68조 제5항).

(5) 안전진단비용의 부담

시장·군수·구청장은 안전진단을 실시하는 비용의 전부 또는 일부를 리모델링을 하려는 자에게 부담하게 할 수 있다(법 제68조 제6항).

(6) 전문기관의 안전성검토 등

① 시장·군수·구청장은 수직증축형 리모델링을 하려는 자가 「건축법」에 따른 건축위원회의 심의를 요청하는 경우, 구조계획상 증축범위의 적정성 등에 대하여 대통령령으로 정하는 전문기관에 안전성검토를 의뢰하여야 한다(법 제69조 제1항).

② 시장·군수·구청장은 수직증축형 리모델링을 하려는 자의 허가신청이 있거나 안전진단 결과 국토교통부장관이 정하여 고시하는 설계도서의 변경이 있는 경우, 제출된 설계도서상 구조안전의 적정성 여부 등에 대하여 검토를 수행한 전문기관에 안전성검토를 의뢰하여야 한다(법 제69조 제2항).

③ 검토의뢰를 받은 전문기관은 국토교통부장관이 정하여 고시하는 검토기준에 따라 검토한 결과를 대통령령으로 정하는 기간(안전성검토를 의뢰받은 날부터 30일) 이내에 시장·군수·구청장에게 제출해야 하며, 시장·군수·구청장은 특별한 사유가 없는 경우 이 법 및 관계 법률에 따른 위원회의 심의 또는 허가시 제출받은 안전성검토 결과를 반영하여야 한다(법 제69조 제3항).

④ 시장·군수·구청장은 전문기관의 안전성검토비용의 전부 또는 일부를 리모델링을 하려는 자에게 부담하게 할 수 있다(법 제69조 제4항).

⑤ 국토교통부장관은 시장·군수·구청장에게 제출받은 자료의 제출을 요청할 수 있으며, 필요한 경우 시장·군수·구청장으로 하여금 안전성검토 결과의 적정성에 대하여 「건축법」에 따른 중앙건축위원회의 심의를 받도록 요청할 수 있다(법 제69조 제5항).

⑥ 시장·군수·구청장은 특별한 사유가 없으면 심의 결과를 반영하여야 한다(법 제69조 제6항).

❸ 리모델링기본계획 등

(1) 리모델링기본계획의 수립권자 및 대상지역 등

① 특별시장·광역시장 및 대도시의 시장은 관할구역에 대하여 다음의 사항을 포함한 리모델링 기본계획을 10년 단위로 수립하여야 한다. 다만, 세대수증가형 리모델링에 따른 도시과밀의 우려가 적은 경우 등 대통령령으로 정하는 경우에는 리모델링기본계획을 수립하지 아니할 수 있다(법 제71조 제1항).

> ㉠ 계획의 목표 및 기본방향
> ㉡ 도시기본계획 등 관련계획 검토
> ㉢ 리모델링 대상공동주택 현황 및 세대수증가형 리모델링 수요예측
> ㉣ 세대수 증가에 따른 기반시설의 영향검토
> ㉤ 일시집중 방지 등을 위한 단계별 리모델링 시행방안
> ㉥ 그 밖에 대통령령으로 정하는 사항

② 대도시가 아닌 시의 시장은 세대수증가형 리모델링에 따른 도시과밀이나 일시집중 등이 우려되어 도지사가 리모델링 기본계획의 수립이 필요하다고 인정한 경우, 리모델링기본계획을 수립하여야 한다(법 제71조 제2항).

③ 리모델링기본계획의 작성기준 및 작성방법 등은 국토교통부장관이 정한다(법 제71조 제3항).

> **심화** 리모델링기본계획의 수립 등(영 제80조)
>
> '세대수증가형 리모델링에 따른 도시과밀의 우려가 적은 경우 등 대통령령으로 정하는 경우'란 다음의 구분에 따른 경우를 말한다.
>
> ① 특별시·광역시의 경우: 세대수증가형 리모델링(세대수를 증가하는 증축행위를 말한다)에 따른 도시과밀이나 이주수요의 일시집중 우려가 적은 경우로서, 특별시장·광역시장이 「국토의 계획 및 이용에 관한 법률」 제113조 제1항에 따른 시·도 도시계획위원회(이하 '시·도 도시계획위원회'라 한다)의 심의를 거쳐 리모델링기본계획을 수립할 필요가 없다고 인정하는 경우
> ② 대도시(「지방자치법」 제198조 제1항에 따른 대도시를 말한다): 세대수증가형 리모델링에 따른 도시과밀이나 이주수요의 일시집중 우려가 적은 경우로서, 대도시 시장의 요청으로 도지사가 시·도 도시계획위원회의 심의를 거쳐 리모델링기본계획을 수립할 필요가 없다고 인정하는 경우

(2) 리모델링기본계획 수립절차

① 특별시장·광역시장 및 대도시의 시장(대도시가 아닌 시의 시장을 포함한다)은 리모델링기본계획을 수립하거나 변경하려면 14일 이상 주민에게 공람하고, 지방의회의 의견을 들어야 한다. 이 경우, 지방의회는 의견제시를 요청받은 날부터 30일 이내에 의견을 제시하여야 하며, 30일 이내에 의견을 제시하지 아니하는 경우에는 이의가 없는 것으로 본다. 다만, 다음의 대통령령으로 정하는 경미한 변경인 경우에는 주민공람 및 지방의회 의견청취절차를 거치지 아니할 수 있다(법 제72조 제1항, 영 제80조 제3항).

> ㉠ 세대수증가형 리모델링 수요예측 결과에 따른 세대수증가형 리모델링 수요(세대수증가형 리모델링을 하려는 주택의 총 세대수를 말한다)가 감소하거나 10% 범위에서 증가하는 경우

ⓒ 세대수증가형 리모델링 수요의 변동으로 기반시설의 영향검토나 단계별 리모델링 시행방안이 변경되는 경우
　　　ⓒ 「국토의 계획 및 이용에 관한 법률」에 따른 도시·군기본계획 등 관련 계획의 변경에 따라 리모델링기본계획이 변경되는 경우

② 특별시장·광역시장 및 대도시의 시장은 리모델링기본계획을 수립하거나 변경하려면 관계 행정기관의 장과 협의한 후「국토의 계획 및 이용에 관한 법률」에 따라 설치된 시·도 도시계획위원회 또는 시·군·구 도시계획위원회의 심의를 거쳐야 한다(법 제72조 제2항).

③ 협의를 요청받은 관계 행정기관의 장은 특별한 사유가 없으면 그 요청을 받은 날부터 30일 이내에 의견을 제시하여야 한다(법 제72조 제3항).

④ 대도시의 시장은 리모델링기본계획을 수립하거나 변경하려면 도지사의 승인을 받아야 하며, 도지사는 리모델링기본계획을 승인하려면 시·도 도시계획위원회의 심의를 거쳐야 한다(법 제72조 제4항).

(3) 리모델링기본계획의 고시 등

① 고시: 특별시장·광역시장 및 대도시의 시장은 리모델링기본계획을 수립하거나 변경한 때에는 이를 지체 없이 해당 지방자치단체의 공보에 고시하여야 한다(법 제73조 제1항).

② 타당성검토: 특별시장·광역시장 및 대도시의 시장은 5년마다 리모델링기본계획의 타당성을 검토하여 그 결과를 리모델링기본계획에 반영하여야 한다(법 제73조 제2항).

③ 주민공람절차 등: 그 밖에 주민공람절차 등 리모델링기본계획 수립에 필요한 사항은 대통령령으로 정한다(법 제73조 제3항).

(4) 세대수증가형 리모델링의 시기조정

① 국토교통부장관의 시기조정요청: 국토교통부장관은 세대수증가형 리모델링의 시행으로 주변 지역에 현저한 주택부족이나 주택시장의 불안정 등이 발생될 우려가 있는 때에는 주거정책심의위원회의 심의를 거쳐 특별시장, 광역시장, 대도시의 시장에게 리모델링기본계획을 변경하도록 요청하거나, 시장·군수·구청장에게 세대수증가형 리모델링의 사업계획 승인 또는 허가의 시기를 조정하도록 요청할 수 있으며, 요청을 받은 특별시장, 광역시장, 대도시의 시장 또는 시장·군수·구청장은 특별한 사유가 없으면 그 요청에 따라야 한다(법 제74조 제1항).

② **시·도지사의 시기조정 요청**: 시·도지사는 세대수증가형 리모델링의 시행으로 주변 지역에 현저한 주택부족이나 주택시장의 불안정 등이 발생될 우려가 있는 때에는「주거기본법」에 따른 시·도 주거정책심의위원회의 심의를 거쳐 대도시의 시장에게 리모델링기본계획을 변경하도록 요청하거나, 시장·군수·구청장에게 세대수증가형 리모델링의 사업계획승인 또는 허가의 시기를 조정하도록 요청할 수 있으며, 요청을 받은 대도시의 시장 또는 시장·군수·구청장은 특별한 사유가 없으면 그 요청에 따라야 한다(법 제74조 제2항).

(5) 리모델링지원센터의 설치·운영

시장·군수·구청장은 리모델링의 원활한 추진을 지원하기 위하여 리모델링지원센터를 설치하여 운영할 수 있다(법 제75조 제1항).

> **심화** 리모델링지원센터 수행업무는 다음과 같다.
> 1. 리모델링주택조합 설립을 위한 업무지원
> 2. 설계자 및 시공자 선정 등에 대한 지원
> 3. 권리변동계획 수립에 관한 지원
> 4. 그 밖에 지방자치단체의 조례로 정하는 사항

(6) 공동주택 리모델링에 따른 특례

① **전유부분에 대한 특례**: 공동주택의 소유자가 리모델링에 의하여 전유부분(「집합건물의 소유 및 관리에 관한 법률」에 따른 전유부분을 말한다)의 면적이 늘거나 줄어드는 경우에는「집합건물의 소유 및 관리에 관한 법률」에도 불구하고 대지사용권은 변하지 아니하는 것으로 본다. 다만, 세대수 증가를 수반하는 리모델링의 경우에는 권리변동계획에 따른다(법 제76조 제1항).

② **공유부분에 대한 특례**: 공동주택의 소유자가 리모델링에 의하여 일부 공용부분(「집합건물의 소유 및 관리에 관한 법률」에 따른 공용부분을 말한다)의 면적을 전유부분의 면적으로 변경한 경우에는「집합건물의 소유 및 관리에 관한 법률」에도 불구하고 그 소유자의 나머지 공용부분의 면적은 변하지 아니하는 것으로 본다(법 제76조 제2항).

③ **예외**: 대지사용권 및 공용부분의 면적에 관하여는 소유자가「집합건물의 소유 및 관리에 관한 법률」에 따른 규약으로 달리 정한 경우에는 그 규약에 따른다(법 제76조 제3항).

④ 계약기간에 대한 특례: 임대차계약 당시 다음의 어느 하나에 해당하여 그 사실을 임차인에게 고지한 경우로서 리모델링허가를 받은 경우에는 해당 리모델링 건축물에 관한 임대차계약에 대하여「주택임대차보호법」제4조 제1항 및「상가건물 임대차보호법」제9조 제1항을 적용하지 아니한다(법 제76조 제4항).

> ㉠ 임대차계약 당시 해당 건축물의 소유자들(입주자대표회의를 포함한다)이 리모델링주택조합 설립인가를 받은 경우
> ㉡ 임대차계약 당시 해당 건축물의 입주자대표회의가 직접 리모델링을 실시하기 위하여 관할 시장·군수·구청장에게 안전진단을 요청한 경우

⑤ 리모델링주택조합의 법인격에 관하여는「도시 및 주거환경정비법」제38조를 준용한다. 이 경우, '정비사업조합'은 '리모델링주택조합'으로 본다(법 제76조 제5항).

⑥ 권리변동계획에 따라 소유권이 이전되는 토지 또는 건축물에 대한 권리의 확정 등에 관하여는「도시 및 주거환경정비법」제87조를 준용한다. 이 경우, '토지등소유자에게 분양하는 대지 또는 건축물'은 '권리변동계획에 따라 구분소유자에게 소유권이 이전되는 토지 또는 건축물'로, '일반에게 분양하는 대지 또는 건축물'은 '권리변동계획에 따라 구분소유자 외의 자에게 소유권이 이전되는 토지 또는 건축물'로 본다(법 제76조 제6항).

제5장 주택상환사채

발행자, 발행요건, 상환기간, 양도가능성 등에 대해서 정리하여야 한다.

① 주택상환사채 제32회, 제33회, 제34회, 제36회

(1) 주택상환사채의 발행

① **발행권자:** 한국토지주택공사와 등록사업자는 대통령령으로 정하는 바에 따라 주택으로 상환하는 사채(이하 '주택상환사채'라 한다)를 발행할 수 있다. 이 경우, 등록사업자는 자본금·자산평가액 및 기술인력 등이 대통령령으로 정하는 기준➕에 맞고 금융기관 또는 주택도시보증공사의 보증을 받은 경우에만 주택상환사채를 발행할 수 있다(법 제80조 제1항).

② **발행계획의 승인:** 주택상환사채를 발행하려는 자는 주택상환사채 발행계획을 수립하여 국토교통부장관의 승인을 받아야 한다(법 제80조 제2항).

③ **발행방법 등**
   ㉠ 주택상환사채는 액면 또는 할인의 방법으로 발행한다(영 제83조 제1항).
   ㉡ 주택상환사채권에는 기호와 번호를 붙이고, 국토교통부령으로 정하는 사항을 적어야 한다(영 제83조 제2항).
   ㉢ 주택상환사채의 발행자는 주택상환사채대장을 갖추어 두고 주택상환사채권의 발행 및 상환에 관한 사항을 적어야 한다(영 제83조 제3항).
   ㉣ 주택상환사채는 기명증권(記名證券)으로 하고, 사채권자의 명의변경은 취득자의 성명과 주소를 사채원부에 기록하는 방법으로 하며, 취득자의 성명을 채권에 기록하지 아니하면 사채발행자 및 제3자에게 대항할 수 없다(법 제81조 제2항).

➕ 대통령령으로 정하는 기준이란 다음의 기준 모두를 말한다.
1. 법인으로서 자본금이 5억원 이상일 것
2. 「건설산업기본법」에 따라 건설업 등록을 한 자일 것
3. 최근 3년간 연평균 주택건설 실적이 300호 이상일 것

✔ 등록사업자가 발행할 수 있는 주택상환사채의 규모는 최근 3년간 연평균 주택건설 호수 이내로 한다.

기출
1. 등록사업자가 주택상환사채를 발행하려면 금융기관 또는 주택도시보증공사의 보증을 받아야 한다.
2. 발행조건은 주택상환사채권에 적어야 하는 사항에 포함된다. 제33회
3. 주택상환사채는 기명식증권으로 한다. 제36회

(2) 주택상환사채의 상환 등

① **상환기간**: 주택상환사채의 상환기간은 **3년을 초과할 수 없다**. 이 경우, 상환기간은 주택상환사채 발행일부터 주택의 공급계약체결일까지의 기간으로 한다(영 제86조 제1항·제2항).

② **중도상환**: 주택상환사채는 **양도하거나 중도에 해약할 수 없다**. 다만, 해외이주 등 국토교통부령으로 정하는 부득이한 사유가 있는 경우는 예외로 한다(영 제86조 제3항).

③ **효력**: 등록사업자의 등록이 **말소된 경우에도** 등록사업자가 발행한 주택상환사채의 효력에는 **영향을 미치지 아니한다**(법 제82조).

④ **「상법」 규정의 적용**: 주택상환사채의 발행에 관하여 이 법에서 규정한 것 외에는 「상법」 중 사채발행에 관한 규정을 적용한다. 다만, 한국토지주택공사가 발행하는 경우와 금융기관 등이 상환을 보증하여 등록사업자가 발행하는 경우에는 「상법」 제478조 제1항을 적용하지 아니한다(법 제83조).

> **🎯 핵심 주택상환사채**
>
> 1. **발행권자**: LH공사, 등록사업자(자본금, 자산평가액, 기술인력 등 기준에 맞고 금융기관 또는 주택도시보증공사의 보증을 받은 경우에만 가능하다)
> 2. **발행의 승인**: 국토교통부장관
> 3. **발행방법**: 액면 또는 할인의 방법(주택상환사채권에는 기호와 번호를 붙이고, 주택상환사채대장을 비치하여 발행 및 상환에 대한 기재를 한다)
> 4. **주택의 상환**: 발행한 자는 발행조건에 따라 주택을 건설하여 사채권자에게 상환한다.
> 5. **권리변동의 대항력**: 기명식증권, 사채권자의 명의변경 ⇨ 취득자의 성명과 주소를 사채원부에 기록한다(기록하지 않는 경우 사채발행자 및 제3자에게 대항할 수 없다).
> 6. **상환기간**: 3년을 초과할 수 없다(사채발행일부터 주택의 공급계약체결일까지의 기간).
> 7. **중도상환**: 주택상환사채는 양도하거나 중도에 해약할 수 없으나, 해외이주 등 부득이한 사유는 제외한다.
> 8. **효력**: 등록사업자 등록이 말소 ⇨ 사채에는 영향을 미치지 않는다(지급보증을 받았기 때문이다).
> 9. **「상법」 규정의 적용**: 사채의 발행에 관하여 이 법에서 규정한 것 외에는 「상법」 중 사채발행 규정을 적용한다.

기출

1. 주택상환사채의 상환기간은 3년 이내로 한다. 제36회
2. 사채권자의 명의변경은 취득자의 성명과 주소를 사채원부에 기록하는 방법으로 한다.
3. 주택상환사채를 발행한 자는 발행조건에 따라 주택을 건설하여 사채권자에게 상환하여야 한다.
4. 등록사업자의 등록이 말소된 경우에는 등록사업자가 발행한 주택상환사채의 효력에는 영향을 미치지 아니한다. 제36회
5. 주택상환사채의 납입금은 주택건설자재의 구입을 위하여 사용할 수 있다. 제36회
6. 등록사업자가 발행할 수 있는 주택상환사채의 규모는 최근 3년간의 연평균 주택건설 호수 이내로 한다. 제36회

참고 주택상환사채납입금의 사용용도

1. 택지의 구입 및 조성
2. 주택건설자재의 구입
3. 건설공사비에의 충당
4. 그 밖에 주택상환을 위하여 필요한 비용으로서 국토교통부장관의 승인을 받은 비용에의 충당

> **예제**
>
> 주택법령상 주택상환사채에 관한 설명으로 틀린 것은? 제27회
> ① 등록사업자가 주택상환사채를 발행하려면 금융기관 또는 주택도시보증공사의 보증을 받아야 한다.
> ② 주택상환사채는 취득자의 성명을 채권에 기록하지 아니하면 사채발행자 및 제3자에게 대항할 수 없다.
> ③ 등록사업자의 등록이 말소된 경우에는 등록사업자가 발행한 주택상환사채의 효력은 상실된다.
> ④ 주택상환사채의 발행자는 주택상환사채대장을 비치하고, 주택상환사채권의 발행 및 상환에 관한 사항을 기재하여야 한다.
> ⑤ 주택상환사채를 발행하려는 자는 주택상환사채 발행계획을 수립하고, 국토교통부장관의 승인을 받아야 한다.
>
> **해설** 등록사업자의 등록이 말소된 경우라도 주택상환사채의 효력은 상실되지 않는다. 지급보증을 받았기 때문이다. **정답** ③

② 국민주택사업 특별회계

(1) 국민주택사업 특별회계의 설치 등

① **특별회계의 설치의무**: 지방자치단체는 국민주택사업의 시행을 위하여 국민주택사업 특별회계를 설치·운용하여야 한다(법 제84조 제1항).

② **국민주택사업 특별회계자금의 재원**: 국민주택사업 특별회계의 자금은 다음의 재원으로 조성한다(법 제84조 제2항).

> ㉠ 자체 부담금
> ㉡ 주택도시기금으로부터의 차입금
> ㉢ 정부로부터의 보조금
> ㉣ 농협은행으로부터의 차입금
> ㉤ 외국으로부터의 차입금
> ㉥ 국민주택사업 특별회계에 속하는 재산의 매각대금
> ㉦ 국민주택사업 특별회계자금의 회수금·이자수입금 및 그 밖의 수익
> ㉧ 「재건축초과이익 환수에 관한 법률」에 따른 재건축부담금 중 지방자치단체 귀속분

(2) 운용상황의 보고

지방자치단체는 대통령령으로 정하는 바에 따라 국민주택사업 특별회계의 운용상황을 국토교통부장관에게 보고하여야 한다(법 제84조 제3항).

제6장 보칙

> 자주 출제되는 장은 아니지만, 토지임대부 분양주택에서 출제 가능성이 있으므로 간단히 정리한다.

❶ 협회의 설립인가 등

(1) 설립요건
협회를 설립하려면 회원자격을 가진 자 50인 이상을 발기인으로 하여 정관을 마련한 후, 창립총회의 의결을 거쳐 국토교통부장관의 인가를 받아야 한다. 협회가 정관을 변경하려는 경우에도 또한 같다(법 제86조 제1항).

(2) 공고
국토교통부장관은 인가를 하였을 때에는 이를 지체 없이 공고하여야 한다(법 제86조 제2항).

(3) 「민법」의 준용
협회에 관하여 이 법에서 규정한 것 외에는 「민법」 중 사단법인에 관한 규정을 준용한다(법 제87조).

❷ 토지임대부 분양주택의 토지에 관한 임대차관계 제33회, 제36회

(1) 임대차기간
토지임대부 분양주택의 토지에 대한 임대차기간은 40년 이내로 한다. 이 경우, 토지임대부 분양주택 소유자의 75% 이상이 계약갱신을 청구하는 경우 40년의 범위에서 이를 갱신할 수 있다(법 제78조 제1항).

(2) 법정지상권
토지임대부 분양주택을 공급받은 자가 토지소유자와 임대차계약을 체결한 경우, 해당 주택의 구분소유권을 목적으로 그 토지 위에 임대차기간 동안 지상권이 설정된 것으로 본다(법 제78조 제2항).

기출
1. 토지임대부 분양주택의 토지에 대한 임대차기간은 40년 이내로 한다. 제36회
2. 토지임대부 분양주택 입주자의 거주의무기간은 5년이다. 제36회
3. 건축물의 전유부분(專有部分)에 대한 구분소유권은 이를 분양받은 자가 가지고, 건축물의 공용부분·부속건물 및 복리시설은 분양받은 자들이 공유한다. 제36회
4. 토지임대부 분양주택의 입주자는 해당 주택의 최초 입주가능일 이내에 입주하여야 한다. 제36회

(3) 표준임대차계약서

토지임대부 분양주택의 토지에 대한 임대차계약을 체결하고자 하는 자는 국토교통부령으로 정하는 표준임대차계약서를 사용하여야 한다(법 제78조 제3항).

(4) 임대차계약의 승계

토지임대부 분양주택을 양수한 자 또는 상속받은 자는 임대차계약을 승계한다(법 제78조 제4항).

(5) 토지임대료

① 토지임대부 분양주택의 토지임대료는 해당 토지의 조성원가 또는 감정가격 등을 기준으로 산정하되, 구체적인 토지임대료의 책정 및 변경기준, 납부절차 등에 관한 사항은 대통령령으로 정한다(법 제78조 제5항).

② 토지임대부 분양주택의 월별 토지임대료는 다음의 구분에 따라 산정한 금액을 12개월로 분할한 금액 이하로 한다(영 제81조 제1항).

> ㉠ 공공택지에 토지임대주택을 건설하는 경우: 해당 공공택지의 조성원가에 입주자모집공고일이 속하는 달의 전전달의 「은행법」에 따른 은행의 3년 만기 정기예금 평균이자율을 적용하여 산정한 금액
> ㉡ 공공택지 외의 택지에 토지임대주택을 건설하는 경우: 「감정평가 및 감정평가사에 관한 법률」에 따라 감정평가한 가액에 입주자모집공고일이 속하는 달의 전전달의 「은행법」에 따른 은행의 3년 만기 정기예금 평균이자율을 적용하여 산정한 금액. 이 경우, 감정평가액의 산정시기와 산정방법 등은 국토교통부령으로 정한다.

참고 토지임대부 분양주택의 월별 토지임대료는 다음의 구분에 따라 산정한 금액을 12개월로 분할한 금액 이하로 한다.
1. 공공택지: 조성원가 + 3년 평균이자율 합산
2. 공공택지 외: 감정가격 + 3년 평균이자율 합산

기출 토지임대료를 보증금으로 전환하여 납부하는 경우, 그 보증금을 산정할 때 적용되는 이자율은 「은행법」에 따른 은행의 3년 만기 정기예금 평균이자율 이상이어야 한다. 제33회

(6) 임대료의 전환

토지임대료는 월별 임대료를 원칙으로 하되, 토지소유자와 주택을 공급받은 자가 합의한 경우 대통령령으로 정하는 바에 따라 임대료를 선납하거나 보증금으로 전환하여 납부할 수 있다(법 제78조 제6항).

(7) 계약의 구속성

토지임대부 분양주택 토지의 임대차관계는 토지소유자와 주택을 공급받은 자 간의 임대차계약에 따른다(법 제78조 제7항).

(8) 토지임대부 분양주택의 법률 적용

토지임대부 분양주택에 관하여 이 법에서 정하지 아니한 사항은 「집합건물의 소유 및 관리에 관한 법률」, 「민법」 순으로 적용한다(법 제78조 제8항).

③ 토지임대부 분양주택의 재건축

(1) 재건축의 시행

토지임대부 분양주택의 소유자가 임대차기간이 만료되기 전에 「도시 및 주거환경정비법」 등 도시개발관련 법률에 따라 해당 주택을 철거하고 재건축을 하고자 하는 경우, 「집합건물의 소유 및 관리에 관한 법률」에 따라 토지소유자의 동의를 받아 재건축할 수 있다. 이 경우, 토지소유자는 정당한 사유 없이 이를 거부할 수 없다(법 제79조 제1항).

(2) 주택의 소유자

토지임대부 분양주택을 재건축하는 경우, 해당 주택의 소유자를 「도시 및 주거환경정비법」에 따른 토지등소유자로 본다(법 제79조 제2항).

(3) 토지임대부 분양주택으로의 간주

재건축한 주택은 토지임대부 분양주택으로 한다. 이 경우, 재건축한 주택의 준공인가일부터 임대차기간 동안 토지소유자와 재건축한 주택의 조합원 사이에 토지의 임대차기간에 관한 계약이 성립된 것으로 본다(법 제79조 제3항).

(4) 토지임대부 분양주택의 전환

토지소유자와 주택소유자가 합의한 경우에는 토지임대부 분양주택이 아닌 주택으로 전환할 수 있다(법 제79조 제4항).

④ 토지임대부 분양주택의 공공매입

(1) 매입신청 제33회

토지임대부 분양주택을 공급받은 자는 제64조 제1항에도 불구하고 전매제한기간이 지나기 전에 대통령령으로 정하는 바에 따라 한국토지주택공사에 해당 주택의 매입을 신청할 수 있다(법 제78조의2 제1항).

(2) 주택 매입

한국토지주택공사는 (1)에 따라 매입신청을 받거나 토지임대부 분양주택의 전매가 이루어진 경우, 대통령령으로 정하는 특별한 사유가 없으면 대통령령으로 정하는 절차를 거쳐 해당 주택을 매입하여야 한다(법 제78조의2 제2항).

(3) 취득시기

한국토지주택공사가 (2)에 따라 주택을 매입하는 경우, 다음 어느 하나의 구분에 따른 금액을 그 주택을 양도하는 자에게 지급한 때에는 그 지급한 날에 한국토지주택공사가 해당 주택을 취득한 것으로 본다(법 제78조의2 제3항).

> ① (1)에 따라 매입신청을 받은 경우: 해당 주택의 매입비용과 보유기간 등을 고려하여 대통령령으로 정하는 금액
> ② 전매금지규정을 위반하여 전매가 이루어진 경우: 해당 주택의 매입비용

(4)

한국토지주택공사가 (2)에 따라 주택을 매입하는 경우에는 전매금지규정을 적용하지 아니한다(법 제78조의2 제4항).

5 청문

국토교통부장관 또는 지방자치단체의 장은 다음의 어느 하나에 해당하는 처분을 하려면 청문을 하여야 한다(법 제96조).

> ① 주택건설사업 등의 등록말소
> ② 주택조합의 설립인가취소
> ③ 사업계획승인의 취소
> ④ 공동주택 리모델링 행위허가의 취소

제7장 벌칙

> 이 장은 출제 가능성이 가장 낮다. '3년 이하의 징역 또는 3천만원 이하의 벌금' 관련 규정만 정리해도 충분하다.

❶ 10년 이하의 징역 등

(1) 10년 이하의 징역

법 제33조, 법 제43조, 법 제44조(같은 조 제1항 제4호의2는 제외한다), 법 제46조 또는 법 제70조를 위반하여 설계·시공 또는 감리를 함으로써 「공동주택관리법」에 따른 담보책임기간에 공동주택의 내력구조부에 중대한 하자를 발생시켜 일반인을 위험에 처하게 한 설계자·시공자·감리자·건축구조기술사 또는 사업주체는 10년 이하의 징역에 처한다(법 제98조 제1항).

(2) 무기징역 또는 3년 이상의 징역

(1)의 죄를 범하여 사람을 죽음에 이르게 하거나 다치게 한 자는 무기징역 또는 3년 이상의 징역에 처한다(법 제98조 제2항).

(3) 5년 이하의 징역이나 금고 또는 5천만원 이하의 벌금

업무상 과실로 (1)의 죄를 범한 자는 5년 이하의 징역이나 금고 또는 5천만원 이하의 벌금에 처한다(법 제99조 제1항).

(4) 10년 이하의 징역이나 금고 또는 1억원 이하의 벌금

업무상 과실로 (2)의 죄를 범한 자는 10년 이하의 징역이나 금고 또는 1억원 이하의 벌금에 처한다(법 제99조 제2항).

(5) 5년 이하의 징역 또는 5천만원 이하의 벌금

법 제55조 제5항, 법 제56조 제10항 및 법 제57조의3 제4항을 위반한 사람은 5년 이하의 징역 또는 5천만원 이하의 벌금에 처한다(법 제100조).

❷ 3년 이하의 징역 또는 3천만원 이하의 벌금

다음의 어느 하나에 해당하는 자는 3년 이하의 징역 또는 3천만원 이하의 벌금에 처한다. 다만, ③ 및 ④에 해당하는 자로서 그 위반행위로 얻은 이익의 3배에 해당하는 금액이 3천만원을 초과하는 자는 3년 이하의 징역 또는 그 이익의 3배에 해당하는 금액 이하의 벌금에 처한다(법 제101조).

> ① 조합업무를 대행하게 한 주택조합, 주택조합의 발기인 및 조합업무를 대행한 자
> ② 고의로 법 제33조를 위반하여 설계하거나 시공함으로써 사업주체 또는 입주자에게 손해를 입힌 자
> ③ 주택을 전매하거나 이의 전매를 알선한 자
> ④ 법 제65조 제1항을 위반한 자(주택을 공급받을 수 있는 지위 등을 매매 등을 하여 위반한 경우)
> ⑤ 리모델링주택조합이 설립인가를 받기 전에 또는 입주자대표회의가 소유자 전원의 동의를 받기 전에 시공자를 선정한 자 및 시공자로 선정된 자
> ⑥ 경쟁입찰의 방법에 의하지 아니하고 시공자를 선정한 자 및 시공자로 선정된 자
> ⑦ 거주의무를 이행하지 아니하고 해당 주택을 양도한 자

❸ 2년 이하의 징역 또는 2천만원 이하의 벌금

다음의 어느 하나에 해당하는 자는 2년 이하의 징역 또는 2천만원 이하의 벌금에 처한다. 다만, ⑤ 또는 ⑲에 해당하는 자로서 그 위반행위로 얻은 이익의 50%에 해당하는 금액이 2천만원을 초과하는 자는 2년 이하의 징역 또는 그 이익의 2배에 해당하는 금액 이하의 벌금에 처한다(법 제102조).

> ① 법 제4조에 따른 등록을 하지 아니하거나, 거짓이나 그 밖의 부정한 방법으로 등록을 하고 같은 조의 사업을 한 자
> ② 법 제11조의3 제1항을 위반하여 신고하지 아니하고 조합원을 모집하거나 조합원을 공개로 모집하지 아니한 자
> ③ 법 제12조 제1항에 따른 서류 및 관련자료를 거짓으로 공개한 주택조합의 발기인 또는 임원
> ④ 법 제12조 제2항에 따른 열람·복사요청에 대하여 거짓의 사실이 포함된 자료를 열람·복사하여 준 주택조합의 발기인 또는 임원
> ⑤ 법 제15조 제1항·제3항·제4항에 따른 사업계획의 승인 또는 변경승인을 받지 아니하고 사업을 시행하는 자
> ⑥ 과실로 법 제33조를 위반하여 설계하거나 시공함으로써 사업주체 또는 입주자에게 손해를 입힌 자

참고 3년 이하의 징역 또는 3천만원 이하의 벌금
1. 조합업무를 대행하게 한 주택조합, 주택조합의 발기인 및 조합업무를 대행한 자
2. 고의로 설계기준을 위반하여 설계하거나 시공함으로써 사업주체 또는 입주자에게 손해를 입힌 자
3. 주택을 전매하거나 이의 전매를 알선한 자
4. 공급질서를 위반한 자
5. 리모델링주택조합이 설립인가를 받기 전에 또는 입주자대표회의가 소유자 전원의 동의를 받기 전에 시공자를 선정한 자 및 시공자로 선정된 자
6. 리모델링주택조합이 경쟁입찰의 방법에 의하지 아니하고 시공자를 선정한 자 및 시공자로 선정된 자

⑦ 법 제34조 제1항·제2항을 위반하여 주택건설공사를 시행하거나 시행하게 한 자
⑧ 법 제35조에 따른 주택건설기준 등을 위반하여 사업을 시행한 자
⑨ 법 제39조를 위반하여 공동주택성능에 대한 등급을 표시하지 아니하거나 거짓으로 표시한 자
⑩ 법 제40조에 따른 환기시설을 설치하지 아니한 자
⑪ 고의로 법 제44조 제1항(같은 항 제4호의2는 제외한다)에 따른 감리업무를 게을리하여 위법한 주택건설공사를 시공함으로써 사업주체 또는 입주자에게 손해를 입힌 자
⑫ 법 제49조 제4항을 위반하여 주택 또는 대지를 사용하게 하거나 사용한 자(법 제66조 제7항에 따라 준용되는 경우를 포함한다)
⑬ 법 제54조 제1항을 위반하여 주택을 건설·공급한 자(법 제54조의2에 따라 주택의 공급업무를 대행한 자를 포함한다)
⑭ 법 제54조 제3항을 위반하여 건축물을 건설·공급한 자
⑮ 법 제54조의2 제2항을 위반하여 주택의 공급업무를 대행하게 한 자
⑯ 법 제57조 제1항·제5항을 위반하여 주택을 공급한 자
⑰ 법 제60조 제1항·제3항을 위반하여 견본주택을 건설하거나 유지관리한 자
⑱ 법 제61조 제1항을 위반하여 같은 항 각 호의 어느 하나에 해당하는 행위를 한 자
⑲ 법 제77조를 위반하여 부정하게 재물 또는 재산상의 이익을 취득하거나 제공한 자
⑳ 법 제81조 제3항에 따른 조치를 위반한 자

메타인지 학습체크

01 국민주택이란 주택도시기금으로부터 자금을 지원받아 건설되거나 개량되는 주택으로서, 주거의 용도로만 쓰이는 면적이 1호(戶) 또는 1세대당 85m² 이하인 주택(수도권을 제외한 도시지역이 아닌 읍 또는 면 지역은 1호 또는 1세대당 주거전용면적이 [① 100m² / ② 150m²] 이하인 주택을 말한다)을 말한다.

02 아파트형 주택은 세대별로 독립된 주거가 가능하도록 [① 욕실 및 주차장 / ② 욕실 및 부엌]을 설치하여야 한다.

03 주차장·관리사무소·담장 및 주택단지 안의 도로는 [① 복리시설 / ② 부대시설]에 해당한다.

04 거짓이나 그 밖의 부정한 방법으로 등록한 경우, 국토교통부장관은 그 등록을 [① 말소할 수 있다. / ② 말소하여야 한다.]

05 국가·한국토지주택공사가 주택건설사업을 시행하는 경우, [① 국토교통부장관 / ② 시·도지사, 대도시 시장]에게 사업계획승인을 받아야 한다.

06 국가·지방자치단체, 한국토지주택공사, 지방공사, 공익법인인 사업주체는 국토교통부장관에게 [① 등록하고 / ② 등록하지 않고] 사업을 시행하여야 한다.

07 국민주택을 공급받기 위하여 직장주택조합을 설립하려는 자는 관할 시장·군수·구청장에게 [① 인가받아야 한다. / ② 신고하여야 한다.]

08 '공구'란 하나의 주택단지에서 대통령령으로 정하는 기준에 따라 둘 이상으로 구분되는 일단의 구역으로, [① 착공신고 및 사용검사를 / ② 착공신고 및 사업계획승인을] 별도로 수행할 수 있는 구역을 말한다.

09 주택을 마련하기 위하여 주택조합설립인가를 받으려는 자는 해당 주택건설대지의 80% 이상에 해당하는 토지의 사용권원을 확보하여야 하고, 해당 주택건설대지의 [① 15% / ② 30%] 이상에 해당하는 토지의 소유권을 확보하여야 한다.

정답

01 ① 02 ② 03 ② 04 ② 05 ① 06 ② 07 ② 08 ① 09 ①

10 주택조합은 주택조합의 설립인가를 받은 날부터 [① 2년 / ② 3년]이 되는 날까지 사업계획승인을 받지 못하는 경우, 대통령령으로 정하는 바에 따라 총회의 의결을 거쳐 해산 여부를 결정하여야 한다.

11 국가 또는 지방자치단체는 국가 또는 지방자치단체로부터 토지를 매수하거나 임차한 자가 그 매수일 또는 임차일부터 2년 이내에 국민주택규모의 주택 또는 조합주택을 건설하지 아니하거나 그 주택을 건설하기 위한 대지조성사업을 시행하지 아니한 경우에는 [① 환매하거나 임대계약 취소를 / ② 매매계약을 취소하거나 임대계약을 무효로] 할 수 있다.

12 사용검사권자는 사용검사의 대상인 주택 또는 대지가 사업계획의 내용에 적합한지 여부를 확인한 후, 그 신청일부터 [① 14일 이내 / ② 15일 이내]에 사용검사를 하여야 한다.

정답

10 ②   11 ①   12 ②

제 6 편
농지법

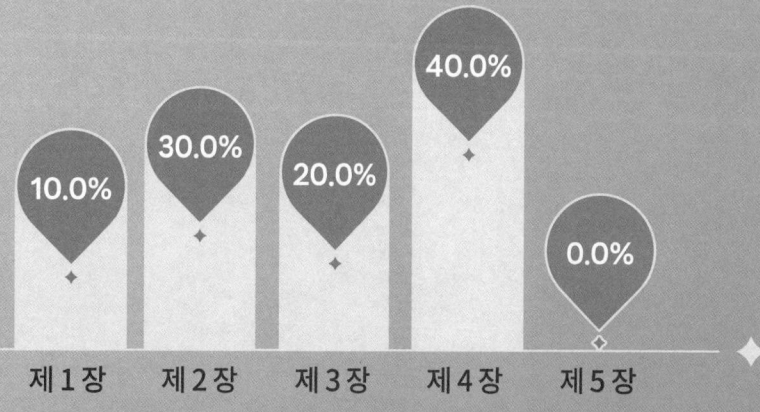

◆ **최근 5개년 출제경향 분석**

- 제1장 | 총칙
- 제2장 | 농지의 소유
- 제3장 | 농지의 이용
- 제4장 | 농지의 보전
- 제5장 | 보칙 및 벌칙

제6편 농지법

❖ 용어의 정의

농업인	① 1,000m² 이상의 농지에서 농작물 또는 다년생식물을 경작·재배하는 자 ② 1년 중 90일 이상 농업에 종사하는 자 ③ 농지에 330m² 이상의 고정식 온실, 버섯재배사, 비닐하우스 등을 설치하여 농작물·다년생식물을 경작·재배하는 자 ④ 1년 중 120일 이상을 축산업에 종사하는 자 ⑤ 농업경영을 통한 농산물의 연간 판매액이 120만원 이상인 자(월간 ×)
농지	지목을 불문하고 경작에 이용되거나 다년생식물 재배에 이용+개량부지 및 묘목 재배지는 포함하되, 조경 목적으로 식재한 것은 포함하지 않는다. 단, 다음의 3가지에 유의한다. ① 지목 ×, 경작기간 3년 미만 ⇨ 농지 × ② 임야로 산지전용허가 없이 다년생식물 재배 ⇨ 농지 × ③ 초지는 초지이다. ⇨ 농지 ×

❖ 농지 체계도

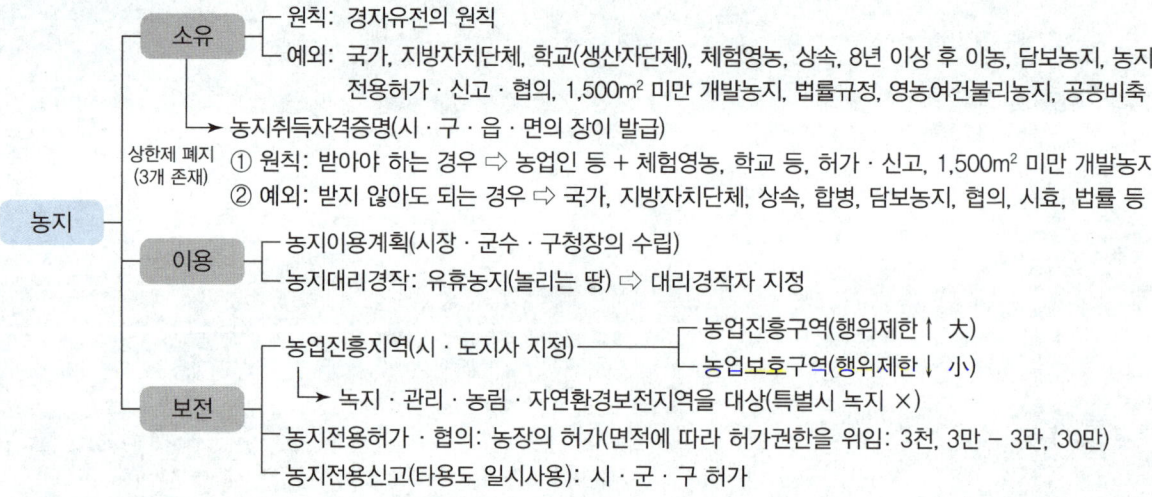

❖ 농지의 보전

농업진흥지역	농업진흥구역	농지조성사업 또는 농지기반정비사업이 시행되었거나 시행 중인 지역으로서, 농업용으로 이용 또는 이용할 토지가 집단화되어 있는 지역
	농업보호구역	농업진흥구역의 용수원 확보, 수질보전 등 농업환경을 보호하기 위하여 필요한 지역

❖ 농지의 소유

농지의 소유	농업경영자 소유	경자유전의 원칙(예외 있다) + 임대차, 사용대차		
농지소유상한	상속	농업경영을 하지 아니하는 자	1만m² 이내	나머지: 위탁 가능
	이농	8년 이상 농업경영 후 이농자		나머지: 위탁 가능
	체험영농자	세대원 전부 소유하는 총면적	1천m² 미만	
농지취득자격증명 (시·구·읍·면장)	발급대상 농지	원칙	매매, 경매, 증여, 교환, 화해, 농지소유권이전판결	
		예외	15가지(투기목적 아닌 경우, 공용 또는 공공용, 부득이한 사유 등)	
	농업경영계획서	취득대상 농지면적, 노동력·기계·장비확보방안, 소유농지 이용실태 (제출 ×: 학교 등, 허가·신고, 1,500m² 미만 개발농지) ✔ 주말·체험영농의 경우에는 주말·체험영농계획서를 작성하여야 한다.		
	소유권이전시 첨부	미첨부시 각하(토지거래허가구역에서는 허가증이 농취증을 대신한다)		
위탁경영	위탁경영 금지	예외적 허용 ⇨ 부득이한 사유(징집·소집, 3개월 이상 국외여행·치료, 공직 취임 등)		
농지처분의무		처분사유 해당 ⇨ 처분통지 ⇨ 처분의무(1년 이내) ⇨ 농지처분명령(6개월 이내) ⇨ 처분하지 않은 경우 이행강제금(시·군·구 – 감정가격 또는 개별공시지가 중 높은 금액의 25%에 해당하는 금액) 부과 ⇨ 이의신청(시·군·구 – 30일 이내) ⇨ 강제징수		

❖ 농지의 이용

대리경작제도	사유	시장(구를 두지 아니한 시의 시장을 말한다)·군수 또는 구청장은 유휴농지(농작물 경작이나 다년생식물 재배에 이용되지 아니하는 농지로서 대통령령으로 정하는 농지를 말한다)에 대하여 대통령령으로 정하는 바에 따라 그 농지의 소유권자나 임차권자를 대신하여 농작물을 경작할 자(대리경작자)를 직권으로 지정하거나 농림축산식품부령으로 정하는 바에 따라 유휴농지를 경작하려는 자의 신청을 받아 대리경작자를 지정할 수 있다.
	절차	① 지정의 예고(바로 지정하지 않고, 지정예고 후 지정) ② 이의신청(10일 이내에 제기) ③ 대리경작기간: 따로 정함이 없는 한 3년 ④ 토지사용료: 수확량의 10% 이내에서 농지의 소유권자나 임차권자에게 토지사용료로 지급
농지의 임대차	방법	① 임대차계약과 사용대차계약은 서면계약을 원칙으로 한다. ② 임대차계약은 그 등기가 없는 경우에도 임차인이 농지 소재지를 관할하는 시·구·읍·면의 장의 확인을 받고, 해당 농지를 인도받은 경우에는 그 다음 날부터 제3자에 대하여 효력이 생긴다.
	기간	① 임대차기간은 3년 이상으로 하여야 한다(다년생식물은 5년). ② 임대차기간을 정하지 아니하거나 3년보다 짧은 경우에는 3년으로 약정된 것으로 본다.

제1장 총칙

이 장에서는 농지, 농업인, 자경, 농지의 전용 등에 대한 용어의 정의를 학습한다.

❶ 제정 목적

이 법은 농지의 소유·이용 및 보전 등에 필요한 사항을 정함으로써 농지를 효율적으로 이용하고 관리하여 농업인의 경영 안정과 농업생산성 향상을 바탕으로 농업경쟁력 강화와 국민경제의 균형 있는 발전 및 국토환경보전에 이바지하는 것을 목적으로 한다(법 제1조).

❷ 용어의 정의

이 법에서 사용하는 용어의 정의는 다음과 같다(법 제2조).

(1) 농지

① 전·답, 과수원, 그 밖에 법적 지목(地目)을 불문하고 실제로 농작물 경작지 또는 대통령령으로 정하는 다음의 다년생식물 재배지로 이용되는 토지를 말한다.

> ㉠ 목초·종묘·인삼·약초·잔디 및 조림용 묘목
> ㉡ 과수·뽕나무·유실수 그 밖의 생육기간이 2년 이상인 식물
> ㉢ 조경 또는 관상용 수목과 그 묘목(조경목적으로 식재한 것을 제외한다)

② ①의 토지의 개량시설과 토지에 설치하는 농축산물생산시설로서, 대통령령으로 정하는 다음 시설의 부지를 말한다.

> ㉠ 토지의 개량시설로서 다음의 어느 하나에 해당하는 시설
>   ⓐ 유지(웅덩이), 양·배수시설, 수로, 농로, 제방
>   ⓑ 그 밖에 농지의 보전이나 이용에 필요한 시설로서 농림축산식품부령으로 정하는 시설

기출

1. 관상용 수목의 묘목을 조경목적으로 식재한 재배지로 실제로 이용되는 토지는 '농지'에 해당하지 않는다.
2. 「공간정보의 구축 및 관리 등에 관한 법률」에 따른 지목이 답(畓)이고, 농작물 경작지로 실제로 이용되는 토지의 개량시설에 해당하는 양·배수시설의 부지는 '농지'에 해당한다.
3. 대통령령으로 정하는 다년생식물 재배지로 실제로 이용되는 토지(「초지법」에 따라 조성된 초지 등 대통령령으로 정하는 토지는 제외한다)는 '농지'에 해당한다.

ⓒ 토지에 설치하는 농축산물생산시설로서 농작물 경작지 또는 다년생식물의 재배지에 설치한 다음의 어느 하나에 해당하는 시설
  ⓐ 고정식 온실·버섯재배사 및 비닐하우스와 농림축산식품부령으로 정하는 그 부속시설
  ⓑ 축사(간이양축시설은 제외한다. 이하 같다)·곤충사육사와 농림축산식품부령으로 정하는 그 부속시설
  ⓒ 간이퇴비장
  ⓓ 농막·농촌체류형 쉼터·간이저온저장고 및 간이액비저장조 중 농림축산식품부령으로 정하는 시설
  ⓔ 농림축산식품부령으로 정하는 지역, 지구 또는 구역 안에 설치하는 수직농장·식물공장(「스마트농업 육성 및 지원에 관한 법률 시행령」에 따른 수직농장·식물공장을 말한다. 이하 같다)

③ 다만, 「초지법」에 의하여 조성된 초지 등 대통령령으로 정하는 다음의 토지는 제외한다.

  ㉠ 「공간정보의 구축 및 관리 등에 관한 법률」에 따른 **지목이 전·답, 과수원이 아닌 토지**(지목이 임야인 토지는 제외한다)로서, 농작물 경작지 또는 다년생식물 재배지로 계속하여 이용되는 기간이 3년 미만인 토지
  ㉡ 「공간정보의 구축 및 관리 등에 관한 법률」에 따른 **지목이 임야인 토지**로서, 「산지관리법」에 따른 **산지전용허가**(다른 법률에 따라 산지전용허가가 의제되는 인가·허가·승인 등을 포함한다)를 거치지 아니하고 농작물의 경작 또는 다년생식물의 재배에 이용되는 토지
  ㉢ 「초지법」에 따라 조성된 **초지**

(2) 농업인

농업에 종사하는 개인으로서, 대통령령으로 정하는 다음의 자를 말한다.

① **1천m² 이상**의 농지에서 농작물 또는 다년생식물을 경작 또는 재배하거나, 1년 중 **90일 이상** 농업에 종사하는 자
② 농지에 **330m² 이상**의 고정식 온실·버섯재배사·비닐하우스 그 밖의 농림축산식품부령으로 정하는 농업생산에 필요한 시설을 설치하여 농작물 또는 다년생식물을 경작 또는 재배하는 자
③ 대가축 2두, 중가축 10두, 소가축 100두, 가금(집에서 기르는 날짐승) 1천수 또는 꿀벌 10군 이상을 사육하거나, 1년 중 **120일 이상** 축산업에 종사하는 자
④ 농업경영을 통한 농산물의 **연간 판매액이 120만원 이상**인 자

기출
1. 3천m²의 농지에서 농작물을 경작하면서 1년 중 80일을 농업에 종사하는 자는 '농업인'에 해당한다.
2. 소가축 80두를 사육하면서 1년 중 150일을 축산업에 종사하는 자는 '농업인'에 해당한다.
3. 꿀벌 10군을 사육하는 자는 '농업인'에 해당한다.

(3) 농업법인

「농어업경영체 육성 및 지원에 관한 법률」에 따라 설립된 영농조합법인과 같은 법에 따라 설립되고 업무집행권을 가진 자 중 **3분의 1 이상이 농업인**인 농업회사법인을 말한다.

(4) 농업경영

농업인이나 농업법인이 **자기의 계산과 책임으로 농업을 영위**하는 것을 말한다.

(5) 자경

농업인이 그 소유농지에서 농작물 경작 또는 다년생식물 재배에 **상시 종사**하거나, 농작업의 **2분의 1 이상을 자기의 노동력**으로 경작 또는 재배하는 것과 농업법인이 그 소유농지에서 농작물을 경작하거나 다년생식물을 재배하는 것을 말한다.

(6) 위탁경영

농지소유자가 타인에게 일정한 **보수를 지급**하기로 약정하고, 농작업의 전부 또는 일부를 위탁하여 행하는 농업경영을 말한다.

(7) 농지개량

농지의 생산성을 높이기 위하여 농지의 형질을 변경하는 다음의 어느 하나에 해당하는 행위를 말한다.
① 농지의 이용가치를 높이기 위하여 농지의 구획을 정리하거나 개량시설을 설치하는 행위
② 농지의 토양개량이나 관개, 배수, 농업기계 이용의 개선을 위하여 해당 농지에서 객토·성토 또는 절토하거나 암석을 채굴하는 행위

(8) 농지의 전용

농지를 농작물의 **경작이나 다년생식물의 재배 등 농업생산 또는 농지개량 외의 용도로 사용**하는 것을 말한다. 다만, 농지의 개량시설과 농지에 설치하는 농축산물생산시설 등으로 정한 용도에 사용하는 경우에는 전용(轉用)으로 보지 아니한다.

(9) 주말·체험영농

농업인이 아닌 개인이 주말 등을 이용하여 취미생활이나 여가활동으로 농작물을 경작하거나 다년생식물을 재배하는 것을 말한다.

제2장 농지의 소유

> 이 장은 '농지의 이용·보전' 파트보다 더 꼼꼼히 학습하여야 한다. 소유제한의 특례, 농지소유상한제 3가지, 농지취득자격증명, 농지처분에 따른 이행강제금과 매수청구 등에 대해 잘 정리해 두도록 한다.

1 농지의 소유제한

(1) 경자유전(원칙)

농지는 자기의 농업경영에 이용하거나 이용할 자가 아니면 이를 소유하지 못한다(법 제6조 제1항).

(2) 농업경영자 이외자의 취득(예외) 제33회

(1)에도 불구하고 다음의 어느 하나에 해당하는 경우에는 농지를 소유할 수 있다. 다만, 소유농지는 농업경영에 이용되도록 하여야 한다(② 및 ③은 제외한다)(법 제6조 제2항).

① 국가나 지방자치단체가 농지를 소유하는 경우
② 초·중등교육법 및 「고등교육법」에 따른 **학교**, 농림축산식품부령으로 정하는 공공단체·농업연구기관·농업생산자단체 또는 종묘나 그 밖의 농업기자재 생산자가 그 목적사업을 수행하기 위하여 필요한 시험지·연구지·실습지·종묘생산지 또는 과수 인공수분용 꽃가루생산지로 쓰기 위하여 농림축산식품부령으로 정하는 바에 따라 농지를 취득하여 소유하는 경우
③ **주말·체험영농**을 하려고 농업진흥지역 외의 농지를 소유하는 경우
④ **상속**(상속인에게 한 유증을 포함한다)으로 농지를 취득하여 소유하는 경우
⑤ **8년 이상 농업경영**을 하던 사람이 **이농**한 후에도 이농 당시 소유하고 있던 농지를 계속 소유하는 경우
⑥ **담보농지**를 취득하여 소유하는 경우(「자산유동화에 관한 법률」에 따른 유동화전문회사 등이 저당권자로부터 농지를 취득하는 경우를 포함한다)
⑦ **농지전용허가**(다른 법률에 따라 농지전용허가가 의제되는 인가·허가·승인 등을 포함한다)를 받거나 농지전용신고를 한 자가 그 농지를 소유하는 경우
⑧ 농지전용**협의**를 마친 농지를 소유하는 경우

기출 농업인이 아닌 개인도 농지를 소유할 수 있다.

참고 주말·체험영농을 하려고 농업진흥지역 외의 농지를 소유하는 경우는 경자유전의 원칙에 대한 예외이다.

⑨ 「한국농어촌공사 및 농지관리기금법」에 따른 농지의 개발사업지구에 있는 농지로서, 대통령령으로 정하는 1,500m² 미만의 농지나 「농어촌정비법」에 따른 농지를 취득하여 소유하는 경우
⑩ 농업진흥지역 밖의 농지 중 최상단부부터 최하단부까지의 평균경사율이 15% 이상인 농지로서, 대통령령으로 정하는 농지(영농여건불리농지)를 소유하는 경우
⑪ 다음의 어느 하나에 해당하는 경우
  ㉠ 「한국농어촌공사 및 농지관리기금법」에 따라 **한국농어촌공사가 농지를 취득하여 소유하는 경우**
  ㉡ 「농어촌정비법」 제16조, 제40조, 제58조, 제68조 또는 제86조에 따라 농지를 취득하여 소유하는 경우
  ㉢ 「공유수면 관리 및 매립에 관한 법률」에 따라 매립농지를 취득하여 소유하는 경우
  ㉣ **토지수용**으로 농지를 취득하여 소유하는 경우
  ㉤ 농림축산식품부장관과 협의를 마치고, 「공익사업을 위한 토지 등의 취득 및 보상에 관한 법률」에 따라 농지를 취득하여 소유하는 경우
  ㉥ 「공공토지의 비축에 관한 법률」에 해당하는 토지 중 같은 법에 따른 공공토지비축심의위원회가 비축이 필요하다고 인정하는 토지로서, 「국토의 계획 및 이용에 관한 법률」에 따른 계획관리지역과 자연녹지지역 안의 농지를 한국토지주택공사가 취득하여 소유하는 경우. 이 경우, 그 취득한 농지를 전용하기 전까지는 한국농어촌공사에 지체 없이 위탁하여 임대하거나 무상사용하게 하여야 한다.

(3) 계약기간의 특례

참고 📖 계약기간에는 계속 소유 가능하다.

농지를 임대하거나 무상사용하게 하는 경우에는 임대하거나 무상사용하게 하는 기간 동안 농지를 계속 소유할 수 있다(법 제6조 제3항).

(4) 특례의 예외

Tip 👆 '타 법률에서 특정한 경우 농지를 소유할 수 있다.' ⇨ 틀린 지문이다.

이 법에서 허용된 경우 외에는 농지소유에 관한 특례를 정할 수 없다(법 제6조 제4항).

❷ 농지의 소유상한

(1) 상한면적

① 상속의 경우: 상속으로 농지를 취득한 사람으로서 농업경영을 하지 아니하는 사람은 그 상속농지 중에서 총 1만m^2까지만 소유할 수 있다(법 제7조 제1항).

② 이농의 경우: 8년 이상 농업경영을 한 후 이농한 사람은 이농 당시 소유 농지 중에서 총 1만m^2까지만 소유할 수 있다(법 제7조 제2항).

③ 주말·체험영농의 경우: 주말·체험영농을 하려는 사람은 총 1천m^2 미만 의 농지를 소유할 수 있다. 이 경우, 면적 계산은 그 세대원 전부가 소유하는 총 면적으로 한다(법 제7조 제3항).

주말·체험영농	8년 이상 영농 후 이농	상속		
		농업경영 ○	농업경영 ×	
1천m^2 미만 (농업진흥지역 이외의 지역)	1만m^2 이내	위탁경영 나머지 모두 가능	제한 없다.	1만m^2 이내	나머지 위탁 가능
			✔ 상속은 경영자인지 아닌지를 구분한다.		

Tip 👉 농업경영에 종사하는 자의 경우에는 제한이 없다는 점에 유의한다.

(2) 소유상한의 초과

농지를 임대하거나 무상사용하게 하는 경우에는 임대하거나 무상사용하게 하는 기간 동안 소유상한을 초과하는 농지를 계속 소유할 수 있다(법 제7조 제4항).

❸ 금지행위

누구든지 다음의 어느 하나에 해당하는 행위를 하여서는 아니 된다(법 제7조 의2).

① 농지소유제한이나 농지소유상한에 대한 위반 사실을 알고도 농지를 소유하도록 권유하거나 중개하는 행위
② 농지의 위탁경영제한에 대한 위반 사실을 알고도 농지를 위탁경영하도록 권유하거나 중개하는 행위
③ 농지의 임대차 또는 사용대차제한에 대한 위반 사실을 알고도 농지 임대차나 사용대차하도록 권유하거나 중개하는 행위
④ ①부터 ③까지의 행위와 그 행위가 행하여지는 업소에 대한 광고행위

> **참고 📖 농지취득자격증명**
>
> 1. 발급
>   - 신청 및 발급절차 등에 필요한 사항은 대통령령으로 정한다.
>   - 농지취득자격증명을 발급받아 농지를 취득하는 자가 그 소유권에 관한 등기를 신청할 때에는 농지취득자격증명을 첨부하여야 한다.
>   - 농지취득자격증명의 발급에 관한 민원의 처리에 관하여 법 제8조에서 규정한 사항을 제외하고 「민원 처리에 관한 법률」이 정하는 바에 따른다.
> 2. 발급제한
>   - 시·구·읍·면의 장은 농지취득자격증명을 발급받으려는 자가 농업경영계획서 또는 주말·체험영농계획서에 포함하여야 할 사항을 기재하지 아니하거나 첨부하여야 할 서류를 제출하지 아니한 경우 농지취득자격증명을 발급하여서는 아니 된다.
>   - 시·구·읍·면의 장은 1필지를 공유로 취득하려는 자가 시·군·구의 조례로 정한 수를 초과한 경우에는 농지취득자격증명을 발급하지 아니할 수 있다.
>   - 시·구·읍·면의 장은 「농어업경영체 육성 및 지원에 관한 법률」에 따른 실태조사 등에 따라 영농조합법인 또는 농업회사법인이 해산명령 청구요건에 해당하는 것으로 인정하는 경우에는 농지취득자격증명을 발급하지 아니할 수 있다.

④ 농지취득자격증명의 발급 제32회

(1) 의의

농지를 취득하려는 자는 농지 소재지를 관할하는 **시장**(구를 두지 아니한 시의 시장을 말하며, 도농 복합형태의 시는 농지 소재지가 동지역인 경우만을 말한다), **구청장**(도농 복합형태의 시의 구에서는 농지 소재지가 동지역인 경우만을 말한다), **읍장 또는 면장**(이하 '**시·구·읍·면의 장**'이라 한다)에게서 농지취득자격증명을 발급받아야 한다(법 제8조 제1항).

(2) 예외

다만, 다음의 어느 하나에 해당하면 농지취득자격증명을 발급받지 아니하고 농지를 취득할 수 있다(법 제8조 제1항 단서).

> ① 다음에 따라 농지를 취득하는 경우
>   ㉠ 국가 또는 지방자치단체가 농지를 소유하는 경우
>   ㉡ **상속**(상속인에게 한 유증을 포함한다)에 의하여 농지를 취득하여 소유하는 경우
>   ㉢ **담보농지**를 취득하여 소유하는 경우(「자산유동화에 관한 법률」에 의한 유동화전문회사 등이 저당권자로부터 농지를 취득하는 경우를 포함한다)
>   ㉣ 농지전용**협의**를 완료한 농지를 소유하는 경우
>   ㉤ 다음의 규정에 의하여 농지를 취득하여 소유하는 경우
>   ⓐ 「한국농어촌공사 및 농지관리기금법」에 따라 한국농어촌공사가 농지를 취득하여 소유하는 경우
>   ⓑ 「농어촌정비법」에 따라 농지를 취득하여 소유하는 경우
>   ⓒ 「공유수면 관리 및 매립에 관한 법률」에 따라 매립농지를 취득하여 소유하는 경우
>   ⓓ 토지수용으로 농지를 취득하여 소유하는 경우
>   ⓔ 농림축산식품**부**장관과 협의를 마치고, 「공익사업을 위한 토지 등의 취득 및 보상에 관한 법률」에 따라 농지를 취득하여 소유하는 경우
> ② 농업법인의 **합병**으로 농지를 취득하는 경우
> ③ 공유농지의 분할 그 밖의 대통령령이 정하는 원인으로 농지를 취득하는 경우
>   ㉠ **시효의 완성**으로 농지를 취득하는 경우
>   ㉡ 「징발재산정리에 관한 특별조치법」, 「공익사업을 위한 토지 등의 취득 및 보상에 관한 법률」에 따른 환매권자가 **환매권**에 따라 농지를 취득하는 경우

> ⓒ 「국가보위에 관한 특별조치법 제5조 제4항에 의한 동원대상지역 내의 토지의 수용·사용에 관한 특별조치령에 의하여 수용·사용된 토지의 정리에 관한 특별조치법」에 따른 환매권자 등이 환매권 등에 따라 농지를 취득하는 경우
> ⓓ 농지이용증진사업 시행계획에 따라 농지를 취득하는 경우

(3) 발급절차

① 발급신청: 농지취득자격증명을 발급받으려는 자는 다음의 사항이 모두 포함된 농업경영계획서 또는 주말·체험영농계획서를 작성하고, 농림축산식품부령으로 정하는 서류를 첨부하여 농지의 소재지를 관할하는 시·구·읍·면의 장에게 발급신청을 하여야 한다(법 제8조 제2항).

> ⓐ 취득대상 농지의 면적(공유로 취득하려는 경우, 공유지분의 비율 및 각자가 취득하려는 농지의 위치도 함께 표시한다)
> ⓑ 취득대상 농지에서 농업경영을 하는 데에 필요한 노동력 및 농업기계·장비·시설의 확보방안
> ⓒ 소유농지의 이용실태(농지소유자에게만 해당한다)
> ⓓ 농지취득자격증명을 발급받으려는 자의 직업·영농경력·영농거리

② 농지위원회 심의: 시·구·읍·면의 장은 농지 투기가 성행하거나 성행할 우려가 있는 지역의 농지를 취득하려는 자 등 농림축산식품부령으로 정하는 자가 농지취득자격증명 발급을 신청한 경우, 농지위원회의 심의를 거쳐야 한다(법 제8조 제3항).

③ 발급기간: 시·구·읍·면의 장은 농지취득자격증명의 발급신청을 받은 때에는 그 신청을 받은 날부터 7일(농업경영계획서 또는 주말·체험영농계획서를 작성하지 아니하고 농지취득자격증명의 발급신청을 할 수 있는 경우에는 4일, 농지위원회의 심의대상의 경우에는 14일) 이내에 신청인에게 농지취득자격증명을 발급하여야 한다(법 제8조 제4항).

(4) 농업경영계획서 등을 작성하지 않고 발급신청이 가능한 경우

다음의 경우에는 농업경영계획서 또는 주말·체험영농계획서를 작성하지 아니하고 농림축산식품부령으로 정하는 서류를 첨부하지 아니하여도 발급신청을 할 수 있다(법 제8조 제2항 단서).

① 「초·중등교육법」 및 「고등교육법」에 따른 학교, 농림축산식품부령으로 정하는 공공단체·농업연구기관·농업생산자단체 또는 종묘나 그 밖의 농업기자재 생산자가 그 목적사업을 수행하기 위하여 필요한 시험지·연구지·실습지·종묘생산지 또는 과수 인공수분용 꽃가루생산지로 쓰기 위하여 농림축산식품부령으로 정하는 바에 따라 농지를 취득하여 소유하는 경우
② 농지전용허가[다른 법률에 따라 농지전용허가가 의제(擬制)되는 인가·허가·승인 등을 포함한다]를 받거나 농지전용신고를 한 자가 그 농지를 소유하는 경우
③ 「한국농어촌공사 및 농지관리기금법」에 따른 농지의 개발사업지구에 있는 농지로서, 대통령령으로 정하는 1,500m² 미만의 농지나 「농어촌정비법」에 따른 농지를 취득하여 소유하는 경우
④ 농업진흥지역 밖의 농지 중 최상단부부터 최하단부까지의 평균경사율이 15% 이상인 농지로서, 대통령령으로 정하는 농지(영농여건불리농지)를 소유하는 경우
⑤ 「공공토지의 비축에 관한 법률」에 해당하는 토지 중 공공토지비축심의위원회가 비축이 필요하다고 인정하는 토지로서, 계획관리지역과 자연녹지지역 안의 농지를 한국토지주택공사가 취득하여 소유하는 경우. 이 경우, 그 취득한 농지를 전용하기 전까지는 한국농어촌공사에 지체 없이 위탁하여 임대하거나 무상사용하게 하여야 한다.

(5) 농업경영계획서 등의 보존기간

① 시·구·읍·면의 장은 법 제8조 제2항에 따라 제출되는 농업경영계획서 또는 주말·체험영농계획서를 10년간 보존하여야 한다(법 제8조의2 제1항).
② 농업경영계획서 또는 주말·체험영농계획서 외의 농지취득자격증명 신청서류의 보존기간은 대통령령으로 정한다(법 제8조의2 제2항).

핵심 농업진흥지역 외의 농지에서 주말·체험영농을 하려고 농지를 소유하는 경우에는 농지취득자격증명을 발급받아야 하고, 주말·체험영농계획서도 작성해야 한다.

> **예제**
>
> 농지법령상 농지취득자격증명을 발급받지 아니하고 농지를 취득할 수 있는 경우가 아닌 것은?   제32회
> ① 시효의 완성으로 농지를 취득하는 경우
> ② 공유농지의 분할로 농지를 취득하는 경우
> ③ 농업법인의 합병으로 농지를 취득하는 경우
> ④ 국가나 지방자치단체가 농지를 소유하는 경우
> ⑤ 주말·체험영농을 하려고 농업진흥지역 외의 농지를 소유하는 경우
>
> **해설** 주말·체험영농(농업진흥지역 외의 농지에 한한다)을 하려고 농지를 소유하는 경우에는 농지취득자격증명을 발급받아야 하고, 주말·체험영농계획서도 작성하여야 한다. **정답** ⑤

5 농지의 위탁경영 제34회, 제36회

농지의 소유자는 다음의 어느 하나에 해당하는 경우 외에 소유농지를 위탁경영할 수 없다(법 제9조).

> ① 「병역법」에 따라 징집 또는 소집된 경우
> ② **3개월 이상** 국외여행 중인 경우
> ③ 농업법인이 **청산** 중인 경우
> ④ 질병, 취학, 선거에 따른 공직 취임, 그 밖에 대통령령으로 정하는 다음의 사유로 자경할 수 없는 경우
>   ⑤ **부상으로 3개월 이상**의 치료가 필요한 경우
>   ⑥ 교도소·구치소 또는 보호감호시설에 수용 중인 경우
>   ⑦ **임신 중이거나 분만 후 6개월 미만**인 경우
> ⑤ 농지이용증진사업 시행계획에 따라 위탁경영하는 경우
> ⑥ 농업인이 자기 노동력이 부족하여 **농작업의 일부**를 위탁하는 경우

기출
1. 6개월간 대한민국 전역을 일주하는 여행 중인 경우에는 위탁경영할 수 없다.
2. 선거에 따른 공직 취임으로 자경할 수 없는 경우에는 위탁경영할 수 있다.
3. 농업인이 자기 노동력이 부족하여 농작업의 전부를 위탁하는 경우에는 위탁경영할 수 없다. 제34회

6 농업경영에 이용하지 아니하는 농지 등의 처분

(1) 농지처분의무

농지소유자는 다음의 어느 하나에 해당하게 되면 그 사유가 발생한 날부터 1년 이내에 해당 농지(⑩의 경우에는 농지 소유상한을 초과하는 면적에 해당하는 농지를 말한다)를 그 사유가 발생한 날 당시 세대를 같이하는 세대원이 아닌 자, 그 밖에 농림축산식품부령으로 정하는 자에게 처분하여야 한다(법 제10조 제1항).

> ① 소유농지를 자연재해·농지개량·질병 등 대통령령으로 정하는 정당한 사유 없이 자기의 농업경영에 이용하지 아니하거나, 이용하지 아니하게 되었다고 시장(구를 두지 아니한 시의 시장을 말한다)·군수 또는 구청장이 인정한 경우
> ② 농지를 소유하고 있는 농업회사법인이 요건에 맞지 아니하게 된 후 3개월이 지난 경우
> ③ 농지를 취득한 자가 그 농지를 해당 목적사업에 이용하지 아니하게 되었다고 시장·군수 또는 구청장이 인정한 경우
> ④ 농지를 취득한 자가 자연재해·농지개량·질병 등 대통령령으로 정하는 정당한 사유 없이 그 농지를 주말·체험영농에 이용하지 아니하게 되었다고 시장·군수 또는 구청장이 인정한 경우

⑤ 농지를 취득하여 소유한 자가 농지를 임대하거나 한국농어촌공사에 위탁하여 임대하는 등 대통령령으로 정하는 정당한 사유 없이 자기의 농업경영에 이용하지 아니하거나, 이용하지 아니하게 되었다고 시장·군수 또는 구청장이 인정한 경우
⑥ 농지를 소유한 자가 농지를 임대하거나 한국농어촌공사에 위탁하여 임대하는 등 대통령령으로 정하는 정당한 사유 없이 자기의 농업경영에 이용하지 아니하거나, 이용하지 아니하게 되었다고 시장·군수 또는 구청장이 인정한 경우
⑦ 농지를 취득한 자가 취득한 날부터 2년 이내에 그 목적사업에 착수하지 아니한 경우
⑧ 농림축산식품부장관과의 협의를 마치지 아니하고 농지를 소유한 경우
⑨ 소유한 농지를 한국농어촌공사에 지체 없이 위탁하지 아니한 경우
⑩ 농지 소유상한을 초과하여 농지를 소유한 것이 판명된 경우
⑪ 자연재해·농지개량·질병 등 대통령령으로 정하는 정당한 사유 없이 농업경영계획서 또는 주말·체험영농계획서 내용을 이행하지 아니하였다고 시장·군수 또는 구청장이 인정한 경우

심화 농지처분의무가 면제되는 정당한 사유(영 제9조)

1. 소유농지를 임대 또는 무상사용하게 하는 경우
2. 임대인의 지위를 승계한 양수인이 그 임대차 잔여기간 동안 계속하여 임대하는 경우
3. 다음의 어느 하나에 해당하는 경우

   ① 자연재해 등으로 인하여 영농이 불가능하게 되어 휴경하는 경우
   ② 농지개량 또는 영농준비를 위하여 휴경하는 경우
   ③ 「병역법」에 따라 징집 또는 소집되어 휴경하는 경우
   ④ 질병 또는 취학으로 인하여 휴경하는 경우
   ⑤ 선거에 따른 공직취임으로 휴경하는 경우
   ⑥ 그 밖에 다음의 부득이한 사유에 해당되어 휴경하는 경우
      ㉠ 부상으로 3개월 이상의 치료가 필요한 경우
      ㉡ 교도소·구치소 또는 보호감호시설에 수용 중인 경우
      ㉢ 3개월 이상 국외여행을 하는 경우
      ㉣ 농업법인이 청산 중인 경우
   ⑦ 농산물의 생산조정 또는 출하조절을 위하여 휴경하는 경우
   ⑧ 연작으로 인한 피해가 예상되는 재배작물의 경작이나 재배 전후에 피해예방을 위하여 필요한 기간 동안 휴경하는 경우

기출

1. 농업법인이 청산 중인 경우, 「병역법」에 따라 징집된 경우, 3월 이상의 치료가 필요한 부상으로 자경할 수 없는 경우에는 위탁경영이 가능하다.
   제36회

2. 6개월간 국내여행 중인 경우에는 위탁경영이 불가능하다. 3개월 이상 국외여행 중인 경우에 위탁경영이 가능하다.
   제36회 변형

⑨ 「가축전염병예방법」에 따라 가축사육시설이 폐쇄되거나 가축의 사육이 제한되어 해당 축사에서 가축을 사육하지 못하게 된 경우
⑩ 「곤충산업의 육성 및 지원에 관한 법률」에 따라 곤충의 사육 및 유통이 제한되거나 폐기명령을 받은 경우
⑪ 소유농지가 「자연공원법」에 따른 공원자연보존지구로 지정된 경우

(2) 농지처분통지

시장·군수 또는 구청장은 농지의 처분의무가 생긴 농지의 소유자에게 농림축산식품부령으로 정하는 바에 따라 처분대상 농지, 처분의무기간 등을 구체적으로 밝혀 그 농지를 처분하여야 함을 알려야 한다(법 제10조 제2항).

(3) 처분명령 및 매수청구

① 처분명령: 시장(구를 두지 아니한 시의 시장을 말한다)·군수 또는 구청장은 다음의 어느 하나에 해당하는 농지소유자에게 6개월 이내에 그 농지를 처분할 것을 명할 수 있다(법 제11조 제1항).

㉠ 거짓이나 그 밖의 부정한 방법으로 농지취득자격증명을 발급받아 농지를 소유한 것으로 시장·군수 또는 구청장이 인정한 경우
㉡ 처분의무기간에 처분대상 농지를 처분하지 아니한 경우
㉢ 농업법인이 「농어업경영체 육성 및 지원에 관한 법률」을 위반하여 부동산업을 영위한 것으로 시장·군수 또는 구청장이 인정한 경우

② 매수청구: 농지소유자는 처분명령을 받으면 「한국농어촌공사 및 농지관리기금법」에 따른 한국농어촌공사에 다음의 서류를 첨부하여 그 농지의 매수를 청구할 수 있다(법 제11조 제2항, 영 제10조).

㉠ 농지소유자의 성명(법인인 경우에는 그 명칭 및 대표자의 성명) 및 주소
㉡ 농지의 표시 및 이용현황
㉢ 해당 농지에 소유권 외의 권리가 설정된 때에는 그 종류·내용과 권리자의 성명(법인인 경우에는 그 명칭 및 대표자의 성명) 및 주소
㉣ 농지에 설치한 농업용 시설 등에 관한 사항

핵심 매수청구
1. 대상: 농지소유자 ⇨ 한국농어촌공사
2. 매수가격: 공시지가와 실제 거래가격 중 낮은 가격
3. 융자: 농지관리기금

③ 매수청구시 기준가격
  ㉠ 기준: 한국농어촌공사는 매수청구를 받으면 「부동산 가격공시에 관한 법률」에 따른 공시지가(해당 토지의 공시지가가 없으면 같은 법에 따라 산정한 개별 토지가격을 말한다)를 기준으로 해당 농지를 매수할 수 있다. 이 경우, 인근지역의 실제 거래가격이 공시지가보다 낮으면 실제 거래가격을 기준으로 매수할 수 있다(법 제11조 제3항).
  ㉡ 융자: 한국농어촌공사가 농지를 매수하는 데에 필요한 자금은 「한국농어촌공사 및 농지관리기금법」에 따른 농지관리기금에서 융자한다(법 제11조 제4항).

핵심 농지처분 절차도

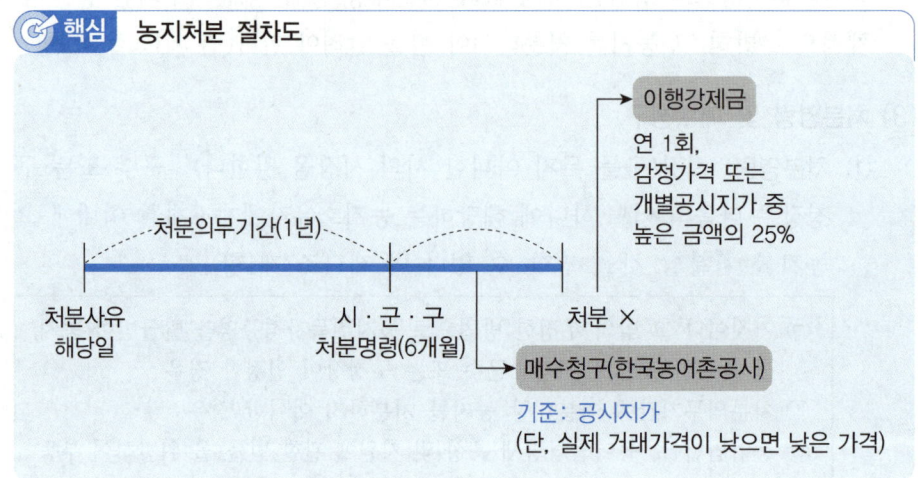

(4) 처분명령의 유예

① 시장(구를 두지 아니한 시의 시장을 말한다)·군수 또는 구청장은 처분의무기간에 처분대상 농지를 처분하지 아니한 농지소유자가 다음의 어느 하나에 해당하면 처분의무기간이 지난 날부터 3년간 처분명령을 직권으로 유예할 수 있다(법 제12조 제1항).

> ㉠ 해당 농지를 자기의 농업경영에 이용하는 경우
> ㉡ 한국농어촌공사나 그 밖에 대통령령으로 정하는 자와 해당 농지의 매도위탁계약을 체결한 경우

② 시장·군수 또는 구청장은 처분명령을 유예받은 농지소유자가 처분명령 유예기간에 ①의 ㉠·㉡의 어느 하나에도 해당하지 아니하게 되면 지체 없이 그 유예한 처분명령을 하여야 한다(법 제12조 제2항).

③ 농지소유자가 처분명령을 유예받은 후 처분명령을 받지 아니하고 그 유예기간이 지난 경우에는 처분의무에 대하여 처분명령이 유예된 농지의 그 처분의무만 없어진 것으로 본다(법 제12조 제3항).

> **심화** 농지의 세분화 방지
>
> 1. 국가와 지방자치단체는 농업인이나 농업법인의 농지소유가 세분화되는 것을 막기 위하여 농지를 어느 한 농업인 또는 하나의 농업법인이 일괄적으로 상속·증여 또는 양도받도록 필요한 지원을 할 수 있다.
> 2. 「농어촌정비법」에 따른 농업생산기반정비사업이 시행된 농지는 다음의 어느 하나에 해당하는 경우 외에는 분할할 수 없다.
>
>> ① 도시지역의 주거지역·상업지역·공업지역 또는 도시·군계획시설부지에 포함되어 있는 농지를 분할하는 경우
>> ② 농지전용허가(다른 법률에 따라 농지전용허가가 의제되는 인가·허가·승인 등을 포함한다)를 받거나 농지전용신고를 하고 전용한 농지를 분할하는 경우
>> ③ 분할 후의 각 필지의 면적이 2천m^2를 넘도록 분할하는 경우
>> ④ 농지의 개량, 농지의 교환·분합 등 대통령령으로 정하는 사유로 분할하는 경우
>
> 3. 시장·군수 또는 구청장은 농지를 효율적으로 이용하고 농업생산성을 높이기 위하여 통상적인 영농 관행 등을 고려하여 농지 1필지를 공유로 소유(법 제6조 제2항 제4호의 경우는 제외한다)하려는 자의 최대인원수를 7인 이하의 범위에서 시·군·구의 조례로 정하는 바에 따라 제한할 수 있다.

7 이행강제금

(1) 부과사유

시장(구를 두지 아니한 시의 시장을 말한다. 이하 같다)·군수 또는 구청장은 다음의 어느 하나에 해당하는 자에게 해당 농지의 「감정평가 및 감정평가사에 관한 법률」에 따른 감정평가법인 등이 감정평가한 감정가격 또는 「부동산 가격공시에 관한 법률」 제10조에 따른 개별공시지가(해당 토지의 개별공시지가가 없는 경우에는 같은 법 제8조에 따른 표준지공시지가를 기준으로 산정한 금액을 말한다) 중 더 높은 가액의 100분의 25에 해당하는 이행강제금을 부과한다(법 제63조 제1항).

핵심 🎯 이행강제금
1. 부과대상: 처분명령의 이행을 하지 아니한 자
2. 절차: 미리 문서로써 계고(요식행위)
3. 금액: 농지의 감정가격 또는 개별공시지가 중 더 높은 가액의 25%
4. 방법: 이행시까지 반복부과(매년, 1회)
5. 이의신청: 고지를 받은 날로부터 30일 이내 시장·군수·구청장에게
6. 미납시: 강제징수

> ① 처분명령을 받은 후 매수를 청구하여 협의 중인 경우 등 대통령령으로 정하는 정당한 사유 없이 지정기간까지 그 처분명령을 이행하지 아니한 자
> ② 원상회복명령을 받은 후 그 기간 내에 원상회복명령을 이행하지 아니하여 시장·군수·구청장이 그 원상회복명령의 이행에 필요한 상당한 기간을 정하였음에도 그 기한까지 원상회복을 아니한 자

(2) 부과절차

① 문서에 의한 계고: 시장·군수 또는 구청장은 이행강제금을 부과하기 전에 이행강제금을 부과·징수한다는 뜻을 미리 문서로 알려야 한다(법 제63조 제2항).

② 서면에 의한 계고: 시장·군수 또는 구청장은 이행강제금을 부과하는 경우 이행강제금의 금액, 부과사유, 납부기한, 수납기관, 이의제기방법, 이의제기기관 등을 명시한 문서로 하여야 한다(법 제63조 제3항).

③ 부과횟수: 시장·군수 또는 구청장은 처분명령 또는 원상회복명령 이행기간이 만료한 다음 날을 기준으로 하여 그 처분명령 또는 원상회복명령이 이행될 때까지 (1)에 따른 이행강제금을 매년 1회 부과·징수할 수 있다(법 제63조 제4항).

④ 이행시 조치: 시장·군수 또는 구청장은 처분명령 또는 원상회복명령을 받은 자가 처분명령 또는 원상회복명령을 이행하면 새로운 이행강제금의 부과는 즉시 중지하되, 이미 부과된 이행강제금은 징수하여야 한다(법 제63조 제5항).

⑤ 이의신청: 이행강제금 부과처분에 불복하는 자는 그 처분을 고지받은 날부터 30일 이내에 시장·군수 또는 구청장에게 이의를 제기할 수 있다(법 제63조 제6항).

⑥ 과태료재판: 이행강제금 부과처분을 받은 자가 이의를 제기하면 시장·군수 또는 구청장은 지체 없이 관할 법원에 그 사실을 통보하여야 하며, 그 통보를 받은 관할 법원은 「비송사건절차법」에 따른 과태료재판에 준하여 재판을 한다(법 제63조 제7항).

⑦ 강제징수: 이의신청기간에 이의를 제기하지 아니하고 이행강제금을 납부기한까지 내지 아니하면 「지방행정제재·부과금의 징수 등에 관한 법률」에 따라 징수한다(법 제63조 제8항).

제3장 농지의 이용

> 이 장에서는 대리경작제도와 임대차 위주로 출제되고 있다.

① 농지의 이용증진사업

1. 농지이용증진사업의 시행

시장·군수·자치구 구청장, 한국농어촌공사, 그 밖에 대통령령으로 정하는 자(이하 '사업시행자'라 한다)는 농지이용을 증진하기 위하여 다음의 어느 하나에 해당하는 사업(이하 '농지이용증진사업'이라 한다)을 시행할 수 있다(법 제15조, 영 제16조).

> ① 사업시행자
>   ㉠ 「농업협동조합법」에 따른 조합
>   ㉡ 「엽연초생산협동조합법」에 따른 엽연초생산협동조합
>   ㉢ 농업법인
>   ㉣ 농지의 공동이용 또는 집단이용을 목적으로 구성된 단체로서 농지의 공동이용 또는 집단이용에 관한 사항이 규약으로 정하여지고, 그 구성원인 농업인 또는 농업법인의 수가 5 이상인 단체
> ② 농지이용증진사업의 종류
>   ㉠ 농지의 매매·교환·분합 등에 의한 농지소유권 이전을 촉진하는 사업
>   ㉡ 농지의 장기 임대차, 장기 사용대차에 따른 농지임차권(사용대차에 따른 권리를 포함한다)설정을 촉진하는 사업
>   ㉢ 위탁경영을 촉진하는 사업
>   ㉣ 농업인이나 농업법인이 농지를 공동으로 이용하거나 집단으로 이용하여 농업경영을 개선하는 농업경영체육성사업

참고 농지이용증진사업
1. 소유권이전촉진사업
2. 임차권설정촉진사업
3. 위탁경영촉진사업
4. 농업경영체육성사업

2. 농지이용증진사업의 요건

농지이용증진사업은 다음의 모든 요건을 갖추어야 한다(법 제16조).

> ① 농업경영을 목적으로 농지를 이용할 것
> ② 농지임차권 설정, 농지소유권 이전, 농업경영의 수탁·위탁이 농업인 또는 농업법인의 경영규모를 확대하거나 농지이용을 집단화하는 데에 기여할 것
> ③ 기계화·시설자동화 등으로 농산물 생산비용과 유통비용을 포함한 농업경영비용을 절감하는 등 농업경영 효율화에 기여할 것

② 대리경작제도 제32회

(1) 대리경작자의 지정

시장(구를 두지 아니한 시의 시장을 말한다)·군수 또는 구청장은 유휴농지(농작물 경작이나 다년생식물 재배에 이용되지 아니하는 농지로서 대통령령으로 정하는 농지를 말한다)✚에 대하여 그 농지의 소유권자나 임차권자를 대신하여 농작물을 경작할 자(이하 '대리경작자'라 한다)를 직권으로 지정하거나 농림축산식품부령으로 정하는 바에 따라 유휴농지를 경작하려는 자의 신청을 받아 대리경작자를 지정할 수 있다(법 제20조 제1항).

(2) 지정절차

① 대리경작자 지정예고: 시장·군수 또는 구청장은 대리경작자를 지정하려면 농림축산식품부령으로 정하는 바에 따라 그 농지의 소유권자 또는 임차권자에게 **예고하여야** 하며, 대리경작자를 지정하면 그 농지의 대리경작자와 소유권자 또는 임차권자에게 지정통지서를 보내야 한다(법 제20조 제2항).

② 대리경작자 지정예고에 대한 이의신청
  ㉠ 대리경작자의 지정예고에 대하여 이의가 있는 농지의 소유권자나 임차권자는 **지정예고를 받은 날부터 10일 이내**에 시장(구를 두지 아니한 시의 시장을 말한다)·군수 또는 구청장에게 **이의를 신청**할 수 있다(영 제20조 제1항).
  ㉡ 시장·군수 또는 구청장은 이의신청을 받은 날부터 **7일 이내**에 이를 심사하여 그 **결과를 신청인에게** 알려야 한다(영 제20조 제2항).

✚ 유휴농지는 다음에 해당하지 아니하는 농지를 말한다.
1. 지력의 증진이나 토양의 개량·보전을 위하여 필요한 기간 동안 휴경하는 농지
2. 연작으로 인하여 피해가 예상되는 재배작물의 경작 또는 재배 전후에 지력의 증진 또는 회복을 위하여 필요한 기간 동안 휴경하는 농지
3. 농지전용허가를 받거나 농지전용협의(다른 법률에 의하여 농지전용허가가 의제되는 협의를 포함한다)를 거친 농지
4. 농지전용신고를 한 농지
5. 농지의 타용도 일시사용허가를 받거나 협의를 거친 농지
6. 농지의 타용도 일시사용신고를 받거나 협의를 거친 농지
7. 그 밖에 농림축산식품부장관이 정하는 1.부터 6.까지의 농지에 준하는 농지

핵심 ⓒ 대리경작제도
1. 대리경작자 지정: 시·군·구청장이 직권으로 지정하거나 신청을 받아 지정
2. 지정대상농지: 유휴농지
3. 지정요건: 1순위는 농업인 또는 농업법인, 2순위는 학교 또는 생산자단체
4. 지정예고에 대한 이의신청: 지정예고를 받은 날로부터 10일 이내
5. 이의신청에 따른 통보: 7일 이내 심사하여 그 결과를 통보
6. 대리경작기간: 따로 정하지 않으면 3년
7. 토지사용료: 수확량의 10%를 농지소유권자나 임차권자에게 지급

(3) 지정요건

① 원칙: 시장(구를 두지 아니한 시의 시장을 말한다)·군수 또는 구청장은 대리경작자를 직권으로 지정하려는 경우에는 다음의 어느 하나에 해당하지 않는 농업인 또는 농업법인으로서 대리경작을 하려는 자 중에서 지정해야 한다(영 제19조 제1항).

> ⊙ 농지처분의무를 통지받고 그 처분대상농지를 처분하지 아니한 자(처분의무가 없어진 자는 제외한다)
> ⓒ 처분명령을 받고 그 처분명령 대상농지를 처분하지 아니한 자
> ⓒ 징역형의 실형을 선고받고 그 집행이 끝나거나 집행이 면제된 날부터 1년이 지나지 않는 자
> ② 징역형의 집행유예를 선고받고 그 유예기간 중에 있는 자
> ⓜ 징역형의 선고유예를 받고 그 유예기간 중에 있는 자
> ⓑ 벌금형을 선고받고 1년이 지나지 않은 자

② 예외: 시장·군수 또는 구청장은 대리경작자를 지정하기가 곤란한 경우에는 「농업·농촌 및 식품산업 기본법」에 따른 생산자단체(이하 '농업생산자단체'라 한다), 「초·중등교육법」 및 「고등교육법」에 따른 학교나 그 밖의 해당 농지를 경작하려는 자를 대리경작자로 지정할 수 있다(영 제19조 제2항).

(4) 대리경작기간

대리경작기간은 따로 정하지 아니하면 3년으로 한다(법 제20조 제3항).

(5) 지료지급의무

대리경작자는 수확량의 100분의 10을 농림축산식품부령으로 정하는 바에 따라 그 농지의 소유권자나 임차권자에게 토지사용료로 지급하여야 한다. 이 경우, 수령을 거부하거나 지급이 곤란한 경우에는 토지사용료를 공탁할 수 있다(법 제20조 제4항).

(6) 지정해지

① 기간만료에 의한 해지: 대리경작농지의 소유권자 또는 임차권자가 그 농지를 스스로 경작하려면 대리경작기간이 끝나기 3개월 전까지, 그 대리경작기간이 끝난 후에는 대리경작자 지정을 중지할 것을 시장·군수 또는 구청장에게 신청하여야 하며, 신청을 받은 시장·군수 또는 구청장은 신청을 받은 날부터 1개월 이내에 대리경작자 지정 중지를 그

Tip 대리경작기간은 따로 정하지 아니하면 3년으로 한다. ➪ 즉, 따로 정한 기간이 있으면 그 기간을 따르고, 없으면 3년으로 한다.

기출 대리경작자는 수확량의 100분의 10을 농림축산식품부령으로 정하는 바에 따라 그 농지의 소유권자나 임차권자에게 토지사용료로 지급하여야 한다. 이 경우, 수령을 거부하거나 지급이 곤란한 경우에는 토지사용료를 공탁할 수 있다.

대리경작자와 그 농지의 소유권자 또는 임차권자에게 알려야 한다(법 제20조 제5항).

② 기간만료 전 해지: 시장·군수 또는 구청장은 다음의 어느 하나에 해당하면 대리경작기간이 끝나기 전이라도 대리경작자 지정을 해지할 수 있다(법 제20조 제6항, 영 제21조).

> ⊙ 대리경작농지의 소유권자나 임차권자가 정당한 사유를 밝히고 지정해지 신청을 하는 경우
> ⓒ 대리경작자가 경작을 게을리하는 경우
> ⓒ 대리경작자로 지정된 자가 토지사용료를 지급 또는 공탁하지 아니하는 경우
> ⓔ 대리경작자로 지정된 자가 대리경작자의 지정해지를 신청하는 경우

기출 대리경작자가 경작을 게을리하는 경우에는 대리경작기간이 끝나기 전이라도 대리경작자 지정을 해지할 수 있다. 제32회

❸ 농지의 임대차 등 제34회

(1) 농지의 임대차 또는 사용대차

다음의 어느 하나에 해당하는 경우 외에는 농지를 임대하거나 무상사용하게 할 수 없다(법 제23조 제1항).

> ① 국가나 지방자치단체가 농지를 소유하는 경우
> ② 상속(상속인에게 한 유증을 포함한다)으로 농지를 취득하여 소유하는 경우
> ③ 8년 이상 농업경영을 하던 자가 이농한 후에도 이농 당시 소유하고 있던 농지를 계속 소유하는 경우
> ④ 담보농지를 취득하여 소유하는 경우(「자산유동화에 관한 법률」에 따른 유동화전문회사 등이 저당권자로부터 농지를 취득하는 경우를 포함한다)
> ⑤ 농지전용허가(다른 법률에 따라 농지전용허가가 의제되는 인가·허가·승인 등을 포함한다)를 받거나 농지전용신고를 한 자가 그 농지를 소유하는 경우
> ⑥ 농지전용협의를 마친 농지를 소유하는 경우
> ⑦ 「한국농어촌공사 및 농지관리기금법」에 따른 농지의 개발사업지구에 있는 농지로서, 대통령령으로 정하는 1,500㎡ 미만의 농지나 「농어촌정비법」에 따른 농지를 취득하여 소유하는 경우
> ⑧ 농업진흥지역 밖의 농지 중 최상단부부터 최하단부까지의 평균경사율이 15% 이상인 농지로서, 대통령령으로 정하는 농지를 소유하는 경우
> ⑨ 다음의 어느 하나에 해당하는 경우
>   ⊙ 「한국농어촌공사 및 농지관리기금법」에 따라 한국농어촌공사가 농지를 취득하여 소유하는 경우

    ⓒ 「농어촌정비법」에 따라 농지를 취득하여 소유하는 경우
    ⓒ 「공유수면 관리 및 매립에 관한 법률」에 따라 매립농지를 취득하여 소유하는 경우
    ⓔ 토지수용으로 농지를 취득하여 소유하는 경우
    ⓜ 농림축산식품부장관과 협의를 마치고, 「공익사업을 위한 토지 등의 취득 및 보상에 관한 법률」에 따라 농지를 취득하여 소유하는 경우
    ⓗ 「공공토지의 비축에 관한 법률」에 해당하는 토지 중 공공토지비축심의위원회가 비축이 필요하다고 인정하는 토지로서, 「국토의 계획 및 이용에 관한 법률」에 따른 계획관리지역과 자연녹지지역 안의 농지를 한국토지주택공사가 취득하여 소유하는 경우. 이 경우, 그 취득한 농지를 전용하기 전까지는 한국농어촌공사에 지체 없이 위탁하여 임대하거나 무상사용하게 하여야 한다.

⑩ 농지이용증진사업 시행계획에 따라 농지를 임대하거나 무상사용하게 하는 경우

⑪ 질병, 징집, 취학, 선거에 따른 공직 취임, 그 밖에 대통령령으로 정하는 부득이한 사유로 인하여 일시적으로 농업경영에 종사하지 아니하게 된 자가 소유하고 있는 농지를 임대하거나 무상사용하게 하는 경우

⑫ 60세 이상인 사람으로서 대통령령으로 정하는 사람이 소유하고 있는 농지 중에서 자기의 농업경영에 이용한 기간이 5년이 넘은 농지를 임대하거나 무상사용하게 하는 경우

⑬ 개인이 소유하고 있는 농지 중 3년 이상 소유한 농지를 주말·체험영농을 하려는 자에게 임대하거나 무상사용하게 하는 경우 또는 주말·체험영농을 하려는 자에게 임대하는 것을 업(業)으로 하는 자에게 임대하거나 무상사용하게 하는 경우

⑭ 농업법인이 소유하고 있는 농지를 주말·체험영농을 하려는 자에게 임대하거나 무상사용하게 하는 경우

⑮ 개인이 소유하고 있는 농지 중 3년 이상 소유한 농지를 한국농어촌공사나 그 밖에 대통령령으로 정하는 자에게 위탁하여 임대하거나 무상사용하게 하는 경우

⑯ 다음의 어느 하나에 해당하는 농지를 한국농어촌공사나 그 밖에 대통령령으로 정하는 자에게 위탁하여 임대하거나 무상사용하게 하는 경우
    ㉠ 상속으로 농지를 취득한 사람으로서 농업경영을 하지 아니하는 사람이 소유상한을 초과하여 소유하고 있는 농지
    ㉡ 대통령령으로 정하는 기간 이상 농업경영을 한 후 이농한 사람이 소유상한을 초과하여 소유하고 있는 농지

⑰ 자경농지를 농림축산식품부장관이 정하는 이모작을 위하여 8개월 이내로 임대하거나 무상사용하게 하는 경우

⑱ 대통령령으로 정하는 농지규모화, 농작물 수급안정 등을 목적으로 한 사업을 추진하기 위하여 필요한 자경농지를 임대하거나 무상사용하게 하는 경우

기출 60세 이상 농업인은 자신이 거주하는 시·군에 있는 소유농지 중에서 자기의 농업경영에 이용한 기간이 5년이 넘은 농지를 임대할 수 있다. 제34회

기출 농지를 임차한 임차인이 그 농지를 정당한 사유 없이 농업경영에 사용하지 아니할 때에는 시장·군수·구청장은 임대차의 종료를 명할 수 있다.

(2) 임대차 또는 사용대차의 종료

농지를 임차하거나 사용대차한 임차인 또는 사용대차인이 그 농지를 정당한 사유 없이 농업경영에 사용하지 아니할 때에는 시장·군수·구청장이 농림축산식품부령으로 정하는 바에 따라 임대차 또는 사용대차의 종료를 명할 수 있다(법 제23조 제2항).

(3) 임대차 또는 사용대차의 계약방법과 확인

① 임대차계약(농업경영을 하려는 자에게 임대하는 경우만을 말한다)과 사용대차계약(농업경영을 하려는 자에게 무상사용하게 하는 경우만을 말한다)은 서면계약을 원칙으로 한다(법 제24조 제1항).

② 임대차계약은 그 등기가 없는 경우에도 임차인이 농지 소재지를 관할하는 시·구·읍·면의 장의 확인을 받고, 해당 농지를 인도(引渡)받은 경우에는 그 다음 날부터 제3자에 대하여 효력이 생긴다(법 제24조 제2항).

③ 시·구·읍·면의 장은 농지임대차계약확인대장을 갖추어 두고, 임대차계약증서를 소지한 임대인 또는 임차인의 확인신청이 있는 때에는 농림축산식품부령으로 정하는 바에 따라 임대차계약을 확인한 후 대장에 그 내용을 기록하여야 한다(법 제24조 제3항).

✚ 다년생식물 재배지 등 대통령령으로 정하는 농지란 다음의 어느 하나에 해당하는 농지를 말한다.
1. 농지의 임차인이 법 제2조 제1항 각 호의 어느 하나에 해당하는 다년생식물의 재배로 이용하는 농지
2. 농지의 임차인이 농작물의 재배시설로서 고정식 온실 또는 비닐하우스를 설치한 농지

(4) 임대차기간

① 임대차기간은 3년 이상으로 하여야 한다. 다만, 다년생식물 재배지 등 대통령령으로 정하는 농지✚의 경우에는 5년 이상으로 하여야 한다(법 제24조의2 제1항).

② 임대차기간을 정하지 아니하거나 ①에 따른 기간 미만으로 정한 경우에는 ①에 따른 기간으로 약정된 것으로 본다. 다만, 임차인은 ①에 따른 기간 미만으로 정한 임대차기간이 유효함을 주장할 수 있다(법 제24조의2 제2항).

③ 임대인은 ① 및 ②에도 불구하고 질병, 징집 등 대통령령으로 정하는 불가피한 사유가 있는 경우에는 임대차기간을 ①에 따른 기간 미만으로 정할 수 있다(법 제24조의2 제3항, 영 제24조의2).

> ㉠ 질병, 징집, 취학의 경우
> ㉡ 선거에 의한 공직(公職)에 취임하는 경우
> ㉢ 부상으로 3개월 이상의 치료가 필요한 경우

     ㄹ 교도소·구치소 또는 보호감호시설에 수용 중인 경우
     ㅁ 농업법인이 청산 중인 경우
     ㅂ 농지전용허가(다른 법률에 따라 농지전용허가가 의제되는 인가·허가·승인 등을 포함한다)를 받았거나 농지전용신고를 하였으나, 농지전용목적사업에 착수하지 않은 경우

④ ①부터 ③까지의 규정에 따른 임대차기간은 임대차계약을 연장 또는 갱신하거나 재계약을 체결하는 경우에도 동일하게 적용한다(법 제24조의2 제4항).

(5) 임대차계약에 관한 조정 등

① 임대차계약의 당사자는 임대차기간, 임차료 등 임대차계약에 관하여 서로 협의가 이루어지지 아니한 경우에는 농지소재지를 관할하는 시장·군수 또는 자치구 구청장에게 조정을 신청할 수 있다(법 제24조의3 제1항).

② 시장·군수 또는 자치구 구청장은 조정의 신청이 있으면 지체 없이 농지임대차조정위원회를 구성하여 조정절차를 개시하여야 한다(법 제24조의3 제2항).

③ 농지임대차조정위원회에서 작성한 조정안을 임대차계약 당사자가 수락한 때에는 이를 해당 임대차의 당사자 간에 체결된 계약의 내용으로 본다(법 제24조의3 제3항).

④ 농지임대차조정위원회는 위원장 1명을 포함한 3명의 위원으로 구성하며, 위원장은 부시장·부군수 또는 자치구의 부구청장이 되고, 위원은 시·군·구 농업·농촌 및 식품산업정책심의회의 위원으로서 조정의 이해당사자와 관련이 없는 사람 중에서 시장·군수 또는 자치구 구청장이 위촉한다(법 제24조의3 제4항).

⑤ 농지임대차조정위원회의 구성·운영 등에 필요한 사항은 대통령령으로 정한다(법 제24조의3 제5항).

(6) 묵시의 갱신

임대인이 임대차기간이 끝나기 3개월 전까지 임차인에게 임대차계약을 갱신하지 아니한다는 뜻이나 임대차계약 조건을 변경한다는 뜻을 통지하지 아니하면 그 임대차기간이 끝난 때에 이전의 임대차계약과 같은 조건으로 다시 임대차계약을 한 것으로 본다(법 제25조).

기출 농지임대차조정위원회에서 작성한 조정안을 임대차계약 당사자가 수락한 때에는 이를 당사자 간에 체결된 계약의 내용으로 본다.

(7) 임대인의 지위 승계

임대농지의 양수인(讓受人)은 이 법에 따른 임대인의 지위를 승계한 것으로 본다(법 제26조).

> 기출 │ 임대농지의 양수인은 「농지법」에 따른 임대인의 지위를 승계한 것으로 본다.

(8) 강행규정

이 법에 위반된 약정으로서 임차인에게 불리한 것은 그 효력이 없다(법 제26조의2).

(9) 국유농지와 공유농지의 임대차 특례

「국유재산법」과 「공유재산 및 물품 관리법」에 따른 국유재산과 공유재산인 농지에 대하여는 법 제24조, 법 제24조의2, 법 제24조의3, 법 제25조, 법 제26조, 법 제26조의2를 적용하지 아니한다(법 제27조).

제4장 농지의 보전

이 장에서는 농업진흥지역의 구분과 지정절차가 주로 출제되므로 해당 부분 위주로 학습하되, 농지의 전용허가, 신고, 협의의 대상, 행위제한 등에 대해서도 함께 정리해 두면 된다.

1 농업진흥지역

1. 농업진흥지역의 지정 등

(1) 지정권자

특별시장·광역시장·특별자치시장·도지사 또는 특별자치도지사(이하 '시·도지사'라 한다)는 농지를 효율적으로 이용하고 보전하기 위하여 농업진흥지역을 지정한다(법 제28조 제1항).

(2) 농업진흥지역의 구분

농업진흥지역은 다음의 용도구역으로 구분하여 지정할 수 있다(법 제28조 제2항).

① 농업진흥구역: 농업의 진흥을 도모하여야 하는 다음의 어느 하나에 해당하는 지역으로서, 농림축산식품부장관이 정하는 규모로 농지가 집단화되어 농업목적으로 이용할 필요가 있는 지역
  ㉠ 농지조성사업 또는 농업기반정비사업이 시행되었거나 시행 중인 지역으로서, 농업용으로 이용하고 있거나 이용할 토지가 집단화되어 있는 지역
  ㉡ ㉠에 해당하는 지역 외의 지역으로서, 농업용으로 이용하고 있는 토지가 집단화되어 있는 지역
② 농업보호구역: 농업진흥구역의 용수원 확보, 수질보전 등 농업환경을 보호하기 위하여 필요한 지역

> **참고 농업진흥지역**
> 1. 농림축산식품부장관은 「국토의 계획 및 이용에 관한 법률」의 규정에 따른 녹지지역 또는 계획관리지역이 농업진흥지역에 포함될 경우, 농업진흥지역 승인 전에 국토교통부장관과 협의하여야 한다.
> 2. 농업진흥지역 지정대상은 녹지지역(특별시 제외), 관리지역, 농림지역, 자연환경보전지역이다.

농업진흥구역	농업보호구역

(3) 지정대상

농업진흥지역 지정은 「국토의 계획 및 이용에 관한 법률」에 따른 녹지지역·관리지역·농림지역 및 자연환경보전지역을 대상으로 한다. 다만, 특별시의 녹지지역은 제외한다(법 제29조).

(4) 지정절차

① 심의·승인: 시·도지사는 「농업·농촌 및 식품산업 기본법」에 따른 시·도 농업·농촌 및 식품산업정책심의회의 심의를 거쳐 농림축산식품부장관의 승인을 받아 농업진흥지역을 지정한다(법 제30조 제1항).

② 고시·열람: 시·도지사는 농업진흥지역을 지정하면 지체 없이 이 사실을 고시하고 관계 기관에 통보하여야 하며, 시장·군수 또는 자치구 구청장으로 하여금 일반인에게 열람하게 하여야 한다(법 제30조 제2항).

③ 사전협의: 농림축산식품부장관은 「국토의 계획 및 이용에 관한 법률」에 따른 녹지지역이나 계획관리지역이 농업진흥지역에 포함되면 농업진흥지역 지정을 승인하기 전에 국토교통부장관과 협의하여야 한다(법 제30조 제3항).

> **기출** 농업진흥지역 지정은 「국토의 계획 및 이용에 관한 법률」에 따른 녹지지역·관리지역·농림지역 및 자연환경보전지역을 대상으로 한다. 다만, 특별시의 녹지지역은 제외한다.

2. 농업진흥지역 등의 변경과 해제

(1) 변경·해제사유

시·도지사는 다음에서 정하는 사유가 있을 때에는 농업진흥지역 또는 용도구역을 변경 또는 해제할 수 있다. 다만, 그 사유가 없어진 경우에는 원래의 농업진흥지역 또는 용도구역으로 환원하여야 한다(법 제31조 제1항, 영 제28조 제1항).

> ① 다음의 어느 하나에 해당하는 경우로서 농업진흥지역을 해제하는 경우
>   ㉠ 「국토의 계획 및 이용에 관한 법률」에 따른 용도지역을 변경하는 경우(농지의 전용을 수반하는 경우에 한한다)
>   ㉡ 미리 농지의 전용에 관한 협의를 하는 경우
>   ㉢ 해당 지역의 여건변화로 농업진흥지역의 지정요건에 적합하지 않게 된 경우. 이 경우, 그 농업진흥지역 안의 토지의 면적이 3만m^2 이하인 경우로 한정한다.
> ② 해당 지역의 여건변화로 농업진흥지역 밖의 지역을 농업진흥지역으로 편입하는 경우
> ③ 다음의 어느 하나에 해당하는 경우로서 용도구역을 변경하는 경우
>   ㉠ 해당 지역의 여건변화로 농업보호구역의 전부 또는 일부를 농업진흥구역으로 변경하는 경우

> ⓒ 해당 지역의 여건변화로 농업진흥구역 안의 3만m² 이하의 토지를 농업보호구역으로 변경하는 경우
> ⓒ 다음의 어느 하나에 해당하는 농업진흥구역 안의 토지를 농업보호구역으로 변경하는 경우
>   ⓐ 저수지의 계획홍수위선으로부터 상류 반경 500m 이내의 지역으로서 「농어촌정비법」에 따른 농업생산기반 정비사업이 시행되지 않은 지역
>   ⓑ 저수지부지

(2) 주민 의견청취

시·도지사는 농업진흥지역을 지정·변경 및 해제하려는 때에는 미리 해당 토지의 소유자에게 그 내용을 개별통지하고, 해당 지역주민의 의견을 청취하여야 한다. 다만, 다음의 어느 하나에 해당하는 경우에는 그러하지 아니하다(법 제31조의2).

> ① 다른 법률에 따라 토지소유자에게 개별통지한 경우
> ② 통지를 받을 자를 알 수 없거나 그 주소·거소, 그 밖에 통지할 장소를 알 수 없는 경우

(3) 심의 또는 승인의 생략

농업진흥지역 또는 용도구역의 변경절차나 해제절차 등에 관하여는 법 제30조를 준용한다. 다만, 원래의 농업진흥지역 또는 용도구역으로 환원하거나 농업보호구역을 농업진흥구역으로 변경하는 경우 등 대통령령으로 정하는 다음의 사항의 변경은 대통령령으로 정하는 바에 따라 시·도 농업·농촌 및 식품산업정책심의회의 심의나 농림축산식품부장관의 승인 없이 할 수 있다(법 제31조 제2항).

> ① 시·도 농업·농촌 및 식품산업정책심의회의 심의 없이 할 수 있는 경우: 농업보호구역을 농업진흥구역으로 변경하거나 농업진흥구역 안의 3만m² 이하의 토지를 농업보호구역으로 변경하는 경우
> ② 농림축산식품부장관의 승인 없이 할 수 있는 경우
>   ⊙ 1만m² 이하의 농업진흥지역을 해제하는 경우. 다만, 농업진흥지역을 해제하는 경우로서, 농림축산식품부장관과의 협의를 거쳐 지정되거나 결정된 지역·지구·구역·단지·특구 등 안에서 농업진흥지역을 해제하는 경우와 농업진흥지역을 해제하는 경우로서, 미리 농림축산식품부장관과 전용협의를 거친 지역에서 농업진흥지역을 해제하는 경우에는 면적에 제한이 없는 것으로 한다.
>   ⓒ 농업보호구역을 농업진흥구역으로 변경하거나, 농업진흥구역 안 1만m² 이하의 토지를 농업보호구역으로 변경하는 경우

(4) 승인생략시 결과보고

시·도지사는 농림축산식품부장관의 승인 없이 농업진흥지역 또는 용도구역을 변경한 경우에는 그 결과를 농림축산식품부장관에게 보고하여야 한다(영 제28조 제4항).

(5) 실태조사

① 농림축산식품부장관은 효율적인 농지 관리를 위하여 매년 다음의 조사를 하여야 한다(법 제31조의3 제1항).

> ㉠ 유휴농지조사
> ㉡ 농업진흥지역의 실태조사
> ㉢ 정보시스템에 등록된 농지의 현황에 대한 조사
> ㉣ 그 밖의 농림축산식품부령으로 정하는 사항에 대한 조사

② 농림축산식품부장관이 ①의 ㉡에 따른 농업진흥지역 실태조사 결과, 법 제31조 제1항에 따른 농업진흥지역 등의 변경 및 해제사유가 발생했다고 인정하는 경우, 시·도지사는 해당 농업진흥지역 또는 용도구역을 변경하거나 해제할 수 있다(법 제31조의3 제2항).

③ 그 밖에 실태조사의 범위와 방법 등에 필요한 사항은 대통령령으로 정한다(법 제31조의3 제3항).

3. 용도구역 안에서의 행위제한

(1) 농업진흥구역 안에서의 행위제한

① 원칙: 농업진흥구역 안에서는 다음과 같은 농업생산 또는 농지개량과 직접 관련된 행위로서 대통령령으로 정하는 행위 외의 토지이용행위를 할 수 없다(법 제32조 제1항, 영 제29조 제1항).

> ㉠ 농작물의 경작
> ㉡ 다년생식물의 재배
> ㉢ 고정식 온실·버섯재배사 및 비닐하우스와 농림축산식품부령으로 정하는 그 부속시설의 설치
> ㉣ 축사·곤충사육사와 농림축산식품부령으로 정하는 그 부속시설의 설치
> ㉤ 간이퇴비장의 설치
> ㉥ 농지개량사업 또는 농업용수개발사업의 시행
> ㉦ 농막·농촌체류형 쉼터·간이저온저장고 및 간이액비저장조 중에서 농림축산식품부령으로 정하는 시설의 설치

심화 농업진흥지역 실태조사에는 다음의 사항이 포함되어야 한다.
1. 유휴농지의 지역별·유형별 현황에 관한 사항
2. 지목, 농업생산기반의 정비 여부 등 농업진흥지역의 현황에 관한 사항
3. 농업진흥지역의 변경 및 해제사유가 발생한 농업진흥지역의 현황에 관한 사항
4. 농업진흥지역의 지정, 변경 및 해제기준 마련을 위한 조사에 관한 사항
5. 농지의 소유 및 이용현황 등에 관한 사항
6. 농림축산식품부령으로 정하는 사항

◎ 농림축산식품부령으로 정하는 지역, 지구 또는 구역 안에서 수직농장·식물공장의 설치

② **예외**: 다만, 다음의 토지이용행위의 경우에는 그러하지 아니하다(법 제32조 제1항 단서).

㉠ 대통령령으로 정하는 농수산물(농산물·임산물·축산물·수산물을 말한다)의 가공·처리시설의 설치 및 농수산업(농업·임업·축산업·수산업을 말한다)관련 시험·연구시설의 설치
㉡ 어린이놀이터, 마을회관, 그 밖에 대통령령으로 정하는 농업인의 공동생활에 필요한 편의시설 및 이용시설의 설치
㉢ 대통령령으로 정하는 농업인 주택, 어업인 주택, 농업용 시설, 축산업용 시설 또는 어업용 시설의 설치
㉣ 국방·군사시설의 설치
㉤ 하천, 제방, 그 밖에 이에 준하는 국토보존시설의 설치
㉥ 국가유산의 보수·복원·이전, 매장유산의 발굴, 비석이나 기념탑, 그 밖에 이와 비슷한 공작물의 설치
㉦ 도로, 철도, 그 밖에 대통령령으로 정하는 공공시설의 설치
㉧ 지하자원 개발을 위한 탐사 또는 지하광물 채광과 광석의 선별 및 적치를 위한 장소로 사용하는 행위
㉨ 농어촌 소득원 개발 등 농어촌 발전에 필요한 시설로서, 대통령령으로 정하는 시설의 설치

기출 육종연구를 위한 농수산업에 관한 시험·연구시설로서 그 부지의 총면적이 3천m² 미만인 시설은 농업진흥구역 내에 설치할 수 있다.

(2) 농업보호구역 안에서의 행위제한

농업보호구역에서는 다음에 해당하는 행위 외의 토지이용행위를 할 수 없다(법 제32조 제2항, 영 제30조 제1항).

① (1)에 따라 허용되는 토지이용행위
② 농업인의 소득증대에 필요한 시설로서 다음에서 정하는 건축물·공작물, 그 밖의 시설의 설치
  ㉠ 「농어촌정비법」에 따른 관광농원사업으로 설치하는 시설로서, 농업보호구역 안의 부지면적이 3만m² 미만인 것
  ㉡ 「농어촌정비법」에 따른 주말농원사업으로 설치하는 시설로서, 농업보호구역 안의 부지면적이 3천m² 미만인 것
  ㉢ 태양에너지발전설비로서, 농업보호구역 안의 부지면적이 1만m² 미만인 것
  ㉣ 그 밖에 농촌지역 경제활성화를 통하여 농업인 소득증대에 기여하는 농수산업관련시설로서, 농림축산식품부령으로 정하는 시설
③ 농업인의 생활여건 개선을 위하여 필요한 시설로서, 대통령령이 정하는 건축물·공작물 그 밖의 시설의 설치

심화 농업보호구역 안에서는 다음의 행위 외의 토지이용행위를 금지한다.
1. 농업생산 또는 농지개량과 직접적으로 관련된 토지이용행위
2. 농업인의 소득증대를 위한 사업 중 관광농원사업으로 설치하는 시설로, 3만m² 미만인 것의 설치
3. 농업인의 소득증대를 위한 사업 중 주말농원사업으로 설치하는 시설로, 3천m² 미만인 것의 설치
4. 태양에너지발전설비의 설치
5. 제1종 근린생활시설에 해당하지 않는 것 등으로서 부지가 1천m² 미만인 것의 설치
6. 양수장, 정수장, 대피소, 공중화장실 등으로 부지가 3천m² 미만인 것의 설치

(3) 기득권보호

① 법 적용의 배제: 농업진흥지역 지정 당시 관계 법령에 따라 인가·허가 또는 승인 등을 받거나 신고하고 설치한 기존의 건축물·공작물, 그 밖의 시설에 대하여는 농업진흥구역 및 농업보호구역 안의 행위제한 규정을 적용하지 아니한다(법 제32조 제3항).

② 시행 중인 건축물·공작물의 특례: 농업진흥지역 지정 당시 관계 법령에 따라 다음의 행위에 대하여 인가·허가·승인 등을 받거나 신고하고 공사 또는 사업을 시행 중인 자(관계 법령에 따라 인가·허가·승인 등을 받거나 신고할 필요가 없는 경우에는 시행 중인 공사 또는 사업에 착수한 자를 말한다)는 그 공사 또는 사업에 대하여만 행위제한 규정을 적용하지 아니한다(법 제32조 제4항).

> ⊙ 건축물의 건축
> ⓒ 공작물이나 그 밖의 시설의 설치
> ⓒ 토지의 형질변경
> ⓔ 그 밖에 ⊙부터 ⓒ까지의 행위에 준하는 행위

(4) 행위제한의 특례

① 농업진흥구역과 농업보호구역에 걸치는 경우: 한 필지의 토지가 농업진흥구역과 농업보호구역에 걸쳐 있으면서 농업진흥구역에 속하는 토지부분이 $330m^2$ 이하이면 그 토지부분에 대하여는 행위제한을 적용할 때 농업보호구역에 관한 규정을 적용한다(법 제53조 제1항).

② 농업진흥지역에 걸치는 경우: 한 필지의 토지 일부가 농업진흥지역에 걸쳐 있으면서 농업진흥지역에 속하는 토지부분의 면적이 $330m^2$ 이하이면 그 토지부분에 대하여는 농업진흥지역 안의 행위제한을 적용하지 아니한다(법 제53조 제2항).

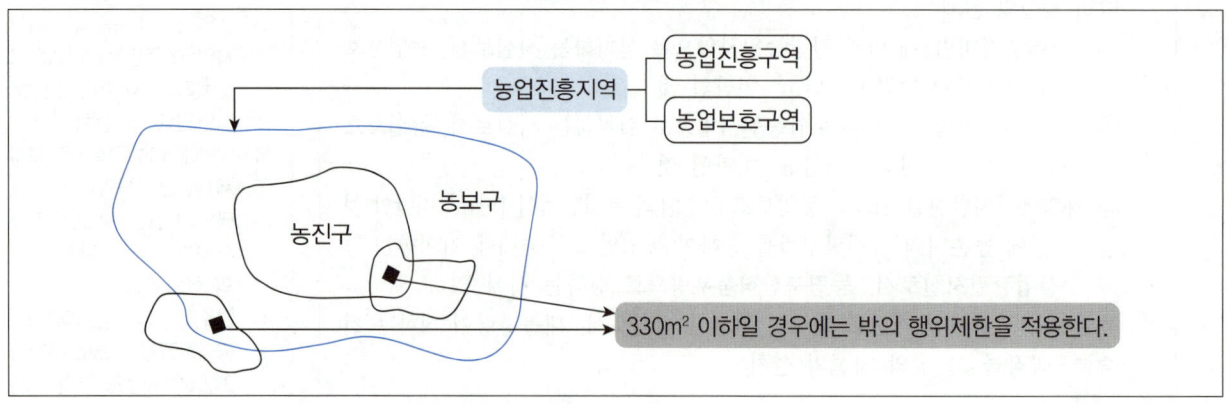

(5) 농업진흥지역에 대한 개발투자의 확대 및 우선지원

① 국가와 지방자치단체는 농업진흥지역에 대하여 대통령령으로 정하는 바에 따라 농지 및 농업시설의 개량·정비, 농어촌도로·농산물유통시설의 확충, 그 밖에 농업 발전을 위한 사업에 우선적으로 투자하여야 한다(법 제33조 제1항).

② 국가와 지방자치단체는 농업진흥지역의 농지에 농작물을 경작하거나 다년생식물을 재배하는 농업인 또는 농업법인에게 자금지원이나 「조세특례제한법」에 따른 조세경감 등 필요한 지원을 우선실시하여야 한다(법 제33조 제2항).

(6) 농업진흥지역의 농지매수청구

① 농업진흥지역의 농지를 소유하고 있는 농업인 또는 농업법인은 「한국농어촌공사 및 농지관리기금법」에 따른 한국농어촌공사(이하 '한국농어촌공사'라 한다)에 그 농지의 매수를 청구할 수 있다(법 제33조의2 제1항).

② 한국농어촌공사는 매수청구를 받으면 「감정평가 및 감정평가사에 관한 법률」에 따른 감정평가법인 등이 평가한 금액을 기준으로 해당 농지를 매수할 수 있다(법 제33조의2 제2항).

③ 한국농어촌공사가 농지를 매수하는 데에 필요한 자금은 농지관리기금에서 융자한다(법 제33조의2 제3항).

참고 「농지법」상 매수청구자
1. 농지처분명령을 받은 자
2. 농업진흥지역으로 지정된 지역 안 농업인, 농업법인
✔ 매수청구 상대방: 한국농어촌공사

비교 매수청구시 가격기준
1. 농지처분명령을 받은 자: 공시지가와 실제 거래가격 중 낮은 금액
2. 농업진흥지역 안의 소유자: 감정가격

2 농지의 전용 등

1. 농지전용의 의의

농지를 농작물의 경작이나 다년생식물의 재배 등 농업생산 또는 농지개량 외의 용도로 사용하는 것을 말한다(법 제2조 제7호).

2. 농지전용허가 제35회

(1) 원칙

농지를 전용하려는 자는 (2)의 어느 하나에 해당하는 경우 외에는 대통령령으로 정하는 바에 따라 농림축산식품부장관의 허가(다른 법률에 따라 농지전용허가가 의제되는 협의를 포함한다)를 받아야 한다. 허가받은 농지의 면적 또는 경계 등 대통령령으로 정하는 다음의 중요사항을 변경하려는 경우에도 또한 같다(법 제34조 제1항, 영 제32조 제5항).

기출 과수원인 토지를 재해로 인한 농작물의 피해를 방지하기 위한 방풍림부지로 사용하는 것은 농지의 전용에 해당하지 않는다.

① 전용허가를 받은 농지의 면적 또는 경계
② 전용허가를 받은 농지의 위치(동일 필지 안에서 위치를 변경하는 경우에 한한다)
③ 전용허가를 받은 자의 명의
④ 설치하려는 시설의 용도 또는 전용목적사업(법 제59조 제3항 제1호부터 제3호까지의 규정에 해당하는 경우에 한한다)

(2) 예외

다음의 경우에는 허가를 받을 필요가 없다(법 제34조 제1항).

① 「국토의 계획 및 이용에 관한 법률」에 따른 도시지역 또는 계획관리지역에 있는 농지로서, 협의를 거친 농지나 협의대상에서 제외되는 농지를 전용하는 경우
② 농지전용신고를 하고 농지를 전용하는 경우
③ 「산지관리법」에 따른 산지전용허가를 받지 아니하거나 산지전용신고를 하지 아니하고 불법으로 개간한 농지를 산림으로 복구하는 경우

예제

농지의 전용으로 보지 <u>않는</u> 것은? 제35회 변형

㉠ 연면적 33m²인 농막
㉡ 연면적 33m²인 간이저온저장고
㉢ 저장 용량이 200톤인 간이액비저장조

해설 ㉠ 연면적 20m² 이하의 농막은 농지로 보지만 20m²를 넘었으므로 농지의 전용으로 본다.
정답 ㉡, ㉢

---

(3) 허가권자

① 원칙: 농지전용의 허가권자는 **농림축산식품부장관**이다.
② 예외: 이 법에 의한 농림축산식품부장관의 권한은 그 일부를 다음과 같이 시·도지사, 시장·군수 또는 구청장에게 위임할 수 있다(법 제51조 제1항, 영 제71조 제1항·제2항).

시·도지사 에게 위임	농지전용에 대한 허가(다른 법률에 따라 농지전용허가가 의제되는 협의를 포함한다. 이하 같다)·변경허가 및 협의에 관한 권한 중 다음에 해당하는 권한 ㉠ 농업진흥지역 안의 3천m² 이상 3만m² 미만의 농지의 전용 ㉡ 농업진흥지역 밖의 3만m² 이상 30만m² 미만의 농지의 전용

	ⓒ 농림축산식품부장관(그 권한을 위임받은 자를 포함한다)과의 협의를 거쳐 지정되거나 결정된 지역·지구·구역·단지·특구 등의 안에서 10만m² 이상의 농지의 전용 ⓔ 영 제32조 제5항 제1호에 따른 농지전용의 변경. 다만, 다음의 어느 하나에 해당하는 경우에는 제외한다. 　ⓐ 전용하려는 농지의 총 증가면적이 3만m² 이상인 경우 　ⓑ 전용하려는 농지의 총 증가면적이 3만m² 미만이거나 그 농지의 면적이 감소하는 경우로서 전용하려는 농지 중 농업진흥지역 안의 농지의 증가면적이 1만m² 이상인 경우
시·군·구청장에게 위임	농지전용에 대한 허가(다른 법률에 따라 농지전용허가가 의제되는 협의를 포함한다. 이하 같다)·변경허가 및 협의에 관한 권한 중 다음에 해당하는 권한 ㉠ 농업진흥지역 안의 3천m² 미만의 농지의 전용 ㉡ 농업진흥지역 밖의 3만m² 미만의 농지의 전용 ⓒ 농림축산식품부장관(그 권한을 위임받은 자를 포함한다)과의 협의를 거쳐 지정되거나 결정된 지역·지구·구역·단지·특구 등의 안에서 10만m² 미만의 농지의 전용

③ 시·도지사는 위임에 따른 그 권한을 행사하였거나 시장·군수 또는 자치구 구청장으로부터 그 권한행사의 내용을 보고받은 때에는 농림축산식품부령이 정하는 바에 따라 농림축산식품부장관에게 보고하여야 한다(영 제71조 제3항).

④ 시장·군수 또는 자치구 구청장은 그 권한을 행사한 때에는 농림축산식품부령이 정하는 바에 따라 그 내용을 시·도지사에게 보고하여야 한다(영 제71조 제4항).

참고 허가권자의 위임 단위

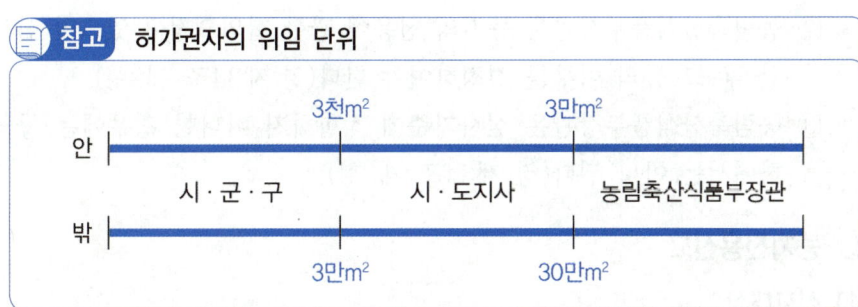

3. 농지전용협의

(1) 협의대상

주무부장관이나 지방자치단체의 장은 다음의 어느 하나에 해당하면 대통령령으로 정하는 바에 따라 농림축산식품부장관과 미리 농지전용에 관한 협의를 하여야 한다(법 제34조 제2항).

> ① 「국토의 계획 및 이용에 관한 법률」에 따른 도시지역에 주거지역·상업지역 또는 공업지역을 지정하거나 도시·군계획시설을 결정할 때에 해당 지역 예정지 또는 시설예정지에 농지가 포함되어 있는 경우. 다만, 이미 지정된 주거지역·상업지역·공업지역을 다른 지역으로 변경하거나, 이미 지정된 주거지역·상업지역·공업지역에 도시·군계획시설을 결정하는 경우는 제외한다.
> ② 「국토의 계획 및 이용에 관한 법률」에 따른 계획관리지역에 지구단위계획구역을 지정할 때에 해당 구역예정지에 농지가 포함되어 있는 경우
> ③ 「국토의 계획 및 이용에 관한 법률」에 따른 도시지역의 녹지지역 및 개발제한구역의 농지에 대하여 개발행위를 허가하거나, 「개발제한구역의 지정 및 관리에 관한 특별조치법」 제12조 제1항 각 호 외의 부분 단서에 따라 토지의 형질변경허가를 하는 경우

(2) 농지전용에 관한 협의 등

① 주무부장관 또는 지방자치단체의 장이 농지의 전용에 관하여 협의(다른 법률에 따라 농지전용허가가 의제되는 협의를 포함한다)하려는 경우에는 농지전용협의요청서에 농림축산식품부령으로 정하는 서류를 첨부하여 농림축산식품부장관에게 제출해야 한다(영 제34조 제1항).
② 농림축산식품부장관은 농지의 전용에 관한 협의요청이 있으면 심사를 한 후 그 동의 여부를 결정하여야 한다(영 제34조 제2항).
③ 농림축산식품부장관은 심사기준에 적합하지 아니한 경우에는 동의를 하여서는 아니 된다(영 제34조 제3항).

4. 농지전용신고

(1) 신고대상

농지를 다음의 어느 하나에 해당하는 시설의 부지로 전용하려는 자는 대통령령으로 정하는 바에 따라 시장·군수 또는 자치구 구청장에게 신고하여야 한다. 신고한 사항을 변경하려는 경우에도 또한 같다(법 제35조 제1항).

> ① 농업인 주택, 어업인 주택, 농축산업용 시설(개량시설과 농축산물생산시설은 제외한다), 농수산물유통·가공시설
> ② 어린이놀이터·마을회관 등 농업인의 공동생활편의시설
> ③ 농수산관련연구시설과 양어장·양식장 등 어업용 시설

(2) 신고절차

① 신고서의 제출: 농지전용의 신고 또는 변경신고를 하려는 자는 농지전용신고서에 농림축산식품부령으로 정하는 서류를 첨부하여 해당 농지의 소재지를 관할하는 시장·군수 또는 자치구 구청장에게 제출해야 한다(영 제35조 제1항).

② 검토·반려: 시장·군수 또는 자치구 구청장은 농지전용신고서 등을 제출받은 때에는 신고 내용이 적합한지의 여부를 검토하여 적합하다고 인정하는 경우에는 농림축산식품부령이 정하는 바에 의하여 농지전용신고증을 신고인에게 내주어야 하며, 적합하지 아니하다고 인정하는 경우에는 그 사유를 구체적으로 밝혀 제출받은 서류를 반려하여야 한다(영 제35조 제2항).

(3) 신고에 따른 농지전용의 범위

농지전용신고 대상시설의 범위·규모·농업진흥지역 안에서의 설치제한 또는 설치자의 범위 등은 별표 1과 같다(영 제36조).

5. 농지의 타용도 일시사용허가 등

(1) 허가대상

농지를 다음의 어느 하나에 해당하는 용도로 일시사용하려는 자는 대통령령으로 정하는 바에 따라 일정기간 사용한 후 농지로 복구한다는 조건으로 시장·군수 또는 자치구 구청장의 허가를 받아야 한다. 허가받은 사항을 변경하려는 경우에도 또한 같다. 다만, 국가나 지방자치단체의 경우에는 시장·군수 또는 자치구 구청장과 협의하여야 한다(법 제36조 제1항, 영 제38조 제3항).

> ① 「건축법」에 따른 건축허가 또는 건축신고 대상시설이 아닌 간이농수축산업용 시설(개량시설과 농축산물생산시설은 제외한다)과 농수산물의 간이처리시설을 설치하는 경우
> ② 주목적사업(해당 농지에서 허용되는 사업만 해당한다)을 위하여 현장사무소나 부대시설, 그 밖에 이에 준하는 시설을 설치하거나, 물건을 적치하거나 매설하는 경우

③ 다음의 토석 및 광물을 채굴하는 경우
  ㉠ 「골재채취법」에 따른 골재
  ㉡ 「광업법」에 따른 광물
  ㉢ 적조방제·농지개량 또는 토목공사용으로 사용하거나 공업용 원료로 사용하기 위한 토석
④ 「전기사업법」의 전기사업을 영위하기 위한 목적으로 설치하는 「신에너지 및 재생에너지 개발·이용·보급 촉진법」에 따른 태양에너지발전설비(이하 '태양에너지발전설비'라 한다)로서 다음의 요건을 모두 갖춘 경우
  ㉠ 「공유수면 관리 및 매립에 관한 법률」에 따른 공유수면 매립을 통하여 조성한 토지 중 토양 염도가 일정 수준 이상인 지역 등 농림축산식품부령으로 정하는 지역에 설치하는 시설일 것
  ㉡ 설치규모, 염도측정방법 등 농림축산식품부장관이 별도로 정한 요건에 적합하게 설치하는 시설일 것
⑤ 「건축법」에 따른 건축허가 또는 건축신고대상시설이 아닌 작물재배사(고정식 온실·버섯재배사 및 비닐하우스는 제외한다) 중 농업생산성 제고를 위하여 정보통신기술을 결합한 시설로서 대통령령으로 정하는 요건을 모두 갖춘 시설을 설치하는 경우
  ㉠ 인공 광원(光源)을 사용하여 작물을 생산할 것
  ㉡ 작물의 생산환경 및 생육에 관한 감지 설비를 갖출 것
  ㉢ 작물의 생산환경 및 생육에 관한 자동제어시스템[양액(養液), 관수(灌水), 에너지 및 공조(空調) 자동제어 설비를 포함한다]을 갖출 것

(2) 협의

시장·군수 또는 자치구 구청장은 주무부장관이나 지방자치단체의 장이 다른 법률에 따른 사업 또는 사업계획 등의 인가·허가 또는 승인 등과 관련하여 농지의 타용도 일시사용협의를 요청하면, 그 인가·허가 또는 승인 등을 할 때에 해당 사업을 시행하려는 자에게 일정기간 그 농지를 사용한 후 농지로 복구한다는 조건을 붙일 것을 전제로 협의할 수 있다(법 제36조 제2항).

(3) 기간

허가·협의 및 조건부 협의(법 제36조 제2항)의 경우, 농지의 타용도 일시사용기간은 다음과 같다(영 제38조 제1항).

① 법 제36조 제1항에 따른 허가·협의
  ㉠ 법 제36조 제1항 제1호 및 제5호의 용도로 일시사용하는 경우: 7년 이내
  ㉡ 법 제36조 제1항 제2호의 용도로 일시사용하는 경우: 그 주목적사업의 시행에 필요한 기간 이내
  ㉢ ㉠ 및 ㉡ 외의 경우: 5년 이내

> ② 법 제36조 제2항에 따른 협의
>   ③ 법 제36조 제1항 제2호의 용도로 일시사용하는 경우: 그 주목적사업의 시행에 필요한 기간 이내
>   ⑥ 법 제36조 제1항 제5호의 용도로 일시사용하는 경우: 7년 이내
>   ⓒ ③ 및 ⑥ 외의 경우: 5년 이내
> ③ 법 제36조의2 제1항에 따른 신고·협의 및 같은 조 제2항에 따른 협의: 6개월 이내

(4) 예외

시장·군수 또는 자치구 구청장은 농지의 타용도 일시사용기간이 만료되기 전에 다음의 기간을 초과하지 아니하는 범위에서 연장할 수 있다(영 제38조 제2항).

> ① 법 제36조 제1항에 따른 허가·협의
>   ③ 법 제36조 제1항 제1호의 용도로 일시사용하는 경우: 5년
>   ⑥ 법 제36조 제1항 제4호의 용도로 일시사용하는 경우: 18년. 이 경우, 1회 연장기간은 3년을 초과할 수 없다.
>   ⓒ 법 제36조 제1항 제5호의 용도로 일시사용하는 경우: 9년. 이 경우 1회 연장기간은 3년을 초과할 수 없다.
>   ⓔ ③부터 ⓒ까지 외의 경우: 3년
> ② 법 제36조 제2항에 따른 협의
>   ③ 법 제36조 제1항 제4호의 용도로 일시사용하는 경우: 18년. 이 경우 1회 연장기간은 3년을 초과할 수 없다.
>   ⑥ 법 제36조 제1항 제5호의 용도로 일시사용하는 경우: 9년. 이 경우 1회 연장기간은 3년을 초과할 수 없다.
>   ⓒ ③ 및 ⑥ 외의 경우: 3년
> ③ 「국토의 계획 및 이용에 관한 법률」에 따른 도시·군계획시설의 설치예정지 안의 농지에 대하여 법 제36조 제1항에 따른 농지의 타용도 일시사용허가·협의 또는 같은 조 제2항에 따른 농지의 타용도 일시사용협의를 한 경우: 그 도시·군계획시설의 설치시기 등을 고려하여 필요한 기간

6. 농지의 타용도 일시사용신고 등 제35회

(1) 신고대상

농지를 다음의 어느 하나에 해당하는 용도로 일시사용하려는 자는 대통령령으로 정하는 바에 따라 지력을 훼손하지 아니하는 범위에서 일정기간 사용한 후 농지로 원상복구한다는 조건으로 시장·군수 또는 자치구 구청장

에게 신고하여야 한다. 신고한 사항을 변경하려는 경우에도 또한 같다. 다만, 국가나 지방자치단체의 경우에는 시장·군수 또는 자치구 구청장과 협의하여야 한다(법 제36조의2 제1항).

> ① 썰매장, 지역축제장 등으로 일시적으로 사용하는 경우
> ② 법 제36조 제1항 제1호·제2호에 해당하는 시설을 일시적으로 설치하는 경우

예제

농지법령상 농지의 타용도 일시사용신고를 할 수 있는 용도에 해당하지 <u>않는</u> 것은? (단, 일시사용기간은 6개월 이내이며, 신고의 다른 요건은 충족한 것으로 봄)

제35회

① 썰매장으로 사용하는 경우
② 지역축제장으로 사용하는 경우
③ 해당 농지에서 허용되는 주목적사업을 위하여 물건을 매설하는 경우
④ 해당 농지에서 허용되는 주목적사업을 위하여 현장 사무소를 설치하는 경우
⑤ 「전기사업법」상 전기사업을 영위하기 위한 목적으로 「신에너지 및 재생에너지 개발·이용·보급 촉진법」에 따른 태양에너지 발전설비를 설치하는 경우

해설 태양에너지 발전설비를 설치하는 경우는 상관이 없다.   **정답 ⑤**

(2) 협의

시장·군수 또는 자치구 구청장은 주무부장관이나 지방자치단체의 장이 다른 법률에 따른 사업 또는 사업계획 등의 인가·허가 또는 승인 등과 관련하여 농지의 타용도 일시사용협의를 요청하면, 그 인가·허가 또는 승인 등을 할 때에 해당 사업을 시행하려는 자에게 일정기간 그 농지를 사용한 후 농지로 복구한다는 조건을 붙일 것을 전제로 협의할 수 있다(법 제36조의2 제2항).

(3) 복구비용의 예치

시장·군수 또는 자치구 구청장은 일시사용신고를 수리하거나 일시사용협의를 할 때에는 대통령령으로 정하는 바에 따라 사업을 시행하려는 자에게 농지로의 복구계획을 제출하게 하고 복구비용을 예치하게 할 수 있다. 이 경우, 예치된 복구비용은 사업시행자가 사업이 종료된 후 농지로의 복구계획을 이행하지 않는 경우 복구대행비로 사용할 수 있다(법 제36조의2 제3항).

(4) 신고수리 여부의 통지

시장·군수 또는 자치구 구청장은 신고를 받은 날부터 10일 이내에 신고수리 여부를 신고인에게 통지하여야 한다(법 제36조의2 제4항).

(5) 신고수리 여부 미통지시 조치

시장·군수 또는 자치구 구청장이 기간 내에 신고수리 여부 또는 민원처리 관련 법령에 따른 처리기간의 연장을 신고인에게 통지하지 아니하면, 그 기간(민원처리관련 법령에 따라 처리기간이 연장 또는 재연장된 경우에는 해당 처리기간을 말한다)이 끝난 날의 다음 날에 신고를 수리한 것으로 본다(법 제36조의2 제5항).

7. 농지전용허가 등의 제한

(1) 농지전용허가의 제한

농림축산식품부장관은 농지전용허가를 결정할 경우, 다음의 어느 하나에 해당하는 시설의 부지로 사용하려는 농지는 전용을 허가할 수 없다. 다만, 「국토의 계획 및 이용에 관한 법률」에 따른 도시지역·계획관리지역 및 개발진흥지구에 있는 농지는 다음의 어느 하나에 해당하는 시설의 부지로 사용하더라도 전용을 허가할 수 있다(법 제37조 제1항).

> ① 「대기환경보전법」에 따른 대기오염배출시설로서, 대통령령으로 정하는 시설
> ② 「물환경보전법」에 따른 폐수배출시설로서, 대통령령으로 정하는 시설
> ③ 농업의 진흥이나 농지의 보전을 해칠 우려가 있는 시설로서, 대통령령으로 정하는 시설

(2) 농지전용허가 및 협의 등의 제한사유

농림축산식품부장관, 시장·군수 또는 자치구 구청장은 농지전용허가 및 협의를 하거나 농지의 타용도 일시사용허가 및 협의를 할 때, 그 농지가 다음의 어느 하나에 해당하면 전용을 제한하거나 타용도 일시사용을 제한할 수 있다(법 제37조 제2항).

> ① 전용하려는 농지가 농업생산기반이 정비되어 있거나 농업생산기반 정비사업 시행예정지역으로 편입되어 우량농지로 보전할 필요가 있는 경우
> ② 해당 농지를 전용하거나 다른 용도로 일시사용하면 일조·통풍·통작(通作)에 매우 크게 지장을 주거나 농지개량시설의 폐지를 수반하여 인근농지의 농업경영에 매우 큰 영향을 미치는 경우

③ 해당 농지를 전용하거나 타용도로 일시사용하면 토사가 유출되는 등 인근 농지 또는 농지개량시설을 훼손할 우려가 있는 경우
④ 전용목적을 실현하기 위한 사업계획 및 자금조달계획이 불확실한 경우
⑤ 전용하려는 농지의 면적이 전용목적 실현에 필요한 면적보다 지나치게 넓은 경우

8. 농지전용허가의 취소 등

(1) 취소사유

> 기출 농지전용허가를 받은 자가 조업의 정지명령을 위반한 경우에는 그 허가를 취소하여야 한다.

농림축산식품부장관, 시장·군수 또는 자치구 구청장은 농지전용허가 또는 농지의 타용도 일시사용허가를 받았거나 농지전용신고, 농지의 타용도 일시사용신고 또는 농지개량행위의 신고를 한 자가 다음의 어느 하나에 해당하면 농림축산식품부령으로 정하는 바에 따라 허가를 취소하거나, 관계 공사의 중지, 조업의 정지, 사업규모의 축소 또는 사업계획의 변경, 그 밖에 필요한 조치를 명할 수 있다. 다만, ⑦에 해당하면 그 허가를 취소하여야 한다(법 제39조 제1항).

① 거짓이나 그 밖의 부정한 방법으로 허가를 받거나 신고한 것이 판명된 경우
② 허가목적이나 허가조건을 위반하는 경우
③ 허가를 받지 아니하거나 신고하지 아니하고 사업계획 또는 사업규모를 변경하는 경우
④ 허가를 받거나 신고를 한 후, 농지전용목적사업과 관련된 사업계획의 변경 등 대통령령으로 정하는 정당한 사유 없이 최초로 허가를 받거나 신고를 한 날부터 2년 이상 대지의 조성, 시설물의 설치 등 농지전용목적사업에 착수하지 아니하거나, 농지전용목적사업에 착수한 후 1년 이상 공사를 중단한 경우
⑤ 농지보전부담금을 내지 아니한 경우
⑥ 허가를 받은 자나 신고를 한 자가 허가취소를 신청하거나 신고를 철회하는 경우
⑦ 허가를 받은 자가 관계 공사의 중지 등 이 조 본문에 따른 조치명령을 위반한 경우

(2) 승인·허가 등의 취소요청

농림축산식품부장관은 다른 법률에 따라 농지의 전용이 의제되는 협의를 거쳐 농지를 전용하려는 자가 농지보전부담금 부과 후 농지보전부담금을 납부하지 아니하고 2년 이내에 농지전용의 원인이 된 목적사업에 착수하지 아니하는 경우, 관계 기관의 장에게 그 목적사업에 관련된 승인·허가

등의 취소를 요청할 수 있다. 이 경우, 취소를 요청받은 관계 기관의 장은 특별한 사유가 없으면 이에 따라야 한다(법 제39조 제2항).

9. 용도변경의 승인

(1) 승인

다음의 어느 하나에 해당하는 절차를 거쳐 농지전용목적사업에 사용되고 있거나 사용된 토지를 대통령령으로 정하는 기간 이내에 다른 목적으로 사용하려는 경우에는 농림축산식품부령으로 정하는 바에 따라 시장·군수 또는 자치구 구청장의 승인을 받아야 한다(법 제40조 제1항).

> ① 법 제34조 제1항에 따른 농지전용허가
> ② 법 제34조 제2항 제2호에 따른 농지전용협의
> ③ 법 제35조 또는 제43조에 따른 농지전용신고

기출 농지법령상 농지를 개량하기 위하여 성토를 하려는 자가 농지개량행위의 신고를 하지 않아도 되는 경미한 행위 제36회
1. 면적(성토가 이루어지는 해당 필지의 총면적을 말한다) (1)천m^2 이하인 농지에 대한 성토
2. 높이(성토가 이루어지는 해당 필지에서 최근 1년간 성토한 높이를 합산한 것을 말한다) (50)cm 이내의 성토

(2) 용도변경의 부담금

승인을 받아야 하는 자 중 농지보전부담금이 감면되는 시설의 부지로 전용된 토지를 농지보전부담금 감면비율이 다른 시설의 부지로 사용하려는 자는 대통령령으로 정하는 바에 따라 그에 해당하는 농지보전부담금을 내야 한다(법 제40조 제2항).

10. 둘 이상의 용도지역·용도지구에 걸치는 농지에 대한 전용허가시 적용기준

한 필지의 농지에 도시지역·계획관리지역 및 개발진흥지구와 그 외의 용도지역 또는 용도지구가 걸치는 경우로서, 해당 농지면적에서 차지하는 비율이 가장 작은 용도지역 또는 용도지구가 대통령령으로 정하는 면적(330m^2) 이하인 경우에는 해당 농지면적에서 차지하는 비율이 가장 큰 용도지역 또는 용도지구를 기준으로 법 제37조 제1항(농지전용허가의 제한)을 적용한다(법 제37조의2).

11. 농지보전부담금

(1) 납입의무자

다음의 어느 하나에 해당하는 자는 농지의 보전·관리 및 조성을 위한 부담금(이하 '농지보전부담금'이라 한다)을 농지관리기금을 운용·관리하는 자에게 내야 한다(법 제38조 제1항).

> ① 농지전용허가를 받는 자
> ② 농지전용협의를 거친 지역예정지 또는 시설예정지에 있는 농지(협의대상에서 제외되는 농지를 포함한다)를 전용하려는 자
> ③ 농지전용에 관한 협의를 거친 구역예정지에 있는 농지를 전용하려는 자
> ④ 농지전용협의를 거친 농지를 전용하려는 자
> ⑤ 농지전용신고를 하고 농지를 전용하려는 자

(2) 분할납부

농림축산식품부장관은 다음의 어느 하나에 해당하는 사유로 농지보전부담금을 한꺼번에 내기 어렵다고 인정되는 경우에는 대통령령으로 정하는 바에 따라 농지보전부담금을 나누어 내게 할 수 있다(법 제38조 제2항).

> ① 「공공기관의 운영에 관한 법률」에 따른 공공기관과 「지방공기업법」에 따른 지방공기업이 산업단지의 시설용지로 농지를 전용하는 경우 등 대통령령으로 정하는 농지의 전용
> ② 농지보전부담금이 농림축산식품부령으로 정하는 금액 이상인 경우

(3) 납부시기

농지를 전용하려는 자는 농지보전부담금의 전부 또는 일부를 농지전용허가 · 농지전용신고(다른 법률에 따라 농지전용허가 또는 농지전용신고가 의제되는 인가 · 허가 · 승인 등을 포함한다) 전까지 납부하여야 한다(법 제38조 제4항).

(4) 농지보전부담금의 환급

① 농지관리기금을 운용 · 관리하는 자는 다음의 어느 하나에 해당하는 경우, 대통령령이 정하는 바에 따라 그에 해당하는 농지보전부담금을 환급하여야 한다(법 제38조 제5항).

> ㉠ 농지보전부담금을 낸 자의 허가가 취소된 경우
> ㉡ 농지보전부담금을 낸 자의 사업계획이 변경된 경우
> ㉢ 농지보전부담금을 납부하고 허가를 받지 못한 경우
> ㉣ 그 밖에 이에 준하는 사유로 전용하려는 농지의 면적이 당초보다 줄어든 경우

② 농림축산식품부장관은 납부의무자가 농지보전부담금으로 납입한 금액 중 과오납입한 금액이 있거나 환급하여야 할 금액이 있으면 지체 없이 그 과오납액 또는 환급금액을 농지보전부담금 환급금으로 결정하고,

이를 농지보전부담금 납부자와 한국농어촌공사에 각각 통지하여야 한다. 다만, 농지의 원상회복을 명한 경우에는 농지의 원상회복 여부를 확인한 후에 통지하여야 한다(영 제51조 제1항).

③ 농림축산식품부장관은 농지보전부담금 환급금을 통지하는 때에는 농지보전부담금 환급금에 영 제51조 제2항 각 호에 해당하는 날의 다음 날부터 환급결정을 하는 날까지의 기간과 「국세기본법 시행령」에 따른 국세환급가산금의 이율에 따라 계산한 금액을 환급가산금으로 결정하고, 이를 농지보전부담금 환급금과 함께 통지하여야 한다(영 제51조 제2항).

④ 농지보전부담금 환급금과 환급가산금은 「한국농어촌공사 및 농지관리기금법」에 따른 농지관리기금에서 이를 지급한다(영 제51조 제3항).

(5) 농지보전부담금의 감면

농림축산식품부장관은 다음의 어느 하나에 해당하면 대통령령으로 정하는 바에 따라 농지보전부담금을 감면할 수 있다(법 제38조 제6항).

> ① 국가나 지방자치단체가 공용 목적이나 공공용 목적으로 농지를 전용하는 경우
> ② 대통령령으로 정하는 중요 산업시설을 설치하기 위하여 농지를 전용하는 경우
> ③ 농지전용신고 대상시설이나 그 밖에 대통령령으로 정하는 시설을 설치하기 위하여 농지를 전용하는 경우

Tip 국가 등이 공익 목적으로 농지를 전용하는 경우에도 반드시 납부를 해야 한다. 면제는 없고 감면은 있다는 점에 유의한다.

(6) 가산금의 부과

농림축산식품부장관은 농지보전부담금을 내야 하는 자가 납부기한까지 부담금을 내지 아니한 경우에는 납부기한이 지난 날부터 체납된 농지보전부담금의 100분의 3에 상당하는 금액을 가산금으로 부과한다(법 제38조 제9항).

기출 농림축산식품부장관은 농지보전부담금을 내야 하는 자가 납부기한까지 부담금을 내지 아니하면 체납된 부담금의 100분의 3에 해당하는 가산금을 부과하여야 한다.

12. 농지의 지목변경제한

(1) 다음의 어느 하나에 해당하는 경우 외에는 농지를 전·답·과수원 외의 지목으로 변경하지 못한다(법 제41조 제1항).

> ① 농지전용허가를 받거나 농지를 전용한 경우
> ② 「산지관리법」에 의한 산지전용허가를 받지 아니하거나 산지전용신고를 하지 아니하고 불법으로 개간된 농지를 산림으로 복구하는 경우에 해당하는 목적으로 농지를 전용한 경우
> ③ 농지전용신고를 하고 농지를 전용한 경우

> ④ 「농어촌정비법」에 따른 농어촌용수의 개발사업이나 농업생산기반 개량사업의 시행으로 이 법에 따른 토지의 개량시설의 부지로 변경되는 경우
> ⑤ 시장·군수 또는 자치구 구청장이 천재지변이나 그 밖의 불가항력의 사유로 그 농지의 형질이 현저히 달라져 원상회복이 거의 불가능하다고 인정하는 경우

(2) 토지소유자는 (1)의 ①~⑤의 어느 하나에 해당하는 사유로 토지의 형질변경 등이 완료·준공되어 토지의 용도가 변경된 경우 그 사유가 발생한 날부터 60일 이내에 「공간정보의 구축 및 관리 등에 관한 법률」제2조 제18호에 따른 지적소관청에 지목변경을 신청하여야 한다(법 제41조 제2항).

13. 원상회복 등

(1) 원상회복명령

농림축산식품부장관, 시장·군수 또는 자치구 구청장은 다음의 어느 하나에 해당하면 그 행위를 한 자, 해당 농지의 소유자·점유자 또는 관리자에게 기간을 정하여 원상회복을 명할 수 있다(법 제42조 제1항).

> ① 농지전용허가 또는 농지의 타용도 일시사용허가를 받지 아니하고 농지를 전용하거나 다른 용도로 사용한 경우
> ② 농지전용신고 또는 농지의 타용도 일시사용신고를 하지 아니하고 농지를 전용하거나 다른 용도로 사용한 경우
> ③ 농지전용허가가 취소된 경우
> ④ 농지전용신고를 한 자가 조치명령을 위반한 경우
> ⑤ 농지개량 기준을 준수하지 아니하고 농지를 개량한 경우
> ⑥ 신고 또는 변경신고를 하지 아니하고 농지를 성토 또는 절토한 경우

참고 계고 ⇨ 대집행 영장 통지 ⇨ 실행 ⇨ 비용징수

(2) 행정대집행

① 농림축산식품부장관, 시장·군수 또는 자치구 구청장은 원상회복명령을 위반하여 원상회복을 하지 아니하면 대집행으로 원상회복을 할 수 있다(법 제42조 제2항).
② 대집행의 절차에 관하여는 「행정대집행법」을 적용한다(법 제42조 제3항).

14. 농지위원회

(1) 농지위원회의 설치

농지의 취득 및 이용의 효율적인 관리를 위해 시·구·읍·면에 각각 농지위원회를 둔다. 다만, 해당 지역 내의 농지가 농림축산식품부령으로 정하는 면적 이하이거나 농지위원회의 효율적 운영을 위하여 필요한 경우, 시·군의 조례로 정하는 바에 따라 그 행정구역 안에 권역별로 설치할 수 있다(법 제44조).

(2) 농지위원회의 구성

① 농지위원회는 위원장 1명을 포함한 10명 이상 20명 이하의 위원으로 구성하며, 위원장은 위원 중에서 호선한다(법 제45조 제1항).
② 농지위원회의 위원은 다음의 어느 하나에 해당하는 사람으로 구성한다(법 제45조 제2항).

> ㉠ 해당 지역에서 농업경영을 하고 있는 사람
> ㉡ 해당 지역에 소재하는 농업관련기관 또는 단체의 추천을 받은 사람
> ㉢ 「비영리민간단체 지원법」에 따른 비영리민간단체의 추천을 받은 사람
> ㉣ 농업 및 농지정책에 대하여 학식과 경험이 풍부한 사람

③ 농지위원회의 효율적 운영을 위하여 필요한 경우에는 각 10명 이내의 위원으로 구성되는 분과위원회를 둘 수 있다(법 제45조 제3항).
④ 분과위원회의 심의는 농지위원회의 심의로 본다(법 제45조 제4항).
⑤ 위원의 임기·선임·해임 등 농지위원회 및 분과위원회의 운영에 필요한 사항은 대통령령으로 정한다(법 제45조 제5항).

심화 ♣ 농지위원회의 기능
1. 농지취득자격증명심사에 관한 사항
2. 농지전용허가를 받은 농지의 목적사업 추진상황에 관한 확인
3. 농지의 소유 등에 관한 조사 참여
4. 그 밖에 농지관리에 관하여 농림축산식품부령으로 정하는 사항

15. 농지대장 제33회

(1) 농지대장의 작성·비치

① 시·구·읍·면의 장은 농지소유실태와 농지이용실태를 파악하여 이를 효율적으로 이용하고 관리하기 위하여 대통령령으로 정하는 바에 따라 농지대장(農地臺帳)을 작성하여 갖추어 두어야 한다(법 제49조 제1항).
② 농지대장에는 농지의 소재지·지번·지목·면적·소유자·임대차정보·농업진흥지역 여부 등을 포함한다(법 제49조 제2항).
③ 시·구·읍·면의 장은 농지대장을 작성·정리하거나 농지이용실태를 파악하기 위하여 필요하면 해당 농지소유자에게 필요한 사항을 보고하게 하거나 관계 공무원에게 그 상황을 조사하게 할 수 있다(법 제49조 제3항).

기출
1. 농지대장은 모든 농지에 대해 필지별로 작성한다. 제33회
2. 시·구·읍·면의 장은 관할구역 안에 있는 농지가 농지전용허가로 농지에 해당하지 않게 된 경우에는 그 농지대장을 따로 편철하여 10년간 보존해야 한다. 제33회
3. 농지대장의 열람은 해당 시·구·읍·면의 사무소 안에서 관계공무원의 참여하에 해야 한다. 제33회

④ 시·구·읍·면의 장은 농지대장의 내용에 변동사항이 생기면 그 변동사항을 지체 없이 정리하여야 한다(법 제49조 제4항).

⑤ 농지대장에 적을 사항을 전산정보처리조직으로 처리하는 경우, 그 농지대장 파일(자기디스크나 자기테이프, 그 밖에 이와 비슷한 방법으로 기록하여 보관하는 농지대장을 말한다)은 농지대장으로 본다(법 제49조 제5항).

⑥ 농지대장의 서식·작성·관리와 전산정보처리조직 등에 필요한 사항은 농림축산식품부령으로 정한다(법 제49조 제6항).

(2) 농지이용정보 등 변경신청

농지소유자 또는 임차인은 다음의 사유가 발생하는 경우, 그 변경사유가 발생한 날부터 60일 이내에 시·구·읍·면의 장에게 농지대장의 변경을 신청하여야 한다(법 제49조의2).

> ① 농지의 임대차계약과 사용대차계약이 체결·변경 또는 해제되는 경우
> ② 토지에 농축산물생산시설을 설치하는 경우
> ③ 그 밖에 농림축산식품부령으로 정하는 사유에 해당하는 경우

(3) 농지대장의 열람 또는 등본 등의 교부

① 시·구·읍·면의 장은 농지대장의 열람신청 또는 등본교부신청을 받으면 농림축산식품부령으로 정하는 바에 따라 농지대장을 열람하게 하거나 그 등본을 내주어야 한다(법 제50조 제1항).

② 시·구·읍·면의 장은 자경하고 있는 농업인 또는 농업법인이 신청하면 농림축산식품부령으로 정하는 바에 따라 자경증명을 발급하여야 한다(법 제50조 제2항).

제5장 보칙 및 벌칙

> 이 장은 참고로만 학습한다.

❶ 보칙

(1) 청문

농림축산식품부장관, 시장·군수 또는 자치구 구청장은 다음의 어느 하나에 해당하는 행위를 하려면 청문을 하여야 한다(법 제55조).

① 농업경영에 이용하지 아니하는 농지 등의 처분의무 발생의 통지
② 농지전용허가의 취소

(2) 포상금

농림축산식품부장관은 다음의 어느 하나에 해당하는 자를 주무관청이나 수사기관에 신고하거나 고발한 자에게 대통령령으로 정하는 바에 따라 포상금을 지급할 수 있다(법 제52조).

① 농지의 소유제한이나 소유상한을 위반하여 농지를 소유할 목적으로 거짓이나 그 밖의 부정한 방법으로 농지취득자격증명을 발급받은 자
② 용도구역(농업진흥구역과 농업보호구역) 안에서의 행위제한을 위반한 자
③ 농지전용허가를 받지 아니하고 농지를 전용한 자 또는 거짓이나 그 밖의 부정한 방법으로 농지전용허가를 받은 자
④ 신고를 하지 아니하고 농지를 전용한 자
⑤ 농지의 타용도 일시사용허가를 받지 아니하고 농지를 다른 용도로 사용한 자
⑥ 농지의 타용도 일시사용신고를 하지 아니하고 농지를 다른 용도로 사용한 자
⑦ 전용된 토지를 승인 없이 다른 목적으로 사용한 자

❷ 벌칙

(1) 농지소유제한이나 농지소유상한을 위반하여 농지를 소유할 목적으로 거짓이나 그 밖의 부정한 방법으로 농지취득자격증명을 발급받은 자는 5년 이하의 징역 또는 해당 토지의 개별공시지가에 따른 토지가액(이하 '토지가액'이라 한다)에 해당하는 금액 이하의 벌금에 처한다(법 제57조).

(2) 농업진흥지역의 농지를 농지전용허가를 받지 아니하고 전용하거나 거짓이나 그 밖의 부정한 방법으로 농지전용허가를 받은 자는 5년 이하의 징역 또는 해당 토지의 개별공시지가에 따른 토지가액에 해당하는 금액 이하의 벌금에 처한다(법 제58조 제1항).

(3) 농업진흥지역 밖의 농지를 농지전용허가를 받지 아니하고 전용하거나 거짓이나 그 밖의 부정한 방법으로 농지전용허가를 받은 자는 3년 이하의 징역 또는 해당 토지가액의 100분의 50에 해당하는 금액 이하의 벌금에 처한다(법 제58조 제2항).

(4) 징역형과 벌금형은 병과(倂科)할 수 있다(법 제58조 제3항).

(5) 다음의 어느 하나에 해당하는 자는 5년 이하의 징역 또는 5천만원 이하의 벌금에 처한다(법 제59조).

> ① 법 제32조 제1항·제2항을 위반한 자
> ② 법 제36조 제1항에 따른 농지의 타용도 일시사용허가를 받지 아니하고 농지를 다른 용도로 사용한 자
> ③ 법 제40조 제1항을 위반하여 전용된 토지를 승인 없이 다른 목적으로 사용한 자

(6) 다음의 어느 하나에 해당하는 자는 3년 이하의 징역 또는 3천만원 이하의 벌금에 처한다(법 제60조).

> ① 법 제7조의2에 따른 금지행위를 위반한 자
> ② 법 제35조 또는 법 제43조에 따른 신고를 하지 아니하고 농지를 전용(轉用)한 자
> ③ 법 제36조의2 제1항에 따른 농지의 타용도 일시사용신고를 하지 아니하고 농지를 다른 용도로 사용한 자
> ④ 제41조의2에 따른 농지개량 기준을 준수하지 아니하고 농지를 개량한 자
> ⑤ 제41조의3 제1항에 따른 신고 또는 변경신고를 하지 아니하고 농지를 성토 또는 절토한 자

(7) 다음의 어느 하나에 해당하는 자는 2천만원 이하의 벌금에 처한다(법 제61조).

> ① 법 제9조를 위반하여 소유농지를 위탁경영한 자
> ② 법 제23조 제1항을 위반하여 소유농지를 임대하거나 무상사용하게 한 자
> ③ 법 제23조 제2항에 따른 임대차 또는 사용대차의 종료명령을 따르지 아니한 자

(8) 법인의 대표자나 법인 또는 개인의 대리인, 사용인, 그 밖의 종업원이 그 법인 또는 개인의 업무에 관하여 법 제57조부터 법 제61조까지의 어느 하나에 해당하는 위반행위를 하면, 그 행위자를 벌하는 외에 그 법인 또는 개인에게도 해당 조문의 벌금형을 과(科)한다. 다만, 법인 또는 개인이 그 위반행위를 방지하기 위하여 해당 업무에 관하여 상당한 주의와 감독을 게을리하지 아니한 경우에는 그러하지 아니하다(법 제62조).

심화 농지소유 등에 관한 조사

1. 농림축산식품부장관, 시장·군수 또는 자치구 구청장은 농지의 소유·거래·이용 또는 전용 등에 관한 사실을 확인하기 위하여 소속공무원에게 그 실태를 정기적으로 조사하게 하여야 한다.
2. 농림축산식품부장관, 시장·군수 또는 자치구 구청장은 1.에 따라 농지의 소유·거래·이용 또는 전용 등에 관한 사실을 확인하기 위하여 농지소유자, 임차인 또는 사용대차인에게 필요한 자료의 제출 또는 의견의 진술을 요청할 수 있다. 이 경우, 자료의 제출이나 의견의 진술을 요청받은 농지소유자, 임차인 또는 사용대차인은 특별한 사유가 없으면 이에 협조하여야 한다.
3. 조사는 일정기간 내에 법 제8조에 따른 농지취득자격증명이 발급된 농지 등 농림축산식품부령으로 정하는 농지에 대하여 매년 1회 이상 실시하여야 한다.
4. 시장·군수 또는 자치구 구청장은 조사를 실시하고, 그 결과를 다음 연도 3월 31일까지 시·도지사를 거쳐 농림축산식품부장관에게 보고하여야 한다.
5. 농림축산식품부장관은 조사 결과를 농림축산식품부령으로 정하는 바에 따라 공개할 수 있다.
6. 검사 또는 조사를 하는 공무원은 그 권한을 표시하는 증표를 지니고 이를 관계인에게 내보여야 한다.
7. 검사·조사 및 증표에 관하여 필요한 사항은 농림축산식품부령으로 정한다.
8. 농림축산식품부장관은 시장·군수 또는 자치구 구청장이 1.에 따른 조사를 실시하는 데 필요한 경비를 예산의 범위에서 지원할 수 있다.

심화 농지정보의 관리·운영

1. 농림축산식품부장관과 시장·군수·구청장 등은 농지관련 정책수립, 농지대장 작성 등에 활용하기 위하여 주민등록전산자료, 부동산등기전산자료 등 대통령령으로 정하는 자료에 대하여 해당 자료를 관리하는 기관의 장에게 그 자료의 제공을 요청할 수 있으며, 요청을 받은 관리기관의 장은 특별한 사정이 없으면 이에 따라야 한다.
2. 농림축산식품부장관은 「농어업경영체 육성 및 지원에 관한 법률」에 따라 등록된 농업경영체의 농업경영정보와 이 법에 따른 농지관련자료를 통합적으로 관리할 수 있다.
3. 농림축산식품부장관은 농지업무에 필요한 각종 정보의 효율적 처리와 기록·관리업무의 전자화를 위하여 정보시스템을 구축·운영할 수 있다.

참고 시장·군수 또는 자치구 구청장은 다른 법률에 따라 농지처분통지, 농지처분명령, 이행강제금 부과 등에 관한 정보를 「은행법」에 따른 은행이나 그 밖에 대통령령으로 정하는 금융기관이 요청하는 경우, 이를 제공할 수 있다.

제6편 메타인지 학습체크

01 농지이용증진사업에는 농지의 소유권이전촉진사업, [① 임차권설정촉진사업 / ② 지역권설정촉진사업], 위탁경영촉진사업, 농업경영체육성사업이 있다.

02 농지의 지목은 [① 전, 답, 과수원이어야 농지로 본다. / ② 전, 답, 과수원을 불문한다.]

03 대리경작에 따른 토지사용료는 수확일로부터 [① 1개월 이내 / ② 2개월 이내]에 지급하여야 한다.

04 대리경작에 따른 토지사용료를 토지소유자가 수령을 거부하거나 지급이 곤란한 경우, 대리경작자는 [① 공탁할 수 / ② 지급하지 아니할 수] 있다.

05 대리경작기간은 [① 원칙적으로 3년 / ② 따로 정함이 없는 한 3년]이다.

06 지정권자는 인근지역 [① 농업인·농업법인을 / ② 농업생산자단체·학교, 기타 해당 농지를 경작하고자 하는 자를] 우선적으로 대리경작자로 지정하여야 한다.

07 상속(상속인에게 한 유증을 포함)에 의하여 농지를 취득하여 소유하는 경우, [① 농업에 종사하는 자 / ② 농업에 종사하지 않는 자]는 1만m² 이내에 한하여 소유가 가능하다.

08 농지를 임대하거나 무상사용하게 하는 경우에는 자기의 농업경영에 이용하지 아니하는 농지라도 그 [① 기간 동안 / ② 기간을 넘기는 경우]에는 이를 계속 소유할 수 있다.

09 농지를 취득하고자 하는 자는 농지의 소재지를 관할하는 [① 시장·군수·구청장 / ② 시장·구청장·읍장 또는 면장]으로부터 농지취득자격증명을 발급받아야 한다.

10 주말·체험영농을 하고자 농지를 소유하는 경우에는 [① 주말·체험영농계획서를 작성하고 / ② 주말·체험영농계획서를 작성하지 아니하고] 농지취득자격증명을 발급받을 수 있다.

정답

01 ①　02 ②　03 ②　04 ①　05 ②　06 ①　07 ②　08 ①　09 ②　10 ①

11 임대차계약(농업경영을 하려는 자에게 임대하는 경우만을 말한다)과 사용대차계약(농업경영을 하려는 자에게 무상사용하게 하는 경우만을 말한다)은 [① 서면계약 / ② 구두계약]을 원칙으로 한다.

12 임대차기간은 3년 이상으로 하여야 한다. 단, 다년생식물 재배지 등 대통령령으로 정하는 농지의 경우에는 [① 5년 / ② 8년] 이상으로 하여야 한다.

13 임대인이 임대차기간이 끝나기 [① 3개월 / ② 6개월] 전까지 임차인에게 임대차계약을 갱신하지 아니한 다는 뜻이나 임대차계약 조건을 변경한다는 뜻을 통지하지 아니하면, 그 임대차기간이 끝난 때에 이전의 임대차계약과 같은 조건으로 다시 임대차계약을 한 것으로 본다.

14 농지의 소유자는 처분명령을 받은 때에는 [① 시장·군수·구청장에게 / ② 한국농어촌공사에] 해당 농지의 매수를 청구할 수 있다.

15 시장·군수 또는 구청장은 최초의 처분명령이 있는 날을 기준으로 하여 해당 처분명령이 이행될 때까지 이행강제금을 [① 매년 1회 / ② 매년 2회] 부과·징수할 수 있다.

16 국가 또는 지방자치단체가 공용 또는 공공용의 목적으로 농지를 전용하고자 하는 경우에는 농지보전부담금을 [① 면제할 수 있다. / ② 감면할 수 있다.]

17 농업진흥지역 안의 면적이 28,000m²인 경우에는 [① 시장·군수·구청장 / ② 시·도지사]에게 농지전용허가를 받아야 한다.

18 농업진흥지역의 농지를 소유하고 있는 농업인·농업법인은 [① 시·도지사에게 / ② 한국농어촌공사에] 그 농지의 매수를 청구할 수 있다.

정답

11 ①　12 ①　13 ①　14 ②　15 ①　16 ②　17 ②　18 ②

2026 메가랜드 공인중개사 표준 이론서
2차 부동산공법

발행일 2025년 12월 1일 초판 1쇄
편　저 메가랜드 부동산교육연구소
발행인 윤용국
발행처 메가엠디(주)
등　록 제322-2007-000308호(2007.12.12.)
주　소 (06657) 서울특별시 서초구 반포대로 81, 2층
전　화 1833 - 3329
팩　스 02 - 6918 - 3792

정　가 43,000원
ISBN 978-89-6634-965-4(14320)
　　　　978-89-6634-961-6(14320)(2차 세트)

잘못 만들어진 책은 구입하신 서점에서 교환해 드립니다.
본 책의 내용은 사전고지 없이 변경될 수 있습니다.

Copyright ⓒ 메가엠디㈜

* 이 책에 대한 저작권은 메가엠디㈜에 있습니다.
* 이 책은 저작권법에 따라 보호받는 저작물이므로 무단전재와 무단복제 및 배포를 금지하며
  책 내용의 전부 또는 일부를 이용하려면 반드시 저작권자와 출판권자의 서면동의를 받아야 합니다.
* 메가랜드는 메가엠디㈜의 부동산 교육 전문 브랜드입니다.